U0738577

"十三五"国家重点出版物出版规划项目

经济科学译丛

经济理论和方法史

小罗伯特·B.埃克伦德（Robert B. Ekelund, Jr.）

罗伯特·F.赫伯特（Robert F. Hébert）

著

杨玉生　张凤林　王　军　杨　戈　等　译

第五版

A History of Economic Theory and Method

(Fifth Edition)

中国人民大学出版社
·北京·

《经济科学译丛》
编辑委员会

学术顾问

高鸿业　王传纶　胡代光　范家骧　朱绍文　吴易风

主　编

陈岱孙

副主编

梁　晶　海　闻

编　委（按姓氏笔画排序）

王一江　王利民　王逸舟　贝多广　平新乔　白重恩
刘　伟　朱　玲　许成钢　张宇燕　张维迎　李　扬
李晓西　李稻葵　杨小凯　汪丁丁　易　纲　林毅夫
金　碚　姚开建　徐　宽　钱颖一　高培勇　梁小民
盛　洪　樊　纲

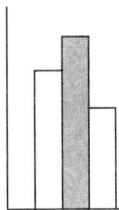

《经济科学译丛》总序

中国是一个文明古国，有着几千年的辉煌历史。近百年来，中国由盛而衰，一度成为世界上最贫穷、落后的国家之一。1949年中国共产党领导的革命，把中国从饥饿、贫困、被欺侮、被奴役的境地中解放出来。1978年以来的改革开放，使中国真正走上了通向繁荣富强的道路。

中国改革开放的目标是建立一个有效的社会主义市场经济体制，加速发展经济，提高人民生活水平。但是，要完成这一历史使命绝非易事，我们不仅需要从自己的实践中总结教训，也要从别人的实践中获取经验，还要用理论来指导我们的改革。市场经济虽然对我们这个共和国来说是全新的，但市场经济的运行在发达国家已有几百年的历史，市场经济的理论亦在不断发展完善，并形成了一个现代经济学理论体系。虽然许多经济学名著出自西方学者之手，研究的是西方国家的经济问题，但他们归纳出来的许多经济学理论反映的是人类社会的普遍行为，这些理论是全人类的共同财富。要想迅速稳定地改革和发展我国的经济，我们必须学习和借鉴世界各国包括西方国家在内的先进经济学的理论与知识。

本着这一目的，我们组织翻译了这套经济学教科书系列。这套译丛的特点是：第一，全面系统。除了经济学、宏观经济学、微观经济学等基本原理之外，这套译丛还包括了产业组织理论、国际经济学、发展经济学、货币金融学、公共财政、劳动经济学、计量经济学等重要领域。第二，简明通俗。与经济学的经典名著不同，这套丛书都是国外大学通用的经济学教科书，大部分都已发行了几版或十几版。作者尽可能地用简明通俗的语言来阐述深奥的经济学原理，并附有案例与习题，对于初学者来说，更容易理解与掌握。

经济学是一门社会科学，许多基本原理的应用受各种不同的社会、政治或经济体制的影响，许多经济学理论是建立在一定的假设条件上的，假设条件不同，结论也就不一定成立。因此，正确理解掌握经济分析的方法而不是生搬硬套某些不同条件下产生的结论，才是我们学习当代经济学的正确方法。

本套译丛于1995年春由中国人民大学出版社发起筹备并成立了由许多经济学专家学者组织的编辑委员会。中国留美经济学会的许多学者参与了原著的推荐工作。中国人民大学出版社向所有原著的出版社购买了翻译版权。北京大学、中国人民大学、复旦大学以及中国社会科学院的许多专家教授参与了翻译工作。前任策划编辑梁晶女士为本套译丛的出版做出了重要贡献，在此表示衷心的感谢。在中国经济体制转轨的历史时期，我们把这套译丛献给读者，希望为中国经济的深入改革与发展作出贡献。

《经济科学译丛》编辑委员会

经济理论和方法史（第五版）

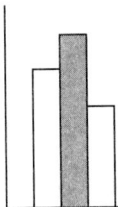

译者的话

美国著名经济思想史学家小罗伯特·B.埃克伦德和罗伯特·F.赫伯特所著的《经济理论和方法史》一书，是一部具有重要学术价值的著作和研究型教科书，自出版以来的30年里受到学术界以及众多读者的广泛好评，成为西方国家高等院校比较流行的经济学教学用书。此中译本根据该书最新的第五版译出。

本书作为系统阐述经济思想史的教科书，篇幅虽然不大，却包含了极为丰富的内容。上溯古希腊著名学者的经济思想，中经中世纪神学和经院学者的经济思想，下迄当代著名经济学家的经济学创新理论，涵盖了数千年经济思想发展演变的历史。本书论及了古代经济思想、重商主义、重农主义、古典经济学、新古典经济学、凯恩斯主义经济学、现代货币主义、新古典宏观经济学、后凯恩主义经济学、新制度经济学、公共选择理论、家庭经济学、企业理论等。本书注重比较分析，在阐述一种经济思想或经济理论时总是论及与之相关的其他经济思想和经济理论，加以比照。例如，在阐述亚当·斯密的"看不见的手"的原理的同时，也阐述了边沁的功利主义理论；把李嘉图的理论和马尔萨斯的理论加以对比分析；在阐述古典经济理论时，也阐述各种其他经济理论和思想；在阐述边际主义理论和分析方法的同时，也阐述反对边际主义的历史主义理论和分析方法。就新古典经济学而言，既阐述局部均衡分析（以马歇尔为代表），也阐述一般均衡分析（以瓦尔拉斯为代表）。在涉及当代经济学的部分，本书所阐述的各种经济理论代表了不同经济思想流派的理论观点及其争论。这就使得本书既有历史积淀的厚重理论，又有不拘一格的活跃思想，生动地展现了经济思想演变与发展的历史画卷。

自资本主义产生以来，贯穿经济思想史的一条主线是国家干预主义思想和经济自由主义思想的历史更替。具有国家干预性质的重商主义被主张自由放任的古典经济学所代替；自由放任主义经过百余年的历史演变，从古典经济学到新古典经济学，最后在20世纪30年代西方资本主义世界大萧条中被力主国家干预的凯恩斯主义经济学所代替；凯恩斯主义在资本主义世界大约时兴了30年，又受到20世纪七八十年代兴起的新自由主义的挑战；新自由主义的盛行对于最近几年西方国家的金融危机与经济大萧条负有不可推卸之责，从而又使强调国家干预的凯恩斯主义经济理论与政策主张重新抬头。这表明：各种经济理论和政策在现实经济生活中的表现及其所能发挥的作用，完全是由其是否适应现实经济生活的需要所决定的。现实经济生活的实际需要选择不同的经济理论为其服务。

以往的经济思想作为历史已经被"定格"了，经济思想史学家必须如实地、客观地反映这些历史上出现的各种经济思想及其演变发展的过程。但经济思想史学家又不能像照相机那样只是简单地、原原本本地记录这些经济思想，他们必须以自己的理论观点和观察问题的视角重新审视和探讨这些经济思想。本书著者的一个独到之处是以当代经济理论的有关理论观点探讨历史上业已形成的经济思想，从而赋予原有经济思想以新的内涵。其中，对重商主义的研究就是典型的例证。在分析重商主义主张的贸易盈余的缺陷时，著者应用的是现代国际金融理论中的国际收支平衡理论：设想在英国的贸易收支平衡表中有一盈余，因此，黄金流入英国，英国的货币存量因而增加。流通领域较多的货币驱使英国流通领域价格上涨，包括出口部门的商品的价格，以致英国的贸易伙伴减少购买英国商品。而对于外国商品来说，相对于英国商品则价格下降，因而英国增加购买外国商品。结果使贸易平衡逆转，即黄金流出英国而进入贸易伙伴的国库。按照这种方式，任何初始的贸易不平衡都趋向于纠正其自身不平衡的情况；无限积累黄金的重商主义意图便成为自拆台脚。

再如，在谈到重商主义的管制的时候，著者把管制看作一种产品，像常规市场上的其他产品一样，有供给和需求。对于那些从管制中追求收益的人来说，其他情况不变，净收益的减少将导致对管制需求数量的减少。同样，提供管制的成本提高（由于由少数人提供管制向由多数人提供管制的转变）便意味着管制的供给减少，从而形成较少数量管制的供求均衡。著者进一步把寻求管制的过程看作是一种"寻租"过程，用现代"寻租"理论分析了英国重商主义时代的寻租活动：政治家按其自身利益，向个别企业家或商人提供政府垄断和管制。

作为经济思想史著作，本书把揭示经济思想的形成与演变作为基本任务。在本书中我们看到，在古希腊学者关于经济管理的论述中，就有关于享乐、痛苦的论述和计算，这可以看作是效用理论最初的思想来源；在重商主义向自由主义转变时期，出现了包括曼德维尔、坎蒂隆、重农学派等主张经济自由的经济学家，这些经济学家的思想成了构建完整经济理论体系的亚当·斯密的重要思想来源；生活在古典经济学时代的约翰·斯图亚特·穆勒、古诺、杜普伊、戈森等的理论研究活动及其研究成果，又成为19世纪70年代边际革命的先驱；新古典经济学本身则经历了局部均衡分析、一般均衡分析（静态的和动态的）、垄断竞争（或不完全竞争）理论等的演变发展过程；凯恩斯把他的经济学起源追溯到重商主义的国家干预思想和马尔萨斯的有效需求不足理论，特别是把马尔萨斯看作是其理论先驱；在当代宏观经济学中，凯恩斯经济学发展成为后凯恩斯主义经济学，与此同时也形成了与凯恩斯经济学相抗衡的现代货币主义和新古典宏观经济学。在当代经济学中还有一个被称作"经济学帝国主义"的重要现象，经济学以其固有的均衡分析的优势把触角不断地向其他社会科学学科延伸，也使其本身的理论研究不断深化，并且取得了很大的成功。本书以科学的态度探讨了经济理论或思想的这一切演变与发展。

本书还探讨了中国古代包括孔子、孟子、墨子、荀子、管子等思想家的经济思想，也探讨了古代阿拉伯和伊斯兰教学者的经济思想。这表明古代中国和阿拉伯的经济思想并不逊于当时的西方国家。略感缺憾的是本书并没有把这种探讨持续地进行下去，这也许是由于著者认为在其他时期西方国家以外世界的经济思想并不典型之故吧。

本书把与正统经济思想相左或反正统的经济思想和理论作为经济学"异端"来处理，例如，本书把历史学派、空想社会主义和无政府主义都列为经济学异端。虽然被视为异端经济学说，但对其评价尚不失公允，指出这些经济学异端缺乏普遍的适用性，或者缺乏历史主义的观点。在反正统的大标题下，本书也包含了马克思的经济学，并用整整一章的篇幅评述马克思的经济学。本书强调，构成马克思经济学哲学基础的是马克思在批判继承黑格尔辩证法和费尔巴哈唯物主义基础上所创立的辩证唯物主义和历史唯物主义，全面而系统地评介了马克思的经济理论体系，特别是评述了马克思经济学的价值理论、关于资本主义剥削关系和资本主义经济运动规律的基本原理。本书认为马克思的思想至今仍然对整个知识界保留着魅力。马克思影响了许多领域：哲学、社会学、心理学和政治理论。但他的主要著作《资本论》是关于经济学的著作。使马克思超出如此众多的其他经济学家的，是他把哲学、历史、社会学、心理学、政治和经济的论点思路罗织在一起形成一个内在整体的能力。

本书还联系经济和文化发展史来探讨经济思想发展史。例如，它把资本主义的形成看作是古典经济学说的形成的经济和文化背景。本书对当时的经济和文化环境做了这样的描述：17世纪把其发明、战争和巨变带给了欧洲；这更是一个启蒙的时代，威廉·哈维（血液循环专家）丰富了医学，开普勒和伽利略丰富了天文学，牛顿和莱布尼茨（微积分学的联合发明者）丰富了数学，培根、笛卡儿、霍布斯、洛克、帕斯考尔和斯宾诺莎丰富了哲学，莎士比亚、莫里哀、拉西尼丰富了文学和戏剧，伯尼和莱姆布兰特丰富了艺术。总而言之，这是一个远离中世纪的时代，通过其制度变化，向专制发起挑战，以及由于启蒙运动的准备及其市场教化而获新生。旧的观念加速衰落，新的观念迅速填充空间。

本书的另一项基本任务是探讨经济方法的演变与发展，正如本书的书名（《经济理论和方法史》）所表明的。本书所说的经济方法主要是一个方法论的概念。作者列出了不同历史时期经济学发展中若干重要的方法论之争，使其与对经济思想发展的梳理、剖析相互照应，这堪称本书不同于同类著作的一大特色。本书指出，从古希腊人的和经院学派的主观主义和逻辑演绎主义跳到经验主义和客观主义成了英国古典政治经济学的一个重要主题。这在配第那里表现为我们现在称之为"归纳法"的将经验主义和理性主义融为一体的方法；而坎蒂隆则应用了类似牛顿万有引力定律的系统论方法。坎蒂隆像牛顿思考宇宙一样思考了经济，即由合理发挥作用的各个部分构成的一个相互联系的整体。对坎蒂隆来说这意味着经济不断在以利益为中心进行调整，以适应人口、生产和嗜好等的基本变化；重农学派笃信自然法则，诉诸理性原理：它断言一切社会事物都由作为必然规律的自然法则联结在一起，政府和个人一旦理解了这些规律就将遵从它们；亚当·斯密则把自然法则同个人的财产联系起来，精辟地阐述了作为市场调节机制的"看不见的手"原理。斯密相信，一种天然和谐存在于经济世界，政府在大量事务上的干预是不必要的。看不见的手、天然自由的学说、上帝的睿智是其论点的全部；李嘉图在经济学说史上则以锻造基于少数基本原理而获得广泛结论的一般分析体系的能力而著称，他的体系是演绎推理程序的一个纪念碑。对于李嘉图的分析来说，有三个关键的原理，每个原理都借用另外的某一个原理。这三个关键的原理是（1）古典地租理论；（2）马尔萨斯人口原理；（3）工资—基金说。约翰·斯图亚特·穆勒认为在社会领域，不能仅仅依赖经验法或归纳法，把演绎法看作是对引起经验主义错误的理想的约束。穆勒强调在经济方法中的归纳法和演绎法两个极端之间必须达到一个微妙的平衡。19世纪70年代"边际革命"以后的西方经济理论则主要强调数量分析的精确化，为此，阐发了局部均衡分析和一般均衡分析，并在经济分析中引进了大量的数学分析工具，由此逐渐形成了数理经济学、计量经济学、投入产出分析和博弈论。本书关于数学在经济分析中的应用的评价是，一方面使经济分析精确化，使之成为科学经济学；另一方面也在一定程度上助长了片面追求数学化的形式主义倾向。

本书的第四版曾由我们译成中文，由中国人民大学出版社作为"经济科学译丛"的系列丛书之一，于2001年出版。该译本曾被许多高校选为经济思想史或经济学相关课程的教学用书，得到学术界和读书界的某种肯定，对于帮助国内广大读者深入学习和研究经济思想史发挥了积极的作用，对此，我们作为译者甚感欣慰。然而限于译者水平，该译本也存在某种不完善之处。今恰逢英文版原著推出第五版，增添了许多新的重要内容，故我们感到实有重新翻译之必要，既可以借此订正原有译文中的不确或疏漏，更能够为读者完整地展示一部内容更为充实和丰富的学术精品。因此，当中国人民大学出版社约请我们重新翻译本书第五版的时候，我们感到十分高兴，由衷地愿意为向中国读者系统介绍外国经济思想演变与发展的历史，进而促进经济学思想的国际交流，尽绵薄之力。在此，谨对中国人民大学出版社马学亮主任为本书新版翻译工作所提供的大力帮助，深致谢忱。同时，本书中包含有对于若干经典作家原始著述的引文，译者在翻译这些引文时对于国内已有的较为成熟的高质量译作进行了适当的参考借鉴，在此也对相关的译者表达谢意。

参加本书（第五版）翻译的是：杨玉生教授（辽宁大学），张凤林教授（东北财经大学），王军教授（首都经贸大学），杨戈博士（上海财经大学）。其中杨玉生教授翻译第1至11章，张凤林教授翻译第12、14、15、16、18、21章，王军教授翻译第13、17、19、20、22、23章，杨戈博士翻译第24、25、26章、前言、作者简介、人名索引和主题索引 *。全书由杨玉生、张凤林教授统纂、定稿。

由于我们的水平和能力有限，译文中不妥或不准确之处恐在所难免，诚请读者朋友批评指正。

译者

---

* 人名索引和主题索引请登录中国人民大学出版社网站（www.crup.com.cn）搜索本书书名获取。——出版者注

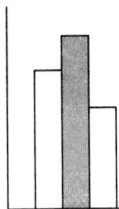

前　言

随着本版的问世，《经济理论和方法史》已进入了其第四个十年。因此，我们可以有把握地得出结论，它已在市场上牢牢站稳了脚跟，除非满足了读者的需求，否则是做不到这一点的。这种需求是由应用本书的许多人，包括大学教师和大学生，而培育起来的。由此我们受到启发，大学生和教师们在过去30年里发现我们的著作是非常有用的，十分感谢所有针对以前的版本为我们提供评价和提出改进建议的人。作为作者，对于本书受到读者如此长时间的青睐，我们在某种程度上感到受宠若惊，但这显然是事实。新版再一次提供了一个思考经济理论和方法的性质和范围的机会。

■ 本书的突出特点

本书提供了一个对从古代到当今时代的经济思想具体范围的广泛概览。我们不能在范围上像百科全书那样包罗万象，但我们力图扼要说明各时代的范围广泛的经济分析及其显著的连续性。像以前的版本一样，我们在全书中力图说明思想和历史制度发展在重要关头的相互作用。

掌握了本书主旨的学生，将理解过去的分析如何为经济学作出了贡献，包括那些成功地进入了主流经济学和没有进入主流经济学的经济分析。学生们还可能了解经济学领域杰出的开拓者迥异于其他人的解决问题的特殊方法。最终使熟悉本学科的学生树立起关于经济分析的观念：鉴别本学科的优点与缺点、成功与失败。

从本书第一版开始，我们在对知识史的考察中，就一直为明晰和忠实于史实而努力。

但我们认为，仅仅对历史加以编纂是不够的，我们必须尝试抽取其有价值的经验教训。所以，我们要把我们对开拓者成就的观察同对其重要性的一贯评价以及主要思想的后来影响联系起来。我们也试图公正地评价对经济分析的主要贡献的国际特征和范围。在这个领域，较早的著作大都常常仅关注盎格鲁-撒克逊经济思想传统，而排除许多来自其他国家和文化的重要贡献。像大多数学者一样，我们也因自身有限的外语能力而力不从心，但我们仍然希望可以尝试性地弥补之前对经济学的多国根源的忽略。明晰、忠实和世界性的主题仍贯彻于本版。在第五版中，例如，我们包含了对古代中国的经济学和中世纪阿拉伯—以色列经济学的讨论，这些课题在以前的版本中被遗漏了。

第五版

在第五版中我们增加了很多新的资料，去掉了某些应用者较少使用的材料。我们也尝试把包含在某些方面的内容合理化。有选择地忽略特殊的内容，包括穆勒提出的相互需求原理（本版第 8 章）等。从某种方式上说，我们赞成这些变化，这些变化将极少影响到本书以前和将来的使用者。更为重要的是，我们用新的和有趣的资料补充了第四版。我们对经济理论和制度之间的相互联系的讨论使本书大为增色，特别是本书的前几章。

下面是第五版区别于其以前各版本的创新之处：

• 第 2 章包含中世纪宗教对中世纪经济思想影响力的讨论；

• 第 4 章分析新教对资本主义形成的影响；

• 第 10 章是论述形成于 19 世纪的各种异端思想的全新的一章，本章把革命的和浪漫主义的运动同所产生的异端思想和因异端思想而产生的思想结合起来。

• 第 14 章作了扩展，包含新古典阶段的美国经济学，特别是约翰·贝茨·克拉克（John Bates Clark）的开拓性贡献。

• 第 17 章探讨并反对新古典经济学是在 1870 年以后被发明的神话。

• 第 24 章是论述数学和实证方法对经济学领域影响的新的一章。

• 第 25 章更新了与其他社会科学相比较而言现代经济理论扩展的范围和新颖的应用。

• 第 26 章评论了经济理论家最近的成果及其所引致的在 21 世纪经济理论和方法可能面对的问题。

除了这些重要变化，每章都做了修正和更新。正如第四版一样，"思想的力量"部分寻求把主要的思想——这些思想有时在正文中被简明地探讨——同现时的经济思想或实践联系起来。这些部分旨在说明在整个经济学史中思想的显著的连续性。"方法论争论"部分试图传达在经济学上留下持久印记的不同学者之间相互竞争的技术或称之为格式塔。这些部分旨在说明经济学方法的多元性质。经济学家如何"做"经济学尚无定论，尽管经济探讨已逾两个世纪。

对于采用本书的教师来说，可以使用修订更新后的《教师手册》*。我们希望这本手册非常有用，特别是对于那些第一次教授本教程的教师来说。作者为手册的每一章都准备了五个主要部分：

- 对正文章节的总结，说明主要问题和思想；
- 一套选择题（和答案）；
- 一套讨论题（和答案）；
- 对学期论文题目的建议；
- 提示如何扩展讲义使之更为详细地论述该课题的问题。

致 谢

由于已经服务了 30 年，不置可否，本书已经得到了大量的帮助、建议和批评。我们无法对本书所有的使用者、评论者和为本书的成功作出贡献的团体都予以感谢。实际上，我们很担心因忽略而引起某些人的不快。在特殊的层次上，首先而且首要的，我们必须感谢我们的老师 William Breit，是他激发了我们对经济思想史的兴趣。他对我们的激励和鼓励贯穿于我们的教授生涯。在较为一般的层次上，我们向 Jams P. Payne，Jr. 致敬，他的教育使我们认识了理论经济学家的性质和责任（和相当数量的价格理论）。已故的 Ludwig H. Mai 和已故的 Alfred F. Chalk，极大地鼓舞了我们。这四位先生使我们懂得了什么是学者。我们对他们的感激之情无以言表。

另外，我们希望感谢许多提供帮助和激励从而使过去版本和现今版本得以问世的人。我们由衷地感谢 Richard Ault（奥本大学）、Randy Beard（奥本大学）、Don Boudreaux（乔治·马森大学）、Elynor Davis（乔吉亚南方大学）、George Ford（芬尼克斯中心）、David E. R. Gay（阿肯色大学）、John Jackson（奥本大学）、Yvan Kelly（弗拉格勒学院）、Roger Koppl（法尔雷·迪金森大学）、Frank Mixon（南密西西比大学）、已故的 Margaret O'Donnell（位于拉菲特的路易斯安那大学）、E. O. Price（俄克拉何马州立大学）、Rand Ressler（位于拉菲特的路易斯安那大学）、Larry Sechrest（苏尔·罗斯州立大学）、Parth Shaw（密歇根大学，迪尔本）、John Sophocleus（奥本大学）、Sven Thommesen（奥本大学）、Mark Thornton（米赛斯学院）和 John Merrill（堪萨斯州立大学）。我们要特别感激 Bob Tollison（克莱姆森大学）、Audrey Davidson（路易斯维尔大学）对本书各版都提出了非常好的建议。

我们的大学毕业生，他们中的许多人现在已成为教授和教师，对本书的第一版到第五版都提供了力所能及的帮助。他们包括 Frank Adams，Paula Gant，Thomas Mc-Quade，Keith Reutter，Shawn Ritenour，John Thompson，Marc Ulrich 和 Mark Yanochik。

* 中国人民大学出版社并未购买该内容的版权，读者如有需要，请与 Waveland 出版公司联系。——出版者注

前 言

正如我们对学生们的一贯提醒，阅读本书不能代替阅读经典经济学原著。我们希望，我们的教本（对我们来说它是一种出自爱心的工作）将推动学生走进那些奇妙并使之受益的知识源泉。一些在过去发现的精品可以加以打磨而在未来闪光。

小罗伯特·B. 埃克伦德
罗伯特·F. 赫伯特

经济理论和方法史（第五版）

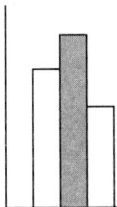

目 录

第1章 经济学及其历史 ……………………………………………… 1
  什么是学习经济学史的价值? ………………………………… 3
  目标、范围和方法 ……………………………………………… 4
  对如何使用本书的建议 ………………………………………… 5
  其他有用的资源和信息 ………………………………………… 5

第1篇 前古典经济学 …………………………………………………… 7

第2章 古代和中世纪的经济思想与制度 …………………………… 9
  古希腊人的贡献 ………………………………………………… 9
  罗马人和早期基督教的贡献 ………………………………… 20
  第一个千年的中国经济学 …………………………………… 22
  中世纪阿拉伯—伊斯兰教经济学 …………………………… 24
  中世纪欧洲的经济思想 ……………………………………… 26
  理论符合历史：中世纪教会的经济影响 …………………… 34
  结论 …………………………………………………………… 37
  参考文献 ……………………………………………………… 38

第3章 重商主义 …………………………………………………… 40
  作为学说的重商主义：国家主义经济学 …………………… 41
  作为经济过程的重商主义 …………………………………… 47
  向自由主义转变 ……………………………………………… 56
  结论 …………………………………………………………… 58

参考文献 ·· 58

第4章 资本主义的形成 ······························· 60

威廉·配第爵士 ······································· 61

理查德·坎蒂隆 ······································· 64

觉醒中的法国自由主义：布阿吉尔贝尔和重农主义 ······ 69

西班牙的启蒙运动：伊比利亚经济学 ················· 76

天主教的衰落和新教的兴起 ························· 80

结论 ··· 84

参考文献 ··· 85

第2篇 古典时期 ································ 87

第5章 亚当·斯密：体系的构建者 ··············· 89

斯密经济体系的性质 ································· 90

《国富论》的微观经济基础 ························· 96

斯密的宏观经济学：经济增长的蓝图 ··············· 107

结论 ·· 109

参考文献 ·· 110

第6章 古典经济学（1）：效用、人口和货币 ····· 111

杰里米·边沁和功利主义 ··························· 112

托马斯·罗伯特·马尔萨斯和人口论 ··············· 115

早期货币问题 ······································· 119

结论 ·· 123

参考文献 ·· 124

第7章 古典经济学（2）：李嘉图体系及其批评 ··· 125

古典地租学说 ······································· 125

李嘉图体系 ··· 128

李嘉图-马尔萨斯通信 ······························· 133

纳索·西尼尔和"科学"经济学的形成 ············· 137

李嘉图经济学的至高无上的地位 ··················· 142

古典体系的高雅动态学 ····························· 143

参考文献 ·· 145

第8章 古典经济学（3）：约翰·斯图亚特·穆勒 ·· 146

穆勒的知识转变 ····································· 147

穆勒经济研究的结构 ······························· 148

穆勒的理论进步 ····································· 150

穆勒的规范经济学 ··································· 156

古典经济学消亡了吗？ ····························· 165

参考文献 ·· 166

第9章 古典时期的经济政策 ····················· 168

理论和实践中的自由放任主义 ······················ 169

纳索·西尼尔论童工和工厂法 ······················ 170

经济理论和方法史（第五版）

　　J. S. 穆勒的社会和经济政策 ···················· 172

　　埃德温·查德威克爵士的政治经济学 ··············· 177

　　结论 ······································ 185

　　参考文献 ··································· 185

第3篇　对经济正统性的挑战 ····················· 187

第10章　异端经济思想 ························· 189

　　欧洲的变革思想：圣西门、西斯蒙第和李斯特 ········· 192

　　弗里德里希·李斯特和国民政治经济学 ············· 198

　　空想社会主义者：欧文、傅立叶和蒲鲁东 ··········· 200

　　历史主义 ································· 205

　　结论 ····································· 209

　　参考文献 ································· 210

第11章　卡尔·马克思变革古典经济学 ············· 212

　　马克思体系综述 ··························· 214

　　马克思论资本主义生产的早期著作 ··············· 217

　　资本主义的性质 ··························· 221

　　马克思的遗产 ····························· 229

　　参考文献 ································· 230

第4篇　新古典时期 ··························· 231

第12章　早期的"新古典"经济学家：古诺与杜普伊 ····· 233

　　A. A. 古诺（1801—1877 年） ················· 233

　　朱尔·杜普伊（1804—1866 年） ··············· 241

　　工程师与经济思想的跨学科培育 ················· 251

　　参考文献 ································· 253

第13章　德国和奥地利的微观经济学：门格尔、维塞尔与庞巴维克 ··· 255

　　先驱者 ··································· 256

　　卡尔·门格尔（1840—1921 年） ··············· 259

　　弗里德里希·冯·维塞尔（1851—1926 年） ········· 264

　　欧根·庞巴维克（1851—1914 年） ············· 272

　　后记 ····································· 277

　　参考文献 ································· 278

第14章　英国和美国的微观经济学：W. S. 杰文斯和 J. B. 克拉克 ··· 279

　　W. S. 杰文斯 ····························· 279

　　杰文斯的价值理论 ························· 282

　　约翰·贝茨·克拉克与美国的边际主义 ············· 295

　　结束语：新古典范式的前夜 ··················· 300

　　参考文献 ································· 301

第15章　阿尔弗雷德·马歇尔与新古典综合 ········· 302

　　马歇尔及其方法 ··························· 305

行业供给和生产经济学……………………………………… 312

需求和消费者剩余…………………………………………… 317

马歇尔论最优定价和垄断…………………………………… 322

马歇尔论弹性、投入品需求和资源最优配置……………… 328

马歇尔：总体回顾…………………………………………… 333

参考文献……………………………………………………… 334

第 16 章　莱昂·瓦尔拉斯的衣钵……………………………… 336

马歇尔研究方法与瓦尔拉斯研究方法的对比……………… 337

莱昂·瓦尔拉斯：生平与著作概述………………………… 340

瓦尔拉斯和马歇尔论市场调节机制………………………… 342

帕累托、一般均衡和福利经济学…………………………… 348

瓦尔拉斯的书信及其对经济学的影响……………………… 349

瓦尔拉斯：总体回顾………………………………………… 351

参考文献……………………………………………………… 351

第 17 章　新古典经济学的霸主地位…………………………… 353

1870 年以前的原始新古典经济学 ………………………… 354

几点应当学习的启示………………………………………… 361

马歇尔知道什么？他从哪里学到的？……………………… 362

结论…………………………………………………………… 366

参考文献……………………………………………………… 367

第 5 篇　20 世纪的经济学范式…………………………………… 371

第 18 章　索尔斯坦·凡勃伦与美国制度经济学……………… 373

19 世纪英国的历史主义…………………………………… 373

索尔斯坦·凡勃伦与美国的制度主义……………………… 378

第二代和第三代凡勃伦主义者……………………………… 392

约翰·肯尼思·加尔布雷思：制度主义的普及者………… 395

结论：制度主义的范式……………………………………… 399

参考文献……………………………………………………… 399

第 19 章　对竞争的修正：张伯伦与罗宾逊…………………… 402

双头垄断分析………………………………………………… 403

张伯伦对新理论的探索……………………………………… 405

琼·罗宾逊与不完全竞争…………………………………… 412

透视不完全竞争……………………………………………… 416

参考文献……………………………………………………… 417

第 20 章　约翰·梅纳德·凯恩斯与现代宏观经济学的发展 ……… 419

本章对凯恩斯的概述………………………………………… 420

J. M. 凯恩斯：艺术爱好者与经济理论家………………… 421

《通论》的理论大纲………………………………………… 423

凯恩斯与经济思想史………………………………………… 436

参考文献……………………………………………………… 436

第 21 章　当代宏观经济学：货币主义和理性预期 ································ 438

　　货币主义的新古典起源 ·· 439

　　现代货币主义：理论与政策 ·· 444

　　结论 ·· 452

　　参考文献 ·· 453

第 22 章　奥地利经济学 ·· 454

　　奥地利经济学的完形结构 ·· 455

　　路德维希·冯·米塞斯：货币与信用理论 ································ 458

　　F. A. 哈耶克与经济周期理论 ·· 461

　　约瑟夫·熊彼特论竞争、动态学与增长 ·································· 463

　　竞争与市场过程 ·· 466

　　广告与需求发现 ·· 468

　　关于社会主义计算的争论 ·· 469

　　结论 ·· 471

　　参考文献 ·· 471

第 23 章　新政治经济学：公共选择与管制 ································ 473

　　公共选择 ·· 474

　　管制的新政治经济学 ·· 484

　　结论 ·· 490

　　参考文献 ·· 491

第 6 篇　支持未来：新的千年 ·· 495

第 24 章　数理和实证经济学：一种方法的革命 ···························· 497

　　数理经济学的历史和发展 ·· 498

　　经济学使用的一般数学工具 ·· 499

　　古诺的继承者：经济思想中的数学应用 ································ 502

　　经济学中的经验主义：检验经济理论 ·································· 513

　　结论：方向和危险 ·· 518

　　参考文献 ·· 519

第 25 章　当代微观经济学边界的扩展 ···································· 521

　　现代消费技术 ·· 522

　　新厂商理论 ·· 528

　　经济学和社会学 ·· 531

　　结论 ·· 533

　　参考文献 ·· 533

第 26 章　经济学往何处去？21 世纪的经济学 ···························· 535

　　诺贝尔奖得主和新千年的经济学 ······································ 535

　　思想、意识形态和历史 ·· 539

　　方法重要吗？ ·· 542

　　在 21 世纪的经济学卡片中有分裂吗？ ·································· 544

　　参考文献 ·· 545

目录

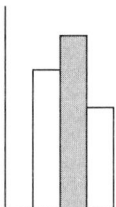

第 1 章

经济学及其历史

每个有抱负的经济学家，不管是非职业经济学家还是职业经济学家，早晚都必须面对这样的事实，即经济学是一个同许多传统学科相异的独特的学科，每个学科都基于一组理论。每种理论都应用观察、思想和关于世界如何运行的假设。大多数理论都会产生不同复杂程度的人的行为模型。不同的理论又常常提出关于问题的性质和意义，如何最好地将其概括为公式，应用什么方法，以及作出什么样的政策判断的不同观点。忽略这个事实，或者未能认识其后果，便构成经济学家训练中的严重缺陷。本书旨在提供一种启发及对经济学领域的多样性和复杂性的评价，使之在今天得以恰当的处理。

开天辟地以来，经济分析已经获得了丰富的和多样化的历史——其课题已经呈现多种名字和特点。古希腊人创造了我们"经济学"一词，但仅限于家庭管理的含义。罗马文明把法律成分灌输到经济学。在中世纪，经济学成了关于公平本质的一般谈话的组成部分。在 17 世纪，虽然发展了一种被称作"政治算术"（political arithmetic）的突变的张力，但经济学被普遍看作是道德哲学的课题。在 18 世纪，一种经济学的特殊种类已经在法国形成，即人们所熟知的"重农学派"。实际上，经济学的形式和内容在英国和欧洲其他地区是在"政治经济学"的旗号下开始假定其现代形式的。19 世纪，随着政治经济学朝向其成熟形式突变，异质性的各种张力（某种难以忍受的）出现了。但是，由于在 20 世纪对经济学的进一步重新定义和专业化，人们所提供的表述变得简单了，"经济学"，一个对一种原理和分析方法的实体的一致性标识，现在可以称之为"主流"。本书论述的是主流经济学的演进和发展。正因为如此，它是一种经济分析史，而不是独一无二的经济分析史。

经济学，像物理学或气象学一样，由于它包含一套具有连贯规律性的分析原理，因而是一门科学。但是，与所谓的自然科学不同，经济学是社会科学，因为它研究人的行为，而不是研究自然界超脱的运行。因此可以把经济学类似地表述为一组工具。正如木匠应用工具建房子、印刷工人应用工具印书、经济学家应用工具去构筑理解——在这种情况下，即是对人的行为及其后果的理解。但是每一门社会科学都提出同样的要求。把经济学同社会学科中其"姊妹"学科，例如社会学或心理学，区分开来的是，它研究在市场范围内的人的行为。市场是一种培育贸易或交换的制度性安排。因此，现代经济学首要的是对市场如何运作的研究。例如，从对经济学的研究中我们获得价值如何决定、各种投入如何在生产中相互关联的认识。

交换，或者贸易，可能像人类本身一样古老，所以，市场的存在先于对市场如何长期运作的研究。对于永存的人类来说，交换物品和服务是一种理所应当的事情，不怎么考虑个人所作决策的抽象的性质，或对整个社会的结果。只是在市场达到成熟的发展阶段并成为许多社会的一般特征以后，人们的注意力才集中到关于它们如何运作、会有什么结果的抽象上。这样就促成了，至少近似促成了，一种处理这些问题的科学的诞生。但是，显然还涉及一系列问题，即：市场是从哪里来的？市场是组织经济活动的唯一方式吗？什么是不同于市场的另外的选择？它们可能如何运作？

经济学史上有许多经济学家，他们有时研究市场如何运作，有时探讨什么是非市场的另外的选择。偶尔地，但不多见，有兼做这两种研究的经济学家。然而马克思（Marx）是这样的经济学家。但是，大多数经济学家是作为关于市场如何运作的经济学领域的设计师而最终出名的。所以，占优势的看法是这种基本观点，即认为有成果的分析将被视为"主流的"或"正统的"。相反，试图对第二个问题的一系列探讨被看作是"异端"，或主流之外的探讨。本书基本上是对从古希腊时代到当今时代的主流经济分析的探讨。本书也不忽略其他观点（例如社会主义、激进主义、马克思主义、历史主义、制度主义）——主要因为批评总对已接受的思想有影响——但本书并不把主流之外的经济思想的演变看作是其有机原理或其关注的要点。对其他的作者则按其以不同方法探讨（经济）课题来处理。当然，市场上的思想激励并容纳多样性。我们对本书所采用的方法的考虑是二重的。第一个原因是主流经济学代表了一种对所有经济学的协调。第二个原因是关于主流经济学的历史观点对读者来说是更有用的观点。因此，在我们对经济学的历史考察中，经济异端是作为一种对流行的正统思想的直接挑战或作为主流经济学基本问题的变种而进入画面的。虽然这强调的是选择的问题，但它不排除经济学——在其过去和现在（也可能在其未来）——是一个知识发现的有活力的形式，而不是一个经过处理的原理的集合体。

当我们进一步推进到一个新的千年的时候，经济学日益明显地在继续发展。甚至在主流经济学家中间，令人困扰的问题胶着在经济探讨的性质、范围和方法以及经济学在竞争的社会科学中间的价值和地位的问题上。人们关于本学科的适当的边界、个人和团体的作用、所使用的分析方法，以及本学科的真正用途的分歧持续存在。所以，即使我们强调经济理论演进的持续性和协调性，我们也督促学习经济学史的学生要放开思考不同的观点，不仅在过去的成功中寻求有益的经验，而且在错误中寻求有益的教训。

什么是学习经济学史的价值？

历史学家必须站在过去和现在之间的边界上。历史本质上是向后看的，而经济学——被设想为对人的决策的研究——则是向前看的。因此，经济学史学家就有理由关注过去的成功和失败吗？这种关注是一种对时间的浪费、一种对不相关的琐事的忧虑、一种仅仅是膜拜祖先的行为，或者它不产生建设性的结果吗？毫不奇怪，答案是"视情况而定"。仅仅因怀旧而向后看并没有特定的好处。但是，为了可能学到的教训或可能获得的崭新的知识而研究过去，却可能产生巨大的利益。人们可能根据他们居住过的地方来判断现在他们所在的地方，而且，既然历史是对人的研究，我们如果忽略了历史，就无法弄清楚我们自身。由于本书是关于知识的历史，如果适当地应用，它可以提供对思考方式的洞察：我们的充满智慧的祖先如何发现了经济问题，掌握了解决问题的答案，并提出其思想。

从研究过去可能获得的益处之一是改善对创造过程的理解。一切伟大的知识开拓者都对传统的思想持一种怀疑的、几乎是反对崇拜偶像的态度，而对新的概念则保持一种公开的，几乎是忠实的、信任的态度。在这种组合之外还出现了以新的眼光观察类似的情况或问题的主要能力。创造的过程永远是一个把概念从其传统思路或含义扭开的过程。

从研究过去而获得的另一个益处是对仍然保有影响力的思想的认识。是什么把好的思想同坏的思想区分开来？为什么某些经济思想在知识领域出现后就在经济理论中经久不衰？为什么其他经济思想很快就销声匿迹了？传统经济学很少回答这些问题，然而它们恰恰是在知识史的范围内的，事实证明这些问题的答案对任何特殊时点的经济学内容都有巨大的影响。

还有另外一个益处，那就是通过揭露过去理论的缺陷来加强对当代经济理论的理解，通过应用尚有生命力的理论来克服理论障碍。某些学生会发现当经济理论按照历史的思路被表述的时候，抽象的经济学理论更合意——实际上更好理解。但是，归根到底，也许研究经济思想的唯一理由是它很有趣。一生对其学科保持兴趣的经济学家可能发现他们自己与以下列方式辩护研究蛇的爬行动物学家是一样的：一个鲁莽的青年学生问道："蛇的好处是什么？"科学家很快地回答道，"蛇是十分有趣的，这就是蛇的好处。"这种辩护同样适合于对经济学史的研究。

目标、范围和方法

　　本书之所以被命名为《经济理论和方法史》，是因为它尝试传达、记录思想的发展历程，这些思想是置入每个经济学著作家的经济学的知识结构。理解经济学大师的思考过程可以为今天的经济学家提供有价值的见解和教训。这样，我们便以一种包含全部思想结构内容的朴实无华的方式来应用"方法"的概念，在这个思想结构之内形成理论贡献，像砖块和水泥那样一起契合成结构。我们并不把"方法"这个词看作是"方法论"的同义词，方法论是对方法的研究。我们假定，方法或操作方式，对于任何系统的推理形式都是重要的，但是，我们在本书中并不试图考察经济学家如何和为什么应用他们所使用的方法，以及经济学家相互之间的分析方法如何不同。方法论是同追溯思想类型根源的社会学知识密切相关的。我们的经济学史把方法论和/或社会学知识留给在这个领域工作的专家。对这些问题现有的研究，例如马克·布劳格（Mark Blaug）的《经济学方法论，或经济学家如何解释》（*The Methodology of Economics，or How Economists Explain*），同本书结合起来使用是有益处的，但是，和布劳格不同，我们并不试图阐述方法论的历史。实际上，这种经济学史和经济学方法论的划分是难以保持的，因为按照美国经济学会所确定的经济文献标准区分，涉及前者的期刊文献是同涉及后者的期刊文献归并在一起的。但我们的态度是，教科书的著者们当心不要想做的太多而实际做的太少。

　　总的来说，这是一本经济分析史教科书，其内容，或多或少，是由过去和现在的经济学史学家（包括我们自己）所关心的课题决定的。某些对经济学的这个领域作出贡献的人简单地说是成功的，仅按照这一标准必须将他们包括进来。例如亚当·斯密（Adam Smith）、大卫·李嘉图（David Ricardo）、阿尔弗雷德·马歇尔（Alfred Marshall）和约翰·梅纳德·凯恩斯（John Maynard Keynes）等人。在另一些情况下，必须进行把谁包括进来、把谁排除出去的选择判断。虽然我们对于个人和论题的选择似乎在某种程度上是主观的，但我们已经准备信守市场力量，市场是本书实用性的最终裁决者。

　　标准的历史是事件的故事，知识史则是思想的故事。本书是知识史的一个演练。其基本重点是经济抽象本身的演进，虽然社会问题和方法论问题常常作为知识画卷的一个有机组成部分予以讨论。我们认为，经济理论有其自己的生命，对它们发展的研究对于当代学习经济学的学生来说是有趣而富有成果的。任何范围有限的书籍都将必然留下一些没被回答的问题，本书也不例外。如果环境在经济理论发展中起作用，那么它会起什么作用？经验主义的重大问题（例如，食品短缺、收入分配、大量的失业或通货膨胀）冲淡了分析探讨的性质和方向吗？如果经济抽象实际有其自己的生命，狭隘性会导致理论家关闭对经济学有兴趣和有利的潜在领域的大门吗？思想如何联合成为力量并在国内和国家之间传播？思想如何同它们形成的时代相关？哲学（或其他学科）如何同经济理论相关？这些问题和许多其他问题都冲击着知识史。我们没有给出这些问题结论性的答案，但是我们写作本书的初衷就是有助于深入评价和理解这些问题。

我们试图使我们的历史考察摆脱特殊的和/或个性的观点，即使我们承认在像经济学史这样广大而主观的领域中这样做是困难的。我们仅仅寻求揭示是什么的历史记录。最后，这个记录必须对任何一个观点的优点和缺点进行评价。

对如何使用本书的建议

经济思想史是一个可以从中汲取许多资源的广阔领域。另外，就经济思想史必然包含解释（而且常常重新解释）过去的思想的程度而言，它是一个允许不同观点广泛影响的领域。对于初学者来说，面对大量的历史资料很容易不知所措。因此，我们试图提供某种指南。本书各章按时间先后发展的顺序编排，从古希腊开始，到20世纪末结束。我们尝试使每一章在推理上自成一体，同时强调遵循此思路的关键问题（常常是有争论的问题）。你们将注意到书中每章的专栏：一种被称作"思想的力量"；另一种则标示为"方法的争论"。前者强调来自过去的对当代思想和实践有影响的一些主要思想。后者则表明某些程序上的分歧，或对经济学的不同探讨方法，而不同方法的相互碰撞充满了整个时间历程。每个专栏中的文字都独立成篇，但它论述同该章紧密相关并在该章中出现的论题。每章都以"参考文献"结束，该部分包含了该章全部引文的出处。最后是"扩展阅读的注释"，它指出提供关于主要人物、概念和每章所论述问题的更详细、更深刻或更复杂的解释的文献。

由于经济思想的河流深而宽阔，教师们可能感到有必要对其教程的范围加以比本书研究领域更窄的限制。本书以这样一种方式编排，即允许教师选择某些章节和删去一些章节。在这种情况下，教师们必须注意提供必要的过渡，但我们在编写本书时努力使得这项工作最省力。

其他有用的资源和信息

除了在"扩展阅读的注释"中的大量二手文献之外，还有许多其他对低年级和高年级学生都有用的资源。在过去10年里，爱德华·埃尔加出版公司为这个领域提供了独一无二的服务，该公司推出了许多关于经济学史的书籍，包括重印多卷本原始的和二手的经济学史文集。翻阅埃尔加出版公司最近的出版目录对那些有兴趣的学者的回报，不亚于有兴趣的初学者在图书馆意外看到大量合意的图书时的收获。

现在至少有四种英文杂志专门刊载经济思想史文章。按照编年顺序，它们是：《政治经济学史》（*The History of Political Economy*，杜克大学出版）、《经济思想史杂志》（*Journal of the History of Economic Thought*，在经济学史学会赞助下出版）、《经济思想史杂志》（*History of Economic Ideas*，罗马国际出版集团出版）以及《欧洲经济思想史杂志》（*European Journal of the History of Economic Thought*，英国罗特莱基出版社出版并发行）。经济思想史的全球兴趣也很明显，由于形成了学会而促进了这一学科在不同国家的发展。在这些学会中，有些是非正式的（例如英国和欧洲其他国家），没有官方或法律认定的实体机构，而另一些学会则是具有全部官方配备的正式机构（例如，美国）。澳大利亚、日本、北美洲和欧洲的国家都成立了学会以促进经济学史的研究。如果你们对这些学会的活动感兴趣，或者有兴趣成为某学会的会员，可询问你们的老师以获得适当的信息，或者在互联网上搜寻详细的信息。

在一个很短的时间跨度里，互联网已经成为识别、定位和扩散信息的最佳工具。输入短语"经济史"进行网络搜索将大有收获。但要预先提示——要进行筛选。在写作本书时，知名的网络搜索引擎谷歌，以在这个标题下有 126 000 000 个条目而自豪。

第 1 篇

前古典经济学

也许经济理论发展的支配性课题是尝试构建对社会和经济的科学解释。这个尝试由于亚当·斯密在1776年出版了《国民财富的性质和原因的研究》（*An Inquiry into the Nature and Causes of the Wealth of Nations*）而到达了一个分水岭。斯密的著作在经济学中是里程碑，尽管如此，他是以延伸到古希腊遥远背景的西方思想的知识传统为基础的。其他情况给定，斯密从其知识先驱那里衍生了自然法则的信条。自然法则认为，社会是受一种（看不见的）秩序或一组规则支配的。学者/科学家的职责就是通过推理发现那些规则。古希腊人——特别是柏拉图（Plato）和亚里士多德（Aristotle）——是掀起第一个自然法则浪潮的哲学家。构成第二个浪潮的哲学家是中世纪的教会之父，他们通常被称为经院学派。启蒙思想家则掀起了第三个浪潮，而且，在那里我们发现了斯密和他的许多同时代经济学家。

像柏拉图、亚里士多德和圣·托马斯·阿奎那（St. Thomas Aquinas）这样的学者生活在非市场社会，在这种社会中，经济决策是由传统和命令作出的，而不是由个人、不加限制的经济主体决定的。结果，这些早期学者对西方社会思想的最终影响并不在于他们对市场力量运作的认识，而在于他们关于社会规律性质的预想。他们有一个形成经济学"预见性"的眼光。一旦商业资本主义形成，便开始把人们的注意力越来越多地集中在经济活动上。

第2章聚焦于亚洲和阿拉伯地区的思想，但是基本追溯到商业资本主义或者重商主义形成的自然法则传统。第3章考察商业资本主义或重商主义阶段，强调经济史与经济思想史并肩同行。第4章通过考察其逐渐接近一种系统化经济思想的直接先驱的思想，使我们更接近了斯密。在这一篇中，读者应当留心思想随时间的进步，以及思想家同其前辈的联系——有时是同直接前辈的联系，有时是同较遥远的前辈的联系。读者还应认识到，当西欧从封建主义走向资本主义的时候，经济组织的最终变化帮助形成了知识的活动。

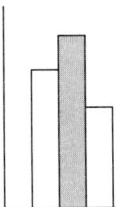

第2章　古代和中世纪的经济思想与制度

在历史上的绝大多数时间里，经济学不是脱离一般社会思想的独立体系，甚至在 18 世纪晚期，亚当·斯密仍把经济学看作是法学的一个分支。这使得探讨经济理论的最初一些原理变得较为困难，这并非因为古代知识柜橱空空如也，而是因为社会科学之间的学科界限是模糊不清的。当经济学被证明同自我调节的市场过程一致的时候，它就成为了特殊的体系，而发现市场作为一种自我调节过程乃是 18 世纪的现象。但是，经济分析的种子却是在很久以前，在古希腊——西方文明的发源地——播下的。

古希腊人的贡献

我们的思考类型，也就是我们的思想在其中形成和传播的框架，我们借以表达思想的语言形式，以及支配这些思想的规则的框架结构，全都是古代的产物。因此，正如西奥多·贡珀茨（Theodor Gomperz）所写的："甚至那些没有得到古代大师的学说和著作的人，那些没有听说过柏拉图和亚里士多德名字的人，也处于其威权的魔力之下"（《希腊思想家》，p. 528）。"经济学"（economics）这个词是从色诺芬（Xenophon）论述有效管理和领导的教导性著作《经济论》（*Oeconomicus*）而得名的。

古希腊人对经济学的贡献是一般社会科学的推理方法。他们的经济可能是被描述为"前市场的"，这不是就缺乏贸易的意义而言的，而是就这样的意义而言的，即产品既不是统一的，也不是有组织地进行交换的，更不是因其特殊的缘故而被人们加以分析。从公元前 500 年到公元前 300 年的政治生活和经济生活深受战争影响。古希腊思想家主要对经济的和组织的效率感兴趣，而且他们对世界的看法是人类中心说，而不是商业中心说。换言之，人是一切事物的中心。古希腊人极为重视个人的自我调节能力，强调个人以理性决策追求幸福的最大化，但他们并没有发现自我调节的市场，而自我调节的市场则是现代经济学的基本内容。

古希腊文化容纳两种相反的个人主义思想。一方面，独裁的统治者被授权为社会利益作出管理决策。这导致以个人作为基本社会单位的抽象定义的理性计算的发展。另一方面，每个家庭都是特殊的男权制家庭和成就驱动型家庭，这种家庭制度导致男性公民成为基本的决策者。这两种相反的个人主义的形式，"宏观的"和"微观的"，就像它们的语意所表明的，导致希腊社会强调私人家庭管理，也导致了理性的自私自利的享乐主义计算。

由于希腊人关注对人的管理原理，他们发展了管理艺术，而不是经济科学。他们的经济毕竟是基础而简单的，它是由原始农业和有限的宫廷贸易构成的。物品的生产基本是受占有土地的集团和军事首脑机关监督的。由于宗教和军事活动至关重要，国家非军事支出很少。然而，在日益精进的自然管理的进程中，古希腊人发展了对于经济理论具有重要意义的分析结构。特别地，下面的现代经济学成分是根源于希腊人的思想的：效率、资源配置、主观价值观念、享乐的计算，以及递减的边际效用概念。这个时期为经济分析作出贡献的主要学者是色诺芬、柏拉图、普罗塔哥拉（Protagoras）和亚里士多德。

□ 色诺芬论组织、价值和分工

19 世纪英国著名经济学家菲利普·威克斯第德（Philip Wicksteed）写道，经济学"可以包含对资源管理一般原理的研究，不管是个人的、家庭的、企业的，抑或是国家的资源管理；可以包含对所有这些管理中出现浪费原因的考察"（《政治经济学常识》，p. 17）。仅仅按照这段强有力的话，便可以把色诺芬（约公元前 427 年—公元前 355 年）判定为最早的经济学家之一。他的著作是对管理科学的一首赞歌。色诺芬是一个被授予过勋章的士兵，也是苏格拉底的学生，他以个人决策者的概念表达自己的思想，不管个人决策者是军事指挥官、公共管理者，或是一家之长。他思考了有效的而不是无效的活动过程。他的《经济论》探讨了私人和公共事务的适当组织和管理，而他的《途径和手段》（Ways and Means）则描述了公元前 4 世纪中叶雅典经济复苏的过程。对于这个把物质环境看作是固定的古希腊哲人来说，好的管理的主要因素是人的能力，是被磨炼成好的领导者的能力。

一个好的管理者努力增加他所监管的任何单位的经济剩余的数量，不论是家庭的、城市的还是国家的。对于色诺芬来说，这是通过组织、技能和一种最基本的经济原理——分工——完成的。在亚当·斯密的著作中分工成了经济增长的关键，正如我们将在第 5 章看到的。但是，分工的重要含义在古代就被认识到了。色诺芬把物品数量的增加和质量的提高归因于这种组织原理。他还把他的这种讨论扩展成一种对人口集中和专业化技能与产品发展之间的关系的分析。这种洞察力形成了亚当·斯密著名的专业化和分工受市场发展程度限制的论断的基础。

以一种现代的观点看，色诺芬所说的领导者——组织人类活动的杰出个人——缺乏效率，表现在他面对自然力，似乎没有意识到一种竞争经济的力量。虽然领导者是受自利动机驱使的，但色诺芬却把获取的行为指责为"非自然的"。在色诺芬看来，"自然的"经济过程是有知识的人运用领悟力和推理为避免痛苦和满足人的欲望而从自然索取必需的东西。这种对快乐的积极而合理的追求和避免痛苦是在享乐主义学说中被正式确认的，享乐主义学说是范围更大的希腊意识的组成部分。许多世纪以后，同样的思想在标志着新古典经济学开端（见第12～17章）的主观主义价值理论中重新出现了。

即使这种思考并没有确定一种明确的市场关系，人们也很容易看到色诺芬的主观价值概念如何预示了现代经济思想。色诺芬在其《神圣》(*Hiero*) 一书中指出，"在一个人面前摆放越多多余的菜盘，他就会越快地产生吃饱了的感觉；快乐持续的时间也是这样，面前放有许多道菜的人不如中等生活水平的人的状况好。"（《神圣》，p.9）。在这里，清楚的含义是，从消费中获得的额外的满足随着消费数量的增加而下降，这是一种作为边际效用递减原理而实际进入正式经济分析的思想。色诺芬还区分了个人主观价值概念和较为客观的一般财富或财产概念。他的结论是，财富是一个相对的概念。这样，在他对财产管理的讨论中，他看到"同样的东西既是财富又不是财富，取决于人们是否理解如何应用它们。例如，一个横笛，对于会吹它的人来说是财富，对于不会吹笛子的人来说它不比一块石头好，除非他把它卖掉……"在这个例子中，"它变成了财富"（《经济论》，1.10‐13）。这样，归根结底，"财富是一个人从中可以获利的东西"，但是，如果它使他受到了伤害就不是财富。"如果土地使我们挨饿而不是养活我们，那么土地也不是财富"（《经济论》，1.8）。

价值来源于由物品产生的快乐而不是来源于物品本身的思想，是当代经济学效用理论的核心。在亚里斯底提卜（Aristippus）与苏格拉底（Socrates）的对话中，色诺芬进一步阐发了主观效用的思想。在对话中，亚里斯底提卜问道："你认为同样的东西既是美的又是丑的吗？"苏格拉底回答道，"当然——而且既是好的又是坏的。对于饥饿的人是好的东西，通常对于发烧的人就是坏的东西；对于发烧的人是好的东西，对于饥饿的人就是坏的东西。对于赛跑是美的东西，通常对于摔跤就是丑的东西；对于摔跤是美的东西，对于赛跑就是丑的东西。一切美的、好的东西同人们接受它们的意图有关，而坏的、丑的东西则同人们不愿意接受它们的意图有关"（色诺芬：《备忘录》，第3卷，8.6‐7）。这种诉诸主观评价来衡量好坏，是从早期诡辩学者到亚里士多德时代的希腊思想的重要前提。

□ 柏拉图和管理传统

色诺芬关注领导和政策的实践性质，而柏拉图（约公元前427年—公元前347年）却分析了雅典国家的整个政治和经济结构。这两位学者都认为，人的活动是政治经济和治国才能的基本变量。但是，柏拉图通过考察和提炼法律的道德规则而探讨了最适宜的政治/经济结构。对柏拉图来说，最适宜的状态是刚性的、静态的和理想化的结构，他认为，对这个结构的任何偏离都是倒退。

柏拉图从一个不同的角度扩展了色诺芬探讨过的概念，他认为，城市的起源归因于专业化和分工。他写道：

> 一个城市——或一个国家，是对人的需要的反应。人并不是自我满足的，而且我们大家都有许多欲望……由于每个人都有许多欲望，便要求许多合伙人和承办商来满足他们的欲望。一个人将向另一个人交换以满足一种特殊欲望，而且，为了满足另一欲望，他将继续找到另一个与之交换的人。由于这种服务的相互交换，大量的人便聚集在一起，并聚居在我们称之为城市或国家的地方……这样一来，一个人便同另一个人交易，每个人都假定会从中获利（《理想国》，第 2 卷，369b－c）。

可以从许多不同的视角来看一个城市。从一个严格的经济的观点上看，一个城市是一个相对大的商品和劳务的交换市场。这样，柏拉图的上述引文就使我们开始走上通往交换理论的道路。专业化创造互惠的相互依存，互惠的相互依存则确立相互的交换。虽然柏拉图没有走到确立实际交换理论那么远，但是他正视了经济分配的性质——这在任何关于公平的探讨中都是必然要面对的。

在其关于公平的论述中，柏拉图的第一个原理是，专业化和分工确立效率和生产力。那么，效率和生产力的果实如何分配呢？柏拉图回答道，商品和劳务是通过市场分配的，并以货币作为交换的标志。但是，按照典型的希腊风格，他没有考虑市场自我调节的能力。市场，像国家一样，需要行政管理控制。柏拉图所倡导的控制的成分是不兑现货币，必须管理这种货币以消除利润和高利贷，并实行某些公平规则（即习惯和传统），这些规则将有按照严格的数学原理确立分配份额的效果。

由于坚持古希腊的行政管理传统，柏拉图把其理想国置于睿智和有效率的领导基础之上。色诺芬已经认识到，利润的追求者会成为好的管理者，只要他们的过分行为能够由于适当的行政管理控制而得以抑制。柏拉图由于建议进行必要的控制而把这一想法向前推进了一步。他承认，所有的利润形式（包括利息——货币的利润）都是对现状的威胁，他作了很多努力以把其领导者同一切腐败隔离开来。他提议把共产主义加之于统治者，以致他们不受财产的诱惑，也不偏离明智管理的责任。他追求将士兵打造成哲学家，以便形成一个"卫士"统治阶级，这个"卫士"统治阶级则把勇士的力量和纪律同学者的睿智和理解力结合起来。由于认识到专业化和分工的益处，柏拉图主张一种"阶级的专业化"，从而主张培养有能力的精英团体和高智力的统治者，以指导政治经济。

□ 柏拉图论民主和"公共选择"

柏拉图理想政治的实现依赖于精英主义而不是任何参与的社会过程。柏拉图可能仅仅把理想国看成是由当权者强加的。为了维护直接的社会利益，管理的精英是

经济理论和方法史（第五版）

受家庭和财产审查制度及共产主义调节的。在最后的分析中，公平是高级知识权威的产物，是由行政管理约束调和的。这个观点完全同亚当·斯密和我们将在第2篇遇到的那些古典经济学家的观点相反，斯密和古典经济学家认为，自由的核心价值可以仅通过个人的参与和受竞争力量限制的活动自由而实现。

尽管他倡导这个理想，但柏拉图已经感觉到在空想社会中的长期均衡是不可行的。因此，他分析了国家如何从理想"衰落了"，对他所处时代的国家形式给予了隐含的和公开的批评。下面的图示总结了从柏拉图的观点来看的公平社会的累退式衰落。

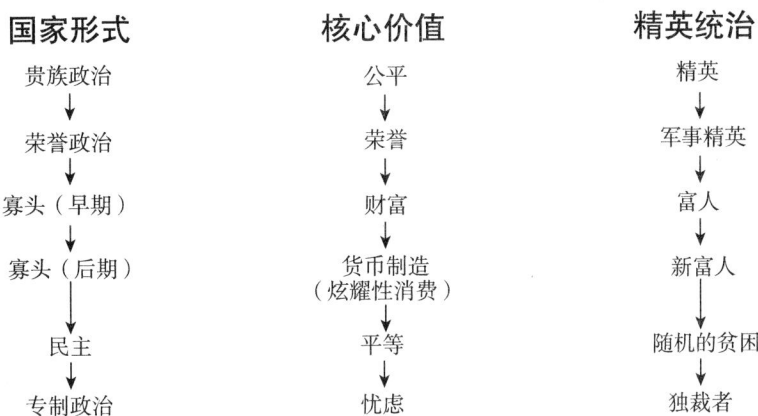

国家形式	核心价值	精英统治
贵族政治	公平	精英
↓	↓	↓
荣誉政治	荣誉	军事精英
↓	↓	↓
寡头（早期）	财富	富人
↓	↓	↓
寡头（后期）	货币制造（炫耀性消费）	新富人
↓	↓	↓
民主	平等	随机的贫困
↓	↓	↓
专制政治	忧虑	独裁者

柏拉图坚持认为，国家的衰落是由于超越了其核心价值，在他看来，贪欲、贪婪和肆无忌惮地索取是主要的祸根。从一种当代的观点看，值得注意的是，虽然柏拉图把暴政作为最坏的情况列举出来，但他并不赞成民主。跨越时代，柏拉图嘲弄式地告诉了我们关于西方政府的宝贵形式及其潜在的危险。但是要记住，柏拉图的思想受他自己经验的局限。古代的世界见证了民主的多样性，但是没有一种民主形式反映了今天我们所知道的代表民主的议会或国会形式。

在其对政府形式的比较分析中，柏拉图探讨了两个关于民主的重要问题：（1）为什么它是这样一个有吸引力的形态？（2）为什么它从根本上而言是不稳定的，在极端情况下会导致独裁？柏拉图坚持认为，民主的吸引力一方面来源于个人自由，这种自由允许每个公民畅所欲言和自由行动；另一方面，民主的吸引力来源于民主所允许的个人性格的多样性。民主构成杂陈的制度和性格，允许个人选择自助式的政府形式。但是，尽管民主有这些政治上的和经济上的魅力，但在柏拉图看来它是不稳定的。他坚持认为，民主是"无政府状态"，因为它把人看成是平等的，而"不管他们是否平等"。他认为，过度追求民主所促进的自由和平等最终会导致民主被毁坏。官职是通过分配（或者更糟，通过出售）而获得的。另外，民主趋向"滥用那些服从当局的人，把他们看作有奴性的和可轻视的人。并准备认可，在私人生活和公共生活中，像公民那样行动的统治者和像统治者那样行动的公民。在这样一个社会里，自由的原则只能走向极端"（《理想国》，p.383）。

一个民主社会，当领导者发现并不能在一切时间使每个人都得到满足的时候，便渴望专制政治。因为在民主社会大多数人参政，而领导者依赖于公众意见的投票，于是他们的判断基于情感、成见和自己的利益，而不是公平。当选的领导者通过从富人那里获取收入再把它们给予穷人而获得政治利益。这样，民主便刺激再分配的斗争，当一个暴君（"残忍的人"）被抬出来"保护"穷人免于遭受他们的敌人伤害的时候，这种斗争便加剧了。一旦这个暴君"以协商或消灭的方式解决了他的外国敌人，而且并不用再过多担心他们，他就将第一时间继续煽动战争，以便人们继续需要一个领导者"（《理想国》，p. 388）。战时的高额税收使大众忙于赚取每天糊口的钱——远离自由或反抗的思想——所以"一个暴君必须总是煽动战争"。

由此而来，在柏拉图的政治格局中，从民主滑向暴政是一个自然的革命。因此，毫不奇怪，柏拉图把他建立理想国的赌注压在权力而不是民主上。但是，具有讽刺意味的是，自中世纪以来西方文明的经验表明，在存在绝对权力的地方更可能强加专制而不是和谐。结果，民主在今天是作为西方的理想而得到维护的。可以确信，现代民主试图树立起反对把它们退化为暴政的屏障，例如联邦制，行政、立法和司法权力分离。然而，在今天的世界，代议制民主继续与柏拉图所提醒的需要面对的许多问题搏斗——这使得他的教诲值得后人谨记。

□ 普罗塔哥拉和享乐的计算

柏拉图是绝对主义者，而普罗塔哥拉（约公元前480年—公元前411年）则是相对主义者。他坚持认为，没有客观真理，只有主观意见。这种主观主义在他的著名格言中得以印证，该格言是："人是衡量一切事物的尺度"。换言之，虽然不能发现真理，但能发现效用。按照普罗塔哥拉的看法，一国的公民决定社会福利的构成和如何实现社会福利。普罗塔哥拉反对柏拉图的绝对权力，颂扬民主过程。他相信常识而不是科学，相信人类实践的社会经验而不是道德哲学家和政治理论家的学说。毫不奇怪，柏拉图是他的主要批评者之一。

普罗塔哥拉的主观主义基于人的感知和物理现象之间的相互作用。当时人们认为视力是眼睛发出的光（而不是光进入眼睛）而形成的，并因而提出了积极的而不是被动的个人主义观点。据说普罗塔哥拉说过这样一句话："我们每个人都是事物是什么和不是什么的衡量者。然而，在人和人之间恰在这个方面存在真正的差别：同样一些事物，在一个人看来是什么，对另一个人来说则不同"（柏拉图，《泰阿泰德》，166d）。因此，和柏拉图不同，普罗塔哥拉认为手段比目的更重要。社会的稳定性是由个人参与目的选择而得以保证的（按照经济学的类似的看法，市场的稳定性是由市场各方的积极参与决定的）。像其余的古希腊哲人一样，普罗塔哥拉对领导和行政管理的效果感兴趣，但是，他坚持认为，行政管理者/领导者的适当作用在于提供建议而不是绝对的统治。行政管理，换句话说，是通过告知实现目的的手段选择而作出贡献的。

¹⁵ S. T. 劳里（S. T. Lowry）在其对希腊经济思想的权威性研究（《经济思想考古学》，p. 159）中对普罗塔哥拉的行为做了一些评论。劳里断言普罗塔哥拉的人为尺度（man-measure）学说是劳动价值理论和主观个人主义思想的根源。他还断言，

普罗塔哥拉预见了现代经济理论的两个最基本的要素：（1）通过其分配资源的功能市场实现效用最大化的途径；（2）在评价选择上对享乐计算的应用。这些评论难以得到充分的证实，因为事实上普罗塔哥拉的思想仅存在于二手资料中。然而，诡辩学家——普罗塔哥拉是最早的和最伟大的诡辩家之一——确实播下了某些在19世纪开花的思想的种子。

□ 亚里士多德和双方交易

亚里士多德（约公元前384年—公元前322年）对比较效用测量的分析潜力很感兴趣。在其《论题》（*Topics*）和《修辞学》（*Rhetoric*）中，他系统地考察了适用于公共决策的选择因素。对现代经济理论最重要的是，亚里士多德用增量的比较讨论了价值。但是，他对价值的系统比较是以按照完全同当代价格理论无关的方式阐发的主观边际效用为基础的。最有可能的是，亚里士多德对交换的分析是试图确定雅典法律制度据以建立的公平的标准。无论如何，对平等的考虑支配着亚里士多德交换分析的经济思考。

重要的是要指出，亚里士多德已经着手分析孤立的交换而不是市场交换。这一差别对于理解亚里士多德模型的程序和结论特别重要。一方面，经济学家们把孤立的交换定义为与其自身主观偏好相联系而进行的双方产品的交换，在交换中不考虑其他市场机会。另一方面，当个人交易者由于认识到是在有组织的、信息灵通的市场上同大量参与者进行连续的、广泛交易而作出决策时，市场交换便发生了。在市场交换中，公众所知道的价格是许多买者和卖者利益公平运作的最终结果。相反，在孤立的交换中，没有流行的市场价格。在缺乏大量市场参与者相互作用的情况下，每个交易的公平只能由没有利益关系的第三方，例如仲裁人或法官来决定。另外，必须逐个加以评判。孤立的交换是亚里士多德经验的老生常谈，在今天的工业化前的经济中还保留了相当的共性。在那里早期的或特质的生产技术导致独特的产品。

政体的性质 虽然亚里士多德是柏拉图的得意门生，但他反对自己老师的理想国概念。相反，他赞成允许经济激励起较大作用的混合经济。和柏拉图不同，亚里士多德维护一切阶级的私有财产，不仅仅是非统治者的财产，其理由是这样做能促进经济效率，产生社会和平，激励道德品质的发展。

在亚里士多德的时代，雅典的政体在很大程度上作为一种分配经济发挥作用。财富和特权是按照习惯、传统和政府指令分配的。其中被分配的是：各种荣誉、免费的公共膳食、公共娱乐、粮食的配给、拉夫里昂（Laurium）银矿的利润、按照法律责任向许多公民的支付和为公共聚会的支付。用当代的用语来说，这些"权利"是每个希腊公民的特权。亚里士多德把这些权利看作防止不受约束的民主的手段。因此，他所关心的基本问题是分配公平的问题。

交易的性质 亚里士多德对双方交换的分析必须以其对分配公平的认知为背景来评价。他把交换视作双边的过程，在这个过程中，双方当事人的境况作为交换结果变得更好。当潜在交换的双方当事人各自拥有剩余并为换回对方的产品而愿意放弃的时候便引致了交换。这样，交换便建立在互惠的概念上。从这个观点出发，分析便是按法律基础而不是按商业基础进行的。这个事实从下面一段话看是至关重要的，在这段话中，亚里士多德分析了物物交换：

> 现在，按比例的收入是通过交叉联系来保证的。令 A 为一建筑工人，B 为一鞋匠，C 为一座房子，D 为一双鞋。这样，建筑工人必须从鞋匠那里得到后者的产品（鞋子），他自己则把自己拥有的产品（房子）给鞋匠。如果首先有按比例的产品的等同性，这样就将发生互惠的活动。我们所提到的结果就将是有效的。如果不是这样，交换就是不平等的，而且不能坚持下去；这里没有任何东西可以阻止一个人比另一个人做得更好，因此它们必须是等同的……这就是为什么所有被交换的东西必须在某种程度上是可比较的原因。结果是引入了货币，而且交换在某种意义上成了间接的了。由于货币衡量一切东西，因此它可以衡量过剩和短缺——多少鞋子等于一座房子或等于某一既定数量的食品。用于交换房子的鞋子的数量必须和建筑工人同鞋匠的比例相适应。因为若不这样的话，就将没有交换，没有往来。除非产品在某种程度上是等同的，否则这个比例是无效的。正如前面我们已经说过的，一切产品必须用某种东西来衡量。现在这个单位确实是需要的，它把一切东西联系在一起……；而且按照惯例，货币已经成了需求的一种代表；这就是为什么把它称为货币的原因——因为它的存在不是由于"自然"而是由于法律，而且我们有力量改变它，使它无用。这样，当条件等同的时候，即当工人和鞋匠交易条件相等的时候，鞋匠劳动的数量同工人劳动的数量相等的时候，就将有互惠性。（《尼各马可伦理学》，1133ᵃ5 - 30）

正如我们很快就会看到的，这段话再加上亚里士多德其他的精确论述成了中世纪经院学者一再热烈讨论的课题。在中世纪，西方经济思想缓慢地向把供给和需求理解为市场现象移动。由于其模糊的含义和其对非市场的关注，亚里士多德双方当事人交换的分析没有使我们接近市场价格的分析。在上面这段话中，亚里士多德没有清楚地指出成比例的类型是什么，也没有按照这个联系的线索清楚地指明互惠性（或等同性）意味着什么。

后来的学者试图赋予亚里士多德的分析以几何图形的形式。在 14 世纪尼科尔·奥雷姆（Nicole Oresme）对亚里士多德著作的评论中，提供了这里所复制的如图 2 - 1 所示的图形。遗憾的是，这个几何模型并没有清楚阐明基本的经济问题。尽管在表面上它类似于现代的供给曲线和需求曲线，但图 2 - 1 的交叉对角线并没有数学意义上的函数关系。另外，也没有对价格的认识，虽然提出了一种等同的主观效用的均衡。[①]进一步地说，该图形没有显示利润在两个交易者之间的分配，以及在自愿选择界限内的交易公平。

虽然亚里士多德交换模型存在持续混乱，但不能埋没这样的事实，即它成了后来在中世纪（见后文的内容）形成的旷日持久的价值讨论的重要基础。不管怎么

16

---

① 事实上，该图形是边际效用分析创建者之一杰文斯（W. S. Jevons）在 1871 年（参见第 14 章）使用的那种图形。杰文斯曾感谢亚里士多德对他本人思想的影响。

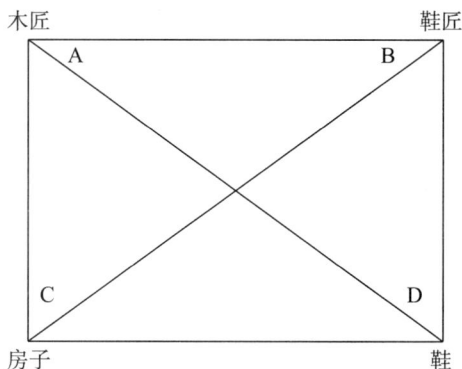

図中标注：木匠 A，鞋匠 B，房子 C，鞋 D

图 2-1　如果木匠和鞋匠在对角线的交点交易，那么便实现了按比例的补偿

说，亚里士多德的交换模型为贸易确立了重要的前提条件，而且这些前提条件成了早期经济分析不可或缺的一部分。例如，亚里士多德清楚地确立了下面的命题：

1. 只有在有剩余时才出现交换；
2. 在交易者中间必须有对剩余价值的不同的主观估计；
3. 交易者必须确立一种对交换的潜在的互惠利益关系的认识；
4. 如果在孤立的交换中出现具体利益分配的争执，适当的分配份额必须由行政当局来决定，行政当局要考虑普遍公平的规则和国家的福利。

亚里士多德还以其他方式影响了价值理论，例如他采用增量比较来处理这一问题。因此，他发现，"如果增加一较小的单位使整体的好处大大增加，那么该东西就是较为合意的。同样，你们也可以用减少的手段来判断：对于该东西来说，其减少使剩下的东西是一个较少的好处，就可能取得较大的好处，无论其减少的情形如何，都会使剩下的是较少的好处"（《论题》，118^{b}15）。他还考虑了稀缺性和使用价值，暗示了被亚当·斯密精确阐述的著名的水—金刚石悖论（参见第 5 章）。亚里士多德指出，"稀少的东西比丰裕的东西具有更大的好处，因此，黄金是比铁更好的东西，虽然它的用途较小：它难以得到，因此得到它更有所值"（《论题》，1364 20-25）。他附带加上一句话："日常有用的东西胜过不常有用的东西。"亚里士多德引用品达（Pindar）的话以加强其说服力："最好的东西是水。"他在《政治学》（*Politics*）中对人的欲望的顺序排列也预见了伟大的奥地利经济学家卡尔·门格尔（Carl Menger）的理论（参见第 13 章）。

□ 亚里士多德论货币和利息

亚里士多德的理论使货币的起源和货币的作用理性化了。上面从《尼各马可伦理学》（*Nichomachean Ethics*）中引证的关于相互交换的性质的一段话证明，他把货币看作价值标准和交换媒介。亚里士多德还把货币看作价值储藏手段，因为他发现，"如果我们现在不需要某种东西，我们应当拥有货币，即使我们不需要它，因为它是我们的保证；因为我们能够通过握有货币使我们取得我们想要的东西"（《尼各马可伦理学》，1133^{b}10）。有些学者甚至认为，现代的把货币看作延期支付合同标准的思想隐含于亚里士多德对高利贷的分析中。

当然，亚里士多德是在纸币和银行业务被创造之前写作的，但是他从来没有详细说明在公元前 4 世纪所需要的货币的性质，当时，黄金是普遍的通货。虽然今天黄金作为一种现金货币被取代了，但是由亚里士多德所确定的性质现在仍然像以前一样具有丰富的含义。亚里士多德所规定的五种性质是：

1. 持久性。黄金是好的货币，因为它不蒸发、不发霉、不生锈、不碎裂、不损坏或不朽坏。黄金在化学上具有非活性，这种非活性使它成为一种持久的交换媒介。

2. 可分性。不管是金块、金粉，还是硬币，一盎司黄金确切地说就是 100 盎司黄金的 1/100。所以黄金是可分的，没有价值的贬值。相反，当一块金刚石断裂的时候，它的价值就可能遭到破坏。

3. 便携性。黄金允许其所有者随身携带。不动产只能停留在它所在的地方，而且许多其他金属的相等的价值可能因太沉重而不能携带。

4. 一致性。24k 金只有一个级别，所以拥有 24k 金的人没有黄金变质的危险。每时每地纯金都是相同的，因为它是一种自然成分，和宝石、艺术作品、土地、谷物或其他商品不同。

5. 内在价值。黄金除了作为货币以外还有其他许多用途。在所有的金属中，黄金是最有延展性的、最可塑的和具有最少活性的金属。除了白银（古代另一个通用的货币形式）外，它是热和电的最好导体。[①]

亚里士多德对公平和经济管理性质的关心，使他把货币作为获取行为的目标来讨论，特别是使他把利息作为一种"非自然的"收益来考察。现代经济思想把获取行为看作一种关于自利的健康的表现，通过竞争对其施加限制，这种自利被证实是有益的。但是对于希腊人来说，由于没有抓住市场自我调节的特征，不加限制的获取行为是对社会和经济稳定的威胁。亚里士多德认为，铸造货币允许"不必要的"交换发展，而不必要的交换在"好的"国家中是被阻止的。在古希腊时代，不必要的交换是没有一种自然约束的交换。和家庭受有限的欲望和递减的边际效用限制的必要交换不同，不必要的交换（即零售贸易）是仅仅出于为积累财富而积累财富的意图而发生的。换言之，虽然亚里士多德承认利用交换可以满足（自然的）个人和集体的欲望，但不赞同把交换仅作为积累财富的手段。因为这种积累是没有自然约束的，对财富的无情追求便有使多数人贫穷而使少数人富裕的风险。

在亚里士多德看来，自然地应用货币是花掉它。窖藏或为了积累而积累，是不自然的，因此应受到谴责。迄今为止，没有先前的积累便不能有借贷，借贷也是令人怀疑的。基于这种看法，亚里士多德把利息谴责为"非自然的"。亚里士多德谴责利息，他把利息等同于高利贷，原因在于他认为，没有理由仅仅通过货币转手便使一种仅仅是交换媒介的东西增加——货币以这种方式再生产其自身是不自然的。

遗憾的是，亚里士多德没有首先抓住支付利息的原因。换言之，亚里士多德没有阐

---

① 总体来说，虽然这五个特征使黄金适合于做交换媒介和价值贮藏的手段，但重要的是其认为黄金的价值是神秘的论点是无聊的——简单地说，它只是 92 种自然元素中的一种。

发一种利息理论，即使他有一个和利息相联系的基本的货币理论。

回顾整整 1 000 年的历史，人们清楚地看到，希腊人对西方思想的贡献是一种社会科学的理性方法。他们的思想确立了一种连续，这种连续概括地描述了从以家庭为单位的基础生产/消费的微观经济价值到集体公民的幸福和自给自足的宏观经济价值。他们没有掌握的是市场作为一种自我调节机制的概念。因此，他们的分析框架是以人为中心的和行政管理的框架。（为更多地了解希腊人的经济思想遗产，参见专栏"方法论争论之一：经济学家（或任何人）能知道什么？"）

☞━━━━━━━━━━━━━━━

方法论争论之一：经济学家（或任何人）能知道什么？

在经济学中，正如在任何知识领域中一样，任何人都可能提出的一个最基本的问题是：是否以及在什么情况下我们能知晓某些事情？关于知识和变化的不同观点已经形成了经济学家分析世界的方式。

这个问题折磨着早期的希腊哲学家，他们开启了关于方法的争论。关键问题是知识本身的基础。关于变化性质的方法之争在希腊哲学的最初时代开始激烈起来。*前苏格拉底学派的一个由哲学家赫拉克利特（Heraclitus）领导的团体将其关于变化的论点基于一种永久和持续变动的世界观。我们可以把这称为分析变化的动态方法。对立的观点是另一位希腊哲学家埃莱阿的芝诺（Zeno）的观点。他采用了一种静态的观点，认为一切变化都是表面现象，是由于不真实和不可靠的感观经验而产生的。按照这种静态的观点，世界是不变的、可预见的。

虽然日常出现的事件同芝诺的概念相矛盾，但像柏拉图和亚里士多德这样的哲学家都采用了静态的观点，这一静态观点成了支配两千多年的哲学概念。芝诺和他的追随者探讨了存在于感观经验的表面世界背后的自然的"不变特征"。这个世界允许变化，但变化是"可预见的"，比方说，像有规律的商业活动周期那样变化。这种世界（在这种世界中 A 引起 B，B 引起 C，因此 A 引起 C）最终获得了"静态"的称号，并被说成是"决定论的"。法国天文学家和数学家皮埃尔·拉普拉斯（Pierre Laplace）也许比其他任何人更好地抓住了决定论的本质，因为他作出了这样的著名论断：如果他知道任何既定时刻宇宙中每个粒子的状态，他就能预见事件永久的未来过程。这个静态的世界观支配了西方思想，并成了包括经济学在内的某些科学的有机组成部分。

相反的观点——永久变化的观点——在 19 世纪查尔斯·达尔文（Charles Darwin）的著作中出现了，达尔文的《物种起源》（*Origin of the Species*，1859）一书强调生物进化的动态主义。结果，生物学和其他生命科学都开始被一种"世界如何运行"的较为动态主义的观点支配，因而与较为保守的且接受了静态观点的其他科学形成了对比。

正如将在本书随处可见的，经济学没有逃脱这种关于知识和我们能知道什么的基本哲学争论。正式的或经验的经济模型或理论，特别是那些在当今流行的"新古典"经济学传统之内的模型或理论，是高度决定论的。在标准的经济"模型"中，在围绕某些事件的条件被设定后，模型被用来预测结果。例如，如果对计算机芯片的需求提高了，给定理论化的或经验规定的供给条件，计算机芯片的数量和价格将上升。这种预见的理论化简单地说就是决定论和 18 世纪各类"启蒙"哲学家们所阐述的"自然法则"信条的引申。正如我们将在第 5 章看到的，亚当·斯密——经济学的奠基者——是这些哲学家之一。他强调将"看不见的手"作为永久不变的自然法则，这是芝诺观点在"后世"的反映。

静态的观点已经并继续对经济学家借以研究其领域的方法产生巨大的影响。但是赫拉克利特的动态学也有重要的影响。在达尔文的原理形成以后不久，美国经济学家索尔斯坦·凡勃伦（Thorstein Veblen）就把正统经济学批评为"过时的"，因为它没有应用动态和进化的方法（达尔文的生物学所提倡的）。这时，伟大的经济学家约瑟夫·熊彼特（Joseph Schumpeter）也正在引进一种经济发展的新演化理论，这种新演化理论主要依赖于变化的动态理论。虽然凡勃伦和熊彼特并没说服他们同时代的人以动态的方法取代静态的方法，但是经济学研究会周期性地经历新的变革，旨在以动态的观点分析制度的变化。

何种变化的观点将最终占支配的地位，是芝诺的静态观点还是赫拉克利特的动态学观点？一个继续阻碍动态学讨论和变化理论的障碍是，如果一切与经济或特殊事件相关的因素是恒久变动的，未来就是不可预见的。经济学家，也许连同一切科学家，希望能够进行预测，至少在有限的情况下。这两种观点，正如将在本书到处看到的，在经济学中都被使用。希腊哲学家的这两种相反的观点将继续在经济学方法上燃起争论的火焰。你们读完本书后就会看到这一点。

*这里的某些讨论遵循艾尔弗雷德·乔克（Alfred Chalk）的《熊彼特关于哲学经济学的观点》（*Schumpeter'ss Views on Philosophy and Economics*）。

罗马人和早期基督教的贡献

经济史家们可能对古希腊的经济活动范围仍有争论。但历史记录表明其活动范围是很广的，足以产生重要的思想。在罗马取代希腊成为西方思想中心的时候，重要的商业兴趣已经发展起来，并在整个帝国传播。到罗马共和国终结的时候，已有大量的经济问题——贸易、金融、战争、殖民化和奴隶制问题等——需要雇用众多的经济学家和政府顾问来解决。因此，令人感到奇怪的是，在这个时期没有形成多少真正分析性的经济学著作。

对这个谜的一个可能的答案是，古罗马的社会结构不适合纯粹的知识兴趣。从最底层起，罗马社会是由奴隶、农民、艺术家和商人构成的，配以市民贵族和军事贵族。虽然贵族培育了对希腊哲学和艺术的浓厚兴趣，但他们仅仅把希腊哲学和艺术作为一种副业，不是主业。所以，在经济学中没有发生重大分析的进步是可预料的。

罗马社会的一个巨大成就是法律。从一个社会的观点上看，它是世界历史上最大帝国之一的最高荣誉。罗马法典分为民法和普通法，民法（市民法，jus civile）

仅被用于处理公民间的关系；普通法（万民法，jus gentium）——虽然不是英语意义上的——则处理非公民间或非公民和公民间的商业关系和其他关系。这个法典的最后文本成了经济原理的一个知识宝库，这个知识宝库为后来的，特别是中世纪的经济分析提供了出发点。例如，罗马的财产法和合同法后来成了西方世界法律体系的中坚。自然法则概念，可以追溯到亚里士多德，被注入了罗马法，在罗马法中它是作为一种决定人类法有效性的标准来应用的。最后，现代的公司学说也可以追溯到罗马法。[①]一般来讲，罗马法提供了后来的经济学借以缓慢地但稳定地发展的框架。例如后来的市场价格讨论的焦点就可以在《查士丁尼法典》（*Justinian Code*）中发现：

> 物品的价格并不是根据个人的一时冲动或效用而起作用的，而是根据共同的估计。一个有为儿子花费巨额赎金的人，不会因为这个巨额赎金而使自己更富有。占有别人的儿子的人也不能由于把他（儿子）卖给其父亲而占有这个巨额赎金，而且，在他卖掉别人的儿子之时也不能期望得到这个巨额赎金。在现在的情况下，他（儿子）是作为人而被估价的，而不是作为某人的儿子而被估价的……但是，时间和地点也可能使价格发生变动。在罗马和在西班牙对（橄榄）油的估价是不同的。而且，由于在这里价格并不是由于货币的影响或者偶然的稀缺而形成的，所以在土地长期贫瘠之时对橄榄油的估价也不同于在丰收季节的估价（《民法大全》，引自登普希，p. 437）。

值得注意的是，从罗马衰落到 18 世纪末这段时间里，大多数经济学者，就职业而言，要么是商人，要么是律师。而如果他们是律师，则要么是受过教规法培训的牧师，要么是受过民法培训的律师。

基督教的兴起与罗马帝国的衰落同步，并提供了一种不同类型的文明影响。罗马在一开始就努力使其征服的领土文明化，却以建立法律和秩序而告终。它提供给在其法律约束之外的人的唯一信息是军事征服。也许由于这个原因，它在本质上拥有不稳定的社会和政治秩序。基督教提供了一种不同的信息，证明对于千百万人来说它是鼓舞人心和振奋精神的，但直到其发展的晚期，才对经济分析的进步有所裨益。

早期基督教思想将上帝的王国看作是伸手可及的，因此它强调"另一世界"的财富。生产和物质福利在上帝的王国是多余的，实际上，把地上的财富看作是到达天上王国的障碍。随着时代的推移，这种天上王国的来临似乎变得更遥远了。财富被看作用于改善人们福利的上帝的礼物。因此，基督教思想强调要"正确"使用赠予的物质。这是中世纪人们一直坚持的观念。因此，圣·巴西勒（St. Basil，约330—379 年）写道：

> 善良的人……在其拥有财富的时候不倾心于财富，即使他没有财富也不追

---

① 对现代公司的一个卓越的历史论述，虽然简略，包含在罗伯特·黑森（Robert Hessen）的著作《公司的防卫》（*Defense of the Corporation*）中。奇怪的是，黑森没有把这个概念追溯至罗马法，而是停留在了中世纪。

求财富。他对待给予他的财富不是用于其自私自利的享用，而是为了聪明的管理（《圣·巴西勒著作集》，引自加里，p.52）。

这种表述更多的是一种规范的告诫，而不是朝着经济分析方向前进的一步。对于圣徒们的早期著作也可以作出同样的评价。这些圣徒包括：约翰·克里索斯托（John Chrysostom，约347—407年）、哲罗姆（Jerome，约347—419年）、安布罗斯（Ambrose，约339—397年），还有程度较轻的奥古斯丁（Augustine，约354—430年）。奥古斯丁比其他人走得更远，他指出了通向主观价值理论的道路，在那里，欲望是由个人决定的。例如，在《上帝之城》（*The City of God*）中，他写道：

> 在每种东西上都有与其应用成比例的不同的价值系列……最常见的情况是一匹马比一个奴隶贵，或者一件珠宝比一个女仆贵。由于每个人都有随其意愿形成其看法的能力，完全站在对某种东西的实际需要的立场上的人的选择和仅仅为了快乐而热切追求某种东西的人的选择极少是一致的（载于登普希，p.475）。

但是，总的来说，早期基督教作者对待经济问题即便不是持敌对态度，也是满不在乎的。他们主要对个人行为的道德性感兴趣。经济机制如何和为什么起作用，对于教会领导人或其作者来说是不感兴趣的。

第一个千年的中国经济学

中国是世界上最古老的文明之一，但是，由于其地理、文化和语言的隔绝，其知识的历史尚不能为许多西方学者所接受。张（《中国经济思想史》（*History of Chinese Economic Thought*））认为，中国经济思想发源于东周时代（公元前771年—公元前249年），一个和古希腊部分重叠的时期。在中国，这个时代的特点是，一方面专制当局和贵族逐渐衰落，另一方面则是作为独立国家的君王封地的形成。在经济上，土地的生产力提高了；货币化和专业化发展了；商业、城市和市场形成了；富人和穷人之间的差别变得悬殊了。三个思想流派——儒家、法家和墨家论述了在这一中国哲学黄金时代的经济问题。

□ 孔子和他的追随者

像古希腊同时代的学者一样，孔子（公元前551年—公元前479年）专心致力于道德问题。他提倡秩序的伦理体系，该体系调节所有的自然和社会现象，包括天体运动、季节的变化、政府的兴衰和所有的人际关系。除了这个体系包罗万象的性质，还有某些同古希腊相平行的性质。在孔子的社会里，人们之间的责任是相互的。统治者的权势基于道德和能力，而不是基于继承性。国家是按照伦理标准和被传说中的圣人编成法典的规则建立的，并由人通过道德影响而非法律、强迫或神圣的精神加以管理。在孔子的等级社会中，每个人都发挥唯一的作用，只要每个人都理解并发挥其作用就能带来社会和谐。孔子的理想社会是由乐意服务于共同利益的人而不是由追逐个人利益的人推进的。这些思想简单而直接，确定了中国以后数世纪的经济思考的范围。孔子的训诫主要有：

1. 税收取之于人们的生产能力，并限于土地生产的1/10。

2. 政府支出，包括宫廷支出，应按照政府的收入进行调节，而不是相反。

3. 生活标准应符合每个人的社会地位，没有极端的挥霍或吝啬。

4. 统治者最主要的职责是造福于人民。

5. 政府应坚持一般的非干预的态度，并为生产提供帮助，必要时维持平等的收入分配。

这一部分的模糊含义（例如，第5条）在孔子死后逐渐成为某种困扰，并导致他的追随者们就人性的本质和政府在经济中的适当作用的问题产生了争论。孔子的追随者之一，孟子（约公元前372年—公元前287年）认为，人性本善，政府应当通过非干预的政策促进公共福利的实现。孔子的另一个追随者，荀子（约公元前300年—公元前237年）坚持认为，人是受邪恶的冲动支配的。他建议建立较为有权威的政府。

□ 法家

韩非子（公元前280年—公元前233年）是荀子的学生，他认为——遵循他的老师的看法——人基本是受自私自利的动机驱使的。韩非子认为，社会秩序和经济进步只能通过严格的、集中化的奖惩管理而实现。他认识到，孔子的社会只有在个人受到道德原则的指导、帝王是聪慧的统治者的情况下才能实现。韩非子认为，实际上，社会仅以平庸的统治者为头领，贪婪是常情而非例外。另一个法家代表，著名的变革管理者管仲（约公元前730年—公元前645年），反对孔子的非集权、道德劝告和个人道德的方法，主张集中化的国家权力和管理的法律机制。他的一些追随者为从中国社会根除旧贵族而努力，写下了诸如货币和财政政策、政府垄断、价格稳定、人口、农业和商业的著作。

□ 墨家

经济思想家的第三个流派是由墨子（约公元前479年—公元前438年）领导的墨家，墨子曾在孔子的门下学习，但后来反对孔子的说教。由于儒家沉迷于个人的收益而不坚持其所授的原则，墨子醒悟过来，他把儒家没有论及现存的混乱和困境看作是儒家思想的漏洞。像儒家一样，墨家在现存的专制制度下追求促进经济和谐和福利，但是他们在实施方法上不同。墨子认为，一种普遍的兄弟之爱是对人的自私自利和不公平的自然倾向的矫正。他反对阶级的划分、奢侈和浪费。他赞成社会流动性、稳定、秩序、国民财富和大量人口。他的分工概念关注专业化的优势，在他的时代是相当先进的。墨子还对政府的效率抱有很大的信心，前提是政府受有纪律的阶层和集中化的当局的指导。他按照严格的军事的和权威的原则组织他的学生，这些原则在古代中国激励了一种宗教的热情和无敌的权威精神。

这种思想的多样性更多地显示了引起争论的问题，而不是产生统一的经济分析领域。像其古代西方世界的希腊同时代人一样，中国的哲学家在道德和伦理的框架内进行了经济的探讨。他们的分析受到了他们生活于其中的社会制度结构的影响。在这样的社会中，市场从来没有被设想为一种机制，这种机制能够通过允许追求私利的个人自由运作而有能力进行自我调节。因此，把经济学看作是道德哲学的一个分支就很自然了——这是进入 18 世纪的西方和东方持续存在的一种倾向。

中世纪阿拉伯—伊斯兰教经济学

虽然对于古希腊哲学家对经济学的贡献时有争论，但阿拉伯—伊斯兰教思想的影响一直被忽视。但是，历史学家认为最后的罗马皇帝在 476 年的逝世宣告了西方进入长期衰落和相伴随的东方的兴起。在五个世纪里，从公元 700 年到公元 1200 年，伊斯兰教在权力、组织和政府范围，在社会改善和生活标准，在文学、学术、科学、医药和哲学等方面领导了世界。另外，在这 500 年间穆斯林的科学继承和发展了希腊的数学、物理学、化学、天文学和医学，虽然西方陷入人们通常所说的"黑暗时代"。到公元 730 年伊斯兰帝国从西班牙和法国南部一直延伸至中国和印度的边疆，它是一个特别强大和优雅的帝国。由于这个扩展能力，阿拉伯世界提供了一座桥梁，跨越这座桥梁，希腊人和印度人的智慧和文化就可以到达西方。也许最有意义、唯一的创新是，中世纪的阿拉伯学者对西方贡献了他们的书写数字的制度。阿拉伯数字取代了从前帝国的笨拙的罗马数字。另外，一个较为偏执的阿拉伯数学家海桑（Alhazen）在公元 1000 年左右创立了现代光学理论。但对我们的意图来说，阿拉伯文化最重要的贡献是重新把亚里士多德引入西方。

中世纪重要的经济知识可以归于不下 30 位阿拉伯学者的名下，像在下一节讨论的中世纪教会的牧师一样，他们关注理论同忠诚实现一致的可能性。他们不是把经济学看作目的本身，而是看作实现目的的一种手段。目的是拯救，所以，把经济活动看作世俗的人为获取天上的东西而进行斗争的一部分。人们可能说，穆斯林社会相信伊斯兰教，而不相信经济学。因此，穆斯林哲学不问某些经济形式是对还是错，而是探讨穆斯林学者在同伦理原理和政治原理相关的问题上如何对待经济学。在伊斯兰教中，没有从人的推理衍生出成文法的传统。法律是从伊斯兰教义那里获得的，即对神的意志的一种表述，依从神的意志，法理学家和神学家阐发伦理原理、社会原理和经济原理。这使得在伊斯兰经济学和西方经济学之间进行比较成了问题。然而，简要回顾一下伊斯兰中世纪经济思想就可以看出，在古希腊的哲学探讨和中世纪欧洲学者的探讨之间有一条连续性的线索。由于篇幅限制，不允许在这里对整个中世纪的知识传统进行全面的概览。我们将集中考察从 11 世纪到 14 世纪伊斯兰教思想链条中的主要环节。

阿布·哈米德·安萨里（Abu Hamid al-Ghazali，1058—1111 年）是这种传统的一面镜子，他基于对效用和负效用的思考阐发了一种可以称之为社会福利函数的理论。虽然拯救是人的活动的最终目标，但经济活动的追求也是实现这个目标的一个必要部分，因为没有这种追求，人类就将死亡（《伊海亚》，2：32，载于戈哈赞法和伊斯拉西，p.384）。因此，经济效率仅仅是履行宗教规则的一个方面（《伊海亚》，2：249，3：236；《米赞》，377——载于戈哈赞法和伊斯拉西，p.384）。遵循亚里士多德的思路，安萨里强调走一条"中间道路"，并"纠正"一切活动的目的。当目的同神的意志一致时，他断言，经济活动就变成一种崇拜——人们要求的一部分（《伊海亚》，2：83——载于戈哈赞法和伊斯拉西，p.384）。①他认识到有三个财富来源：个人赚取的收入，交换利润，因遗产或发现而获得的收入。由于他使科学、哲学和推理服从于宗教和神学，欧洲的苏格拉底学派（参见下一节）接受了他的许多观点，并使这些观点成为苏格拉底学派中世纪哲学的组成部分。安萨里在经济思想的四个主要领域作出了贡献：（1）自愿交换和市场；（2）生产的性质；（3）货币和利息；（4）公共财政。

在安萨里看来，市场——在其中发生自愿交换的机制——作为事物的自然秩序的组成部分而不断发展。通过在方便的时间和地点使物品可以获得，贸易把价值加之于物品。人就其本性而言是要获取的，而且人们在寻求其个人状况的最优化。虽然他没有把财富的积累看作是最高尚的活动，但他认为财富的积累对进步经济机能的履行是至关重要的。交换的互惠性要求与资源和地区相联系的专业化和分工，这将导致受利润动机驱使的中间人的产生。虽然安萨里没有掌握现代需求—供给分析技术，但他对价格和利润的讨论很容易适合现代分析结构。他还有一个对价格弹性和基本的均衡价格概念的直观的理解。②像中世纪的所有作者一样，安萨里把其对市场的讨论基于一种行为的伦理道德规范，而这种行为规范严厉批判保密、欺诈、控制和发横财。

安萨里按照其社会重要性对生产活动进行分类，强调了义务和责任的基本伊斯兰教戒律。从其道德根源出发，其生产等级暗示了许多世纪以后亚当·斯密的排序。对于安萨里来说，产出自身分解成基本生产（农业）、二级生产（制造业）和三级生产（服务业）。他把第一个范畴看作是最重要的——甚至必要的时候需要国家的调节力量。但是他也清楚，适当的社会和谐要求积极地追求和促进所有三个层次的生产。在任何给定的生产水平内，安萨里都认识到了存在于生产链中的环节。因此，他谈到农民如何生产粮食，磨坊主如何把粮食变成面粉，面包师如何把面粉转变成为面包。这些环节要求分工的专业化以及合作与协调。在清晰阐明其观点

---

① S. M. 戈哈赞法和 A. A. 伊斯拉西在《一个阿拉伯学者的经济思想》（S. M. Ghazanfar and A. A. Islahi, *Economic Thought of an Arab Scholastic*），p.386）提出，安萨里确定的基础后来成为人们所熟知的"资本主义精神"。例如，参见马克斯·韦伯的《新教徒伦理学》（*Protestant Ethic*）。

② 贯穿于其经济学著作，安萨里提道："流行的价格，其是由市场实际决定的"。这个概念曾被他的阿拉伯某些同时代人归结为"公平价格"，后来被中世纪欧洲哲学家采用。最后以获取"均衡价格"而告终，正如下一节所讨论的。

时，安萨里描述了针是如何通过多个转变阶段而制造出来的——预示了 500 多年以后亚当·斯密所采纳的著名的扣针工厂的例子（参见第 5 章）。

安萨里认识到，货币总是在演变以便克服物物交换的无效率，特别是贸易者之间相互一致需求的缺乏。他似乎认识到了使用价值和交换价值之间的区别，但他采取了一种奇怪的态度，认为金银没有内在的价值。换言之，他认为金银除了交换价值之外没有价值。虽然这在今天已不是一个可以维护的论点了，但这个论点可以用来支持安萨里的因货币自身的缘故而反对货币窖藏的论点。像亚里士多德一样，安萨里认为，高利贷是错误的，因为对借贷货币收取利息使货币偏离了其关键职能，即便利交换的职能。在下一节我们将看到，货币的这个职能也被欧洲苏格拉底学派永久化了。

安萨里勇于给出关于国家适当作用和职能的建议。他认为国家是保证经济适当发挥作用和履行神规定的社会义务的一种必要的制度。在这个方面他的态度影响了整个伊斯兰时期："国家和宗教是有秩序的社会的不可分离的栋梁。宗教是基础，代表国家的统治者是其宣传者和保护者。如果这两个栋梁中任何一个软弱，社会就将崩毁"（《伊海亚》，1：17；《米赞》，297；《坎赛尔》，59——载于戈哈赞法和伊斯拉西，p.395）。虽然宗教和国家的不可分离性后来按照某种西方的传统遭到反对，但安萨里体系的另一些方面是被强调的，例如，人们强调他的"国家必须确立和平、公平、安全和稳定以促进经济繁荣"的信条。他的公共财政的讨论虽然在某些方面是富有见地的，但受到伊斯兰教义、伦理和文化认知的限制。他似乎认识到了纳税的利益和支付能力原则（他把后者说成是平等的关系）。他赞成政府借债，只要政府能够保证以未来的收益偿还债务。他把公共物品看作对公共资金的合法使用，特别是为了某些特殊需要如国防、教育、医疗、执法以及道路和桥梁的修建。

安萨里拥有为数众多的学生，他们又影响到别的学生，以至在 11—13 世纪建立起了经济探讨的一条连续的线索（总是作为道德探讨的分支）。这种知识传统在 14 世纪因伊本·赫勒敦（Ibn Khaldun，1332—1404 年）的著作而告终。赫勒敦最早提出了使 18 世纪和 19 世纪的古典经济学家着迷的劳动价值论。由于以奥斯曼帝国迅速崛起为背景进行写作（旨在更广泛地传播中世纪伊斯兰教的思想），赫勒敦先于亚当·斯密讨论了政治经济学的许多重要方面。[1]但是在这个尽力创造中，他优先考虑了中世纪欧洲教会学者的意见。

中世纪欧洲的经济思想

西班牙的托莱多市在 1085 年从摩尔人手里夺回以后，欧洲学者聚集在这里翻译古代典籍。这些古代典籍从希腊文（欧洲人已经忘记了）通过阿拉伯文和希伯来

---

[1] 除了劳动价值论，赫勒敦预见的古典经济学的主要支柱是：资本积累及其同经济进步的关系；需求、供给、价格和利润的动态学；货币和财富的分离；经济自由和政府的（有限的）作用。

文译成拉丁文。按照上述方式，他们的哲学珍宝在以后的 400 年里被中世纪教会学者开采出来。这是一些教士和哲学家，我们称之为经院学者。像其同时代穆斯林一样，这个作者团体是在占统治地位的宗教信条的影响下写作的，在这里就是指基督教。

□ 封建社会的经济学

在中世纪，经济组织的支配形式是封建主义。这是一种生产和分配制度，在这种制度中，土地所有权既不是绝对的，也没有同义务分离。这与古罗马是一样的，而且在现代也是如此。实际上，国王是一切合法财产权的持有者，他把大面积的土地授给他的宠臣和贵族，宠臣和贵族又把土地转给各种承租人。在生产层次上的"所有权"仅仅意味着使用权（收益享用权）。虽然这种权利趋向于变成世袭的，但使用权仍然要受到履行某些义务的约束：履行军事的、个人的和经济的义务。

封建的财产也成为这个时代政治权力的宝座。中世纪的欧洲缺乏为建立强有力的中央政权所必需的社会的、经济的和政治的一体化。每个封建领主结果都被授予许多政府职能，封建领主在其特殊的领地上履行这些职能。封建主义制度下的经济生产是在庄园或农业地产上进行的，生产规模小，使用相当原始的农业技术。劳务是由农奴提供的，他们被束缚于土地上，而不是被束缚于"拥有"土地的人。庄园的目标是自给自足。地区间和国家间的贸易活动受到严重的限制。总之，庄园的经济结构和社会结构在许多方面类似于古希腊的城邦结构。经济结构和社会结构的组织原理是地位而不是契约。

中世纪区别于古希腊的两个主要因素，一是罗马天主教会提供的学说的统一性，二是市场机制的蔓延。随着经济市场（产品市场和生产要素市场）在日常生活中的作用越来越大，中世纪社会在某种程度上不情愿地培育了资本主义的最初形式。正是在这种背景下，经院学派经济学得到了发展。

□ 经院学派的经济分析

中世纪文明的社会等级在其结构上基本是柏拉图式的。一个人要么是农民（做农活），要么是军人（打仗），要么是牧师（祈祷）。只有最后一个团体强调知识的重要性。而且，几乎所有的人都默认，牧师是知识的收藏者和捍卫者，实行一种对知识的事实上的垄断。因此，中世纪的经济学是牧师的产物，特别是我们现在称之为经院学派①的有学识的作者的产物。他们把构成中世纪经济学的几个思想流派结合到一起：从亚里士多德到《圣经》（*Bible*），从罗马法到教会法，从中国的影响力到穆斯林的影响力。

今天，人们并不十分重视经院学派经济学。人们一般把它设想为一套关于市场价格、利息和财产的谬论。虽然大多数经院学派思想被排斥于经济知识体系之外，但它们在痛苦地描绘现代价值理论的演变上具有一定的意义。后一种现象值得认真

---

① 在此，这个词不过就是指"教授"或"教师"。

考察。①

经院学派的方法 经院学派的方法如下：作者首先提出一个问题，然后，继之以一段冗长而详细的驳斥或重新解释的说明。他们总是以权威的马首是瞻。最后，给出一个答案，相反的观点得到审视，于是大功告成。这整个过程实质上是演绎的，不怎么依赖于逻辑规则或人的经验规则，而更多地依赖于对权威的信仰和权威（话语）的分量。虽然对我们来说这种方法似乎完全是不科学的，但它是中世纪采用的程序。在这个时期有许多采用这种方法的大师，但有五位大师在坚持亚里士多德价值理论的传统方面非常突出。他们是：阿尔伯图斯·马格努斯（Albertus Magnus，约 1206—1280 年），托马斯·阿奎那（Thomas Aquinas，约 1225—1274 年），弗里埃马·亨利（Henry of Friemar，约 1245—1340 年），让·布里丹（Jean Buridan，约 1295—1538 年），杰拉尔德·奥多尼斯（Gerald Odonis，约 1290—1349 年）。

作为中世纪社会道德准则的坚持者，教士的主要兴趣是公平，而不是交换。公平的一种形式是交换公平（或互换的公平），这种公平，确切地说，是亚里士多德在《尼各马可伦理学》第 5 章中提出的问题。在那里，亚里士多德阐述了他的互惠模型（见上文）。经院学派的经济学正是从这一点出发的。亚里士多德交换分析的正文从表面上看可能有些混乱，但似乎可以确定的是，后来被译成阿拉伯文、希伯来文和拉丁文时并没改变任何模糊不清之处。因此，经院学派花费四个世纪以图整理和澄清其含义，也许就不足为奇了。在这个过程中，经院学派的分析向亚里士多德的原始价值概念注入了均衡思想。该学派还把经济推理的列车开到了两条在 500 多年里再也没有并到一起的轨道上：（1）成本决定价值；（2）需求决定价值。

劳动与花费：阿尔伯图斯·马格努斯的分析 阿尔伯图斯·马格努斯是多米尼加省人，雷根斯堡主教和教会医生，是第一个伟大的亚里士多德派拉丁学者。他在经济学史上的地位由两件事确定：他对托马斯·阿奎那的教导，而托马斯·阿奎那后来则对西方思想有巨大的影响；他对《尼各马可伦理学》的评注，在评注中他以中世纪社会的模式改造了古希腊的思想，为后来一切关于交换和价值的思想提供了出发点。阿尔伯图斯·马格努斯在西方思想中培育了交换价值必须依从生产成本的持久概念。这样，他就使一系列思想开始活动，这些思想直到 19 世纪才结出硕果，最著名的是在卡尔·马克思（Karl Marx）著作中结出的硕果（见第 11 章）。

亚里士多德交换模型的早期评注者都没有越过价值尺度问题。最常见的价值尺度是货币（nummisma）和欲望（indigentia）。但是，阿尔伯图斯认为有一种自然秩序和经济秩序，按照经济秩序，物品是差别定价的。并且他坚持认为，按照经济秩序，物品也是同劳动（opus）相关而定价的。更一般地说，他归因于"劳动与花费"，同时提到了成本的这两种因素。但是，相比测量价值上认识价值的作用，阿尔伯图斯对这一观点的应用更重要。他把生产成本同亚里士多德模型中的"交叉衔接"联系起来（见图 2-1），指出如果市场价格不能涵盖生产成本，生产将最终停

---

① 下一节非常紧凑地继之以奥德·朗霍尔姆的《价格与价值》（Odd Langholm, *Price and Value*）的精彩研究。

止。由于两个原因，这是分析上的重要一跃：它表明可以把价格看作是均衡价值，它确定了一种作为价值调节器的经济变量（即成本）。当然，阿尔伯图斯还远没有给出市场价格决定的完整而系统的解释。然而他的分析对于 13 世纪来说却是重要的进步。把劳动纳入亚里士多德的框架是他的一个持久的贡献。在本书后面的一些章节，我们将看到后来的经济学作者从这一思想中获得了多少收获。

人的欲望，托马斯·阿奎那和"公平价格"　阿尔伯图斯睿智的学生托马斯·阿奎那同其老师没有任何真正的矛盾，但他尝试改善阿尔伯图斯·马格努斯的劳动理论，并通过强调人的欲望而做到这一点。托马斯·阿奎那为此追溯到圣·奥古斯丁（St. Augustine），并注意到人们并不总是按照自然秩序对事物进行评价。由于注意到人们对珠宝的评价常常高于对女仆的评价（见上文），奥古斯丁因此而戏弄主观主义。但托马斯·阿奎那将奥古斯丁的教诲给颠倒过来了。奥古斯丁讨论了自然秩序，并为了比较而把它引入经济交换，托马斯·阿奎那的做法则完全相反，他使经济学脱颖而出。虽然在某种意义上说，奥古斯丁更为敏锐，但是他没有真正区分欲望和快乐——一种可以加速需求理论早期发展的方法，如果阿奎那采用这种方法的话。实际上，托马斯·阿奎那选择把道德教育，即一种趋向于将快乐打折扣的实践，注入经济学。结果，阿奎那的需求理论从来没有超越物品对人的有用性的简单概念，这与物品在天地万物的自然秩序中应有的地位没什么不同。

阿奎那对亚里士多德价值理论的正式贡献是双叉式（two-pronged）的，在其中，二者互为条件。首先，他重申了亚里士多德已经确立的物品的双重尺度（使用价值和交换价值）；其次，他把欲望引入价格公式。这后一个贡献是非常重要的，因为它揭示了分析需求的价值理论的最早根源。阿奎那认为，价格随欲望而变化。这样，欲望成了价值的调节器。但是，这种贡献严格地说是形式上的。阿奎那没有解释他的概念，他简单地把欲望和价格联系起来。但是这种联系对后来的亚里士多德主义者构建更复杂的价值理论（最后他们没有构建出这种理论）起到了启发作用。在继阿奎那之后的经院学派的分析中，欲望的概念被逐渐扩大到包含效用、有效需求和甚至纯粹的愿望。

应当指出，阿奎那的老师阿尔伯图斯·马格努斯在其对价值的讨论中并没有忽略欲望；阿奎那也没有忽略成本。可以说，是这样一种情形，他们每个人都有助于更充分地阐述这个论点的一个特殊方面。总体来说，这种讨论是相当平衡的，虽然还远没有达到对市场机制的综合的、有分析的理解。

实际上，许多现代经济史学家都提出这样的意见，即认为阿奎那把市场力量看作是同公平的对抗。难以把中世纪的"公平价格"同现代的"市场价格"协调起来，因为前者一般是基于规范而受到维护的，而后者则是非人为力量的客观结果。当然，阿奎那在许多观点上的措辞比较随意，广泛流行的看法认为他的分析是执迷不悟的。例如，为表示向亚里士多德的敬意，阿奎那写道：

> 如果价格超过商品的价值量，或者商品的价值量超过价格，公平的平等性就将遭到破坏。因此，贵卖商品或比其所值便宜购买商品，就其本身而言，都是不公平的，或是不正当的……但是物品的公平价格又不能十分精确地确定，

而是由某种估计构成的……一种物品的价格因地点和时间的差别，或人们在把商品从一地转运到另一地，或由于某种原因而进行商品转运时所出现的风险而变化。按照这一原理，无论是买还是卖都是不公平的（引自登普希，p. 481）。

戴维·弗里德曼在《防卫》中（David Friedman, *In Defense*）对"公平价格"学说做了较为宽泛的解释，他认为公平价格概念是对历史上一个时期的非管制的、竞争的价格的替代，当时市场还没有达到保护社会效率结果的发展阶段。只有当大量的各自拥有可靠信息的买主和卖主相互作用的时候，现代竞争市场才能产生社会"有效率"的价格。这些条件在中世纪尚未广泛分布。中世纪的贸易包含少数买主和卖主，在某些情况下，双边垄断（一个买主，一个卖主）控制所达到的技术条件。在这些条件下，"市场"价格和平均生产成本之间的关系是微弱的，至少，一方可以相对容易地"剥削"另一方。因此，弗里德曼认为，"公平价格"思想实质上是一种"仲裁价格"，包含确立基于平等的准则，以用来保护交换关系的分配公平，解决不能按照大数规则（即充满竞争）保护消费者有限参与的市场的特有冲突。

从分析的观点上看，"公平价格"是一个含糊而不精确的思想，不适宜于作为一种适合于科学的运作理论。但是，像自然一样，经济学不进行突然的巨大的向前跨越——像后来马歇尔提醒我们的（参见第 15 章）。在中世纪时期，如果说有什么不同，就是经济学似乎是爬行过来的，而不是向前跨越，但它是在按正确的方向前行。

总量和稀缺性：弗里埃马·亨利的影响　阿奎那以一种基本同个人相关的方式阐述了欲望的概念。但是现代的需求概念，在它包含所有那些参与市场的购买者的欲望的意义上说，是一个总量概念。经院学派传统的下一步是把欲望设想为一个总量尺度，这是由奥古斯丁教派修道士弗里埃马·亨利迈出的一步。

经院学派的欲望概念在技术上不同于当代经济学中的市场需求概念，它不是作为价格函数的需求数量，其含义不甚精确，包含供给成分和需求成分。最常见的同经院学派文献的欲望概念相联系的含义是"同可得的东西相联系的合意的数量"（即面临稀缺性的需求）。正如我们现在所认识到的，在价值理论中真正的分析上的进步要求把"需求"和"供给"这两个概念分开。没有把需求和作为价值形成成分的供给区分开来是亚里士多德的市场模型的缺陷。遗憾的是，这个缺陷从来没有被经院学派完全纠正过来，尽管有其长期的探讨的传统。事实上，在直到 19 世纪边际主义完全兴盛起来之前，这个缺陷一直没有得到纠正。

虽然慢了些，毕竟经院学派也取得了一些进步。正如阿奎那将阿尔伯图斯的分析引向需求因素而非成本一样，亨利使阿奎那的公式转向总量（即市场需求）。亨利提出了一个有些含混的概念，认为价值是由"对稀缺的东西的普遍需要"决定的。这一概念承认，在面临强有力的需求的情况下，只要存在丰富的物品，欲望将不会使价格提高。奥德·朗霍尔姆曾适当地指出，交换价值理论可能始于三个演绎阶段的任一阶段。它可能始于市场条件，那就是，始于物品的丰裕或稀缺。或者，它可能始于使物品的这些性质变得重要的人的欲望，在这里，人的欲望先于市场条

经济理论和方法史（第五版）

件。中世纪的理论，植根于亚里士多德的土壤并在现代经济学中存活，是在第三个层次上开始的。虽然并不是只有经院学派才联系人的欲望讨论经济关系问题，他们"由于通过总量和稀缺性将这一概念纳入价格公式中的可操作变量"而值得称道（朗霍尔姆，《价格与价值》，p. 115）。

有效需求：让·布里丹的贡献　价值理论演进接下来的重要一步是由巴黎大学校长让·布里丹迈出的。布里丹是逻辑学大师，也是彻底的亚里士多德主义者，其对社会科学和哲学的贡献被包含在 36 篇对亚里士多德著作的评论中。布里丹将经院学派的"欲望"（indigentia）概念向现代有效需求概念推进了一步。他将贫困描述为一种状态，在这种状态中，某人不拥有他希望有的东西，因此"欲望"既适用于"奢侈品"，也包括"必需品"（由阿奎那赋予其狭义的含义）。另外，布里丹还使"欲望"成为以支付能力为后盾的欲望。

这种修正似乎是微不足道的，但它为摆脱中世纪价值理论的某些棘手问题提供了一条出路。阿奎那和他的同伴高级教士约翰·邓斯·司各脱（John Duns Scotus）都是中世纪价格理论"双重规则"的代言人。一个因出售商品而作出不寻常牺牲的卖者，可以借助于教父的祝福通过确定高于正常价格的价格来补偿自己的损失。但是，在牺牲为平常的情况下，他不应仅仅为了获取利润而索取较高的价格。在后一种情况下，阿奎那认为，由于过度追求利润，卖者实际卖出的不是他拥有的东西（同样的推理也适合于经院学派对高利贷的评论）。邓斯·司各脱认为，某种东西本身不会因为买者的强烈偏好而变得珍贵。每种论点的要义是，利用买者强烈的购买欲望是错误的。

这种双重规则存在几个问题。一个明显的问题是其基本分析的不对称性。按照这种分析，卖者在其欲望高时做某件事和买者在其欲望高时不做同样的事都是对的。另一个问题是如何定义"不常见的高欲望"，借用阿奎那和弗里埃马·亨利的思想，布里丹提出一个区分个人欲望和总体欲望的思路。他把价值同总体欲望联系起来（他指的是有效需求），认为消费者数量与其购买力的结合确定市场的公平的和正常的状态。因此，一个买者，无论其欲望如何，必须依从市场的定价。正是这一思路导致几个世纪以后尼古拉斯·巴尔邦（Nicholas Barbon）和托马斯·霍布斯（Thomas Hobbes）的自由放任道德规范，后者宣称"市场是价值的最好评判"。

关于布里丹的成就有趣的是，它出自亚里士多德的框架，而亚里士多德的框架则允许一个狭义的中世纪概念的变种：欲望——最初取需要的模糊含义——成为无差别的一般化的概念，即"每一个推动我们贮藏物品的愿望"。欧洲价格理论（同英国古典价值理论相对立的理论）后来的成功正是归因于这一概念。布里丹引导一种经济探讨的传统，这种传统不但渗透到他的家乡法国，而且还渗透到意大利特别是奥地利。这个一直可以上溯到亚里士多德的传统，在 19 世纪对效用的系统阐述中，并最终在这个最后的概念同边际概念的融合中达到了顶峰。这一成功在不小的程度上可以这样来解释，即"强调效用作为一种心理体验，不去考虑引起我们对其产生欲望的物品的性质，这是一种一定会让理论家放弃其主要观点的先入之见"（朗霍尔姆，《价格与价值》，p. 144）。

趋于综合：奥多尼斯和克雷尔 在整个中世纪，对价值理论的讨论不断使一般的供给概念（基于劳动成本）与需求理论相对抗，以至二者不断产生摩擦。在这种情况下，人们希望一种综合出现，但经院学派中断了我们今天所说的"新古典综合"。有一个人在使价值理论较为接近现在我们熟悉的这一综合方面超过其他任何人。他是一个机智的德国神学家，名叫约翰·克雷尔（John Crell，1590—约 1633年），他强有力的洞察力来自对布里丹和另一个经院学派学者杰拉尔德·奥多尼斯的结合。奥多尼斯是方济各会（Franciscan）的法国僧侣，该教团在交换理论方面开创了自己的传统。奥多尼斯承袭了一个胜于阿奎那的市场模型，并打上了弗里埃马·亨利的印记。方济各会的传统关注稀少性，所谓稀少性是指面对欲望的稀缺性（和亨利的面对稀缺性的欲望正相反）。

奥多尼斯反对简单的劳动数量价值理论，而关注稀少性、人的质量和生产技能。这导致他提出一种工资差别理论，该理论承认不同技能的相对效率和获得那些技能的相对成本。这是走上最终认识劳动和需求价值理论的综合性质道路的重要一步。例如，奥多尼斯的理论可以解释为什么建筑工人比石匠赚得多，并且它导出这样一个推论：稀缺的劳动，通过产品的稀缺性，决定较高的产品价格。一个完整的综合需要另外的步骤，即承认每种劳动在某种程度上总是稀缺的，因此产生出稀缺的产品。因为只有这样，劳动才能成为价值的调节器。但这一推论在经过了很长时间之后才出现；它不是由布里丹得出的，因为这需要将他自己的洞察力同奥多尼斯的洞察力结合起来。在布里丹撰写他的评论时，奥多尼斯还没开始写作。克雷尔在一个世纪以后诞生了，像克雷尔这样机智的思想家是能够将二者结合起来的。

历史告诉我们，在经济学家开始理解成本理论和需求理论仅仅是统一的原理的组成部分之前，价值问题并没有完全解决。这个统一的原理依赖于两条"腿"，第一条"腿"是，只要劳动被花费在某种有用的东西上，它就是价值的调节器；第二条"腿"是，一切劳动（在某种程度上）总是稀缺的。欲望和成本，用阿尔弗雷德·马歇尔极为适当的比喻，不过是一把剪刀的双刃。但在经济分析中，经过了相当长的时间才获得这一认识。具有讽刺意味的是，在 17 世纪和 18 世纪，不少有才智的意大利和法国经济学家将这两者截然分开，以稀缺性和效用来担负解释的任务。英国古典传统在某种程度上脱离了成本的单一轨道，但并没有形成一种综合，即使劳动通过稀缺性调节产品价值的思想在西尼尔（Senior）的著作中是非常明显的（见第 7 章）。在 19 世纪的法国曾闪现过天才的光芒，但是在近 30 年的沉寂之后，在经济理论中才得到充分反映（见第 12～17 章）。

最近对经院学派经济学的探讨中所呈现的最有趣的发现是多年来亚里士多德传统的显著的持续性。经院学派的经济学家完全支持这一传统，这一事实不幸贬低了他们原来的贡献。但他们逐渐准备了后来的价值理论大厦借以矗立的材料。这一大厦的主要建筑师及其贡献的性质可以用图 2-2 加以概括。

□ 高利贷学说

就一般把利息看作是货币的价格而言，可以把利息理论仅仅看作是一般价值理

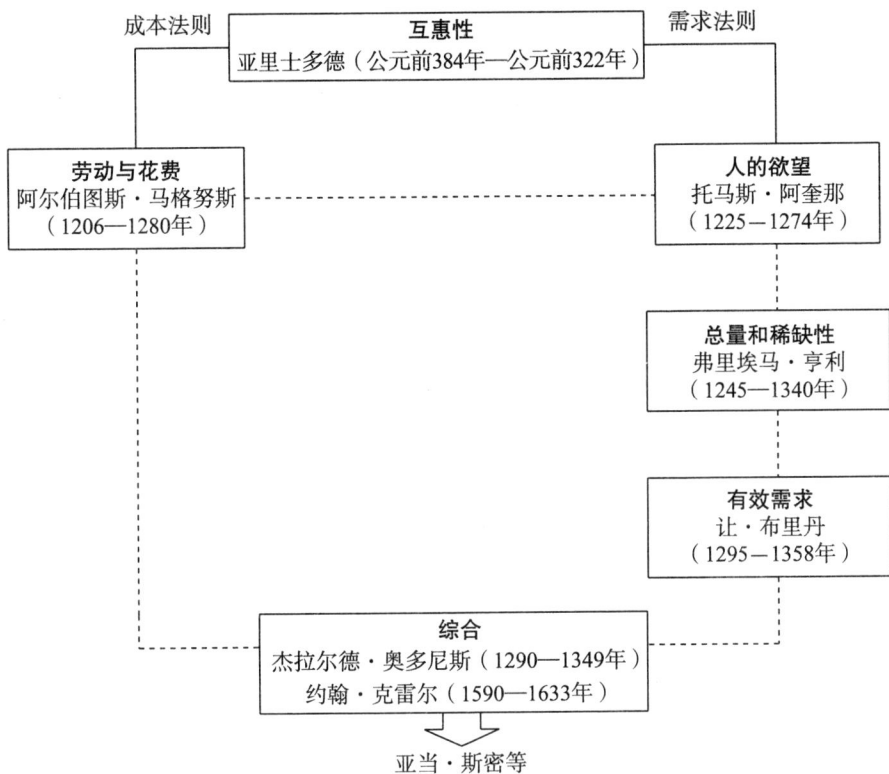

图 2-2 亚里士多德、阿奎那、弗里埃马·亨利、布里丹、奥多尼斯和克雷尔都为
价值理论发展的基础作出了贡献

论的一个分支。但在中世纪,很少有什么论题像允许利息存在的条件引起如此大的
争论。另外,教会在这个问题上持一种官方的立场。

虽然贷款的利息或"利润"是错误的这一思想可以追溯到旧约全书(《出埃及
记》,22:25),但罗马教皇并没有作出反对高利贷的禁令,把高利贷定义为"索取
高于给予"的一种交易,是其官方学说的一部分,直至公元 4 世纪,当时尼西亚会
议(Council of Nicea)取缔了神职人员的牟利活动。在查里曼大帝(Charlemagne)
在位期间,该禁令被扩展到全体教徒,后来的实践把该禁令变成绝对的禁令,而且
在许多世纪高利贷法享有广泛的官方支持。在中世纪,高利贷和"公平价格"学说
是经院学者从事的主要经济课题。

在拉丁语中,usura(衍生出英语"usury"一词,即"高利贷")的意思是由于
在交易中使用货币而对贷款者带来收益的支付,而 interesse(衍生出英语"inter-
est"一词,即"利息")的意思是"损失",而且神职人员和民法都认为它是对损失
或花费的一种补偿。利息一般被看作对延期支付的补偿,或是对不能把其资本在其
贷款期间作为他用的贷款者的利润损失的补偿。一般不把风险看作获得利息的正当
理由,因为贷款通常是以价值数倍于贷款金额的财产作担保的。因此,高利贷禁令
无意限制风险企业的高利润。例如,合伙关系是从罗马时代开始被承认的商业组织

形式，其利润目标由官方批准，贸易所得被看作努力和风险的收益。贷款是一种结合抵押和年金成分的早期金融工具。在这种契约条件下，借款者"有义务从其有收获的财产，通常为房地产，中支付一笔年金收益"。按其性质，不把贷款者看作高利贷者。

另外，到了13世纪，银行存款成为投资形式。商业银行家对存款支付利息。早在12世纪，汇票将外汇和信用结合起来，虽然利息常常被掩盖在较高的汇率中。换言之，在中世纪，教会关于高利贷的学说与合法地获取利润的形式并存，并促成了双重标准的建立，而随着时间的推移，这种双重标准变得越来越随意，从而为那些制定规则的人创造了剥削的机会。[①]

在这一时期，中世纪经济学说常常同中世纪的经济实践发生冲突。直到13世纪，教会对高利贷的普遍责难都伴随以政府的禁令，各国禁令迥异。尽管有广泛传布的禁令，高利贷在欧洲任何大的地区或任何重要的时期都没有被根绝。专业当铺或许在中世纪始终存在，虽然有时是秘密经营的。事实上，它们公开经营的地方是得到国家许可的，而国家则从中获取许可费。[②]

由于在现代经济学的框架下，教会支持高利贷的论点没有什么道理，因此整个论题通常被认为在分析上是死路一条。经院学派分析的主要缺点是其忽略货币作为经济资源的生产力，以及没有认识到货币的时间价值。有些历史学家指责教会学说由于压制信用市场的发展而延缓了资本主义的发展。但是，直到最近，很少有人研究如何解释在这一问题上教会学说和教会政策之间的反常状态。

为尝试突破这种状况，罗伯特·埃克伦德、罗伯特·赫伯特和罗伯特·托利森（Robert Tollison）通过分析中世纪教会基于其在宗教制度中的"垄断"地位的行为探讨了这个课题，他们得出结论：有选择地应用高利贷学说，以便降低自己的资金成本、防止竞争"商行"的进入并维护其垄断地位，是符合教会利益的。因此，归根结底，高利贷学说的最终消失可能是自新教改革以来的学说竞争激烈的结果，而不是人们系统地认识到高利贷学说暗含前提的弱点的结果。

▨ 理论符合历史：中世纪教会的经济影响

就全部历史而论，中世纪标志着从古代世界向现代世界的转变。然而，仅仅仔

---

① 按照雷蒙德·德·卢佛（Raymond de Roover）《经院学派，高利贷和外汇》，p. 266）的说法，典当商和小额货币贷款者是教会反对高利贷斗争中的主要牺牲者，"但是具有国际联系的大银行家没有受到影响。他们非但没有受到责难，反而被称为'教会的宠儿'，并因做教皇的兑换商而感到自豪。"

② 在文艺复兴以前，法律规定从个人贷款中索取的回报从最低的10%（意大利）到最高的300%（普罗旺斯）。在14世纪，伦巴第人索要50%，虽然一般的合法当铺索要43%。帝王，例如腓特烈二世（Emperor Frederick Ⅱ，1211—1250年）常常支付30%～40%的利息给贷款者，特别是当抵押品不可流动的时候。商业贷款常常确定10%～25%的利率，这取决于商业信用是否充足（见西德尼·霍默，《利率史》，pp. 89 - 103）。

细叙述"谁说过什么"就能提供一幅对这个生动的过渡的不完整的图画。"向现代自由主义转变"的一切历史都显示中世纪罗马教皇——西方运行最长的制度——在自由资本主义最终的发展中发挥了中枢作用。关于教会的整个影响是有利于还是阻碍了资本主义的形成，很难得出结论。两方都有很多说法。因此，在本章最后一节，我们回顾一下标志着从一个时代向下一个时代转变的某些问题。

☐ 教会组织

在 12 世纪以后，罗马天主教仅面临着来自犹太教和摩尔人的微不足道的零星的竞争，所以它支配了西欧的大部分地区。宗教法（教会的法律体系）在西方松散组织的国家和其他政治实体中开始代替并最终支配民法。教会官方制定了关于各种教会产品供给决策的法律，这些法律涵盖方方面面，诸如，保证永久的救助、对在位君主的政治支持以及各种社会服务（例如，医院、对穷人的救济等）。教会影响的网络逐渐扩展到确立婚姻法、贸易实践以及各种社会经济行为。国王、王子和贵族的权力大部分归功于罗马天主教权威（具有大量牧师代理机构的小圈子），他们曾帮助统治者参与战争、维持军队、协商贸易关系。而且，中世纪的教会在该时期拥有数不胜数的财富，是大土地占有者，它不仅从自愿捐款中敛财，而且还通过出售纪念物和赎罪券、征收税收和地租敛财。

中世纪的教会组织还同奥利弗·威廉姆森（Oliver Williamson）所谓的 M 型公司并行不悖（《市场和等级制》，p. 137）。这种公司的特征是，由一中心机构控制全部资金分配并制定战略性的长期计划（梵蒂冈），但也允许分划，通常是地区分划，其在管理日常运营（主教管区或非主教管区）上有高度的自主权。教皇所担任的责任类似于公司总裁（CEO），梵蒂冈有其自己的银行（教皇的暗室，Papal Camera）和董事会（枢机院，College of Cardinals）。其零售业务宽广且分布广泛。梵蒂冈中心机关的基本作用是提供关于成员关系的学说和教条（例如，对宗教公文的解释）及从其许多分支部门和授权部门收取租金。梵蒂冈的下游为按地理分布的对地方罗马天主教提供服务的机构，包括地区行乞和默观休会；修道院，其中大多数关注生产（农业）财富而不是销售零售服务；教区神父和其他地方神职人员。虽然按（土地）等级收取地租，但主要收益来自下属教会的零售代理。像一切优秀公司一样，中世纪教会确定了实施政策，并指定实施部门以防止其许多代理机构的机会主义行为。

☐ 维持教会垄断和教义控制

为保护其垄断地位，中世纪教会试图防止竞争的宗教进入。异教徒到处受到教会领导人和教会成员的谴责和排挤。禁止"罪人"同其他基督教教徒接触就是一种惩罚的形式。更严重的一种惩罚形式是逐出教会，这种惩罚是强行把犯有特定过错的人从天主教信仰团体中完全排除，而且如果他们不表示悔恨将被宣判永久的惩罚。许多异教徒被作为十字军东征的牺牲品置于死地，或者对他们进行可怕的宗教审讯。把这些结合起来看，中世纪教会建立了一套针对各种犯罪者的详尽的惩罚制度。

在保护其市场主导地位的尝试中，中世纪教会也诉诸教义控制，以便增加对其服务的需求，或使消费需求更缺乏弹性。一种免于竞争企业与之竞争的方式是产品差异化。在整个中世纪，教会控制了依附其主要产品的条件，保证永久救赎。婚姻市场，一个先于教会垄断的基本上是世俗的和民间关心的问题，教会也侵入了，并加以许多管制，使教会能够控制王室——这是对王室自主权的一个主要的威胁。在接受忏悔、确立婚姻政策和兜售赎罪券等方面，教会官方实行了价格歧视的形式。另一些被篡改得面目全非的教义是关于高利贷和"公平价格"的。当教会是一个债务人的时候，它似乎要实施高利贷禁令。但当它是债权人的时候就不这样做了。同样的控制被扩展到关于教会的什一税和税收、批准赎罪券、大赦年参加者，以及准许主教和红衣主教获得利益等教会规则上。实际上，教会远没有完成其激励学说改革——实际上结合进我们所说的保护性改革——的垄断实践（见第4章）。

一种理性行为理论允许把教会理解为一种经济实体，它从欧洲社会日益增加的世俗化获得利益，但也认识到科学、技术和人本主义将最终削弱教会所销售的各种形式的产品。如果"信仰教会和基督教原理"是主要的结局，就将难以解释教会官方如何能发动反对其他国家的战争（十字军东征），或者反对其他基督教徒的战争（反对新教的宗教战争），更不用提反对其他天主教徒（同东方正统基督教教会的矛盾）的战争了。另外，在16世纪和17世纪初各种残酷的审查制度的形成，也很难合理化（例如，对虔诚的天主教徒伽利略的迫害），除非按照一种经济环境来合理化，那就是，按照垄断、市场支配和教会的盈利能力的环境来合理化。经济学家客观地评论这些政策和学说，把它们看作是垄断行为的例证和该模型的必要组成部分。对历史转变的经济分析达到了基于两个基地之一的制度行为的目标：公共利益和私人利益。如果宗教组织，在本例中是中世纪教会，仅仅按照公共利益行事，它就表现为"好的政府"——按竞争价格（即边际成本）向其信徒提供信息、精神物品和社会物品。对中世纪教会活动的经济考察没有或几乎没有提供对这种观点的支持。

保护主义是中世纪时代的另一个转变的力量。它的出现——主要在北欧和英国——主要是对既有教会的投机行为的反应。最终的结果是在欧洲坚持罗马天主教版基督教的人越来越少。过去的一些伟大的学者（例如，马克斯·韦伯（Max Weber））在新教义中发现了刺激和激励资本主义兴起的力量。这个观点主要认为，罗马天主教教会抨击过剩的"货币制造"（像我们在本章所看到的，是一种古代的思想）、抨击科学、抨击自由思想，这些行为与教会其他的做法一起，延迟了亚当·斯密和古典经济学作者所拥护的自由资本主义的发展。他们的观点远不是普遍的观点。另一些作者也提出了一个有说服力的论点，即罗马天主教教会，尽管它执行教义和控制市场，但激励了经济发展，而不是延缓了它的发展。简言之，自由主义形成的历史原因是复杂的，且是多样化的。在这么短的时间内，可能无法充分理解它。我们将在下一章考察这些问题，下一章还要考察另一个关于独裁经济衰落和经济自由主义形成的思想的和历史的论点。

结论

虽然从古希腊到中世纪结束的这段时期大约有 2 000 年，但是，西方文明的基本经济结构变化不大。古希腊和欧洲封建社会是以小的、孤立的和具有少量资本和低水平生产的自给自足的经济为特征的。就基础生产的层次而言，农奴制与奴隶制类似，除了在法律上不同，即农奴没有让出他们自己身体的财产权。实际上，农奴被束缚于土地上，不管谁是土地所有者，而奴隶则属于某一特定的所有者，不管该所有者是否拥有土地。

在整整 2 000 年中，东西方孤立的交换远远超过我们现在所说的市场交换。因此，当时的学术论著，不管是出于中国、阿拉伯抑或是欧洲，都主要关注公平问题，而非价格起源问题。这种关注在知识传统中从亚里士多德一直延续到欧洲经院学派。这种传统的持续性是由一些伊斯兰教国家保存的，保存这种传统的持续性则为把古希腊的思想重新引入欧洲大陆作出了贡献。

在 17 世纪，约翰·克雷尔对始于 400 年前的经院学派早期的西方价值分析传统表达了敬意。但可以说它是一种传统中的传统。然而，在欧洲，经院学派的传统是更为连贯而紧凑的，因为中世纪教会享有对知识的垄断，其学者全都说同样的语言，即拉丁语。他们每个人都按一种在每个国家都相同的教育制度接受训练。按照这一传统，每个人都宣誓信奉同一基本信条，承认上帝和教会的同一权威。阿尔伯图斯、弗里埃马和克雷尔是德国人，阿奎那是意大利人，布里丹和奥多尼斯是法国人，但他们之间的差别是难以觉察的。正如熊彼特在谈到经院学派时所说的，"他们的国家是基督教，他们的政府是教会"（《经济分析史》，p.75）。在克雷尔写作时，经院学派的传统正处于被一种早期现代探讨形式取代的过程中。但是 18 世纪的新经济学家全都接受了古典教育，因此他们的方法绝不是全新的分析方法。

从制度的观点上看，中世纪受单一实体支配——罗马天主教教会——该教会对世俗国家和社会发挥了巨大的影响。其做法类似于一个垄断者，即通过威胁和残酷镇压（逐出教会、禁止礼拜、十字军东征），通过产品的差别化（创造监狱、炼狱、忏悔），通过对基本社会习俗的控制（例如法律和婚姻）来阻挠新宗教的进入。只是在 16 世纪竞争的宗教大步进入西欧国家的时候，这种垄断才开始被打破。在中世纪晚期和现代社会初期，宗教的相互影响、宗教信条、政治结构、个人和团体的自私自利结合起来改变了西欧的经济坐标。有一种双重性在历史的转变中发挥着难以摆脱的作用：思想形成事件并"有结果"，但事件也形成思想并帮助建立理论。在重商主义经济组织和在 16 世纪发生的经济自私自利结果中所形成的思想为从重商主义向经济自由主义的新转变铺平了道路，正如我们将在接下来的两章中看到的。

参考文献

Aristotle. *The Works of Aristotle*, 12 vols., W. D. Ross(ed.). Oxford: Clarendon Press, 1908 – 1952.

Chalk, Alfred F. "Schumpeter's Views on Philosophy and Economics", *Southern Economic Journal*, vol. 24(January 1958), pp. 271 – 282.

Chang, J. L. Y. "History of Chinese Economic Thought: Overview and Recent Works", *History of Political Economy*, vol. 19(Fall 1987), pp. 481 – 502.

Dempsey, Bernard W. "Just Price in a Functional Economy", *American Economic Review*, vol. 25(September 1935), pp. 471 – 486.

de Roover, Raymond. "The Scholastics, Usury and Foreign Exchange", *Business History Review*, vol. 41(1967), p. 266.

Friedman, David D. "In Defense of Thomas Aquinas and the Just Price", *History of Political Economy*, vol. 12(Summer 1980), pp. 234 – 242.

Ghazanfar, S. M. and A. A. Islahi, "Economic Thought of an Arab Scholastic: Abu Hamid al – Ghazali(A. H. 450 – 505/A. D. 1058 – 1111)", *History of Political Economy*, vol. 22(Summer 1990), pp. 381 – 403.

Gomperz, Theodor. *Greek Thinkers: A History of Ancient Philosophy*, vol. 1, L. Magnus(trans.). New York: Humanities Press, 1955.

Gray, Alexander. *The Development of Economic Doctrine*, 2d ed. London: Longman, 1980.

Hessen, Robert. *In Defense of the Corporation*. Stanford: Hoover Institution Press, 1979.

Homer, Sidney. *A History of Interest Rates*, rev. ed. New Brunswick, NJ: Rutgers University Press, 1977.

Langholm, Odd. *Price and Value in the Aristotetlian Tradition*. Bergen, Norway: Universitetsforlaget, 1979.

Lowry, S. Todd. *The Archaeology of Economic Ideas*. Durham, N. C.: Duke University Press, 1987.

Plato. *The Republic*, R. W. Sterling and W. C. Scott(trans.). New York: Norton, 1985.

——. *Theaetetus*, John McDowell(trans.). Oxford: Clarendon Press, 1973.

Schumpeter, Joseph A. *History of Economic Analysis*, E. B. Schumpeter(ed.). New York: Oxford University Press, 1954.

Weber, Max. *The Protestant Ethic and the Spirit of Capitalism*. London: Allen & Unwin, 1930[1904].

Wicksteed, P. H. *The Common Sense of Political Economy*. New York: A. M. Kelley, 1966.

Williamson, O. E. *Markets and Hiearchies: Analysis and Antitrust Implications*. New York: Free Press, 1975.

Xenophon. *Memorabilia and Oeconomicus*. E. C. Marchant(trans.). New York: G. P. Putnam's Sons, 1923.

——. *Scripta Minora*, E. C. Marchant (trans.). New York: G. P. Putnam's Sons, 1925.

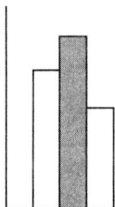

第3章

重商主义

16 世纪初，社会经济制度按照一定的方式变革使后来三个世纪不同于以前的封建主义时代。这些变革的一个特征是形成了较为强大和较为集中化的民族国家。重商主义的概念常常被用来说明伴随民族国家的兴起而出现的知识环境和制度环境。但是，到了 19 世纪，知识环境和制度环境再一次发生变化，允许更多的个人自由并大大减少经济和政治权力的集中化。届时出现了资本主义的概念（实际是由其主要反对者卡尔·马克思所创造的概念）以描述这个新时代的较为集中化的经济组织。这样，重商主义就被归结于介于封建主义和经济自由主义之间的阶段。它描述一种流行于资本主义曙光时期，即工业革命时期以前的经济纲领。

有两种分析所谓重商主义思想体系的经济学的基本方法。一种方法把重商主义看作一种相当有黏合力的、"静态的"思想体系——那就是总结该时代事件的思想体系。我们称此为学说方法。另一种方法则把重商主义看作一个重要的历史过程。它集中关注竞争利益的动态学及其在确定经济制度和政治制度上的作用。我们称此为政策方法。这两种方法都把重商主义看作一种权力体系，但前者以一系列不同的重商主义命题，或"集中的倾向"，为特征，这体现了该时代的思想特征。按照这种方法，重商主义的命题可能随着重商主义被一组竞争的思想所取代而消亡。学说方法提出，人及其思想可能处于一端为"重商主义"、另一端为"自由主义"的连续的范围之内。与此不同，政策方法则关注那些在经济体系中运行的带来权力和财富变化的利己的力量，它集中关注重商主义时期的特殊规定，以及各种规定如何影响被君主、议会、法院和生产者控制的竞争的利益团体。较之学说的或思想的方法，政策方法强调持久性，因为它假定在重商主义时期个人行为的驱动力与 20 世纪的资本主义的驱动力是一样的，即追求获得自我利益。

虽然可以把这两种方法看作是相互竞争的理论，但完全有理由把它们看作是互补的。很可能是，我们对重商主义最完整的理解将通过应用这两种方法而实现。但是，为了讨论和学习，在本章我们将分别来论述它们。

作为学说的重商主义：国家主义经济学

重商主义概念是在 1763 年由米拉波（Mirabeau）创造的，用于描述支配从 16 世纪初到几乎 18 世纪末松散的经济思想体系。重商主义学派是一个看法各异的团体，他们中的许多人是仅追求私利的商人。尽管重商主义有着广泛的国际范围——它是一个由英国、荷兰、西班牙、法国、德国、佛兰德和斯堪的纳维亚地区所信奉的学说——但在重商主义者中比先前时代的经院学派更缺乏一致性和持续性。重商主义学者间的这种内聚性的缺乏，可能是由于缺乏可以分享和经历数代传承的共同的分析工具所致。另外，在重商主义者间沟通甚少，或者根本不沟通，这同现代经济学家之间相互联系的强大网络形成对照。然而，重商主义却基于几个统一的思想，即在整个时期出现和再现的学说和政策主张。

奥地利法官菲利普·维尔海姆·冯·霍尼克（Philipp Wilhelm von Hornick）在 1684 年发布了重商主义九点宣言，提供了重商主义原理的浓缩的概括。冯·霍尼克的国家强盛蓝图强调独立和财富的主题。他的国民经济的九项主要规则是：

1. 把一国的每一寸土地都用于农业、采矿业或制造业；

2. 把一国所发现的原材料都用于国内制造业，因为成品比原料具有更高的价值；

3. 激励劳动大众；

4. 禁止金银的一切输出，把一切国内货币都置于流通领域；

5. 尽可能禁止外国物品进口；

6. 在某些进口品必不可少的地方，需直接获得的进口品，首先用其他国内货品交换来获得，而不是用金银交换；

7. 尽可能把进口限制在可以在国内制成成品的原料上；

8. 在必要的范围内持续地寻求将一国制造的剩余产品卖给外国人的机会，以换取金银；

9. 如果某种货品在国内是充足的，并适宜于供给，就不允许进口。

并非所有的重商主义者都接受这个纲领的每个要点，但是这九点充分代表了这个以重商主义闻名的松散的思想体系。

在下面的讨论中，我们将主要论及这些特征的一般性质，而非论及各自精确的细节。读者必须充分考虑到这样一个事实，即形成的特征是简单化和理想化的，它们可能并不特别适用于某一重商主义国家，例如，英国、法国、德国和西班牙的重商主义在许多本质方面是不同的。这一点，对个人更是如此。通过阅读和比较至少两部重商主义著作，可以很容易地证明这一事实。（本章末尾提供的参考文献可能同这个目的一致。）没有一个人会坚持认为下面所表述的重商主义思想代表了全部重商主义思想，而下面所遵循的只是重商主义思想许多可能特征的某一个方面。重商主义时期是一个许多思想线索交织的时期，结果，作为一种思想体系，重商主义留下了某种拼凑的痕迹。

我们将把注意力集中在几个重商主义利益的领域："实际世界"思想、国际贸易和金融思想，以及国内政策"二元论"的范例。在对重商主义思想作出评价以后，我们将转向重商主义的历史过程及其在自由主义形成中的作用。

□ 重商主义和实际世界思想

重商主义者向人证明了一种对实际世界的关切。和前一个时期的作者不同，他们在所写的关于经济的著作中不再把公平和救助作为首要的内容，相反，他们把物质目标作为人的活动的目的。重商主义时期的少数作者回顾中世纪的某些市场制度，而另一些作者则前瞻自由放任主义，但他们都关心物质的和客观的经济目的。虽然他们"国家权力"的总体目标是主观的，但是他们关于经济制度运行的观点显然是对实际世界思习惯的反映。

许多重商主义者以支配社会组织的自然法则概念代替了阿奎那和中世纪经院学者的"神学法则"概念。威廉·配第爵士（Sir William Petty，见第 4 章）说明了关于经济行为的结论如何能够从与自然科学相似的科学中抽出来。在其《政治算术》（*Political Arithmetick*）中，配第指出：

> 我们通常认为，像聪明的内科医生不过度地折腾他们的病人那样，应该遵从自然的趋向，而不是把它同他们自己有力的管理对立起来；所以，在政治学和经济学中必须做同样的事情（《经济文集》，第 I 卷，p.61）。

虽然配第是重商主义晚期的学者，但是社会因果关系理论——也就是自然趋势规定实际世界现象秩序的理论——早在 16 世纪中叶就已经出现了。自然法则思想成为 18 世纪经济自由主义的强有力的信条。但是它对这一时期的主要意义在于它表明了脱离较早的具有神学色彩的偏见。正如该时期公认的权威埃里·赫克歇尔（Eli Heckscher）所强调的，"在重商主义者的论述中很少有神秘的东西……他们不诉诸感情，但显然渴望为他们所采取的每个观点发现理论基础"（《重商主义》，第 II 卷，p.308）。

□ 国际贸易

重商主义者这些对实际世界的关心反映在他们强烈关注国家对物质利益的获取上。他们把社会物质资源看作是实现国家富裕和幸福的手段。他们坚持认为，国家的资源应该以这样的方式应用，即尽可能从政治上和经济上使国力强大。随后的探索时代，16 世纪和 17 世纪见证了贸易大国的兴起。国力的构筑采取了探险、地理大发现和殖民化的形式。重商主义者思考的主要课题是国际贸易和国际金融，这是可以理解的。黄金以及获取黄金的手段一直是其关心的中心。

货币和贸易在重商主义中的作用　货币及其积累是重商主义时代成长着的民族国家首要关心的问题。正如已经指出的，继地理大发现和殖民化时代以后，出现了繁荣的国际贸易，而且金块成了国际核算单位。通过贸易而获取黄金和多种类型的贸易限制是基本的重商主义思想，货币而非实际物品被公认为财富。

贸易和生产的一个关键的重商主义目标是通过增加一国的黄金储备来扩大财富，重商主义者主张进口原材料、出口制成品，作为促进国内就业和产业发展的手段。但在宏观层次上，出口超过进口的剩余（贸易顺差）是合意的，因为贸易顺差必须以黄金支付。如果重商主义者将业已存在的贸易传统中的比较优势理性化，这一切听起来似乎可能是相当有道理的，但令人沮丧的事实是，他们中的许多人并不理解总产出的增加可能是由于专业化和贸易。许多学者把贸易和金块积累看作是"零和博弈"，在这里，A 国之所得的就是 B、C 等国之所失。保护主义和"以邻为壑"的政策被认为是导致国民财富增加的政策，这种政策将进一步实现民族国家的总体目标。

某些学者，例如杰勒德·德·马利纳（Gerard de Malynes，1586—1623 年）是坚定的金块主义者，反对任何硬币的输出。他谴责东印度公司（该公司是英国在 17世纪初同东方贸易的主要通道）出口硬币的做法。尽管爱德华·米赛尔登（Edward Misselden，1608—1654 年）先前采取了德·马利纳的主张，但他还是驳斥了极端的金块主义观点，即绝对禁止甚至在个人交易中的硬币出口。同时，米赛尔登提出这样的看法，即认为应当把政府的政策导向基于总体的贸易平衡而使硬币收入最大化上来。

国际贸易和硬币流动　尽管重商主义者对于货币的定位似乎是矛盾和具有误导性的，但却是他们首先认识到了国际贸易的货币和政治重要性，而且，在这个过程中，向政治经济学提供了包括有形的和无形的项目（船运费用、保险等）的贸易差额的概念。例如，在攻击金块主义的过程中，米赛尔登阐发了一个相当复杂的以债务和债权条件表达的贸易差额概念。在 1623 年出版的《商业循环》（*The Circle of Commerce*）中，他实际计算了英国（从 1621 年圣诞节到 1622 年圣诞节）的贸易差额。但是，对于米赛尔登来说，那是一个坏年头，因此，米赛尔登得出如下令人沮丧的结论：

> 我们把它看作是我们的灾难，很早就陷入了同其他国家贸易的巨大逆差中。以前在观念上我们感觉到它；但现在我们凭借科学认识了它：我们以前在运作中发现了它，但现在我们在推测中发现了它：贸易，唉，失败和无力的贸易，我们尚在其中（《商业循环》，p.46）。

米赛尔登希望强调他的结论的"科学"性质，而且正是这一事实，而不是他的数据的精确性，使他的计算不同于简单的数据收集，后者在很久以前就在埃及和美索不达米亚广为流行。米赛尔登为了理解经济效果和促进实现社会目的（一项在科学意义上更有生产力的工作），重新整理了材料。

在重商主义文献中，一个异常的情况是广泛流行这样一个信条，即财富将通过由于贸易盈余而造成的硬币的积累而实现最大化。许多重商主义者曲解了通常随着贸易盈余而来的国内货币供给（货币化）增加的影响。一个普遍的错误是坚持一种信条，即贸易盈余——从而硬币积累——能够长期无限地持续下去，而没有负面结果。这个错误被亚当·斯密同时代的哲学家和经济学家大卫·休谟（David Hume，1711—1776 年）充分揭露出来了。休谟提出了一个价格—硬币流动机制，即把经济中的货币数量同其价格相联系，把价格改变与贸易盈余和贸易逆差联系起来。

休谟的思想，像大多数的优秀思想一样，回顾起来显得很简单。设想在英国的贸易收支平衡表中有一盈余，因此，黄金流入英国，但是，如果所有新流入的黄金都被货币化了（即都成为硬币）——在严格的金本位制度下一个明显的可能——英国的货币存量将按相同的比例增加。流通领域较多的货币驱使英国流通领域价格上涨，包括出口部门的产品的价格，以致英国的贸易伙伴在面对较高价格的情况下减少购买英国的产品。因此，对于外国产品来说，相对于英国产品，价格呈下降趋势。现在外国减少购买英国产品，而英国增加购买外国产品。结果使贸易平衡逆转，即黄金流出英国而进入贸易伙伴的国库。按照这种方式，任何初始的贸易不平衡都趋向于纠正其自身不平衡的情况；无限积累黄金的重商主义意图自拆台脚。这样，重商主义的一个关键信条的逻辑基础被休谟给推翻了。

关于货币，休谟说道，"它不是贸易的轮子：它是贸易的润滑剂"。然而休谟预见到了获取硬币的短期有利结果。他写道：

> 按照我的意见，它仅仅处在这种中间的或间歇的地位，处在货币获取和价格上涨之间，日益增加的黄金和白银的数量对于产业是有利的。当任一数量的货币流入一国时，它首先不是分散进入许多人手中，而是锁在少数人金库中，他们直接寻求应用它以获取最好利益（《货币论》，p. 88）。

休谟认为，货币是掩盖经济体系实际运行的"面纱"，在一国的价格水平调整到同货币数量变化相适应之后，不管一国的货币存量是大还是小，没有什么重大影响。

休谟有其重商主义时期的先驱，机械论（mechanism）的部分发现——货币数量论——是由政治哲学家约翰·洛克（John Locke，1632—1704 年）预见到的。但是，大多数重商主义者并没有理解货币数量论。按其最粗略的变种，这个理论表明，如果其他情况不变，价格水平是货币数量的函数。按最早的表述，货币数量论不过是确认货币数量每增加一定量（比方说，增加一倍）会引起价格水平提高一定量（一倍）的同义反复。货币数量论的较为复杂的变种认为，货币存量乘以货币流通速度（每年货币的周转次数）等于价格水平乘以每年收入产生的交易数量。这可以写作：$MV=Py$。作为一种证明因变量（价格）和自变量（货币、流通速度和交易）关系的价格水平理论，它被表述为 $P=MV/y$，或者，更一般地，表述为 $P=f(M, V, y)$。当假定 V 和 y 不变的时候，M 的增加导致 P 按比例地上升。虽然这个较为复杂的变种在洛克和休谟以后很久才出现（参见第 4 章对理查德·坎蒂隆

经济理论和方法史（第五版）

(Richard Cantillon）的讨论），但重商主义者甚至没有看到最简单的联系，这有损于其分析。

□ 民族国家：作为国内政策的重商主义

大多数重商主义者害怕过多的自由，所以，他们依赖国家来计划和管制经济生活。为促进民族国家的利益而特别规定的政策繁多而易变。在这些政策中，有关于国内经济和国际贸易的各种类型的法规。在典型的重商主义经济中，国内的条件是如此构成的：某些部门有详细法规，另一些部门则少有或没有法规，对特殊部门规定税收和补贴，以及在许多市场规定限制条款。

在重商主义时代，国家设立某一特许权或专利形式的合法垄断，是很普遍的事情。特许权把独有的贸易权授予某一商人或商人团体，例如，东印度公司。某些特许权还从国王那里获得大量的补贴。这一切的结果是形成一种"混合"经济，但在个人自由方面，这种混合远不如 19 世纪上半叶的英国和美国。有些历史学家把重商主义者看作仅仅追求狭隘利益的个体商人。当然，重商主义显然是国王和商人—资本家之间的权力联盟。国王依靠商人的活动增加其财富，而商人则依靠国王的权威来保护其经济利益。把政治过程用于保证垄断收益是经济学家称之为寻租的活动，在那里把"租"归结为由于垄断而非由于比较优势的存在而产生的利润。在后面一节，我们将更深入地探讨这种与重商主义有关的特殊思想。

重商主义政策的"模糊性"　从一开始我们就发现，重商主义著作一方面称赞为了社会富裕而进行国际经济控制，但另一方面又为国内非干预辩护。按照学说方法，这种二元论在某种程度上是略显尴尬的。有时，一些重商主义者听起来像是充满激情的经济自由主义者（19 世纪意义上的）。一本题为《关于英格兰王国公共财富的探讨》（*A Discourse on the Common Weal of This Realm of England*）的匿名小册子（被归于约翰·黑尔斯（John Hales）的名下），写于 1549 年，表现出对法律控制能促进社会福利效果的早期的、预言性的不信任。通过考察细分公共土地的经济结果（个人占有土地），作者认为，市场力量是比政府法令更有效的资源配置者，因为利润提供了对活动的适当激励。作者强调政府对牧场管制的愚笨和无益，他指出了难以颁布这种法律（既得利益者必将出来挑战这种法律）；即使通过了这种法律，实施起来也很困难（那些寻求利润的人将寻找以这种或那种手段破坏法律的途径）。另外，经济管制常常受到"自然"反应的破坏。例如，不管什么时候实施，每次政府强加价格控制都会出现"黑市"。如果黑尔斯确实是这里所谈到的作者，他弄清楚了自利是自然的且强有力的，写道："每个人自然地都将这样行事，即无论如何他将寻求最多的利润。"正如 A. F. 乔克（A. F. Chalk）曾经指出的，"这当然非常接近亚当·斯密关于经济活动自利动机的观点"（《自然法则和经济个人主义在英国的兴起》，p.335）。

1549 年的匿名作者仅仅是重商主义时期许多提出主张更自由的经济活动观点的人之一。在重商主义制度渐渐消失的时候，自由贸易的号召日益成为呐喊，特别是在约翰·洛克、达德利·诺思爵士（Sir Dudley North）、查尔斯·戴夫南特

（Charles Davenant）和伯纳德·曼德维尔（Bernard Mandeville）的著作中。虽然这些关于国内政策的自由主义的信条同重商主义关于国外贸易限制的观点形成了强烈的对比，但它们代表了在斯密《国富论》（*The Wealth of Nations*）中达到顶点的思想的一个组成部分，《国富论》把重商主义攻击为一个破坏性的控制制度。但是，对重商主义的一个较为系统的评论坚持认为，"开始时作为机会主义和不时反对商业控制的东西，在大约两个世纪以后，以经济个人主义系统化哲学的形式形成了，这种个人主义哲学公开赞扬自然法则的善行"（乔克，《自然法则》，p.347）。

□ 劳动和"贫困的效用"

拥有货币的商人阶级和贵族的兴趣集中在关于劳动和工资的国内政策问题上。维持低工资和日益增长的人口被看作增加国家财富的手段。这种"低工资"政策依据的是埃德加·弗尼斯（Edgar Furniss）在其经典著作《劳动者在国家主义制度中的地位》（*The Position of the Laborer in a System of Nationalism*）中所谓的"贫困的效用"。应当把劳动者维持在生存边界上的论点可能在整个重商主义时代都可以找到。它以这样极端的信条为前提，即"受苦有益于健康"，一有机会，"仆人"将是懒惰的。一方面，由于较低阶级普遍的低道德水平，高工资必然导致各种过度行为，例如酗酒、放荡等。换言之，如果工资超过生存水平，追求物质的满足就将导致邪恶和道德的堕落。另一方面，贫困（生活资料的高价格或低工资）使工人勤勉，这意味着他们"过得更好"。考虑到重商主义时代的一般态度，阿瑟·扬（Arthur Young）在其《东方游记》（*Eastern Tour*，1771年）中指出："除了白痴，每个人都知道，必须使低等阶级保持贫困，否则，他们将不会是勤勉的。"按照重商主义的观点，失业是怠惰的结果。

伯纳德·曼德维尔的观点（他在其他方面持自由主义观点）甚至更为极端。他认为，穷人的孩子和孤儿不应享受公费教育，只应让他们在年龄很小的时候就去劳动。教育破坏"应得的贫困"。换言之，"阅读、书写和算术对于那些在其营业中需要这种素质的人来说是非常必需的，但在人们的生活不依靠这些技艺的地方，它们对穷人是很有害的……上学和工作相比是懒散的，而且孩子们继续过这种舒适生活的时间越长，他们就将越不适于……做完全的劳动者，在力量和偏向上都是如此"（《蜜蜂的寓言》，p.311）。

据此所提出的各种建议是限制懒惰和使穷人勤勉。1701年，约翰·劳（John Law）提出一种消费税，以便激励富人节俭和穷人勤勉。在其他方面为自由主义运动作出贡献的大卫·休谟支持用"适度的"赋税激励勤勉。但他认为过度的赋税破坏激励并产生失望。这些作者的目标似乎都是让实际工资支持"最佳挫折水平"，使其足够高，能够提供对"奢侈"的激励，但又足够低，以至于永远不能达到富裕。正如弗尼斯所看到的，对于重商主义者来说，极为重要的是：

> 劳动阶级的最底层要尽可能地保持满负荷工作，因为英国要依靠这个团体的成员获得使它在争夺世界霸主的国家斗争中取得胜利的经济力量。因此，国家的命运取决于众多无技能的劳动人口，他们为竞争所驱使在最低工资下始终

勤奋劳作："屈服"和"心满意足"对于这样的人口是有用的特质，而且，这种特质可以通过消除其成员中的社会追求而得以培育（《劳动者的地位》，p. 150）。

对作为思想体系的重商主义所作的总结　重商主义文献的主要理论缺点（总允许有例外）是没能抓住国际核算的循环性质及国内货币存量和价格之间的联系。简言之，重商主义者没有把洛克—休谟的价格—硬币流动机制（或货币数量论）纳入其分析。具有讽刺意味的是，他们却极认真地整理了贸易统计资料，并保持了系统的记录。实际上，这种对收集和保持关于实际世界数据统计资料的嗜好，可能是重商主义者留给现代经济学最重要的遗产。在重商主义时期，分析的洞察力，虽然不过如此，却是从非常认真的经验主义衍生出来的。作为第一批经济学者的重商主义者更多地关心实际经验，而不是形而上学的沉思。他们把经济问题放在第一位，而且在这样做的时候，预先为下一阶段的经济思想进步创造了条件。

同时，在重商主义经济中（特别是在英国经济中）产生了制度变革，而这些制度变革结合起来提供了对重商主义的历史兴衰的解释。这种解释并不重视重商主义者说了什么，相反，它关注他们做了什么，以及他们为什么这样做。

作为经济过程的重商主义

重商主义的学说方法使我们明了某些学者如何对其形成国家法令的环境作出反应，但是，这意味着只有国家的目的对于重商主义政策才是适当的。我们所说的过程方法寻求解释重商主义为什么和如何兴起，它什么时候和为什么让位给不同的经济制度。这后一种方法考察一国经济中个人或团体的经济动机。它关注应用国家获取利润的经济代理人的收益。这种利润，用现代经济学的话说，被称作租金（即垄断利润）。这样，在这里，重商主义便被表述为一种寻租的形式。这种过程的观点关注推动历史变化动机的因素，而不是使一种思想体系合理化。

☐ 现代管制理论的某些基本概念

52

简明地考察一下现代管制理论和政治学中的某些当代思想，对于考察重商主义过程的观点是很有益处的（见第23章）。例如，"寻租者"一词只不过是一个意味着经济的任何部分或全体对收入分配的利己行为的概念。当把它应用于当代经济管制分析的时候，意思是说，政治家（国会议员、国家立法者、城市参议员等），按其自身利益，向个别企业家或商人，或向其他由于谋求私利而导致需要管制的任何团体提供政府垄断和管制。这种谋求私利的活动并不（必然）意味着政治家直接接受现金支付，虽然我们将看到，这种现金支付在重商主义时代远比今天更常见。现代世界微妙得多：说客可能在严格的现金关系之外贿赂法律制定者。由于大多数政治家是律师事务所的成员，领取公司律师费是接受"额外支付"的可行方式。对竞选的贡献可能是在远离候选人本人的情况下作出的。现代分析寻求按照所包含的个人的成本和收益条件来解释在某些产业和活动中存在或缺乏垄断特权的原因。

在这里，我们不必涉及对成本和收益分析的正式说明，但有两个例子可能有助于我们理解过程观点是如何作为解释而起作用的。把"产业代表"或"说客"看作是对管制的潜在需求者。他们对来自政府的垄断特权（例如，对进入本产业的控制或补贴）的需求将明显地同他们可能期望从这种特权中获得多少利润，或他们的连带收益有关。例如，任何增加垄断特权期限的不确定性的东西将减少垄断特权对该产业的价值。所以，加之于被管制企业的成本（例如，税收和定期检查）成为对特权的一种替代。

现在，从供给方面考虑一下管制问题。当代经济学的一个观点告诉我们，谋求私利的政治家为了货币和选票收益而提供管制以使自己的利益最大化（例如，重新当选和额外收益）。那些受到法律负面影响的人面临一个主要问题：组织反对活动的成本。大型团体，例如零售商，可能发现它们难以克服为了建立有效的游说力量而联合的高成本。小型团体却可能发现易于组织游说活动，但可能无力为成功的游说活动提供费用。政治家将要提供的管制的数量依赖于这样做的成本和收益连同实际提供管制所必需的联合和组织的成本。一般说来，需要通过特殊利益立法的团体越大，联合成本就越高。

这样，可以把管制看作一种产品，像常规市场上的其他产品一样，有供给和需求。对于那些从管制中追求收益的人来说，如果其他条件不变，净收益的减少将导致对管制需求量的减少。同样，供给管制的成本提高——例如，当供给管制的能力从单个个人（一个统治者或独裁者）转向由个人组成的团体（议会或城市参议会）的时候——便意味着我们将预期管制供给在下降，管制的均衡数量将减少。在重商主义时代，能够获得一种垄断权强有力地激励着商人去从统治者那里寻求管制。在这一方面，重商主义的经济逻辑跟隐藏在现今经济活动背后的逻辑是相同的。某些团体（例如当时的工匠，现今的通信企业），相对于其他团体，例如一般消费者团体，拥有内在的为获得免于竞争的国家管制而游说的优势（例如当时的《工匠法令》(Statute of Artificers)，现今的联邦通信委员会）。通常，成功的利益团体的收益是从受管制的产品的消费者转向管制的受益人的财富。

当企业合并成一种卡特尔形式的时候，一种特殊种类的垄断活动便发生了。简单地说，卡特尔是在某种中心控制下作为单个垄断者的企业的正式组合（例如，欧佩克是一个由各石油生产国部长支配的国际卡特尔）。价格和/或产出份额一般被分配给卡特尔成员，它们的行为受一个管理委员会的检查或管辖。进入的条件也受到限制。卡特尔可能是私人组织，也可能是公共组织。当卡特尔的安排没有法律约束的时候，便存在一种强烈的欺骗卡特尔价格或产出协议的激励，因为每个企业都可以因降低价格或在所规定的市场之外销售而获取大量的收益。因而，大多数私人组织的卡特尔是不稳定的，它们随着时间的推移而趋向破产。但是，由政府组织的卡特尔可能稳定得多。对于其成员来说，它们也较为便宜，因为政府的规制确立了实施机制，其成本是由纳税人承担的。因此，获得规制对于组织成为卡特尔的产业是一个普通而廉价的途径。可以确信，寻求使自己在政府保护之下实现卡特尔化的企业可以放松对进入、价格或利润的直接控制，但是除了降低实施卡特尔的成本，企业还常常可能影响管制的性质及包括价格和利润在内的管制内容。

这样，在专制欧洲的旧重商主义和在当代民主政治中所实行的更为有害的形式中，都可以把经济管制看作一种竞争过程的结果，在这一过程中利益团体寻求国家保护免受竞争。在重商主义背景下面，相关的利益团体一部分是地方行政管理者、商人和小城镇劳动者团体，一部分是从事国家和国际生产、贸易的垄断利益团体。

□ 英国重商主义的内部管制

在英国重商主义时期，各级政府的经济管制基本上采取了与当代社会所采取的相同的形式。政府批准特许权，因而保护所选择的少数免于竞争。但是，包含地方管制与国家管制形成鲜明对比在内的制度安排和垄断之间存在重要的差别。在重商主义时代，地方对贸易、价格和工资的管制发源于中世纪的行会制度。先于伊丽莎白一世（Elizabeth Ⅰ，1485—1558 年）的都铎王朝时期（Tudor Period），实行行会管制是同城镇或郡行政管理机制结合的行会官僚的责任。伊丽莎白试图编制法典并实施详细的工匠法规。这一法规概括了地方治安法官、市政高级官员和地方行政官员在执行中的具体职责。地方管制的治安法官和其他行政官员，对于其全部服务，要么领取很少的报酬，要么完全没有报酬。事实上，这导致了地方经济利益的结盟，这些利益最终使地方垄断权力归于无效。

在国家层次上以三种方式创造了行业管制：（1）议会的法规；（2）王室公告；（3）皇家法院枢密院的命令。应该指出，商人和统治者同样对寻租的可能性十分敏感。早在 14 世纪甚至更早，在英国的实践中，统治者和垄断者的私人利益就紧紧地交织在一起了。这种联盟的性质在 1601 年下议院关于垄断问题的争论中就被强调了：

> 首先，让我们考察垄断（monopoly）这个词是什么意思；monos 是单一（unus）的意思，polis 则指公民权（civitas），因而这个词的含义是：对某种公共物品（城市的或国家的）限于由某一私人使用。并把这个使用者叫作垄断者；似乎，某些具有私人利益的人也支配公共财富，我们完全可以称这种人为巨额财富的支配者（托尼和鲍尔，《都铎经济文档》，Ⅱ，p. 270）。

这里所给出的垄断和垄断的定义提醒我们，经济活动者的动机通常是可以认识的，并且，在许多世纪中没有变化。但过分强调这种相似性是错误的。虽然重商主义的基本性质在当时和现在是相同的，但两种寻租的环境存在重要的差别。对于目前的讨论，最重要的差别同合法管制的市场供给方面有关。

国家层次的重商主义管制是由单个统治者或君主提供的，而且君主代表唯一的低成本寻租机会，同当代的民主制度比较时，尤其如此。在现代民主制度下，供给管制的合法权力分散在各种有时候互相冲突的政府权力之间。重商主义的君主下的国家权力的稳固，为英国这段历史时期广泛的寻租和经济管制提供了合乎逻辑的解释。在讨论过程中，我们将看到，议会供给管制的合法权力的增长和最终完全接管，如何戏剧性地改变了垄断权力买卖双方的成本和收益，导致重商主义管制的衰落。但是，我们必须首先考察地方管制的类型和命运。

□ 地方经济管制的实施

在地方层次上实施重商主义经济管制的法律结构是由伊丽莎白女王颁布的《工匠法令》确定的。该法令试图对管制产业、劳动和福利的旧法规加以整理。重要的差别在于，这些旧法规在范围上是全国的而非地方的。一些学者还指出，"黑死病"之后工资的大幅度增加是推动国家管制的动力。直接的经济原因更可能是城市无力对地方卡特尔安排的欺骗行为进行限制。城市试图从国王那里获得全国统一的管制制度，地方垄断也受到保护，以免被人强占，特别是被"外国人"强占。利己的商人和城市行政管理者力图管制经济活动，防止"无照经营者"享有地方特权。这些情形在都铎的文献中多有表露。尤其是伦敦希望限制那些阻抑城市利润增加的外国人和外国技术。最常提议的方案是驱逐乡村的外国人或那些在各种交易中不符合"法律"要求的工人。

全国统一的垄断制度是通过治安法官实施的。正如埃里·赫克歇尔所指出的，"治安法官是统一的行业法代理人"（《重商主义》，Ⅰ，p.246）。这种实施制度的几个方面对于我们的解释都是重要的。这种实施制度的一个基本特点是对治安法官不支付报酬。赫克歇尔认为，对治安法官不支付报酬，就其同制度实施的关系上说，必将导致"无能"和"懒惰"。更可能的是，对法官低支付或不支付确立了一种成熟的不法行为制度，并导致一种利己的实施类型——既有秘密活动，又使治安法官选择在自己有利益的行业卡特尔中实施。事实表明，管制法规的实施使治安法官在所管制的企业中所占有的纯利益增加了。一般说来，这可能要么通过优先对待来实现——可以允许治安法官在其中有利益的企业欺骗卡特尔，其他企业则不能——要么通过向其他实施管制的官员行贿。女王议事会曾描述了治安法官自己被高级警官检查的情形。由于高级警官所拥有的处理民事的权力比治安法官少，他们往往处于接受贿赂的边缘。到詹姆士一世（James Ⅰ）时治安法官很容易"收买"是人尽皆知的事实。1620年，一个申诉评议委员会（Committee of Grievances）在议会做了下面的证词：

> 有些专利权，它们本身是优良和合法的，但是被专利权所有者在实行专利时滥用了，辜负了国王陛下对他们的信任；例如旅馆专利权就是这样，那些实行该专利权的人滥用了它，在森林里或偏远的村庄建立旅馆。这些旅馆只能用来藏匿流氓和盗贼；诸如郡治安法官，他们熟知何处适于建旅馆，以及谁最该获得许可证，但他们放纵开酒馆。现在没有被拒绝的，将产生一个优厚的偿付协议。（科尔贝特，《议会史》，第Ⅰ卷，pp.1192-1193）。

这里所说的"优厚的偿付协议"（a good composition）指的是治安法官只要获得好处或酬金，他们随时都会授予旅馆管理人员许可证。

在每个时代都难以找到非法交易的准确记录，因为没有披露它们的激励机制。但在重商主义的情形中，其同时代的观察者的证言似乎确证了内部商业管制实施者是怀有利己心的参与者的看法。现在看来，实施者因没有得到报酬而漠不关心的观点似乎是幼稚的。现代经济理论使我们预期，不法行为是对职业低报酬的一种可以预见的反应，在这一职业中，"信用"极其重要，处于支配地位。① 这是因为不法行为者被抓住（或被解雇）的机会成本很低。从这个利己主义的观点上看，在给定《工匠法令》所施加的约束条件下，重商主义时代的治安法官的行为是相当有效而可预见的。

地方管制和资源流动性　在实施伊丽莎白地方管制制度中的另一个困难是，那些被管制的人有可能会流动到城外而逃避法律制裁。尽管在限制流动方面作了不少的努力，但明目张胆地无视法规的情况依然存在。事实上，工匠向农村的流动被归咎于城市的腐朽、贫困和衰败（托尼和鲍尔，《都铎经济文档》，Ⅰ，pp. 353 - 365）。就治安法官而言，他们曾经一再以远非国王的意图来实施这一法令。

实际上，买者和卖者可能迁移到不受管制的城郊和农村，而且这种不受管制地区的存在产生了破坏城市的地方卡特尔安排的强有力的激励。但在这一方面，法国的内部管制却是不同的。按照赫克歇尔的看法，"最突出的差别是，在英国许多地区不受《工匠法令》的约束，而在法国，除了偶然的例外或次要情况，原则上没有不受管制的地区"（《重商主义》，p. 266）。这并不表明，英国农村不受任何自觉的、有意义的政策行为的影响。相反，经济资源仅仅被用来应对由治安法官所追求的地方管制实施类型产生的激励。向城外的流动不过是某些工匠和商人降低其经营成本的一种途径。

逃避地方规制的迁移不一定必须是远距离的迁移。城郊充斥着不能加入城市行会的或想逃避其控制的手艺人。事实证明，把这些"欺骗者"纳入控制之下的各种努力无济于事，因为这些交易在性质上同极其分散的跳蚤市场是很相似的。亚当·斯密曾精彩地说明了这一点："如果你想让活干得不赖的话，必须把活拿到城郊去。在那里，工人没有例外的特权，没有别的东西，只有他们所依靠的特质。然后你们必须尽可能地偷运进城"（《国富论》，p. 313）。这样，对地方卡特尔的欺骗便成为当时的经济秩序。而且，国家不能成功地处理这些问题，这正是伊丽莎白的卡特尔机制无效性的充分例证。

有时，王权因创造了提高实施效率的制度安排而受到打击。例如，伊丽莎白曾授予她喜爱的朝臣征收违反管制法典罚金的权力，而这些权力最终被卖给了最高投标人，那些成功的投标人则将他们所能收敛到的任何东西都据为己有。但是由于从某些违法行为（例如专利权）上敛取到的利益多于从其他违法行为上敛取的利益，管制法的实施仍不平衡，经济中许多未受管制的部门仍然长期存在。结果《工匠法令》包含了破坏自身的手段。无报酬或低报酬治安法官的行为和企业逃避管制的能

---

① 例如，见 Gray Becker and G. J. Stigler, "*Law Enforcement, Malfeasance, and Compensation of Enforcers.*"

力是促使地方重商主义管制从长期来看破产的两个主要因素。现在，我们回过头来考虑重商主义司法制度在国家管制逐渐消亡过程中所起的重要作用。

□ 重商主义司法制度和国家垄断的瓦解

在国家管制制度中，逃避法律管辖的唯一途径是离开这个国家，这比从城市迁移到郊区更困难、更昂贵。因此，缺乏另外一种可行的、不受管制的制度便会产生一种比上一节描述的那些卡特尔安排更为稳定的卡特尔安排。因而，国家垄断的消亡必须根据对重商主义英国的经济活动不断变化的限制条件来解释。

英国的习惯法和法院　英国司法制度的发展是一个长期而错综复杂的过程。在诺曼底人入侵和重商主义时代之间基本有三种习惯法演变：王座法庭、公共审理法院和国库法院。这些法院所处理的案件在性质上基本是民事的，并且最初受国王的直接控制（在早期，国王甚至作决定）。在 13—15 世纪之间，法院越来越独立于王权，虽然国王保留了任命和调动法官的权力。

直到都铎王朝时期，三种法院之间的司法权都是不明确的，而且法官的报酬部分地依赖于法院收取的费用。这导致法院之间的激烈竞争。另外，14 世纪末政府各部门职能的分离加剧了国王议事会、王座法庭和议会之间利益的划分。国王议事会和政府行政部门（统治者）结盟，王座法庭成为司法机构，议会成为立法部门，但仍保留了某些司法的痕迹（在英国，上议院仍然是最高上诉法院）。政府职能的分离在习惯法法院和议会之间产生了一种自利的联盟。习惯法法院认识到议会是一个实体，议会的赞同对于法院应用法律是必需的。议会的习惯法律师（数量很多）认为，司法系统的错误应在议会中予以纠正，而不是由国王议事会来纠正。

习惯法法院和议会的结盟在重商主义之前的几个世纪就开始了，在重商主义时期，法院权卡特尔化了，并确立了牢固的审判权和官僚制度。具有同样重要意义的是，到了 1550 年，法院和议会之间利益的一致性强化了，主要是由于有一个以皇家法院形式出现的竞争的法律制度，后者在伊丽莎白一世时代是完全适当的。

竞争的司法制度是从罗马法（Roman Law，也称为 curia regis）的传统成长起来的，而罗马法则把王权看作居于正常的法律系统之外从而居于法院系统之外。这些其他的法院出现于王室委员会的分支部门、其附属法院（星室法庭），以及政府行政部门的其他部分，例如，大法官法院。随着大法官法院和星室法庭把其司法系统扩展到习惯法法院，它们遭遇到了"卡特尔"的激烈反抗。有一个大法官法院"毁于习惯法律师的顽强攻击"（梅特兰，《历史文选》，p.115）。而且这种对抗使得习惯法法院和议会之间的联盟更加巩固了。一方面，当议会的权力相对于王权而得到发展时，它需要法律活动的支持，而这种支持正是习惯法法院热切要提供的。另一方面，习惯法法院除了是由具有类似的训练和利益的个人组成之外，它还系于议会的利益，因为它把议会看作另一个习惯法法院（下议院可以推翻习惯法法院作出的任何决定）。另外，议会可以从法律上确定法院的司法边界和其他方面。但议会要依赖于法院来实行和维护其法律。这是考察国家重商主义管制时所面对的司法

57

背景。

□ 司法竞争对垄断权力持久性的影响

王座法庭和习惯法法院之间竞争的结果是造成了由单一政府当局批准的垄断权力持久的不确定性。在竞争的法院制度下，在一个法院是有效的垄断权力，在另一个法院并不必然被认为是有效的。因此，垄断特权的维护依赖于每种法院制度起伏不定的运气。但是，为了对某一特殊利益团体有价值，垄断权力必须是确定的和持久的。结果，在英国司法竞争司空见惯以后，试图凭借王权来建立垄断特权成功的可能性就越来越小。

例证 1 基于国防的需要，伊丽莎白女王在 15 世纪 80 年代提出了硝石和火药生产的最高权力要求。她将垄断生产权授予乔治·埃弗林和约翰·埃弗林（George and John Evlyn）。埃弗林家族在此后近 50 年里从与王室划分租金中获得丰厚的利益，但由于其他商人和习惯法法院的不断反抗，最终使这一垄断特权失效。结果，硝石和火药的生产成了公开竞争的对象。

例证 2 伊丽莎白还试图仿效法国国王成功而有利的盐税，但她未获同样的成功。在确立了一项盐的专利垄断 5 年以后，该专利持有者放弃了投资，而把巨大的淘盐锅留在了英吉利海岸生锈。从那时以后的 30 多年里，无专有特权的私人资本家进入该行业，并通过盐的生产和销售而获利，虽然王室一再试图重新确立盐业垄断权（这几乎无异于在统治者的伤口上撒了一把盐）。

例证 3 1588 年，一项纸张的专利被授予约翰·斯皮尔曼（John Spilman），斯皮尔曼声称拥有一项生产白纸的新工艺。一般地说，批准保护一项新发明或新工艺的专利，议会和习惯法法院是不反对的，但有时专利的延伸会使其持有者侵入相关的产品中。1597 年斯皮尔曼就是这样做的。当时他被准予了一项对所有纸张制造的专利。但是该项专利被证明是不能实施的，而且在 6 年的时间里，他仅限于"扩大他在纸张市场上的份额，即这种份额同他的机器效率、工人的技能、制造厂状况相适应"（内夫，《产业与政府》，p. 106）。伊丽莎白的特许权和寻租活动的不幸经历在 1603 年结束了，当时，面对授予纸牌垄断权的机会，她个人宣布这类专利同习惯法是矛盾的。然而，她的继任者却常常作出其他提供各种管制的尝试。

例证 4 在伊丽莎白女王的继任者詹姆士一世统治期间（1603—1625 年），下议院和习惯法法院巩固了它们的权力，并成功地阻止了可能实施的国家垄断的建立，这种国家垄断妨碍了它们的利益，或与它们联合的商人的利益。这种同王室提供管制权力的对立到 1624 年达到了顶点。当时，著名的垄断法案从法律上剥夺了国王使行业垄断化的一切手段。

例证 5 1625 年查理一世（Charles I，詹姆士一世的儿子）登上英国王位，并立刻尝试重新确立通过专利或枢密院的命令批准垄断的无上权力。在其强有力的、能言善辩的部长弗朗西斯·培根（Francis Bacon）爵士的参与之下，他发现了 1624 年法令的漏洞，并试图与许多行业的大生产者，特别是与明矾和肥皂的生产者，达成协议。在 1629—1640 年间，国王从明矾专利获利 126 000 英镑，从肥皂专利获利 122 000 英镑。国王查理的厚颜无耻最终使自己同议会和立宪主义者发生了激烈的冲突。在 1649 年他终于失败了，并丢掉了脑袋。

这些例证证明，按照重商主义的过程分析，由于议会和王室之间矛盾的加剧，通过国家而寻求国家垄断的收益在 16 世纪和 17 世纪初下降了。这并不是说，这一矛盾必定是由于垄断政策而引发的。而是说，这一矛盾，不管是如何引发的，对当时英国的寻租经济产生了重要的副作用。当然，"公共利益"可能在英国的习惯法法院把批准垄断的权力转移给议会的古典决策中起了作用。但是，数世纪的古老的习惯法法院和议会之间联盟的制度事实，加上议会对两个法院制度之间司法责任的控制，也表明了一种强有力的、利己的动机。不过，还存在一个重要问题：为什么当议会成为管制法律的唯一供给者的时候，它却不能影响一种持续的重商主义政策重建呢？

□ 重商主义的衰落和议会的兴起

议会和王室之间关于提供垄断权的斗争的焦点是在专利领域。议会的利益在于限制王室批准垄断特权的无限权力。这并不是关于自由贸易和政府对垄断的批准权的斗争，而是关于谁有权力提供经济管制的斗争。

这在 1624 年就已经变得十分清楚了。当时下议院向国王詹姆士一世申请停止批准书面专利形式的垄断特权。引起该申请的争论涉及英吉利海岸著名的温特坦尼灯塔。议会和国王在这个问题上发生了直接的冲突。议会最初向海务局局长签发了建立和维持该灯塔的特许权。按照该特许权，海务局局长确定船运煤炭每 20 查尔特隆（chaldron，1 查尔特隆＝32 蒲式耳）收 6 便士的收费标准。与此同时，约翰·梅尔德伦（John Meldrum）爵士向詹姆士一世成功地申请了该灯塔的特许权。一获得特许权，约翰·梅尔德伦爵士就确定了近 7 倍于海务局局长所确定的运煤收费标准。在本案例和许多其他案例中，议会被激怒了，并把"公共福利"作为把经济控制权从王室手里夺取过来的理由。但是，这种展示公共道德的明显意图就是通过强有力的保护方法获得控制。

议会最终战胜了王室，并成为英国唯一的法律供给者。但具有讽刺意味的是，议会没有能力始终如一地运用这个供给管制的新权力。可以把这一无能为力归因于多方面决策的高成本。对于每个人来说，由多方作出的决策必然比由例如统治者一方作出的决策成本更高。这时的英国缺乏一个有能力管理和实施经济管制的有效的官僚机构。由于不能以这种方式委任权力，议会发现立法非常昂贵，而要实施经济管制更为昂贵。这是历史的扭曲，在同王室为争夺操纵国家经济管制进行了长期而艰巨的斗争以后，议会发现维持这个制度的成本远远大于相应的收益。因此，重商主义最后步履维艰，随后便开始取消英国的经济管制。（不过，关于重商主义思想的连绵不绝的力量，参见专栏"思想的力量：重商主义，美国类型"。）

☞══════════════════════════════════

思想的力量：重商主义，美国类型

殖民化是重商主义的扩展和表现。16—18 世纪，所有的大国——西班牙、葡萄牙、荷兰、法国和英国都在全球进行殖民化活动。当然，在为欧洲创造利润的过程中，它们获得了许多重大的发现，包括近代对美洲的发现。积累财富和力量（常常通过征服）的愿望是我们称之为重商主义的驱动力。在整个重商主义时期，民族国家的支配地位和建立民族国家的过程，基本上都是那些国家的经济利益的一种表现。供给和需求提供了一种现成的解释：殖民地提供了贡献国民产出的廉价的原料和其他投入的来源。殖民地也是母国生产的商品和服务的新市场。

重商主义思想、政策和实践对美国历史有巨大的影响。这个新的海外市场相对来说是自由的和竞争的，以致英国和其他欧洲国家在北美殖民地的移民自由地把他们的物品出卖给所有的需求者，并从任何有意愿的销售者那里购买所需要的产品（基本上是制成品）。但是，作为英国国家的一个法律延伸，美洲殖民地必须按母国所确立的路线走。

实际上从一开始，北美殖民地便被为英国的经济利益而创造利润（租金）的管制所束缚。斯图亚特王朝（Stuart）的国王们提出殖民地经济发展的"最高权利"要求，例如，采取税收形式削减同弗吉尼亚烟草种植者和商人的贸易。后来，在英国立宪革命（1650—1660 年）和统治者复辟以后，议会获得了新的权力，以致统治者和议会管制了新世界的经济活动。

虽然这些规则是广泛的，但它们中的一个小例子便可以说明它们的作用。* 在一系列航海法（例如，在 1660 年、1663 年、1673 年和 1696 年通过的航海法）之下，殖民者被要求用英国建造的船只装运他们的出口货物。殖民地的特别出口品是被"计数"的，那就是，议会要求仅向英国或英国殖民地出口。烟草、糖和靛蓝染料是列在 1660 年特别出口品表上的物品。1663 年的航海法甚至更有利于英国商人。该法规定，所有运往殖民地的欧洲货物（少数自用的除外）必须从英国装运并用英国建造的船只装运。这意味着，统治者的利益与其他商业和金融利益可以通过对允许通行的产品征税和保护某些英国产品而获取。

后来，议会法授予殖民地关税官员搜查、没收和拒绝执行所有与议会法令相悖的殖民地法令的特殊权力。设立经济管制的能力为获取经济租金提供了充足机会，正如本章所讲的，而且，英国的统治者、商人和政治家，以及殖民地总督都利用这种状况。有一个例子使这种动机一目了然：1732 年，在伦敦毡帽制造商的压力之下，议会通过了《制帽法》（Hat Act）。由于恐惧法国的竞争，这些伦敦企业非常害怕在北美殖民地建立礼帽产业。该法令禁止礼帽从一个殖民地向另一个殖民地出口，要求愿意从事该项贸易的殖民地商人要经历 7 年的学徒生涯，每个商店限于两个学徒，并且禁止在制帽业雇用黑人。第二年通过的《制糖法》（Molasses Act）有相同的内容。

很自然，这些重商主义政策是不得已而为之的，殖民地和母国间的距离使政策实施代价高昂。尽管海盗、走私和私掠船（在战争期间抓捕"敌人"的船只）猖獗一时，但英国的经济管制十分有效。另外，殖民地在贸易关系上由于缺乏法律上所描述的货币和信用制度而受阻。重商主义法律和规制强化了美洲殖民地的高度的自给自足性，虽然殖民地同英国贸易一般呈现逆差。英国的寻租活动最终造成每个殖民地居民的福利大量减少，反抗是必然的结果。这样，同英国的冲突过程（以宣布独立和新国家的诞生而告终），在对殖民地贸易征税和管制以及减少每个殖民地居民福利的活动过程中很早就确定了。这类保护主义（在今天仍然保留）同重商主义和"新重商主义"紧密联系在一起。

* 这些例子取自理查德·B. 莫里斯（Richard B. Morris）（编写）的《美国历史百科全书》（*Encyclopedia of American History*），510－514页。

有些历史学家非常强调重商主义思想的"双重"性质，这种"双重"性质在重商主义时代末期变得日益明显。许多晚期的重商主义者反对国内的控制，虽然他们同时在对外贸易中维护保护主义。如果把重商主义看作一种寻租活动的形式，这种表面上的矛盾就不奇怪了。一件特殊的偶然事件，虽然它本身微不足道，却揭示了自利的寻租在重商主义政策形成时期远不是表面的，尽管民族主义动机常常被用来解释宏观经济的保护主义政策。这里所说的事件涉及查理一世及其同议会关于关税的斗争。国王查理要求掌握对关税"自古就有的权力"，但议会最终于1641年夺取了确定这些关税的独有的权力。后来，议会被解散了，国王重新要求其征税的绝对权力。但是，进口商为了其自身的利益，拒绝支付任何不经议会认可的关税。国王则以没收商品来报复，因此，他们中的一些人便反抗，而且被带到了枢密院。商人理查德·钱伯斯（Richard Chambers）厚颜无耻地宣称，"世界上没有一个地方像英国这样压榨商人。而在土耳其，商人受到更多的鼓励"（泰勒，《英国宪法的起源和发展》，p.274）。

向自由主义转变

遥远过去的主要历史转折点总是难以准确确定。从一种严格管制的传统向相对自由的贸易转变就是这样一种情形。实际上，永远不存在纯粹自由放任的经济，但是英国经济的重大结构变革在17世纪和19世纪十分明显。在某种程度上，重商主义的学说和政策观点为这种转变提供了不同的解释。

学说的转变：曼德维尔

从学说的观点看，由于丧失了其知识的社会地位，重商主义破产了。在1776年以前的100年中，对重商主义的自由主义批判达到了一个很高的程度。在此期间，新自由主义最有效的支持者之一是伯纳德·曼德维尔。

曼德维尔，前面曾把他作为重商主义贫困效用学说的倡导者而提及，在1705年发表了一篇题为《怨恨不平的蜂房：或邪恶变成忠实》（*The Grumbling Hive：or Knaves Turn'd Honest*）的寓言诗。在这部讽刺性的作品中，他认为个人的邪恶（自私自利）产生公共的美德（最大化的社会福利），这是斯密《国富论》的中心论题之一。后来这首诗以标题《蜜蜂的寓言》（*The Fable of the Bees*）重印并扩版，以两篇出版（第一篇在1714年出版，第二篇在1729年出版）。该书是一部引起轰动的著作。

曼德维尔关注一种反对理性主义、形而上学知识观点的人性理论。他重视坚持感觉印象是我们能够认识世界全部所在的经验主义理论。理论必须来自事实，而不是来自任何理性主义的或先验论的思考。这种论断的重要性在于，一种人性的经验主义观点是自由主义革命的基本信条之一。由于感觉是知识的来源，每个人都获得不同的外部刺激，早期经验主义者认为，最优化的社会组织将是一个允许实现个人自由最大化的组织。[①]

因此，曼德维尔反对把绝对标准作为社会体系或个人行为的基础。他认为，正确和错误是相对的，他写道："事物的好坏需要参考别的事物来确定，要依据人们对它们所持有的看法和观点"（《蜜蜂的寓言》，p.367）。这段引自曼德维尔的话使人联想到色诺芬的主观主义（见第 2 章）。虽然曼德维尔的经验主义和道德相对论在他的一生中到处受到攻击，但他的地位逐渐获得了认同，关于规范问题不能用科学来处理的观点得到了普遍认可（今天仍然如此）。

进一步地说，曼德维尔的人"充满邪恶"（或自我利益）但促进公共利益的信条，是对自由主义思想的明确预见。人本质上是自私自利的动物，因为他们"不会把快乐让给不对他们的利己心给予回报的其他人，人最终是以获得快乐为中心的，他们热衷于它并按照他们的意愿来改变它"（《蜜蜂的寓言》，p.342）。但是，正如他指出的，"出于自尊心和虚荣心建立的医院比所有出于美德而建立的还多"（《蜜蜂的寓言》，p.261）。

虽然不能把曼德维尔看作是对自由主义始终如一的支持者，然而他对这一运动的哲学基础给出了清晰的讨论。虽然他没有像理查德·坎蒂隆（见第 4 章）所做的那样把他的这个自我利益的理论体系应用于实际的商业问题，不过，他仍然是经济自由主义的一个重要先驱。

□ 制度的转变

不管对重商主义持哪一种解释，财富的破坏都是这个体系的一个主要特点。传统的（学说的）解释强调积累黄金和硬币是误导的努力。而过程观点则强调社会财富如何通过在各级政府层面上进行垄断创造和寻租行为而遭到浪费。按照学说观点，重商主义是随着其"错误"缓慢但确定地被揭露而衰落的。政策观点强调寻租活动的无意识的结果，即它酿成的制度变革使寻租和中央政府所进行的内部管制更加不可行。按照这两种解释，自由主义和自由贸易是可行的选择。

纯粹的自由放任在英国（或在其他地方）从没存在过，甚至在议会提供管制的能力占支配地位以后也不曾存在。占有土地的阶级保持对议会的控制，并继续通过有利于该阶级的法律。但这时放松对英国经济的管制意义重大。历史学家也是这样看的，即使他们认为旧秩序的某种犹豫不决的解散是这一时期的特征。不管最终出现的放松管制是较好思想胜利的结果，还是由于议会提供管制的成本提高，我们都

---

① 虽然做得并不如此严密，但曼德维尔在《蜜蜂的寓言》中多次提出人的基本动力是快乐。这样，一些人就可能把他看作功利主义思想的一个预见者。

应看到 17 世纪和 18 世纪是技术迅速进步的时期，而在合理的竞争环境中，迅速的创新将减少对合法的卡特尔的需求。这一特点对英国 17 世纪管制的衰落可能也起了重要的作用。

结论

本章所阐述的对重商主义的分析集中于英国经济。知识力量和制度力量的相互作用在英国产生了"自由主义革命"，而通过 18 世纪的出口，在美洲也产生了"自由主义革命"。但是，即使在管制活动的顶峰时期，英国经济也是对其欧洲对手——由路易十四时期的财政部长柯尔贝尔（Colbert）管理的法国经济——的苍白反映。

人们常常把法国的重商主义称作"柯尔贝尔主义"，因而将其打上了这个政策制定者个人的印记。使法国重商主义有别于英国的因素，是其高度的集中化和非常有效的监督制度，而这些在英国从来没有如此重要。在重农主义者的著作中，自由主义对法国重商主义的反应达到了最高点。下一章将讨论重农主义者这一法国经济学家团体。

参考文献

Becker, Gary, and G. J. Stigler. "Law Enforcement, Malfeasance, and Compensation of Enforcers," *Journal of Legal Studies*, vol. 3 (January 1974), pp. 1 - 18.

Chalk, Alfred F. "Natural Law and the Rise of Economic Individualism in England," *Journal of Political Economy*, vol. 59 (August 1951), pp. 330 - 347.

——. "Mandeville's *Fable of the Bees*: A Reappraisal," *Southern Economic Journal*, vol. 33 (July 1966), pp. 1 - 16.

Corbbett, W. *Parliamentary History of England*, vol. 1. London: R. Bagshaw, 1966[1806].

Furniss, Edgar S. *The Position of the Laborer in a System of Nationalism*. New York: Kelley and Millman, 1957.

Hales, John. *A Discourse of the Common Weal of This Realm of England*, E. Lammond (ed.). London: Cambridge University Press, 1929.

Heckscher, Eli. *Mercantilism*, 2 vols., Mendel Shapiro (trans.). London: G. Allen, 1935.

Holdsworth, Sir William. *A History of English Law*, 4 vols. London: Methuen, 1966[1924].

Hornick, P. W. von. "Austria Over All If She Only Will," in A. E. Monroe(ed.), *Early Economic Thought*. Cambridge, MA: Harvard University Press, 1965.

Hume, David. *Writings on Economics*, E Rotwein(ed.). Madison: University of Wisconsin Press, 1970.

Maitland, F. W. *Selected Historical Essays of F. W. Maitland*, Helen M. Cam (ed.). London: Cambridge University Press, 1957.

Mandeville, Bernard de. *The Fable of the Bees*, F. B. Kaye(ed.). London: Oxford University Press, 1924.

Misselden, Edward. "The Circle of Commerce," in Philip C. Newman, Arthur T. Gayer, and Milton H. Spencer(eds.), *Source Readings in Economic Thought*. New York: Norton, 1954, pp. 43 - 48[1623].

Nef, John U. *Industry and Government in France and England*, 1540—1640. New York: Russell and Russell, 1968[1940].

Petty, William. *The Economic Writings of Sir William Petty*, 2 vols., C. H. Hull(ed.). New York: A. M. Kelley, 1963.

Smith, Adam. *The Wealth of Nations*. New York: Random House, 1937[1776].

Tawney, R. H., and Eileen Power. *Tudor Economic Documents*, 3 vols. London: Longmans, 1924.

Taylor, Hannis. *The Origin and Growth of the English Constitution*, Part II. Boston: Houghton Mifflin, 1898.

Young, Arthur. *The Farmer's Tour Through the East of England*, 4 vols. London: W. Strahan, 1771.

第4章

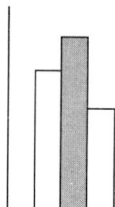

资本主义的形成

68 重商主义是作为一种反对历史变化这一背景的经济信条而出现的，在 17 世纪欧洲经历了发明、战争和巨变；发明了微积分和冰激凌，在欧洲茶和咖啡变得极为普遍，在法国引入了中央银行。在该世纪的上半叶，在北美建立了第一个永久的殖民地，英王詹姆斯钦定版《圣经》得以完成，新教义在欧洲站稳了脚跟，三十年战争（Thirty Years' War）摧毁了中欧，美洲印第安人战争开始，法国、苏格兰、爱尔兰和英格兰纷纷内战；荷兰在 1637 年突发猩红热，毁灭了许多家庭的幸福。在该世纪的下半叶，新教义在法国被宣布为不合法，荷兰共和国走向衰落，奥斯曼帝国继续向西部扩张，英格兰成为光荣革命（Glorious Revolution）之后的君主国，艾萨克·牛顿爵士发表了他的万有引力理论，彼得大帝（Peter the Great）成了俄国的沙皇，拉萨尔（La Salle）考察了密西西比河的长度，并为法国争取到了路易斯安那的领土权。1666 年，伦敦的一场大火破坏了城内 373 英亩和城外 63 英亩土地，烧毁了 87 座教堂（包括圣·保罗大教堂）和 13 200 间房屋。1672 年，法国发动同荷兰的战争。1692 年，塞勒姆（Salem）女巫案在马萨诸塞审理。

威廉·哈维（血液循环专家）丰富了医学，开普勒和伽利略丰富了天文学，牛顿和莱布尼茨（微积分学的联合发明者）丰富了数学，培根、笛卡儿、霍布斯、洛克、帕斯卡和斯宾诺莎丰富了哲学，莎士比亚、莫里哀、拉辛、塞万提斯、多恩和弥尔顿丰富了文学和戏剧，贝尔尼尼和伦勃朗丰富了艺术。总而言之，这是一个大大远离中世纪的时代，是一个制度迅速变化、向专制发起挑战、为启蒙运动做准备培育市场的文艺复兴时代。旧的观念加速衰落，新的观念迅速填充空间。

到 17 世纪末，重商主义也处在一种变迁的状态。在法国和西班牙出现了对管制的强烈反对，在这两个国家重商主义是根深蒂固的。法国学者，像皮埃尔·布阿吉尔贝尔（Pierre Boisguilbert，1646—1714 年），以及西班牙学者，像佩德罗·罗德里格斯·德·坎波马内斯（Pedro Rodriguez de Campomanes，1623—1702 年），坚持认为国家要对阻碍经济增长的政策负责。他们为各自国家的经济改革铺平了道路。在英国，威廉·配第爵士（1623—1687 年）加入了要求经济理论和实践改革的大部队。而在法国，一个来自爱尔兰的国外移居者，理查德·坎蒂隆（1680？—1734 年）使经济学达到了前亚当·斯密时代的新的高度。由于他们是过渡性的人物，这个团体的经济学著作包含了"自由主义"和"重商主义"成分的混合，特别是关于货币问题，这是重商主义最敏感的论题。在 17 世纪中叶，第一个经济学流派——现在把它归结于"重农学派"——吸收了布阿吉尔贝尔和坎蒂隆的联合影响，更清晰地突破了旧的经济秩序。他们的思想代表了对重商主义的总体反对和对自由放任主义的重要预见。这一经济学进步的背景标志着资本主义在英格兰和欧洲的形成，是由于启蒙运动的传播和保护主义的兴起。

威廉·配第爵士

配第生活在商业资本主义形成时期，具有农业革命初期的印记，但也揭示了某些工业革命发端的信号。作为旅行家、作家、医生、冒险家、学者、调查员、经济学家，配第对声望和财富着迷。从其简短的医疗生涯的一个插曲便可说明其卓越的天资。1650 年，配第在牛津大学做解剖学教授时，他救活了一个因杀婴而被处绞刑的年轻妇女，并帮她恢复健康。此后不久，便出现了一本题为《来自死者的消息》（*News from the Dead*）的匿名小册子，可能是（至少部分是）由配第写的，赞颂他向死亡和绞刑挑战的奇迹般的医疗力量。这种虚张声势表现了配第许多活动的特征，也包括他对经济学研究的初步尝试。

□ 经济学方法

在实证主义成为自然科学占主导地位的研究标准之前，配第就是一位实证主义者。作为英国皇家学会（伦敦）的创始成员，配第曾经开玩笑地提议，应将该学会的年会安排在圣·托马斯的节日举行。圣·托马斯是早期基督教的传教者，他只相信他能看到和接触到的东西。配第称他的探讨方法是"政治算术"，这个短语适合表达他的信条，即引入数量方法将更为精确地分析社会现象。在社会科学中应用数量方法，代表了机械唯物论概念战胜了亚里士多德三段论演绎法。在这个方面，配第主要受到了弗朗西斯·培根的影响。培根提出了我们现在称之为"归纳法"的将经验主义和理性主义融为一体的方法。培根以一种隐喻来解释他的新方法。培根写道，

　　经验主义者像蚂蚁一样，只会收集和使用；理性主义者则类似于蜘蛛，他们用自己拥有的材料织网。但蜜蜂取中间的过程：他们从花园和田野的花中采

集材料，并以自己的力量来转化和消化它们。真正的哲学思考与此相似；因为它既不是全部依赖于心智的力量，也不是接受从自然史和机械实验中收集的事实，并原原本本将它整个储存起来，而是在变化和消化的理解中将它们储存起来（《新工具论》，p.93）。

从古希腊人和经院学派的主观主义和逻辑演绎主义跳到经验主义和客观主义成了英国古典政治经济学的一个重要主题，正如我们将在接下来的章节中将看到的。配第认识到了新方法的新颖性，并把它作为对旧方法的改进来加以辩护：

我采用的方法……不是常见的；因为与只使用比较级的和最高级的词汇以及单纯做思维的论证相反，我采用了这样一种方法（作为我长期以来就想建立的政治算术的一个范例），即用数字、总量或尺度的词汇来表达自己想说的问题：只诉诸人们的感官论证，只考虑在性质上有可见根据的原因。至于那些以某些人的很容易变动的思想、意见、胃口和情绪为依据的原因，留待别人去研究……（《经济作品集》，p.244）。

配第方法的另一个要素是试图把道德同科学区分开来。他断言，科学的存在并不是为了处理道德问题——它不过是达到目的的一种手段而已。道德问题仅仅在人类应用科学对打算实现的目的进行选择时才出现。这可能听起来具有现代色彩，但这个命题并没有导致配第信奉一种连贯的经济哲学。虽然他支持非国家干预的自由主义的命题，但他提出了许多国家干预的建议。另外，由于他的经济著作是其政治和商业活动的一个组成部分，配第常在官场中有力地捍卫自己的利益。

归根结底，配第的考察并不旨在产生一种知识体系，而是为了获得解决实际问题的答案。他只想产生一般的政策指南。这就是他的"政治算术"的实际基础。这意味着只收集解决实际问题所需要的基本要素。他不打算对现实做完美的或完备的描述。配第认识到了其考察的局限性。另外，他也认识到了，必须把现实世界所面临的每个经济问题（不管是货币问题、国际贸易问题，还是任何其他问题）都看作是一个更大更完整的问题的一部分，而不能当作一个孤立的现象。正是配第思想的这种"系统的"性质使他优于其同时代的人，也正是这一特征导致卡尔·马克思称其为"现代政治经济学的奠基者"。

□ 论货币

配第认识到了货币的三种职能（价值标准、交换媒介、价值贮藏），但强调第二种职能比其他两种职能更重要。他否认货币构成一种绝对的价值尺度，正确地认为货币的价值随着供求条件的变化而变化。他还认识到银行的信托运营，以及货币仅仅作为便利交换的商品的"人为的"性质。可能是由于医生的身份，他对货币作出如下比拟：

货币不过是国家的脂肪，如其过多，就会使国家不能那么灵活行事；如其过少，也会使国家发生毛病。像脂肪能够滑润筋肉的运动、弥补营养不足、补平身体上的缺陷、使身体健美营养，货币在国内能促进国家的活动；当国家发生饥馑时，它能够从国外运进食物；而且因其可分割之故，能够用来计算各项账务，并美化整个国家，当然最能得到它的好处的，乃是那些有钱的人（《经济作品集》，p.113）。

像重商主义者一样，配第看到了货币数量和经济活动（生产）水平之间的关系，但他没有看到货币数量和价格水平之间的关系，而货币数量和价格水平间的关系是货币数量论的核心。他把货币看作生产的间接成本，这种成本是同体现于货币贮藏中的贵金属价值相适应的。因此，额外的货币量便构成浪费，因为剩余的贵金属可以用来交换生产资料，而不是直接用于生产过程。

配第对货币理论的主要贡献是他应用货币流通速度的概念来确定货币的最佳数量。这使得他成了洛克和坎蒂隆的一个重要先驱。他正确地把货币流通速度同制度因素联系起来，例如，同工资、地租和税收支付时期的长度联系起来。他坚持认为，支付的时期越短，货币流通速度越快。配第还从重商主义的一般认识出发，认为货币积累是达到目的的手段，而不是目的本身。虽然他赞成因贸易顺差而产生的货币流入，但他并不认为这是需要加以绝对优先考虑的。另外，他认为禁止货币输出是没有用处的。他坚持认为高水平的就业和经济活动，而非积累金银财宝，才是重要的。

□ 论价值

人们之所以常常记得配第，是因为他提出的某些经济口号，而不是由于他在经济分析中所取得的实际成就。在配第的广为流传的口号中，最主要的一条是他的著名格言"劳动是财富之父，土地是财富之母"（《经济作品集》，第1卷，p.63）。虽然这一论述构成了对两种"基本生产要素"的早期认识，但它很少包含分析的价值。当然，它也不构成一种价值理论。更重要的是，配第的研究目的是发现土地和劳动之间的"自然平价"关系。他试图通过决定生产"一个成年人一天的食品"需要多少土地来把土地和劳动的价值相互联系起来，把这种产出的价值等同于一日劳动的价值。配第的目的是确立一个测量单位，按照这个测量单位把两种基本生产要素（劳动和土地）的有效数量归结于一种同质的"生产能力"的数量，进而将它作为价值的（土地—劳动）标准。像所有寻找绝对价值标准的努力一样，配第的这一努力也被证明是一个分析的死局，但它启发了坎蒂隆沿着同一方向所进行的研究。

尽管配第的经济研究有经济计量学的味道，但它并没有建立一个令人满意的价格理论。尤其是，他没有认识到相对价格的重要性，而相对价格则构成了现代微观经济学的核心。虽然马克思对配第表示钦慕，但配第并没有阐发劳动价值论。如果说他有价值理论，那也是土地价值理论，虽然人们将他在这个领域的成就称作一种真正的价值理论会是一种误导。他的理论中所缺少的是一种能够解释经济物品之间交换比率的基本机制。

虽然配第具有理论家的气质，但现在看来，他的最伟大的成就是指明了经济方法的一个决定性的新方向。他的发明，即政治算术，是经济计量学的一个早期形式，该领域在第二次世界大战以后得到了蓬勃发展。正如约瑟夫·熊彼特所指出的，配第"随时准备为……（这一方法论的信条）而战，并开始进行关于这个方法的第一场争论。但没有人攻击他，追随他的人也不多。许多人羡慕他，而绝大多数人很快便忘记了他"（《经济分析史》，p.211）。亚当·斯密在一个世纪后面临同样的问题时，选择了安全性而不是方法论的新颖，在《国富论》（第Ⅳ编第5章）中宣称他不太信任"政治算术"。在斯密的指导下，古典经济学保留了逻辑演绎方法。

理查德·坎蒂隆

1755年，在异乎寻常的环境下出版了一部著作，可能是在巴黎出版的，但它带有一位已经不再经营的伦敦书商的印记。该书定名为《商业性质概论》（*Essai sur la Nature du Commerce en Général*，以下简称《概论》），由理查德·坎蒂隆所著。理查德·坎蒂隆是爱尔兰血统的巴黎银行家和伦敦商人。他的确切出生年月以及平生事迹无从知晓，但他在1734年死亡的情形轰动一时。他是在睡觉时被一个解雇的仆人谋杀的，然后，这个仆人放火烧了房子，以图掩盖自己的罪证。经济学也因此失去了一位最有能力的前古典思想家。

坎蒂隆的《概论》代表了亚当·斯密以前（见第5章）经济学的最高水平。这是一部鞭辟入里的一般理论著作。这些特点并没有随着时间的流逝而失去光辉。与抨击法国社会特殊经济问题的布阿吉尔贝尔（见下文）不同，坎蒂隆旨在发现基本原理。一份坎蒂隆对经济学基本贡献的清单强调了他的重要作用。他是首先阐述下面原理的经济学家之一：

1. 把人口增长作为经济过程的一个组成部分；
2. 阐发一种对城市的位置和生产的分布的经济解释；
3. 对市场价格和内在价值（即均衡价格）做了区分，并表明二者如何可能随时间的推移而趋同；
4. 证明了（货币流通）速度的变化等价于货币数量的变化；
5. 探讨了货币存量的变化影响价格的渠道；
6. 描述了在国际贸易中价格借以调整的机制；
7. 分析了经济的主要部门间的收入流动。

这份清单给人的印象是深刻的，但它还不能解释坎蒂隆在18世纪经济学中独一无二的地位。使他远离重商主义的是几乎在其《概论》的每一页都表现出来的牛顿的影响。坎蒂隆像牛顿思考宇宙一样思考了经济，即由合理发挥作用的各个部分构成一个相互联系的整体。对坎蒂隆来说，这意味着经济在不断地调整，以适应人口、生产和偏好等的基本变化。这种调整过程的主旨是利己地追求利润。在坎蒂隆的经济学中，自我利益与万有引力定律占有相同的位置。

虽然坎蒂隆的手稿在拖延到1755年出版以前已经在法国和英国广泛流传，其优点却被后来的著作遮蔽了。直到接近19世纪末，它才得到充分的认识和评价。

此时，英国新古典经济学家威廉·斯坦利·杰文斯（William Stanley Jevons）（见第14章）重新发现了坎蒂隆。刚一发现这部手稿，杰文斯便称《概论》为“政治经济学的摇篮”。并加上了这样的评论，“这部系统论述经济学的著作可能是由一位有着西班牙名字的银行家写出的，该人出生于凯里县一个爱尔兰人的家庭里，在哪里长大我们不大清楚，后来在巴黎经商，但显然是在阿尔比马尔大街（伦敦）被人谋杀的”（《论文集》，p. 360）。 73

尽管坎蒂隆的著作背离了传统重商主义关心的某些问题，但它远不是几十年以后亚当·斯密开启的经济学自由主义时期的典型著作。坎蒂隆熟悉像威廉·配第爵士和约翰·洛克这样的英国杰出学者的著作，但他直接影响了18世纪的法国经济学家。他的间接影响更为广泛，延伸到杰文斯和当今的新奥地利派经济学家（见第22章）。在本章，我们强调坎蒂隆著作的三个主要论题：（1）他的市场及其运作的观点；（2）企业家在经济活动中的关键作用和重要性；（3）货币总供给的变化影响经济的途径。

□ 市场体系

坎蒂隆把经济设想为相互联系的市场的有机体系，而这些相互联系的市场以实现某种均衡的方式运作。该经济的居民也是相互依存而结合在一起的。该体系的制度随着时间的推移为适应“需要性和必要性”而不断演进。追求自我利益的企业家自由地发挥作用，使得市场体系按照他们“对国家的一切交换和流通”的操纵而进行调整（《论文集》，p. 56）。考虑到坎蒂隆写作的时代，他对大人物持一种慎重的态度。坎蒂隆深信不疑的事实是，没有政府干预的市场体系会最好地运作。像其他市场参与者一样，企业家是以互惠为限的，因为他们“互为消费者和顾客”。因此，他们的数量是由需要他们服务的顾客数量，或总需求量决定的，他们的决策则是在未来不确定的条件下作出的。

坎蒂隆的经济体系结构是分等级的，地主居于经济和社会秩序的顶端，并被描绘为经济上是独立的，虽然他们从一国的居民那里取得收入，但居民又依赖于资源所有者供给他们用于生产的自然资源。私人财产权被认作市场体系成功运作的基本条件。企业家在坎蒂隆的等级制度中占据中间位置，但正如在下一节所解释的，他们的作用是极为重要而普遍的。他们在特定的市场上不断对价格作出反应，以使特定的供给和特定的需求达到暂时的平衡。

由于把经济看作一个互惠交换的网络，坎蒂隆为市场价格提供了一种最清晰的早期解释。他的内在价值概念（进入生产的土地和劳动的数量和质量的测量）是强调基于某种以对“真实”成本的测量来确定价格的早期尝试，至少涉及了长期均衡价值。但是，当处理短期的市场价格时，坎蒂隆似乎准备承认主观评价。他注意到，“往往会看到，有些东西是具有某一内在价值的，而在市场上却并没有按这一价值出售，这时决定市场价格的是人们的一时意兴和想象以及他们所消费的数量”（《论文集》，p. 28）。市场价格何以不同于内在价值的另一个原因是，生产者的计划和他们的顾客的计划可能是不协调的。实际上，不可能始终实现完全的协调。坎蒂隆发现，"内在价值是绝不会变动的，但是一个国家的商品生产和消费比例不当则会引起日常价格的波动和市场价格永久的涨跌"（《论文集》，p. 30）。

坎蒂隆所描述的讨价还价过程反映了市场参与者拥有的信息和个人计划协调的程度。坎蒂隆描述了不协调的计划如何趋向于使价格（市场价格）偏离成本（即内在价值）：

> 如果农民今年所播种的比往年多，超出了一年消费之所需，这时小麦的内在价值或真正价值，仍然是与生产中投入的土地和劳动的价值相一致的，但是，由于产量过剩，卖户多于买户，市场上小麦的价格势必下降到内在价值之下。反之，如果农民播种的小麦少于消费者所需之数，则买户将多于卖户，小麦的市场价格将超过其内在价值（《论文集》，p. 28 - 30）。

只需用"自然的"取代"内在的"就可以领会到这种分析同亚当·斯密的分析（见第 5 章）有多么贴近；而且，即使坎蒂隆没有走得更远，他也仍然为价格机制提供了一个重要的描述。但坎蒂隆确实走得更远，他提供了一个对联系不同市场的价格信号网络的初步解释。下面的一段话内容丰富，它提出把自我利益作为动力，把相对价格作为调节资源使用的信号，把机会成本作为决策的基础：

> 如果某些租地农场主比从前多播种了谷物，他们就必须少喂养羊只，就只能拿较少的羊毛和羊肉去卖。于是，对于居民的消费来说，谷物就将太多，羊毛就将太少。因此羊毛将会涨价，这将迫使居民把衣服穿得比通常久些。谷物太多，将为下一年存下余量……农场主……就会留意在来年少种谷物、多产羊毛，农场主总是留意把土地用于生产那些他们认为最有希望卖得高价的东西。但是，如果在第二年，相对于需求，他们得到的羊毛过多、谷物过少，他们将会不失时机地调整以后各年土地的利用情况，直至他们的生产同居民的消费适应得相当好为止。因而，一个已使自己的生产同消费大体相适应的农场主将用他的部分农场种草，用另一部分生产谷物、羊毛等，除非发现需求有很大的变化，他是不会改变计划的（《论文集》，p. 60 - 62）。

按照这种方式，坎蒂隆证明了买者和卖者之间最初不协调的计划，随着时间的推移如何通过相对价格变动的自我利益调整而变得相互协调。在要素市场上也表现出了同一种现象。坎蒂隆还谈到了劳动自然地对其需求进行调整的倾向。坎蒂隆在讨论父亲培养儿子从事与自己相同的工作的传统时，他对将劳动分配到不同职业的自然力量的强调就十分明显。如果乡村工人培养自己的儿子从事同一种工作，"多余的成年人就必须到别处谋生。一般来说，他们是到城市谋生的。如果他们之中的某些人同自己的父亲一道留在村里，那么，由于无法找到足够的工作，他们的生活就会变得极为贫困"（《论文集》，p. 20）。需求的短期减少或增加将引起不同类型劳动的收入暂时下降或上升，但坎蒂隆设想了一种实现均衡的最终调整。他正确地看到，在迁出和（或）迁入以后，"使留下来的人的数目与足以维持他们生活的就业机会相适应；如果工作不断增加，这里就有钱可赚，就会有足够的人来这里，以分享这种收入"（《论文集》，p. 24）。给定对劳动需求的一种永久的增加，坎蒂隆对分配机制的论述跟新古典经济学家的论述一样清楚。

□ 竞争和企业家

像他的后继者亚当·斯密一样，坎蒂隆把竞争看作某种不同于今天大学一年级经济学教科书中所阐述的情况。他不是把竞争看作界定特殊市场结构的一组条件，而是将其看作为争夺顾客的竞争者之间的竞争过程，在这一过程中，坎蒂隆把注意力集中在企业家的作用和重要性上。他从个人所属类别来考察经济，每一类别都是按照主要的经济职能来界定的：

> 我们可以得出结论，除了君主和土地所有者之外，一国的所有居民都是相互依存的；可以把他们划分为两类，即企业家和工资收入者；可以这么说，企业家所拿的是不确定的工资，而所有其他人，当他们有工资时，其工资数额是确定的，虽然他们的职能和社会地位是很不相称的。将军领薪水，侍臣享俸禄，家仆拿工资，这些人都属于上述后一类。所有其他的人，不管是备了资本，还是不备资本，凭自己的贡献赚取收益的，可以认为都是在收入不确定的情况下过日子，都是企业家，哪怕是乞丐和强盗，也属于这一类企业家（《论文集》，p.54）。

显然，对于坎蒂隆来说，企业家类别有其最低的进入要求；同样清楚的是，企业家的来去依赖于市场的兴衰。企业家活动的本质是冒险。在商人—企业家的情形中，他按已知的价格购买商品是为了按"不确定的价格以或大或小的数量"卖出它们。因此，市场不是为懦弱的人或厌恶风险的人而设的。正如坎蒂隆所观察到的：

> 这些企业家对城市中的消费量既无头绪，又不知道其顾客同他们的买卖关系能维持多久，而同行则虎视眈眈，千方百计地想把他们排挤出去，所有这些因素使他们的处境很不安定，我们每天都能见到以倒闭而告终的企业家（《论文集》，p.50）。

坎蒂隆还有一个市场体系如何运行的"一般均衡"概念。也就是说，他认识到了产品市场和资源市场之间的相互关系。企业家是按照与配置劳动者或产品相同的机制"配置的"：

> 所有这些企业家都互为消费者和顾客；服装商是酒商的消费者和顾客，反过来也是这样。他们会使自己人数的多少与其顾客或市场相适应。如果在一个城市里或一条街上，制帽商对买帽子的人来说为数过多，其中顾客最少的制帽商就不得不歇业；如果为数过少，那制帽就成了有利可图的行业，就会吸引某些新手来开店经营。这就是说，各式各样的企业家都是自负风险的，都要适应环境的需要（《论文集》，p.52）。

最后，虽然今天的当代经济理论把一个仅仅偶然附带的作用转让给企业家，但坎蒂隆把企业家看作市场的有机组成部分。在他的体系中，竞争和企业家的活动是结合在一起的。他毫不含糊地阐明，"一国的一切交换和流通都是……由企业家进行的"（《论文集》，p.57）。

□ 货币对价格和生产的影响

尽管坎蒂隆深刻地论述了上述基本经济原理，但他的智慧之花在货币理论领域才完全开放。他开创了货币理论的收入方法，即把货币存量的变化同总支出、收入、就业和价格的变化联系起来的因果链分析（对这个理论的现代思考见第21章）。他的分析开始于一种对"三种地租"的核算——农业部门的收入和支出流。农场主把地租支付给土地所有者；他再对劳动、家畜和制造品进行第二次支出；他赚得的剩余（第三种"地租"）构成他的纯收入。在下一节我们将考察这一粗糙的分部门的收入流思想如何在法国重农主义经济学家弗朗索瓦·魁奈（François Quesnay）的《经济表》（*Tableau Economique*）中得到精炼。

坎蒂隆表现出与配第一样的对经验的偏好，他通过估计使经济平稳运行所需的货币存量来建立他的三种地租概念。为此，他为货币流通速度提供了第一个清晰的解释：

> 在货币稀缺的国家，物物交换比在货币充裕的国家更为流行，货币流通速度也比在货币不是如此稀缺的国家更为迅速，而不是像在那里那么缓慢。因而，在估计流通中的货币量时，必须考虑到货币的流通速度（《论文集》，p.130）。

不过，正是坎蒂隆有关货币存量变化影响的分析最终确立了他永久的声誉。在引证了约翰·洛克的"货币数量论"之后，坎蒂隆宣称，

> 每个人都同意：货币的充裕或它在交易中的增加，将提高每种东西的价格。在过去的两个世纪，美洲运到欧洲的货币数量已从经验上证明了这一点。……这一问题的巨大困难在于说明货币的增加以什么方式和以什么比例提高了价格（《论文集》，p.160）。

像牛顿一样（我们已将坎蒂隆和牛顿作了比较），坎蒂隆也以经验主义研究修饰他的分析原理。遗憾的是，这一研究在后世经济学家中未能得到继续，但以此为基础，坎蒂隆相信货币和价格之间的关系并不像早期货币数量论者通常所认为的那么简单和直接。他毫不费力地区分了相对价格和价格水平，并且作出了正确的推理：货币变化对相对价格的影响取决于新货币进入经济的哪个地方以及首先进入谁的手里。如果新增加的货币落入挥霍者的手里，他们将增加某些商品的支出，抬高那些商品的价格。由于某些商品可能比其他商品购买量大，"依据获得货币的那些人的倾向"，相对价格必然会改变。相反，如果增加的货币最初落入储蓄者的手里，他们因此将把它用作增加可贷资金的供给，假如其他条件不变，现期利率将下降，总产出的构成将发生有利于投资的变化（《论文集》，p.214）。这一思想为后来在20世纪30年代由弗里德里希·奥古斯特·冯·哈耶克（Friedrich August von Hayek）阐述的独特的奥地利经济周期理论提供了胚芽（见第22章）。

值得注意的是，坎蒂隆拒绝把货币理论同价值理论分开。他赞成一种可贷资金

利息理论，断言"正如物品的价格是通过市场的讨价还价……由卖主和买主的比例数决定的一样……一国货币的利息也是以同样的方式，由贷款者和借款者的比例数决定的"（《论文集》，p. 198）。在着眼于相对价格的同时，坎蒂隆还考察了新货币对利率的影响，并再次得出结论说，需求方面的因素是至关重要的：

> 如果该国增多的货币进入贷款者之手，无疑将由于贷款者数量的增加而使现行利率下降。但如果进入那些挥霍者之手，它就会造成恰好相反的结果，即由于企业数量的增加而提高利率。这些企业将通过增加支出来找到事做，这些企业需要借款，以便扩展业务，以满足各类顾客的需求（《论文集》，p. 214）。

实际上，坎蒂隆清楚地看到了许多下一世纪的经济学家显然都没有看到的问题，即贵金属的流入可以从两个方面起作用：可以把它贷放出去——这趋向于降低利率，或者把它花掉——这将直接刺激生产，增加对现金的需求（因为预期将获得利润），并且提高人们愿意为这种贷款支付的利率。

在重商主义时代的所有经济学家中，坎蒂隆是最接近于建立对立的经济思想体系的人。但甚至坎蒂隆也保留了某些关于贸易差额的重商主义思想。另外，作为一个银行家，他的观点与要建立新的经济科学的哲学家的观点差别也相当大。但是，他的成就是实实在在的。亚当·斯密指名引证了他的著作——这在《国富论》中是不多见的。坎蒂隆未出版的著作也曾在法国流行，而且必须把它看作形成重农主义的一个重要因素。

■ 觉醒中的法国自由主义：布阿吉尔贝尔和重农主义

当临近 18 世纪的时候，法国发现它自己正处于产量和国民收入长期衰减的困境之中。历史学家一般都认为，法国的困境部分是由于耗费巨大的战争和路易十四（Louis ⅩⅣ）的横征暴敛。但至少有一位学者把这种不幸的事态直接归因于法国的重商主义政策。

□ 布阿吉尔贝尔（1646—1714 年）

布阿吉尔贝尔曾在法国鲁昂市担任了几年省行政长官，当时他已将注意力转向了法国的经济衰退问题。他在 1665—1707 年间出版了 5 部主要著作，但每部著作都采用了相同的方法并抱有相同的目的——分析法国的长期衰退。和坎蒂隆不同，他从来没有尝试系统地论述基本原理；相反，他试图分析具体的经济问题。在 17 世纪末，布阿吉尔贝尔所探讨的问题是如何扭转法国重商主义政策的影响。

布阿吉尔贝尔从三个主要方面抨击重商主义：第一，他反对重商主义把货币等同于财富的思想，而赞成国民财富由物品和服务构成的概念。他说，货币仅仅是获取财富的手段；对生活有用的商品是经济活动的适当的目标（《详情》，p. 198）：

"黄金和白银本身不是而且从来不是财富，只有同生活必需品相联系（迄今为止，它们是可以获得生活必需品的）才有价值。因此，它们只能作为计量的工具和评价的标准而起作用"（引自科尔，《法国重商主义》，p. 242）。像配第一样，布阿吉尔贝尔是最早认识到货币流通速度和货币替代物（例如汇票）的重要性的学者之一。他认为，不仅货币数量重要，货币运作的数量也很重要。有效需求而非名义的货币余额是国民福利的关键。他特别采用了国民收入取决于货币支出流量的凯恩斯主义观点（见论凯恩斯的第 20 章）。

布阿吉尔贝尔直接反对重商主义的第二个论点是农业的首要地位。他坚持认为，重商主义由于把资源从农业导向制造业（特别是奢侈品制造业）而造成了对国家的伤害。贸易限制，例如法国大臣柯尔贝尔关于粮食出口的禁令，使问题更加恶化。在丰年，剩余的粮食找不到外部市场，所以粮食价格和农民收入都下降。结果消费下降从农业部门扩展到整个经济，这样便陷入一次普遍的危机。因此，布阿吉尔贝尔谴责柯尔贝尔的粮食出口禁令，宣扬自由贸易将带来粮食价格稳定以及农业生产的扩展，并改善收入分配。但是，他对自由放任主义原理的许诺是令人怀疑的，因为他提议，一旦粮食价格达到一个"适宜的"水平，政府便要进行直接支持粮价的活动（《贸易的性质》，p. 369）。

除了国民收入的短期周期波动，布阿吉尔贝尔还关心长期衰退问题。他估计在1665—1695 年间法国的国民收入下降了 50%（《详情》，p. 163）——由于苛严的税收制度而使总需求下降的一个直接后果。这展示了布阿吉尔贝尔抨击重商主义的第三个方面：法国的税收体系。在这个税收体系中，主要的罪状是人头税（taille）、间接税（aides）和关税（douanes）。

人头税是一种财产税，分为不动产税和个人财产税。问题不在于税赋本身，而在于其承担者。贵族和僧侣免于纳税，所以税收负担几乎全部落到了最贫困的所有者肩上。对人头税的管理也是多变的，往往取决于地方"包税商"（或征收者）的积极性和纠缠能力，或者其对支付能力的随意判断。布阿吉尔贝尔报告了甚至在同一教区税率如何能够在 0.33%～33% 之间变动（《详情》，p. 172）。

间接税和关税对消费的损害几乎与人头税是一样的。间接税最初是一种一般销售税，但到了 17 世纪末只限于少数商品，特别是葡萄酒。葡萄酒税的出现是如此严苛，以致法国工人停止了饮酒（法国人作出的最终的牺牲），外国购买者则转到别处购买，葡萄园不再栽种葡萄。1779 年经济学家勒特罗纳（Le Trosne）估计，销售税（间接税）为国王带来 3 000 万法郎的收入，其代价是法国平民损失 1.4 亿法郎收入。关税是对流进和流出法国的商品及各省之间流进和流出的商品征收的。征收这些关税的结果是完全限制了商品流转，或者是把交货价格提高到了人们不敢购买（至少穷人不敢购买）的水平。总的说来，这些货物税大大限制了贸易，包括国外贸易和国内贸易。布阿吉尔贝尔谴责它们破坏了法国的酒类、帽子、纸牌、烟斗和鲸骨饰品的国外市场（《详情》，p. 196）。

重农主义者（见下一节）后来也反对布阿吉尔贝尔和其同时代人所面对的同一严苛的税收体系。但是，他们的意图是以一种自然的财政体系代替归因于布阿吉尔贝尔随意的改革。布阿吉尔贝尔和重农主义者之间的联系是脆弱的，因为布阿吉尔贝尔既没有预见到纯产品概念，也没有预见到农业是唯一生产力。但是，就税收改革问题而言，重农主义者和布阿吉尔贝尔关心同一问题，他们坚持以税收的累进性和较为平等的税负分配为目标。但布阿吉尔贝尔追求这个目标是为了解除对消费的束缚，而重农主义者则着眼于税收改革对资本积累的有益影响。

□ 重农主义："自然法则"

每一门新的科学都要求有其哲学，而在 18 世纪中叶，亚当·斯密即将向全世界明确阐明的资本主义哲学形成了，如同蚕蛹破茧而出一样。当时法国兴起了一个自称"经济学家"（economists）的团体，这个团体成了经济学的第一个真正的"学派"。在"经济学家"一词取得较为一般的含义之后，他们被重新命名为"重农主义者"（physiocrats）。"重农主义"一词意味着"自然法则"。在这种情形中它是适当的，因为这些学者笃信"自然法则"和农业的首要地位。

重农学派的知识领袖是弗朗索瓦·魁奈，他是蓬帕杜夫人（Madame de Pompadour）和路易十五（Louis ⅩⅤ）的侍医。魁奈和他所吸引的弟子小团体把新科学理论前沿往后推，并向它注入了隐晦的哲学。重农学派诉诸理性原理：它断言一切社会事物都由必然的规律联结在一起，政府和个人一旦理解了这些规律就将遵从它们。重农学派对亚当·斯密产生了很大的影响，斯密是魁奈的熟人。

在本章我们把重农主义者看作一个团体，虽然像重商主义者一样，他们是一个成分不同的团体。该团体在 1756—1778 年间相当频繁地推出了一些出版物。其成员包括米拉波、梅西耶·德·拉·里维埃（Mercier de la Rivière）、杜邦·德·内穆尔（Dupont de Nemours）、勒特罗纳、尼古拉斯·博多（Nicolas Baudeau）。法国内阁部长杜尔哥（Turgot）赞同重农主义学说，但他不把自己看作这个圈子里的人。

在刚刚进入 18 世纪的时候，由布阿吉尔贝尔发出的抗议声并没引起当时当政的国王路易十四的注意，也没有引起两个后继者的注意。路易十五是法国最后一个实行无限王权的国王，这种自主权的结果是他的统治远比在其前任路易十四的统治对法国的危害更甚。路易十五使法国陷入耗尽国库的不必要的战争中。他的臣民（贵族总是免税的）在沉重的税收制度下不堪重负，而这种税收制度似乎是为维持这种灾难性的战争和臭名昭著的蓬帕杜夫人奢侈堕落的宫廷生活筹款所必需的。

作为农业产出下降的结果，土地价值下降了。法国 2/3 的土地被僧侣和贵族占有，但他们免于赋税。普通农民要把他们生产的很大一部分产品交给地主，其余的部分还要缴纳沉重的赋税。在这样的生产水平下，进行资本积累实际上是不可能的。为了鼓励出口而降低工资和其他成本的重商主义政策使国内市场和个人收入受到进一步的限制。正如刘易斯·黑尼（Lewis Haney）曾十分恰当地指出的，"法国像一个巨大的不为损耗进行折旧的铁轨或工厂，它的生产力遭到破坏，它的信用发生了动摇"（《经济思想史》，p. 176）。重农主义作为对这种事态的反应应运而生。

□ 重农主义经济学

重农主义者是体系的创建者，他们略胜于坎蒂隆，但不及亚当·斯密。大约于1750年，魁奈和他的同伴文森特·古尔奈（Vincent Gournay）向自己提出了这样的问题："事物的本质是否趋向于一种政治经济学的科学，这种科学的原理是什么"（鲍尔，《研究》，p.100）。在魁奈的领导下，重农学派专注于这些原理的发现。其隐含的哲学是中世纪的自然法则，但重农学派也追随洛克，强调个人权利以及基于这些权利的私人财产的正当性。这基本上是一种反对重商主义的理论，但表面上是一种非常奇特的理论。在为自由贸易和个人的自我利益辩护的同时，重农主义者还继续颂扬专制当局。这种表面悖理的一个答案是：

> 重农主义者……是一个宫廷党，尽管是进步的宫廷党。他们被禁止对现有弊端直接提出批评和言论自由。改革者唯一可以走的路是以一种更高的权力——自然法则来反对专制权力。因此，这就是他们的自然法则的真正根源（鲍尔，《研究》，p.106）。

换言之，自然法则是其科学方法的一部分。虽然这个概念按照现代标准是过时的，但重农主义者所做的并非完全不同于今天的经济学家所做的，他们对他们的世界进行有条理的观察；他们按照其因果关系安排和整理事实；他们尝试基于理论模型形成一个分析的体系——一种同听起来高度文明的国家一致的分析体系。所有这一切，在重农主义者看来，在魁奈的《经济表》中达到了顶点，《经济表》是重农主义经济学的核心和灵魂。

重农主义理论　重农主义者认为，探求法国严苛的皇家政策对法国的全部影响的最好方式，是设想任何一年的作为收入和支出的循环流程的相互作用的过程。因此，任何扩大该循环流程的政策都是与经济增长一致的政策，而任何限制这一循环流程的政策都是与经济增长不一致的政策。对这一概念充分加以修饰和精确化，乃是现代宏观经济理论的中心。当时，魁奈在循环流程中挑选出一个关键的因素，并通过考察各种政策对这一关键因素的影响来分析它们对整个经济的影响（注意，今天的经济学家仍然沿用这一我们熟悉的方法论）。

魁奈所选择的关键因素——而在今天把它看作重农主义学说最突出的谬误——是农业所独有的生产力。在《经济表》（该表由于魁奈对循环流程的生动表述而以他的名字命名）中，制造业和服务业就它们没有为社会"纯产品"作出什么贡献的意义上而被看作是"不生产的"。而"纯产品"又被看作是实际财富的真正来源。这种推理涉及"生产"一词的特殊定义。对重农学派来说，生产意味着创造剩余：如果一个产业在生产过程中生产比其消耗多，该产业就是生产的。按照重农主义者的看法，制造业仅仅通过把投入转变为产出而改变产品的形式。他们并不否认这种产品在生产过程中变得更为有用，但他们推理，只有农业才有能力把超过投入总量的价值加于产出之中。换言之，只有农业才有能力创造一个"纯产品"。如果记住这一特殊含义，不管从现代观点上看是多么离奇，重农主义者的学说也都比较容易

经济理论和方法史（第五版）

理解。

最初的《经济表》是一个复杂的数字表，以"之"字形的方式描绘社会各阶级之间的总收入流程。我们不复制难以处理的原始图形，而是选择一个较为简单的然而又抓住了魁奈模型本质的图形表述。图 4-1 把经济划分为三个阶级或部门：(1) 完全由农民（或许还有渔民和采矿业者）构成的生产阶级；(2) 由商人、制造商、家仆和专业人士组成的不生产阶级；(3) 所有者阶级，不仅包括土地所有者，而且还包括各种有王权头衔的人。在该图中，收入流程是按顺时针方向运动的。"纯产品"（按货币计算即为纯收入）完全是由第一个阶级生产的，并能用于支持其自身的活动和其他两个阶级的活动。

应用魁奈的数字，并从 50 亿法郎（即从前一个生产过程承袭过来的纯产品）开始。假定 20 亿法郎是维持生产阶级和其一年的生计所必需的。在图 4-1 中，是由农业部门向农业部门支付表示的。这部分没有进入循环。另外，农业部门在制造品（和服务）上花掉 10 亿法郎，它们也是农民维持一年生计所必需的。其余的 20 亿法郎以地租和税收的形式进入所有者手中。这最后的 20 亿法郎代表纯产品，或超过必要成本（重农主义者不把地租和税收看作生产成本，而是看作剩余）的剩余。

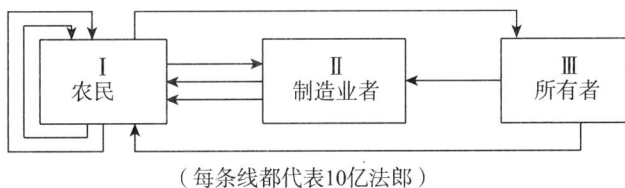

（每条线都代表10亿法郎）

图 4-1 农业部门的每项支出，包括在制造品、地租和税收上的支出，都由于制造业者、土地所有者和农民自身的支出而返回到农业部门

当所有者把他们的收入花掉（10 亿法郎用于购买食品，10 亿法郎用于购买制造品）、不生产阶级也把他们的收入花掉（10 亿法郎用于购买食品，10 亿法郎用于购买原料）的时候，这一流程便完成了。这样，农民最初花掉的 30 亿法郎便又返回到他们手里，10 亿法郎来自所有者，20 亿法郎来自制造业者，而且该过程可以无限地持续下去。但需要注意的是，只有农民生产纯产品，即超过维持其生计和其农业活动所需成本的产品。

重农主义政策 上面对重农主义的概述，充其量仅仅是对在描述收入随时间增长时所面临的众多复杂问题的轻描淡写——重农主义者对收入随时间而增长非常感兴趣并抱有热情。但是，循环流程模型提供了对他们的政策处方的重要洞察。重农主义者寻求鼓励资本积累的政策，资本积累由于农民沉重的税收负担而受到了阻碍。因此，他们便主张改革税收。

魁奈计算了维持一种健全状态的农业所必需的资本的数量和生产力，因而遵循坎蒂隆的看法，他相信把资本应用于农业是获得应纳税产品的唯一途径。这一计策必须符合财政部的需要，同时又要废除妨碍农业发展的繁重的税收制度。解决这两个问题的答案简单地说是向土地所有者征税，而不是向农民征税。重农主义者认为大革命前的法国税收非常缺乏效率，因为税收不是落在最终支付税收的人们身上。既然税收只由纯产品支付，它们就应当针对那些获得纯产品的人征收。

在18世纪的法国，土地所有者负有改良土壤的责任。因此，地租是农业投资的资本积累的潜在来源。但是，重商主义者限制农产品的自由贸易，农产品价格（从而地租）由于限制需求而保持低下。因此，重农主义者主张自由贸易。他们感到，按照"自然法则"废除这些限制以及政府总体上的"不干涉"政策，将允许资本自由地进入农业部门，并使循环流程的规模随着时间的推移而增长。

谈到这里，人们可能很容易把重农主义者看作占有土地的阶级的敌人。但远不是这么回事。重农主义者从来没有挑战过私人财产制度或土地所有者的尊贵地位，土地所有者被看作为发展过程所必需的有价值的社会成员。毕竟在把土地转给农民耕种之前，土地所有者为清理耕地和改善其质量进行了最初的投资。而且，由于这个原因，土地所有者被赋予了占有一定份额年产出的权利。换言之，和马克思不同，重农主义者把地主看作"好人"，而不是社会寄生虫。

那么，为什么重农主义者要建议向地租征税而惩罚土地所有者呢？重农主义者认为，从长期来看，土地所有者纳税所引起的任何直接损失都将被随后农业投资的增加和纯产品更大的价值（进而更多的地租）所抵消。简言之，土地所有者是一个有特权的阶级，但他们的责任被认为是同他们高贵的社会地位相称的。

归根结底，也许理解重农学派如何推理像理解他们要说什么一样重要。像此后的许多社会学者一样，他们把经济设想为一个有机体。他们把经济看作一个极其复杂而精巧的组成部分——由市场交换机制联系——的混合物。在经济中某一部分的任何紊乱最终都将通过相互作用和反作用的过程传递到其他所有部分。可以把他们的工作称作第一个一般均衡分析（见第16章）。而且不应忽视他们对经济所持的这一观点与医生（魁奈是一名医生）对人体一般所持有的看法之间的相似之处。从解剖学上说，人体某一部位（例如胃）的紊乱，或早或迟会传输给其他部位，它们相互作用和反作用以补偿最初的紊乱。在经济中，生产的紊乱带来需求的紊乱，反之亦然，因为二者是相互依存的。

□ 对重农学派的批评

重农学派受到其同时代经济学者相当多的批评，但总体来说，作为一个具有系统性原理的体系，它在1776年《国富论》出版以前的20年中占有支配地位。意大利人加利亚尼（Galiani）反对重农学派，反对自然秩序的思想和试图建立经济学体系的尝试。法国哲学家孔狄亚克（Condillac）正确地反对制造业者是不生产的思想，并为价值理论的发展作出了重要的贡献的观点。重农主义者对价值理论不甚关心，他们对生产和分配比对交换更感兴趣。但是，这些批评并没有严重威胁法国经济学家的声望。

对重农学派的现代批评通常针对如下两个方面：（1）重农学派的纯理论不完全符合他们所处时代的事实；（2）他们的理论被规范的考虑掩盖了。后一批评意味着他们的学说可能被归结于阶级利益的理性化。每个论点都有某种价值。

第一个论点集中于重农主义者所谓制造业者是不生产的断言。但是他们的这一术语真正的含义是什么呢？正如前文所解释的，重农学派所说的"生产的"，并不仅仅是指创造效用或增加价值的能力。那些被重农学派看作是"生产的"活动自然具有这种能力，但大多数不生产的职业也具有这种能力。罗纳德·米克（Ronald Meek）说，"按照标准重农学派对这一概念的使用，'生产的'职业的真实本质，在于获得超过必要成本的可支配剩余的固有能力；而'不生产的'职业的真实本质在于固有的无能力获得这种剩余"（《重农学派经济学》，p. 379）。

重农主义者认为，制造业只有在自由竞争条件下才是这种意义的不生产。他们完全愿意承认，在垄断条件下，超过必要成本的剩余价值可能在这种生产中产生。当代经济理论告诉我们，在竞争条件下，长期（均衡）价格正好等于平均生产成本。而且在18世纪的法国，这种观察似乎是符合重农主义者的经验的。

重农主义者所犯的最严重的错误是坚持制造业是"自然地和固有地无能力创造超过成本的剩余"。他们错误地得出结论说，由于制造业在竞争条件下没有获得一个超过必要成本的价值剩余，那么，在竞争条件下（例如，在短期）它永远不能做到这一点。在这个方面，他们是错误的，但他们的错误是基于无力的预言而不是事实的不实。如果我们要求经济学家既是科学家又是预言家，也许就太苛求了。

但是，一个问题的解决又带来了另一个问题。如果竞争把制造品的价格降低到必要成本的水平，为什么在农业中不能这样呢？这样不就消除地租了吗？虽然在其著作中的若干地方，重农主义者似乎漫不经心地对地租的垄断进行了解释，但他们的主要答案不那么令人满意。他们把纯产品简单地看作自然的赠予，或上帝的赠予——这是在早期经济思想史中所熟知的论点。但是，虽然自然也许能够解释农业的物质产出的剩余，但不能解释价值剩余的存在。后者只能用能够用产品和要素价格决定的一般价值理论来解释。重农主义者有某些有关价值的概念，但他们没有产生一种价值理论。创建一般价值理论的重任落到了亚当·斯密的肩上。正如我们即将看到的，斯密笨拙地作出了响应。

20世纪产生了对重农学派的两种矛盾的解释，它们都旨在解释18世纪法国的阶级利益。一种观点坚持认为，重农学派不过是新中世纪主义者，他们寻求打破重商主义的信条和修补旧秩序的缺点（比尔，《重农主义研究》）。另一种观点，同第一种观点相反，坚持认为重农主义者是改革家，他们寻求满足新兴的土地所有者的需要和利益（沃尔，《重农主义者：经济理性化研究》）。

一种更可行的解释是，重农学派朝两个方向看——向后看到封建主义，向前看到资本主义。如果这种解释正确，他们在经济思想史上的地位便是承前启后的。在重农主义的社会中，像在封建主义下一样，土地所有者的高贵地位和私人财产制度可以被保留，但其条件应适宜于农业资本主义的出现。换言之，重农主义者是谨慎的改革者，他们不愿意完全失去旧的秩序，同时又急迫地等待着资本主义的曙光。

最后，重农主义者在经济分析发展中的最持久的印记可能是他们对亚当·斯密

84

的影响。在重农主义者学术活动的高峰时期，亚当·斯密认识了他们，而此时斯密正在进行农业社会中资本的性质和作用的研究。因此，他们系统性的思想转变影响了斯密，并被斯密以自己的反思和表达加以阐释。由于其他学者没有这种系统的思想转变，早先在英国致力于建立一般经济学理论体系的尝试没有取得成功。

西班牙的启蒙运动：伊比利亚经济学

当法国对太阳国王（路易十四）和凡尔赛宫的显赫存在敬畏的时候，它的南方邻国，西班牙，陷入了窘困的境地，其饱受经济停滞、食品生产落后、持续的相互残杀和区域间权斗的折磨。这种悲哀的事态，部分地是为王室、贵族和教会利益服务的重商主义政策的结果；部分地是其他因素的结果，例如，政治上的相互残杀和人力资本的外逃。[①]这种事态导致内部和外部管制，而这种管制则促进了垄断、扭曲了资源的配置、阻碍了西班牙的经济增长。早期的也是长期存在的贵族寻租的例子涉及麦斯塔（Mesta）组织——一个保护美利奴（Merino）羊毛出口垄断的牧羊人卡特尔。该卡特尔由于获得了赶羊"道路"的产权并有权向牧羊人征税，使产权偏离了久已存在的农业，并且在600多年里一直是限制西班牙城市增长的因素（直到1836年该卡特尔才被正式取消）。糟糕的政策及在征服战争和其他冒险活动上的毁灭性支出，最终使西班牙国家破产，阻碍了在西班牙引入工业革命并限制了经济增长。

于是抗议和改革之声出现。在18世纪下半叶和19世纪的头10年，"西班牙启蒙运动"得到发展并繁盛起来。[②]许多与这一启蒙运动有关的文献都可以理解为是秘密的，因为那些向既得经济利益者挑战的人总是处在监禁或更可怕的危险之中。此时，宗教裁判所（Holy Inquisition）在西班牙活动频繁，反对任何向教会的财富或权威挑战的思想。改革或改革的建议必须非常小心地引入，以避免宗教裁判所的严厉制裁。为促进改革，精心制作的和有时匿名的小册子和意见书以传单（算不上是书信）的形式暗中流传。如果没有西班牙的"开明君主"查理三世（1759—1788年）和查理四世（1788—1808年）的支持，甚至这些也不可能做到，他们想使政府独立于教会，并支持国家管理改革的思想。

许多重要的社会科学家和改革家从这种危险的知识煎熬中涌现出来。[③] 这些人

---

① 摩尔人占领西班牙达7个世纪之久，为农业、建筑业和西班牙的文化作出了重要的贡献。1492年，偏见和宗教的褊狭导致将犹太人和摩尔人驱逐出西班牙。从经济上说，该计划自食其果，因为在这两部分人中有许多人是商业和金融业企业家，他们支持并能够使经济增长。

② 实际上重农主义本身进入了西班牙人的思想，但是，正如文森特·利翁巴特（Vicent Llombart）在《市场理论》（*Market for Ideas*）中指出的，其影响是有选择的和有限的。西班牙没有培育出潜心从事理论研究或具有严谨科学精神的职业经济学家。大多数经济学者都是律师、公务员、商人或军官，他们对经济学有一定的热情，把它看成是有用的科学，并自称对政治经济学作为经济进步的基本手段有"启蒙信仰"。

③ 本节的讨论在很大程度上基于 D. R. 斯特里特（D. R. Street）的研究（参见"参考文献"）。

包括塞利斯（Manuel Rubin de Celis，1743—?）、乔维尔拉诺斯（Gaspar Melchor de Jovellanos，1744—1811 年）、卡巴鲁斯（Francisco de Cabarrús，1752—1810 年）、奥拉维德（Pablo de Olavide，1725—1803 年），以及其他许多作者—改革者，其中最伟大的是坎波马内斯（Count Pedro Rodríguez de Campomanes，1723—1802 年），因在 1774 年出版了《讲演录：论民间工业的发展》（*Discurso sobre el fomento de la industria popular*，下文简称《讲演录》）而名声大噪。该书比斯密的《国富论》早两年出版。① 此书是 18 世纪西班牙最有影响的著作，而且，在拉丁美洲也广泛流行。熊彼特因而特别指出，"应该指出，坎波马内斯的《讲演录》出版于 1774 年，因而他没能从《国富论》那里学到东西，即使有的话，也是很少的"（《经济分析史》，pp. 172 - 173）。按照其后继者和同行的看法，坎波马内斯的贡献是在经济理论和政策两个相互联系的领域内作出的：（1）有关自由主义和自由贸易的思想；（2）与经济社会学和经济教育有关的实际改革建议。

□ 自由主义和自由贸易

坎波马内斯和他同时代的经济学者都坚定不移地认为，在西班牙不对土地占有制度和财产权进行彻底的改革，便不能改善经济福利。西班牙拥有土地不动产是"受到限定的"，这意味着在其所有者死亡时不能将其分割出卖。土地限定受到支持，而且大贵族家庭的财产都通过实行长子继承权来维持，法律保证将财产传给长子。除了王室集中的土地所有权外，天主教会还获得大量的土地份额。坎波马内斯把"限定"看作一个经济问题，因为它们禁止财产所有权的广泛分布，并且由于个人所有权造成生产力萎缩（在英国，亚当·斯密责备有关"圈地"和与平民相联系的类似问题）。经济效率——产品和服务的产出——在经济以所有权集中在少数人手里为特征的时候，不可能实现最大化。

坎波马内斯还应用《讲演录》为自我利益和投入品与产品市场上的自由贸易辩护。西班牙和其他重商主义国家一样，建立了一个完整的阻碍国内贸易的制度。人员、产品和投入品的流动受到禁止进入特殊领域的手工业行会法的限制。禁止外国人在西班牙工业工作，因而限制了新工艺和食品的引入。坎波马内斯主张所有投入品和产品在西班牙内部流动，并支持同美洲的自由的国际贸易。价格控制——在一切时代在食品短缺期间都十分普遍，而在 18 世纪却酿成了食品暴动——也受到坎波马内斯的谴责。乔维尔拉诺斯、卡巴鲁斯和奥拉维德也持有类似的思想。

这些作者也认识到了西班牙经济停滞的孪生邪恶——管制和高税收。麦斯塔的特权和由国王抽取的高额税收受到严厉谴责。而坎波马内斯及其支持者坚持降低对农民的征税，而提高对贵族和教会的征税。鉴于西班牙的独裁体制，他们是冒着很大的风险作出这样的论断的。

---

① 坎波马内斯也是其他许多著作的作者，在这些著作中包含着许多类似于在《讲演录》中所表达的思想。但关于 1774 年《讲演录》的作者是谁，却引发了激烈的争论，因为某些证据表明，其作者应为塞利斯，此人是西班牙启蒙时期的一个作者、坎波马内斯的仰慕者。这一争论在斯特里特（1986，1991）和利翁巴特（1991）的文献中做了陈述。

□ 经济协会和经济教育

为了赋予自由主义一个实际的面貌，西班牙启蒙经济学家促进建立经济协会和教育改革。西班牙经济缓慢增长的原因之一，被归因于教会主办的教育的失败，特别是大学教育的失败。正如当时的一个学生所写的："西班牙冒险的改革者在探索国家发展的实用手段，教育所要做的不是由不敬业的、无知的教授们所主导的索然无味的哲学思维的灌输，这些教授只是要求学生通过死记硬背来学习，而不是通过实验来学习"（斯特里特，《西班牙的启蒙经济学》，p.33）。答案的一部分，按照自由主义经济学家的看法，是设立经济协会——专业化的被赋予促进经济增长的特殊任务的超大学教育制度。

西班牙经济协会是在1775年以后建立的，常常基于外国的模式，包括西班牙皇家学院、历史学院、圣·佛迪南德艺术学院、阿尔玛丹矿业学校以及马德里的博物馆和植物园。教会开办的大学常常表现出对（实践的和理论的）科学的恐惧，而许多新学院则是科学取向的。例如，巴斯克经济协会在佛加拉（Vergara）设立了Seminario Patriótico Vascongado，可以称之为西班牙的第一所"赠地学院"（land grant college）。讲授的课程包括化学、矿物学、冶金学、公共建筑学、农学和政治学。协会也倡导农业实验与新作物和耕种技术，它们一起提高了西班牙农业的效率。

这些新教育形式的实际优势导致经济改革者们认为人力资本在提高西班牙经济的生产力上和实际的固定资本一样重要。乔维尔拉诺斯在斯密的《国富论》出版的同一年指出，"……劳动的收益，不管应用的目的是什么，并不简单地同雇佣人数成比例，而是同雇佣人数和对劳动的改善相结合成比例"（《经济文明》，p.10，1994年斯特里特译，p.36）。这些思想和技术进步跨过大西洋到达了美洲殖民地，在那里被本杰明·富兰克林（Benjamin Franklin）和乔治·华盛顿（George Washington）等人吸收。

其他的改革者甚至更为激进。卡巴鲁斯深受法国启蒙哲学家卢梭（Rousseau）和伏尔泰（Voltaire）的影响，主张终止教会教育制度，并用以科学为基础的世俗教育制度取而代之。他对西班牙经济中的公共卫生和丧葬活动极其糟糕的条件（这是例如天花那样的传染病广泛流行的条件）颇感兴趣（他在这类改革上的兴趣显然预示了19世纪中叶英国埃德温·查德威克（Edwin Chadwick）的那些改革，见第10章）。卡巴鲁斯甚至谴责了教会对"隐含"市场的管制，例如对结婚和离异的管制。他的激进信条，受其坚决支持自由言论的支撑，使他同天主教和其神学裁判发生了不可避免的冲突（参见专栏"思想的力量：启蒙时期西班牙的经济社会学"）。

☞ ━━━━━━━━━━━━━━━━━━━━━━━━━━━━━━━━━

思想的力量：启蒙时期西班牙的经济社会学

诺贝尔经济学奖（1992年）获得者加里·贝克尔（Gary Becker）开拓了现代人力资本经济理论和经济社会学。像研究甜菜或靴鞋这类产品和服务的市场一样，经济社学研究像性、婚姻、多配偶或心理安全这类属于"社会学"范畴的市场。例如，就婚姻而言，结婚显然有许多原因，但不管出于什么原因，结婚的决策通常是按照预期成本和收益来表述的。当结婚的净收益超过独身的净收益时，人们就结婚了。

鉴于传统妇女角色的特殊性质，妇女在家庭"生产单位"内特别易处于经济劣势。*因此，婚姻就可以看作使某些性别风险最小化的一种制度反应。正如贝克尔（《家庭论》，p.38）指出的，"婚姻包含一个契约，该契约以有限的手段保护特殊的妇女不被她们的丈夫抛弃、忽视和受到其他虐待。"按照传统的婚约，婚姻向由于（非市场的）特殊的生理原因而易受伤害的妇女提供保护，例如，天主教教会坚持婚姻不可解除，就特别有利于那些希望使其婚姻契约的确定性程度最大的妇女。但是，如果在婚姻市场上存在阻碍有效定价的障碍（造成不般配的婚姻），和（或）如果在所确立的婚姻到期以后不允许重订婚姻契约，就将造成离异。如果离异是不可能的，便会导致离异的替代品。如果没有这种机制，个人的效用显然会减少。

几乎在贝克尔之前两个世纪，这种思想就已经由激进的西班牙自由主义者卡巴鲁斯进行了阐述。虽然，按照专业（他是德·圣·卡洛斯银行，即西班牙第一国民银行的总裁）他是保守的，但他的著作充满了最激进的思想，这些思想摆脱了教会的控制。在一篇写于1792年而直到1808年才出版的《意见书》（*Carta*）中，卡巴鲁斯为市民的离婚做了辩护，他认为，从直观上说，离婚是对所涉及个人的效用减少的唯一解决途径；从实际上看，离婚也将（间接地）改善公众的健康。卡巴鲁斯争辩说，当"错误"铸成时，离婚相当于重订婚约。他认为，甚至耶稣也宽恕通奸情况下的离婚，而且，在西班牙盛行通奸。

虽然卡巴鲁斯在这些方面的论点同贝克尔的效用最大化的现代观点是一致的，但他为市民离婚辩护还有另外的理由。离婚可以限制性病，因为离婚将减少在不幸婚姻中对婚姻不满意的丈夫因找妓女而造成的性病。但是，他认为，只要离婚是不可能的，妓女的合法化就应作为控制性病的一种手段。

卡巴鲁斯提议，在人口稠密的中心地带的卖淫场所应在一个民选官员的管理下运营。应把由官员带领的巡逻队派到主要街道去以维持秩序和避免问题。一旦发现任何传染病的征兆，就应立即把妓女送到医院就医。应认真监督妓院的卫生，要求它们采取卫生措施，以减少得病的危险。妓女应头插黄色羽毛以示区别，并要求她们待在自己的区域内。除了要求有门牌号外，还应要求妓院标出鸨母的姓名、年龄和籍贯，以便处理投诉和检查不轨行为。总之，卡巴鲁斯认识到，离婚和妓女合法化将有两种重要的社会效果。第一，个人（即使不是他们的家庭）的幸福将增加；第二，不管是否选择离婚，合法化的妓女将使丈夫嫖娼变得较为安全。

不管卡巴鲁斯的论点有什么优点，妓女和离婚在他的时代都是不合法的。另外，他的观点使他（和他的自由主义同僚）深陷于同西班牙的宗教制度和神学裁判的冲突中。当他的《意见书》在1808年正式出版时，虽然神学裁判的权力已经衰落，但他仍为自己的性命而倍加小心。1790年他曾经作为一名"危险的臣民"一度被送进监狱，他的著作在其1810年死后的1815年，由神学裁判正式"禁止"。卡巴鲁斯的"道德"概念（通过贝克尔思想的现代多棱镜来解释）提醒我们，在经济物品市场和社会物品市场之间存在着某些类似特征。特别而言，面对技术变化和"经济主体"的效用最大化行为，对结婚、离异和妓女实行人为的控制，像对传统物品市场的份额和价格实行人为的控制一样，可能弄巧成拙。

* 这个讨论基于 R. B. 埃克伦德、D. R. 斯特里特（D. R. Street）和 A. B. 戴维森（A. B. Davidson）的《结婚、离异和卖淫》（Marriage，Divorce，and Prostitution）。

面对机会主义者、权力掮客和特权阶级的围攻及巨大的个人风险，西班牙启蒙经济学家对可称之为"实践的"市场理论作出了重要贡献，这种市场理论以利己主义为中心，其中有些内容先于同一时代的《国富论》。像斯密一样，这些学者为战胜经济停滞和清除经济发展的障碍而提出了实际措施。为了促进 19 世纪西班牙工业的发展，获得人力资本并进行教育制度改革，其重要性和经济活力特别具有持久的内涵。

□ 处于思想和历史结合点上的资本主义

只要对经济自由主义的先驱粗略地观察一下便会清楚，与市场的性质和运作有关的思想在亚当·斯密动笔之前很久就广为流行了。在不同的国家和许多不同的制度背景下，市场交换的结构已经逐渐地和持续地受到英国和整个欧洲的学者们的详细考察。这些学者的思想构成本章的主题，并且铺平了通向完全把自由市场宣布为经济发展的主导原因的道路。这些思想显然有历史过程的结果。法国、苏格兰以及西班牙和法国的启蒙运动，毫无疑问，是历史事件的基本动力。但是，我们切不可忽略历史事件起作用的可能性，它们在思想的形成中甚至还起到举足轻重的作用——如同在英格兰，自利者帮助创造了一系列使国内管制更难以确立和实施的制度。在考察亚当·斯密《国富论》（第二篇，第 5 章）论自由贸易的开创性著作之前，我们停下来收集为接受自由贸易和资本主义的原则作出贡献的某些历史因素，因为我们完全知道，（1）从历史厘清思想和从思想厘清历史都是困难的；（2）完全可能的是，在前面和接下来的章节中提到的所有因素都是相互联结和相互依存的。

天主教的衰落和新教的兴起

我们已经提及过整个中世纪早期和晚期的教会所起的突出作用（见第 2 章）。教会先发制人阻止进入宗教市场的企图，一般通过惩罚（例如，逐出教会和十字军东征）和教义的创新来实施，即向教会成员索要差异化报酬和"永恒拯救的保证"。到 16 世纪上半叶，许多因素结合起来允许基督教成功地和持续地进入市场。马丁·路德（Martin Luther，1483—1546 年），一个圣奥古斯丁信徒和神学家，在 1521 年被天主教逐出教会，在 1530 年建立了路德宗（通过《奥格斯堡信纲》）。约翰·卡尔文（John Calvin）和许多在后来的年份中献身于新形式基督教的其他新教教徒追随了路德。这种分道扬镳的细节是复杂的，但新教教义和 16 世纪著名的宗教改革运动对于社会科学家观察资本主义形成的方式发挥了巨大的影响作用。

□ 韦伯的论点

在 1904—1905 年间，马克斯·韦伯发表的第一版德文论文《新教伦理和资本主义精神》(The Protestant Ethic and the Spirit of Capitalism, 1930) 揭开了旷日持久的关于资本主义如何在西方世界落地生根的争论的序幕。韦伯对宗教和经济发展之间关系的分析更加强调广泛的宗教命令，而非每种宗教可能加之于经济行为者身上的特殊命令。所以，他写了一篇有关"新教伦理"(Protestant Ethic) 的论文，即使新教教义是一个割裂的和支离破碎的宗教体系，每部分教义都有其自己的信仰准则、学说和实践。他的主题旨在确立这种新教伦理和资本主义"精神"之间的联系，但也寻求解释西方文明何以被证明是工业革命和现代资本主义增长的有生命力的基础。这样，韦伯的研究没有把自己限定在宗教因素上，虽然他相信这些因素在长期是最重要的。

虽然新教伦理衍生于基本的宗教原理，但它既是"长期的"，又是"世界的"。它包括（或许产生）一种经济伦理："这种伦理的至善是同严格避免一切肆意的享受生活而赚取越来越多的货币"(《新教伦理》，p. 53)。对韦伯来说，资本主义精神是资本主义形成的前驱。二者都是从新教伦理派生出来的。在其研究中韦伯没有定义"资本主义精神"，但是他用本杰明·富兰克林关于美德的效用的朴素哲学表达了其含义：

> 诚实是实用的，因为它确保了有信用；规范、勤勉、节俭也是如此，这是它们之所以是美德的原因……按照富兰克林的看法，那些美德，像所有其他美德一样，迄今为止它们只对个人是实用的，当它要完成目的的时候，仅作为外貌的替代就足够了 (《新教伦理》，p. 52)。

在这个伦理之内，赚取货币不仅是至善的，而且是一种义务，一种同一个所要求的宗教思想紧密相连的义务："在现代经济秩序内赚取货币，只要它是合法的，就是所呼吁的美德和专业能力的结果和表现"(《新教伦理》，pp. 53 - 54)。换言之，经济成功是个人美德的尺度。它是这样一种思想，即它确定了韦伯分析的出发点——他把其适用性限制在西欧和美国，因为他完全认识到，"在中国、印度、巴比伦，在古典世界和在中世纪，便已存在资本主义。但是，在所有这些情形中……这种特殊的精神是缺乏的"(《新教伦理》，p. 52)。

尽管韦伯的论文中存在流行的和天真的曲解，但他没有说仅仅新教伦理便足以带来资本主义制度——换言之，宗教并不引起资本主义。他也没有支持若无新教伦理，现代资本主义便不能来到世间的极端命题。恰恰相反，韦伯坚持新教伦理有效地培育和加速了西方资本主义发展的命题。正如上面指出的，他完全认识到，资本主义的形式先于宗教改革运动而存在。但是，按照莱斯诺夫 (Lessnoff) 的看法（《资本主义的精神》），韦伯同样认识到只有在西欧和美国，资本主义"才按照一种足以带来工业革命和工业文明的方式和规模发展起来"。因此，在韦伯看来，关于宗教改革运动以后的资本主义的某些情形是特殊的。他发现，新教的某些因素发挥着伦理和其强烈的禁欲主义成分的作用。

新教教义的最基本方面是其拯救学说。新教神学告诉我们，拯救仅仅是以信仰实现的，但是它也赞成使上帝快乐的人的行为，例如，善行。特别而言，路德果断地改变了（宗教改革运动前）善行这一基督教概念，该概念把履行世界事务的义务描述为个人可承担的道德活动的最高形式（韦伯，1930）。加尔文通过增加缘分学说而使这个关系复杂起来。在加尔文的影响下，善行变成了慈悲的客观而可靠的象征，因此那些行善的人可以平息他们的怀疑和减轻他们的担心。所以，与其说善行是通向天堂大路的通行费，不如说是一种减少或摒弃对永恒的被罚下地狱的担心。很容易看到路德的道德和加尔文的禁欲主义的结合如何获得一种刺激企业家和工匠以同样的方式在其各自的领域实现经济成功的精神。这种伦理是前宗教改革运动时期的基督教伦理的一个显著的改变。

这样，新教伦理的形成便改变了社会嗜好和从消费到储蓄的偏好——而且，为投资和经济增长增加了储蓄释放的基金。新教教义的形成对于西欧的部分经济增长有额外的重要影响。一般地说，例如，新教的礼制是较为简单的，不太气派和壮观，教堂并不是精心修建的，较之欧洲恢宏的罗马天主教教堂，用于建造新教教堂的资源要少得多。另外，完全可能的是，新教教义反对天主教教会认可的许多节日，导致工作日数量的增加，因而，在新教制度下劳动投入不断增加。另外，沉溺于教堂和神殿的朝圣制度在新教国家显著减少，这也可能是对经济增长作出贡献的因素。

韦伯的文章自然引起了许多挑战。某些批评家指出，一个初期的"资本主义"和市场在国际贸易中的扩展应用，在路德进入之前就已经在意大利的城邦存在了。另外，天主教教会，像先前我们指出的，使高利贷学说"有选择"地应用。一方面，更为重要的是，大概由于这种论点的流行，天主教教会消除了前宗教改革运动时期原始的异端形式，可能促进了引入"理性时代"及其对市场和投资发展的激励作用。另一方面，中世纪的罗马天主教教会怀疑科学——资本主义的天然磁石。

□ 中世纪的科学和资本主义的形成

科学和技术是西欧资本主义发展的前沿。低水平的科学和公开探讨的精神——特别是以农业技术的形式——首先在西班牙然后在欧洲其他国家培育出来。例如，西班牙被阿拉伯穆斯林部族占领，开创了一个高度繁荣的时期并持续了整个中世纪——从8世纪开始到斐迪南和伊莎贝拉的君主政体。摩尔人管理和开发了自然资源和人力资源，包括那些农业、制造业和商业资源。引进了新的植物和树木，发展了新的灌溉系统，以同农业相协调的方式从事畜牧业，繁荣矿业，丝绸和毛纺织在整个西方世界是著名的。相对自由的贸易居于支配地位，关税也被适度评估了。①

---

① 摩尔人也实行天主教和犹太教的一般宗教宽容，后来的基督教君主并不报答他们的恩惠，在1492年穆斯林和犹太人被驱逐出了西班牙。

对于欧洲未来发展极为重要的是摩尔人传播和维护知识，特别是同数学、科学和算术相关的知识。这些实践和这种精神通过基督教的扩散传播到欧洲许多地方，最终，燃起了欧洲各地特别是北欧资本主义组织的发展。像农场庄园一样，修道院也为我们了解农作物的轮换和牧场经营技术作出了贡献。硬科学是15—17世纪宗教改革运动的产物。而且，正如气象学减少了对祈雨仪式的需求一样，中世纪科学开始对一些事件提供较好的解释，特别是由于采纳了经验主义和新近演变的"科学方法"。由于遭到怀疑，天主教教会偶尔以维护学说的正统性来扰乱中世纪科学。这些活动导致对中世纪晚期科学的定罪，包括约翰·胡斯（John Hus，于1415年在康斯坦茨被烧死）、哥白尼、布鲁诺（于1600年系于木桩上被烧死），最著名的是伽利略，后者最重要和最著名的贡献是他的《关于托勒密和哥白尼两大世界体系的对话》（*Dialogue Concerning the Two Chief World System*，1632年），在该书中他证明了哥白尼的地球围绕太阳旋转理论的优越性。由于年老体弱，伽利略没能禁得起宗教裁判所的酷刑，所以，他面对拷问最后屈服了，这样便变成了一切时代的科学和宗教之间紧张关系的一个象征。[①]

知识是强有力的经济力量，但是，当它被散播的时候，它才最有效。因此，在西方，约翰内斯·古腾堡（Johann Gutenberg）（在15世纪）发明的印刷术，是资本主义发展的一个主要力量。印刷术的迅速传播对于文明发展过程的意义是极为重大的，它为文学的广泛传播确定了基础；帮助发展一种科学、哲学和文学的"永久的复活"；确立了现代世界的基础。在古腾堡以后不足70年的时间里，新的印刷术科学也促进了新形式基督教的传播，例如路德和加尔文开始渗入教会的宗教垄断。尽管最初教会成功地阻止了异端邪说，但一旦印刷术成为可利用的，出现宣传教会虐待行为的大量的媒体，它就更加难以抵制市场入侵者。

古腾堡的杰出发明也转变了世俗世界的交流。论贸易的著作和借助于印刷术使核算原理传播帮助人们形成了关于贸易的理念。英格兰和欧洲大陆小册子作者（见第3章）的关于赞成和反对重商主义下控制的讨论，没有印刷术是不可能完成的。通过跨越中世纪欧洲的文献，印刷术帮助启动了"第一次"信息革命（等于或许超越了数字技术的现代革命）。确立和建立贸易和商业思想的能力是导致（最终地）绝对君主政体死亡和国内国际商业规则建立的强大力量。

□ 市场交换中的可信承诺和财产权

重商主义时代在英国和荷兰的结束及其在法国和西班牙的持久性意味着，资本主义在欧洲不同地区以不同的速率演变。资本主义的全面开花，以及它所引起的工业革命，只能发生于按照信用债务的法律条款确立可信承诺和获得安全的财产权之后。尽管在1680年"光荣革命"之后，通过议会和民法的确立抑制了君主的权力，

---

① 虽然宗教法庭在1908年在形式上被废除了，但它的职能被交叉合拢成一种所谓神圣机关大会的天主教制度，该机关在1966年改名为忠实教条的神圣大会，其作用是检查和发布关于某些当代书籍、其他通讯形式和文化成分的公告。

但英国在又一个 40 年里并没达到理想的稳定状态。只要对英国王位的天主教"妄求者"因法国君主的庇护而躲进避难所，不稳定性便居于统治地位。不时传出的他带着一支军队返回的谣言在英国造成了银行挤兑和金融恐慌。因此，必须等待为确立一种稳定的资本主义经济所需要的可信承诺，直到汉诺威家族（House of Hanover）在 1720 年登上王位——只是在这以后才确立了贸易者财产权的安全。沿着这样的路径，重商主义一点点衰落了，为新的投资和市场的扩展铺平了道路。①

欧洲经济的另一个主要转变由于黑死病（即鼠疫）而触发，黑死病毁坏了 14 世纪的欧洲和亚洲，使数百万居民丧生。按照某种估计，这次瘟疫使欧洲人口减少到先前水平的 1/2～2/3。这次灾难性事件的令人惊讶的影响是改变了应用于生产中的劳动、土地和资本的相对价格。由于劳动相对于土地变得稀缺而使工资提高。结果是多重的。土地占有制度以一种给予农民更多的在其耕种的土地上的安全权利的方式发展起来。增加了的财产权安全又反过来刺激生产力的提高。按其所拥有的自我利益，土地所有者和生产者通过增加资本投资而节约稀缺的生产要素（劳动），增加的资本投资又在农业地区和其他地区带来创新和发明的收益。发明是基于新的动力形式——从动物和人力到水、蒸汽，最后到电力，为整个欧洲的工业革命增加了动力，并通向了现代。

结论

迄今为止，我们已经对标志着专制主义和高度控制的市场完结的知识运动和历史变化做了一个必要的简明考察。冲破旧的习惯和传统是缓慢的，但是当逼近 18 世纪的时候步伐加快了。然而，亚当·斯密也不像维纳斯女神（Venus）从海中贝壳脱颖而生那样来到人间。* 按照一种实际的意义，他是积累他之前的智慧的仓库。以前关于需求、交换和生产的思想对于资本主义的出现至关重要。掌握在绝对君主手里的集中化的控制被非集中化的市场交换和安全的个人产权取代了，这些刺激了前所未有的发明和效率。所有这些所谓经济增长的"前提"，被超越世俗的观察、为即将出现的市场理论打基础的人们认识并阐释出来了。

历史事件显然推进了革命的变化，但不太明显的是，这些历史事件本身是由那些很长时间以来争得认同的思想形成的。虽然人们常常考虑"外生的"力量，但对于资本主义的形成而言关键的制度，直到如今还在演变。基督教及其变化的形式在经济组织首先出现在整个北欧然后出现在美国的沧桑变化中无疑起了关键作用。不管马克斯·韦伯的论点是否有优点，似乎很清楚，宗教制度的变化至少是同资本主义的精神相联系的（因果关系当然是另一个问题）。原因和结果的问题，例如，按照宗教和

---

① 为了解这个过程的细节，参见韦尔斯和威尔斯：《革命、复辟和债务赖账》（Well and Wills, *Revolution, Restoration and Debt Repudiation*）。

* 意思是说，亚当·斯密是脚踏实地的人，而不是虚无缥缈的神。——译者注

经济学的关系表述的那些因果问题，众所周知是难以解决的问题。我们不必急忙"决定性地"宣布关于主要的历史和经济转变的原因，但我们立足于坚实的基础上，因为已经认识到许多因素——知识的、历史的和制度的——引发工业革命，并将它引领到新世界。由本章可以得出的结论是，市场功能的一切知识的和历史的成分在18世纪初是有立足之地的。然而，是亚当·斯密，一个苏格兰哲学家，将自由市场和资本主义具体化了。

参考文献

Bacon, Francis. *The New Organon and Related Writings*, F. H. Anderson(ed.), New York：The Liberal Arts Press，1960.

Baur, Stephan. "Studies on the Origin of the French Economists",*Quarterly Journal of Economics*, vol. 5(1890), pp. 100 – 107.

Becker, Gary. *A Treatise on the Family*. Cambridge, MA：Harvard University Press,1981.

Beer, Max. *An Inquiry into Physiocracy*. New York：Russell & Russell, 1966[1939].

Boisguilbert, Pierre. *Le Détail de la France*[1695]. Reprinted in Daire.

——. *Traité de la nature, culture, commerce et interet des grains*[1707]. Reprinted in Daire.

Cantillon, Richard. *Essai sur la nature de la commerce en general*, H. Higgs(ed.). London ：Macmillan，1931[1755].

Cole, C. W. *French Mercantilism 1683—1700*. New York ：Columbia University Press，1943.

Daire, Eugene. *Economistes et financiers du 18e siècle*. Paris ：Guillaumin, 1851.

Ekelund,R. B. ,D. R. Street, and A. B. Davidson. "Marriage, Divorce, and Prostitution: Economic Sociology in Medieval England and Enlightenment Spain",*European Journal of the History of Economic Thought*, vol. 3(Summer 1996), pp. 1 – 17.

Haney,L. W. *History of Economic Thought*, 4th ed. New York：Macmillan, 1949.

Jovellanos, G. M. "Economa civil", in M. Artola(ed.). *Obras*. Madrid, 1956[1776].

Lessnoff, M. H. *The Spirit of Capitalism and the Protestant Ethic：An Enquiry into the Weber Thesis*. Aldershot, UK：Edward Elgar,1994.

Llombart, Vincent. "Market for Ideas and Reception of Physiocracy in Spain: Some Analytical and Historical Suggestions",*European Journal of the History of Economic Thought*, vol. 2(Spring 1995), pp. 29 – 51.

Meek, R. L. *The Economics of Physiocracy：Essays and Translations*. Cambridge, MA：Harvard University Press, 1962.

Petty, William. *The Economic Writings of Sir William Petty*, C. H. Hull(ed.). New York: A. M. Kelley, 1963.

Schumpeter, J. A. *A History of Economic Analysis*. E. B. Schumpeter (ed.). New York: Oxford University Press, 1954.

Street, D. R. "The Economic Societies: Springboard to the Spanish Enlightenment", *Journal of European Economic History*, vol. 16(Winter 1987), pp. 569 – 585.

——. "Spanish Antecedents to the Hatch Act Experiment System and Land Grant Education", *Agricultural History*, vol. 62(1988), pp. 27 – 40.

——. "Spanish Enlightenment Economics", *SECOLAS Annals*. Statesboro: Georgia Southern University(1994), pp. 30 – 42.

Ware, N. J. "Physiocrats: A Study in Economic Rationalization", *American Economic Review*, vol. 21(December 1931), pp. 607 – 619.

Weber, Max. *The Protestant Ethic and the Spirit of Capitalism*, Talcott Parsons (trans.), with foreword by R. H. Tawney. London: George Allen & Unwin, Ltd. 1930[1904 – 05].

Wells, John, and Douglas Wills, "Revolution, Restoration and Debt Repudiation: The Jacobite Threat to England's Institutions and Economic Growth", *Journal of Economic History*, vol. 60(June 2000), pp. 418 – 441.

第 2 篇

古典时期

　　1776 年以后，经济学领域，像培育它的工业革命一样，高涨起来。由于要提供经济学结构，亚当·斯密把其对世界的注意力集中在经济学课题上，并鼓舞了许多后来的思想家把他们的才干转到这个新的领域。没有任何地方比英国更热衷于这个努力方向了，英国相对来说取得了迅速成功，大卫·李嘉图、托马斯·马尔萨斯（Thomas Malthus）以及约翰·斯图亚特·穆勒（John Stuart Mill）都为构建经济理论的大厦安放了重要的砖块。这个经济分析的时代是如此的丰饶，以至于现在人们把 1776—1870 年称作古典时期。

　　亚当·斯密显然是关键人物。第 5 章评论了他构建经济学体系的努力。斯密主要关心的是经济发展。他的思想具有双重的影响：怀疑作为一种经济信条的重商主义，确定了未来的研究模式。虽然有统一的贯穿于古典宏观经济学的线索，特别是英国的宏观经济学变种，但是也有持异议的声音。杰里米·边沁（Jeremy Bentham），一个训练有素的律师，阐发了一种功利主义信条，反对斯密的"自然和谐"理论，并相反地断言，政治家必须寻求通过适当的法律而实现利益的"人为的和谐"。第 6 章将阐述边沁的思想，而且，他的影响追溯到穆勒和政策领袖埃德温·查德威克，这两人将在第 9 章予以评价。托马斯·马尔萨斯，其人口论成了李嘉图经济学的有机组成部分，然而在宏观经济理论的一些要点上却是个持异见者，特别是在总需求的性质上（在这方面他是约翰·梅纳德·凯恩斯的先驱）。马尔萨斯及其关于一些主要问题的命题在第 6 章和第 7 章讨论。和斯密的视角略有不同，李嘉图（第 7 章）寻求重新关注收入分配问题的经济学——但他没有在斯密所确立的分析框架和宏观经济学的焦点内这样做。由于从早年就受到李嘉图经济学复杂性的吸引，约翰·斯图亚特·穆勒（第 8 章）尝试将从斯密到他的时代的经济思想加以综合和改进。第 9 章将根据已知的 19 世纪英国的关于诸如童工、工作时间、累进税、犯罪、环境卫生等社会问题的政策，表述古典经济学的一些理论原理。

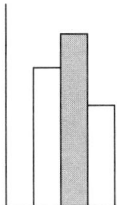

亚当·斯密：体系的构建者

在 1776 年，重农学派所急切期盼的资本主义的曙光尚未出现——当时许多欧洲人的眼睛注视着新世界和为形成民族国家而斗争——但是，它确实即将出现了。而且，从知识上说，它还借助于那一年出版的现在人们仍然在阅读、不断重印的一本书（不仅偶然地被大学生们阅读）：亚当·斯密的《国民财富的性质和原因的研究》（*Inquiry into the Nature and Causes of the Wealth of Nations*，又称《国富论》）。在经济学的发展史上该书的杰出地位使得亚当·斯密被誉为"经济学之父"。

亚当·斯密于 1723 年生于苏格兰克卡迪，是他父母唯一的儿子，父亲在他出生之前几个月就去世了，而母亲却活到 90 岁高龄。从其青年时期起，斯密就表现出我们常常归因于"职业综合征"的迹象。他的传记作者把他描述成一个聪明的学生，虽然天生热衷于"抽象"，这种热衷于"抽象"的特征后来在其学术生涯中转变成为常常使他的同伴感到惊奇的"幻想"（例如，在做礼拜时，人们听到他独自发笑）。在他一次清晨的沉思中，他穿着睡衣走了 15 英里，直到附近村庄传来的教堂的钟声才把他唤醒。心不在焉似乎是他性格的一个特征。有一次，他边同朋友散步边向朋友做生动的演讲，没有注意脚下，结果他掉进了深坑！还有一次，他心不在焉地把面包和奶油放到开水里，喝了这种混合饮料后他说，这是他品尝过的最坏的一杯茶。

一个斯密的雕像显示他不太英俊，他有厚厚的嘴唇、大鼻子和一双突出的眼睛。另外，他终生为一种神经折磨所困扰；他的头时常不由自主地摇晃，且有演讲障碍。但是，所有这些缺陷并没有妨碍他的知识能力。而他另一方面的形象使得他深受朋友和学生喜爱。他把自己描述为"除了我的书，别无所爱。"可以确信，他在广泛的学科方向上变换自如：他不仅讲授经济学，而且也讲授哲学问题和文学。

他对古希腊和古罗马的作家了如指掌，也很了解他同时代的学者，特别是他的老师弗朗西斯·胡切森（Frances Hutcheson）、他的朋友大卫·休谟和法国杰出哲学家孟德斯鸠（Montesquieu）。在法国旅行期间他结识了魁奈。

在他的时代，斯密作为哲学家的声望基本上依赖于他的重要著作《道德情操论》（*The Theory of Moral Sentiments*），该书在 1759 年首次出版。该书尝试证明道德判断的根源，或道德上准许或不准许的原因。按照这个标准，斯密把人表述为一个利己的动物，然而，人有能力基于并非自私自利的其他考虑而进行道德判断。斯密断言，这个表面上的悖论是通过同情心的本能解决的。那就是，道德判断，典型地是在把自私自利暂时搁置起来的情况下，或把某人推到一个第三方、不偏袒的观察者的位置上作出来的。在这种情况下，人们便得到了道德同情的概念，而不是自私自利的概念。道德实际上超越了自私自利。

《道德情操论》及其所论述的问题立刻引起了大众的兴趣，并使其作者名声大噪。但是，某些学者却认为其基本原则同斯密后来在《国富论》中加之于作为驱动力的自我利益上的重要性是不协调的。而有见地的意见趋向于把《国富论》评论为一种对《道德情操论》的逻辑扩展，虽然这远不是一种无争议的判断。但是，这个问题实际上已经解决了。值得注意的是，斯密从探讨道德判断（《道德情操论》）到考察政治经济学（《国富论》）的思想进步，是完全同基督教和阿拉伯学派所展示的思想演变一致的。

斯密经济体系的性质

亚当·斯密在经济学历史上的地位是由于他是一个体系构建者的事实而确立的。他的体系把人性理论和历史理论结合到一起，而历史理论则具有自然神学的特殊形式，并对经济生活作冷静的观察。缩小到经济领域，他的体系说明了农业、工业和商业的特征。在这个体系中，交换由于使用货币而便利，生产是以分工为特征的。他的基本分析的三个主要特征是分工、价格与分配、经济增长的性质。

斯密关注作为道德哲学（从属于法学）问题的经济学，在经济思想的古典时期开始称为经济学。这个时期从 1776 年《国富论》问世扩展到 1873 年约翰·斯图亚特·穆勒去世为止。虽然在古典学派中每个经济学家所持的思想不同，但大家共同坚持包括天生自由（自由放任）的信条和作为改善人的生存条件的经济增长的重要性。[1]重农学派也基于这两个前提，但斯密却反对它，因为该学派过于狭隘地集中在农业，把它看作财富的来源。

---

① 虽然他属于古典时期，但在某种程度上，约翰·斯图亚特·穆勒在这些观点上是个例外（见第 8 章）。

□ 自然法则和财产权

通过斯密的一双能手，经济学成为众所周知的"政治经济学"。斯密着手定义和解决的主要政治和经济问题是个人同国家的关系和国家在与其成员关系上的作用的问题。斯密在这些问题上的观点基于其自然神学体系，他在《道德情操论》中对自然神学明显地做了详细的说明，经过某些修改，又将它纳入《国富论》。自然神学无非就是古希腊经院学派的自然法则学说，虽然在其中注入了苏格兰的世俗观念。

正如我们已经看到的，重农学派基于自然法则赞美自然秩序，把自然法则看作是同实证法则相对立的法则。对于重农学派来说，自然法则反映造物主的思想，正如人类所推理的那样。自然法则存在于高于实证法则的更高的层次上，而实证法则不过是由所公布的法律组合体构成的。由于实证法则低于自然法则，它不可能比自然法则更好。这是对自由放任的理智辩护。重农学派和亚当·斯密在本质上都坚持这种观点。

亚历山大·格雷（Alexander Gray）爵士指出：

> 自然法则是比编纂法典更容易谈论的。但是，当我们把自然法则看作涉及每个人自身拥有的个人财产，把自然法则看作一个强调对在国家出现之前（如果需要对比的话）即已存在的"人权"主体进行分类的时候，我们便相当接近了事情的核心。以接近我们的课题的术语来表述它，按照个人自由的利益，"自然法则"意味着一个有限制的政府作用（《亚当·斯密》，p.155）。

贯穿于《国富论》和它的先驱《道德情操论》，斯密都在解释神圣的政府如何对我们的直接经济问题和政治问题发挥影响。一个这样的例子是斯密的著名的关于"看不见的手"的论述：

> 每个人都必然努力尽可能使社会的年收入增大。实际上，一般说来，他既不打算促进公共利益，也不知道他自己在什么程度上促进公共利益。由于宁愿支持国内产业而不支持国外产业，他只是盘算他自己的安全；由于他按这样的方式管理产业，即使其生产价值最大，他所盘算的也只是他自己的收益。在这种场合，像在其他许多场合一样，他受着一只"看不见的手"的引导，去尽力达到一个并非他本意想要达到的目的。也不因为事非出于本意，就对社会有害。他追求自己的利益，往往使他能比在真正出于本意的情况下更有效地促进社会利益。我从没听说过那些假装为公共幸福而经营贸易的人做了多少好事，事实上，这种装模作样的神态在商人中并不多见，无须多费口舌去劝阻他们（《国富论》，p.423）。

如果个人"自然而然地"受自我利益引导以促进社会福利增加，那么，便无须专制政府所制订的那种中央计划了。在《道德情操论》中，斯密已经认识到了由于官僚和政治家的愚蠢而引起的中央计划的无效：

在政府中掌权的人……容易自以为非常聪明，并且常常对自己所想象的政治计划的那种虚构的完美迷恋不已，以至于不能容忍对其任何部分稍有背离。他不断全面地实施这个计划，并且在这个计划的各个部分中，对可能妨碍这个计划实施的重大利益或强烈偏见不做任何考虑。他似乎认为，他能够像用手摆布一副棋盘中的各个棋子那样，非常容易地摆布一个偌大社会中的各个成员；他没有考虑到：棋盘上的棋子除了用手摆布之外，不存在别的行动原则；但是，在人类社会这个大棋盘上，每个棋子都有其自己的行动原则，它完全不同于立法机关可能选用来指导它的那种行动原则（《道德情操论》，pp. 380 - 381）。

这些论述指明，斯密相信，一种自然和谐存在于经济世界，政府在大量事务上的干预是不必要的、不合意的。"看不见的手"、天赋自由的学说、上帝的睿智（甚至在人的愚蠢行为中看到）是论点的全部。但是，在这里不仅仅是形而上学在发挥作用。斯密进一步提出了一些经验性的论断，即政府事实上是非竞争性的机构，他强调官僚们的厚颜无耻和不合时宜的行为，他们会在我们清楚地知道自己能够获得利益的地方如何做得更好（但是，奇怪的是，当斯密有机会成为一个管制者（斯密接受的）时，他接受了这一机会。参见专栏"思想的力量：作为管制者的斯密"）。

☞

思想的力量：作为管制者的斯密

在《国富论》中，亚当·斯密一再抨击重商主义和它所酿成的复杂的管制制度。奇怪的是，在他的经济学著作出版两年以后，斯密接受了一项委任，作为苏格兰海关和盐业管理委员会的官员，这是他直到 1790 年逝世一直担任的职务。在 18 世纪，该委员会官员拥有广泛的强有力的权力：他们基本上是"进口警察"，甚至拥有自己的小型海军。该委员会稽查走私者，授权没收和烧毁走私者使用的船只，终止违法的酿酒，调查私人财产。但是，它的主要功能是英国重商主义征税机关，向皇室政府提供主要的收入来源。例如，在 1781 年，海关贡献了英国税收收入总额的 1/4。

自由贸易的传道者作为管制者如何花费其时间呢？他利用这个机会去改革关税管理，放松管制重商主义机关，抑或是作为强有力的管制者那样去行动？事实上，斯密是忠于职守的：他是作为政府的管制者而不懈工作的，在其就职于海关和盐业管理委员会期间，他关心的是官僚机关的效率，而不是哲学原理。*他表述的既不是暴行，也不是对他责任的厌烦，也没有寻求改革海关机构或其主要的功能。

显然，征收关税和强化海关法令的世俗职务，同大学教师或写作主要的哲学小册子具有不同的性质。斯密似乎仍然享有着身为应用经济学家的声望，即使这似乎与他作为经济自由主义倡导者的声望不一致。这一段插曲告诉了我们斯密提出的作为个人行为基础的利己的强制力吗？

当斯密在 1788 年作为海关和盐业管理委员会官员进入海关机关的时候，他已经 55 岁了。他的学术声望已有保障。他可能感到，他已经完成了自己在学术上想要完成的一切工作。海关和盐业管理委员会的职务一年可获得 600 英镑的收入，在当时是数额相当大的一笔钱，但并不多于斯密可能从其他来源获得的收入。他看重的是获得文官职务的机会，这是因为：（1）他的家庭有长期作为海关官员就业的历史；（2）他找到了感兴趣的和有挑战性的工作。他难道不是一个罕见的愿意在被自己反对过的经济体系内工作的经济学家吗？不是，除非人们相信思想的力量小于个人活动的力量。尽管是个人的活动，但他所公布的思想却服从于大规模经济。以公开发表的形式出现的一个清晰而强有力的思想可能以相对少的成本达到和影响大多数人。另外，思想在人们头脑中形成需要时间，只是在滞后相当长的一段时间以后才有影响。因此，极有可能的是，斯密以其写下的语言影响历史，而不是以其在大量官僚制度中的一个小机构任职的例子影响历史。亚当·斯密这位管制者——如果他选择发挥这样一种作用——可能从来没有像亚当·斯密作为教师和作者那样大的经济自由主义的力量。

*参见 G. M. 安德森、W. F. 苏哈特和 R. D. 托利森的《亚当·斯密在海关》（G. M. Anderson, W. F. Shughart, and R. D. Tollison, *Adam Smith in the Customhouse*）。

□ 人性

斯密对天赋自由的辩护，在我们思考驱动社会的机制的时候，甚至变得更为强有力了。斯密既不是一个严格的理性主义者，也不是一个闲散的梦想者，他是一个冷静的现实主义者，他认定人如同他所发现的那样，把他对社会的分析基于一种不变的人性。他认为人在心理上有两种天生固有的特征。第一个特征是，作为人，我们首先对离我们最近的事情感兴趣，越不密切（时间的和空间的）的事情就越不感兴趣。这样，我们的一切对我们自己来说都是非常重要的：

> 每个人……首先而且主要的是关心他自己；当然，在每一个方面，每个人都比其他任何人更适宜和更能关心自己（《道德情操论》，p. 359）。

人的心理的第二个特征，实际上是第一个特征的推论，即改善自己的条件是每个人的基本愿望：

> 改善我们的条件是一种愿望，虽然一般说来是冷静和沉着的，但它是一种与生俱来的愿望，而且一直到死都没放弃过这种愿望。我们一生，对于自己的地位，几乎没有一个人会有一刻觉得满意，不求进步，不想改善（《国富论》，pp. 324 – 325）。

斯密没有把利己等同于无节制的自私自利——虽然这两个词很容易混淆。一个允许疯狂追逐私利的社会是一个退化为混乱的社会。斯密在《国富论》中的"经济"人和他在《道德情操论》中的"道德"人相同。二者都是利己的人。按照前者的意思，同情心是约束利己行为的道德范畴；而按照后者的意思，竞争是限制利己行为的经济范畴。实际上，竞争确保对自我利益的追求将改善社会的经济福利。按照这个线索，这是一种自由主义的思想，因为它意味着一个没有广泛的政府控制的社会将不退化为混乱，正如人们假定的（如哲学家托马斯·霍布斯所坚持的）。但是，垄断代表了一种无休止的追逐私利和对经济福利的破坏。虽然一切物品和服务的销售者都愿意对其货品或技能尽可能确定最高的价格，但他们一般不能确定最高的价格，除非他们拥有垄断的特权，这种垄断特权在斯密的时代是由政府批准的。竞争，或缺乏垄断，将迫使所有的销售者降低价格（内部限制）以吸引更多的顾客。这种活动的自然结果是较低的消费价格和改善的经济福利。斯密的某些最令人难忘的论断包含对垄断特权的猛烈抨击。在一个地方他写道："同行的人很少聚在一起，甚至嬉戏和娱乐也是如此，但是，他们商谈的结果却在于合谋对付公众，或筹划提高价格"（《国富论》，p.128）。在另一个地方，他说："垄断……是良好管理的大敌，除了依赖自由和普遍的竞争，良好的管理绝不能普遍地建立起来。自由和普遍的竞争势必驱使每个人为自卫而借助于良好的管理"（《国富论》，p.147）。

□ 历史理论：利己主义和经济增长

按照亚当·斯密的观点，经济增长的历史过程是由利己、财产权和分工相互作用而驱动的。在适当的制度结构中，这些力量的相互作用为"商业时代"的到来作出了贡献，并构成了斯密的宏观经济学的基础。

斯密的文明史以四个演变的阶段为特征。前两个阶段是前封建主义的、游牧文化的狩猎和田园生活时期，继这两个阶段之后，是农业阶段，最后是商业时代。每个阶段都包含着不同的财产权结构。狩猎文化不承认独享的财产权，所有的社会成员都是相对平等的，在政治上和社会上都是如此，绝少需要正式的政府结构，因为人口很少且是游牧的。在这种文化中，领导者习惯上由老人和聪明人担当，他们的经验和才华出众，社会的其余成员便会自动服从。

但是，这个时代结束之后，自我利益引发了重要的社会政治变革和经济增长。文明社会是改变私人财产和财富关系的结果。例如，在说到文明社会的早期交易的时候，斯密看到：

> 在狩猎民族中，由于任何财产都是稀缺的，或者，至少没有超过两三天劳动价值的财产，所以很少有任何确定的长官，或任何法律的管制管理……文明政府并不是如此必需的。

> 在游牧时代，即社会发展的第二个时期，财富的不平等首先开始发生，在人和人之间出现了一定程度的权力和服从，而在以前这是不可能存在的。这样一来，也引致了某种程度的文明政府，这对于权力和服从是必需的……文明政府，迄今为止是保护财产安全的制度，其实质是保护富人而反对穷人的制度，或者，是保护那些拥有某种财产而反对完全没有财产的人的制度（《国富论》，p.674）。

换言之，在文明社会，财富的等级导致权力的等级，这种权力的等级确立了权力、司法管理等世袭的规则。按照这种方式，财产权的安全得以保证。由于安全的财产权而出现的稳定性又激励了更多的财富的创造。

实际上，游牧文化趋向于被静态的农业社会所代替。这种安顿的生活带来更稳定的食品供给，提高了专业化，增加了人口。在中世纪，农业的利益在众所周知的封建主义的制度结构内发挥作用。封建主义下面的文官政府被大大分散了，因为每个庄园主（男爵）都在其领地范围内管理司法。在欧洲，这种制度从罗马帝国衰落起一直持续到大约15世纪末。其制度结构在今天的某些第三世界国家仍然近似地存在。

正如自我利益是从游牧社会转向农业社会的原因一样，按照斯密的看法，它也解释了商业社会由于作为交易中心的城市的增长而发展。在紧接着罗马帝国衰落后的时期，城市交易者和商人被给予了与其乡村对手——农民——平等的税收待遇。但是，随着特殊的城市居民变得更独立，他们从某些"交易税"中成功地获得了一般豁免。因此，他们形成了早期"自由贸易者"阶级，成为了第一批资本家。另外，市民通常都依赖君主反对其共同的敌人——土地贵族。国王常常授予市民一些特权，以便联合他们反对封建领主，而城市也由于向国王缴纳定额税款而获得财政独立。这些发展导致城市的自我管理和法律规则的实际确立，这又为贸易的扩展提供了企业基础，特别是在沿海城市。贸易的繁荣又使得城市进一步同庄园独立。最终，城市成了新生的资本主义的天堂，因为城市法为逃离农奴提供一年的保护。斯密以下面一段话描述了这种发展：

> 在贱奴状态下受领主钳制的贫苦农民，稍有储蓄，必谨慎掩藏，免得被领主看见而攫为己有，他们一有机会即逃往城市（《国富论》，p. 379）。

农奴/佃农/封建主义都描述同一事物：一种制度。其中，农民在土地上劳动，并被束缚于土地上，但土地不为农民所有。农奴把自己一定数量的劳动提供给地主，但一旦他们积累了少量剩余，他们发现自己可以通过向地主支付作为替代劳务的货币地租便可以购回这种"义务"。首先，剩余被用在地方粮食市场上交换货币，然后，便运用货币"交换"其劳动义务。这样，便常常造成一种情况：农民变得非常接近于独立的小商人。他从地主那里租种土地，卖掉他所生产的农产品，所得不仅能够支付其地租，且能获得地租和出售产品所得的差额。这种行为的累积效果是腐蚀了庄园的传统纽带，代之以市场和对利润的追求，作为生产组织原理。到14世纪中叶，在欧洲的许多地方货币地租超过了劳动服务的价值。

地主似乎也愿意同这种新的制度安排合作，部分地是因为，当他们消费类型变化的时候，他们要求增加现金的数量，以便从城市市场购买"装饰品"和奢侈品。不久后，庄园主仅仅是现代意义上的地主；很快土地"市场"形成了，而且基于拥有财产的个人权利，受到合同法的支持。从这一点开始，向专业化和分工迈出了一小步，这便是工业时代的标志。

总之，"商业制度"出现前的经济增长是利己、财产权演变和广义的制度变迁相互作用的结果。到1776年，商业体系建立的信号明显起来，由于看到了这一点，亚当·斯密以一种批判的方式宣布经济增长依赖于专业化和分工的扩展。在回顾了斯密增长理论的微观基础之后，我们将回到这些孪生原理的作用上。

如果没有读过一本书，对它进行评价是困难的，即使不是不可能的。而对于《国富论》，通读它实际上是一个艰巨的任务。但这是每个严肃的经济学学生都应该

第5章 亚当·斯密：体系的构建者

尝试完成的任务。由于该书包含了许多内容，不只是包含令此书著名的斯密对重商主义（垄断）的抨击和他对天赋自由的评判，还涉及更多方面的内容。甚至按照当代的标准，它也是一部不可思议的著作。与许多其他经济学著作不同，它不是一部后来才时兴起来的经典著作。在斯密生前，该书就被广泛地阅读和引用。

对《国富论》内容进行简要考察便可揭示其论述的范围之宽广。第Ⅰ篇讨论分工，货币的起源和应用，价格、工资、利润和地租的确定，并生动地论述了白银价值的变化；第Ⅱ篇包含斯密的常常受到中伤的资本和利息理论；第Ⅲ篇把读者吸引到从古代到18世纪欧洲的经济发展的长期考察上；第Ⅳ篇讨论不同的政治经济制度，包括对重商主义和自由贸易障碍的尖锐批判；第Ⅴ篇总结性地论述了18世纪英国的税收和财政政策。毫不奇怪，今天很少有经济学家可以自夸从头到尾读完了《国富论》。

在许多方面，该书阅读最少的部分是最引人入胜的部分，正如在亚当·斯密离题讨论中世纪教育和古代教会选择主教职位时那样。事实上，斯密对教育和宗教的讨论形成了当代经济探讨的两个相关领域——教育经济学和宗教经济学——的出发点。按照一个类似的标志，公共金融领域拥有许多斯密在第Ⅴ篇论述的内容。我们在这里不能充分判断斯密对经济学发展的贡献范围，接下来我们关注第Ⅰ篇到第Ⅲ篇阐述的微观经济和宏观经济分析的基础。

《国富论》的微观经济基础

尽管《国富论》涉及众多经济课题，但它的中心论题，像重农学派学说的中心论题一样，是经济增长。虽然重农学派关注纯产品的增长，而斯密强调国民财富（他所说的国民财富，以今天的术语说，就是国民收入）的增长。通过首次对价值理论（市场价格）进行探讨，斯密克服了重农学派的主要缺陷。换言之，斯密的经济增长的宏观经济理论，像它应该有的那样，依赖于某些微观经济基础，特别是价值理论。

□ 价值理论

在《国富论》论价值的一章，在讨论价值之前先讨论了分工的优点和先进社会对货币的使用。斯密认为，分工来源于人性对交换的偏好，交换要求每个交易者拥有比满足直接需求更多的物品（即交换要求有一个可交易的剩余）。货币进入交换领域，是因为它使交换更有弹性和更便利。这样，价值便由人们在物品交换货币或交换另一种物品中自然观察到的规则决定。斯密以下面的悖论提出了价值的问题：

> "价值"一词……有两个不同的意义，它有时表示特定物品的效用，有时又表示用于占有某物而取得的对其他物品的购买力。前者叫作"使用价值"，后者叫作"交换价值"。使用价值很大的东西往往具有很小的交换价值，甚至

没有；反之，交换价值很大的东西往往具有极小的使用价值，甚至没有。例如，水的用途最大，但我们不能用水购买任何物品，也不会拿任何物品与水交换。反之，钻石虽几乎无使用价值，但须有大量其他物品与之交换（《国富论》，p. 28）。

这个价值悖论，只要忽略了增加的价值的含义便不能得到充分的解决。今天我们已经通过区分总价值和边际价值而解决了这个悖论。由于水是丰富的，其边际价值很低（反映低优先级用途）；而由于钻石是稀缺的，其边际价值很高（反映高优先级用途）。在某种程度上，只要坚持区分使用价值和交换价值，这种区分（及其结果）在大多数古典经济学家的头脑就不是很明确。斯密维护了这种（使用价值和交换价值）区分，并着手仅仅解释交换价值，或相对价格，及其随着时间的变化。

109

作为价值尺度的劳动　《国富论》第Ⅰ篇第5～7章包含斯密对交换价值讨论的核心。在这个讨论中斯密同时论述了价值（价格）的尺度和价值的原因。例如，在第5章，斯密在论述劳动是价值的尺度时写道：

> 任何商品的价值……对于拥有它、但自己不使用或不消费它而是为了交换其他商品的人来说，等于它能使他购买或支配的劳动量。因此，劳动是一切商品交换价值的尺度（《国富论》，p. 30）。

斯密似乎从他的朋友大卫·休谟那里获得了这样一种思想，即以货币购买的就是以劳动购买的，虽然同一思想已由较早的威廉·配第爵士表述过了（见第4章）。但是，在劳动价值论中也有某些实际的和理论的困难。斯密表明了他对这些问题的认识：

> 要确定两个不同劳动量交换的比例，往往很困难。两种不同工作所费去的时间，往往不是决定该比例的唯一因素，它们不同的困难程度和精巧程度，必须加以考虑。一个小时的困难工作，比两个小时的容易工作，也许包含更多的劳动量；或者，需要十年学习的工作干一小时，比普通业务干一个月所包含的劳动量有可能要多。但是，困难程度和精巧程度的准确尺度不容易找到。诚然，在交换不同劳动的不同产物时，通常都在一定程度上，考虑到上述困难程度和精巧程度，但在进行交换时，不是按任何准确尺度来作调整。这虽不准确，但对普通日常买卖也就够了（《国富论》，p. 31）。

价格　当然，货币是最普遍的价值尺度，但是，斯密却想用劳动取代货币，因为货币尺度有缺点，主要是货币的价值随时间的推移而变化。由于这个事实，每种东西都有真实价格和名义价格——前者不受货币购买力的影响。关于这个区分，斯密写道：

> 劳动也像商品一样，有真实价格和名义价格。所谓真实价格，就是报酬劳动的一定数量的生活必需品和便利品；所谓名义价格是报酬劳动的一定数量的货币。劳动者是贫是富，其劳动报酬是好是坏，不与其劳动的名义价格成比例，而与其劳动的真实价格成比例（《国富论》，p. 33）。

进一步观察发现，劳动仅仅在物物交换支配的原始经济中才是价格的充分尺度。在第6章，斯密最后清楚地表明，当人们离开"先于资本积累和土地占有的早期的和原始的社会状态"，仅仅用劳动不能充分解释市场价格。资本主义经济是以资本积累和土地以及其他资源的个人财产权为标志的。这样，在较为先进的社会，按照斯密的看法，市场价值便被分解为三个组成部分：

110

> 工资、利润和地租是所有收入和所有交换价值的三个根本的源泉。一切其他的收入（利息收入、税收等），最终都是从这些收入的某种或他种派生出来的（《国富论》，p.52）。

到此已经走得很远了，我们可以看到斯密现在在谈论价值的来源而不仅仅是价值的尺度。由于包含了作为价格必要组成部分的利润，斯密展示了对机会成本概念的理解。他看到：

> 通常，所谓商品的原始费用，虽没有包含再贩卖这种商品的利润，但若再贩卖者按照不能得到当地一般利润率的价格把这种商品卖掉，那他显然会遭到损失，因为，他若把资本投在其他方面，他就可以得到那笔利润（《国富论》，p.55）。

注意在《国富论》这两章中的思想的自然发展。斯密之前的许多作者坚持一种劳动成本价值理论，许多后来的作者把同一理论归功于斯密。但是，他的解释实际是另一回事。实际上，一种情形是断定价值的真实尺度是劳动时间，而另一种情形则是宣称价值的来源是每种商品生产所必需的成本。简言之，斯密感到劳动价值论只是在劳动代表主要生产要素的原始社会有效。

市场价格和自然价格　第Ⅰ篇第7章充满了马克·布劳格所说的"那种局部均衡分析，而这种局部均衡分析一直是经济学家的面包和黄油"（《经济理论的回顾》，p.39）。在第7章，斯密讨论了商品的自然价格和市场价格。在本质上，斯密确定了实际（即市场）价格和自然（即均衡）价格之间的二分法，前者由短期供给和需求的相互作用决定，后者由长期生产成本决定。他写道：

> 每一个特别商品的市场价格都受其实际供售量和人们按其自然价格支付（或者愿意支付商品出售前所必须支付的地租、劳动工资和利润的全部价值）的需要量之间的比例调节。愿意支付商品自然价格的人可称为有效需求者，而他们的需求可称为有效需求；因为这种需求使商品的出售得以实现。此种需求与绝对需求不同。一个贫民在某种意义上也许可以说有一辆六匹马拉的马车的需求，但他的这种需求并不是有效需求，因为那辆马车不是为满足他的这种需求而被带入市场的（《国富论》，p.56）。

一百多年以后，阿尔弗雷德·马歇尔（见第15章）表述了一个更精确的、以图式解释的价格，澄清了斯密区分的自然价格和市场价格。马歇尔的解释基于现在熟悉的供给曲线和需求曲线概念，这些概念显然对于早期作者来说是难以设想和解释的。完全不清楚的是，斯密是不是按照移动的需求曲线和供给曲线来考虑价格和数量调整的，或者简单地沿一条给定的曲线（或两条曲线）的变动来考虑价格和数量的调整——如果是这样，他实际上完全按照这种方式考虑调整了。但是，我们可以应用马歇尔的分析来解释斯密并弄清其含义。

这样，在图 5-1 中，假定某一价格——比方说 p_0——等于斯密的自然价格，进一步，假定这个价格不随时间而变化，并等于"自然工资率、地租和利润"的总和。斯密的有效需求概念表明存在一条向下倾斜的需求曲线。贫困的乞丐可能也想有一辆六匹马拉的马车但不可能买得起，但若价格足够低，也许他将实际购买一辆。由于富裕程度的变化，其他人也可能发现他们的需求在较低的价格上成为"有效"的了。这样，在图 5-1 中，假定存在需求曲线 D_0，斯密的有效需求（即自然价格上的需求量）为 Q_0。除非偏好、收入、其他商品的价格、需求者和供给者数量以及对未来的预期发生了变化，否则 p_0 和 Q_0 将是所调查产业的长期均衡价格和均衡数量。现在让我们将斯密的评论和图 5-1 罗列在一起：

> 市场上任何一种商品的供给量，如果不能满足对这种商品的有效需求（Q_1），所有那些愿意支付这种商品出售前必须支付的地租、工资和利润的全部价值的人就不能得到他们所需要数量的供给（Q_0）。他们当中有些人宁愿支付较高的价格，而不愿得不到这种商品。于是竞争便在需求者中间产生。而市场价格便或多或少上升到自然价格（例如，p_1）之上。价格上升程度的大小，要看货品的缺乏程度及竞争者富裕程度和奢侈程度所引起的竞争激烈程度的大小。但在同样富有和同样奢侈的竞争者间，缺乏程度所引起的竞争程度的大小，却要看这种商品对购买者的重要性的大小。所以在都市被封锁或发生饥馑的场合，生活必需品的价格总是非常昂贵（《国富论》，p.56）。

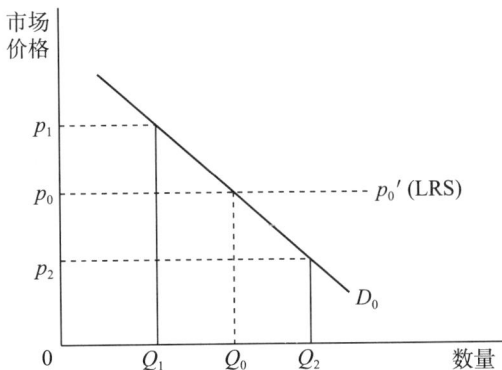

图 5-1 如果 Q_1 代表提供给市场的商品量，市场价格将提高到自然价格以上，从 p_0 提高到 p_1；类似地，如果 Q_2 代表提供给市场的数量，市场价格将降到自然价格以下，从 p_0 下降到 p_2

上面最后一句话显然是指短期需求弹性的重要性。继续按照斯密的说法，考虑相反的市场情况：

第 5 章 亚当·斯密：体系的构建者

如果市场上的这种供给量超过了对它的有效需求（Q_2），这种商品就不能全部卖给那些愿意支付这种商品出售前所必须支付的地租、工资和利润的全部价值的人，其中一部分必须出售给出价较低的人。这一部分价格的降低，必使全体价格随着降低。这样，它的市场价格便或多或少地降到自然价格（例如，p_2）以下。下降程度的大小，要看超过额如何加剧卖方的竞争，或者说，要看卖方怎样急于把商品卖出。尽管超过程度相同，易腐烂的商品输入过多比耐久性商品输入过多更能引起卖方更大的竞争（《国富论》，p.57）。

上面引文的最后一句话同样清楚地指明了短期供给弹性的重要性。

最后，斯密描述了实现市场平衡所必需的条件：

　　如果市场上这种商品不多不少，恰够供给它的有效需求，市场价格便和自然价格（p_0）完全相同，或大致相同。所以，全部商品量都能以自然价格而不能以更高的价格售出。各商人之间的竞争使他们都接受这个价格，但无法使他们接受较低价格（《国富论》，p.57）。

在这些引文中人们可以看到中世纪经院学派提出的论点的基本线索（第2章），但是，斯密以其对竞争（一种假定存在于同样产品的买者中间和卖者中间的竞争）的性质和影响的理解和解释改进了较早的理论说明。他认识到，刚刚形成的资本主义经济实际使得公平价格学说成为不必要的了。作为同"中世纪"世界对立的世界，斯密的"现代"世界依赖于原子式竞争的存在，这种原子式的竞争或多或少等同于经济权力的扩散。这种经济权力的扩散又提供了一种对个人滥用权力的自动的限制，而权力的滥用则是经院学派最关心的问题。斯密的自然价格理论满足了教会博士们所确定的经济公平的条件，虽然该理论同时提出了公平价格的规范概念在原子式竞争的"新世界"是不必要的。

　　然而有证据表明，斯密对抽象的价格和均衡概念并不完全满意。正如在对经院学派的经济学回顾（第2章）中所清楚表明的，有两个相互竞争的"理论"在为获取支配地位而角逐：供给方面的理论和需求方面的理论都声称其拥有优先权。供给方面的理论坚持认为，市场价格必须涵盖长期生产成本，价值必须是一个在生产中所使用的资源的函数。需求方面的理论则提出自身是价值的一个决定因素，因为人们愿意按照其意愿强度的比例对某种物品进行支付。斯密注意到了价值可能受效用（需求）的影响，但他没有推进这方面的分析。他对需求理论的贡献主要限于一种关于绝对需求（总意愿）和有效需求（意愿＋购买力）的区分。有效需求是愿意支付足以补偿生产成本的"自然价格"的购买者的需求。斯密显然感到关于价值的"成本理论"需要进一步分析，并且似乎想要选择劳动作为价值的绝对的和普遍的尺度，但是他在这方面没有成功。由于斯密试图解释供给和需求这两方面的主张，导致了上面所勾勒的对均衡的描述。

　　关于斯密的功绩需要强调两点。第一点是，斯密阐述了作为一种均衡价值（即"持续吸引所有商品价格的中心价格"）和作为长期不变的标准的自然价格。按照现代的说法，他把长期供给曲线想象成为一条水平的线（图 5—1 中以虚线 $p_0 p_0{}'$ 表示）。由于这种类型的长期供给曲线仅存在于以不变的（单位）成本为特征的产业，斯密的价值理论仅适合于一种特例。今天的经济学家认识到，许多产业是在成本递增的条件下进行生产的，少数产业实际是在成本递减的条件下进行生产的。

第二点是，斯密认识到了他的模型的抽象性质，他解释了实际市场如何常常偏离理想的市场状态：

> 虽然每个特殊商品的市场价格按这种方式不断趋向自然价格，如果人们可能这样说的话，但有时由于特别的偶然事件，有时由于自然原因，有时由于特别的政策规定，许多商品在相当长的时期里把其市场价格维持在大大高于自然价格之上（《国富论》，p. 59）。

虽然按照现代的标准斯密的术语是离奇的，但必须对其含义作出鉴别。所谓"偶然事件"，他指的是阻碍从买者或卖者那里获得信息的事件，例如商业秘密或暗中使用的生产技术。推动价格高于"自然"水平的"自然原因"的例子包括某些土壤的有限面积。例如，爱喝酒的人都知道，所有适合于生产木桐—罗斯柴尔德（Mouton - Rothschild）红葡萄酒的土地不能提供满足有效需求的供给，以至这种酒的价格多倍于生产成本。亚当·斯密感到人们在多变的自然面前是无能为力的，贸易和商业秘密不能在很长时期内保持。但是政府干预（即"特殊的政策管制"）可以长久地把价格维持在自然价格以上。斯密时代的英国经济实行严格的妨碍许多市场实现均衡的做法，从而限制了国内外贸易的数量，阻碍了分工和经济增长。

在一个重商主义的经济中，政府是垄断特权的来源。斯密很快指出政府批准的垄断特权和商业秘密并行：

> 给个人和商业公司以垄断特权，其作用与商业或制造业中保守秘密相同。垄断者使市场存货不足，从而使有效需求永远得不到充分供给。这样，他们就能以大大超过自然价格的市价出卖他们的商品。而他们的报酬，无论是工资还是利润，都大大超过其自然率（《国富论》，p. 61）。

归根结底，斯密的市场均衡模型是基于原因和结果的，但他认真解释其抽象的性质。经济的现实不同于理论，因为它包含着减缓或防止顺利地和某种程度向长期均衡调整的条件。由于这个缘故，人们可能把斯密和重农学派进行比较（见第4章），重农学派把《经济表》看作是原因和结果的严格的形式。在他们的模型中，三个社会阶级间的初始收入流量的一个给定的变化造成了国民收入确切的和连续的变化。尽管斯密羡慕"创造体系的这些法国人"，但他感到，重农学派不知不觉地成了他们自己体系的俘虏。斯密一直是苏格兰的现实主义者，他认为经济生活既不简单，也不精确。

我们不要忽略这样的事实，即斯密有这样一个启发性的观点，他认为产品市场和要素市场是相互依存的，而且，这种相互依存是他的长期价格调整概念的基础。例如，他指出，如果在某一时间商品的供给量超过了有效需求：

> 那么它的价格的某些组成部分必定会上升到自然率以上。如果上升的部分

为地租，则地主的利益就立刻会促使他们准备更多土地来生产这种商品；如果上升部分是工资或利润，则劳动者或商人的利益也会马上促使他们使用更多的劳动或资本来制造这种商品送往市场。于是，市场商品量不久就充分供应它的有效需求，价格中一切组成部分不久都下降到它们的自然水平，而全部价格又与自然价格一致（《国富论》，p. 57）。

换言之，按照斯密的看法，产品价格不能处于长期均衡，除非要素价格也处于长期均衡。所有相互依存的市场的运作同时实现均衡构成我们现在所说的一般均衡分析，即在一个世纪以后由法国经济学家莱昂·瓦尔拉斯（Léon Walras）所阐发的正式的数理分析（见第 16 章）。

斯密的自然价值概念澄清了早期作者所提出的先进概念，但它仍然是同义反复。自然价值理论按照生产成本解释价格。但是成本本身也是价格，它们是为购买（或雇用）各种生产要素而做的支付。这样，在本质上，自然价值理论以价格解释价格。一个完全的价值理论不能停留在这里，还必须解释各种生产要素支付的原因和决定的因素。

□ 要素及其收入份额

实际上，斯密并没阐发一个令人满意的工资、利润和地租决定理论，但他提供了许多由他追随者后来扩展的重要的观察和贡献。可以说，斯密提供了多达三种对工资和地租的解释，也许两种对利润的解释。在接下来的讨论中，我们不强调斯密思想的分析多么典雅，而是强调他在收入分配课题上孜孜以求的敏锐洞察的宽广范围。

工资　斯密开始其对工资的讨论，就像他以前对价值的讨论一样，追溯"先于土地占有和资本积累的原始状态"，在这个原始社会中，工资是按照生产率决定的："在这种社会状态下，劳动的全部产物都属于劳动者自己，既无地主也无雇主来同他分享"（《国富论》，p. 64）。

土地一旦成为私有财产，地主就要求取得一份年生产物了，而且，一旦发生了资本积累，资本家也同样要求取得他的一份年生产物。这样，地主和资本家便占有了劳动的生产物。而且，斯密坚持认为，这一旦发生了，人们就无意进一步追溯劳动生产率的增加对工资的影响了。后来的收入分配理论的发展表明这个观点是令人感到遗憾的。然而，它确定了斯密对古典工资基金概念发展的阶段，这个工资基金概念在由李嘉图、马尔萨斯和许多其他经济学家所精练的斯密理论中起了突出的作用。斯密的较为精练的工资理论，正如它曾经是的那样，包含于工资基金说中。

从一种分析的观点上说，我们多年以后所面临的困难是，工资基金同时是工资理论和资本理论。贯穿于 18 世纪大部分年代和 19 世纪的关于工资支付的主要观点可以概括如下：积累的资本使得雇佣劳动成为可能，从而构成维持工人人口的一个基金。这个基金是由基金的所有者（即资本家）向工人预付的工资构成的。对于这种工资预付，基金所有者期望而且有权利获得回报。虽然工资基金概念并不是斯密首创的，但他最简洁地表达了这个思想：

一般耕作者没有维持生活到庄稼收获的生活资料，他们的生活费通常是雇用他们的农场主从他的资本项下垫付的，除非他分享劳动者的生产物，换言之，除非他在收回资本时得到相当的利润，否则，他就不愿雇用劳动者（《国富论》，p.65）。

在这个工资基金思想中，斯密把经济增长过程的一些基本因素结合到一起。工资基金的存在同时也是一种储蓄理论（即积累理论），一种对工资和利润的解释，一种人口增长的决定因素。这个学说坚持认为，工人依赖资本家向他们提供工作工具，提供食品、衣服、鞋子（即维持生存的"工资品"），以便生活。增加工资品存量的唯一途径是引诱资本家储蓄。引诱资本家储蓄的唯一途径是增加利润，在斯密看来，利润是储蓄的唯一来源。换言之，储蓄必须在生产过程中找到出路——若用来雇用更多的工人，工资基金增长，并因而向工人增加（平均）支付。因此工人在工资品上的花费增加，总需求便增加，下一个生产阶段的生产物便增加。在这个体系中，重要的是要注意，仅仅把货币看作交换的媒介，而不是价值的贮藏。货币囤积似乎是不合理的（即有代价的），因此，所有的储蓄都必须投资。也就是，储蓄进入工资基金。这个观点的一个特别的变种，后来称为著名的"萨伊定律"，该定律因法国经济学家、斯密的追随者让·巴蒂斯特·萨伊（Jean-Baptiste Say）而得名。

实际上，工资基金代表在雇佣劳动上的资本印记。但是，在另一个地方斯密提供了一个工资"契约"理论。他认为：

> 劳动者的普通工资，到处都取决于劳资双方所订的契约。劳资双方的利害关系绝不一致。劳动者盼望多得，雇主盼望少给。劳动者都想联合起来以提高工资，雇主却是为了降低工资而联合（《国富论》，p.66）。

这里显然有一个较低的工资界限，斯密继续写道，或者雇员联合行动的较低的界限，因为：

> 靠其劳动过活的人，其工资至少须足够维持其生活。在大多数场合，工资还得稍稍超过足够维持生活的程度，否则劳动者就不能赡养家室和传宗接代了（《国富论》，pp.67－68）。

这样，随着工资基金上涨，它能够支持一较大数量的人口，即当工资提高到足以超过生存水平以上的时候，将由于人口的繁衍而使工人数量增加。但是人口不能无限制地增长，因为较大数量的人口加重了工资基金的负担。这样，长期趋势可能朝向生存水平的平均工资率发展。

在这些解释中哪一个代表斯密的工资理论呢？它们并不相互矛盾，实际上，它们可能全部归结于一种，工资基金规模决定工资支付总额的规模。而个人或平均工资率取决于供给和需求条件。在长期，斯密把工资率看作是由维持工人和再生产的成本决定的。自然工资是一种生存工资，但是"生存"简单地意味着工人愿意要孩子之前所坚持的最低工资支付。换言之，劳动也是按不变的成本生产的，即长期劳

116

动供给曲线是水平的，处在同斯密的生存概念相一致的某种工资水平上。但是，在短期，工资率可能高于或低于长期均衡工资，因为短期的劳动供给和需求可能受契约安排、自然的偶然事件、法律等的影响。

甚至在长期，工资的发展趋势也可能是向上的。因为对劳动需求的增加引起平均工资提高，并使人口增加，但人口的增加有足够的时间差。换言之，在一个增长的经济中，劳动供给的增加可能连续滞后于劳动需求的增加。

除了工资总水平，斯密还扩展到了"均衡工资差别"的讨论，所谓"均衡工资差别"，指的是由某些就业条件所引起的工资增加额。虽然工资总量水平是一个重要的宏观经济变量，但均衡工资差别的概念是一个重要的微观经济思考。坎蒂隆（第4章）是第一个以一种系统的方式接近这个问题的作者。尽管工人们在每个方面进行同样的训练和处于相同的地位，但他们将按照工作时间的长短、工作费力的情况、就业的风险和危险的程度以及获得雇主信任的程度赚取或高或低的工资。坎蒂隆以特有的勇气公开了这个讨论：

> 需要最多时间训练或最心灵手巧的师傅的技艺和产业必然支付最高的工资。一个技艺高超的细木工师傅将因他的劳动获得高于一般木匠的工资，一个好的钟表匠的收入要高于一般蹄铁匠的收入。
>
> 伴随着风险和危险的技艺，例如，创建者、水手、银矿开采者等的技艺，应当得到与其所冒风险成比例的报酬。当需要更危险的技能的时候，还应当给他们更高的报酬，例如领航员、潜水员、工程师等。当需要能力和忠诚的时候，也必须给这种劳动以更高的报酬，例如珠宝商、簿记员、现金出纳员等的情形（《论文集》，p.21）。

在《国富论》第Ⅰ篇第10章第1部分，斯密把这些问题精确化了，而且把讨论扩展到"工资和由于就业本身的性质而出现的工资和利润的不平等"。按照斯密的看法，简单地把他的观点概括如下：

1. 工资同就业的愉快程度成反比例变动（"在所有的就业中最令人生厌的职业是刽子手的职业，同其所完成的工作量成比例，支付给高于任何普通贸易收入的报酬。"）

2. 工资同学习技能的成本成正比例变动（"精巧技术和自由职业的教育是……冗长乏味和费用昂贵的。因此，对律师和医生的……金钱方面的补偿应当特别慷慨大方：实际上也是如此。"）

3. 工资同就业的稳定性成反比例变动（"在各种有技能的劳动中……似乎没有比泥瓦匠和砌砖工人的技术更容易学的了，因此，那些工人的高工资，与其说是对他们熟练技能的报酬，倒不如说是对他们就业不安定的补偿。"）

4. 工资同在雇员中所确定信任的地位成正比例变动（"金匠和珠宝商的工资在各地都高于许多其他劳动者的工资，不仅等于而且大大高于需要精巧技艺的劳动者的工资：这至少因为把贵重金属托付给了他们。"）

5. 工资同成功的可能性成反比例变动（"也许要到将近40岁才能开始有所作为

的律师，其所得报酬，不仅应足以补偿他自己所受教育而花费的那么多的时间和费用，而且还应大大超过其他根本不可能有所作为的 20 多人的报酬。"）

利润和利息　现在把注意力转向利润，斯密认为，在影响均衡工资差别的五个因素中，第一个和最后一个因素影响均衡利润差别——即"工作的愉快与否以及伴随它的风险和安全"。斯密把利润看作对资本而不是对企业的回报，所以他的利润理论，按照现代标准是过时的。事实上，把利润理论完全归因于斯密是夸大了他的贡献。更确切地说，他提供了对获取利润的过程有用的洞察力。利润的主要特征，按照斯密的看法，是其不确定性：

> 利润极易变动，经营某特定行业的人，未必都能够说出他每年的平均利润是多少。他的利润不但要受他所经营的那些商品价格变动的影响，而且要受他的竞争者和顾客的运气的好坏、商品在海陆运输上或在货栈内所可能遭遇的许许多多偶然事件的影响。所以利润率不仅年年变动、日日变动，甚至时时刻刻都在变动。要确定一个大国内各行各业的平均利润，必然更加困难；至于要相当准确地确定当前或现今的利润，那必定是完全不可能的了（《国富论》，p. 87）。

因此，斯密提出，虽然总利润是不容易测量的，但可以把利息看作利润的一个代理。斯密把利润定义为"管理和应用资本物品（即资本）的人从中获取的收益"。他把利息定义为"自己不使用而把资本贷放出去的人从中获取的收益"。因此，斯密的利润概念是作为两种支付的总和而形成的：（1）预付资本的收益；（2）对所承担风险的补偿。仅有利息不能解释全部利润，虽然利息是利润的一个良好指标。斯密进一步推进了这个思想，他写道：

> 我们由此确信，一国内资本的一般利润，必定随着其市场的一般利率的变动而变动。利率下落，利润必然随着下落；利率上升，利润必然随着上升。所以利率变动的情况可以使我们知晓利润变动的情况（《国富论》，p. 88）。

警觉到机会成本的思想，斯密把某些附论加之于利润和利息概念。他声称，"最低的普通利润率除了足够补偿投资容易受到的意外损失以外，还必须有剩余，只有这一剩余才是纯利润或净利润"。由于同一理由，斯密宣布说，"最低的普通利息率除了补偿贷款容易遇到的意外损失以外，还必须有剩余，甚至以非常慎重态度的贷款也须如此，否则，出借资金的动机就只能是善心或友情了"（《国富论》，p. 96）。他还清楚地指出了竞争可能对利润的影响：

> 资本的增加提高了工资，因而倾向于减少利润。在同一行业中如有许多富商投下了资本，他们的相互竞争自然倾向于减少利润；同一社会各种行业的资本，如果全都同样增加了，那么同样的竞争必对所有行业产生同样的结果（《国富论》，p. 87）。

人们一般认为，斯密把利润看作是一种剩余，或许因为这是斯密在英国的追随者大卫·李嘉图（见第 7 章）所采取的观点之故。但是，下面摘自斯密论利润率一

118

章的引文却对这个"传统见解"提出了挑战：

> 实际上高利润提高工作价格的倾向，比高工资大得多。……我国商人和制造者对于高工资提高物价，从而减少国内外销路的恶果大发牢骚；但对于高利润的恶果，他们却只字不提（《国富论》，pp. 97 - 98）。

实际上，如果利润是一种剩余，似乎价格不可能像上面那段话所说的那样来决定。但是我们把它留给读者去决定斯密关于利润问题的论述实际是什么意思。在我们考察斯密关于宏观经济增长蓝图的时候，还回到这个课题上来。

地租 斯密对地租的讨论依据三个因素：（1）垄断因素；（2）剩余的思想；（3）选择成本。"地租"，斯密宣布说，"自然是一种垄断价格，它同地主改良土壤所支出的费用，或地主所承担的损失完全不成比例，而和租地人所能缴纳的数额成比例"（《国富论》，p. 145）。

斯密简单地把地租定义为"对使用土地所支付的价格"。年地租总额通常决定于地主和农民间的契约安排，而地主在契约安排中占有优势，因此，他把地租看作是垄断收益。斯密写道：

> 在决定租约的条件时，地主都设法使租地人所得的生产物份额，仅够补偿他用以提供种子、支付工资、购置和维持耕畜与其他农具的农业资本，并提供当地农业资本的普通利润。这一数额，显然是租地人在不亏本的条件下所愿意接受的最小份额，而地主绝不会多留给他（《国富论》，p. 144）。

包含于地租决定中的其他垄断成分是土地的肥力和位置。这样，适合于生产特殊产品的土地有一种垄断，例如，法国的科特达或香槟地区的葡萄酒生产地。在这种情况下，斯密提出，用于生产葡萄酒的土地的数量太少，不能满足实际需求，以致法国葡萄酒的价格高于其自然价格。斯密认为，"这种价格的余额，在这种情况下，而且只有在这种情况下，可不和谷物或牧草的同样的剩余部分保有正常的比例，而且可在任何程度上超过。这个超过额的大部分自然归于地主"（《国富论》，p. 155）。

斯密把地租规定为具有剩余支付的特征。它是在扣除包括普通利润的所有其他生产成本之后的年生产的剩余部分。这样，地租是由价格决定的，而不是决定价格的因素。用斯密自己的话说，地租"以不同于工资和利润的方式进入商品价格构成，或高或低的工资和利润引起或高或低的价格，或高或低的地租则是或高或低的价格的结果"（《国富论》，pp. 145 - 146）。

最后，斯密坚持认为可以根据不同的成本基础来解释不同的地租。

> 在欧洲，大部分土地用来生产直接满足人类食品需要的谷物。[①]因此，除了特殊的情况，在欧洲生产谷物的土地的地租支配所有其他耕地的地租。如果在某一国家用以生产某种特殊生产物的土地提供了比上述地租少的地租，那种土

---

① "谷物"一词在当时按一般认识常常用来说明可食用的粮食，如小麦、大麦、燕麦等。

地马上就会改作谷田或牧场。如果能提供更多的地租，那么部分谷田不久就改用来生产那种特殊的生产物（《国富论》，p.159）。

换言之，某一用途的土地的地租在很大程度上取决于其在次好选择用途中的生产率。

斯密的宏观经济学：经济增长的蓝图

虽然《国富论》第Ⅰ篇主要阐述价值和分配的微观经济基础，但也包含斯密著名的对分工的讨论，而分工则形成他的经济增长理论的起点。这个理论必须把片断连缀在一起，因为在《国富论》的任何地方都不能找到全部基本的成分。下面是对斯密经济增长理论的一个综述。

□ 分工

约瑟夫·熊彼特曾说过，对于斯密来说，分工"实际上是经济进步的唯一因素"（《经济分析史》，p.187）。虽然这个说法有些夸张，但很贴近事实。斯密在《国富论》第Ⅰ篇对分工的讨论，提供了对于专业化和交换利益的格外透彻的分析，这种分析是其市场理论赖以建立的主要原理。在一段经常引用的引文中，斯密描述了一个扣针工厂从专业化和分工获取收益的情形：

> 一个劳动者，如果对扣针制造这种职业……没有受过相当的训练，又不知怎样使用这种职业上的机械……那么纵然竭力工作，也许一天也制造不出一枚扣针，要做20枚当然绝不可能了。但按照现在的经营方法，不但这种职业全部已经成为专门职业，而且这种职业分成若干部门，其中大多数也同样成为专门职业。一个人抽铁线，一个人拉直，一个人切截，一个人削尖线的一端，一个人磨另一端，以便装上圆头。要做圆头，就需要有两三种不同的操作。装圆头、涂白色，乃至包装，都是专门的职业。这样，扣针的制造分为18种操作。有些工厂，这18种操作分由18个人担任。固然有时一人也兼任两三门。我见过一个这种小工厂，只雇用10个工人，在这个小工厂……每个人（平均）一天成针4 800枚。如果他们各自独立工作，不专习一种特殊业务，那么，不论是谁，绝对不能一天制造20枚针，说不定一天连一枚针也制造不出来（《国富论》，p.5）。

斯密得出结论说，分工有三个优点，每个优点都导致经济财富增加：（1）每个工人的技能和灵巧度的提高；（2）时间的节省；（3）机械的发明。发明是工人的注意力仅仅集中于由分工所引起的特殊的对象或任务上的结果。正如斯密解释的："人类把注意力集中在单一事物上，比把注意力集中在许多种事物上，更能发现达到目标的更简易和更便利的方法"（《国富论》，p.9）。

120

□ 财富、收入和生产劳动与非生产劳动

我们前面曾指出，斯密在关于财富的性质问题上鲜明地区别于重商主义者。斯密指出："贵金属的高价值可能并不是任何特殊国家贫困或富裕的证明……它仅仅证明向商业世界提供贵金属时期所发现的金矿的贫瘠"（《国富论》，p. 238）。对斯密来说，国民财富不是用贵金属的价值来衡量的，而是"用一国的土地和劳动年生产物的可交换价值来衡量的"。这样，斯密的"国民财富"概念基本上同今天的经济学界"国民收入"概念的含义是相同的。

但是，斯密把财富的本质仅仅看作是物质产品的生产，这使得他在《国富论》第Ⅱ篇令人遗憾地区分了生产劳动和非生产劳动。一方面，按照这种区分，生产劳动是生产具有某些市场价值的有形产品的劳动。另一方面，非生产劳动则是进行无形产品的生产，例如艺术家和专业人才所提供的服务。斯密把他自己的产出（教学）确定为本质上具有非生产劳动的特征，因为它不生产在市场上出售的有形产品。按照同样的方式，他也把律师、医生的服务和其他从事服务的工人，列入非生产劳动范畴。

斯密的这种区分一直受到许多质疑。当然，简单地由于它们不生产有形产品就把服务产业规定为具有非生产劳动的性质，是混乱的。斯密还执意把那些增加净投资总额，从而服务于经济增长目的的活动，同那些仅仅服务于家庭需要的活动区别开来。这后一种区分是经济理论的一种完全有效的区分，虽然斯密所选择的术语是具有误导性的。尽管有否定的内涵，斯密并不认为非生产工人是无用的；他只是不把他们的活动看作是经济增长进一步发展的目标。

□ 资本的作用

虽然分工（斯密把它看作是社会的一种内在趋向）启动增长过程，但资本积累使经济增长经久不息。增长过程的关键因素是自然、积累和资本的应用。所谓"资本"，斯密指的是现代术语的"财富"，财富的一部分（或全部）用作消费的储备，另一部分可能用作进一步获取收益（通过投资）的储备。后一个份额越大，任何国家的增长潜力便越大。资本积累（或许还记得）扩大工资基金，而扩大的工资基金又允许较大数量的工人从事生产活动，从而增加国民产出的规模。

工人随着时间的推移而消耗工资基金，因为在生产过程中他们消耗为他们的生存而预付的基金。但是，在生产阶段结束时生产了一般按某一利润率销售的产品，即用作工资品的存量（资本）由于赚取了一定数量的利润而得到了补偿，甚或增加。按照这种方式，通过利润积累，资本存量随着时间的推移而增长，这样，在下一个生产阶段，便支持较多的工人和较大的产出。

完全的经济增长链，像斯密所表述的，可以用图5-2来总结。在图中，把增长看作是一个周而复始的过程，只要这个因果链保持不断。从分工开始，像亚当·斯密所做的那样，因果链是以一种封闭的方式处理的。对增长过程的最终约束是，当资本随着时间的推移持续增长的时候，寻求新的和有利的投资出路更加困难了。

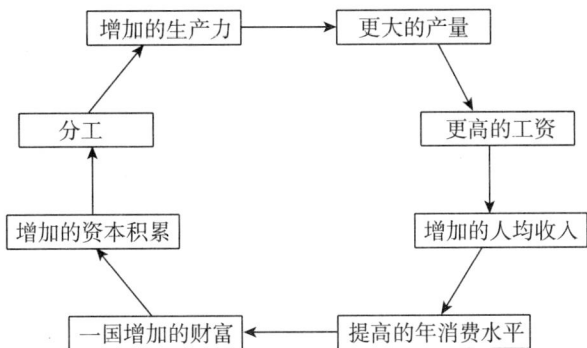

图 5-2 斯密的增长理论表明增长是一个前进的过程，以分工开始，在图中按顺时针方向发展

结论

从中世纪到 18 世纪中叶，欧洲和英国的人口和国民产出显著增加。当亚当·斯密写《国富论》的时候，工业革命已经启动。这些发展改变了人们对待贸易和商业的态度，从中世纪狭隘地关心经济公平和维持现状（这是人们首要关注的），转变到关心经济增长和变化。这种进化性的变动又导致了封建主义和重商主义对贸易和商业限制的瓦解。

不难理解这种转变的原因，在像中世纪欧洲这样的经济停滞的社会中，一个人获得的就是另一个人失去的，所以教父关心经济公平和其他世俗趋向，把欲望最小化描绘成为实现幸福和经济福利的途径。一句话，经济活动是"零和博弈"。但是，当国民产出扩大的时候，人们期望减少具有道德性质的职业，更趋向于增加经济财富，因为经济活动变成了一种"正和博弈"，在这里每个人可以同时获益。非常简单，从上面抑制人类贪婪本能的要求，在扩展的经济中并不是很重要。在扩展的经济中每个人都能获得一块较大的（增长的）经济馅饼，而无须使其他人境况恶化。到 1776 年，减少对个人追求利润的限制已经成为可能，并且是合意的。

在市场体系内运营的自我调节的经济思想，在 18 世纪中叶是一种新的思想，这种思想是在重农学派和亚当·斯密的著作中确立的，虽然斯密给了这种思想以最有说服力的表述。这种对社会的以缺乏任何中央计划形式而存在的自然秩序的领悟，是经济思想史上形成的最自由的思想之一。它使经济分析转向了新的轨道。亚当·斯密由于提供了一个分析收入增长、价值和分配的经济问题的框架而引导了这个道路。特别是在下一个世纪（19 世纪），经济学家们基本上是在这个基本由苏格兰哲学家（斯密）提出的考察经济问题的框架内工作的。无疑，应当把斯密看作是现代经济学之父。他独自成功地把他自己的贡献和他的先辈们（他们是很多人）的贡献组合成一个系统的、透彻而精辟的、其内容已超出各部分简单加总的理论体系。

同时，斯密的著作适合于许多人的许多不同的情况，这是一个不能以小的尺度来衡量其直接成功的范例。企业家和工人可以在《国富论》中发现支持其利益的段落。当然，政府不能发现支持其利益的段落，虽然斯密为政府保留了三种重要职能：（1）管理司法；（2）提供国防；（3）为了公共利益开办某些企业，这些企业如果由私人开办可能从不盈利（即"公共物品"问题）。现在，我们已经进入 21 世纪，似乎明显的是，这些职能的每一个都加重了各级政府的负担。

参考文献

Anderson, G. M., Shughart, W. F., and Tollison, R. D. "Adam Smith in the Customhouse", *Journal of Political Economy*, vol. 93 (August 1985), pp. 740 – 759.

Blaug, Mark. *Economic Theory in Retrospect*, 4th ed. London: Cambridge University Press, 1985.

Cantillon, Richard. *Essai sur la nature de la commerce en général*, H. Higgs(ed.). London: Macmillan, 1931[1755].

Gray, Alexander. "Adam Smith", *Scottish Journal of Political Economy*, vol. 23 (June 1976), pp. 153 – 169.

Schumpeter, Joseph A. *History of Economic Analysis*, E. B. Schumpeter(ed.). New York: Oxford University Press, 1954.

Smith, Adam. *An Inquiry into the Nature and Causes of the Wealth of Nations*, Edwin Cannan(ed.). New York: Modern Library, 1937[1776].

——. *The Theory of Moral Sentiments*. Indianapolis: Liberty Classics, 1976 [1759].

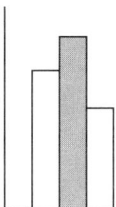

第 6 章

古典经济学（1）：
效用、人口和货币

　　在产生古典经济学文献的时代发生了重大的变化。这个变化的性质在今天由于缺乏可靠的记录和时间的流逝而变得模糊不清了，但是，经济史能够给它以一个近似的面貌。在英国18世纪中叶收入和人口开始长期相互攀升。从1700年到1871年英国国民收入几乎增加了18倍，在同一期间，英国的人口几乎增加了4倍。正如人们可能预见的那样，贸易的数量在扩张，特别是随着《国富论》的出版实行贸易自由化政策以后。同时，在英国经济平衡上也有一个基本的变化：农业，在18世纪大部分时间里占国民产出的40％～45％，到1871年下降到仅占国民产出的14％；制造业，在1770年约占国民产出的24％，一个世纪以后占国民产出的38％。工业革命显然已经来临了。

　　亚当·斯密为建立作为科学学科的经济学所做的贡献，比在他之前的任何经济学家都多。他建立了古典价值理论基础，并为经济增长提供了富有意义的蓝图，他还把一种基于效用和自我利益学说的基础哲学吸收到政治经济学。这种哲学认为，改善人们地位的愿望本身表明个人试图获取利益和避免花费。这种自我利益的思想，即使不是唯一的，至少很快在18世纪极大地影响了人们获得土地的活动。斯密仅是坚持这个原理的一系列哲学家之一，在这个哲学家系列中还包括斯密的朋友和老师大卫·休谟。他们一起构建了服务于政治经济学新领域的哲学框架。

　　在18世纪结束之前，有几个关键的定理被引入政治经济学，并且得到人们的重视。虽然它们都是独立形成的，但这些定理相互结合成为新的可认识的课题。第一个定理，功利主义，暗含于斯密的著作中，但杰里米·边沁给出了更强有力的表述。第二个定理，人口论，是坎蒂隆的著作中所固有的，但罗伯特·马尔萨斯将其发展成了一种风靡世界的理论。第三个定理，货币论，被坚定地塑造成了一个古典宏观经济学的原理——在演变中的银行理论和实践的影响之下。

杰里米·边沁和功利主义

对于斯密同时代的一个年轻学者杰里米·边沁（1748—1832 年）来说，自我利益学说是按照快乐—痛苦原理（pleasure-pain principle）而形成的。在其《道德与立法原理导论》（*Introduction to the Principles of Morals and Legislation*，1789）中，边沁自信地写道：

> 大自然将人类置于痛苦和快乐这两个至高无上的大师的支配之下，是它们指出我们应当做什么，并决定我们将做什么。……效用原理承认这个征服（《道德与立法原理导论》，p. 17）。

从一种政策的观点上看，有两种不同的解释效用（自我利益）原理的方式。一种方式依赖于利益天然一致的信条；另一种方式则依赖于利益人为一致的信条。亚当·斯密拥护相信自发的秩序与和谐的天然一致的理论。他认为，人的本性中的自我利益在自由经济中将实现自我调节，结果，他的基本表述基本上促进了一种自由放任主义政策。但是，边沁采取了一种不同的策略。虽然他承认个人主要追求私利，但边沁否认利己主义的任何天然和谐，例如，他提供了一个危害公共利益的追求私利活动的例证。存在犯罪的真正事实，在边沁看来，足以证明做不到天然和谐。因此，边沁哲学的基本信条是，每个个人的利益必须证明其同一般利益是一致的，法官的职责就是通过直接的仲裁来实现这种一致。这样，在形成这种人为利益一致的结构中，边沁首先采用了效用原理。他的学说是以功利主义闻名于世的。

在表面上，边沁的学说类似于古希腊的享乐主义哲学，享乐主义哲学也坚持认为要在寻求快乐利益满足的同时履行道德的义务。但是享乐主义没有参考一般的幸福而描述个人的活动。功利主义则把引导人类实现幸福最大化的伦理学加之于享乐主义，从而把人的行为引向实现最大多数人的最大幸福。"最大多数人的最大幸福"是功利主义者的警句，即分享边沁哲学的那些人的警句。在他们中间有像詹姆斯·穆勒（James Mill）和约翰·斯图亚特·穆勒（见第 8 章）这样的父子组合，以及埃德温·查德威克（见第 9 章）。这个团体拥护惩罚在追求自己幸福时伤害他人的个人，给予他们法律的、社会的和宗教的制裁。边沁以下面的方式定义了他的原理：

> 所谓效用原理意指赞成还是不赞成每个无论什么样的活动的原理，按照扩大还是减少当事人幸福的趋向，来确定赞同还是不赞同某一活动……不仅私人的每个活动，而且政府的每个措施（《道德与立法原理导论》，p. 17）。

关于这个说明值得注意的是，边沁在道德和法律之间没有做严格的区分。他自己设想的任务在于按照牛顿的观念来表述道德理论和法律科学。像牛顿的革命性物理学系于万有引力（即吸引力）的原理一样，边沁的道德理论依赖于效用原理。牛顿对社会科学的迂回影响在其他方面也被人们感受到了。19世纪是一个具有测量激情的世纪。在社会科学中，边沁达到了这个新浪潮的顶峰。如果快乐和痛苦能够按照某种客观的意义进行测量，那么，每个合法活动都可能根据福利的考虑来评判。这个成就需要一个一般利益概念，边沁已经定义了这个一般利益概念。

按照边沁的看法，社会的一般利益由该社会个人利益的总和来测量。功利主义方法既是民主的又是平等的。一个人是平民还是国王都没有关系——每个个人的利益在测量一般福利时都获得相同的权数。这样，如果某件事情使农民增加的快乐多于它使贵族减少的幸福，按照功利主义基础它是合意的。同样，如果政府的某种活动所增加的社会利益多于它减少社会某部分人的幸福，那么，这种干预就证明是正当的。

所有这一切都假设了一种"道德算术"（moral arithmetic），边沁把这种"道德算术"看作是类似于牛顿物理学所需要的数学运算，但是，道德算术的运算完全不同于数学运算。不同快乐的价值是按个人加总的，但是，一个给定的快乐的价值必须乘以经历这种快乐的人数，构成每种快乐价值的不同的成分也必须相乘。这需要一种相当复杂的加总。这个福利理论的一个特别的经济方面在于边沁选择把货币作为痛苦和快乐的尺度。货币，像我们知道的，服从于边际效用递减规律：数量越多，增加一单位货币持有，其效用越小。边沁认识到了这个事实，但他没有像他的某些后继者那样充分地探讨其重要性。可以相当有把握地说，边沁更多的是一个功利主义者，而不是一个边际主义者。因此，他没有参与由边际效用递减原理所提议的一系列价值理论的重新定向，但他对新价值理论的开拓者之一，威廉·斯坦利·杰文斯（见第14章），产生了主要的影响。

□ 幸福计算法

边沁以科学意义测量经济福利的尝试采取了幸福计算的形式，或者概括地说，采取了测量集体的快乐和痛苦的形式。早在1789年，在其《道德与立法原理导论》（p.30）中，边沁就描述了借以计算快乐和痛苦价值的环境。对于社会来说，它们由下面七个因素构成：

1. 快乐或痛苦的强度；
2. 其持久性；
3. 其确定性或不确定性；
4. 其亲近或疏远的状况；
5. 其繁殖力，或它所具有的为同类感觉所持续的机会（即继之以更大的快乐的快乐，或继之以更大的痛苦的痛苦）；
6. 其纯净性，或它所具有的不为相反的感觉所持续的机会（孩子们之所以有很低的纯净指标，是因为这种指标代表一种快乐和痛苦的混合）；
7. 其程度，即受它影响的人数。

边沁认为，第5和第6两个环境不是痛苦或快乐本身固有的性质，而仅仅是产生快乐或痛苦的活动的性质。因此，它们仅仅作为影响社会的某种行动或事件趋势的指标而起作用。

福利的计算　在给出了快乐/痛苦的定义之后，边沁仔细说明了福利计算借以进行的机制，他告诫道，"这样，为了准确计算影响社会利益的某种活动的一般趋势，要做如下的处理"：

从任何自身利益似乎最直接受这种活动影响的人开始，并计算：

1. 该活动第一次产生的每种特殊快乐的价值。

2. 该活动第一次产生的每种痛苦的价值。

3. 该活动第一次之后产生的每种快乐的价值。这构成第一次快乐的繁殖力和第一次痛苦的不纯。

4. 该活动第一次之后产生的每种痛苦的价值。这构成第一次痛苦的繁殖力和第一次快乐的不纯。

5. 一方面，把所有的快乐的价值加总。另一方面，把所有的痛苦的价值加总。如果平衡倾向于快乐的方面，考虑到个人利益，它将给出该项活动在总体上具有良好的趋势；如果平衡倾向于痛苦的方面，它在总体上则是坏的趋势。

6. 考虑利益相关者的数量；对每种情形而言都重复上面的过程。把表述对总体好的趋势程度的数量加总：这也涉及每个人的情况，关涉到他们的对总体而言是坏的趋势也加总。如果平衡倾向于快乐一方，将给出该活动的一般好的趋势……如果平衡倾向于痛苦一方，将对同一社会给出一般坏的趋势。

也许由于预见到了对他的福利理论的不可操作性的批评，边沁承认他不期望所追求的幸福的计算符合每一个道德评判或法律条例。但是，他迫切要求法官和行政管理人员在观念上永远坚持这个理论，因为遵照这个理论而进行评价的实际程序越严密，它就将越接近一个准确的尺度。

□ 对功利主义的评价

在边沁的福利测量理论中有几个实际的和分析的困难，有些他认识到了，有些则被他忽略了。边沁必须面对的许多问题之一是对人们之间的效用比较的问题。老话说，一个人的幸福有可能建立在别人的痛苦之上。事实是，不同的人有不同的嗜好、不同的收入、不同的目标和志向等。这个事实使得在个人之间按照某一客观标准比较效用（得或失）是不合理的。边沁承认这个障碍，但他感到必须进行这种比较，否则就不可能进行社会改革。因此，他的福利理论是主观的（即规范的）而不是客观的。

边沁福利理论的另一个问题涉及对快乐质量的衡量。例如，获得精神的快乐和身体的快乐哪一个更重要呢？边沁不能解决这个问题，虽然他认识到了这个困难。像后来的许多经济学家那样，他诉诸货币，把货币作为衡量效用的最有效的尺度，虽然货币并不总是清楚表达质量变化的记录器。

边沁显然没有认识到其福利理论的一个缺点涉及经济学家称之为"合成的谬误"（fallacy of composition）的逻辑错误。该谬误断言，事情一部分是真实的，整

经济理论和方法史（第五版）

体便也是真实的。边沁相信，集体利益是构成它的个人利益的忠实代表，因此，从测量的观点上看，集体利益是个人利益的总和。虽然这个断言在某些场合是对的，但在所有的场合不一定都是对的。一个简单的例子可以用来说明这一点，美国社会的一般利益可能是要求每一辆汽车都配有一切可能的安全装置，但大多数购买汽车的人不愿以较高的汽车价格的形式支付安装这种设备的费用。在这个例子中，集体利益并不同个人利益的总和一致。结果是法律和经济的两难困境。换言之，边沁的关于福利测量的假定导致对一般福利的不准确估计。

基于纯粹的哲学基础，边沁的人性观点基本上是被动的：人大约是由探求快乐和避免痛苦而推动的。所以没有"坏"的动机或"道德"的缺陷，只有关于快乐和痛苦的"坏的"计算。边沁并不认为错误在于进行一种"坏的"计算，计算可能是愚蠢的，但这种愚蠢也可能通过教育得到纠正。实际上，功利主义者大力强调教育是社会改革的一种手段。

功利主义在探讨人的行为的方法上也过于狭隘，很少或没有对并非追求快乐和避免痛苦的其他行为动机给出余地。尽管其具有固有的困难，但边沁感到，幸福的计算是有用的理论，即使不是独创的。边沁断言，个人的快乐—痛苦计算可能是不自觉的，但它们仍然存在。"所有这一切"，他指出，"不是别的，而是人类的实践。无论如何，他们对自己的利益有清楚的认识，并完全符合其利益"（《道德与立法原理导论》，p. 32）。

边沁对效用的精确、量化方法的探讨最终证明是无效的。甚至直到当代，福利经济学家从来没能成功地按照据以进行福利决策的客观标准这样的方式来解决人们之间的效用比较的问题。然而，边沁哲学的影响却贯穿于詹姆斯·穆勒（一个后继的功利主义者）和约翰·斯图亚特·穆勒父子的著作中，特别是在社会改革领域。而且，幸福的计算为杰文斯的更为深刻地考察消费者行为的边际效用理论提供了出发点（见第 14 章）。

边沁对经济政策的影响在其死后的第一个十年是特别深刻的。当时，埃德温·查德威克和约翰·斯图亚特·穆勒基于功利主义前提倡导改革。甚至在今天，边沁的经济学方法也激起当代新古典经济理论扩展到像犯罪经济学和特许权招标经济学这样的领域。就一般意义而言，边沁是旨在按照一般意愿进行经济激励的制度改革和行政管理改革的主要创新者。

托马斯·罗伯特·马尔萨斯和人口论

除了效用原理，古典经济学的第二个基石是人口原理。给古典人口理论以确定表述的作者是托马斯·罗伯特·马尔萨斯（1766—1834 年）。约翰·梅纳德·凯恩斯把马尔萨斯称为"第一位剑桥经济学家"，因为马尔萨斯曾是剑桥大学耶稣学院的本科生。在剑桥大学，马尔萨斯为做牧师而学习。尽管他因唇腭裂造成言语缺陷，但他凭借慷慨激昂的希腊文、拉丁文和英文演讲而赢得奖赏。他于 1788 年大学毕业并在同一年忝列神职，但他作为毕业的研究人员仍留在剑桥大学，直到 1804 年，在这一年他结婚了，按照耶稣学院的规定，他必须放弃研究人员的职位。

马尔萨斯的父亲在其朋友中间非常看重卢梭和休谟。在他还是孩童的时候，这两位声名显赫的人就是年轻的罗伯特（人们叫他中间名字）的第一批客人了。罗伯特·马尔萨斯为做一个独立的思想家而学习，并养成了一种他后来良好应用于确立其声望的品质。1798 年，马尔萨斯匿名出版了《论影响社会改良前途的人口原理，并论戈德温先生、M. 孔多塞和其他学者的推论》。（*An Essay on the Principle of Population as It Affects the Future Improvement of Society*，*with Remarks on Speculations of Mr. Godwin*，*M. Condorcet*，*and Other Writers*）很快，匿名就被一般公众识破而公开化了。马尔萨斯的名字从此家喻户晓。

该书的全名暗示了其背后的动机。马尔萨斯反对戈德温和孔多塞的极端乐观主义。由于受到法国大革命的政治陶醉的影响，这两位哲学家预见了社会邪恶的消除，他们描述了一个避免战争、犯罪、政府、传染病、痛苦、悲伤和愤恨的社会，在这样的社会里，每个人都尽情地寻求尽善尽美。马尔萨斯对戈德温-孔多塞的回答，回想起来，显得令人难以置信地简化：人的再生产的生物能力，如果不加限制，将超过物质生存资料，结果导致人类社会的完善性是不可能实现的。

该书第一版基本上是马尔萨斯自己头脑构想的，极为缺乏事实的支持。后来的版本，部分地由于第一版创造的激情，他开始把某种经验的"肌肉"加之于赤裸的理论"骨架"。该书于 1803 年、1806 年、1807 年、1817 年和 1826 年连续再版。最后，在 1830 年以《人口原理》（*A Summary View on the Principle of Population*）为书名出版，使它达到极点。尽管在其几版中做了大量的修改，但第一版的核心理论保持不变。

□ 理论概要

马尔萨斯把其人口原理置于两个命题的基础之上。第一个命题断言，"人口，当不加限制的时候，以一种几何级数增长，这样，每 25 年人口总数要增加一倍"（《人口原理》，p. 238）。他试图把他的人口原理置于美国的人口经验的基础之上以增加其精确性。但是，可用的统计资料是不可靠的，对马尔萨斯的第一个断言没有提供多少支持。结果，他承认这种每 25 年人口成倍增加既不是最大的人口增长率，也不总是必然的实际增长率。但是，他始终坚持人口的潜在增长率总是超过几何级数。

第二个命题断言，在甚至最幸运的情况下，生存资料（即食品供给）也不能以快于算术级数增加。马尔萨斯给予这第二个断言的精确性是令人遗憾的，因为食品供给的算术级数不能得到事实的支持，甚至不如第一个断言那样能够得到松散的支持。然而，将这两个命题并列是不协调的，因为这在潜在的人口增长和食品供给之间确立了明显的不一致性。用马尔萨斯自己的话说，"人口的生殖力有⋯⋯如此大的优势，人类的增加只能保持到由强大的必然性法则恒久运作所决定的生存资料水平，必然性法则是作为对较大的人口生殖力的限制而发挥作用的"（《人口原理》，p. 21）。

这个人口的两难困境提出了一个理论问题和一个实践问题。理论问题关注对人口增长的实际限制的证明；实践问题则关注对这个限制问题的解决，即对于理论上所证明的限制问题应采取何种限制措施。

积极性限制和预防性限制　对人口增长的最终限制是有限的食品供给，但也有其他的限制，马尔萨斯将各种限制因素区分为积极性限制和预防性限制。前者，例如传染病，提高死亡率；而后者，例如避孕，降低出生率。马尔萨斯自己既不赞成将避孕也不赞成将堕胎作为限制人口增长的手段。在一次谨慎地对后者作出有分寸的谴责以后，他把堕胎描述为"隐瞒无度的性爱结果的不良方法"。但是，在这个理解层次上，我们必须仔细地把理论同政策分开。

从一种理论观点上看，马尔萨斯贡献的意义在于他能够把生殖的倾向和对生殖的限制设计成一种分析框架，这种框架把注意力集中在那些趋向于改变地球人口数量的力量上。下面的话概括了马尔萨斯的人口理论。

对人口增长的积极性限制：战争、饥荒、瘟疫
对人口增长的预防性限制：道德抑制、避孕、堕胎

作为理论，人口原理告诉我们，无论何时各种限制的累积效果小于生殖的累积效果，人口将增加；无论何时各种限制的累积效果大于生殖的累积效果，人口将减少；无论何时各种限制和生殖的效果组合相互抵消，人口就将保持不变。

理论的局限　在表面上，马尔萨斯的人口理论是尊重假设和结论的中性理论。给定上面列出的相关的经验投入，该理论能够解释各种人口变化：增长、人口减少或不变。但是，虽然这个理论是相当一般的理论，但马尔萨斯提出了人口—食品供给斗争的具体结果：他断言不可避免的结果将是一种生存经济。他认为，生殖力趋向将在事实上支配对人口限制的累积效果。这代表对自由价值科学的一种脱离。由于下面的两个原因导致这种脱离是令人遗憾的：（1）作为一种预见，它常常被证明是错误的；（2）它在马尔萨斯所设计的理论结构中完全不是固有的。

这意味着，作为理论，马尔萨斯的人口原理是无效的吗？并非必然如此，因为他的理论结构相当有能力获得关于不同历史时期的不同经济的人口和生存的一般结论。要使这个理论按照一种预见的意义来运作，所需要的是由这个理论给定重要性的关于趋势强度的可靠信息。

人们也可能挑剔马尔萨斯忽略了能够阻止其悲观结论的其他限制。首先，他没有从概念上区分性和生殖力。在现代世界也经常区分生育控制和计划生育方法。这种区分是非常重要的。许多家庭限制其生育数量，并不是因为金钱的原因，而是因为其他的原因（例如，个人自由和流动或职业）。这些额外的限制是能够减少人类乘数增长和食品增长之间的不一致的。

马尔萨斯理论的一个更为严重的缺点，是他和其他学者共同坚持的低估农业技

术进步的倾向。在他的著作中已经暗示农业服从收益递减规律。收益递减规律是后来马尔萨斯在其地租理论中扩展的一个课题。作为一个经济规律，收益递减规律只在技术停滞的状态下才能保持。但是，在先进的经济中，迅速的技术进步已经极快地阻止了马尔萨斯主义人口过剩和饥饿的恐慌。这当然没有否认不发达世界生存所面临的真正威胁。在那里马尔萨斯主义恐慌表现为对经济增长和发展目标的一个真正威胁。但并不清楚的是，第三世界的问题更多衍生于自然灾难还是政府失灵（参见专栏"思想的力量：马尔萨斯、生育控制和专制政府"）。

☞

思想的力量：马尔萨斯、生育控制和专制政府

关于食品供给和人口之间的关系，在某种程度上，马尔萨斯是思想矛盾的，但基本上是悲观主义的。但是，他的人口原理确认，如果对人口的限制是充分有效的，是能够避开人口灾难和不确定的食品危机的。在这个方面如今是较为乐观的，因为技术变革加强马尔萨斯限制的效果，同时又把新的限制带进了现存的限制。农业技术的持续改良出现了增加食品供给的前景，新改善的控制生育的方法不时出现，减少了额外人口增长的前景。但是，除了被马尔萨斯忽略的因素，例如技术的变化，经济理论的进步也能够为人口增长和下降提供更多的解释。

在发达的经济中，收入和财富的增长趋向于同人口扩大一致。当代经济学告诉我们，收入增长产生收入效应和替代效应。当实际收入提高的时候，对大多数物品的需求也提高。但是，当价格提高的时候（与较高的收入并列），人们趋向于以相对便宜的物品代替相对昂贵的物品。孩子可能被看作是投资品或消费品。由于以下原因，在穷国把孩子看作投资品的倾向比富国更强烈。诺贝尔奖得主加里·贝克尔（见第25章）和其他经济学家指出，一旦容纳了时间成本，孩子就是相对昂贵的消费品。所以，在富国，人们趋向于用相对便宜的消费品——如以直接成本和时间成本来衡量——代替相对较为昂贵的孩子。换言之，人们购买较多的"东西"而生较少的孩子。这种现象部分地解释了发达世界人口减少的原因，在那里，出生率（即平均每个妇女生育的数量）在某段时间下降，特别是在欧洲和北美洲。这种现象也部分地解释了为什么在较穷的国家人口增长率很高，在这些国家孩子常常被看作是投资品。因为一方面，孩子为家庭单位提供劳动资源；另一方面，他们为父母在其年老的时候提供一种"社会保障"。

我们偶尔会听到穷国群众挨饿的悲剧性消息，例如，来自赤道非洲的消息。我们的第一个反应是用马尔萨斯主义恐慌来解释这种灾难。但群众挨饿可能另有原因。他们可能在程度上是不同的，但是，收入效应和替代效应在每个地方都发挥作用。拥有有限的积累财富手段的人可能把孩子看作是便宜的积累"财富"的手段，驱使人口甚至在面临贫困的情况下高速增长。我们还必须认识到，专制政府可能限制财产权和人权，因而减少投资激励或采用新技术的激励，阻碍经济增长。换言之，人口和食品供给之间不完全的平衡可以归因于马尔萨斯所描述的因素。

早期货币问题

至少在一个时期内，马尔萨斯的人口理论似乎解决了古典经济学的一个重要问题——劳动供给问题。根据马尔萨斯的看法，人口是工资的主要决定因素，在后来对年产出的劳动总份额的解释中，强调工资基金概念。工资基金概念从马尔萨斯的人口学说中获得了更多的支持。一个证明更难处理的问题是货币问题，即货币对经济活动如果有某种影响会是什么影响的问题。

□ 前古典货币理论

大约从 1650 年到 1776 年，货币理论基本上是由两个思想流派构成的。由约翰·劳、雅各布·范德林（Jacob Vanderlint）和乔治·伯克利（George Berkeley）提出一种"货币—刺激—贸易"的论点，这种论点强调货币对产出和就业的影响，基本上忽略货币和价格之间的可能关系。另一种论点则强调货币和价格之间的联系。约翰·洛克、理查德·坎蒂隆和大卫·休谟在其对货币数量论的贡献中强调了这种联系。

像许多早期理论一样，货币—刺激—贸易的论点是第一个有用的近似，这个理论隐含的是这样一种思想，给定一个贸易数量，存在满足交易需要的适当数量的货币。货币—刺激—贸易学说的真理成分是，货币是总支出的一个重要决定因素，而总支出又决定产出和就业水平。但是，这个理论的进步并没走远，特别是在两个关键的方面。第一，正如已经指出的，它忽略货币对价格水平可能的影响；第二，它忽略预期在决策过程中的作用。最后这个问题完全把凯恩斯（见第 20 章）同 17—18 世纪的货币—刺激—贸易的理论区分开来。跟他的前辈不同，凯恩斯没有断言货币是解决失业的关键。但是，像他的前辈一样，他把货币看作是解释失业的关键。

虽然我们已经在第 3 章和第 4 章讨论了货币数量论的机制，我们还要借此机会再次提一下大卫·休谟（1711—1776 年）的名字，在他手上货币数量论采取了其一般接受的表述形式。正是休谟试图把货币—刺激—贸易的理论同货币数量论结合起来。另外，在休谟的经济著作中，第一次形成了中性货币的概念。正如凯恩斯所指出的，"休谟已经有一只半脚迈入古典世界"（《通论》，p. 343n）。

不能在历史真空中来理解 18 世纪对待货币的态度。18 世纪随着约翰·劳的货币试验而开放了，"他受到了积累货币是皇家通往财富之路思想的启发"（里斯特，《货币和信用理论史》，p. 103）。例如，约翰·劳的通货膨胀体系在法国瓦解之后，该时代的大多数有识之士——从坎蒂隆到休谟，从魁奈和杜尔哥到斯密，在下一世纪（19 世纪），从桑顿（Thornton）到李嘉图——都不太重视货币的重要性，坚持认为劳动和自然资源是财富的基础。奇怪的是，商业社会却继续相信贵金属通货，甚至不顾理论家们提出反对贵金属通货的意见。

由于欧洲受到战争的蹂躏，欧洲经济在整个 18 世纪都存在巨大的扩大货币供给的压力。在该世纪结束的时候，英格兰几乎很少强行确立纸币通货，当时每个人都开始考虑尽可能快地回到金属通货的途径和手段。昔日的经验可能对现在有某些教益。亚当·斯密清楚地教导人们，在获取财富之前考虑的唯一事情是向人的活动提供的和人在其全部劳动和发明中应用的资源的性质。但这是不够的。还必须认识到人类在社会中生活，社会是基于一系列互惠的交换。这些交换的较大部分可能仅仅在一个时间间隔之后受到影响，这种时间间隔引致关于未来的某种不确定性。提供最可能免遭时间不确定性损害的物品是贵重的、稀有的和不能损坏的物品，例如黄金。

在现代，关于"硬币"和纸币的争论很少，虽然这可能在变化。作为一个理论问题，更持久的是关于货币是中性的还是非中性的争论。货币的中性归结于这样的事实，即货币存量的变化不影响相对价格。早期的货币理论家热衷于怀疑货币构成财富的重商主义思想，他们的看法是，货币是罩在实际生产力上面的一层面纱，而实际生产力仅仅考虑真正的经济财富。货币的变化所做的一切是按照货币变化的比例改变价格水平。休谟对这个观点的揭示是古典的：

> 如果我们按其自身的情况思考某一王国，很明显，货币的多寡并不是举足轻重的：因为商品的价格总是同货币的多寡情况成比例的……它是一个几乎不说自明的公理，每种东西的价格都依赖于商品和货币之间的比例，商品和货币的任何显著的变化都有相同的影响，它们都提高或降低价格……（《经济学著作》，pp.33，41）。

这是一种孤立考察货币变化对价格水平的影响、同时又忽略对相伴随的相对价格影响的情形，但是否认货币冲击对相对价格有某种影响则完全是另一种情形。并非所有的早期货币理论家在这个方面都是不成熟的。坎蒂隆（见第4章）相当清楚地看到了货币对相对价格的影响；休谟也指出了一种表述货币变化的短期和长期影响的国内调整的重商主义，他看到货币供给的增加和减少不仅影响价格水平，而且还影响就业、产出和生产力（迈耶，《大卫·休谟和货币主义》，p.573）；最后，加里·贝克尔和威廉·鲍莫尔（William Baumol）发现实际不支持早期货币理论家明确认可"中性货币理论"的观点，他们因而得出结论说，整个思想基本上是为了方便新古典货币理论家而扎的一个"稻草人"（《古典货币理论》，p.376）。

□ 古典货币理论

就有关的纯理论而言，大多数货币经济学的基础是在18世纪被突破的。19世纪，除了接受坎蒂隆和休谟的货币理论外，并没有做更多的事情。有时反而使他们的货币理论更加混淆，而不是加以廓清。

1810年的《金块报告》（Bullion Report）对该时期的货币思想提供了最好的概括性表述。最初，英国转向一种不可兑换的纸币通货，仅仅稍许增加了英国银行券的流通，使汇率发生少许的变化。但是，在1808年年初发行的银行券增加，这开始令人觉得，价格稳定地上升而汇率稳定地下降。某些公共部门表达了它们对此事

经济理论和方法史（第五版）

137

120

的关切。1810 年年初，弗朗西斯·霍纳（Francis Horner），一位国会议员，在下院提议批准成立一个委员会负责调查金块的高价。许多证人被召来做证，此后便形成一个报告，该报告基本是由霍纳、威廉·赫斯基森（William Huskisson）和亨利·桑顿（Henry Thornton）起草的，于该年 6 月提交给国会。但是，争论一直持续到下一年，当时人们反对其结论。

《金块报告》是第一个反对随意决定的货币政策的官方文件。报告坚持认为，额外发行的银行券数量影响纸币的价值，从而引起金块价格上涨（通货膨胀）。奇怪的是，该报告还认为，英国的银行问题并不是由于公众缺乏对纸币信任而引起的，虽然，事实上，公众缺乏对纸币的信任。该委员会在这方面的立场得到了桑顿的支持，他在一本名为《对大不列颠纸币信用的性质和影响的研究》（*An Enquiry into the Nature and Effects of the Paper Credit of Great Britain*，1802）的书中采取了类似的立场。但是，在报告的结尾处，该委员会做了同它自己的看法实际相反的结论，它作出结论说，回到可兑换性是唯一"有效地恢复对王国的流通媒介价值一般信任"的途径（坎南，《纸英镑》，p. 70）。

《金块报告》是李嘉图（见第 7 章）论货币问题的小册子的缘由，李嘉图论货币问题的小册子是作为对《金块报告》的评论而出版的。1809 年，李嘉图出版了《论金块价格》（*Treatise on the Price of Bullion*），1816 年，出版了《为一种经济和安全的通货而提出的建议》（*Proposals for an Economical and Secure Currency*）。在这两本著作中，李嘉图重申了货币数量论，主张回到可兑换性。货币数量论的概念完全主导了李嘉图的货币理论。他坚持认为，价格水平降落和提升都是由货币数量的变化调节的。货币作为价值贮藏的思想似乎并不是由他提出的。他没有提及对货币的需求。按照狭义的概念，他把货币定义为"价值的唯一调节者"。李嘉图要么反对要么忽略了货币因其不朽性的优点和稀缺性而作为现在和未来之间联系的思想。他的信用观点也是过于严格的，例如，他并不认为支票是一种流通手段（像坎蒂隆所做的），而将其看作是节约使用货币的手段。由于他没有把支票看作是通货手段，因此它们不能影响价格。总体来说，李嘉图关于货币的思想有把货币数量论变成李嘉图货币理论的效果。他的公式如此单一而严格，以致许多后来的经济学家以怀疑的态度看待货币数量在其中发挥部分作用的货币理论或价格理论。

这个课题包含一些趣闻。李嘉图死后，人们发现了他于 1823 年发表的论文《国民银行计划》（Plan of a National Bank），该文进一步指出，纸币是对金属货币的有效替代，因为纸币只需要较少的维持资源。所需要的一切是一劳永逸地确定货币的数量。李嘉图为此设计了一项计划，按此计划，准许国家垄断纸币的发行，而且针对来自国外的新的黄金背景，确定国家是唯一能够发行新的银行券的垄断者。同时，由于允许中央银行从事公开市场业务，引进了通货弹性成分：当增加货币数量为合意的时候，它将购买政府债券；而当减少货币数量为合意的时候，它将出售政府债券。这些政府债券的买卖是由汇率的变化决定的，汇率的变化反映纸币的价值和金属货币价值之间的关系。人们可以看到，这种运营的思想，虽然有时被看作是高度现代主义的，事实上是非常古老的思想。另外，这种思想似乎仅仅是从认为金本位下这种运营的合法性向一种充分管理的、法定的通货思想迈出的一小步。

约翰·斯图亚特·穆勒（见第 8 章），就其对古典经济学的影响程度而言代表了古典经济学，也接受了货币数量论，但增加了一些对货币数量论的说明，其中有些纠正了李嘉图的一些过头话。首先，穆勒承认（像坎蒂隆和休谟所做的），货币数量论的僵化结论是基于相对于初始持有的货币新增货币的同比例分配的假定，任何其他的分配都将扰乱货币和价格之间严格的比例。进一步地说，他认为，严格的货币数量论只有在金属货币的情况下才能坚持，并说：

> 当信用作为一种购买手段而出现的时候，并把它同手中的货币区分开来，我们就将发现，价格和流通媒介之间的联系很少是直接和密切的，而且这种联系也不再像一种表述的方式所承认的那样简单存在（《政治经济学原理》，p. 495）。

最后，穆勒认为在充分就业的条件下银行信用的增加会驱使利率下降。

在古典货币理论家中最惹人注目的是亨利·桑顿，在上面论及 1810 年《金块报告》时曾提到过这位英国银行家和国会议员。桑顿为货币理论作出了两个贡献：（1）区分了自然利率和银行（贷款）利率；（2）提出了"强迫储蓄"（forced saving）学说。

关于第一个原理，桑顿正确地指出，投资资本（由节约和生产力决定）的回报率调节银行贷款利率。如果银行贷款利率低于投资资本回报率，企业贷款的竞争将驱使银行利率提高；如果银行贷款利率高于投资资本回报率，对银行贷款的需求将缩减，迫使银行降低贷款利率，以便进行贷款。因此，决定银行贷款最优数量的问题依赖于资本回报率（桑顿称此为"自然"利率）和银行贷款利率的比较。如果投资和储蓄取决于节约和生产力的实际力量，那么只有这些力量的一种或他种变化才能移动图 6-1 所描述的曲线。在这个模型中，SS' 代表作为利率函数的储蓄供给。同样，II' 代表也作为利率函数的对可投资金的需求。SS' 和 II' 相交决定自然利率（r）。在货币均衡时，贷款利率（i）将等于自然利率。但是如果货币均衡被纸币的增加打乱，银行贷款利率将被迫下降，比方说，下降到 i'（由于可贷资金增加），同时，SS' 和 II' 将保持不变，除非存在节约和生产力的实际因素的变化，那不是由像纸币增加这样的纯粹货币现象所引致的。

这样，将在贷款利率和自然利率之间造成一个差额。而且这个差额将引起对贷款的贪得无厌的需求。接踵而至的通货膨胀压力，只有当贷款利率再次提高到以前的自然利率（r）水平的时候才得以消除。但是，在这个过程中，价格将提高到一个新的水平。由此，证明了货币数量论：货币增加导致较高的价格，但实际利率不变（长期）。

桑顿的第二个贡献——强迫储蓄学说——认为货币的增加带来资本的增加和价格的提高。只要部分新增货币进入企业就将是这种情形。如果企业将这些新增货币转变为资本，那么，产出效应（强迫的资本积累）将伴随着与货币增加相联

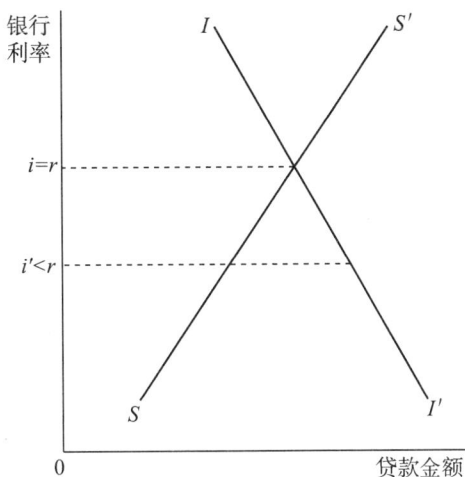

图 6-1　货币均衡时，贷款利率等于自然利率 ($i=r$)；因货币扰动，
贷款利率偏离自然利率 ($i\neq r$)

系的较高的价格；所以，货币将不是严格中性的，正如休谟所认为的那样。另外，桑顿还提出在一般失业的条件下增加银行券将导致产出和就业增加而非价格提高的可能性。显然，桑顿把货币中性确认为一种长期命题，而且只适用于某些情况。

结论

　　本章所提出的问题和所包含的内容结合起来形成了一般背景，根据这个背景把19世纪的古典经济分析划分为几个阶段。自我利益成为对经济活动的支配性的解释。马尔萨斯的人口理论作为一种内生变量进入经济分析，并成为收入分配理论的组成部分。最后，货币数量论为理解和解释总价格水平的变化提供了分析的框架。除了人口理论，这些命题的每一个都保留在主流经济学的主体之中，人口的变化后来被新古典经济学归类于外生变量，那就是，超越理论家们直接关注的"外部"影响。

　　我们对这些主题的每一个回顾都必须是简明的，而且不应是详尽的分析。特别而言，按照中性货币学说对古典货币理论进行总结是极为困难的。直到现在，货币数量论仍是经济学保留的最古老和最持久的思想之一。对它的修改一直持续到新古典时期，而且，在经历了一段简短的凯恩斯主义插曲之后，一直持续到今天（见第21章）。

140

参考文献

Becker, Gary, and William Baumol. "The Classical Monetary Theory: The Outcome of the Discussion," *Economica*, n. s. , vol. 19(November 1952),pp. 355 - 376.

Bentham, Jeremy. *An Introduction to the Principles of Morals and Legislation.* Oxford: The Clarendon Press, 1879[1789].

Cannan, Edwin. *The Paper Pound of 1797—1821.* London: King, 1921.

Hume, David. *David Hume: Writings on Economics*, E. Rotwein(ed.). Madison: University of Wisconsin Press, 1970.

Keynes, J. M. *The General Theory of Employment, Interest and Money.* London: Macmillan, 1936.

Malthus, T. R. *An Essay on the Principle of Population and a Summary View of the Principle of Population*, A. Flew(ed.). Baltimore: Penguin, 1970.

Mayer, Thomas, "David Hume and Monetarism," *Quarterly Journal of Economics*, vol. 95(August 1980),pp. 89 - 101.

Mill, J. S. *Principle of Political Economy*, W. J. Ashley(ed.). New York: A. M. Kelley, 1965[1848].

Rist, Charles. *History of Monetary and Credit Theory*,Jane Degras(trans.). New York: Macmillan, 1940.

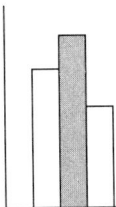

第 7 章

古典经济学（2）：
李嘉图体系及其批评

我们已经看到，亚当·斯密确立了古典价值理论基础，而且首次科学而严密地阐述了经济增长理论。《国富论》抓住了读者的想象力，政治经济学的新领域成了一个令人感兴趣和争论不休的严肃而适时的课题。该书本身代表了以前发展的最高成就，是未来进步和精练的催化剂。大卫·李嘉图（1772—1823 年）是受到斯密的鼓舞而转向新科学的人之一。

大卫·李嘉图生于伦敦，是一个犹太移民股票经纪人的儿子，他在 17 个兄弟姐妹中排行老三，由于受了少量的商业教育，他精明地在证券和房地产行业进行投资，即利用一个适当的赌注获得了巨额财富。1799 年，在休假和做买卖之余，李嘉图拿起了亚当·斯密的《国富论》，很快便全神贯注于其内容。10 年以后，他开始在小册子和报纸上论述经济问题，这在当时是他的一个副业，而实际上成了他耗费脑力的追求。确保李嘉图在经济学史上的地位的是他锻造了一个基于少数基本原理而获得广泛结论的一般分析体系的能力，他的体系是演绎推理过程的一个纪念碑。对于李嘉图的分析来说，有三个关键的原理，每个原理都借用另外的某一个原理。这三个关键的原理是：（1）古典地租理论；（2）马尔萨斯的人口原理；（3）工资—基金论。由于第二和第三个原理已在前两章考察过了，我们在解释李嘉图体系之前回顾一下第一个原理。

古典地租学说

把第一本论述地租的小册子称为"古典的"，是就这里所应用的概念是由苏格兰农场主和"苏格兰耕种法"的发明者詹姆斯·安德森（James Anderson，1739—1808年）提出来的意义而言的。1777年，安德森出版了一本清楚阐述收益递减原理雏形的小册子。继他之后，在1815年爱德华·韦斯特爵士（Sir Edward West）、马尔萨斯、罗伯特·托伦斯（Robert Torrens）和李嘉图，或多或少独立地发现了基本相同的思想。我们忽略这些学者之间的差别，以便集中研究可以作为古典经济学典型的或多或少统一的地租理论。这样，我们便集中在李嘉图身上，但是应当指出，李嘉图在这个方面要感谢马尔萨斯和韦斯特。

从安德森到李嘉图，推动古典地租学说的直接动力是对拿破仑战争期间所形成的《谷物法》（Corn Laws）的争论。拿破仑对英国港口的封锁有效控制了运往英国的外国粮食。英国农民被迫增加国内粮食生产，以便供养其人口。由于英国生产粮食的成本高于国外，使英国粮食价格提高。在1790—1810年间英国谷物价格平均每年提高18％。地租也提高了，结果在持续限制粮食进口中土地所有者发展了既得利益。1815年国会通过的《谷物法》有效地结束了这个局面。农业保护主义及其对收入分配和经济增长的影响问题刺激了古典地租理论的发展。

马尔萨斯以追溯增加耕种对粮食价格的影响开始了他的地租分析：

> 谷物的比较货币价格高，是因为谷物的比较真实价格高，或为生产谷物而必须应用的资本和劳动的数量较大；而且，谷物真实价格提高的原因也是在谷物真实价格已经很高的国家的谷物真实价格继续提高的原因，并且是繁荣和人口增进的原因。这个原因在于必须不断使用更贫瘠的土地。……使用贫瘠的土地需要较大数量的劳动花费……（以至于）价格按（增加劳动花费的）比例提高（《地租的本质和发展研究》，pp. 35-36）。

> 随之而来的是，每个进步国家的生产价格必须等于实际应用最贫瘠土地的生产成本；或者等于在原有土地上增加生产所产生的成本。这种生产只获得很少或没有地租的农业资本的通常收益。……对于任何能够支配资本的农民来说，他在其土地上总是这样安排资本。如果由于资本的增加而增加了生产的话，将完全支付其资本利润，虽然土地所有者并没获得任何东西（《地租的本质和发展研究》，p. 32）。

换言之，马尔萨斯是说，地租在边界上（即在最贫瘠的耕种土地上）不存在，仅在较为贫瘠的土地投入使用的时候，较好的土地才出现地租。李嘉图把地租定义为，"对原始的和不可破坏的土壤肥力的支付"，并更为明确地指出：

> 如果所有的土地都具有相同的性质，在数量上是无限的，在质量上是同一的，就可以免费使用土地，除非它在地理位置上有特殊的优点。这样，仅仅由于土地的数量有限，质量不同，并由于人口增加，劣等土地或地理位置欠优的土地也被要求投入耕种，于是，使用土地总要支付地租。在社会发展过程中，当次等土地投入耕种时，头等土地马上就开始有了地租，而地租额则取决于两种土地在质量上的差别（《李嘉图著作和通信集》，Ⅰ，p. 70）。

在上面这段话中，李嘉图证明了在耕种的扩展边际（extensive margin）上（即当更多的土地投入耕种的时候）存在地租。但是，地租也由于相同质量土地的收益递减而出现（即在集约边际（intensive margin）上）。他指出：

> 常常而且实际出现的情形是……在劣等土地被耕种之前，人们可能把资本应用于那些已被耕种的土地上以便更有生产力。人们也许发现，把应用于……（这块土地上的）初始资本增加一倍，虽然产量不能加倍……但却可能增加……（由于其他原因），这个数量可能超过把同一资本应用于（其他的）土地所能获得的数量。

> 在这种情况下，资本宁愿应用于原有土地上，而且同样会产生地租；因为地租总是使用两份同样数量的资本和劳动所获得的产量之间的差额（《李嘉图著作和通信集》，Ⅰ，p.71）。

由于对粮食的重要限制，《谷物法》的结果是迫使英国发展更集约和更粗放的农业。李嘉图表明，在集约边际（在同一块土地上应用更多的投入）和扩展边际（把同一投入应用于不同类型的土地上）都存在递减的收益，因此，农业保护主义有增加地租的效果。表7-1有助于弄清李嘉图地租讨论的某些要点。

表7-1中，第一列表示劳动和资本单位，假定按固定的比例把劳动和资本（例如，一个人，一把铲子）加之于生产。不同肥力（但数量相同）的土地以不同的等级代表，这样，第一等（No.1）代表肥力最高的土地，第二等到第五等，按照依次下降的顺序，代表肥力减少的土地。把资本和劳动的边际产量（MP）定义为由增加一单位资本—劳动的生产投入而造成的总产量的变化量。与收益递减规律相结合，当把较多的投入增加到每种类型的土地的时候，边际产量下降。正如传统上确定的，在这种情况下，劳动的收益递减仅仅发生在集约边际上。

应用李嘉图"使用两份同样数量的资本和劳动所获得的产量之间的差额"的地租定义，我们可以由表7-1证明在集约边际和扩展边际支付的实际地租。这样，如果仅仅耕种第一等土地，在引入第二"剂量"的资本和劳动以后，便在这块土地上出现10蒲式耳实际地租（100－90＝10），在该土地上引入第三"剂量"资本和劳动以后，很快使其地租提高到30蒲式耳[(100－80)＋(90－80)＝30]，等等。在扩展边际上，地租是以相同的资本和劳动分别投在最肥沃和最贫瘠的土地上耕种的产出之间的差额。这样，比方说，第一、第二和第三等土地分别获得3剂量的资本和劳动，第一等土地的地租将是60蒲式耳（270－210＝60），第二等土地的地租是30蒲式耳（240－210＝30）。照此下去，最后耕种的边际土地没有地租。

表7-1					不同类型土地的总产量和边际产量					
资本和劳动	NO. 1	(MP_1)	NO. 2	(MP_2)	NO. 3	(MP_3)	NO. 4	(MP_4)	NO. 5	(MP_5)
0	0		0		0		0		0	
1	100	(100)	90	(90)	80	(80)	70	(70)	60	(60)
2	190	(90)	170	(80)	150	(70)	130	(60)	110	(50)
3	270	(80)	240	(70)	210	(60)	180	(50)	150	(40)

资本和劳动	NO. 1	（MP$_1$）	NO. 2	（MP$_2$）	NO. 3	（MP$_3$）	NO. 4	（MP$_4$）	NO. 5	（MP$_5$）
4	340	（70）	300	（60）	260	（50）	220	（40）	180	（30）
5	400	（60）	350	（50）	300	（40）	250	（30）	200	（20）

根据表 7-1 的信息，一旦知晓投入和产出的价格信息，很容易给出总支出在各类土地中间的最优化配置。假定每蒲式耳谷物的价格为 1 美元，仅仅通过将它们前面的符号冠以美元就可把表 7-1 中的数字转变成收益量。从该表很容易看到，如果每剂量的资本和劳动（每个时期）的价格为 100 美元，生产就将仅仅在第一等土地上发生。但是，如果每剂量资本和劳动的价格为 60 美元，把生产扩展到边际收益（MP×谷物价格）等于边际成本（60 美元）的一点上，将是有利的。这将需要把生产扩展到第五等土地上，在第一等土地上应用 5 剂量资本和劳动，在第二等土地上应用 4 剂量资本和劳动，在第三等土地上应用 3 剂量资本和劳动，在第四等土地上应用 2 剂量资本和劳动，在第五等土地上应用 1 剂量资本和劳动（表 7-1 证实了这种最优配置）。

应当指出，这个理论仅仅解释了农业地租。在古典地租理论中，假定土地没有别的用途，或者用来生产被称为"谷物"的商品，或者休耕。制造部门应用土地假定是忽略不计的，也不分析这种土地应用的地租。由于马尔萨斯和李嘉图着手解决的问题是总产出在地租、工资和利润之间分配的问题，他们忽略了地租（假定）是可以忽略不计的制造部门，而完全集中于经济的主要部门——农业。他们的理论允许资本和劳动完全流动，不仅在各部分土地间流动，而且在制造业和农业间流动。但是假定土地仅仅以农业生产为转移，耕种或休耕。

李嘉图体系

由于马上要解释的原因，李嘉图对经济理论的未来发展方向有远比马尔萨斯更大的影响。但是在彼此分析体系的发展上，他们各自都发挥了重要作用。马尔萨斯看到了一般工资水平和谷物价格之间的密切而直接的联系。他赞成《谷物法》，因为他感到，粮食的自由进口将驱使国内粮食价格（和工资）下降，并带来经济衰退。李嘉图则看到工资和利润之间的密切而逆向的联系。他反对《谷物法》，因为它将驱使工资提高和利润下降。较低的利润意味着减少资本积累并威胁经济增长。在回答马尔萨斯时，李嘉图依据劳动价值论和古典地租理论构建了一个非常巧妙的论点。

☐ 劳动价值论：经验的还是分析的？

经济学史上的少数微观经济概念，像有关李嘉图劳动价值论的普通概念那样广泛地永久存在。对存留的劳动价值论的解释是对一个严格的强硬的劳动价值论的解释。对于这个解释，在李嘉图的著作中很少或找不到支持。具有讽刺意味的是，不是李嘉图的批评者（例如，马尔萨斯和萨缪尔·贝利（Samuel Bailey））而是他的热心门徒对该理论的曲解负最主要的责任。我们归因于作为一种"真实成本"理论的李嘉图价值理论的特征，它强调劳动成本但不排除所有其他成本。

李嘉图在他的《政治经济学及赋税原理》（*Principles of Political Economy and Taxation*）中提出的中心问题是土地、劳动和资本在总收入中的相对份额如何变化，以及这些变化对资本积累和经济增长有什么影响。当然，地租的决定是这个问题的有机组成部分。但是，每个收入分配理论都必须依赖于价值理论，而且，李嘉图着手修改斯密的价值理论，以适合于他自己关注的问题。特别而言，李嘉图认识到了斯密的自然价值学说的某些缺陷。按照斯密的看法，一种要素价格（例如工资）的提高将使应用这种要素（劳动）生产的产品的价格提高。在李嘉图看来，这是一种表面的分析，特别是，如果是价值的变化而不仅是名义价格层次上的变化。

李嘉图感到，由于某些修改，劳动价值论对相对价格提供了最好的一般解释，斯密把劳动价值论限制在"原始经济"是没有必要的。对于李嘉图来说，价值和在生产中所花费的劳动时间之间的关系是直接的："劳动量每有增加，就一定会使在其上施加劳动的商品的价值增加；劳动量每有减少，也一定会使之减少"（《李嘉图著作和通信集》，Ⅰ，p. 13）。虽然李嘉图从来没有从这个基本立场上动摇过，但他却增加了几处必要的说明，以使这个理论更加切合实际。在这个过程中，他的价值理论终止于一个纯劳动理论。但是李嘉图在后来的分析和政策中一贯地回避自己的说明，并应用一种简单的劳动价值论以得到一般的结论。

李嘉图所允许的对上面规则的第一个例外是非再生产的物品的情形。"有某些商品"，他坚持认为，"其价值仅仅由稀缺性决定，劳动不能增加这种商品的数量，因此，它们的价值不能由于供给的增加而降低。"雷诺阿（Renoir）油画的价值或一瓶 1729 年拉菲-罗斯柴尔德葡萄酒的价值，用李嘉图的话说，"同生产它们最初需要的劳动量无关，而只随着希望得到它们的人不断变动的财富和嗜好一同变动"（《李嘉图著作和通信集》，Ⅰ，p. 12）。从数量上看，这个例外对李嘉图是不重要的，因为"这些商品在日常交换的商品总额中只占极少一部分"。

鉴于资本的作用和重要性，李嘉图对劳动价值论做了更重要的说明，他把资本看作是"间接劳动"或"物化劳动"。在这里，他区分了（像斯密做过的那样）固定资本和流动资本。流动资本"是迅速消失和需要经常再生产的"资本，而固定资本"则是缓慢消耗的"资本。因此，当固定资本同流动资本的比例增加的时候，或者，当资本的持久性增加的时候，价值将增加。在下面一段话中，李嘉图强调了这个事实：

> 假定两个人各自雇用 100 个工人工作 1 年，一个人雇用他们制造 2 架机器，另一个人雇用他们栽种谷物，年终时每架机器的价值将与谷物相等，因为它们都是由等量劳动生产出来的。假定其中 1 架机器的所有者在下一年雇用 100 人用这架机器制造呢绒，另一架机器的所有者用这架机器雇用 100 人制造

棉织品，而农场主则和以前一样雇用100人栽种谷物。在第二年中他们所雇用的劳动完全相同。但毛织厂主的产品加上他的机器以及棉织厂主的产品加上他的机器，都是200人劳动一年的结果，或者说是100人2年劳动的结果；而谷物则仍是100人劳动1年所生产出来的。所以，假如谷物的价值是500英镑，毛织厂主的机器和毛呢的价值就应为1 000英镑，棉织厂主的机器和棉织品的价值也应2倍于谷物的价值。但两者的价值不止于谷物价值的2倍，因为毛呢制造业者和棉织品制造业者的资本在第1年中的利润已经加入各自的资本之中，而农场主的资本在第1年中的利润却被消费和享受了。所以，由于他们的资本耐久性不同，或者说，由于有一批商品在送入市场以前必须经过一段时间（两者是一回事），商品价值的大小不会恰好与各自所投入的劳动量成比例，也就是说，比例不是2∶1，而是大一些，以便补偿价值较大的商品在送入市场以前所必须经过的较长时间（《李嘉图著作和通信集》，Ⅰ，pp. 33 - 34）。

这个例子说明，李嘉图已经认识到资本影响物品价值的两种方式：（1）在生产中消耗的价值构成产品的一个增加的价值；（2）单位时间所用掉的资本必须（按流行的利率）予以补偿。李嘉图这个对时间和劳动是价值成分的认识构成了对经济学的真正贡献，而对这个贡献，他后来却很少受到称颂，如果有的话。

这样，从一种分析的观点上看，显然李嘉图把价值置于劳动和资本的真实成本基础之上。他的理论不同于斯密之处在于他从成本中排除了地租。但是，根据经验，李嘉图坚持认为，在生产中所使用的劳动的相对数量是相对价值的主要决定因素。李嘉图以例子证明自己是抽象的、演绎的推理者。他宁愿把他的分析体系的原理基于一个单一的、支配性的变量，而不是基于众多的、有令人怀疑结果的次要变量。出于这个目的，他提醒他的读者（在指出上面的资本影响之后），"在本书以后的各部分中，虽然我有时提到这一引起变动的原因（即时间），但我总认为商品价值的一切巨大变化都是由于生产所必需的劳动量时时有所增减而引起的"（《李嘉图著作和通信集》，Ⅰ，pp. 36 - 37）。至少，李嘉图没太公开对某些现代理论家进行批评，即认为他没有明确阐述暗含于某种分析结构的假设。

尽管李嘉图的价值理论是精确的，但也包含一些缺陷：首先，他上面对劳动数量差别的处理不是令人满意的。李嘉图假定工资按照劳动质量差别而进行的调整将在市场上发生，而且一旦工资确定了，差别的规模将很少变动。由于李嘉图原本寻求市场价值尺度，这是一种循环推理；其次，把地租排除于成本之外，这只能在土地没有其他用途的情况下（李嘉图对此作了不切实际的假设）才被证明是正当的。另外，李嘉图的价值理论认为需求在价值决定中的作用仅限于特殊类型的商品（不能再生产的），这在商品生产不服从于不变的平均成本的情况下是不充分的。

□ 经济进步的性质：静止状态

在李嘉图的体系中，价值理论被降低到李嘉图简化的水平，加上地租理论，为解决基本的收入分配问题提供了钥匙。当然，在一个复杂的经济中有必要把价值理论同价格理论联系起来。李嘉图由于把市场价格同边际企业（没有地租）的生产成本联系起来而做到了这一点。他指出：

> 一切商品，不论是工业制造品、矿产品还是土地产品，规定交换价值的永远不是在极为有利并为具有特种设施的人所独有的条件下进行生产时已感够用的较小量劳动，而是不享有这种便利的人进行生产时所必须投入的较大量劳动（《李嘉图著作和通信集》，Ⅰ，p.73）。

李嘉图认识到，没有完全的价值尺度，因为任何选择的尺度都随工资和利润率的波动而变化。我们已经看到，资本的不同的耐久性和固定资本同流动资本的不同的比率，如果工资相对于利润而发生变化，将对市场价格产生不同的影响。李嘉图设计了一个分析的诀窍——"平均企业"（average firm）——在"平均企业"中，资本同劳动的比率以及资本的耐久性都假定等于经济的平均数。由这些工具武装起来之后，李嘉图便准备解决收入分配问题及其随时的变化。

我们可以用表7-2说明李嘉图体系的收入分配的性质。假定一个给定的农场应用3剂量的资本和劳动每年生产270蒲式耳谷物，每剂量劳动投入，按照其从工资—基金得到的预付构成流动资本支出。而每剂量的资本投入，通过年折旧，构成固定资本支出。李嘉图把总利润定义为总收益减去每个生产时期所招致的流动资本和固定资本总额。现在假定，每蒲式耳谷物的价格为1美元，每个工人的工资率为10蒲式耳谷物和10美元的其他必需品（后者之所以按美元给定，是因为假定它们是按不变的成本生产的），并假定每单位资本的年折旧为10美元。第一等土地的利润计算见表7-2。

表7-2

产品价值	=270×1 美元	=270 美元
工资率	=（10×1 美元）+10 美元	=20 美元
工资额	=3×20 美元	=60 美元
折旧	=3×10 美元	=30 美元
总利润	=270 美元—90 美元	=180 美元
地租		=0

如果所有的土地肥力相同，利润按相同的比率构成。但是由于资本和人口的增长，必然把耕种扩展到第二等土地上。在这里，3剂量的资本和劳动仅仅生产240蒲式耳谷物。所应用的技术跟第一等土地上的情况相同。现在要生产跟第一等土地相同的产量需要较多的资本和劳动。因此谷物价格必提高到每蒲式耳1.125美元（270/240×1 美元）。在李嘉图的体系中，这个谷物价格的提高有提高货币工资率和地租以及减少利润的影响。随后的收入分配类型在表7-3中作了说明。

表7-3

	第一等土地		第二等土地	
产品价值	270×1.125 美元	=303.75 美元	240×1.125 美元	=270.00 美元

续前表

	第一等土地		第二等土地	
工资率	（10×1.125 美元） ＋10 美元	＝21.25 美元	（10×1.125 美元） ＋10 美元	＝21.25 美元
工资额	3×21.25 美元	＝63.75 美元	3×21.25 美元	＝63.75 美元
折旧	3×10 美元	＝30.00 美元	3×10 美元	＝30.00 美元
利润	303.75 美元－93.75 美元 －33.75 美元	＝176.25 美元	270 美元－93.75 美元	＝176.25 美元
地租		＝33.75 美元		＝0

　　表 7-3 表明了我们在之前了解到的情况——仅在把统一数量的资本和劳动扩展到第二等土地的时候，第一等土地才出现地租。地租的计算，像李嘉图指明的，是企业最初产出价值减去企业边际产出价值。当然，可以把这个说明扩展到增加的企业（即各种类型的土地），而且，收入分配对经济增长的影响已经清楚了。一方面，农业生产的增加导致货币工资提高，但实际工资不变。李嘉图假定，通过人口原理，工资率将长期处于维持生存的水平上。另一方面，较高的名义工资率和递增的地租总量决定了对利润的双重压榨。虽然在竞争之下，既定产业中的所有企业的利润都是相同的，但利润的必然趋势是随着产量的增加而下降。实际上，利润达到最小化时资本积累的增加和新投资就停止了。李嘉图把这种情形表述为"静止状态"。从理论上说，这个最小化利润为零，但实际上，它可能略高于这个水平。

　　因此，李嘉图所描述的这个过程可以重新表述为一个悖论：经济增长的逻辑结果是停滞！李嘉图的分析体系不允许技术进步，而且不加批判地接受了人口原理；所以，这两个基础都可能遭到抨击。但是，人们承认李嘉图的假设，认为它是一个逻辑严密的体系。按其最终的描述，静止状态是以下面的方式出现的：平均工资率决定于固定资本和流动资本（工资—基金）同人口的比率，只要利润是正数值，资本存量就将增加。由增长的工资基金所引起的对劳动需求的增加将暂时提高平均工资率。但是，当工资率提高到生存水平以上的时候，便引起"家庭欢娱"，于是，人口增加。较大量的人口要求较大量的食品供给，以至于要禁止进口，必须把耕种扩大到劣等土地。随着耕种向劣等土地推进，总地租增加，利润下降，直到最终达到静止状态。

　　在李嘉图《政治经济学及赋税原理》问世以后的短时期内，许多作者都集中到他的学说和方法上。也许，在这些作者中，最有能力的是约翰·拉姆齐·麦卡洛克（John Ramsay McCulloch），一本英国最有影响的杂志，《爱丁堡评论》（The Edinburgh Review）的特约撰稿人。在这个团体中惹人注目的还有詹姆斯·穆勒（约翰·斯图亚特·穆勒（见第 8 章）的父亲）和托马斯·德昆西（Thomas De-Quincey）。这些人把自己看作李嘉图主义的经济学家，他们忠实地传播和捍卫李嘉图的思想。但是，李嘉图并没享有到不受批判的成功的优厚待遇。在英国，李嘉图的两个最初的批评者是马尔萨斯和纳索·西尼尔（Nassau Senior）。马尔萨斯我们已经很熟悉了，西尼尔则在 1825 年成了牛津大学的第一位政治经济学教授。

李嘉图-马尔萨斯通信

从 1811 年他们第一次见面开始，马尔萨斯和李嘉图在政治经济学的重要的基本原理上很少意见一致，这个事实体现在他们长达 20 年之久的相互通信中。许多分歧是次要的，但在 1815 年他们各自对《谷物法》的考察把他们置于自由贸易问题的两个对立的方面。

□《谷物法》的争论

在李嘉图体系中，地租是一种社会不必要支付（即所进行的现时支付，但不一定带来土地的有效供给），这样，当地租增加的时候（像李嘉图认为的，根据《谷物法》，地租将增加），它们是以牺牲利润而增加的。由于李嘉图把利润看作驱使经济进步的动力，所以他在《谷物法》中看到了一种对经济增长的威胁，因此极力赞成自由贸易。

但是，马尔萨斯认为，提高谷物价格对工人有利，因为工人的购买力是紧密地同谷物价格相联系的。[1]像我们先前指出的，古典政治经济学学者有一个共性，即在试图描述实际购买力的时候要谈论"谷物工资"。因此，《谷物法》争论的一个主要问题是，较高的谷物价格是否意味着较高的实际工资？李嘉图认为不是这样的，并相应地做了论述。马尔萨斯则采取相反的立场，赞成《谷物法》。

他们在经济学的这个和其他要点上的对立，仅仅构成了许多也将在未来的经济学家中发生的著名分歧的第一个分歧。乔治·萧伯纳（George Bernard Shaw）在其歪曲的评论中抓住了经济学的这个成分："即使把所有经济学家首尾相连地排成一队，他们也达不成一个共识。"在经济学中没有永久的真理吗？

显然，经济学家常常发生分歧，但在马尔萨斯和李嘉图的情形中，分歧通常基于解释、方法和政策而不是理论原理。我们已经看到，马尔萨斯和李嘉图在地租理论上是一致的。在解释、方法和政策上的争论也留下了显著的价值判断的余地，这种价值判断又多半妨碍争论参与者取得一致意见。

□ 经济学方法

对这一点的说明等于说明马尔萨斯和李嘉图之间关于经济学方法的分歧，而这种分歧是在马尔萨斯和李嘉图关于交换价值的争论中发现的。一方面，回忆一下，李嘉图把成本看作是价值决定因素，但是力求简化到使一种单一的变量（即劳动）成为唯一的重要决定因素。另一方面，马尔萨斯对具有对他们实际有用观点的经济学感兴

---

① 为澄清这一点，见格兰普的《马尔萨斯论货币工资和福利》（Grampp, *Malthus on Money Wages and Welfare*）。

趣，坚持把李嘉图的成本分析纳入一种供求结构。在这方面，马尔萨斯显然走对了路，但他的价值理论输给了李嘉图，其中的原因并不十分清楚。马尔萨斯致力于研究两个方面的价值问题：第一个方面是解释交换价值，第二个方面是解释价值尺度。

按照马尔萨斯的看法，供给和需求原理决定斯密所说的"自然价格"和市场价格。他把需求定义为愿望同购买力的结合，把供给定义为待销售的商品量同销售商品意图的结合（《政治经济学原理》，p.61）。"但是，在商品需求者中间购买的愿望和手段尽管可能是很强烈的"，马尔萨斯争辩道，"如果按低价就能获得商品，他们没有人愿意出高价；只要销售者的手段和竞争持续地按一低价将所需要的一定量商品带到市场，就将不表现出真实的需求强度"（《政治经济学原理》，p.63）。这样，马尔萨斯便正确地得出结论，"价格提高的原因是需求者人数、购买欲望和购买手段的增加，或者是供给的不足；价格下降的原因是需求者人数、购买欲望和购买手段的减少，或者其供给的大量增加"（《政治经济学原理》，p.64）。

李嘉图反对这个概念，因为他理解的"需求"概念指的是不同的东西。事实上，对两位作者著作的比较研究表明，马尔萨斯和李嘉图彼此之间是相互误解的，如果他们每个人都理解需求量的变化（即沿一条需求曲线的变动）和需求变化（即需求曲线的移动）之间的区别，就能澄清在需求和供给作用上的全部混淆。但是，当时还没有明确地找到将需求曲线概念和供给曲线概念引入经济分析的途径。在这方面，李嘉图把马尔萨斯的努力看作是一种不适当的对琐事的关心。在两封致马尔萨斯的书信中，李嘉图写道：

> 如果说我过于理论化了（实际上，我认为确实如此），那么我认为你却过于实际了。在政治经济学中有许多这样的结合和这样运作的原因，仅求助于赞成某一特定理论的经验是有很大危险的，除非我们确信所有变化的原因都被理解，并把其影响都充分估计到（《李嘉图著作和通信集》，Ⅵ，p.295）。
>
> 我想，我们的区别在某些方面可能归因于你把我的书考虑得比我打算它成为的更实际。我的目的是要阐明原理，而且为达此目的，我设想了可能显示这些原理运作的有力的例证（《李嘉图著作和通信集》，Ⅷ，p.184）。

可以确信，还有其他情形在起作用。李嘉图的价值理论是简单化的，并且它的前景是长久的，而且它是李嘉图体系所依赖的基石，废除它就将导致整个分析结构的崩溃，李嘉图理所当然地要激烈反对这种情形。

同其关于交换价值性质的观点相比，马尔萨斯关于价值尺度的思想在后来的著作中经历了许多变化。给我们留下的印象是，在他的头脑中对这个课题莫衷一是，这是一个也影响了马尔萨斯经济学其他部分的缺陷。归根结底，他的思想的这个波动方面表现了一种在对抗李嘉图的无情的逻辑攻击时的软弱无力，并最终可能解释为什么是李嘉图而不是马尔萨斯更为有力地影响了古典经济学。

□ 萨伊定律和消费不足

马尔萨斯对李嘉图的价值理论挑战是他所面临的几个挑战之一。他还对李嘉图的利润理论提出了质疑。李嘉图分析的一个主要假设是，生产食品的成本调节工资（直接地）和利润（间接地，通过对工资的影响）。在李嘉图体系中，较高的谷物价格导致较高的货币工资，并导致利润下降。但是，马尔萨斯不承认较高的谷物价格是较低利润的唯一的其或主要的原因。由于运用斯密的"生产"消费和"非生产"消费，马尔萨斯指出总需求不足是投资激励疲软的根源，从而是利润较低的根源。

我们可以把马尔萨斯的论点论述如下：用于生活必需品的那部分生产创造对生活必需品自身的需求，而对于用于"便利和奢侈"的那部分生产的需求则依赖于社会"非生产"成分（即土地所有者）的消费习惯。由于土地所有者，像其他社会团体的花费（即在消费品上）一样，并不总是花掉他们的收入，于是便可能存在商品的过度供给。为保证一个稳定的产出扩展和消除过度供给，所需要的是一个充足的有效需求水平。马尔萨斯认为，这并不是仅通过进口廉价食品就能得以保证的。在一封致李嘉图的书信中，马尔萨斯提出了他的关于有效需求的主张：

> 有效需求由两个成分构成，即购买力和购买愿望。购买力也许能够由一国（不论大国还是小国）的生产来正确地代表；但购买愿望总是最大的，与人口比较起来，生产得越少，满足社会欲望就越勉强。而当资本是丰裕之时，不容易发现需求的新的充分的目标。在一个资本相对较少的国家，年生产的价值可能由于需求的增大而迅速地增加。简言之，我认为购买力并不一定包含成比例的购买愿望，我也不同意……谈到某一国家，供给总不能超过需求。一国必然拥有购买它所生产的全部产品的购买力，但我很容易设想它不拥有购买这些产品的愿望（《李嘉图著作和通信集》，Ⅵ，pp. 131 - 132）。

在这段引文中，马尔萨斯抨击的古典思想是生产过程的概念，这个概念确切地表明，所产生的收入足以购买所生产的产出，而且——不包括窖藏——愿意把如此产生的全部收入花在对产出的购买上。这个古典的概念经过法国经济学家 J. B. 萨伊（J. B. Say）的传播成了人们熟知的"萨伊定律"。该定律认为，供给创造其自身的需求。没有多少概念如此完全地被吸收到古典经济学的主流中。因此，马尔萨斯对萨伊定律的批评永久地表明他在经济学家中是一个持异见的人。然而，这个事实又使他受到现代宏观经济理论著名的先驱约翰·梅纳德·凯恩斯（见第 20 章）的青睐。

虽然马尔萨斯对古典经济学这个堡垒的攻击在凯恩斯以前几乎没有什么影响，但它至少包含了后来凯恩斯也如此关心的储蓄—投资决策的主要考察。这个考察涉及最优化储蓄倾向的思想。在其《政治经济学原理》的几个关键段落中，马尔萨斯确认了这个思想：

> 如果消费超过了生产，一国的资本必减少，其财富将逐渐被破坏，不再有发展生产力的欲望；如果生产大大超过消费，积累和生产的动机必停止，不再有有效需求的欲望……这两个极端都是非常明显的。随之而来的是，必然存在某个中间点，虽然政治经济学的资源不能断定它在何处，但考虑到生产力和购买的愿望，这个中间点对财富增长的激励是最大的（《政治经济学

原理》，p. 7）。

换言之，马尔萨斯认识到，消费支出代表需求，而储蓄代表潜在的需求（通过投资），但后者并不是保证有效需求的手段。用较为现代的术语说，事后的储蓄总是等于事后的投资（一个马尔萨斯显然接受的事实），但事前的储蓄未必总是等于事前的投资。[①]这样，马尔萨斯便坚持了一种普遍过剩的可能性。

马尔萨斯对萨伊定律的批评由于两个原因是重要的：（1）它包含了孕育凯恩斯主义成分的产出和就业理论；（2）它包含了对李嘉图利润理论的批评。但马尔萨斯对总储蓄的分析是不成功的，他既没有说明市场力量维持最优化储蓄的能力，也没有分析引起生产过剩的纯货币原因。结果，李嘉图和他的追随者成功地捍卫了萨伊定律，而且它后来成了古典经济学的一个为人熟知的基石。（关于经济理论的传播，参见专栏"思想的力量：古典经济学的'销售'"。）

☞

思想的力量：古典经济学的"销售"

古典经济学，至少像大师们（例如在本章讨论的那些大师）所表述的那样，是公认的难以为普通读者所理解。受过高等教育的英国学者和学院知识分子可以期望至少弄通古典经济学的某些论点（特别是马尔萨斯关于人口的思想）。但是，在19世纪的欧洲，有读写能力的人仍然很有限，而且书籍昂贵，致使一般工人买不起，也许，甚至中等阶级的一些人也买不起。当时（和现在），学习政治经济学的原理并非易事。几个作者试图突破这个困难的壁垒，詹姆斯·穆勒的《政治经济学基础》（*Elements of Political Economy*，1812），简·马塞特（Jane Marcet）的《对话政治经济学》（*Conversations on Political Economy*，1816）都是为中等阶级的年轻读者写的。

但是，在普及政治经济学上最成功的人显然是哈丽雅特·马蒂诺（Harriet Martineau），她是诺维奇（Norwich）的一个纺织厂主的女儿，也是一个有造诣的新闻记者和小说家。她在1832—1834年间每月连载在期刊上的大约125页的25篇系列小说，到达了工人读者的手中。马蒂诺，像所有时代的"严肃的小说"作家一样，必须养活她自己以及在期刊出版社的靠她生活的人。所以，她为诸如《爱丁堡评论》《威斯敏斯特评论》（*Westminster Review*）等有影响力的期刊写作，并在《伦敦日报》（*Daily News*）上发表了1 600多篇文章。在一个女作家没有普通地位，当然在政治经济学上也没有地位的时代，她的非常畅销的《政治经济学的通俗解说》（*Illustrations of Political Economy*，1832）是一个巨大的成功，并使她在经济上得以独立。此后，她还出版了另一本畅销书——《贫困法则和对贫民的解说》（*Poor Laws and Paupers Illustrated*，1834）。

马蒂诺通晓政治经济学基本原理（至少在可操作的层次上），并打算提供对难以理解的概念的当代解说（每本书后面都附有从故事中所了解到的原理的一个详表）。一切较早的论述，像她在第一本书的前言中指出的，"并没有给我们想要的东西，即一种熟悉的、实际形式的科学。它们给了我们科学的历史，给了我们科学的哲学，但我们需要

---

① 在第20章按照凯恩斯主义的思路解释了这一点。

科学的实际写照"（《政治经济学的通俗解说》，p. xi）。马蒂诺所说的"写照"是由论及贫困、福利政策（也称之为济贫法改革）、工会、资本和劳动的一般关系、工厂法、妇女和儿童的工作条件以及卫生的寓言小说构成的。

她对在工人中间宣传经济学原理的热忱从她的一些最早的小说就明显可见。《原始社会的生活》（*Life in the Wilds*，1832）论及了一个劳动丰富而资本稀缺的原始社会。随着一点一地积累资本，该社会开始繁荣起来。她解释了资本如何同劳动合作，创造闲暇、机会以及最重要的自力更生，而远不是同劳动的利益对立。正如她指出的，"在该社会劳动是有很大缺口的；因此，使劳动时间缩短和放松劳动强度的工具是最有价值的可以授予的礼品"（《政治经济学的通俗解说》，p. 110）。

马蒂诺的一些最有影响的短篇小说，还涉及了像废除奴隶制（她坚决拥护废除奴隶制）和妇女的地位（马蒂诺是一个早期的"女权主义者"）这样的非经济课题。但是，她始终坚持认为，应用古典经济学原理将会而且能够带来一个幸福而有秩序的社会。在她的一篇题为《哈姆雷特》（*The Hamlets*）的中篇小说中，马蒂诺引出了一条清楚的训导：应该支持由西尼尔、马尔萨斯和其他古典经济学家提出的济贫法福利改革的建议，因为它们重新引导对勤奋和自力更生的激励。另一些文章则强调工会不能永久地提高劳动工资，"工厂法"对女工及其子女的命运有负面影响。

马蒂诺受到来自当代经济学家队伍内外两方面的批评。浪漫主义者一般以轻蔑的态度评论资本主义和工业革命的成果，他们对马蒂诺提出的帮助穷人的建议的批评是特别恶毒的。查尔斯·狄更斯（Charles Dickens）在某些问题上同意马蒂诺的看法，例如，废除奴隶制和改善聋哑人、盲人的教育，但常常攻击她的经济学观点。他们最著名的争论是关于工厂事故问题的争论。关于工厂事故，狄更斯认为，不能像马蒂诺试图做的那样"借助于算术知识来使得按照任何道德规范都不合理的事情合理化"。[*] 约翰·斯图亚特·穆勒的批评同样很激烈，他断言，马蒂诺把自由放任主义归结于"一种悖论"，虽然这个争论可能是"涉及个人的"。在她名声大噪的时候，她的书每月售出10 000册，而穆勒的《政治经济学原理》4年才卖出3 000册。[**]

马蒂诺显然对政治经济学的传播和她所生活的社会产生了影响。她一直拥护把教育作为摆脱贫困的基本手段，她完全反对把政府看作是繁荣和更公正的收入分配来源的观点。另外，没有人比她更坚信，政治经济学原理的传播和反复灌输可能带来社会的变化。

[*] 援引自吉莉恩·托马斯《哈丽雅特·马蒂诺》（Gillan Thomas, *Harriet Martineau*），p. 82。

[**] 参见玛格丽特·G. 奥唐奈《哈丽雅特·马蒂诺》（Margaret G. O'Donnell, *Harriet Martineau*），pp. 62-63。

纳索·西尼尔和"科学"经济学的形成

19世纪，在亚当·斯密和约翰·斯图亚特·穆勒之间有3个英国人，其著作可视为主要的里程碑，他们分别是李嘉图、马尔萨斯和纳索·西尼尔。西尼尔于1790

年生于巴克夏，是邓福德牧师（Vicar of Durnford）的长子。他先在伊顿公学后在牛津大学接受教育并于1815年获得牛津大学法学学位。这一年，马尔萨斯、韦斯特、李嘉图和托伦斯出版了他们论地租的小册子。但是西尼尔的脾性不适合律师职业。在从事政治经济学研究生的一些工作以后，他于1825年被提名授予牛津大学第一个政治经济学教授职位。在19世纪30—40年代，西尼尔被任命到政府各种委员会任职，在教育、工厂条件和《济贫法》的立法改革（见第9章）中，他起到一定的作用。

在他出版的著作中主要的是《政治经济学大纲》（*An Outline of the Science of Political Economy*），该书在1836年首次印刷，1850年又做了修订。《政治经济学大纲》由于缺乏有机联系和一致性而受到责难，但其仍是经济学史上的一个里程碑，这不仅是由于对李嘉图经济学的批评，而且也是由于其原创的贡献。我们将在下面两个标题下考察这些贡献：（1）西尼尔经济研究的范围和方法的形成；（2）西尼尔对李嘉图价值和成本理论的重要修改。

□ 西尼尔论经济方法

总的说来，西尼尔因冷静思考学术学科发展的必然阶段而受到关注：证明基本原理，并按照明晰的线索将这些基本原理组织成一个真正的科学结构。按照约瑟夫·熊彼特的观点，这使他成为经济学界一流的"纯理论家"。确实，其主观原创性及试图使经济学得到统一和系统化的孜孜不倦的努力，使得西尼尔在经济学史上占有了比一般认为的更重要的地位。

西尼尔是从定义经济研究的边界开始其政治经济学论述的。他公开宣布，政治经济学"是论述自然、生产和财富分配的科学"。他提醒道，其他作者在一种非常广的意义上应用政治经济学的概念——例如，包括政府——但他们努力的结果是完全非科学的。按照西尼尔的观点，经济研究基本上是实证的（即，避免价值判断），因为经济学家研究的不是"幸福"而是"财富"（《政治经济学大纲》，p. 2）。西尼尔用下面的一段话澄清了他的方法论命题：

> （经济学家的）前提，是由非常少的几个一般命题构成的，这是观测的或意识的结果，简直不需要证明，甚至不需要详细论述，差不多每个人一听到就会觉得在他思想上久已存在，或者至少在他的知识范围之内；作为一个经济学家，他的推断如果是正确的，推断就会和他的前提具有几乎一样的普遍意义、一样的确定。

> 但是他所作出的结论，不管有多大的普遍性和真实性，并不能使他有权提出单一的主张。这个特权属于这样一些作家和政治家：他们对于可以促进或妨碍他们所面向的那些人的一般福利的一切因素是做了全面考虑的。这个特权并不属于那些理论家：他们所考虑的只是那些因素中的一个，尽管是其中最重要的一个。作为一个政治经济学家的职责既不是有所推荐，也不是有所告诫，而是说明不容忽视的一般原理；但是，如果以这类一般原理作为实际事务处理的唯一的——或者，即使是作为主要的——指导，事实上也恐怕行不通……在各

种形势下决定这类结论的实施程度属于政府行为，而政治经济学不过是它的许多辅助学科之一而已（《政治经济学大纲》，pp. 2 - 3）。

许多经济学作者也易于把经济学同政府的管理方法混淆起来，按照西尼尔的观点，政府的管理方法对于其所处的时代的反对政治经济学和政治经济学家的公众舆论偏见是负有责任的。

从本质上说，经济学是进行推理的训练，而不是调查取证。西尼尔准备以少量的句子和实际上"以很少的词汇"来表述经济学原理所依赖的事实。按照西尼尔的看法，精通经济学的困难不在于观察和表述这些少数命题，而在于由这些命题做出的正确推理。

那些"少量的句子"，西尼尔暗指经济理论所基于的四项基本命题或公理。他用自己的话把这些命题表述为：

1. 每个人都希望以尽可能少的牺牲来获取增加的财富。

2. 世界人口，或者换言之，在世界上居住的人数，仅仅由于担心那些物质财富的短缺而受到限制，所需财富数量是由于居民中的每个阶级的个人习惯决定的。

3. 劳动力和其他创造财富的工具的力量，由于作为进一步生产的手段而应用其产品，可能会无限地增加。

4. 农业技能保持不变，在某一地区的土地上增雇劳动，在一般情况下取得较小比例的收益，或者换言之，随着劳动的增加，虽然总收益增加，但这种收益的增加不是同劳动的增加成比例的（《政治经济学大纲》，p. 26）。

第2个和第4个命题分别表明，西尼尔维护了马尔萨斯人口原理和收益递减的古典法则，但是，对这二者的每一个都做了不无重要的修改。西尼尔愿意接受马尔萨斯的抽象的人口原理，但不太相信其经验的有效性。他的主要论点是，人们改善其在世界上的状况的愿望至少跟其性欲是同等重要的，而且，由于没有认识到这一点，马尔萨斯忽略了一个对人口增长的强有力的、另外的限制。

西尼尔关于人口增长的乐观态度，可能也同他对工业的收益递增和农业的收益递减法则的解释有关。按照他的第4个命题，由于增加了技术必须保持不变的条款，西尼尔提出了更为精确的（按其现代的意义）收益递减法则。李嘉图无疑认识到了这个法则的有效性依赖于技术不变的假定，但他从来没有明确地表述它。在解释他的第4个命题的时候，西尼尔确信工业的正常状态是收益递增的。他的这个观点基于存有异议的假设，即劳动技能的增进，同人口和资本的增加有某种关联。这个观点同正统的马尔萨斯学说相背离，然而奇怪的是却被西尼尔时代的许多经济学者接受了。

但是，我们的注意力将集中在第1个和第3个个命题上，因为在其详细阐述每个原理的过程中，西尼尔都推进了古典的和李嘉图的交换价值理论。在他的讨论中，西尼尔也预示了一个大为改进的资本和利息理论。

□ 价值和成本

按照其对后来经济理论发展的影响，西尼尔对李嘉图价值理论的修改比由马尔萨斯所引入的那些修改更为重要。西尼尔对李嘉图的背离包括：（1）接受效用价值理论；（2）对李嘉图的生产成本理论和（古典）自由竞争假设的修改。

在 19 世纪上半叶，几个欧洲大陆经济学者（例如，萨伊和孔狄亚克）看到了这样的事实，即效用不仅是价值的条件，像李嘉图所表述的，而且是价值的原因。但是，在杜普伊（Dupuit，见第 12 章）以前他们还不能应用效用概念分析任何事情，所以，效用理论毫无成就。在这个方面西尼尔比别人做得好，而且莱昂·瓦尔拉斯（见第 16 章）正确地称赞了他对边际效用概念的贡献。

在 19 世纪，劳动价值论的主要敌手一直是供求理论。例如，马尔萨斯正确地接受了供求理论，并专注于供求理论的研究。西尼尔也接受了供求理论，但一般说来他比马尔萨斯更好地处理了供求讨论。西尼尔讨论的高明之处不仅由于他认识了相对效用的重要性，而且还在于他认识到了相对效用和相对稀缺性之间相互依存的重要性。

在为经济学作出贡献时，西尼尔比其前辈更多地把时间花费在定义上。考虑到在经济学早期发展中由于应用了不精确而模糊的术语而出现大量的混淆和分歧，他的做法不认为是令人厌烦的。当他们能够缩小其关注范围并把其注意力集中在精确的现象上的时候，科学就进步了。早先把经济学定义为财富的科学后，西尼尔在其《政治经济学大纲》中就开始定义财富、价值和效用。他认为，财富包括一切商品和服务，它们：（1）具有效用，（2）是相对稀缺的，（3）能够交换。这个定义显然比亚当·斯密的定义更广泛——因为它包括服务和实物产出——而且非常现代：它承认需求因素（效用）和供给因素（稀缺性）至关重要。

西尼尔的价值和效用的定义也碰撞出了一个现代概念。价值是"指任何东西的使之适合于在交换中出让和获取的性质，或者换言之，是指任何东西的适宜于出租或出售、租用或购入的性质"。而效用"指的并不是我们称之为有用物的内在性质：它所指的只是物品同人们的痛苦与快乐的关系"（《政治经济学大纲》，p. 7）。最后，递减的边际收益概念及其同相对稀缺性的关系，在西尼尔关于人类对消费多样性的讨论中也被确认下来了：

> 不但任何一类商品所能提供的愉快总有其一定的限度，而且在达到这个限度之前，它所能提供的愉快也早已越来越迅速地消逝。同类的 2 件物品所提供的愉快，很少会比 1 件物品提供的增加一倍，10 件所提供的愉快更不会是 2 件所提供的 5 倍。因此，任何物品，如果供应充足，那么已经具备、不再需要增购或者即使要增购也有限的那些人，为数必然很多，供应越是充足，这类人就越多；就这类人来说，增加的供应已经失去了全部或将近全部的效用（《政治经济学大纲》，pp. 11 - 12）。

在这段引文中引人注目的是，西尼尔清楚地认识到，效用和稀缺性一起决定价值。可以确信，西尼尔的手中已经握有了打开古典价值悖论之锁的钥匙！但是，他没有走好至关重要的下一步，即把数学推理（即微分计算）应用于经济分析。就绝大部分英国经济学家而言，他们既没能力也不愿意走这么远。但在法国，古诺（Cournot）和杜普伊很快就走上了这条路（见第 12 章）。

垄断　李嘉图对西尼尔的影响是显著的，即使他们在几个观点上是不同的，例如，西尼尔认为，"在效用、可转让性和供给有限这三个价值决定条件中，最后一个条件是最重要的"。因此，他对价值的讨论因涉及制约供给（即影响生产成本）的力量而具有了特色。在这些影响供给的力量中，他认为垄断的存在是主要的。西尼尔考虑了下面四种程度的垄断：

1. 生产者不拥有唯一的生产力量，但拥有某些垄断的便利。在这种垄断中，生产者可以无限地应用同样的和增加的便利（例如，为生产某种产品而必须拥有特许权的情形）。

2. 垄断者是唯一的生产者，但由于产品的独特性，它不能增加其所生产的产品数量（例如法国某些葡萄园的情形，在这些葡萄园，如果不破坏所生产的葡萄的独特性质，便不能增加其产量）。

3. 垄断者是唯一的生产者，且具有同样的和额外的便利，并能增加其所生产的产量（例如书籍出版的情形，在这里，产品（书籍）受版权保护，而且出版的相对成本随着产量的增加而递减）。

4. 垄断者不是唯一的生产者，且所拥有的特殊便利随着产量的增加而减少并最终消失（这应包含大多数经济生产的情形，包括农业，在那里土地肥力或肥料当产量增加的时候必定最终被耗尽）。

这四种情形都很重要，因为每种情形都影响生产成本，无论其确不确定市场价格的上限或下限，从而开辟了改变需求程度以决定价格之路。例如，在第一种情形中，市场价格比任何其他垄断化的商品更接近生产成本，因为没有独有便利（例如，特许权）的销售者间的竞争趋向于使价格保持同其生产成本一致。当然，一个拥有特许权的垄断者可能享有纯利润，但是，按高于非特许权竞争的价格销售将受到有效的限制，虽然实际价格将依赖于需求条件和生产条件。

第二种情形是完全缺乏供给弹性的情形，在这种情形中，若不考虑需求水平则无价格上限，而价格下限等于生产成本。第三种情形同第一种情形相同，除了由于垄断是绝对的，没有由需求强加的价格的上限。第四种情形是最一般的情形，它包含不同优势条件下的生产和递减的收益。这实际上是李嘉图的情形，只不过价格不但依赖于边际企业的生产成本，而且依赖于需求。

人们只要同时读一下古诺（见第 12 章）和西尼尔的著作就能认识到在 1838 年以前垄断理论是多么松散。然而，西尼尔按自己的方法区分了主要的价值，他成功地将李嘉图的分析同供求理论协调起来。看一下西尼尔的四种情形就会发现，在某些情况下，生产成本是控制的标准，在另一些情况下，需求是控制的标准。但是，这两种情形总是相互影响的。事实上，西尼尔尽管已经走得很远，但没有把供求分析推进到像他在评价生产要素时所可能有的程度，但他确实使这个任务对于那些后来者更容易了。

资本和利息　西尼尔还由于把"节欲"（abstinence）成本加于劳动成本而扩展了李嘉图的真实成本分析。在对他的第三个命题的某种程度的"悖论"的阐述中，西尼尔实际暗含的意思是说，在长期，迂回的生产方法比直接的生产方法更具生产力，这是一个在后来由奥地利经济学家庞巴维克（Böhm-Bawerk，见第 13 章）加以澄清的事实。所谓"迂回"是指延迟消费品生产，首先应用劳动和原材料生产资本品，然后再应用这些资本品连同增加的劳动和原材料生产比仅仅用劳动和原材料所能生产的更多的消费品。一个因迂回生产而提高效率的古典例子可能采自假想的英雄鲁滨逊·克鲁索（Robinson Crusoe）的故事。由于船只失事而搁浅在一个被废弃的海岛上，克鲁索面对着保证食品的经济必要性。让我们假定，克鲁索的海岛含有丰富的鱼的供给。克鲁索可能采用的最直接的生产方法是用手捕鱼。但是，如果他推迟一段时间捕鱼，以制作钓鱼竿、鱼钩或弓箭（最原始的资本品形式），他就会以比使用最直接的但最缺乏效率的方法更快更多地捕到鱼。

虽然这个例子是简单的，但这同样的原理也适用于涉及资本设备积累的较为复杂的情形。资本积累需要延迟消费，或"节欲"。所谓"节欲"，西尼尔意指克制现时的消费以便积累资本或"中间"产品。这是第三个命题的关键："劳动力和其他生产财富的手段可以通过把其产品用作进一步生产的资料而无限地增加。"但是，由于资本品并不直接满足消费的愿望，人们并不倾向于延迟消费，除非他们因这种牺牲而获得了补偿。西尼尔对资本理论的贡献是他把这个对"节欲"的报酬证明为资本积累期间的"利息"，或等待的成本。

西尼尔把利息表述为一种对节欲的报酬，是他对经济学的原创性贡献，很快这个表述被吸收到经济理论的主流。在经济理论中，他超越了斯密、马尔萨斯和李嘉图，而且，他的资本和利息分析在英国经济学中直到杰文斯时代（见第 14 章）一直被完全地保持下来了。因此，一个回顾性的评论必须做这样的结论：他的全部贡献，虽然基本上是对李嘉图分析的修改，但却是对于经济学的未来发展具有极为重要意义的修改。

李嘉图经济学的至高无上的地位

令人感到奇怪的是，虽然在现代主流经济学中保留的纯粹李嘉图的分析甚少，而对李嘉图的早期批评却保留甚多，然而在整个 19 世纪的大部分时间里李嘉图对其他经济学家的影响却是至上的。19 世纪的每个主要的英国经济学家，包括约翰·斯图亚特·穆勒（见第 8 章）和阿尔弗雷德·马歇尔（见第 15 章）都向李嘉图致颂词。事实是，他们一方面这样做，另一方面，又以不失其对李嘉图作为经济理论家的尊敬的方式，反对或重新形成某些基本思想。少数派经济学家总是认为李嘉图和李嘉图主义者在早期英国经济学中占有优势。

出现这种现象的原因在很大程度上同李嘉图反对派的性质有关，也同李嘉图弟子的进取性有关。例如，马尔萨斯的著作包含了一种理论的松弛和知识的动摇，这无疑损害了其作为不同于李嘉图理论选择的效果。甚至西尼尔，其方法和分析比马尔萨斯更僵化，看中和急速转向许多少数派经济学家的理论观点。另外，西尼尔没有把他对李嘉图理论的修改同收入分配问题联系起来，这可能对于（西尼尔）那些吸引广大读者能力的贡献有不利的影响。结果，李嘉图便处在了特殊的地位，使他能够使用无懈可击的逻辑来捍卫自己的体系，同时摧毁仅仅基于普通观念的与之对立的观点。李嘉图能够令人信服地做到这些并使其他经济学家爱戴他的事实告诉我们，他的知识力量有多大，也告诉我们经济学家钦佩何种人。

另外，也有对于李嘉图受人瞩目的成就发挥了非常积极作用的事情，不理解这一点便是对于什么是作为一种科学经济学的失察。这一点简单地说是这样：李嘉图严密的推理分析体系——他的前辈或他同时代的经济学家所不能匹敌的——显示了一种方法论的严密性，这种严密性对羽翼未丰的科学的发展极为重要。在今天看来，似乎西尼尔的总体成就及其赋予经济学科学基础的特殊尝试，没有李嘉图先前的成就，是不大可能的，即使不是不可能的。

古典体系的高雅动态学

借助于 W. J. 鲍莫尔，其分析紧跟本节之后，我们可以以一种相当简洁的词汇和短语总结古典经济学的实质。那些在马尔萨斯时代以后、约翰·斯图亚特·穆勒时代之前生活和写作的英国经济学家组成了一个团体，这里总结的就是该团体的经济学。尝试要做的一切是一个综合，因为实际上在古典学派的成员中没有关于全部经济课题的统一观点。

当然，古典经济学家主要关心的是经济增长，或者，从一个发展的状态转向一个静止状态。把一个可能不理想的静止状态看作是历史发展的必然结果。因此，古典的（李嘉图的）经济分析是长期的、基于少数简单假设（有时是令人怀疑的）的分析，由这些假设作出关于经济发展的全面的一般化。在这个过程中，关键的因素是：(1) 马尔萨斯的人口原理；(2) 农业收益递减原理；(3) 工资—基金说。

古典经济增长理论的基本论点遵循一些简单的线索。在一个扩展的经济中，投资和工资水平高且不断增长，资本积累速度加快。但是，高工资引致人口增长，结果形成对食品供给的压力——同固定的、现有肥力土地数量结合起来——导致农业中的递减的资本和劳动收益，以及应用劣等土地以供养增长的人口的必要性。结果，生产成本增加而利润下降。下降的利润引起积累和投资减少，进而达到静止状态。也可能通过一系列高生产力的发明而无限推迟静止状态的实际出现，但古典经济学家并不否认其在长期的必然性。

上面描述的过程也可以作为随着时间的推移——几十年甚或几个世纪——向静止状态的移动而以图式展示出来。考虑一下图 7-1，以横轴测量劳动人口数量，以纵轴测量产品总额和工资总额（以实物量测量），但不包括地租总额，李嘉图把地租仅仅看作从一个阶级转向另一个阶级的收入。这样，无论何时利润下降——其他情况保持不变——地租便提高。当利润降到零的时候，便达到了静止状态。

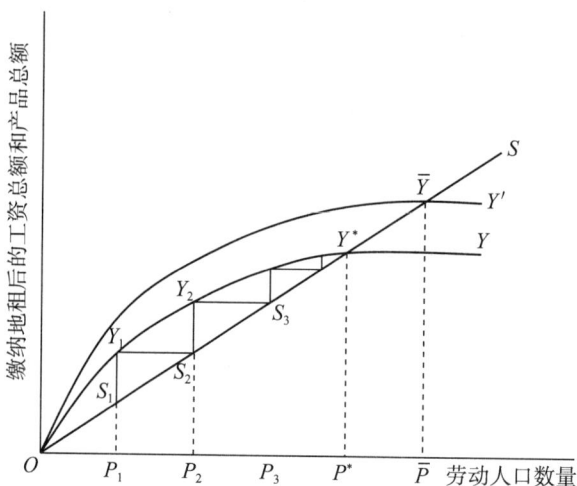

图 7-1 在人口为 OP_1 时总产出为 Y_1P_1，工资总额为 S_1P_1。利润 Y_1S_1 将增加对劳动的需求，从而推动工资达到 Y_1P_1。由于工资高于生存水平，人口将增加到 OP_2，这样，便描绘出了通向长期均衡的阶梯式路径

在图 7-1 中，OS 直线的斜率等于生存工资总额同劳动人口数量的比率（即 Y^*P^* 除以 OP^*）。虽然很少证明李嘉图——或，实际上，任何古典经济学家——总是把生存工资看作总产出的一个不变的比率，但为了简化，图 7-1 假定如此。这样，在产出水平为 Y_1 和劳动人口水平为 P_1 时，平均每个劳动者的生存工资就等于 S_1P_1/OP_1。同样，在产出水平为 Y_2 和劳动人口水平为 P_2 时，生存工资将为 S_2P_2/OP_2。另外，由于生存水平作为产出的一个比率被假定是不变的，$S_1P_1/OP_1 = S_2P_2/OP_2$。

现在假定，我们开始分析古典经济的早期阶段，在该阶段，与其他资源相比人口较少（比如为 OP_1），因此利润、积累率和工资也相对较高。人们可以看到，通向静止状态均衡的道路依赖于人口为适应市场工资水平变化而调整的速度。在人口为 OP_1 时，产品总额（缴纳地租以后）为 Y_1P_1，而工资总额为 S_1P_1。给定李嘉图的剩余理论，利润总额将为 Y_1S_1。

按照工资—基金说，利润积累的现状导致对劳动需求的增加，而且对劳动的竞争实际上把工资推进到 Y_1P_1，在这一点上，利润被挤出，积累停止。但是在工资为 Y_1P_1 时，其高于生存工资，人口开始增加（达到 OP_2），在工资为 S_2P_2 时回到生存工资。

但是人口为 OP_2 时，人口仅处于暂时的均衡，因为人口达到 OP_2 时，伴随着一个收入从 Y_1 到 Y_2 的增加。这样，利润再度以 Y_2S_2 的量出现。这个新的积累引起工资和人口再度增加，这样，便描绘出了图 7-1 中的阶梯式路径。在人口水平为 P^* 时，经济达到静止状态，利润从该经济体系中消失，工资处在生存水平，最肥沃的土地地租达到最大。简言之，古典理论的动态运作，即马尔萨斯人口原理、农业收益递减原理、生存工资理论、古典资本积累理论（工资—基金说）和利润剩余理论预见了一个静止状态的均衡。

图 7-1 中的长期、逐步向静止状态均衡调整的路径假定，人口调整相当迅速地发生，虽然实际上可能并不是这种情形。因此，实际上，调整路径可能（从下面）遵循总产品曲线 OY。例如，如果人口扩展缓慢，那么，在长期，在人口达到 OP_2 之前，可能再出现某种利润，驱使这个过程向前进，把工资保持在生存水平以上，接近总产品曲线 OY。

图 7-1 中的静止过程的延迟可以用生产力的提高来说明，生产力的提高也许是由于技术的改进带来的。提高的生产力使总产品曲线向上移动到 OY'，并把静止状态均衡向右移动到点 $\overline{Y}$。

以这种方式，古典经济学家提供了对经济过程的全面分析。从本质上说，这个方法是演绎的，虽然古典动态学基于几个经验的假定，这些假定在当时可能有效，也可能无效（例如假定所有的储蓄都自动地用于投资）。另外，至少有一个假定——人口原理——包含非经济变量，在当代分析中被归类于起外生作用的变量。然而，古典的动态学代表了对该时代政策问题的大胆而惊人的探讨。

参考文献

Baumol，W. J. *Economic Dynamics*，3d ed. New York：Macmillan，1970.

Grampp，W. D. "Malthus on Money Wage and Welfare"，*American Economic Review*，vol. 46(December 1956)，pp. 924 - 936.

Malthus，T. R. *An Inquiry into the Nature and Progress of Rent*，*and the Principles by Which It Is Regulated*. A reprint of economic tracts edited by J. H. Hollander. Baltimore：Johns Hopkins，1903[1815].

——. *The Principles of Political Economy*，*Considered with a View to Their Practical Application*，2d ed. New York：A. M. Kelley，Publishers，1951[1836].

Martineau，Harriet. *Illustrations of Political Economy*. No. 1. *Life in the Wilds*，*A Tale*. London：Charles Fox(1832).

O'Donnell，Margaret. "Harriet Martineau：A Popular Early Economics Educator"，*Journal of Economic Education*(Fall 1983)，pp. 59 - 64.

Ricardo，David. *The Works and Correspondence of David Ricardo*，10 vols.，P. Sraffa(ed.)，with the collaboration of M. Dobb. London：Cambridge University Press，1951 - 1955.

Schumpeter，Joseph. *History of Economic Analysis*，E. B. Schumpeter(ed.). New York：Oxford University Press，1954.

Senior，N. W. *An Outline of the Science of Political Economy*. New York：A. M. Kelley，Publishers，1938[1836].

Thomas，Gillian. *Harriet Martineau*. Boston：Twayne Publishers，1985.

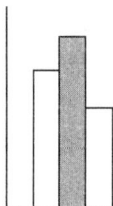

第 8 章

古典经济学 (3)：约翰·斯图亚特·穆勒

167   约翰·斯图亚特·穆勒（1806—1873 年），生于伦敦，其父是经济学家边沁的学生和《英属印度史》（*History of British India*）的著者詹姆斯·穆勒，他也是这位有独立见解的父亲的长子。由于受杰里米·边沁的影响，穆勒是"家庭教育"的早期笃信者。他担负起了对其长子个人教育的责任，然后，期望小穆勒教育其幼小的弟弟妹妹。在其《自传》（*Autobiography*）中，约翰·斯图亚特·穆勒回忆了他在他父亲那里获得的不寻常的和严格的教育。他讲述了自己如何在 3 岁时开始学习希腊文，到 8 岁时就阅读了古希腊大学者（希罗多斯、色诺芬、柏拉图、第欧根尼）的希腊文著作。在同一时期，跟他父亲学习了算术，同时他还自学了包括休谟、吉本（Gibbon）和普卢塔赫（Plutarch）的历史书籍，这些书大都是他父亲从边沁图书馆借来的。他 8 岁时开始学习拉丁文，同时把他所学到的东西教给年幼的弟弟和妹妹。

在穆勒 12 岁的时候，他开始通过阅读英文和拉丁文散文来学习逻辑学。第二年他阅读了李嘉图的《政治经济学及赋税原理》，并按照父亲的要求研究政治经济学问题。关于后面的这些学习，穆勒后来谈道，"我不认为任何科学的教育比我父亲教我学习逻辑学和政治经济学的方式更透彻，或更适合训练能力"（《自传》，p. 20）。他 14 岁的小小年纪，便完成了正规教育。

这种异乎寻常的培养趋向于使穆勒避开一般的社会接触，结果，他没有敏锐地认识到他的教育经验是独一无二的。回顾自己的情况，穆勒写道：

> 我能做的事情，任何有一般的能力、健康体魄条件的贫困男孩和女孩确信无疑地都能做到：如果说我完成了什么事情的话，除了幸运的环境，我要归功于我父亲给予我彻底的早期教育的事实。我简直可以说，我是从超过我的同时

代人 1/4 世纪的优越条件开始的（《自传》，p. 21）。

1823 年穆勒加入他父亲所在的东印度公司工作，他在该公司一直留任到 1858 年。但是他的头脑中充满了各种思想，而且经常写一些关于各种哲学和自由主义问题的文章。他于 1843 年出版了第一部主要著作《逻辑体系》（*A System of Logic*），顺利地得到公众的承认，并连续再版，5 年以后（即 1848 年）问世的《政治经济学原理》一样是成功的著作。这两部著作使穆勒成为他所在时代的杰出思想家之一。继这两部著作之后，他还成功地出版了《论自由》（*On Liberty* 1859）、《对代议制政府的思考》（*Considerations of Representative Government*，1861）、《功利主义》（*Utilitarianism*，1863）、《奥古斯特·孔德和实证主义》（*Auguste Comte and Positivism*，1865）和《妇女的屈从》（*The Subjection of Women*，1869）。

作为一个政治思想家和社会思想家，穆勒接触了四个主要的领域：（1）社会科学的方法问题；（2）对（边沁）功利主义原理的澄清；（3）个人自由；（4）代议制政府理论。但我们最关心的是他对经济理论的贡献。

穆勒的知识转变

考虑到穆勒早期教育的严格和落在他青年思想上的压力，毫不奇怪，在他 20 岁的时候，穆勒遭受了一个漫长的精神消沉期，在此期间，他似乎感到他为之而接受训练的生活目标，没有哪一个能为他带来真正的幸福。他开始认识到在他的教养中存在着某些缺陷。

□ 走进浪漫主义

在尝试发展他自己的"内在文化"时，穆勒转向了浪漫诗人柯尔律治（Coleridge）和华兹华斯（Wordsworth）的著作和法国启蒙哲学家的思想。特别是，诗人们的著作不仅在穆勒思想消沉时给了他安慰，而且，由于他们对政治经济学的敌意，也引致他重新思考政治经济学的某些有关思想。

柯尔律治和华兹华斯反对经济学，他们后来加入了由文学批评家卡莱尔（Carlyle）[1]、狄更斯和罗斯金（Ruskin）发起的反对渐渐渗入的维多利亚时代英国的工业主义和唯物主义的活动。在工业主义中，他们看到了人们感情的淡漠和生活质量的下降。他们认为政治经济学——工业主义的科学——要对他们所看到的日益增长的社会错误负责。由于主张要做旧秩序的保护者，浪漫主义者否认科学探讨的功效。另外，他们没有看到，经济学家寻求分析和解释社会事件时并不必然打上赞成现存社会秩序的印记。当时少数经济学家甚至试图拒绝这种乏味的批评，但穆勒却是例外。

---

[1] 由于阅读了马尔萨斯的《人口原理》，卡莱尔怀疑经济学是"令人忧郁的科学"。

在其精神消沉期间，穆勒也阅读了亨利·圣西门（Henri Saint-Simon，见第 10 章）的学生、法国哲学家奥古斯特·孔德（Auguste Comte）的著作。孔德赞成一般的"人类科学"，政治经济学被纳入他命名为"社会学"的一般科学。[①]由于坚持认为作为演绎科学的政治经济学缺乏经验和历史的联系，孔德主张一种社会科学的新方法和新秩序。他把新的方法称作实证主义（positivism），所谓实证主义，孔德指的是经验主义，或归纳法。

169

穆勒主张政治经济学是独立的学科，并为政治经济学重建了哲学和方法论基础，从而对各种各样的批评作出了反应。他是孔德构建一般的人类科学意图的赞同者，但他捍卫作为独立学科的经济学。他也较为靠近孔德关于科学方法的命题，但他同时捍卫李嘉图的方法，认为李嘉图的方法对于社会科学具有固有的用途。

按照穆勒的看法，在社会领域，不能仅仅依赖经验法或归纳法，因为社会现象的原因常常是复杂的，相互不容易区分。穆勒把演绎法看作对任意的经验主义错误的一种理想约束，而且演绎法并不必然导致教条地接受不能为事实支持的思想和理论。因此，事实便是对演绎法的理想的约束。简言之，穆勒在经济方法中的归纳法——演绎法两个极端之间达到了一个微妙的平衡。

穆勒经济研究的结构

穆勒的《政治经济学原理》是演绎推理和归纳推理之间的一个辩证的平衡。在理论问题上，他重新确认和拓宽了李嘉图的结构，同时把新的思想和支持政治经济学许多问题的事实结合起来。在所有关于经济学的著作中，穆勒的《政治经济学原理》是人们最广泛阅读和应用的著作之一。该书作为教科书应用了近 60 年（直到被马歇尔的《经济学原理》取代），它过去是，现在仍然是一部关于古典经济理论、经济政策和社会哲学的完整的论述。

□《政治经济学原理》的特点和目的

穆勒自己最好地描述了这部著作的特点和目的：

实际上，政治经济学是同社会哲学的很多其他分支学科不可分割地结合在一起的。除了一些单纯的枝节问题，也许没有任何实际问题，即令其性质最接近于纯粹经济问题的问题，可以单独地根据经济前提来决定。因为亚当·斯密从未忘记这一真理；他在政治经济学的应用方面经常进行远多于政治经济学的

---

① 在今天，社会学作为一门独立的学科，已经变成比孔德最初对它认为的更专业化了，当时社会学是一个全面强调人类研究的学科，包括经济学、心理学、人口学、历史等。

思考——他为了实践的目的而掌握这一主题的原理，提出了有充足理由的看法。由于这一点，在众多的经济学著作中，只有《国富论》这部著作，不仅受到一般读者的欢迎，而且在上层社交界和国会议员们的心目中都留下了深刻的印象（《政治经济学原理》，pp. XXVii-XXViii）。

以这种方式，穆勒从一开始就强调了他的著作的双重性——理论和应用。他的目标是清楚的：概括和综合直到他的时代的全部经济知识。

穆勒方法论的折中主义赋予了《政治经济学原理》一种独特的风味。通过与孔德和圣西门主义者的接触，他确定了现在著名的生产的经济法则和分配的社会法则之间的两分法。照穆勒的看法，前者是不可改变的，它们受自然法则支配。这些法则已经由李嘉图及其追随者作了充分的表述，是狭义经济学的适当范围——作为一门独立的科学。但是，穆勒坚持认为，分配法则并不是仅仅由经济力量决定的。相反，它们几乎完全是人的意愿和制度的问题。人的意愿和制度本身是价值观、道德、社会哲学和嗜好改变的产物。因此，分配法则是可塑的。对它们的充分解释和理解不仅仅在于经济研究，而且在于隐含于经济进步下面的历史法则的研究。

孔德的许多思想涉及这些历史法则的发现。他以"三个阶段法则"表述的著名的历史观断言，人类知识进步的发展经历了三个独立的和不同的阶段：（1）神学阶段，在这个阶段，人类的行为和其他现象被归因于神性或"魔力"；（2）形而上学阶段，在这个阶段，事物的本质或性质取代了神的个性（例如，把自然法则作为解释的手段）；（3）实证阶段，在这个阶段内省的知识被排除了，并应用科学方法以发现真理。孔德把所有这些社会的和经济的进步都归因于人类知识的完善，因为知识进步贯穿于这些阶段。

穆勒的《政治经济学原理》的五个部分或 5 编详述了生产的永远不变法则和分配的相对法则之间的区别。生产、价值和交换的经济学一般限于《政治经济学原理》的第Ⅰ、Ⅱ、Ⅲ编，而穆勒的社会观则出现于第Ⅳ编（"社会进步对生产和分配的影响"）和第Ⅴ编（"政府对生产和分配的影响"）。

□ 穆勒论生产

对穆勒关于生产的思想的基本评价，可能是由于重新评论李嘉图《政治经济学及赋税原理》和后李嘉图主义者对该课题的（最低限度的）精练而获得的。对于生产劳动和非生产劳动、萨伊定律、资本积累、马尔萨斯人口原理和工资—基金说在经济进步中所起的关键作用，穆勒都做了最清晰的阐述。像李嘉图和其他古典经济学家那样，穆勒认定资本和资本积累起了主要作用。他认为，他的"关于资本的五个基本命题"是极为重要的，这五个命题重新阐述了古典经济进步理论。

按照古典传统，穆勒认为，给定萨伊定律，就业和提高的产出水平取决于资本积累和投资。为使劳动度过不连续的生产阶段，需要资本投资部分，即储蓄的结果。虽然他后来似乎放弃了这个思想，但穆勒显示出其对工资—基金说有着清晰的理解：

一个产业仅仅提供给它用于发展的原料和食品。人们常常忘记了一个不说自明的情形是，不是依靠现在劳动生产的东西，而是依靠过去劳动生产的东西来养活一国的人民。他们消费已经生产出来的东西，而不是消费将要生产的东西。现在，在已经生产出来的东西中，仅有一部分被分配用于支持生产劳动，没有也不可能有多于如此分配的部分（即一国的资本）被用来吃掉，以及提供生产原料和工具（《政治经济学原理》，p. 64）。

资源的闲置——不是作为一种暂时的状况——按萨伊定律并不认为是可能的。同马尔萨斯的主张相反，储蓄将自动转变成为另一种形式的支出（即投资），由于消费不足而造成的商品过剩是不可能的。简言之，穆勒从来没有考虑在经济体系中存在总需求不足。

□ 穆勒论经济增长

穆勒对古典经济学最清楚的阐述是在经济发展领域。像李嘉图一样，他认为限制经济增长的因素之一是农业的收益递减。另一个限制因素是投资激励下降。但是，一般说来，穆勒关注资本积累、人口增长和技术这样一些主要变量。把这些变量同农业的收益递减结合起来，穆勒提供了一个清晰的对古典经济发展理论的讨论。

像在他之前的李嘉图一样，穆勒认为，由于收益递减和投资激励下降，促使经济从一种进步状态走向一种静止状态（见第 7 章）。但是，在古典经济学家中，只有穆勒没有坚持一种否定静止状态的观点。相反，他把静止状态看作是有意义的社会改革的前提。穆勒认为，一旦达到静止状态，就可能评价分配中的平等问题，社会改革就可能加速进行。但要记住，在穆勒的思想中，分配属于有延展性的经济关系系列。把他的关于分配的争论的立场暂且放在一边，穆勒对古典生产理论动态学的阐述达到了深度，这是一个任何其他古典学派学者从来没有达到的澄清和理解古典动态学的深度。

■ 穆勒的理论进步

尽管穆勒澄清了古典生产理论问题，但他被看作是缺乏独创性理论的综合者。许多经济学史家始终坚持这种观点。遗憾的是，这种评价太不公平。至少有一个重要的思想史学家坚持认为，找出一个比穆勒更具有理论原创性的学者是困难的。[1]

本节的意图是详尽阐述穆勒的少数更为重要的理论贡献。虽然穆勒自己并没有强调这些理论思想的重要性（例如，联合供给理论是在一个脚注中被发现的），然

---

[1]　见 G. J. 施蒂格勒（G. J. Stigler）的有趣而仍然适时的论文《科学进步中的原创性的性质和作用》（The Nature and Role of Originality in Scientific Progress）。

而它们却表明，超出人们的普通想象，穆勒更多的是古典经济分析和新古典经济分析的桥梁。这里加以详尽阐述的问题并没有涵盖全部，但显示了穆勒对经济分析贡献的原创性。

□ 供给和需求

约翰·斯图亚特·穆勒是对现代意义的静态均衡价格形成作出明显贡献的第一位英国经济学家。应用文字分析，他提出了几个方面的均衡价格理论。穆勒完全认识到对隐含着价格和供求数量之间函数关系的原理的抽象和简化分析的必要性。例如，他指出，"在科学地思考交换价值时，权宜之计是抽象掉所有原因，除了那些根源于所考虑的商品的原因"（《政治经济学原理》，p.438）。穆勒抽象的结果是正确形成了，当其他情况不变时，作为价格和需求数量与供给数量之间函数关系的需求曲线和供给曲线。*172*

由于注意到以前经济学家所表现的术语混乱，穆勒提出对需求和供给之间数学关系的适当表述是一个等式，而不是经济文献常常假定的比率：

> 需求与供给之间的比率，只有将需求解释为需求量，并将这一比率解释为需求量和供给量之间的比率，才易于理解。可是需求量即使在同一时间、同一地点也不是固定不变的；它是随同价值的变动而变动的。物品价格低廉的时候，其需求量常常大于价格高昂的时候（《政治经济学原理》，p.446）。

> 比率（如需求和供给之间的比率）这一概念是不恰当的，是与问题无关的。适当的数学比拟是等式。需求和供给，即需求量和供给量，总会达到平衡。如果在某一时刻二者不平衡，竞争会使它们平衡，而且实现平衡的方法就是调整价值。需求增加，则价值上升；需求减少，则价值下降（《政治经济学原理》，p.448）。

这样，穆勒便突破了包含于大多数早期需求价值理论形成中的循环。例如，对需求的正确性质的错误理解，便可能导致需求部分地依赖于价值但价值是由需求决定的断言。但是，给定穆勒的区分，"如果需求增加"（或者减少）便被解读为需求的向右（向左）移动，穆勒严密的表述几乎完全类似于对价格变化机制的现代解释。因此，他充分地区分了供求量变化决定价格和价格决定供求量变化。穆勒在这方面的成就，即"对供求规律的生动表述，和它们对劳动的适用性"，在英国直到弗莱明·詹金（Fleeming Jenkin）1870年发表的论文中阐述关于供给和需求的图示说明之前，是无与伦比的。另外，穆勒也是阿尔弗雷德·马歇尔在这个课题上的最重要的来源。

□ 联合供给

穆勒阐述了联合供给物品的理论，这是他对价值理论的另一个重要贡献，虽然人们常常由于这个概念的创造而赞扬马歇尔（他仅仅增加了图示说明），但穆勒在其名为"价值论的若干特殊情形"的一章中严密地阐述了这一原理：

有时两种不同商品具有联合生产成本。它们都是同一生产活动或同一组生产活动的产品，其支出是出于二者共同的需要，而非部分支出是出于一者的需要、部分支出是出于另一者的需要。如果所产物品之一不是人们所需要的或者人们根本不用，则同样的支出不得不由二者之一承担。在生产上如此联合起来的商品是不少的。例如，焦炭和煤气是以同一原料在同一生产活动中生产出来的。从部分意义上说，羊肉和羊毛也是这方面的例子，还有牛肉、牛皮和牛脂，小牛和乳制品，鸡肉和鸡蛋。在这里，生产成本与联合（生产出来的）商品的各自价值的确定无关。它只决定它们的联合价值。煤气和焦炭必须一起偿付它们的生产成本，加上通常的利润。要做到这一点，一定量的煤气连同其副产品——焦炭，就须按照它们的联合生产成本同其他各种物品相交换。但是，生产者的报酬有多少来自焦炭，多少来自煤气，尚有待确定。生产成本并不决定它们各自的价格，而只决定它们的价格总额（《政治经济学原理》，pp. 569 - 570）。

问题 穆勒在这个方面提出的问题是：给定单一的成本函数，如何把从分别生产的两种产品获得的利润分配给联合生产的产品？当然，利润计算的先决条件是，假定可以分别为两种商品确定价格。穆勒确定均衡的方向是明确的：

当对一种物品的需求同对另一种物品的需求非常吻合，以致对一种物品需求量恰好产生出对另一种物品的需求量时，均衡就将实现。如果任何一方有了过剩或不足，假定对焦炭有需求，而对同它一起生产出来的煤气没有需求，或者情况相反，则这两种物品的价值和价格将自行调整，直到二者都找到市场为止（《政治经济学原理》，p. 571）。

答案 可以把穆勒对联合供给的答案叙述如下：在产品是以固定比例联合生产的情形中，每种产品的均衡价格必须是在市场上出清的价格，它们要服从两种产品的价格总额等于其（平均）联合成本的条件。他显然完全理解这个竞争定价的特殊方面，而这在今天如果不借助于数学分析似乎是不可思议的。

考察马歇尔联合供给理论的图示将加深我们对这个复杂问题的理解。这个图示是在马歇尔的《经济学原理》第 V 编第 6 章（*Principles of Economics*，Book V，Chap. 6）的一个注解中发现的。在图 8 - 1 中，把菜牛的联合供给，或平均成本函数，标为 SS'；需求曲线 DD' 表示对菜牛的总需求，该曲线是对牛肉和牛皮分别需求的加总。牛肉的需求函数在图 8 - 1 中以 dd' 标出，这样可以很容易地从对菜牛的总需求中减去对牛肉的需求，从而得出对牛皮的需求。这样，便按照 OM 生产了菜牛，MB 代表牛肉的需求价格，BA 则代表牛皮的需求价格。

另外，还可以求出牛肉的特殊类型的供给曲线。从联合产出的菜牛供给价格减去牛皮的需求价格，便得到这种类型的特殊的牛肉供给曲线。正如我们已经看到的，在产出量为 M 时牛皮的需求价格等于 BA，从总供给函数减去 BA 得到产量为 M 时的牛肉的派生供给价格 ME。因而，牛皮的供给价格为 EC。遵循这个程序，便可以获得牛肉各个产量的虚线供给函数（ss'）。

经济理论和方法史（第五版）

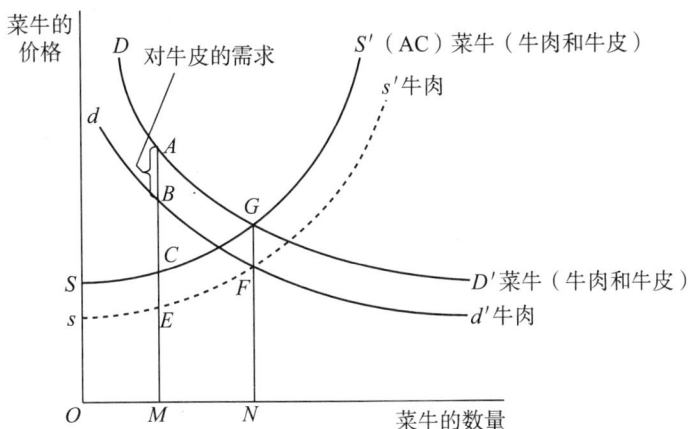

图 8-1　在竞争均衡 N 处，牛肉的价格（NF）由 ss′ 和 dd′ 的交点决定，牛皮的
　　　　价格（GF）则由总供给函数减去 NF 决定

　　像穆勒显然理解的，当菜牛产量为 N 时，便达到了竞争的均衡。在菜牛产量为 N 时，牛肉的供给曲线和需求曲线（ss′ 和 dd′）相交从而决定牛肉的价格（NF）。也以同样的方式决定牛皮的价格（GF）。当产量为 N 时[①]，两种产品（牛肉和牛皮）的市场便处于均衡状态。应当指出穆勒-马歇尔模型的几个有趣的特征。首先，对一种产品，比方说牛皮，需求的增加，便增加另一种产品（在这种情况下是牛肉）的供给，并因而降低其价格。其次，平均成本（SS′）的增加，使两种联合生产的产品的价格都提高。另外，这两个结果和穆勒-马歇尔分析结构都依赖于按比例生产产品的固定性，即菜牛生产的增加意味着按固定比例增加牛肉和牛皮生产。当然，按照非比例的假定可能构建另外的模型。

　　穆勒联合供给理论的意义是明显的，它已经考虑到了在一般经济分析中的大量应用，特别是在交通和公共效用领域中的应用。最近，已把它应用于公共物品模型和包括副产品供给问题的分析，例如，对污染问题的分析。总的说来，穆勒的联合供给理论对经济分析是具有重要意义的贡献。

□ 选择成本说

　　地租作为生产的必要或不必要的支付问题，在某种程度上，由于李嘉图顽固地把地租看作边际内的剩余而留下了混乱。你们可以回忆一下，严格意义的李嘉图理论坚持认为，只要是农业用地就没有其他用途。穆勒澄清了这个问题，他揭示了选择成本学说，并把这一学说应用于分析地租的性质。在其《政治经济学原理》第Ⅲ编第 5 章，他写道：

　　　　土地被用于并非农业的其他用途，特别是被用于居住；当这样应用的时
　　　候，便产生租金……一幢建筑物用地的租金，一个占用土地的花园或公园的租

---

① 注意，在这一点上，两种价格总额（NF＋FG）等于其生产的联合成本 NG。

金，将不少于同样的土地提供给农业所获得的租金……但是，当能在农业中获得地租的土地被应用于其他意图的时候，将要产生的地租是用它来生产的商品成本的一部分（p. 475）。

换言之，农业地租，当土地没有其他用途的时候（李嘉图的情形），不是一种生产成本，但是，一旦允许其他用途，就变成了生产的一种必要成本。

□ 厂商经济学

亚当·斯密讨论的扣针制造厂的魅力在于它描述了一个小规模的生产过程。随着时间的推移和工业革命的全面开花，英国制造业的规模与日俱增。穆勒对这种发展是敏感的，并对经济后果保持警觉——在处理生产法则时，他第一个系统地讨论了规模经济原理的一般论述。

正如亚当·斯密指出的，分工是为企业成长作出贡献的因素。穆勒认识到，分工是"引起大规模制造业产生的因素之一"（《政治经济学原理》，p. 132）。企业成长的另一个原因，他认为，"是引进需要昂贵机械的生产过程，昂贵的机械则要求大量的资本，而且，这些资本除了用于生产的意图不作他用，并且充分发挥机械能力，能够生产多少产品就希望销售多少"（《政治经济学原理》，p. 135）。

他以邮政部门为例来说明一个大的、集中化的企业如何比小的、非集中化的企业更有效率，穆勒提出了规模经济概念，并提出对这种经济在任何具体的情况下是否现实的简单的检验法。

> 作为一般规则，一个企业并不按照营业的数量成比例地增加支出……是否在某种特殊情况下，更注重大规模的经营会比更加提防和关注较小的收益和损失，通常在小企业中存在的，占优势？在自由竞争的状态下，可以按照统一的检验标准来确定。只要在同一行业中存在大企业和小企业，在这两种企业中，在现存的情况下，以较大的优势进行生产的企业将能够比另一个企业以更低的价格出售。永久的廉价出售能力，一般地说，只能通过提高劳动效率获得，而且，在通过进一步扩展的就业划分，或者通过一种分工，意在改善经济的技能的时候，总是意味着同一劳动获得更大的生产力，不仅仅是从较少的劳动获得同样的生产力；它不仅增加剩余，而且增加工业的总产出。如果增加特定物品的数量不被需要，结果部分劳动者就将失业，维持和雇用他们的资本也是自由确定的，一国的一般生产力由于将工人的劳动作他用而提高（《政治经济学原理》，p. 134）。

□ 非竞争劳动团体理论

在第5章我们看到，亚当·斯密已经认识到，工资的某些不平等是因就业本身的性质，而不是因竞争法则的缺点造成的。经济学家把这些不平等叫作"均衡的工资差别"。斯密对均衡工资差别的讨论是基于在长期劳动力在职业间具有完全的流动性。但是，穆勒认识到了一种由于教育成本而引起的对劳动流动性的障碍。

经济理论和方法史（第五版）

175

154

如果无技能的劳动者以其能力同有技能的劳动者竞争，仅仅按照学习贸易所付出的代价，工资的差别可能不会超过因这种代价而对他们的补偿……但是，需要一个教育过程，即使是不太昂贵的教育，或者在相当长的一段时间内必须以其他收入来源来维持劳动者，这一事实便足以到处把大量的劳动人民排除在这种竞争的可能性之外……所以，到目前为止，这种区分……非常完整，不同级别的劳动者之间的分界线非常清晰，几乎相当于对社会等级的划分：每个就业的等级主要雇用那些已经在该等级就业的人的孩子，或者按社会估计的同一级别的就业的人的孩子，或者那些，如果最初处于较低级别的话，通过训练而使他们自己成功提升的人的孩子（《政治经济学原理》，pp.391-393）。

在受影响的劳动市场持续留存的不一致不能以竞争的原理来解释，由于这个简单的原因，人们把这些叫作非竞争劳动团体。实际上，较大的教育设施以不能轻易复制的技能影响工人，以致他们在出卖其劳动时享有一定程度的垄断能力。

□ 市场过剩理论

古典宏观经济学的棘手问题之一是消费和生产之间的关系问题，除了少数例外，古典经济理论坚持认为，经济产出的一般生产过剩不能长期持续下去，因为市场力量将纠正这种暂时的不平衡。在面临过度供给时，价格将下降，刺激更多的消费，这样便把剩余的物品消费掉。法国经济学家 J. B. 萨伊给出了其最早和最完整的表述。在市场过剩理论后面隐含的原理是以著名的"萨伊定律"出现的。穆勒没有反对萨伊定律，但他认识到了所有商品都不能生产过剩这个命题的局限性。

人们说，购买者可能从来没有一种购买一切商品的欲望，因为，无论谁提供一种销售的商品，都希望在同该商品的交换中获得一种商品，因此，一个购买者之所以是购买者仅仅在于他是一个销售者的事实。把一切商品放在一起考虑，按照事情的形而上学的必要性，确切地说，购买者和销售者是相互等同的；如果在一种情况下卖者多于买者，在另一种情况下则必然买者多于卖者。

这个论点（萨伊定律）显然基于物物交换状态的假定，按照这个假定，它完全是不协调的。当两个人进行一种物物交换活动时，他们各自立刻是销售者和购买者……但是，如果我们假定应用货币，这些假定便不再完全正确了……用货币进行的交换……像人们常常看到的，最终只不过是物物交换。但是也有这样一点区别——那就是，在物物交换的情形中，销售和购买是在一次合作中同时被混淆的，你卖掉你所拥有的并购买你想购买的，由于是一种个人的活动，你不做别的事就不能做这种事*。现在，应用货币的结果，甚至货币的效用，是它能够使一种相互交换的活动划分成两种分开的活动，其中一种活动可能现在就进行，另一种活动可能一年以后进行，或者在任何它最方便的时候进行（《影响》，p.276）。

---

* 你不卖就不能买。——译者注

随之而来的是，在给定的时间，人们可能希望很快实现销售而延期购买——这就是一般过剩时期。按照穆勒的看法：

> 为了处理所有商品的过剩不可能的论点，以能够适用于使用流通媒介的情况，必须把货币本身看作是一种商品，必须毫无疑问地承认，不能有一切其他商品的过剩，同时也不能有货币的过剩（《影响》，p.277）。

□ 穆勒的"新古典"贡献

虽然穆勒无疑是早期古典思想的大师和智囊人物，但是，总体说来，人们忽视了他作为一个具有创造性的理论家为新古典经济分析指明了道路。他的第一个贡献，上面讨论过的（但简要地），应当足以推翻穆勒仅仅是缺乏独创的古典经济学的模仿者和综合者的评价。仅凭他对需求理论的概念化和解释，包括联合供给和需求的"特"例，便使他跻身于从斯密到阿尔弗雷德·马歇尔（第 15 章）的行列。实际上，由联合供给条件所提出的问题已经形成了当代重要经济理论分支的基础，包括经济规制和围绕公共物品需求条件的理论和实践。

但是，穆勒的纯理论成就甚至更深远。价格调整在确立多个市场同时实现相互均衡条件上的作用，直到新古典时期及以后才成为经济分析的中心论题。为了这个进步而受到称赞的人当属莱昂·瓦尔拉斯（见第 16 章），他构建了继穆勒之后一代经济分析的一般均衡体系。但是，穆勒国际贸易理论中的相互需求的文字模型是构建这个体系的一个主要部件。[①] 就一般均衡理论的概念（如果不是其形成和发展）而言，可以正当地将之命名为"穆勒"和"瓦尔拉斯"一般均衡理论。简言之，穆勒对价值理论的深刻贡献表明，他是古典经济学鼎盛时期的一个勇敢的和具有原创性的开拓者。

穆勒的规范经济学

虽然人们常常把穆勒看作是最后一个伟大的古典经济学家，但他生活在充斥着一种对古典经济学进行知识的和社会主义的批评活动的 19 世纪。尽管他是一个机敏的、仁慈的和具有强烈独立性的思想家，但穆勒还是禁不住受到了这种批评的影响。事实上，他甚至不值得那样严肃地接受了最奇异的社会主义者的批评。有一个时期，他几乎是一个圣西门主义者，虽然在其晚年他感到圣西门的学说难以理解。然而，如果说穆勒没有对社会主义学者进行批判分析，但他一直坚持同情社会主义思想。一言以蔽之，约翰·斯图亚特·穆勒在社会改革问题上是一个热心者，但他以一种尽可能加强和保护个人自由和尊严的方式参与社会改革。

---

① 由于篇幅限制和这个课题的高度专业化的性质，本书没有探讨穆勒的国际价值理论，但可以在其《政治经济学原理》第Ⅲ编找到。

这种对财富和机会更为平等的人道主义关心使他有别于其他古典经济学家。另外，穆勒也进行了一种优雅的权衡活动。他作为理论家的特点在《政治经济学原理》前三编中有突出的表现；而他作为改革者的激情则弥漫于后两编中。后两编强调为改善人性而应用政治经济学。穆勒弄清楚了如何保持经济学的理论与实践的联系。他曾在致一个朋友的信中写道："同社会进步和社会主义思想传播的非常紧迫的实际问题相比，我把对政治经济学的抽象考察看作是非常次要的"（《书信集》，Ⅰ，p.170）。但是，应当指出，穆勒从来没有忽视作为政策论述的适当基础或结构的理论的重要性。

这样，《政治经济学原理》的后两编，和前三编不同，是目的论的（目标导向的）。它显示了穆勒对诸如财富再分配、妇女平等、劳动者的权利、保护消费者利益和教育等的社会改革的关心。

□ 静止状态

《政治经济学原理》第Ⅳ编和第Ⅴ编的目的论导向部分论述了静止状态的概念，穆勒把静止状态看作是持续社会改革的前提条件。穆勒突破了李嘉图传统把静止状态主要看作是强调最可能的经济增长结果的理论结构。你可能还记得李嘉图的理论导致了悲观主义。但是对穆勒来说，静止状态几乎成了一种乌托邦，在这里，已经实现了富裕，国家接下来可以去解决真正重要的问题，即财富和机会平等问题。

在《政治经济学原理》第Ⅳ编，穆勒宣布他同古典传统决裂，在这一编，他抨击了仅仅为了积累而积累财富的思想。穆勒以第一人称宣布：

> 我不能以老派政治经济学家普遍表现出来的那种朴素的厌恶心情来看待资本和财富的静止状态。我倾向于认为，整体说来，静止状态要比我们当前的状态好得多。一些人认为，人类生活的正常状态就是生存竞争……坦白地说，我并不欣赏这种思想（《政治经济学原理》，p.748）。

在另一个地方，穆勒也明显地以现代的口吻讲话：他几乎加盟于那些谴责为经济增长而经济增长的经济学家。[①]但是，穆勒的话对于那些主张先破坏然后再"改善"社会的人也有警示意义：

> 只有在落后国家，增加生产仍是一个重要目标。在最先进的国家，经济上所需要的是更好地分配财产，而要更好地分配财产便离不开更为严格的人口限制。单靠消除差别的各项制度，无论这些制度是公平的还是不公平的，都做不到这一点，它们只能降低社会最高层的生活，而不能长久提高社会最底层人民的生活（《政治经济学原理》，p.749）。

在这段引文中穆勒表明了他的信条，即真正的社会改革不仅在于破坏现行的制度，而且还在于"个人的深谋远虑和节俭以及一套有利于平等分配财产的法律制度

---

① 在加入这个大合唱的现代经济学家中声音最高的是约翰·肯尼思·加尔布雷思（John Kenneth Galbraith，见第18章）和 E. J. 米香（E. J. Mishan），《经济增长的成本》。

的联合作用，迄今为止，法律制度是同个人对其勤劳成果的合理要求一致的，不管这种成果是大还是小"(《政治经济学原理》，p. 749)。

□ 财富的再分配

穆勒赞成实现较为平等目标的手段不是收入的再分配，而是财富的再分配。二者间的区别并非轻微。约翰·斯图亚特·穆勒和他父亲一样，认为应当允许个人"获取他们自己产业的成果"。这就是说，每个人都有权利赚取收入。但是，不管父亲还是儿子都没有把财富积累本身看作是目的。他们都认为，超出某一限界，进一步的物质收入便是不可取的了。在小穆勒那里，这种对额外积累财富的厌恶采取了建议限制遗产数量的形式。穆勒在这个方面确立了他自己的准则：

> 如果我不考虑现存的意见和情绪而编制一套在我认为是最好的法典，我首先将不是限制一个人可以遗赠的范围，而是限制任何人可以依靠遗赠或继承取得什么东西。每个人应有权随意处置他的全部财产，但不得大手大脚地滥给，不得使某个人得到的财富超过一定的限度，这个限度可以定得很高，以保证接受者能舒适地独立生活。勤劳、俭朴、意志、才能以及某种程度的机遇上的差异所造成的不平等，是和私有制原则不可分割的。我们如果承认这个原则，就必须承担其一切后果；但我认为，为任何不以自己的能力而靠别人的恩惠获取的财产规定一个限度是不可反对的。如果他还想获取更多的收入，他应为此而劳动(《政治经济学原理》，pp. 227－228)。

显然，穆勒主张的是一个人们在其中将摆脱对经济必需品的紧迫需求，并易于改善生活平等的世界。他同浪漫主义诗人有相同的看法，虽然他反对他们对政治经济学的批评。但是，穆勒加之于个人财富上的这种限制包括价值判断，因此，属于规范经济学领域。这种问题不能仅仅由理论来解决，因为理论把自身限制在客观问题上。

穆勒强调静止状态是一件好事，由于其可以摆脱难以忍受的经济生存的必然性，他看到了扩展的人类发展的机会：

> 不用说，资本和人口处于静止状态，并不意味着人类的进步也处于静止状态。各种精神、文化以及道德和社会进步，会同以前一样具有广阔的发展前景。"生活方式"也同以前一样具有广阔的改善前景，而且当人们不再为生存而操劳的时候，生活方式会比以前更容易改善(《政治经济学原理》，p. 751)。

□ 政府和自由放任

穆勒规范经济学的主要部分涉及政府的适当作用和影响，这是他在《政治经济学原理》第 V 编开始研究的一个课题。他首先区分了政府的必要职能和可选职能。必要职能"是与政府这一概念不可分的职能，或者政府习惯行使而未遭到反对的一切职能"(《政治经济学原理》，p. 796)。但是，其他职能却不是普遍被接受的，因此政府在这方面的活动是有争议的。

必要职能和可选职能之间的区分是重要的，因为它可以使穆勒尽可能地减少对前者的讨论而集中讨论后者。穆勒列举的政府必要职能包括征税的权力，铸币，建立统一的度量制度，实行反对暴力和诈骗的保护措施，公平的管理，合同的执行，确认和保护财产权（包括对环境使用的规定），保护弱者的利益和精神补偿以及提供某些公共物品，例如，公路、运河、水坝、桥梁、港口、灯塔和火车站等。

为了支持自己对政府在这些领域的活动的观点，穆勒论述了各种直接的或间接的税收对经济长期影响的程度。他对这些问题的论述是彻底的，而且历经多年都没有过时。然而，这却与穆勒在第Ⅴ编关于政府活动的适当基础叙述的连续性有点背离。再回到《政治经济学原理》最后一章的题目上时，穆勒要求那些意欲辩护政府干预的人给出证明，他自己则干脆坚持古典的传统，重新确认这样的格言：自由放任是个规则，任何对这个规则的背离，除非为某种巨大的利益所需要，都是一种邪恶。

但是，正如亚当·斯密比一般人更少空谈关于政府干预问题的理论那样，约翰·斯图亚特·穆勒甚至谈论得更少。理解穆勒关于自由放任主义原理有限性的哲学命题的关键在于这样的认识，即在资本主义下面的政府干预为某种巨大的利益之所必需。在这个方面，穆勒从来没有完全摆脱杰里米·边沁对他的思想的早期影响。这样，穆勒便能够列举自由放任主义学说的几个例外，而不危害基本原理。他的例外允许政府在消费者保护、普通教育、环境保护、有选择地强化基于未来经验的永久性合同（例如婚姻）、公共设施管制和公共慈善事业等领域进行干预。

简言之，穆勒认识到，而且在某种情况下第一次表明，大多数普通的自由放任的例外已经成了资本主义的有机组成部分，至少在美国是如此。政府的各种监察机构（例如，食品和药品管理机构），国家支持的教育、环境保护机构，离婚法和法院，规制委员会（例如，联邦电力委员会、联邦航空管理委员会和联邦通信委员会）和美国的福利法，都是由于受了数百万人希望资本主义更为公平和更有人性的愿望的启发而确立的。第9章将特别详细地考察穆勒的政策内容和建议。

这样说对穆勒是公平的：他非常坦率地告诫国家应当按照习惯应用这样一些措施，他不一定赞同对资本主义现存制度的一切改良，然而，他愿意进行那种体现其著作和思想的转变性质的改良，这一切表明穆勒在很大程度上是一个现代经济学家。

□ 穆勒和古典经济学的衰落

约翰·斯图亚特·穆勒无疑是由他所处的知识环境造就的，同时他也是这种知识环境的楷模。按照古典传统，他把他的学识完全用于综合和完善经济知识，而当时经济学作为一种科学正受到来自浪漫主义的、社会的和方法论的批评的全面困扰。他以自己在分析上的贡献丰富了经济理论，而且，他毫不犹豫地发布公告指出实际应用知识的方法。值得赞扬的是，穆勒从来没有混淆经济学的两个分支——理论和政策，他还娴熟地展示了二者之间的相互联系。无论在何种场合，穆勒都坚持自己规范的观点，他提醒读者要注意某些观点的随意性。甚至在这样做的时候，他也因认真阐述某一给定的建议或行动的优点或缺点而显示出了一种公正探讨的精神。

穆勒对其他经济学家和社会思想家的影响是深刻而长久的。在他的时代，穆勒对基本问题的关心，以及他作为经济学家、哲学家和逻辑学家的多方面的睿智，使得他次要的思想也没有受到攻击。（穆勒经济方法的贡献回顾，参见专栏"方法论争论之二：穆勒论经济学方法"。）的确，穆勒的遗产保留下来了。像多数最伟大的思想家一样，他的问题比他的答案更持久。在本章我们将集中考察穆勒的理论成就，并附带提一下他的政策建议。在下一章，我们将看到穆勒关于政策的思想如何变成了政治版图的一部分。

☞

方法论争论之二：穆勒论经济学方法

除了对经济理论和政策作出了显著的贡献，约翰·斯图亚特·穆勒也是最早明确论述经济学研究的主流方法的经济学家之一。虽然纳索·西尼尔和大卫·李嘉图也为确立经济学的主流方法作出了贡献，但穆勒在他的《逻辑体系》（*A System of Logic*，1843年）第 6 编中给出了对经济学性质的最有效的表述。简言之，穆勒反对极端的方法，并宣称经济学类似于化学或物理学，都是一门科学，但它论述一种不同的、更为复杂的主题——人的性质。因此，经济学是一门"社会"科学，也许它不像更为传统的科学那样先进，但它是一门科学。

为了解释经济学为什么是一门科学，穆勒提及了当时的物理学。气象学，像经济学一样，也是一门不完善的科学，其科学探讨（1843 年）在查明气象现象的先后次序以便能够在任何特殊地点以某种程度的概率预测天气方面还没有取得成功（这样的预测现在仍然是不完善的，但从穆勒时代起已经大大改善了）。穆勒说，没有人可以怀疑，"如果我们认识了所有先前的环境，我们就能……预测（只不过计算起来比较困难）未来的任何天气状况。因此，气象学，不仅就其自身的每个性质而言有存在的必要，而且实际上它确实是一门科学，虽然由于观察现象所依赖的事实的困难（那些现象的特殊性质所固有的困难），这门科学是极不完善的。"* 穆勒认为"潮汐研究"是一门较为"先进的"科学，即使它也是变动的。太阳和月亮的引力，以及它们同地球引力的关系，是明显的因素，但是，区域的和因果性质的影响（大洋底的结构、风向等）必须考虑在内。与气象学不同，潮汐研究可能应用于基于已知的一般法则的预测。换言之，它处于一种较为先进的完成状态。

对于穆勒来说，经济"科学"仍然是处于"进步"中的工程，很像气象学或"潮汐研究"。它得益于应用归纳（从特殊的经验归纳出一般因果关系）和演绎（从一般法则推论出特殊的因果关系）推理；穆勒一方面反对经验主义的极端方法（归纳法），另一方面又反对几何学的极端方法（纯粹的演绎法）。他坚持认为，经济学所基于的基本公理是归纳——由持续改善和修改经济学过程中的经验事实构成。像气象学和"潮汐研究"一样，政治经济学的法则和公理也是恒久变动的，也基于所收集的事实。为推导结论所必需的演绎活动基于由归纳所得出的公理。

但是，穆勒谨慎地指出，社会科学家总是必须捍卫科学"法则"的应用。他认为，如果经济学不是基于由经验得出的公理，它就将像天文学一样，在天文学中，"数据像法则本身一样是确定的"。相反，在经济学中，社会环境和进步的影响是不可胜数的、永久变化的；虽然它们全都服从原因而变化，因此全都服从法则而变化，但原因的多重性是如此之大，以致使我们有限的计算能力微不足道。[**]

因此，穆勒支持一种由归纳和演绎成分构成的经济学决定论的方法。人的行为和事件可能变化的多重性，"检验"和收集数据的困难（今天已经部分地解决了），使得预测成了一件危险的事情。趋势可以识别了，这样便出现了一种作为趋势科学的经济学概念，但是，对这些现象的较好理解（这种理解使经济理论出现了）是经济科学的真正目标。在他的时代，穆勒不满足于经济学家们所积累的足以进行像准确"预测"这样的知识，虽然他认为这对于"指导"是足够的。今天，在一个授予经济科学诺贝尔奖的时代，我们的知识丰富了。但是，穆勒所确立的收集知识的方法在很大程度上保持不变。

* J. S. 穆勒：《道德哲学的逻辑》（1843 年），pp. 30 - 31（J. S. Mill, *The Logical of the Moral Sciences*）。
** J. S. 穆勒：《道德哲学的逻辑》（1843 年），p. 63（J. S. Mill, *The Logical of the Moral Sciences*）。

当然，古典经济学从来不乏对其的批评。例如，马尔萨斯的人口学说和级差地租理论在 19 世纪经常受到激进学者、社会主义者和改革者的批评。但是，在一本 1869 年发行的《双周评论》（*Fortnightly Review*）杂志上，却发生了一件在英国古典传统内部动摇古典理论体系基础的奇怪事情——约翰·斯图亚特·穆勒宣布放弃工资—基金说。

□ 审视工资—基金说

工资—基金说认为，在任何给定的生产阶段，把一给定的流动资本存量预付给劳动者，以使他们度过下一个生产阶段。这个资本存量是由许多变量决定的，包括以前生产阶段劳动和资本的生产力，以前生产阶段的投资量等。按照粗略的概念，工资—基金说指明，在宏观层次上，整个生产阶段的平均工资率等于资本存量除以劳动者数量。这样，按照实际条件，最高的实际工资（那就是劳动者消费的全部产品）在生产阶段一开始就决定了。适当表述的工资—基金学说，给定经济中不连续生产阶段的假设，构成了古典体系动态学的一个有机的、实际上是不可分割的部分（见第 7 章）。

围绕工资—基金说的混乱　许多混乱一直围绕着工资—基金说。其中之一涉及货币工资的引入，货币工资习惯上是作为实际工资的代理者而出现的。如果把工资—基金理解为货币量，那么，进入劳动者手里的工资数量实际上可能是有弹性的和可变的。待处理的实际工资品存量，其数量是不能扩大的（在一给定时期），同所支付的货币工资量或变动性无关。这样，货币工资就不是工资—基金理论中的"资本"了。甚至亚当·斯密，他提供了早期的和另外的清晰表述的工资—基金说，也受到了这个问题的影响。正如弗兰克·陶西格（Frank Taussig）参考了斯密对该学说的表述而指出的：

有时，实际上最普遍，按货币概念设想这个"存量"，或者把它设想为由直接的雇员手中握有的资金构成的。有时这个货币支付被描述为并非很重要的支付，它仅仅是迈向实际工资分配的一步。这样，在亚当·斯密那里所显示的它本身的不确定性和混淆，继续出现于斯密以后整整一个世纪的几乎所有关于工资—基金的讨论中（《工资和资本》，p.145）。

微观理论和宏观理论　另一个困难问题涉及，从工资—基金说的捍卫者和批评者两方面，把工资决定的微观经济理论解读为对工资—基金说表述的尝试。例如，弗朗西斯·A. 沃克（Francis A. Walker），一个美国工资—基金说批评者，受到引导而认为工资—基金说忽略了工人不同的生产率水平，因此，不能解释不同类型的劳动者之间或不同国家的劳动者（例如，东印度人和英国人）之间的劳动工资收入差别。许多人赞同沃克的批评。遗憾的是，尽管存在其部分支持者方面的滥用，工资—基金说仅仅被确定为是一种粗略的和实际的宏观经济论点。直到几十年以后边际生产力理论作了阐述，这期间并没出现一种对个人工资决定的令人满意的解释。

□ 穆勒宣布放弃工资—基金说[①]

在穆勒的《政治经济学原理》中阐述了工资—基金说的一切主要成分，包括时点投入/时点产出生产过程的假设。穆勒对工资—基金说的理论观点假定，劳动的现有报酬数量是过去对资本和劳动应用的结果，并进一步认为，总产出的一定比例在生产之前便被确定为劳动的报酬。另外，穆勒是在总量层次上并按照实际条件来认识和应用工资—基金说的。

到 1869 年，穆勒改变了关于工资—基金说的观点，对于他为什么这样做也有大量的争论。有几种基于超出理论思考的解释。由于穆勒是在评论 W. T. 桑顿的书时宣布放弃工资—基金说的，人们给出的他放弃工资—基金说的一个原因是他同桑顿的友谊，另一个解释是后来穆勒深陷于社会改革。人们常常援引的第三个原因是他的夫人哈雷特·泰勒（Harriet Taylor）和哲学家奥古斯特·孔德对穆勒的综合影响。虽然这些影响没有一个应该被完全忽略，但通过更为严密地考察穆勒的著作，似乎清楚的是，到 1869 年他已经改变了他的工资—基金的理论观点。因此，我们要按照变动的理论基础来寻求解决这个问题。

穆勒宣布放弃工资—基金说的基本问题涉及用于支付劳动者报酬的基金的固定性。短期固定的工资—基金思想意味着，按照总量，工人不能要求工资支付多于完全废除该项基金时所能有的工资额。这样，工资—基金说便常常被用来证明工会提高其补偿总额的努力是徒劳的。而长期则是另外的问题了——古典经济学家并不认为在长期工资—基金是固定的。但是，某些古典经济学家提出这样的论点，即如果工会过分追求其要求，利润预期将下降，以至于在未来将减少流入工资—基金的资本，进而在某个时刻走上降低实际工资的道路。在其晚年，穆勒成了工会的同情

---

　　① 　这一节紧紧遵循由小 R. B. 埃克隆（R. B. Ekelund, Jr.）在《一个短期古典工资和资本模型：穆勒宣布放弃工资—基金说》（A Short-Run Classical Model of Capital and Wages）中所阐述的论点。

者，这可能是导致他重新思考工资—基金说概念，特别是重新思考短期工资—基金固定性概念的推动力量。

在其 1869 年对桑顿《论劳动》（*On Labour*）一书的评论中，穆勒反对一般古典经济学家坚持的基金规模是固定的假设。在工资支付总量方面，穆勒仅仅断言存在某种上限。他写道：

> 有一个对可能如此扩展数量的不可逾越的限制；它不能超越雇主阶级的总收入，它也不能等于那些收入；因为雇主们也需养活他们自己及其家庭。但是，缺乏这个限制，它从其真正意义上而言并不是一个固定的量（《桑顿》，p.516）。

穆勒推敲了这个论点，他把雇主—资本家的收入划分为两部分：他的资本和他的资本收入。虽然按照古典经济学术语，前者通常等于工资—基金，但穆勒认为，资本家可以通过有选择地减少其收入而增加资本量。换言之，资本家可能对外生变量（工会的压力、不同的利润预期等）作出反应，通过自愿减少他自己及其家庭的支出以增加对劳动的支出。按照这种方式，穆勒显然认为，工会能够促进有利于工人的再分配。遗憾的是，穆勒的论点没有区分货币工资和实际工资，也没有区分短期效应和长期效应。结果，他并不是依赖于一种可靠的理论基础而宣布放弃工资—基金说的。

一个短期工资—基金模型　为了揭露穆勒宣布放弃工资—基金说的缺陷，我们应该把它置于一个与通常的古典假设相联系的短期工资—基金模型的框架中。通常的古典假设是：

1. 生产发生于时点投入/时点产出的生产过程之内。

2. 经济的全部产出由固定资本、工资品和资本家消费品构成。另外，在市场之间没有需求转移，就是说，工资收入者不把其需求转变为资本家的消费，或者相反。

3. 一切工业的生产均以固定资本和流动资本的不变比率为标志。

4. 各处都存在完全竞争（即不变的生产成本）。

5. 在所谈论的时期，货币供给固定。

6. 在所谈论的时期，人口和生产率保持不变。

在这些假设之下，任何生产时期，比方说时期 t_1，按照实际条件计算的产品总量是由在时期 t_0 开始的过去的生产决定的，并且不能在时期 $t_1 t_2$ 区间增加。按照实际条件，消费和投资决策是在时期 t_1 开始时作出的，而且全部物品存量，遵从不同的使用率，在该时期结束时（在时期 t_2 开始时）被消耗掉。例如，考虑一下图 8-2，图中时期 t_1 开始时商品总量为 OY_0，对其进行划分，则 OM_0 等于固定资本（例如机器），$M_0 W_0$ 等于由工人购买的有效工资品，$W_0 Y_0$ 等于资本家的消费品。这种三部分划分符合穆勒的表述。在工资—基金理论的通常假设之下，这些不同的存量在生产期间被消耗掉，即在时期 t_1 结束时各种存量减少到零。

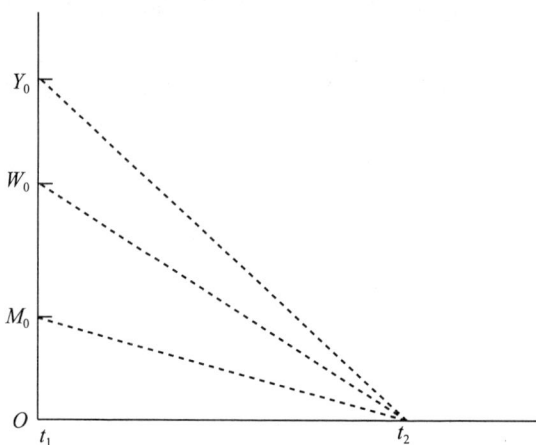

图 8 - 2　在时期 t_1 结束时有效物品存量（Y_0）减少到零

　　现在，让我们考察资本家减少其自身收入（W_0Y_0）以便增加对劳动支出的决策的效应。这是穆勒在其宣布放弃工资—基金说时所提出的预期。这个收入再分配的效应被贯彻于图 8 - 3（a）和图 8 - 3（b）。前者描述工人购买的产品市场，后者描述资本家购买的产品市场。在工资—基金模型刚性供给的条件下，每个时期的产量是固定的，并由前一个时期决定。这样，图 8 - 3（a）和图 8 - 3（b）中的供给曲线便为垂直的线。资本家自愿减少实际收入将引起资本家的消费需求（曲线）向左移动，从而使资本家消费的物品的平均价格从 P_c 下降到 P'_c；按照同样的方式，工人的实际收入增加将使对工资品的需求（曲线）向右移动，从而使那些工资品的平均价格从 P_w 提高到 P'_w。

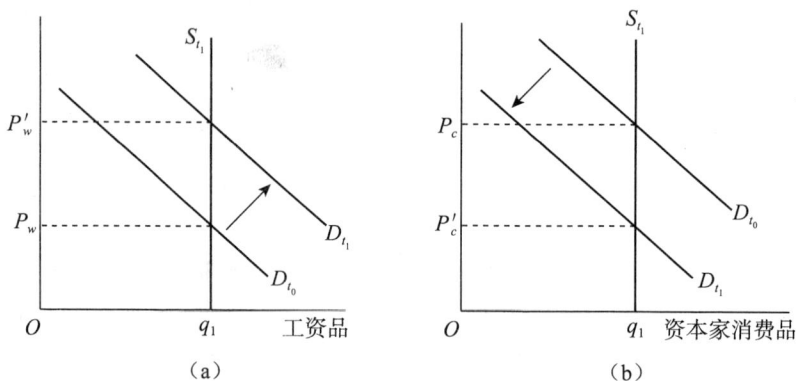

图 8 - 3　当对工资品的需求从 D_{t_0} 提高到 D_{t_1} 时，价格将从 P_w 提高到 P'_w。在长期，新企业的进入将增加供给，使价格回落到 P_w。在资本家消费品市场上会发生类似的效应，在该市场中供给的变动将迫使价格恢复到 P_c。随着时间的推移，两个市场将得到调整

　　这个分析的结论是，在古典工资—基金说的假定之下，资本家做的任何有利于对工人基金的再分配都仅仅影响两个市场的价格。另外，给定货币存量和货币流通速度，两个市场的价格将按相反的方向成比例地变化，以至于总价格水平不受影响。从劳动阶级的观点上看，更为重要的是，由资本家转移收入而引起的货币工资的增加将使工资品价格提高，并抵消货币工资的增加。实际工资不受转移收入的影响。既然穆勒认为在这种收入转移之下，工人的状况将得到改善，那么，他显然把实际工资同货币工资混淆了。

长期调整 伴随着刚刚考虑过的某种收入再分配的长期调整的性质，并没有保持实际工资永久增加的任何前景。给定上面追溯的两个市场的价格变化，工资品产业的利润提高将吸引新企业进入，而资本家消费品市场利润的降低将刺激某些企业离开该市场。这些长期变化可以由图8-3（a）中的垂直供给曲线向右移动和图8-3（b）中的垂直供给曲线向左移动而观察到。在成本不变的条件下，价格趋向于回到图8-3（a）中的 P_w 和图8-3（b）中的 P_c。每个市场的调整时间可能很长，但是价格回到收入转变之前它们所处的水平是一种趋势。穆勒在1869年宣布放弃（或否定）货币—基金说时可能忘记的一点是，在古典世界里实际工资的永久增加只能追溯到实际因素，例如，技术改善或工人生产率的某种其他的提高。穆勒似乎受到这样一种思想的侵害，即认为总福利可以由于将一个团体取得的收入转移给另一个团体而得到改善。这种思想似乎很顽固，正如当代美国和英国试图由政府强制进行收入再分配的经验所证明的。

穆勒宣布放弃工资—基金说及其在古典正统性排列上所引起的一系列混乱，仅仅是古典经济学衰落的大量原因之一。边际主义（marginalism）的兴起（见第12章～第14章）常常被作为这种衰落的一个原因而被谈起；另一个原因是在19世纪历史主义者和社会主义者对经济学正统性的批评（见第10章）。重大的政策争论，例如，关于自由贸易、地租问题以及工会的那些争论，也在质疑古典经济学中发挥了作用，特别是在英国和美国。大概所有这些发展都对作为一种支配范式的古典经济学的衰落起了作用。

■ 古典经济学消亡了吗？

作为经济分析，古典经济学是有说服力的，而且在逻辑上是正确的。虽然它的假设包含许多广泛的和可能受到挑战的一般性结论，但其全面的逻辑是精致的。然而，19世纪后三分之一期间经济学家公开提出了古典理论体系不能令人满意地回答的问题，即使不是完全不能回答。古典理论的政策结论简单地说是大多数社会科学家所不能接受的。[①] 人们越来越把注意力从宏观经济问题转向个人（微观经济）行为，而且经济分析按照新的方向被向前推进了。

---

① 当然，存在例外。美国社会批评家亨利·乔治（Henry George），在其通俗著作《进步与贫困》（*Progress and Poverty*，1879年）中反对工资—基金说，同时又把李嘉图的级差地租理论改造成一种城市用地价值征税政策。

186

那么，就某种含义丰富的意义上说，古典经济学已经消亡了吗？虽然按照同过去的观念决裂的态度来评论知识的历史是较为容易的，但是这样的评论对于古典经济学家是一种严重的伤害，对他们的理论结构也是一种严重的伤害。旧的理论没有消亡，而且和退役的老兵不同，它们甚至没有悄然离去。例如，阿尔弗雷德·马歇尔，微观经济学的伟大的新古典贡献者，非常赞赏李嘉图的成本理论，并把这个理论应用于局部均衡分析的形成。

马歇尔是古典传统的许多继承者之一。他对从古典到新古典转变的描述是极为精彩的，他写道：

> 这个变化也许可以被看作是从科学方法发展的早期阶段，在这个阶段把自然的运行表述为按照常例的简单化以便能用简短的和易于理解的句子描述它们，向更高阶段的一种持续的发展，在这个阶段对它们作了更仔细的研究，而且表述得更为贴近它们的真实情况，甚至牺牲了其某种简单性和明确性，以及显然的透彻性（《经济学原理》，p. 766）。

在经济思想史上，在发展和形成整个经济体系方面，很少有可以与古典经济学家的成就相媲美的情形。另外，他们确立了现代经济学据以进行推理的方法。虽然新古典经济学的假设事实上是简单的，但其目标是对整个经济的全盘分析。人们可能习惯地怀疑当代经济学家能否追求这样重大的目标。技术准确性的"进步"和探索可能使人们失去了这种意志，但古典理论结构作为对这样一种尝试的启示被保留下来了。在同欠发达国家的经济发展问题的斗争中，当代经济学家偶然地回到古典动态学的简单分析。换言之，不但古典思想融入了新古典经济学，而且它们已经成为新古典经济学在其中成长的土壤。

██ 参考文献

Ekelund, R. B., Jr. "A Short-Run Classical Model of Capital and Wages: Mill's Recantation of the Wages-Fund", *Oxford Economic Papers*, vol. 28 (March 1976), pp. 66 – 85.

Marshall, Alfred. *Principles of Economics*, 8th ed. London: Macmillan, 1964 [1890].

Mill, J. S. "Thornton on Labour and Its Claims", *Fortnightly Review* (May, June 1869), pp. 505 – 518, 680 – 700.

——. *Letters of John Stuart Mill*, 2 vols, H. S. R. Elliot(ed.). London: Longmans, 1910.

——. *The Logic of the Moral Science*. LaSalle, IL: Open Court, 1988[1843].

——. "Of the Influence of Consumption on Production", in *Essays on Some Unsettled*

Questions of Political Economy, Vol. 4 of *Collected Works of John Stuart Mill*, J. M. Robson(ed.). Toronto: University of Toronto Press,1967[1844].

——. *Autobiography of John Stuart Mill*. New York: Columbia University Press, 1924[1873].

——. *Principles of Political Economy*, W. J. Ashley(ed.). New York: A. M. Kelley, Publishers, 1965[1848].

Mishan, E. J. *The Cost of Economic Growth*. London: Staples, 1967.

Stigler, G. J. "The Nature and Role of Originality in Scientific Progress",*Economica* n. s. ,vol. 22(November 1955), pp. 293 – 302.

Taussig, F. W. *Wages and Capital*. New York: A. M. Kelley, Publishers, 1968 [1896].

Thornton, W. T. *On Labour : Its Wrongful Claims and Rightful Dues*, *Its Actual Present and Possible Future*. London: Macmillan, 1869.

第9章

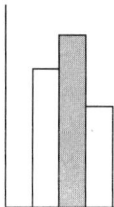

古典时期的经济政策

自第二次世界大战结束以来，经济学家的知名度和声望是同其把经济理论转变成为经济政策的能力成比例增长的。当代经济学家是政府的顾问，是政策制定体系（例如，联邦储备系统）的成员，是调查和分析现时经济问题的各种智库（例如，美国企业政策研究学会和布鲁金斯学会）中的探讨者。在某些情形中，特别是在希腊和德国，职业经济学家已经被提升到最高的领导地位。[①]

按照极为相似的方式，18世纪和19世纪的经济学家，包括业余和职业经济学家，努力用经济理论解决形形色色的公共政策问题。实际上，早期经济学家，例如，斯密、马尔萨斯和李嘉图，似乎对脱离其对政策的潜在影响的经济学没有兴趣。正如我们在前一章已经看到的，李嘉图、马尔萨斯和西尼尔热衷于争论《谷物法》和福利（济贫法）改革。斯密的《国富论》和马尔萨斯的《人口原理》，基本上一方面针对重商主义措施，另一方面针对极端乐观主义，而进行政策探讨。

本章通过考察当时三个最有影响的学者和顾问——纳索·西尼尔、约翰·斯图亚特·穆勒和埃德温·查德威克爵士——的政策表述，进一步把古典经济学设想为形成经济政策的动力。西尼尔在牛津大学拥有如同德拉蒙德（Drummond）政治经济学教授一样的地位，而且常常应邀做英国政府的顾问。穆勒不仅是他所处时代的主要理论经济学家、国会议员，并且是边沁某些改革的强有力的倡导者。查德威克是边沁在1832年下半年逝世以前的最后一任秘书，是英国政府官员，是卫生设施

---

① 经济学家对公共政策的直接影响将在第23章再次讨论。在美国，经济学家对政治家有长期的直接影响，但在1960年，通过设立官方的顾问委员会而将这种影响制度化。然而，经济学家支配或指导公共政策的能力，像我们将要看到的，在效果上是可疑的。

改革和其他改革的带头人。这三个人的政策观点对于理解古典理论观点和哲学观点如何闯入实际的政策措施领域是特别重要的。西尼尔、穆勒和查德威克不但制定了解决他们所设想的英国社会问题的新颖的和创造性的方案，而且预见了许多在 20 世纪美国形成的问题。在回到他们的重要思想之前，让我们考察一下英国大约从 1830 年到 1865 年的"自由放任主义"的条件。

理论和实践中的自由放任主义

在 16 世纪和 17 世纪英国个人竞争者所面临的变化着的制度限制，最终结束了被称作重商主义的大量管制制度（见第 3 章）。到 1640 年前后，限制竞争的经济管制随着权力从王室向国会的转移而隐退。英国自由放任主义高涨时期是 17 世纪到 19 世纪最后 25 年。《国富论》的哲学论点打开了人们的眼界，使之重新看待自由制度的经济利益，并可能有接受非管制的趋向。但很难说是这些论点引起了非管制，因为至少在斯密的巨著进入欧洲社会之前的一个世纪，这种趋势就很明显了。

从政治上说，重商主义从来没有完全隐退，有些管制被重新要求，另一些管制实际保留下来了、但没有强迫实行，还有一些管制实际保留了而且被强迫实行。在后者中间，包括《谷物法》和被称作济贫法的一种缓解贫困的经济制度。当英国进入 19 世纪的时候，它的改革日程包括了各种新的工业管制，这些新的工业管制是在国会逐渐废除残存的封建主义和重商主义控制的人为现象的同时履行的。另外，同废除重商主义并行不悖的是，在官员中出现了一批职业官僚，他们最终在 19 世纪接管了许多"社会"法规的履行和发展。

后重商主义时代的第一个重要干预是英国 1802 年的《卫生和道德法案》（English Health and Morals Act），该法案限制棉织厂的童工每天工作 12 小时。接下来通过了以《工厂法》（Factory Acts）而著称的一系列法规。1819 年通过的第一个法规，规定了就业儿童的劳动时间和条件。第二个法规（1833 年），由奥尔索普（Althorp）勋爵倡导并主要由埃德温·查德威克起草，进一步限制了工作条件和时间，并设立了被称为工厂视察员的特殊执行官员。在下一个十年，颁布了许多新的法律，这些法律影响了妇女的就业、工会的形成以及机器的安全保护。虽然修改了多次，但这些法律还含有少量强制性的条款。尽管如此，《工厂法》被看作是划时代的社会法律。另外，工业利益对农业利益的最终支配，1830 年以后新的交通形式的迅速发展，以及机器时代和工厂体系引发的城市集中，这一切形成了对新的社会和经济法律的强大压力。

但是，就最后的结果而言，这个时代是自由放任主义和经济自由胜利的时代，因为自由贸易的边际收益始终是在微观市场上获得的，尽管公共制度的边际限制是逐渐到位的。两个特别值得注意的对政府的限制使得 19 世纪自由放任主义时代具有了典型化的意义。第一个限制是确立了相对稳固的同货币金本位的联系。当时人们看到，这种金本位否定政府印制钞票（许可的货币），因此限制政府在战争或社会计划上花费的货币数量。[①]虽然英国在历史上的不同时期由于战争的紧急状态而中止了金本位，然而它在整个19世纪上半叶坚持了货币金本位制的传统。例如，在对拿破仑战争的财政限制之后，英格兰银行在1821年恢复了严格的可兑换性，到1844年进一步的严格限制割断了财政部自主接近英格兰银行的通道。

在古典经济学全盛时期，对政府的第二个重要限制是由保守党政府（当时由皮尔（Peel）首相和财政大臣格拉德斯通（Gladstone）领导）确定的对政府能够课征的税收数量和税种的限制。特别值得一提的是，威廉·格拉德斯通促进形成了大量旨在使政府从私人部门取得平衡税款的政策。这些政策包括废止《谷物法》（在1846年最终实现），减少所得税，禁止征收销售税和营业税。格拉德斯通的公共财政政策的预计效果是减少政府干预，实际实现自由放任主义。但是，在这种情况下，自由放任主要是由对政府有效的税收基础的法律限制构成的。[②]由于国家不能"提供"大规模的激励，它必然保持一种小范围的影响。这是西尼尔、穆勒和查德威克所面临的一种社会的、政治的和经济的背景。

纳索·西尼尔论童工和工厂法

1802年以后，英国议会通过了一系列逐渐加强的管制儿童和未成年人（那些18岁以下的青少年）以及成人妇女就业的法案。早期的法律效力是温和的，但是1833年在奥尔索普勋爵的倡导下通过了第一个有效法案。奥尔索普法案禁止雇用9岁以下的儿童，并限制那些年龄在9~13岁之间的青少年的劳动时间。该法案也提供了一个履行的机制，在较早的《工厂法》中看不到这种机制。改革者们普遍欢迎奥尔索普法案，把它看作是社会政策向前迈出的一大步。西尼尔作为经济学家和咨政官员，处于这个早期的关于资本主义改革措施讨论的中心，而他在该时期争论中的作用使我们得以洞察古典经济学的政策含义。

□ 西尼尔的"最后一小时"

西尼尔应英国政府之召评价《工厂法》的经济含义。他接受了奥尔索普法案的一般条款，但他认为，给定典型纺织厂（该时期英国的主要产业）的成本结构，再
减少一小时劳动时间便将消除利润边界。他的论点是沿着下面的线索处理的：在竞

---

① 利用印刷媒体为战争筹款是一种从古至今的实践。例如，越南战争在很大程度上是靠美国财政部向联邦储备体系出售债券筹集资金的。当代货币主义者把这种实践看作是20世纪60年代晚期和70年代日益增长的通货膨胀的基本原因。1934年美国官方废除了金本位制，在1971年割断了黄金同其国内通货之间的一切联系。

② 贝辛格（Baysinger）和托利森（《链接的巨轮》）认为，19世纪中叶英国格拉德斯通金融政策和经济政策的开创表明了官方重商主义的终结。但是，重商主义何时真正地衰落，则取决于重商主义和自由放任主义这些概念如何定义和如何理解。

经济理论和方法史（第五版）

争的棉纺工业，每个企业的平均净利润为 10%，西尼尔把这看作是该工业的正常收益率。他的研究表明，该工业的每个企业在流动资本（原料）上每花费 1 英镑，便在固定资本（厂房和设备）上花费 4 英镑。这样，他认为，一个劳动日减少 1 小时，将减少变动成本（和产出），但不减少固定成本。实际上，减少劳动将迫使厂房和设备闲置，增加每单位产出的固定成本负担（因为产出减少而固定成本不减少）。西尼尔感到，由于固定成本在制造业总成本中不成比例的份额，因减少劳动时间而造成的单位成本增加将消除纺织厂的正常收益率。

直到最近，对西尼尔的论点主要是按照他的经验研究的质量来评价的，大多数经济学家对他的经验研究提出了质疑。但是，在西尼尔的分析中也有一种必须赞赏的合理的分析原理。他认为，消除资本闲置的劳动合同的限制将降低资本边际效率，从而降低资源配置的效率。在 1843 年出版的著作中，西尼尔更清晰地对此作了表述：资本边际效率的一个合法的减少（它把资本投资的收益率降低到在其他产业投资可能获得的收益率以下），将引起较高成本的生产者离开该产业，从而减少就业，并把竞争优势让给不服从同样限制的外国生产者（《工业效率和社会经济》，p.309）。换言之，西尼尔向国会提出，《工厂法》起到一种增加外国竞争者在国内纺织品市场利润份额的作用，这是对当代关于国际竞争的争论不无重要意义的教训。因此，即使西尼尔的消除"最后一小时"劳动将破坏正常利润的论点是不正确的——实际上，它常常是被当代学者嘲笑的一个话题——然而在西尼尔的分析中是有优点的。

□ 西尼尔的"利益集团"经济学理论

西尼尔对《工厂法》分析的较为精彩的方面基本上被人们忽略了，而这个方面似乎预示了当代公共选择理论（见第 23 章）的一个基本原理。西尼尔认识到，奥尔索普法案将一种经济损失强加于被禁止在纺织厂就业的 9 岁以下儿童的父母身上，也把类似的经济损失强加于 9～13 岁儿童的父母身上，因为该法案限制了儿童的劳动时间。他还注意到年龄超过 13 岁的其劳动时间不受该法案限制的部分工人（或他们的父母）的相应利益。这导致他质疑限制劳动周长度的动机问题。他的结论是，《工厂法》与其说是由"公众利益"而引起的，不如说是由寻求提高工资的工厂工人（成年男性）的利益而引起的。在一段严密推理的论述中，西尼尔争辩道：

> （工人的）根本目标是提高他们自己劳动的价格。为了这个目的，纺织工人，在他们中间形成一个很小的……但强有力的团体，发现不能通过这种联合而获得对 10 小时劳动的限制，便试图通过法律来实现这种限制。他们知道，国会将不为成年人确定此项法律。因此，他们便描绘了一幅可怕的（迄今为止我们所听到和看到的）和完全没有理由的虐待儿童的图画，希望法律限制 18 岁以下的人劳动 10 小时。他们知道这项法律事实上也将成年人的劳动时长限制到 10 小时（《著作选》，p.19）。

这个问题的核心是未成年工人和女工是否直接同成年男性工人竞争职位和工资收入。虽然这个问题当代经济思想史学家并没有处理过，但存在着支持这样命题的强有力的事实，即童工和女工是对成年男性工人的替代而不是互补（西尼尔自己基本上把他们看作是互补的，这样做可能是错误的）。技术进步（例如，纺纱机的发明等），由于减少了职业所需要的体力操作，使得未成年人和妇女有可能进入劳动力行列。同样的技术进步也威胁到纺织工人（基本上是男性工人）的职位的安全，他们拥有必要的体力，并在先前的技术之下获得了必要的技能。西尼尔对相关的自我利益保持警觉，并基于小团体的利益解释了向 10 小时工作周的发展。由于纺织工业的技术进步而受到逐渐减少的工资和就业的威胁，纺织工人支持"10 小时"法律。由于不能使 10 小时劳动法案得以通过，他们便试图通过游说反对雇用儿童、未成年人和妇女而间接降低其劳务需求弹性。

历史记录表明，纺织工人成功地实现了他们的目标。1833 年的《工厂法》导致童工大量减少。在 1835—1838 年间纺织工业 14 岁以下的工人数量减少了 56％，而且在发生这种减少的同时该工业的总就业量却迅速增长了。1844 年的《工厂法》增加了对妇女劳动时间和工作条件的限制，成年男性纺织工人又因此而获益，他们因成功而喜悦。

虽然对这个包含英国《工厂法》的历史插曲的"正确"解释尚有争论，但西尼尔在他所处时代的政策争论中的作用在几个方面是有目共睹的。一则，它以一种意义丰富的方式显示如何才能使经济理论担负解决社会问题的重任。再则，它使有知识的经济学家反对缺乏知识的（至少在经济学方面）经常煽动变革的社会改革者。不论其全部分析是正确的还是错误的，西尼尔表明，他拓展了亚当·斯密的教导，即把自我利益的信条应用于私人利益团体，应用于政治家和企业家。

J.S. 穆勒的社会和经济政策

经济学家和国会议员约翰·斯图亚特·穆勒是那些支持有关教育、福利、工会和妇女平等进步政策的人们的领导者。穆勒对长期分配公平的广泛关注是其社会思想的标志。这种社会思想也打上了经济学家的深刻烙印。穆勒提出改革建议的机制是实现理想目标的适当的激励安排。穆勒社会学和哲学的社会"目的"论随着时间的推移而经历显著的变化，但他的改革建议始终如一地基于"市场"措施。这就是说，穆勒认识到了作为人的活动指南的经济激励的性质和重要性。

□ 经济政策的性质和范围

穆勒的《政治经济学原理》（1848 年）实现了双重目标。一方面，它阐述了一个比包含于李嘉图重要著作中的更为完全而系统的经济原理系列。另一方面，它直接把经济分析扩展到社会改革领域。这种思想决定了作为经济学家的穆勒的著作异常卓越。

穆勒是经济自由的热情捍卫者，但他总是关注贫困的条件。他许诺要实现商业自由和个人自由。他有时赞成把前者排除在外而培育后者。按照他的观点，个人自由要求机会平等，而不是收入或才能的平等。他指出：

> 许多人实际上比那些取得成功的其他人作了更大的努力但却失败了，并不是由于优势的差异，而是由于机会的差异；但是，如果所有的人都对良好执政的政府（通过教育和法律）减少这个机会不平等而感到适宜，因人们赚取收入而引起的幸运差异便不会引起不快（罗伯森编，《政治经济学原理》，p. 811）。

对于穆勒来说，自由的关键是个人应当"一切开始都公平"，而且政府在确定旨在促进机会平等的社会政策和经济政策中起基本的作用。

穆勒把政府的干预划分为两类：（1）禁止或限制市场力量的"命令式"的干预；（2）扩大市场力量的"支持性"的干预。还可以按事前和事后的概念来考虑这两类干预。事前的平等需要那些指定用来保证个人起始的公平的干预，即所有赛跑者开始都处在同一起跑线上；事后的平等则需要例如税收等这样的干预，税收试图把某种公平的标准加之于包含风险和不确定性的社会过程实际结果上。两类平等可能因同一社会政策而形成。但一般说来，这种划分对于分析穆勒的几个政策命题是有用的。①

□ 穆勒论税收和贫困

像在他之前的斯密一样，穆勒一般主张比例税收。他强调"牺牲的平等性"，但他也非常关心税收对贫困条件的影响。穆勒为了缓和贫困而倡导三种不同的税收政策：对某些收入的税收豁免，遗产税，禁止奢侈的某些限制。

所得税　对穆勒来说，在一切税收中最不可能遭到反对的是"公平征收"的所得税。他希望实行按各收入水平的比例税率，对低于某一数量的收入实行一定的税收豁免。1857 年他提议，把这个最低收入量确定为 100 英镑，虽然控制的因素必须是"现存人口购买必需品"所需要的某一数量。穆勒进一步阐述了其论点，他提出对紧接着增加的收入（在 100 英镑和 150 英镑之间）维护低税率，因为现存的间接税是累退的，且难以落在赚取 50～150 英镑收入的个人头上（罗伯森编，《政治经济学原理》，p. 830）。②穆勒的建议并没有构成最低收入计划，因为这个建议并不保证每个人都能赚到 100 英镑；它仅仅要求豁免那些低于这个收入水平的人的税。穆

---

① 例如，按照打高尔夫球的规则，为使比赛在开始时更平等，会应用"差点"以平衡比赛对手，但是，"差点"数据是从以前比赛平均得分中推导出来的。在同样的意义上，整个时期的税收混淆了事前和事后的平等。穆勒聪明地将这一点写进一篇论"天赋"的论文（《论文集》，p. 628）。

② 虽然他认为，原则上，按比例征收的所得税将是最平等的，但穆勒并不热心于把所得税作为政府收入的唯一来源。当所得税被严格强化的时候，必然会出现逃税、欺诈和不适当的征管行为。"商业不忠实"，他指出，是"皮尔先生所得税的必然后果；而且，人们从来都不知道，那个邪恶的产物在多大程度上可以归因于税收，或者，有多少欺诈的收入是由于首次背离金钱正直的情形"（《论文集》，p. 702）。尽管有这些严重的异议，但穆勒还是证明了税收的合理性，使富人支付他们的税收份额。

勒寻求确立个人努力工作的税收制度，这种税收豁免对于消除社会最贫困阶级赚钱的抑制因素是非常重要的。

按照同一推理，比例税可能好于累进所得税。穆勒指出：

> 按较大的比例而不是较小的比例对较多的收入征税，就是把税收加之于工业或经济；就是对那些比邻居更勤劳并且储蓄更多的人施加惩罚。这不是那些赚得较多收入的人的幸运，而是那些没有赚得这么多收入的人的幸运。那就是对公益事业施加的限制（阿什利编，《政治经济学原理》，p.808）。

遗产税和营业税　穆勒把遗产税看作纠正财富极其不平等的手段，看作是促进形成一种生而平等的局面的手段。他认为，"遗产和遗赠物超过一定数量，就完全是适当的征税对象；这种来自遗产和遗赠物的税收收入应该像没有逃税情形发生而可能征收的那么多，逃税的手段有，通过生前捐赠或对例如不能充分检查的财产的隐匿"（阿什利编，《政治经济学原理》，p.809）。穆勒在遗产税问题上不反对渐进税率原理（数量越大税率越高），像他对待所得税那样。区别是激励问题，是赚取的财富和非赚取的财富的问题。

税收一般说来是一种财富再分配的手段，而且，在他的时代，穆勒认为间接税不成比例地产生着贫困，特别是由于许多这种间接税的义务落在了"生活必需品"身上。他主张在确定进口税和营业税时实行有选择的歧视，以使税收负担不会不适当地落在穷困的人身上。他没有探讨这些税收负担的适当性或合法性，但他反对它们的相对负担。

> 现在几乎整个海关所获得的关税收入和营业税收入，对糖、咖啡、茶、酒、啤酒和烟草所征收的那些税收，就其本身而言，在大量收入为必需的地方，是极为适当的；但现在非常不合理的是，由于把不成比例的税收负担压在贫困阶级身上……很可能是，这些税收的绝大部分将大大减少，而收入没有实质性损失（罗布森编，《政治经济学原理》，p.872）。

收入要求甚至由于穆勒税收理论中的公平分配原理而得到了缓和。

禁止奢侈浪费税　穆勒对穷人享有机会平等的关切也是他支持实行禁止奢侈浪费税的原因，特别是支持对奢侈品征税的原因。他特别注意挑选出"高档"商品，宣称富人的一些支出并不是由于花钱购买的东西所提供的快乐，而是由于注重名声，由于期望将其作为一种地位的附加物的观念……因此，是最合意的征税对象（阿什利编，《政治经济学原理》，p.869）。

把所有这些建议和对国家财政要求的认识结合起来，通过提供对工作的激励，通过减少间接税对穷人递减的负担，通过以高额累进的遗产税对穷人的补助，穆勒寻求促进机会平等。这样，穆勒的一体化经济政策方法便提出了一个基于税收减免的济贫计划。同机会平等一致的收入分配，按照穆勒的观点，便能够而且应当通过法律的力量来改变。但是，通过税收减免的间接支持本身是不够的，穆勒还确定了一种更为直接的支持形式。

□ 济贫法和福利改革

为减轻贫困，从 1601 年开始英国颁布了一系列法律，所以，到穆勒时代，在英国已经有了两个世纪面对贫困问题的经验。在地方层面上，人们有组织地处理扶贫问题，同时教会也在教区范围的基础上负担起了管理扶贫的责任。最初因征收教区遗产的所得税而获得了收益，但是，随着时间的推移该制度演变成为一个财产税制度。在 1722—1723 年间，爱德华·纳奇布尔公爵（Sir Edward Knatchbull）的法案使得贫民习艺所在单个教区或同其他教区联合建立起来。实际上，贫民习艺所的实际运作并非必须由教区自己负责，可以把它发包给第三方，由该第三方负责向贫民提供膳食和住房，确定教区一周为每个居民交纳的费用。签约者还能够向每个居民提供工作职位，并能够保留因此产生的收入。这个制度是以贫民的"寄养场所"而闻名的。合约通常被判给提供最好承包价格的投标者，承包可能采取各种形式，例如，救济一个教区的所有贫民，仅仅管理贫民习艺所，或者，仅仅管理一个特殊的贫民团体，例如，未成年人和儿童；管理精神病患者，或者，提供医疗救助。在 1796 年，伟大的法律改革者和功利主义哲学家杰里米·边沁（见第 6 章）为"贫民管理者"发布了一个宏伟的计划——一个早期私有化的例子，建议成立一个"国家慈善事业公司"，该公司将构建一个由 250 个大贫民习艺所组成的习艺所链，由大量小型投资者融资。每个贫民习艺所将容纳约 2 000 名的居民，安排他们做有利的工作，并以俭朴的食品养活他们。像边沁的许多私有化计划一样，这个计划也没有付诸实施。

穆勒的社会公平、相信经济激励在分配上具有优点的信条和自由放任主义信条的结合，在其关于济贫法的意见中得到了验证。他正确地认为，"人类应当相互帮助，而且越是如此，便越能按比例促进需要"（罗布森编，《政治经济学原理》，p. 960）。他支持皇家委员会关于济贫法改革的决定（其成员包括西尼尔和查德威克），该决定基于这样的认识，即如果不救济失去劳动能力的人——老幼病残等——将造成严重的社会后果。问题是确定一种既照顾穷困的人又避免使有能力的人成为国家保护对象的救济制度。这显然是一个构建经济激励的问题。穆勒在 1834 年的《每月丛报》（*Monthly Repository*）中写道：

> 贫民的条件不能再像以前那样成为独立劳动者期望和美慕的目标。必须发放救济，不准一个人挨饿；必须把生活和卫生必需品提供给所有申请它们的人；但对于有工作能力的人，应把必须接受它们看作是一种不幸……为此，必须用劳动交换救济，按照独立劳动者中间最不幸的人感到的那种厌烦和繁重的劳动交换发放救济（《济贫法改革的建议》，p. 361）。

这个强健的贫民大军的效率只能在贫民习艺所内获得，因为教区的非集中化救济计划伴随着无效率和彻头彻尾的贿赂行为。穆勒感到，教区的救济制度把"灾难性的后果"加之于穷人的勤劳和节俭之上，而贫民习艺所则提供了"社会借以保证其每个成员生存的手段，而不对其勤劳和节俭产生非贫民习艺所的教区救济制度所

200

产生的灾难性后果"（《布鲁厄姆勋爵的演说》，p. 597）。

尽管其对社会公平表现出关切并对济贫法表现出支持，但穆勒并没在它们的确立中起到领导作用。然而，他明确地论及了建立减轻并最终消除贫困的最优化制度。他的关于这个问题的著作和通信反映了他毕生对实现三个相互联系的涉及贫困和收入再分配目标的手段的关心：救助贫困、向健康的失业者提供正确的工作激励，以及把政府政策作为一种改变收入分配的工具来应用。在今天，无论何人都将维护穆勒实现这些目标的手段，但比这更重要的是要认识到他试图把社会公平的概念同市场经济学结合的意义。

□ 理论和实践中的收入再分配

穆勒 1845 年的论文《劳动的要求》（The Claims of Labour）勾勒出了一个公共政策计划，该文以例证清晰地表达了他在其较早的著作《逻辑学》（On Logic）中所提出的经济学中的"实证"和"规范"的区分。由于注意到社会主义者鼓动收入再分配的有增无减的势头，穆勒确认了对贫困者实行收入再分配政策的合意性。但是，他断言问题在于手段而不在于目的。穆勒没有受到社会主义和浪漫主义者的提议的深刻影响。在很大程度上，社会主义者和浪漫主义者所追求的仅仅是通过提高工资以改善穷人的条件——穆勒感到这是一个危险的计划，因为这个计划拒绝把对人口的限制同其工资建议联系起来。在人性和由这些建议所确立的激励给定的情况下，穆勒得出结论说，出生率的提高将抵消工资收入的增加。所需要的是改变工人阶级的生活习惯。穆勒指出，"如果一国的全部收入按工资或济贫费用在他们中间划分，直到他们自己（劳动者）发生变化，仍然不能使他们的外部条件得到改善"（《论文集》，p. 375）。他把福利依赖看作是最有害的弊端形式，而且，不幸的是，是一种穷人比任何其他人更容易学会的教训。

由于反对社会主义和浪漫主义的同人类本性不协调的收入再分配建议，穆勒拥护一种基于教育和积极的经济激励的自助制度。像边沁一样，他主张公共教育。虽然这个措施在 1834 年被上议院否决，但穆勒支持查德威克提出的政府为贫困儿童支付教育费用的建议。他把教育解释为广义的学习，而且他一贯支持在劳动者中间培养"一种偏好资本主义价值"的变化。政府用于改善穷人生活设施的拨款计划就是这样的措施。穆勒对这样的事情很敏感，即政府的援助，对于启动一些改善计划是很有用的，而且有时是必需的，这些计划一旦启动了，便能保持自我运行，无须进一步的帮助。

实际上，这个思想是同穆勒支持贫困劳动者的最低限度收入的态度一致的，他强调公共援助可能永远是一剂补药而不是一付镇静剂，穆勒认为：

> 假设这种帮助并不是，例如摒弃自助，不是用这种帮助代替个人自己的劳动、技能和节俭，而是仅限于向他提供一种用那些法律手段获得成功的较好的希望。这相应的是一种检验，对所有的慈善事业计划都应做的检验，不管是为个人利益还是为阶级的利益打算的，也不管是按照自愿的原则还是按照政府的原则引导的计划，都是如此（罗布森编，《政治经济学原理》，p. 961）。

但是，穆勒不愿意完全信任私人慈善团体，因为他认为私人慈善团体在施予其好处上并不是均衡的。此外，穆勒认为贫困对许多团体（例如罪犯、乞丐）有外部影响，所以应当采用公共政策而不是依靠私人慈善团体来解决。[①]

除了上面讨论的积极措施，穆勒还主张改变对穷人不利的现状，他指责政府没有把那种正确的经济和法律激励构建成为社会结构。特别而言，他指出改变每一个限制、改变每一个人为的障碍是政府的职责，应按照穷人的意图确立法律制度和财政制度，以推动改善其自己的境况。所以他主张消除合伙关系法的缺陷，这种缺陷使得穷人联合股份的公平实验变得不切实际。甚至更有趣的是穆勒建议修改土地交易税收制度。印花税税务局对小额土地交易收取一笔额外费用，而按照法律要求费用对于所有交易数量都应是相同的，不论交易数额大小。结果减少了对部分贫困农民的投资激励。穆勒认为，贫困的农民将被迫在法律制度内接受对其储蓄的经济限制，而这种法律制度则意味着没有为他们的储蓄开辟投资出路。因此，土地的税收制度对于确立再分配机会具有负面影响。

总之，穆勒希望应用政府政策来履行一种利用市场力量维持工作激励的最低限度收入的计划。他显然认为，贫困的"低道德条件"可能借助于公共援助得以改善，所提供的社会援助"虽然对每个人都有效，但它也使每个人放弃如果没有这种社会援助他可能会有的做事的强烈动机"（罗布森编，《政治经济学原理》，p. 961）。

埃德温·查德威克爵士的政治经济学

关于 J. S. 穆勒先生在多大程度上是一个集体主义者，人们有分歧，但他显然受到杰里米·边沁政治思想的很大影响。他维护私有财产、个人自由，以及非集中化的政府，即使他有时似乎愿意把这些目标同使大多数人获得最大福利的功利主义伦理学结合起来。他的朋友和学生，埃德温·查德威克，则向功利主义圣坛更深地鞠躬，而且作为典范的官员，他对功利主义的执着对英国的社会经济政策产生了深远的影响。简言之，查德威克在其管理生涯中实际上参与了每一个干预主义活动。

查德威克盛气凌人的性格使他遭到许多人的怨恨，也让一些人对他发怵，但是人们难以怀疑他充沛的精力。由于在 30 多年里积极参与制定和履行英国社会法律和经济政策，查德威克得到了普遍的赞颂。人们公认他是改善济贫法、供水、污水处理、公共卫生、城市服务、学校建筑、贫困儿童教育和许多其他计划背后的推动力量。还有边沁，他也是一个在我们时代被复活了的"竞争原理"的主要倡导者。但是，和穆勒不同，他很少作为一个"严肃的经济学家"获得赞颂。与此相联系，他的传记作者们把他作为一个律师和官员来描述。事情可能是这样，在 19 世纪要

---

① 在私人没有任何动机做慈善的时候，便存在"搭便车"的问题，因为他假定别人将这样做。这是，例如，政府提供国防的古典论点。

找到较为清晰地看到现代政策制定者所面临的多样性和多种经济问题的人几乎是不可能的。

□ 公共利益、法律和经济学

查德威克受过法律训练，但他为了成为一名政府官员而放弃了律师职业。他是边沁"世界观"的支持者，特别是边沁的基于功利主义的法律的信奉者。他也精通李嘉图经济学，李嘉图经济学的知识遗产增强了查德威克认为个人的首创性是社会进步主旋律的信心。他毕生维护这个原理，并且常常为保护个人首创性的自由发挥而为现存社会结构的变化辩护。

查德威克带给边沁主义的是一种管理精神，而这种管理精神在功利主义理论和官僚实践之间架起了桥梁。边沁的法学理论是以反对斯密的私人利益和公共利益自然一致性为基础的，并以造成人为利益一致的制度手段来代替斯密的自然一致的理论。他的思想是以这样一种方式来安排义务和惩罚的，那就是，激励改变贯穿于私人活动和企业活动的对社会造成损害的后果，或至少减少这种后果。但是，实际履行这个思想却需要一个清晰的公共利益概念。边沁认为个人利益的加总就是公共利益的个人观念是有分析困难的缺陷的，因为它包含了人们之间的效用比较（见第6章）。相反，查德威克按照经济效率的概念定义公共利益：任何减少经济浪费的事情都对公众有利。按照这种方式，查德威克主张在提供私人物品和公共物品上进行普遍的改革。

也许用一个例子可以说明查德威克的贯穿着激励控制的制度改革方法。面对减少输往澳大利亚的英国罪犯死亡率的问题，查德威克指出，英国政府曾针对每个在英国码头登船的罪犯把一笔固定的费用支付给船长。当然，船长发现可以在安全运载而不危及船只的前提下尽可能多地接纳罪犯而使利润最大化，也可以采取尽可能少地向罪犯提供路上花费（食品和饮料等）的办法。在这种激励制度下，罪犯的存活率低到40%，英国牧师辛酸地抱怨这种做法不人道。在对这种情况作出迅速评价后，查德威克提出了改变支付制度的主张，即船长按照在澳大利亚下船的每个罪犯获得费用。在很短的时间内罪犯存活率提高到98.5%（查德威克，"开场白"），所需要的一切只是给船长一个维护其货物——人的健康的激励，这样便创造了一个公共利益（即罪犯的健康）和私人利益（即承运人的利润）之间人为的一致。

□ 犯罪经济学、法院和警察

边沁的功利主义也为查德威克关于人的行为理论提供了精神基础，该理论最初出现于他在1829年关于在伦敦市建立一支市政警察队伍的建议中。查德威克关于警察的报告是为罗伯特·皮尔爵士①的竞选委员会准备的，是对边沁原理的精彩应用，也是强调查德威克的"预防原理"的有效手段，而预防原理成了他后来许多这

---

① 如今英国的警察被称为"bobbies"，以纪念英国首相罗伯特爵士，他在激烈的反对意见中成功地建立了都市警察。

样的改革的基础。按照这个原理，减少浪费最稳妥的方式不是在事后减轻无效率，而是从最开始就避免它们发生。查德威克笃信预防原理，他总是含蓄地指出预防措施一般伴随着巨大的金钱节约。

犯罪行为　查德威克笃信统计研究的重要性，他常常就需要政府解决的问题进行"社会调查"。他向罪犯的直接询问弄清了下列的行为概貌：他了解到，盗窃者没有耐心从事稳定的劳动，他们厌恶体力劳动、游手好闲，不容易以惩罚性的威胁加以制止，也不容易通过"持续"成功的前景加以劝导。他的研究使他确信，犯罪是基于金钱收益的考虑而作出的理性选择。查德威克从他的社会调查中得到一个关于法国人对为什么选择犯罪生活的问题的回答，罪犯说道："我把我自己维持在一个适度的界限内：作为盗窃者，我一天得到 18 法郎；但作为一个零售商，我一天只能从生意中赚 3 法郎。请问——你愿意这样诚实下去吗？"（《文摘》，p. 391）

查德威克得出结论说，个人计算进行违法活动的利益和成本，对于任何给定的获得之物来说，逮捕和定罪的概率越高，预期收益便越小。他并不反对由边沁和其他人先前提出的看法，即在惩罚的严格性和惩罚的确定性之间存在替换，但查德威克的研究否定了把严格的惩罚作为制止犯罪强有力手段的重要性。他的经验研究使他确信这样两个重要的事实：（1）现存的警察管理制度和法律制度将与犯罪相联系的风险成本设置在很低的水平；（2）逮捕和定罪的高概率是制止犯罪的强有力的手段。

警察的效率　查德威克一贯认为，预防犯罪是警察和公众的共同责任，但他把他的注意力导向将使警察成为更有效预防犯罪力量的管理改革。他的建议遇到了警察补偿和管理经济的课题。

查德威克看到了执行法律的质量和警察补偿之间的一种紧密的联系。他发现英国警察的工资非常低，因此鼓励尽可能高估许多被盗财产的价值，"以便能够为其破案提供巨大的奖赏"（《预防警察》，p. 254）。虽然解决工资问题的一个方案是基于警察的生产率确定工资，但查德威克没能设计出一个这样做的操作程序，因为无法计量预防犯罪的实际服务。作为一个次优解决方案，他提出了一个工资调整的建议，即基于对一种警察管辖下的犯罪和另一种警察管辖下的犯罪（两种情况下所确定的财产状况相同）的比较进行工资调整。当然，在该体系中还将存在着由实际犯罪和报告犯罪或报告犯罪率之间的差别所引起的扭曲。而且，像查德威克所认识到的，只有在收集犯罪数据并使之精确化方面加以改善，才能纠正这些困难。

在管理经济的大多数问题上，查德威克是一个集中主义者，他一贯坚持集中化的官僚制度对于收集和研究犯罪数据，包括各种盗窃财产的数据，具有合意性。在传统的警察组织秩序内，他对作为预防效率原理的专业化和分工提出了挑战。查德威克认为，在以制止犯罪为目的的地方，最大化的效率将由于预防犯罪的"投入品"的地理分布而得以改进。如果在大火燃烧起来之后很快就制止和救火，当然很容易灭火（因而减少财产损失）。因此，警察和消防机构将在社会上设立较多的预防机构，结果就将在预防和救火上减少时间滞后。查德威克使人理解了他的具有科学规则力量的观点："一个处于半英里外的人的救火服务，相当于处于 3/4 英里的 4

个人的救火服务，相当于处于 1 英里的 6 个人的救火服务，相当于处于 1.5 英里的 8 个人的救火服务"（《警察和救火》，p. 426）。这种联合的另一个好处是提高制止纵火的效率。查德威克把这看成是不小的成果，因为可靠的估计表明，伦敦市故意纵火量占总纵火量的 1/3。

执法的经济学　在加之于罪犯的成本中，不仅有逮捕的概率，而且有定罪的概率。查德威克认识到，在每种情形中惩罚并非唯一的价值，而且是在每个执法程序阶段上出现的一系列不同概率的混合结果，除了发现犯罪、追捕罪犯和调查犯罪的机会（由警察机关控制），查德威克还援引：

1. 被指控的机会，如果被调查和逮捕的话；

2. 构成起诉错误的机会；

3. 被大陪审团驳回指控诉状的机会；

4. 在审判过程中出现的许多偶然的机会，例如，犯罪事实的排除，证人、律师、法官和陪审团的素质。

查德威克对现存制度的最致命的攻击是对大陪审团制度的攻击，他把大陪审团制度说成是"伪证的有力支持者"，是一种给予罪犯全部（逃脱）机会的制度，这些机会既是由于陪审团和证人无知而产生的，也是由于他们的技能低下而产生的（《预防警察》，p. 298）。他估计罪犯之所以常常逍遥法外主要是由于陪审团缺乏经验，很少是由于法官所采取的不适当的活动。他要求取消大陪审团制度，因为这是提高犯罪成本同时又不提高对无辜者定罪概率的一个途径。

除了使法庭程序合理化的改革之外，查德威克还赞成降低起诉罪犯成本的制度安排，或降低为法庭处理提供信息的个人成本的制度安排。法庭程序合理化本身就降低提供信息的成本，因为证人的主要成本是法庭调查所花费的时间。查德威克也援引了犯罪受害者的其他成本——由法庭听讯仅限于唯一的法庭或法官而引起的延误，以及法官对某些证人的错误处置。他的法庭程序改革的全部方法，在这方面，像在所有其他情形中一样，基本是经济的方法。他宣称："我们应当记住，简单、迅速、确定性和免费，是刑事诉讼及其他诉讼最合意的特性"（《预防警察》，p. 294）。

□ 公共卫生和时间价值

作为 19 世纪英国公共卫生运动公认的领导人，查德威克把他对该国卫生设备制度的改革集中在水的分配上。现存的制度要求消费者从中心地区购买水，以致他们承担从水的分配点到家庭住址的运输成本。虽然水的购买价格很低，但它的完全成本很高，因为把水运到使用地点花费了大量时间。查德威克的分析证明了时间的机会成本。他指出，"如果劳动者和他的妻子或孩子不是在家而是被雇用，即使是从事最低报酬的劳动或织袜子，用手取水的成本便非常高"（《关于卫生条件的报告》，p. 142）。

查德威克认识到，水的完全成本等于水的购买价格加上每小时的机会工资率乘以把水运到家所用小时数的总和。这里再次表明，解决公共问题的方案要求创造一种人为一致的利益。可以通过适当构建经济激励来保证家庭卫生的（公共的）结果。一个重要的事实是，查德威克认识到了时间的价值，并把它作为经济政策形成的有关变量。

□ 公共物品和竞争的制度形式

公共政策包括改变社会的制度安排，以至使利己的个人以一种有益于公共物品的方式来行动的思想，这绝对是边沁的概念。这种观点有某种"专横的"味道，因为边沁政治学的实践最容易受集中所有权和中央当局产权控制的影响。[①]查德威克似乎把集中化的管理看作是消除浪费的前提，他这样对待这个原理，即改革竞争的概念以便使之适应中央当局的要求。

在调查、设计和改革各种公共政策长达 30 年以后，查德威克坚定了其关于政府干预的适当模式的观点，并在一篇递交给皇家统计学院的"意见书"中表述了这个概念。在援引"健全的竞争原理"和"非健全的竞争原理"共存时，查德威克把正统的观点（按照占有市场份额的情况，假定大多数企业是竞争的企业）同他的"新"竞争观点作了比较。他的新观点假定，在几个投标商中间为赢得一个独占的供应整个市场的权利而竞争。查德威克把前一个概念标示为"在该领域之内的竞争"（competition within the field），而把"新"概念标示为"占领该领域的竞争"（competition for the field）。在阐述其继续对后一原理的支持时，查德威克宣布：

> 同（在该领域内的）竞争形式相反，我提出了作为管理原理的"占领该领域的竞争"，那就是说，整个服务领域应当为了公共利益而竞争——仅仅按照效率依据发挥作用的条件和最大限度便宜的条件而竞争是可行的，即整个领域的财产，按某种资本或某种设施来计算，在既定的时期由于必需品服务的绩效而完全保证公共利益，该领域可能由某厂商实行最有效率的和最经济的管理（《不同的结果》，p.385）。

拥有了一个早期"公共物品"概念——那些从外部向直接使用者提供利益的物品——查德威克寻求把该领域内的竞争原理最精确地应用于这级物品上。他认为基于非集中化的财产权而履行或执行竞争制度是事倍功半的，所以，他提出了一种不同的制度。政府将代表社会买下竞争供给者的权利，并通过招标程序，签订提供公共物品独占权利的契约。查德威克把这个原理称为"契约管理"。

按照较为现代的形式，可以用图 9-1 来解释查德威克的原理。图中的负斜率成本曲线是公共效用的那些成本曲线，即运输企业或自然垄断企业的成本曲线。追求利润最大化的垄断者将生产数量 Q_p，并按价格 P_p 出售。查德威克的观点是，给定某种条件和不同的财产权转让，自然垄断的存在不一定意味着垄断价格和垄断利润。特别而言，假定竞争的投标者存在弹性供给，投标者勾结的成本便相当高，政府就可能购买少量企业，把它们出租给独家供给此种产品或服务权利的投

---

① 确切地说，在这一点上，穆勒和查德威克对经济问题的分析分道扬镳。查德威克是集中主义者，而穆勒则不相信权力集中化的聚集。

标人。

许多制度安排和契约安排在这个框架下是可以做到的。政府可能提供也可能不提供厂房和资本设备。契约期可能是固定的，或者可能按照政府的考虑重新签订契约，可以假定也可以不假定契约各方或某些方具有确定性和/或完全的信息，例如对意外的收入和损失的处理，构成该模型的一部分。当然，答案将依据所做假定的性质而改变。

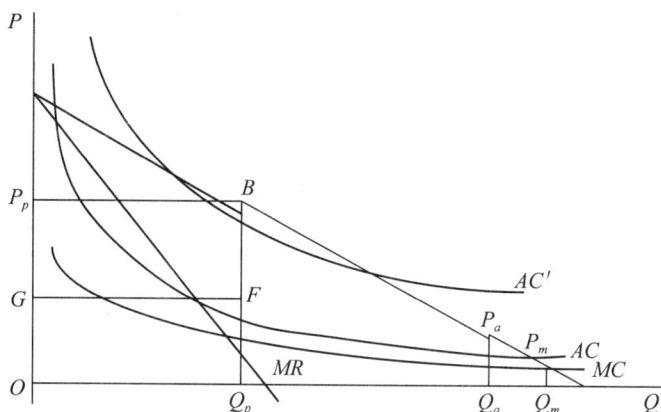

图 9 - 1　在没有契约规定价格和/或数量的情况下，平均成本将从 AC 提高到 AC′，
造成福利 GPₚBF 从垄断者转向社会。如果政府规定数量 Qₐ 为供给量，将
持续地喊价，直到价格达到 Pₐ

可以借助于图 9 - 1 来说明某些可能的答案。我们假定，政府和投标各方都存在完全而确定的信息，政府提供固定资本。这样，问题就是考察契约的特殊性质如何改变答案。显然，如果最大化的投标是在没有价格和产量契约规定的情况下，由向政府提供商品的供给者构成的，那么答案便保持不变，除非福利由垄断者转向社会。可以用图 9 - 1 中的数量 GPₚBF 来描述这种转移。实际上，它把成功的供给者的平均成本提高到 AC′，结果在 AC′ 和需求曲线之间的价格为 Pₚ 处形成"张伯伦切点解"（见第 19 章）。

更为常见的情形——查德威克以铁路的例子说明其特点的情形——是政府以契约的形式规定必须提供最低数量（和/或质量）、并令潜在的供给者进行投标过程的情形。如果假定政府以契约规定某一数量 Qₐ，投标者将按价格 Pₐ 提供这一数量，按此价格他只能获得正常利润。重要的一点是，查德威克的原理取得了一种"竞争的"答案的成就（在这里，平均收益等于平均成本，经济利润为零），即一种经由公共所有权和私人经营的可能性。所有这一切意味着，竞争的投标过程，在不同的财产转让给定的情况下，可能至少接近于传统竞争模型的某些结果。在传统的竞争模型中，竞争被定义为具有许多竞争的、独立的企业的市场结构，不管这是不是一个依赖于多维度力量的实际结果，这些力量包括巩固这种方式、确定契约、获得信息的成本等。

□ 查德威克的政策建议：契约管理的应用

水的供给 查德威克对伦敦水的供给和公共卫生条件的调查显示，问题是自然垄断。①这样，他把在该领域的竞争看作是不适当的。他发现这个服务领域现在在 7 个不同公司间划分，其中有几个公司已经成为多种形式的垄断，设备相互重复，以至于两三个管道系统穿越许多街道，少量配给劣质水的供给，而且水质常常有害健康。查德威克估计，在契约管理的原则之下将这些公司合并，每年可节省 10 万英镑，然后可用这些钱开发新的供水设施。

查德威克指出，巴黎市政煤气公司最初是在几乎相同的自然垄断情况下竞争的。政府研究几个独立的煤气公司发现费用过高，后来，该市按照查德威克的原理进行合并，结果用户费用降低了 30%，并改善了所供煤气的质量，股东的资产价值提高了 24%（《不同原理的结果》，p. 388）。查德威克还描述了另一个例证，该例证表明，北英格兰两个煤气公司在进行了他所赞成的那种有效合并之后，其煤气供应的主要成本下降了近 2/3。

他提出的伦敦供水管理改革的建议遭到了反对，查德威克认为，这是由于有力地触动了既得利益。仿佛是为了加深对上面的话的理解，查德威克断言，在整个 19 世纪 50 年代的 10 年中保持传统的竞争形式，把高价格的负担加之于消费者，把不安全的收入负担加之于股东，并把不充分改善的水质和供水制度带给了公众。

铁路 在 19 世纪 60 年代，查德威克成了英国铁路国有化运动的主要倡导者。他的论点不是支持政府对铁路的经营，而是支持按照契约管理原理对铁路经营实行合并。按照查德威克的观点，铁路是一种自然垄断，是以非统一的管理和浪费的竞争为特征的。但是，他不情愿让所有权和经营权合一。当他说"政府绝对没有任何直接管理制造业的能力，或者，政府绝对不具备有别于行政管理特征的任何能力"的时候（《关于建议》，p. 202），从表面上看，他似乎在最好地坚持自由放任主义传统，但同时他的建议要求把集中管理之权集中于中央当局。另外，到 1860 年，查德威克便可以援引政府成功地履行提供邮政服务的契约管理体系的例证了（为获得查德威克原理的其他例证，参见专栏："思想的力量：查德威克论特许经营的葬礼"）。

☞ ━━━━━━━━━━━━━━━━━

思想的力量：查德威克论特许经营的葬礼

埃德温·查德威克是把一种真正现代的制度安排应用于从地方的污水处理和卫生设施到国防的一切装备的各种公共物品供给的开拓者。特许经营权，在世界许多国家是司空见惯的，常常被描述为一种既不同于政府所有或经营又不同于较为传统的管制形式的选择。像纽约和亚利桑那州的斯科茨代尔这样不同的美国城市，都应用这个制度以提供垃圾回收防火和其他公共服务。

———————

① 当有唯一的生产者或企业更有效率的时候，所谓自然垄断就存在了。在某些情形中，唯一企业的存在是几个企业间竞争的自然结果。

查德威克的特许权及其现代应用的论点，通常是按照提供"自然垄断"服务，例如，煤气、公共卫生（接种疫苗）、地方供水（在查德威克时代）、电力以及其他市政服务，而提出来的。但是，这并不是说，这种办法仅限于自然垄断或那些以大规模经济体现的物品。事实上，查德威克要求在那些发现有浪费和缺乏效率的地方由政府接管财产权，然后把这种权利作为一种特许权拍卖给私人企业。一切种类的物品和服务都可以按这种方式生产和销售。包括牛奶、啤酒、警察服务和监狱。查德威克发现他的原理潜在地适用于任何情况。

考虑一下查德威克举出的大约在1843年伦敦获得有特许权的葬礼服务案例。[*]他估计，伦敦每天有600~700个承办丧葬者完成100多个葬礼。因此，约6个丧葬承办者为一个葬礼而竞争。这样，市场情况表明这是一个非勾结性的且竞争激烈的市场；查德威克断言，葬礼的供给者是作为垄断者而行事的，它们可能确定过高的价格，因为，当由葬礼的供给者提供葬礼的时候，葬礼的需求者便面对很高的信息和搜寻成本。另外，这种高成本鼓励进行家庭葬礼，而这种家庭葬礼则导致卫生状况恶化——更多的理由都使得葬礼的供给适合于特许经营的目标。

英国议会忽视了查德威克的建议，但是，慕尼黑、法兰克福、柏林和巴黎履行了这个原理。[**]查德威克估计，1843年在巴黎完成2.8万个葬礼总共花费8万英镑，而在伦敦在公开竞争的情况下估计完成4.5万个葬礼则总共花费62.6万英镑。按照巴黎的收费制度，查德威克估计，伦敦的葬礼将花费16.6万英镑，节约46万英镑。这直接归因于各级别服务的统一收费制度。这样，按照查德威克的逻辑，由高信息成本所造成的垄断力量可以因特许经营而被消除。

查德威克的例证在他的时代或在今天的类似情形中的适用程度如何呢？首先，葬礼服务的主管者，在当时或现在，是否拥有重大的垄断力量是很令人怀疑的。在亲人亡故之时，大多数个人都依靠朋友或家庭的推荐来选择葬地（在今天允许对大多数葬地进行事先的计划）。企业的经验和声望是重要的，而且经久不衰的企业则代表一种高水平的、可接受的质量。

按照契约确定的特许经营的葬礼服务将担负着——不管何种产业或企业类型——维护特许经营、履行特许经营和签订契约的成本。如果失去了特许经营权，"马和车"将发生什么情况呢？如何将它们变卖呢？该契约将实行多长时间？如果在契约期内成本或需求变化了将发生什么情况，是使提供葬礼的损失增加了，还是消除了利润？在这个体系中私有财产将发生什么情况？把一种类型的地方特许权应用于现代有线电视的困难，也许能说明用这种方法"保护"消费者的某些主要的问题。

查德威克的建议无论何时都适用于市场发生浪费的情况，它不仅适用于自然垄断情况（或正规的垄断），而且也适用于处于非均衡时的竞争市场，像他所援引的葬礼例子中的情形那样。查德威克没有认识到现实世界中的竞争制度总是以某种摩擦运作的。即使这样，人们通常也可能偏好管制、特许权或政府运作。

[*] 见埃德温·查德威克，《城市的葬礼》（1843年）。

[**] 在1849年伦敦和其他大城市遭受流行性传染病霍乱侵袭之后，议会实际上采用了查德威克的计划。当所有各个方面，特别是受到负面影响的葬礼服务供给方面，都理解了财产权交易意义的时候，该计划很快在1852年被一项议会法废除了（详情请参见埃克隆和福特，《19世纪城市市场失灵了吗？》）。

经济理论和方法史（第五版）

结论

由于试图分析他们时代的事件和描述他们时代的经济政策，诸如西尼尔、穆勒和查德威克这样的古典著作家，都遵循像马尔萨斯和李嘉图这样的早期思想家的思路，搭建了属于 20 世纪政策发展的舞台。虽然时间变化了，但今天资本主义经济仍然面临着一个多世纪以前英国所面临的问题。因此，毫不奇怪，今天的经济学家和其他社会科学家还在思考着一些古老问题，在某种情况下，借助于更为先进的分析和研究技术探索它们的发展步骤。

古典经济学家被迫论及了工业和市场竞争所形成的后果。在市场不能提供最优化结果的地方（例如，改善贫困、个人卫生、宣判死刑和"浪费的"重复设置等），日益变得明显的是，法律和立法的变化可能更有效地提供实现"更为理想的"社会和经济解决方案的激励。作为政策制定者的经济学家间的区别，当时和现在一样，在于认为何种干预和在多大程度上的干预是必要的，或实际上是最优化的。尤其是，在穆勒和查德威克之间在这个问题上的区别是有教育意义的。

穆勒和查德威克都坚持边沁的传统，支持政府干预。例如，早在 1832 年穆勒证明了基于外部性和"搭便车"原理而进行合法干预的正当性。但穆勒和查德威克之间的主要区别是，穆勒对巩固中央当局的政治和经济权利持怀疑的态度；查德威克则趋向于考察每个地方的外部性，而且没有提出对中央当局扩展政治和经济权利的实际约束。虽然穆勒赞成查德威克所提出的改革建议，但他拒绝完全支持这种改革，尤其是如果这些改革看来会加强集中化。像查德威克一样，穆勒也认为应当把激励和竞争压力构建成为一种改善人类的社会经济制度，但同时又不能把政府对生产资料的所有权和控制同传统的、斯密创造的竞争性资本主义理论协调起来。

也许比同时代的人更胜一筹的是，J. S. 穆勒强调代议制民主的来临依赖于国家建立平等的环境。他一方面看到了人和环境的新的结合，并相信教育以及国家的自由主义遗产将以这样一种方式运作，即所有的公民都能够以更平等的方式享有自由和财产。另一方面，查德威克却很少谈及这个信条。

参考文献

Baysinger, Barry, and Robert Tollison. "Chaining Leviathan: The Case of Gladstonian Finance", *History of Political Economy*, vol. 12(Summer 1980), pp. 206 - 213.

Chadwick, Edwin. "Preventive Police", *London Review*, vol. 1(1829), pp. 252 - 308.

——. *Report on the Sanitary Condition of the Labouring Population of Great Britain*, M. W. Flinn(ed.). Edinburgh: Edinburgh University Press, 1965[1842].

——. *Report on the Sanitary Condition of the Labouring Population of Great Britain*:*A Supplementary Report on the Results of a Special Inquiry into the Practice of Interment in Towns*. London : W. Clowes and Sons, 1843.

——. "Results of Different Principles of Legislation and Administration in Europe; Of Competition for the Field, as Compared with Competition within the Field of Service", *Royal Statistical Society Journal*, vol. 22(1859), pp. 381 – 420.

——. "Opening Address", *Journal of Royal Statistical Society of London*, vol. 25 (1862).

——. "On the Proposal That the Railways Should Be Purchased by the Government", *Journal of the Society of Arts*, vol. 9(February 1866), pp. 203ff.

——. "The Police and the Extinction of Fires", in B. W. Richardson(ed.), *The Health of Nations : A Review of the Works of Edwin Chadwick*, vol. 2. London:Longmans, 1887.

——. "Précis of Preventive Police", in B. W. Richardson(ed.), *The Health of Nations*:*A Review of the Works of Edwin Chadwick*, vol. 2. London: Longmans, 1887.

Ekelund, R. B. ,Jr. , and Ford, G. S. "Nineteenth Century Urban Market Failure? Chadwick on Funeral Industry Regulation", *Journal of Regulation Economics*, vol. 12(July 1997), pp. 27 – 52.

Mill, J. S. "Lord Brougham's Speech on the Poor Law Amendment Bill", *Monthly Repository*, vol. 7(1834), p. 597.

——. "The Proposed Reform of the Poor Laws", *Monthly Repository*, vol. 8 (1834), p. 361.

——. *Principles of Political Economy*, W. J. Ashley(ed.). New York: A. M. Kelley,Publishers,1965[1848].

——. *Principles of Political Economy*, in J. M. Robson(ed.), *Collected Works*, vols. 2 and 3. Toronto: University of Toronto Press, 1966[1848].

——. *Letters of John Stuart Mill*, 2 vols. , H. S. R. Elliot(ed.), London: Longmans,1910.

——. *Essays on Economics and Society*, in J. M. Robson(ed.), *Collected Works*, vols. 4 and 5. Toronto: University of Toronto Press, 1967.

——. *The Later Letters of John Stuart Mill*, *1848—1873*, in F. E. Mineka and D. N. Lindley(eds.), *Collected Works*, vols. 14 – 17. Toronto:University of Toronto Press,1972.

Senior, N. W. *Industrial Efficiency and Social Economy*, vol. 2. New York: Henry Holt,1928.

——. *Selected Writings on Economics*. New York: A. M. Kelley, 1966.

经
济
理
论
和
方
法
史
（
第
五
版
）

第 3 篇

对经济正统性的挑战

当工业革命高涨的时候，许多情感面对它所导致的情形战战兢兢地退缩了：过分拥挤的城市、贫乏的供水设施、漫长的工作时间、低下的工资、工业事故、空气和水的污染。刺耳的反对"邪恶"的工业主义声音响起。某种针对古典经济学的批评更多的是基于情感而不是基于不带偏见的分析，但有些理论的精心设计也找到了随着争论和改革的呼声而进入经济学的途径。

特别而言，法国隐匿了许多改革者。必须记住，虽然在英国启蒙运动大放异彩，但法国长期坚持重商主义，而且重视工业革命也比英国晚。因此，在法国许多持异议的声音是针对王室以及它所包揽一切的权力。同时，其他人则关注政府纠正工业主义的僭越。人们共同的主题，如果这是主题的话，是社会改革，而不一定是如何完成改革。在马克思之前进入画面的是基于唯意志论——为改变社会制度而要求改善人性——的改革。马克思则通过把他的经济理论置于历史规律的基础之上而向一切提出了挑战，以至在他的体系中变化是必然的且是无情的。

在第10章，你们将了解到关于各种不同的对古典经济学的批评和社会改革纲领。一个对革命思想的简明概览，虽然是不完全的，将包含各种对古典经济学的抨击。你们还将被引导到历史主义，一种始于德国但在英国也发现追随者（我们还将在第5篇看到）的对经济方法的批评。第11章论述卡尔·马克思的经济学。马克思的经济学向古典经济学提出了另一种不同的挑战，因为它在内容上更系统，影响更普遍。你们还将了解到马克思如何借用德国哲学，以尝试把古典经济学改造成为能够引起20世纪全世界"改革者"，从弗拉基米尔·列宁（Vladimir Lenin）到菲德尔·卡斯特罗（Fidel Castro）。

第10章

异端经济思想

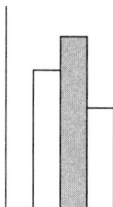

在前几章我们看到古典经济学如何从亚当·斯密开始形成，而由边沁、马尔萨斯、李嘉图、萨伊、西尼尔和 J. S. 穆勒改造成为一种理论上统一的、一致的开始类似于一种科学的分析体系。到 19 世纪中期经济学开始成为一种正统的学科。但是，在其长达数十年的孕育期间，古典经济学受到了许多批评者的抨击。本章概述所出现的某些反对古典经济正统性的持异议的声音。虽然它们未能成功取代古典经济增长和分配模型，然而本章所概述的一些作者对经济思想的形成产生了影响。实际上，在经济理论和分析团队内思考的正统的传统一直持续到今天。

古典经济学在 1776 年（斯密）到 1848 年（穆勒）间获得了重大的成功并被普遍接受，同时，几个具有极为重要意义的社会、经济和政治事件改变了大西洋两岸。在北美，美国大约和斯密出版他的《国富论》同一时间诞生。由于主要居住着欧洲逃亡者，新的国家在其最初驱向非殖民地化和实现自给自足中面临许多问题。在欧洲，法国革命在古代体制土崩瓦解之时导致社会和经济组织重建。英国监视着工业主义的诞生和工厂制度的出现——历史学家把这归结为工业革命。这些转变向不同国家提出了不同的挑战。

在英国出现了一个反对李嘉图悲观预期的派别，即由托马斯·霍奇斯金（Thomas Hodgskin）和威廉·汤普森（William Thompson）领导的所谓"李嘉图社会主义"。这些作者提供了一个矫正古典经济学的方法，这种方法从来没有达到李嘉图体系理论的雅致，因此，它无法颠覆正统理论。在法国，法国革命的早期许诺受到了随之而来的恐怖统治（Reign of Terror）的严重考验，结果，许多宣称旧制度的灭亡是战胜特权的主要原因的人的希望破灭了。在德国，一个被众多政治和经济边界划分的四分五裂的国家，哲学的力量在起作用，这同英国或法国的经验大相径庭。就美国而言，虽然由于其最近的独立而崛起，但它仍然是思想的纯进口者。

这个时代全球社会的和知识的骚动激起了几股哲学之风，虽然英国的工业主义是以高度的实用主义为特征的，但欧洲大陆的经验则受笛卡儿理性主义的指导，在对内探讨真理时，笛卡儿理性主义反对物质的东西。欧洲哲学家同其英国同行们相反，他们更强调团体的活动而不是个人的活动。例如，卢梭虽然认识到财产权是个人和社会进步的传导，但他认为可能存在理想的社会应用财产的机会。黑格尔并不是在洛克的意义上把自由看作是个人和团体之间的关系，而是按照同其他人结合的条件，例如，家庭、宗教和国家，来认识这种关系。对古典经济学的主要抨击来自这些方面。

浪漫主义是为打击古典理性主义而出现的。崇高的幻想、无压抑的经历和深厚的情感是其论题。在整个欧洲都发现了浪漫主义的追随者，在英国它集中反对功利主义。虽然它有时假借个人主义而显现，但浪漫主义培育了一种集体主义观点。社会主义首先出自资产阶级的前浪漫主义概念和其反对特权集团的阶级斗争，原始社会对土地和工具的公共所有权的假定，以及卢梭人人平等的思想。

除了卢梭，所有法国伟大的启蒙哲学家都把历史看作是一个人类朝向合理与真理的稳定进步的过程。在经济领域，这个思想似乎由于19世纪上半叶生产和生产能力的迅速扩展而巩固了。但是，许多人认为经济发展是不平衡的。工人阶级一般工资低，劳动时间长，在恶劣的工厂条件下受煎熬。这导致整个19世纪尝试使工人阶级成为"社会化的"经济学的拥护者。这些尝试形成一个范围，从富有的英国工业家罗伯特·欧文（Robert Owen，1771—1858年）的家长式的方法，到法国的一个主张自由恋爱和共同生活的空想家夏尔·傅立叶（Charles Fourier，1772—1837年）的几乎幼稚的社会改革秘方。在这些社会主义的计划中有某些并不总是容易同资本主义区分开来的，例如，圣西门（1760—1825年）的工业管理计划；而另一些人，例如，P. J. 蒲鲁东（Proudhon，1809—1865年）提出了限于无政府主义的改革。但是，所有这些早期的社会和经济重组的计划有一个共同的东西——它们都依赖于一种对人的良知的自愿呼吁。在这个意义上，它们都是启蒙运动的产物。而且，也正是在这个意义上，它们都是卡尔·马克思头脑中的"乌托邦"，而马克思则寻求他自己的同其前驱不同的社会主义，后者被称为"空想社会主义"。

☞

思想的力量：浪漫主义对古典政治经济学的批判

由亚当·斯密、罗伯特·马尔萨斯和其他古典经济学家传播的体系——支持市场、经济增长和由工业革命引起的进步的体系——受到了（正在受到）批评家和反对者的抨击。在19世纪这种批评来自不同方面，而且大多数批评常常来自所谓"浪漫主义"。浪漫主义运动，诸如拜伦（Byron）、济慈（Keats）、柯尔律治和雪莱（Shelley）所精彩表述的，强调改变人类生活的自然力，而人类生活本身就是自然的基本部分。

小品文作者收集了这些思想。美国人亨利·大卫·梭罗（Henry David Thoreau，反对政府，正如他反对资本主义一样）简练地表达了浪漫主义思想，他说，"我信任森林和草地，信任谷物在其中生长的黑夜。"对于这样的作家来说，工业革命的实际结果并非令人愉快的：在英国和欧洲其他地方日益增长的城市化、贫困、污秽、传染病、缺乏公共服务和过分拥挤。但是，像约翰·斯图亚特·穆勒这样的经济学家并不关注尝试在事前确立机会平等的条件（或者我们现在所说的走进机会的"通路"）。浪漫主义把一种事后的攻击施加在富有和"不公平"的前辈身上，万恶的资本家和银行家是穷人的敌人。

浪漫主义者之一约翰·罗斯金谴责说，"一个大国不会把可怜的孩子由于偷了6个胡桃而送进监狱；也不允许其破产者因为鞠了一躬便认可其盗窃几百或几千的钱财；也不允许它的银行家以穷人的储蓄致富，在他们无法控制的情况下关门。"他又说，"一个大国不允许质朴的穷人由于漫天的炎热而丧命，不允许由于肮脏的瘟疫而使他们腐烂，为了每周向地主多交纳6便士。"在这些作者看来，白人"雇佣奴隶"等同于黑人奴隶，他们中的某些人甚至不相信某种最终的平等是可能的！[*]

从某种观点上看，可以说浪漫主义是在攻击社会变化。这些作者不能或不愿意看到民主社会中的资本主义将把自己的某些矫正方法提供给他们发现的某些问题。查尔斯·狄更斯是一个伟大的小说家但也是一个贫乏的社会科学家，他不能认识到一个市场制度事实上就是一张摆脱贫困的票券，更没有把从前乡村贫民的困境同他的时代的城市贫民进行比较。在资本主义社会仍然存在着"责骂富有"的插曲表演的机会。另外，在资本主义下面，梭罗的选择甚至变成了一种具有例行公事性质的选择（美国的向西部地区的移动，如果没有"自然的魅力"的论点便不能解释）。

基本上，浪漫主义强调一切进步都有代价。变化（当时和现在一样）是不安定的，引起社会分裂，并改变收入和/或财富分配类型。变化把成本加之于一些人，而把好处给予另一些人。那些承担新成本的人将保护并试图维持现状——如果可能的话通过政府（甚或暴力手段）。所面临的实际问题是深刻的：除了变化还有无其他选择？我们应当阻碍科学和技术进步吗？把早先中世纪乡村贫困的形式同城市工业革命期间下层阶级所面临的条件进行比较也是很有意义的。结果，它表明浪漫主义没有理解先进国家如何处理社会和经济问题的可能性，特别是在民主形式的政府之下。

[*] 一方面，最近的研究表明，那些为经济学取名或把经济学看作是忧郁科学的人，他们自己是种族主义者（racist），罗斯金相信"平等的不可能性"，狄更斯（在其很少有人阅读的经典小说《艰难时世》（*Hard Times*）中）认为奴隶制是加强黑人知识发展的工具并使之适应自由。另一方面，实际上，当时所有的经济学家在这点上都是平等主义者。这样，谁的哲学更"忧郁"呢？见戴维·M. 利维的极为有趣味的著作《忧郁科学如何获得它的名称》（David M. Levy, *How the Dismal Science Got its Name*）。

一个历史主义的思想流派与社会主义思想的形成并驾齐驱。历史主义是这样一种思想，即认为社会是通过一系列阶段而变革的，每一个阶段都比其前一阶段更先进。这种变革的思想首先表现为一种历史理论（例如，在亚当·斯密那里，他看到了从农业阶段到工业阶段再到贸易阶段的社会进步），但是后来它也变成了一种经济学理论。在欧洲，这种方法的最早的倡导者之一是法国哲学家孔多塞（Condorcet，1743—1794年），他认为历史发展服从一般规律，历史学家的任务就是发现这

些规律，按照这些规律，人类"朝向真实和幸福"发展。孔多塞要求一种基于历史的新科学，而新科学将"预见人类的进步……指导并加速人类的进步"。法国大革命受到启蒙运动理性主义哲学的驱动，以其后果证明了单纯的理性不能带来社会完善，正如理性主义者所假定的那样。这样，孔多塞便把法国革命看作是过去错误的一部分，属于通向最终的社会完善道路上的转变阶段。他的新历史科学反对理性主义，赞成经验主义。"关于人类过去什么样和如今又怎样的观察"，孔多塞写道，"直接导致假定和加速他们进步的方式，由于这种方式，人类性质使他有了希望"（《论文集》，p. 4）。

在研究历史的时代性质时，孔多塞认识到社会进步的发展比人类知识的完善更不平衡，他把社会发展的滞后归因于直到他所在时代的历史总是个人的历史而不是群众的历史。结果，便为了少数人的需要和幸福而牺牲了社会的需要和幸福。他寻求矫正这种情形的方法，即重新铸造历史就是研究群众。因此，孔多塞首次提出了两个重要的论题，按照某种尺度衡量，这两个论题强调了 19 世纪几乎全部对资本主义的批评：历史发展的"自然"法则思想和历史作为群众研究的集体主义观点。

历史，同国家主义相结合，也是在 19 世纪形成中的德国经济学家团体的号召点。国家主义，特别而言，是德国的病毒。当时德国是一个被划分为许多公爵领地、失去协调的行政管理或政府的国家。国家主义（即统一的德国）最早的辩护者之一是弗里德里希·李斯特（Friedrich List，1789—1846 年），其赞成经济保护主义的论点在美国得到了支持，当时美国正在努力为自己的统一而奋斗。李斯特是富有特色的德国经济思想流派的先驱，实际上该流派采取了德国历史学派的形式（见下文）。

欧洲的变革思想：圣西门、西斯蒙第和李斯特

历史和经济发展进步"阶段"的思想是几个学说的核心。这里将简明探讨亨利·圣西门（法国人）、西蒙德·德·西斯蒙第（Simonde de Sismondi）（瑞士人）和弗里德里希·李斯特（德国人）的思想。概括地说，他们的著作提供了对经济学历史的、演变的方法的跨地区的说明。

□ 圣西门：工业主义的预言家

克劳德·亨利·鲁弗鲁瓦·圣西门伯爵（Claude Henri de Rouvroy Comte de Saint-Simon，1760—1825 年）是法国贵族阶层的成员，在法国革命第一阶段他宣布放弃了自己的头衔，但直到罗伯斯庇尔（Robespierre）倒台（1794 年）以后，他一直没有作为敌人被监禁。像另一个著名的法国人——拉法耶特侯爵（Marquis de Lafayette）——一样，在美国革命中他站在殖民地一方战斗。凭他在约克城为保护康华里（Corn wallis）将军所作贡献的事迹，圣西门自夸地说："我可以把我自

己看作是美国自由的奠基者之一，因为正是这次军事运作决定了和平，并确立了美国不可改变的独立"（*Oeuvres*，XVIII，p.140）。然而，由于利己主义和可能的幻想，圣西门是一个多方面的幻想家。[①] 他是运河的主要倡导者，1783 年他向墨西哥总督提议修建一条连接大西洋和太平洋的运河（巴拿马运河实际是在 1914 年完成的），1787 年又提议修建另一条从马德里通向大西洋的运河。他推动建立了一个追随者学派，后来这些人被描述为专家治国论者（他们中的两个人在埃及领导修建了苏伊士运河），他影响了许多重要的哲学家，包括奥古斯特·孔德、卡尔·马克思和约翰·斯图亚特·穆勒。

圣西门的乌托邦社会观反映了赞美理性的法国启蒙运动的影响。理性的优美及其指导经济生产的能力，在他看来，是历史演进的产物。按照圣西门的看法，历史是通过上升的发展阶段而变动的。第一阶段，以革命前的法国为典型，基于军事力量和不加批判地接受宗教的信念。在这个阶段，财富的生产和分配屈从王室和教会的需要。第二阶段，以革命后的法国为特征，基于工业的能力和科学知识。圣西门认为科学和工业是现代的时代标志，并努力实现社会组织计划，以清除科学和工业发展的障碍。在圣西门大胆设想的新世界，工业将提供较好的生活条件，科学是工业的女仆。实际上，由于他越来越多地谈论工业的科学，因而模糊了科学和工业的区别，他的意思是说，把科学和技术知识导向持续增加的生产量。"有用物的生产"，他写道，"是政治社会可以使自己稳定的唯一原因和积极的目的"（*Oeuvres*，XVIII，p.13）。为了实现这个目标必须扫除旧秩序。圣西门坚持认为：

> 法国的繁荣只能通过科学、艺术和专业的进步的影响而存在。国王、大臣、基督教主教、法国元帅、长官和悠闲的地主，并没为科学、艺术和专业的进步作出直接的贡献，他们远没有贡献只有妨碍，因为他们极力延长直到今天还存在的关于实证科学的推测思想的至高无上性（*Oeuvres*，XX，p.24）。

他提议重新组织政府，以致把社会控制让位于工业的行政管理。他反对传统意义上的政府，从而反对被少数拥有特权的人操纵的对许多无特权的人统治的权力。"政府当它参与其事务的时候总是伤害工业"，他写道，"它甚至在努力刺激工业发展的情况下也是如此"（*Oeuvres*，XVIII，p.186）。圣西门的具有工业议会的改革政府将取代君主政体。详情并不缺乏。圣西门的工业议会部分地仿照英国制度，将由三个部分构成。第一部分——发明院——将由 300 个成员构成：200 个土木工程师，50 个诗人，25 个艺术家，15 个建筑师和 10 个音乐家。其基本职责是拟定一个将指定用于和旨在增加法国的财富并改善其居民条件的公共工程计划。第二部分——考察院——也由 300 个成员构成，主要由数学家和物理学家构成，其职责是拟定一个整体教育计划，并评价第一个议院所提出计划的合意性和可行性。第三部分——执行院——将由代表每个工业部门的非指定的成员构成，该议院负责征税，实行对前

---

① 圣西门说，他的祖先查理曼大帝（Charlemagne）出现在他面前，这时他已经被监禁了，并委派他从革命的超越中拯救法兰西共和国。而一旦他从监狱释放，他指示他的仆人每天以相同的话唤醒他："起来吧伯爵阁下，你今天必须做大事。"

两个议院提出和批准的一切计划的否决权。

显然，圣西门意欲提升生产阶级以取代寄生阶级。但他没有找到将完成这种转变的任何不屈不挠的历史力量。他相信——某些人会说这是幼稚的——理性对于启发个人实现其真实利益的先进性。他没有解释权力如何从统治阶级转向投票箱。他忽略了不同的社会阶级中间根深蒂固的对立。相反，他坚持认为，随着文明的进步，不同的利益将团结成为一种为实现社会和经济的良好前景的共同的热忱。因此，圣西门的新社会基本上依赖于合作。和亚当·斯密不同，他不相信自我利益和有限的政府可以完成经济增长和发展。正是圣西门体系的这种合作性质使得卡尔·马克思将他的体系和其他人的类似体系归结成"乌托邦"。

某些后来的作者将圣西门的工业议会解释为一种完全计划经济的蓝图。但是，圣西门把他的中央计划的纲要限制在公共工程的生产——一种同亚当·斯密的有限政府的观点相协调的思想。正如我们在第 5 章看到的，斯密证明了政府某些职能的正当性。特别而言，政府可能合法地提供：

> 那些公共制度和公共工程，虽然它们对于一个偌大的社会具有极高程度的优点，但是有这样的性质，即利润从来不补偿任何个人或少数个人的花费，因此，不能期望任何个人或少数个人将设立或维持这种公共制度和公共工程（《国富论》，p. 681）。

然而，还有一点主要的区别。亚当·斯密预想由于市场机制运作的自然秩序而带来一种（阶级）利益的和谐。相反，圣西门则预想由于对人们思想稳定地启蒙而引起利益一致的演变。他的乐观主义并没有由于个人或阶级利益的剧烈冲突而偃旗息鼓。他相信这样的信条，一切人都与生产过程的结果利益有关，并宣布一切新的社会组织形式"都必须直接符合大多数人口的利益；必须把它看作是由神圣的道德原则演绎出来的一个政治结果；一切人都必须把他们自己看作是兄弟；他们自己必须相互关心、相互帮助"（Oeuvres，XXII，p. 116 - 117）。在最后的分析中，圣西门表达了他对教育的信任。就这一方面来说，斯密依赖于人性和经济激励的可预见性。一个玩世不恭的人可能会说，圣西门呼吁指导经济发展的较高的人性；而斯密则呼吁产生同样结果的较低的人性。

在描述其三个阶段的历史观时，圣西门认为，在"现代"宗教思想被科学和理性所取代——第二历史阶段的标志。但是，在第三阶段，他坚持认为宗教以更高级的形式表现出来。他称这种较高级形式为"物理主义"，这一概念反对自然神论，统一意识和物质，并把一切现象（精神的和物质的）看作是可以由科学规律解释的现象。在圣西门看来，这三个阶段（多神论、自然神论、物理主义）包含着科学从空想阶级到实证阶段的经历。他阐述了三阶段规律，他的秘书奥古斯特·孔德后来把它看成是自己阐述的规律。①他准确地指出了资本主义在许多重要方面的未来的方

---

① 杜尔哥（见第 4 章）在 1750 年简要地描述了一个三阶段的历史理论。亚当·斯密（见第 3 章）陈述了一个退步的观点，孔多塞（1795 年）提出了一个类似的论题。但是，圣西门首次阐述了这个"积极的"纲领，因为它包含历史变革。

向。"专家政治"的概念，即使不是该术语本身，追溯到他。他预见到了后来的专业化和专长的成功发展——以一个又一个的科学进步为背景——及其对现代公司的改革性影响。他的思想和影响可以在 20 世纪的经济学家约翰·肯尼思·加尔布雷思的著作中见到踪迹（见第 18 章）。

在他晚年，圣西门的一些著作毫无目的地漫游到物理学和生理学[①]，这些著作可能激励他的追随者去信奉一种古怪的神秘主义。他的一些学生几乎将他的学说修改得面目全非；然而，他们的滥用却不适当地以圣西门主义而闻名。

□ 西蒙德·德·西斯蒙第

这个瑞士经济学家出生于日内瓦，最初取名为 J.C.L. 西蒙德，他在 1800 年从这个名字得知的是意大利的一个名门望族的后裔以后，便把他的名字改为西蒙德·德·西斯蒙第（1773—1842 年）。虽然他是为成为一名历史学家而接受训练的，但在西斯蒙第很年轻的时候就在法国获得了商业和金融方面的实践经验。他进入经济学领域的首次尝试，《致富的商业原理》（*De la richesse commerciale*，1803 年），旨在系统地揭示亚当·斯密的思想，并介绍一种观察总产量变化的"全新的"方法。由于把算术和代数学用于完成这个任务，西斯蒙第把任一给定年份的产出表述为前一年投资的函数。这样，他就展示出在封闭经济（没有国际贸易）和开放经济（有国际贸易）中产出是如何变化的；开放经济在其有出口剩余（作为同进口剩余的比较）的时候如何产生不同的结果。但是，该书并没引起人们多大的注意，所以，它没有为经济学的发展作出直接的贡献。16 年以后，西斯蒙第在其主要经济学著作《政治经济学新原理》（*Nouveaux principes d'économie politique*，1819 年）中阐述了他的总量均衡收入理论。这本著作使他走进关于"萨伊定律"和市场过剩理论的争论。

按照西斯蒙第的看法，产出的效用是针对工作的负效用而达到平衡的，这个思想后来被 W. S. 杰文斯转变成为一种劳动供给的微观经济理论（见第 14 章）。西斯蒙第认为，无论何时若劳动的负效用超过一个给定时期产出的效用，在以后时期产出将下降，直到恢复均衡为止。当产出效用和劳动负效用之间的差异出现相反情况的时候，在以后时期产出将增加，直到再次恢复平衡为止。但是，在一个复杂的经济中，不同的人相互孤立地作出实现平衡的决定，所以，总量均衡并不总是可以确保的。这种理论的胚芽可以在重农学派（见第 4 章）的文献中发现，但西斯蒙第把这个思想注入一种总量均衡理论，这样，便向一种流行的所谓在总量经济中不能有普遍过剩的观点（即萨伊定律）提出了挑战。

西斯蒙第的观点受到了占支配地位的英国经济正统性的攻击，但在后来，另一个持异见者 T. R. 马尔萨斯（见第 6 章）站在西斯蒙第一边参与了争论。在他的《政治经济学原理》（1820 年）中，马尔萨斯表达了他在同李嘉图通信中长期捍卫的思想，所以，马克思把马尔萨斯的书描绘成仅仅对西斯蒙第著作的"英文译本"是

---

① 例如，他最后认为，勤劳的河狸，不是闲散的猴子，是继人类之后最高级的生物。

不公平的。关于萨伊定律的争论持续了 10 年以上，在经过一段休眠期以后，在 20 世纪又复活了。但是，在较近的关于萨伊定律的争论则围绕着宏观经济的货币争论，这种争论没有涉及西斯蒙第。19 世纪的英国古典经济学家所作出的反应，让人感觉西斯蒙第和马尔萨斯似乎是在争论长期性经济停滞而非暂时的非均衡，这个课题直到在 20 世纪 30 年代凯恩斯重新提起之前一直被淹没了。因此，西斯蒙第被看作是凯恩斯（见第 20 章）的先驱。他可能还被看作是马克思（见第 11 章）的先驱。马克思应用了（没有表示感谢）西斯蒙第所强调的"无产者"、资本日益集中、循环的商业周期、技术性失业和一般经济动态学。

西斯蒙第论资本主义的缺陷　像其他启蒙运动时代的人物一样，西斯蒙第受到法国大革命所带来的显著的社会和经济变动的影响。新的时代以一种出现了资本和劳动利益冲突的新的工业制度取代了中世纪行会制度的经济合作。生活条件的改善严重地落后于机器时代所引致的财富的增加。西斯蒙第认为，不受限制的竞争产生了普遍的敌对、大规模生产和过度供给，而不是社会福利的增加。生产过剩又预示了经济危机和经济衰退。

在马克思之前 50 年左右，西斯蒙第预见了马克思在《资本论》（*Das Kapital*）中所强调的劳动和资本之间的阶级斗争。虽然西斯蒙第认为经济合作和组织化是文明进步的必然结果，但西斯蒙第责备资本主义制度的阶级斗争。但是，和马克思不同，西斯蒙第并不把阶级斗争看作是新经济永久的特征。因为阶级斗争是现存制度的结果，它能够通过适当改变那些制度而得以消除。但是，西斯蒙第所忘记的，确切地说，是对构成历史变化驱动力的因素的认识。

西斯蒙第对古典经济学最有力的攻击之一涉及机器。一般地说，古典经济学把引进机器看作是有利的，因为机器会降低平均生产成本和产品价格，从而增加消费者的福利。虽然他不否认机器减少成本的效应，但西斯蒙第感到这种利益更多地被技术性失业抵消了。因此，不言自明的是，引进节约劳动的机器排挤了工人。西斯蒙第认为，每个如此被排挤的工人发现其收入显著地减少，虽然排挤他的同一机器甚至使产出增加。因此，西斯蒙第认为，生产过剩和经济危机必然随着广泛引进机器接踵而至。另外，由于机器是昂贵的，只有大企业才能担负起使用它的费用，所以机器在大企业中的积累和小企业中的缺乏并存，这导致许多小企业破产，引起第二方面的失业。但是，西斯蒙第预言的负面影响并不是不可避免的。机器的使用有增加和减少对劳动需求的能力。西斯蒙第要么是不愿意看到，要么是未能看到在某些时候机器带来产出增长的同时，也创造了就业的机会。

机器激发了 19 世纪工人的许多激烈的感情。臭名远扬的卢德派反抗运动
（Luddite Revolt）——在这次运动中工人捣毁和破坏了窃取他们职位的"邪恶的"机器——显示反应有多么激烈和顽固。[1]在这个方面，重要的是要注意，西斯蒙第的

---

①　卢德派——他们的名字取自（神秘的？）领导者内德·卢德（Ned Lud）——武装起来的反抗者，在 1811—1812 年间，他们暗地里攻击英国纺织厂，破坏了纺织机械。虽然这些攻击纺织厂的动机是复杂的和多方面的，但历史学家一致认为，不满的主要根源是机器排挤劳动者所引起的失业。

批评不是针对机器本身，而是针对允许工人屈从变化无常的竞争的社会组织。在这个问题上他明确地作了概括性的阐述：

> 技艺上的每个发明都使人的工作能力加倍，从犁到蒸汽机，都是很有用的……只有通过这样的发现，社会才得以进步；通过这些发现，人的工作满足其需要……如果工人获得了在 2 个小时能做从前他花费 12 小时才能完成的工作的能力，他没感到更富裕，结果并没享受到更多的闲暇，而是相反，他比自己需要做的工作多做了 6 个小时，那不是机器科学进步的缺陷，而是社会秩序的缺陷（《政治经济学新原理》，Ⅰ，p. 349）。

西斯蒙第论理论和方法　西斯蒙第对古典经济学的指控很少基于理论原理，而是更多地基于其方法、目的和结论。和努力从经济学中去掉规范成分以便使经济学更科学的西尼尔（见第 7 章）不同，西斯蒙第把经济学看作是政府管理科学的子系列。你们可以回忆一下，圣西门意欲以工业管理取代政府管理；就他的情况而言，西斯蒙第认为政府管理和经济学是不可分割的。在他看来，经济学是道德科学。[①]他宣称"人的物质福利，迄今为止，可能是他的政府的工作，也是政治经济学的目标"（《政治经济学新原理》，Ⅰ，p. 8）。一个本身仅仅涉及增加财富手段而不研究增加这种财富的意图的科学，按照西斯蒙第的观点，是一种错误的科学。

在一次对自我利益理论略做抨击时，西斯蒙第指出，在为实现个人利益的斗争中，每个人的能力并不是相同的。所以，"不公平可能常常得势……被认为是以公正的公共力量为后盾，但是，这种公共力量，事实上，没有考察原因，总是站在强势一方"（《政治经济学新原理》，Ⅰ，p. 408）。在社会领域，他认为，个人的自我利益并不总是同一般利益一致的。

> 某人抢劫自己的邻居是他的利益，如果他手握武器抢劫，为了不被杀害而让他抢劫就是邻居的利益；但是，一个人使用暴力而另一个人屈服并不是社会的利益。整个社会组织每一步都向我们展示一个类似的强迫，并不总是出现同样一种暴力，但总要抵抗就会存在同样的危险（《政治经济学新原理》，Ⅰ，p. 200）。

西斯蒙第特别反对李嘉图及其追随者的抽象演绎法，而偏好比较的历史方法。他对经济学的生动描述是对古典经济学的指控和对他自己方法的阐明：

> （经济学）并不是建立在干瘪的计算基础之上的，也不是建立在理论的数学链上，而是从某种模糊的定理演绎出来的，作为不可检验的真理给出……政治经济学建筑在对人的研究的基础之上；必须知晓人性，也必须知晓不同时间和不同地点的社会条件和生活。人们必须请教历史学家和旅行家；人们也必须考察他们自身；不仅了解法律，而且还必须知道法律是如何履行的；不仅考察出口表和进口表，而且还要知道国家方面的情况，深入家庭内部，判断民众是

[①]　从边沁开始，19 世纪的许多学者都没有看到融合"道德"和"科学"概念的矛盾，在法国尤其如此。

安逸还是痛苦，通过详细的观察和不停地将科学同日常实际生活加以比较，来证明伟大的原理（《致富的商业原理》，I，p. xv）。

由于敏锐地觉察到工业时代的复杂性，西斯蒙第感到古典经济学少数抽象理论对于现代时代是不充分的。他责备古典经济学家描述过多的仅适用于英国而不适用于其他国家的松散的观察。甚至更糟糕的是，把这些松散的观察宣布为绝对原理，赋予普遍适用的含义。西斯蒙第还断言这些抽象的理论家趋向于把人们的习惯归结于一些计算，他批评"那些理论家们希望看到同世界孤立的人，或者抽象地考虑更改存在的人，并总是得出被经验证明的结论"（《研究》，I，p. 4）。

总之，西斯蒙第对一种制度过时而另一种开始的过渡时期感兴趣。实际上，他关心这个过渡时期改善无产者（proletariat，他创造的概念）的条件。他在法国特别有影响，正是在法国他开创了法文称之为"社会经济"（économie sociale）的研究体系。西斯蒙第影响了许多作者，他们并非彻底的社会主义者而是反对不加限制的自由放任弊病的人，他们同西斯蒙第一起在资本主义和包含尽可能多的个人自由原理的社会主义之间寻求幸福的归宿。

回顾一下，西斯蒙第对古典学派的批评在某些方面被证明是正确的，但他的理论推理由于一种逻辑的缺陷而受到损害。他被马克思重新使用的思想包括：他的经济危机理论以及他对经济危机对于工人阶级影响的关注。按照他的生产过剩理论，西斯蒙第推论如果生产的增加是有用的，它就必须总是以增加的需求为先导。他不承认增加的生产能够自己创造增加的需求的可能性。

弗里德里希·李斯特和国民政治经济学

在19世纪上半叶，德国在政治上和经济上都是一个分裂的国家。结束德国参与拿破仑战争的和平条约留给这个国家的是四分五裂的被划分成39个不同的小国，其中大多数是或多或少单独活动的独立的专制国家。国家间复杂的关税制度进一步加剧了经济的隔绝状态，损害了产品在国内便利和自由的交换。德国还不对外国货品征收进口关税。这样，英国和其他国家的剩余产品便在它们可以按极低价格出售的德国市场上泛滥起来。在这种情况下，德国制造业和商业利益的存在受到了威胁，以至到了19世纪30年代，要求经济统一和统一关税的呼声鹊起。在这个背景下，弗里德里希·李斯特（1789—1846）出现了。李斯特是一个德国皮匠的儿子，他放弃了经院学术生涯而成为德国政治活动家。1819年，他成为德国制造业和商业总协会的领导人，最终成为统一分裂的德国运动的真正灵魂人物。李斯特致力于阐发一个国民经济学体系。

李斯特狂热地反对古典经济学的绝对主义和普遍主义。特别而言，他反对在一切时代和一切国家都坚持古典经济学原理的思想。虽然这些原理适用于英国，他争辩道，但是它们同德国无关，德国处于另一个发展水平上，面对着不同的经济问题。在最后的分析中，李斯特把经济学归于政治学。但他留给马克思的遗产则是工业不仅是劳动和资本结合的思想——它首先是社会力量，它本身创造和改善劳动和资本。工业不但形成现今的生产，而且给出未来生产的方向和形式。换言之，有一种被古典经济学家忽略的工业动态学。

□ 保护主义和经济发展

李斯特所应用的研究方法是由圣西门首创的：认为经济在达到成熟之前必须经过连续发展的阶段。李斯特详细阐发的历史发展阶段是：（1）野蛮；（2）畜牧；（3）农业；（4）农业—制造业；（5）农业—制造业—商业。像圣西门和西斯蒙第一样，李斯特更为关注经济发展阶段之间的过渡而不是最终结果。他认为自由贸易加速了前三个发展阶段，但是需要保护以便利后两个阶段之间的过渡。一旦达到了最后的阶段，自由贸易就再次得到保证。李斯特所主张的保护体系是暂时的和补救性的，因为每一个国家并不是以相同的步调走向进步。他为保护新兴工业的论点给出了有说服力的表述：

> 在这些国家……拥有为建立自己制造业能力的全部物质条件和精神条件及手段，从而实现较高文明程度和物质财富与政治权力的发展，但是其进步也由于比它们自己更进步的外国制造业力量的竞争而延缓——只有在这些国家，为了确立和保护其自己制造业能力的目的，商业限制才可能是正当的；而且，甚至在这些国家中，在制造业足够强大不再有理由担心外国竞争之前，商业限制也是正当的。只是从那时起直至今天，保护国内的制造业能力可能是必要的（《国民政治经济学体系》，pp. 144）。

按照李斯特的考量，只有英国才达到了经济发展的最后阶段。虽然欧洲大陆和美洲国家为达到这个水平而斗争，但是价格低廉的英国进口货阻碍了国内制造业的发展。李斯特感到，在所有的国家达到其发展的最后阶段之前，国际竞争不存在相同的起跑线。结果，他赞成德国的保护性关税，直到它自己能够达到经济的顶峰。

李斯特并非彻底的保护主义者。他感到保护仅在历史的关键阶段才是有理由的。他的著作代之以从历史和经验中借鉴的例子，其表明经济保护仅是形成中的国家自强自立的方法。李斯特以美国的经验来为他的观点辩护；毫不奇怪，他的发现已经得到了美国保护主义者的支持，特别是得到了美国著名保护主义者亚历山大·汉密尔顿（Alexander Hamilton）和亨利·凯里（Henry Carey）的支持。

□ 李斯特论古典经济学的缺陷

李斯特反对古典经济学家的绝对主义和世界主义倾向。他认为，古典经济学作者衍生了假定在一切国家和一切时代都坚持的原理，而他自己的方法则完全是历史的和国家主义的方法。例如，他的经济发展阶段理论被看作是对古典经济学没有能力识别和反映存在于不同国家，特别是德国的不同条件的证明。

像西斯蒙第一样，李斯特认为经济学从属于一般政治学。这还不够，他认为，经济理论阐述者要了解产品的自由交换将增加财富（像古典经济学所证明的）；他还必须知晓这种活动对他自己国家的影响。这样，李斯特坚持认为，自由贸易会伤害国内的工人或工业，是不理想的。另外，他不愿意为了现今而牺牲未来。他认为，经济发展中的主要经济变量不是财富——像以交换价值测量的——而是生产力。"生产财富的力量"，他说，"比财富本身要重要得多"（《国民经济学体系》，p.108）。结果，必须保护经济资源以便确保其未来的存在和开发。这个观点构成了对李斯特保护主义论点的进一步判断，也是流行的支持保护关税的"新兴工业"论点的基石。

李斯特的经济理论和方法的原创性存在于他系统地把历史比较法用作证明经济命题有效性的手段中，也存在于他一贯强调经济活动的社会性质中。在这个方面，他不仅影响了卡尔·马克思，而且也为德国历史学派经济学家提供了一个方法论的集合点。

空想社会主义者：欧文、傅立叶和蒲鲁东

虽然社会主义在世界某些地区还是一种活跃的力量，但这个概念本身是非常模糊的。"社会主义"一词引出许多含义：经济企业的公共所有权，个人自由服从集体利益，消除私有财产，财富从富人向穷人的再分配，对经济活动的中央指导，等等。实际上，社会主义常常很少在含义上完全不同于资本主义。当今的每一个资本主义经济都拥有某些社会主义成分，每一个社会主义经济也都拥有某些资本主义成分。另外，许多过去被称为社会主义者的学者今天可能按重要的哲学差别来区分彼此。然而，在古典经济学家圈子以外的某些学者团体也有充分的共同基础。对于马克思归结于"空想社会主义者"①的学者团体尤其如此。空想社会主义者把资本主义看作是不合理的、不人道的和不公平的。他们摒弃自由放任主义思想和利益和谐学说。他们完全是乐观主义的，认为通过适当构建社会环境可以实现人和社会的尽善尽美。

□ 罗伯特·欧文的重大实验

罗伯特·欧文（1771—1858年）默默无闻地降生于一个威尔士家庭，他一直努力工作，直到他30岁在纺织工业登上了成功的阶梯并名利双收。欧文对因机械的引进而带给经济和社会生活的变化特别警觉。阿克赖特（Arkwright）（精纺机）、克朗普顿（Crompton）（纺棉机）和哈格里夫斯（Hargreaves）（多轴纺纱机）的机械奇迹转变了英国的纺织业，也帮助欧文成为一个富人，但是他们对工人阶级的影

---

① 马克思应用这个词是为了把他的社会主义派别同其他的不是基于辩证唯物主义的理论区分开来。马克思自己的理论是否比他所鄙视理论具有更少的空想成分可能是有争论的；然而，这个词在一种范畴的意义上是很有用的。

响不是如此明显有利。欧文批判了认为的贫困仅仅是工人阶级罪孽后果的流行的社会观点。在《一个新的社会观》（*A New View of Society*，1813 年）中，他断言一个工业的性质形成他（个人）的处境，而不是他决定工业的性质。换言之，他不接受"不幸的人之所以是穷人是因为他们是不幸的人"这种流行的观点，欧文认为，"穷人之所以是不幸的人是因为他们是穷人"，从而推翻了传统的社会理论。他认为，改善人的社会环境，你就要改善人。这个独到的见解是欧文社会哲学的核心。他阐述了他在 1821 年写给拉纳克郡的报告（载于《莫顿》，pp. 58 - 59）中提出的"真实原理"，使这个见解更加充实了：

1. ［工业］性质普遍形成个人的境况而不是个人决定［工业］性质；

2. 可以把任何习惯或思想感情赋予人类。

3. 感情不受个人控制；

4. 每个个人都可能受到训练以生产远多于他所能消费的产品，并有充足的土地留给他耕种；

5. 自然提供给人口借以始终维持适当状态的手段，使每个个人获得最大的幸福，没有人要忍受邪恶和痛苦；

6. 任何社会都可能按照前面阐述的一组适当的原理加以安排，以这样一种方式，不但从世界上消除邪恶、贫困，在很大程度上消除痛苦；而且使每个个人处于他能够享有更长久幸福的环境之下，而在此以前实行管制社会的原理之下，任何个人都不能获得如此长久的幸福；

7. 迄今为止，所假定的社会基于其上而建立的一切基本原理都是错误的，都可能证明同实际情况相反；

8. 这种变化将伴随着废除那些给世界带来痛苦的错误定理、采用真理接踵而来，逐渐展现出将改变和永远消除痛苦的制度，可能产生影响而不给任何人造成些许伤害。

在 1800 年同工厂主的女儿结婚以后不久，欧文开始管理苏格兰的新拉纳克纺织厂（New Lanark Mills），这为他的社会理论提供了实验地。新拉纳克纺织厂的车间是一个放荡和道德败坏的地方，酗酒和狂饮屡屡发生。管理这些工厂对于·个年轻的新管理者来说是一个艰巨的任务。但是，欧文是满怀改革者的热情来上任的。他着手证明社会环境的变化将改变工人性格的理论。他希望检验一个令人满意的车间是一个效率较高的车间的假设。因此，在新拉纳克，欧文限制童工，把大量时间和金钱用于他们的教育。他改善工人的居住和其家庭条件，提高工资，缩短工作时间，并向该社区的居民提供其他富裕的生活条件。

使他的持怀疑态度的工业主义同伴感到惊奇的是，欧文管理的工厂，在实施他的改革之后继续赚得大量利润。但是，他的成功是短命的。实际上，由于其生意上的伙伴愤恨他的计划，他被迫离开新拉纳克。这个辛酸的经历使他确信，不能依赖私人的积极性进行持续的社会和经济改革。因此，他主张政府发挥较大的作用。他寻求促进工厂改革的法律，对失业者进行救助，最终寻求改革国家教育体系。在他

230

有生之年，他还看到了在印第安纳州新哈莫尼（New Harmony）启动的第二次社会实验。但是，这次实验在启动后的三年之内也失败了。虽然他所发起的许多改革在现在的工业社会已经普遍实现了，但欧文生前没有看到他所提议的改革通过立法而付诸实践。

□ 查尔斯·傅立叶破碎的梦

在其较为理智的时刻，查尔斯·傅立叶（1772—1837 年）过于古怪。而在其较为疯狂的时刻，他可能过于精神失常。在这二者之间，他展示了一种洞察秋毫和不可思议的预见力。傅立叶的思想具有许多革命的特征。例如，像西斯蒙第和李斯特一样，他认为文明经历了某些发展阶段。但是，和其他学者不同，他对世界的看法是如此地沉湎于空想，以致没有人严肃地看待他的看法。他断言，19 世纪的法国正处在第五个发展阶段上，它已经经历了（1）混混时期；（2）原始时期；（3）宗法时期；（4）野蛮时期。他预言，在经历了两个以上阶段以后，社会将走上和谐的上坡路到达最后的阶段极乐时期——这个阶段将持续八千年。然后，历史本身将倒退，经历每个阶段，直到回到最初的阶段。

按照这种启示方式，傅立叶详细阐述了伴随最后和谐阶段的地球的变化：六个新月亮将代替现存的一个月亮；一个饱含温和露珠的光环环绕北极；海洋将变成糖浆（例如，可口可乐海洋）；地球上的一切凶猛和令人厌恶的野兽都将被其反面取而代之，可以为人类服务——例如出现相反的狮子、相反的鲸鱼、相反的熊、相反的虫子、相反的老鼠，一切都达到巅峰。在这个最后的历史阶段，人的寿命将延长到 144 年，其中的 120 年可以自由地（无限制地）追求性爱。

人们想要摒弃有如疯子纯粹胡言乱语般的这一切，只有一件事例外：傅立叶设计了一个重组社会的计划，抓住和他一样感受到资本主义邪恶的痛苦的其他人的想象力，尽管这个计划的性质很古怪。他的蓝图是对 20 世纪公社的一个预示。他提议建立多重的"花园城市"，模拟了一个宏大的宾馆，在那里 1 500 人理想地共同生活，不限制个人自由，也不对收入强制执行再分配。傅立叶不相信收入或财产的再分配可以拉平收入和财产；他坚持认为贫穷和收入的不平等是"神圣的秩序，因此，这种不平等必须永久存在，因为上帝所安排的每件事情恰好应该是那样的"（《工业社会的模型》，1848 年，载于《吉德和李斯特》，p. 256）。他不反对私有财产本身，只反对其滥用，例如，在不劳而获的时候。居住在宾馆中的居民有能力购买适合于他们口味和收入的食品，但是，合作将代替自私自利，即在花园城市集体从事经济生产。虽然不被没收，个人财产将转变成为完全参与花园城市的普通股。傅立叶允诺投资于他的计划的富有的资本家获得高收益，但从来没有资本家来投资。他把利润做出如下精确的划分：4/12 归于资本家，5/12 归于劳动者，3/12 归于企业管理部门。

按照傅立叶的看法，资本主义的主要邪恶是个人利益的冲突，所以，把花园城市设计为通过把每个成员变成合作的所有者和赚取工资收入的人以消除利益的冲突。由于每个成员在花园城市的管理中都有发言权，所以，每个居民都从三个来源

231

获得收入，即劳动工资、股息和管理薪金。

傅立叶的花园城市允诺以最小的成本获得最大的生活舒适，因为经济将通过公共的生活而发生。家庭任务是集体完成的，因而消除许多个人乏味的工作。孩子，总是反常地喜欢弄脏自己，被指定去做脏活。成年人仅仅去做他们喜欢的工作，而且形成一种以看谁的工作最出色的形式出现的善意而友好的竞争。

很容易看到，傅立叶的计划可能对梦想家有吸引力。在实践方面，欧文的思想很少有持续的影响。然而，傅立叶对合作运动也有功绩。令人悲痛的是，他是作为一个悲剧性的人物逝世的。他在家里度过了最后几年，在此期间他发出广告，等待富裕的资本家出来为他的梦想投资，但从来没有人来投资。

□ P. J. 蒲鲁东："学者无政府主义者"

皮埃尔·约瑟夫·蒲鲁东（Pierre Joseph Proudhon，1809—1865 年）通常被看作是法国社会主义者，即使他像批判资本主义那样激烈地批判社会主义。他的思想最突出的特征是反对一切权力，而且像一个中世纪学者那样关心交易的公平，由于他的著作充满了这两方面论题的结合，所以我们称他为"学者无政府主义者"。

对权力的批判 蒲鲁东是一个责骂一切形式的权力的极端自由主义者。1840年，蒲鲁东发表了一篇标题为《什么是财产?》的敏感性的论文。他的回答——"财产就是盗窃"——导致其承担阴谋反对国家和其统治者的权力的正式控告。然而，蒲鲁东执拗地捍卫他的立场：

> 如果有人问我下面的问题：什么是奴隶制？我就用一个词来回答——谋杀，我的意思立刻就被理解了。需要把未予引申的论点表达出来，从一个人那里获取其思考、意愿、人格的权力，就是一种生与死的权力，奴役一个人就等于杀死他。这样，这个问题也解释了另一个问题："什么是财产?"可能我也回答不上，财产就是抢劫，如果没有理解错的话。第二个命题不过是第一个命题的变种（载于"Manuel and Manuel"，p. 363）。

通过较为严密的考察便可证明，蒲鲁东所宣布的并不是财产所有权关系本身，而是一个市场经济的私有财产的结果。他所反对的是归于财产的某些东西，即以租金、利息或利润形式出现的非赚取的收入。在下一章我们将看到，在马克思的思想中有类似的倾向。像圣西门一样，蒲鲁东强烈地感到所有的人都应该工作。像一生都生活在凄惨贫困中的马克思一样，蒲鲁东别无选择。

在一本主要著作中，蒲鲁东抱怨道，1789 年的法国大革命失去了方向，不是全力扫除一切政治制度，革命接下来做的仅仅是寻求改革政治制度。蒲鲁东认识到，政治权力总是趋向于集中化。他认为暴政是不可避免的。蒲鲁东有一种自由主义的激情——他要求的自由是绝对的、无处不在的和永恒的。"自由、平等、博爱"是法国革命价值的三个组成部分。显然，自由在蒲鲁东的头脑中是至高无上的。

蒲鲁东几乎和圣西门处于相同的地位，即使他一般不赞成圣西门的思想。在讨论圣西门的工业组织论题时，蒲鲁东表达了同样的消除政府职能的愿望：

没有政府的参与，废除一切权力（绝对而必须废除），确立纯粹的无政府主义，（对于某些人来说）这似乎是可笑的和不可设想的，是一种反对共和国和反对国家的标志。"那些谈论废除政府的人想要把政府置于何处呢?"他们问道。

我们不难回答。我们用来取代政府的是工业组织。……我们将用合同取代法律……我们将用经济力量取代政治力量……为了代替贵族、市民和农民的古代阶级，或代替商人或工人阶级，我们将应用一般的名称或特殊的体系：农业、制造业、商业等。我们将用集体的力量代替公共力量，我们将用工业联合代替常备武装，我们将用一致的利益以代替警察，我们将用经济的集中化代替政治的集中化。

你们理解怎么会存在没有官员的秩序、一种深刻的总的说来有知识的整体吗？(《19 世纪革命的一般思想》，载于 "Manuel and Manuel"，p. 371)

蒲鲁东还和圣西门一样，笃信高于其所处时代流行的社会总体的秩序。他宣布，真理和现实本质上是历史的，进步是必然的。科学而不是权力掌握着通向未来的钥匙，仅此而已，科学而不是自我利益是进步的主要动力。蒲鲁东写道：

君主政体，甚至罗马皇帝不能完成的；基督教，古代信仰的集中体现，无力产生的；普遍的共和国，经济革命却完成了，而且必然完成。它是借助于政治经济学和其他科学完成的：在全世界也必然如此，它不依赖于人或国家的想象力，它不听从人的劝告……真理到处都是相同的，科学是整个人类的。这样，如果在每个地方都把科学而不是宗教或权力作为社会规则来行事，那么，利益主权的仲裁者政府就变成空的了，世间的一切法律就将协调一致了。(《19 世纪革命的一般思想》，载于 "Manuel and Manuel"，pp. 374 - 375)

你们回忆一下，古典经济学家也宣布政治经济学的世界主义性质，并反对政府在经济领域的过多干预。蒲鲁东被这种思想吸引，是因为这种思想提供了对他所寻求的个人自由的保护。和他所了解的社会主义者不同，蒲鲁东希望维护经济力量和经济制度，但同时他也希望掩盖这些力量之间所存在的冲突。这样，他的计划便不要求消除私有财产，而要求消除其普遍的分配。他希望每个人都有财产，因为这是自由的最大保护者。但是，他不主张国家在实现这个目标上发挥作用。他认为广泛分布的财产占有将通过合理化的过程或启蒙运动而实现。他的思想总是改良的而不是革命的。

公平和交换 尽管他被古典政治经济学的哲学所吸引，但蒲鲁东拒绝古典经济学家的论点，以便使他的命题不与古典经济学家的命题相混淆。他在古典经济学中发现了一个否定其结论的错误的假设。古典经济自由主义依赖价格机制来完成社会目的，但蒲鲁东则确信价格机制正如法律和其他政府活动一样起一种压制的作用。

归根到底，蒲鲁东之所以反对古典经济学，是因为他发现古典经济学的一个主要假设是站不住脚的——经济力量或多或少在市场上同样被抵消的假设。蒲鲁东认为，供求法则是一个"演绎的法则……只适用于断定强者胜于弱者，即那些拥有财

233

产的人胜于不拥有财产的人"（《论工人阶级的政治能力》，载于"Ritter"，p. 121）。如果每个市场参与者都有平等的从反复无常的供求中获利的机会，蒲鲁东假定将允许生产作为社会组织的一种方法发挥作用。但是，他不相信所有的交易者都同样地服从市场调节，所以市场履行保护每个个人追求其目标自由的允诺。

回顾起来，蒲鲁东对经济自由主义的批评是无的放矢，因为他所反对的是垄断而不是竞争。事实上，蒲鲁东以竞争概念而自豪。然而，由于宣布了市场的压迫，他认为竞争是"交换的调味剂，是交换运行的盐，压制竞争就是压制自由本身"（《19 世纪革命的一般思想》，载于"Ritter"，p. 123）。他认为竞争激励创造性，应该坚持这种认识。正如他看到的，经济学家的任务是为竞争创造更适当的环境，以致实现竞争的利益。

蒲鲁东的理想社会是一个人们相互尊敬的社会，而不是把社会组织结合在一起的权力黏合剂。在这个世界中经济交换"不把义务强加于交换各方，而是形成于个人的承诺……它不服从于外部权力……当我开始同我的和更多的公民同伴交换物品的时候，显然，当时仅仅是按照我的意愿，亦即我的法则行事的"（《19 世纪革命的一般思想》，载于"Ritter"，p. 124）。

为了保护买卖者免受市场交换的剥削，蒲鲁东努力将市场参与者的力量平等化，这是在他的财产普遍化和创造对所有顾客的无息贷款的建议背后的含义。为了保护交易免于可能形成市场力量势均力敌的交易僵局，蒲鲁东鼓励社会多样化，他认为这种社会多样化将激励竞争，同时，又是同个人自由一致的。社会多样化趋向于以增加交易者的协商激励而防止经济的僵持。另外，非市场争执（例如，关于思想意识的争执）在真正的互惠主义下面也不能出现。

蒲鲁东的互惠主义也提供了另一个同圣西门相提并论的贡献，像亚当·斯密所认为的，两位作者都不相信基于自我利益的利己主义实践能够自发地确立社会和谐。借鉴于圣西门提出的以能够识别和促进公共利益的专家的等级制度代替传统的政府，蒲鲁东反对一切形式的法律、政府和等级制度，赞成社会公平的互惠主义原理。在蒲鲁东的交换中，一切交易者的责任是以相等的真实价值相互让渡商品。这样，蒲鲁东便强加了跟亚里士多德和阿奎那（见第 2 章）一样的贸易基本规则。同这个考察相联系的问题，像我们已经看到的，是他们的纯粹主观的性质并不保证互惠交换的有效性。公平地说，蒲鲁东认识到了他的交换理论的缺点，但他从来没能以一种同他的自由主义原理相一致的方式充分解决这个问题。

历史主义

本章到现在所概述的大多数批评家都把他们的思想定位于一种变革的、进步的历史理论，我们为 19 世纪首先出现的不同异端学派准备下了"历史主义"概念。历史主义，在定义适当的经济研究方法（不必是它的前提）、论题和结论时，归结于历史的作用。19世纪有两个不同的走进经济学的历史主义变种：一个是德国变种，另一个是英国变种。本章我们集中考察德国历史主义，而把对英国历史主义及其对英国新古典经济学和美国新制度主义的影响推迟到后面的一章（见第18章）。德国历史主义，在19世纪构成了非马克思主义经济学的某种程度较为温和的批评形式，在这里表现为卡尔·马克思对社会科学非凡贡献的背景，马克思对社会科学的贡献是下一章的主题。

历史主义者所提出的核心问题是经济学离开政治、历史和社会环境能否进行合法的研究，这是一个今天在社会学家中间仍然争论的问题。威廉·S.杰文斯（见第14章）和阿尔弗雷德·马歇尔（见第15章）都对这种历史主义的观点作了重要的让步。另外，美国经济协会（American Economic Association，建立于1886年）的许多组织者，特别是其第一秘书理查德·T.埃利（Richard T. Ely）在德国在历史主义者的指导下受到教育。因此，历史主义运动的意义并非无足轻重。即使他们所引起的主要方法论问题有时也基于对逻辑程序的一种错误理解。

☐ 德国历史学派

德国历史学派常常被划分为两个学者团体："老的"不甚极端的学派和"年轻的"学派，其方法论的观点较为坚定而极端。老历史学派的成员包括其创建者，威廉·罗雪尔（Wilhelm Roscher）以及卡尔·克尼斯（Karl Knies）和布鲁诺·希尔德布兰德（Bruno Hildebrand）。年轻历史学派则由固执的古斯塔夫·施莫勒（Gustav Schmoller）领导。

确定这些思想起源的日期是一件困难的（即使不是不可能的）事情。把经济学的兴趣同历史研究结合起来的学者在整个思想史中都能见到；但是他们组成一个有特色的团体发生于1840年前后的德国。有几个原因可以说明为何他们在德国拥有至高无上的地位。第一，较为有利的环境允许历史经济学在德国扎根。理论经济学当时还没有在德国牢固树立自己的地位；在这个国家，对理论经济学抱敌视态度的情形有所发展。第二，德国哲学总是强调一种"有组织的"而非个人的探讨经济和社会问题的方法。这样，罗雪尔、克尼斯和希尔德布兰德等能干的人部分地受了黑格尔哲学和弗雷德里克·卡尔·冯·萨维尼（Frederick Karl von Savigny）组织法学的鼓舞，被吸引到对经济和文化规律的广泛研究中，以便应用这些规律来解释他们所生活的世界。例如，罗雪尔在他的著作中吸收了黑格尔的历史思想。黑格尔强调变革是社会组织变化的动机的思想隐含于该时代德国大多数文献中，包括历史主义运动的文献。例如，黑格尔的影响突出地体现于李斯特早在1845年阐发的国家更替学说中。事实上，黑格尔哲学影响了19世纪德国社会思想的方方面面，包括马克思和浪漫主义者的思想。

威廉·罗雪尔　时间和可疑的名声在大量的历史主义文献上投下了阴影。大多数经济历史学家都略过了这个科学领域，而另一些人则嘲笑（某种可以说是不得要领的嘲笑）著名的"方法论之争"，即施莫勒和奥地利学派（见第13章）领导者卡尔·门格尔（Carl Menger）之间真正的"方法论的论战"。这种对历史主义文献的忽略是令人遗憾的，尤其是忽略老历史学派的创建者罗雪尔的文献更令人感到遗憾。

罗雪尔于 1817 年出生于汉诺威，1835—1839 年他在格廷根大学和柏林大学学习法学和哲学。1848 年他成了莱比锡大学一名政治经济学教授。虽然他早在 1838 年就已经开始写作他的历史著作，但他在该领域的主要著作是《政治经济学原理》(*Principles of Political Economy*)，该书直到 1854 年才出版。在这部著作中，罗雪尔确立了自己作为第一流的伟大学者的地位。除了写作一部百科全书式的著作（围绕 J. S. 穆勒经典论述的全部论题）外，罗雪尔牢牢掌握了历史和历史研究方法。

和他的较为极端的追随者施莫勒不同，罗雪尔不想废弃李嘉图经济学，他只想补充和完善它。罗雪尔为了这个意图而勾画的历史方法寻求把组织的和生物学的分析——人的生命和呼吸的研究——以及统计学结合起来，以便发现经济学规律。在他对李嘉图方法的讨论中，罗雪尔警告过多依赖抽象的危险：

> 在政治经济学中是一般的东西在很大程度上……类似于数学。像后者一样，它充满了抽象……它还总是假定契约各方仅仅受他们自己最好利益观念的指导，而不受次要考虑的影响。因此，毫不奇怪，许多作者努力为政治经济学穿上代数公式的外衣。（但是）……数学表达方式的优点，当把它应用于复杂的实际情况的时候变弱了。甚至在普通的个人的情形中，它也是如此。因此它能在多大程度上描绘人的生活！……有一种抽象，按照这种抽象所有的人本质上都相同，仅仅在结果上不同，这是像李嘉图和冯·屠能（von Thünen）所表明的抽象，作为政治经济学家预备工作阶段而必须经历的。当一种经济事实是由于许多不同的因素共同作用而产生的时候，为使调查者机智地把某一因素同事实暂时孤立起来，这种抽象是特别有用的。他希望考察特殊的情景。所有其他因素，在一个时期内，应当被看成是不起作用的和不变的。然后提出问题，被考察的因素变化的后果是什么？这种变化是由于扩大还是减少这种因素而引起的？但是，应当看到，这毕竟仅仅是一种抽象。由于这种抽象不仅存在于向实践的转变中，也存在于最后的理论中，我们必须转向无限多样性的生活（《政治经济学原理》，pp. 104 - 105）。①

数据的历史和记录对于罗雪尔来说至关重要，因为它反对把经济学看作是一套规范的、承担价值的处方的思想。他把忠实地描述所经历的事情、解释社会和国民生活如何达到其现有的状况确定为他的目标。正如他指出的：

> 我们的目的简单地说是描述人的经济性质和经济欲望，考察适应于满足这些欲望的制度的法则和特征及其不同程度的成功应用。因此，我们的任务，可

---

① 这种对抽象危害的谨慎的信号在几个世纪持续发出回响，例如，见诺贝尔经济学奖得主瓦西里·列昂惕夫（Wassily Leontieff）的《理论假设和未观察的事实》（Theoretical Assumptions and Nonobserved Facts），该文认为，经济学软弱的和过于缓慢增长的经验基础不能支持纯粹经济理论的增长的上层建筑。

以说，是剖析和探讨社会或国民经济的结构和生理机能（《政治经济学原理》，p. 111）。

遵循这个路径，罗雪尔期望发现广泛的历史发展规律，这个规律将允许在民族国家之内和之间的比较。他认为，古典经济学——特别是李嘉图的经济学变种——没有也不可能提供事情的全貌。由于强调这种历史方法的优点，罗雪尔认为历史方法在经济学中的应用将"为科学真理确立一个稳固的安全岛，正如普遍认识到的，经济学是像各类学校的医生所应用的数学物理学原理一样的真理。"

由于卡尔·克尼斯和布鲁诺·希尔德布兰德也参加到这个任务中来，罗雪尔决定用他一生的工作用来确立历史方法。在一系列富于创造性的出版物中，包括1 000页的《政治经济学原理》，他着手把经济学和其他现象结合起来。但是当他去处理传统论题——货币、工资和价值等——的理论时，罗雪尔阐述了同 J. S. 穆勒所做的某种类似的分析。在其《政治经济学原理》后来的版本中，罗雪尔甚至体现了 W. S. 杰文斯对效用和统计学的贡献。罗雪尔的著作与众不同的是，他对旨在扩大和解释所获得的经济理论的历史——统计学优点的不可思议的展示。

罗雪尔的历史和统计学的经历导致他赞成研究关于构建价格指数论题和其他论题，其包括人口、国际贸易和保护主义等。价格的历史反过来导致他研究诸如奴隶制、天主教、货币和保险等经济制度。其中许多论题仍然需要重新认真读书。但是最终，尽管罗雪尔付出了最大努力，甚至在克尼斯和希尔德布兰德的帮助下，罗雪尔还是不能重新确定支配的经济学方法。当更极端的"青年"历史学派接管的时候，潮流便在某些方面转向对抗主义。

古斯塔夫·施莫勒　青年历史学派由刚愎自用的古斯塔夫·施莫勒领导，把罗雪尔的历史主义推向极端。施莫勒认为，一切所获得的经济分析，尤其是李嘉图的分析，不但是无用的，而且是有害的。不是重复抽象的演绎法的错误，青年历史学派着手把经济学作为有机的课题进行研究。施莫勒严肃地提出，现存的经济理论是应该被彻底抛弃的理论，因为其假设是不现实的，其理论太抽象，其忽略了相关的和重要的事实。施莫勒将代之以发展的历史规律，即他试图在大量的出版物中确立的规律，包括他的简编《一般经济理论大纲》（*Grundrisse der Allgemeine Volkswirtschaftslehre*），一个在一部独特的、系统的论述中抓住范围广的历史规律的尝试。

在 1900—1904 年间施莫勒的《一般经济理论大纲》出版了，维斯利·克莱尔·米切尔（Wesley Clair Mitchell）将该书描述为"一本开创性著作"。在施莫勒和他的追随者看来，经济规律是不能仅仅通过逻辑演绎而发现的，而是在按照最广泛的线索研究社会中发现的。这样，他们就把历史和民族学（即论及文化研究的人类学分支）同例如中世纪的制度（特别是行会制度）、城市发展、银行和各种产业研究这样课题的探讨结合起来。正如约瑟夫·熊彼特指出的，"施莫勒的经济学家本质上是从历史视角思考问题的社会学家。"

这样，虽然老历史学派质疑了古典经济理论的绝对主义，但青年历史学派反对全部古典经济理论。施莫勒为接着发生的关于方法的争论确定了一条严格的分界线：他谴责古典经济学家对他所认为的抽象演绎法推理进行应用和捍卫，而一味赞颂历史归纳法。这样一种对立或早或晚必引起争论，当争论出现的时候，毫不奇怪，在德国论战是白热化而极为沉重的。第一次打击来自邻国奥地利，在奥地利，卡尔·门格尔(见第13章)正处于对古典经济学的不反对其理论根基的改革中。

在1883年，门格尔出版了一本关于方法论的著作(《特别参考经济学的社会科学方法论考察》)，面对社会科学程序的基本问题，尝试为经济理论作应用辩护，于是，便发生了同施莫勒的正面冲突。接着便出现了以"方法论之争"闻名的持久而白热化的争论。施莫勒写了一本同门格尔观点相反的书以回答门格尔的挑战。门格尔则以书名为《历史主义的错误》(*Errors of Historicism*，1884年)的小册子予以还击，可想而知该书又遭到了施莫勒的反驳。

在这些来言去语之后的激烈争吵中包含着个性、知识偏好和方法论的本质，因为争论基本上是理论与历史的先例和相对优点问题，许多战斗竟然是"进攻假想敌"(tilting at windmills)。应用于经济学的适当方法，像应用于每种社会科学的适当方法一样，并不是微不足道的。但是施莫勒把历史主义的学说搞到极端使它成为不合理的了：它拒绝从推理中获得一般规则，仅仅坚持记录几乎无限的历史变化中独特的事件。无疑事实是极为重要的，但是在日常生活中本身杂乱的事实必须以某种规则来指导，如果它们是意义丰富且有用的。施莫勒的历史主义并没有提供指导或限制人类活动的原理。这样，这种历史主义便成了无源之井。这可能正是熊彼特——他按照站在施莫勒及其追随者的对立面，在奥地利接受传统教育——关于这个问题所给出的最后的判词，他说："既然无论在论及科学中的历史过程的基本重要性上，还是在发展一系列借以处理材料的分析工具的必要性上，不能有任何严重的问题，那么，诸如此类的所有争论整体说来就完全……没什么意义了"(《经济分析史》，p. 814)。

结论

甚至在英国古典经济学巩固其地位并变成19世纪正统思想体系的时候，它也要遭到来自不同方面的各种批评。进化论者、历史主义者、激进主义者、改革者以及浪漫主义者，全都不利于历史学家托马斯·卡莱尔(Thomas Carlyle)不适当地称为的"忧郁的科学"。甚至受到我们今天这么遥远，也不容易测量这些批评的充分影响。但至少有两点是清楚的：第一，异议从一开始就是经济学史的一部分(我们将在本书后面的章节面对其他异端思想的例子)；第二，19世纪异端经济思想中的下落不明的成分是推动经济学朝向解决紧迫问题分析的"科学动力"。接近19世纪中叶，卡尔·马克思的工作填补了这个最后的空白。

值得指出的是，黑格尔哲学形成了德国历史主义和马克思经济学的共同基础。黑格尔认为历史正是社会科学的指南，这是马克思和历史主义者同样重复的一个论题。但是，黑格尔关于自由的特殊思想，涉及服从国家，是马克思反对的观点。像我们将在下一章看到的，马克思的理论预见了国家的消亡。由于大多数德国历史主义者提升国家的地位和政府的作用，在这个方面，他们更贴近黑格尔，而不是马克思。

在实践方面，德国历史主义者促进形成了一项改善工作条件的社会政策。他们预想了一种"人民资本主义"，在"人民资本主义"中工人获得工业的财产利益。因此，他们的观点是同俾斯麦（Bismarck）于 19 世纪末上台时所提的福利国家一致的。这个团体的失败与其说是实践的失败，不如说是智力的失败。他们不仅不能发现普遍的历史发展规律，而且也不能以历史方法取代正统经济学的演绎法。虽然他们赞美发现事实，但他们定量的数据不能按照某种可以证明经济理论的方式收集起来。简言之，他们所说的事实仅仅是说说而已。如此说来，他们所说的事实是无效的，因为没有组织和解释所观察到的情况的理论结构，便不无法进行有意义的测量。

理论和事实之间适当平衡的问题是一个精致的问题，需要注意来龙去脉和细节。从经济学史上的历史主义插曲中可以吸取的清楚教训是，某些理论虽然精致，但因为它们没有经验内容或事实基础，所以在意义上是"空洞的"。虽然罗雪尔的温和的历史主义经济学方法遭到青年历史学派的反对，但他似乎敏锐地认识到理论和事实之间的共生的关系。他写道：

> 显然，在一般统计学中，经济统计学构成一个主要部分，确切地说，这个部分最易于进行数量处理。因为这些经济统计学总是需要政治经济学的见解来指导，它们也为了使政治经济学的结构持续下去，并为了强化其已有的基础，而提供给它丰富的资料。另外，它们是把经济理论应用于实践必不可少的条件（《政治经济学原理》，pp. 94 - 95）。

人们可能把这看成是一种警告，当代经济理论也必然将为忽略历史主义学说中较为明智的和不太极端的言论而付出昂贵的代价。

▌参考文献

Condorcet, Marquis de Marie - Jean, *Esquisses d'un tableau historique des progres de l'esprit humain*, Paris：1795.

Gide, Charles, and Charles Rist, *A History of Economic Doctrines from the Time of the Physiocrats to the Present Day*, 2d ed. , R. Richards(trans.). Boston：Heath, 1948.

Leontieff, Wassily. "Theoretical Assumptions and Nonobserved Facts ", *American Economic Review*, vol. 61(March 1971), pp. 1 - 7.

Levy, David M. *How the Dismal Science Got its Name：Classical Economics and the Urtext of Racial Politics*. Ann Arbor：The University of Michigan Press, 2001.

List, Friedrich. *The National System of Political Economy*, S. S. Lloyd(trans.). New York：Longmans, 1928[1841].

Manuel, F. E., and F. P. Manuel(eds.). *French Utopias：An Anthology of Ideal Societies*. New York：Free Press, 1966.

Morton, A. L. *The Life and Ideas of Robert Owen*. New York：Monthly Review Press 1963.

Ritter, Allan. *The Political Thought of Pierre – Joseph Proudhon*. Princeton, NJ：Princeton University Press, 1969.

Roscher, Wilhelm. *Principles of Political Economy*, J. J. Lalor (trans.). New York, 1878[1854].

Saint – Simon, C. H., and Enfantin, Prosper, *Oeuvres Complètes de Saint – Simon et Enfantin*, 47 vols. Aaelen：Otto Zeller, 1963(the writing of Saint – Simon are in volumes 15,18 – 23,37 – 40).

Schumpeter, J. A. *History of Economic Analysis*, ed. E. B. Schumpeter. New York：Oxford University Press, 1954.

Sismondi, J. C. L. Simonde. *De la richesse commerciale, ou principes d'économie politique appliquées à la legislation du commerce*, 2 vols. Geneva, 1803.

——. *Nouveaux principes d'économie politique*, vol. Ⅰ. Paris：Delaunay, 1827.

——. *Études sur l'économie politique*. Paris, 1836.

Smith, Adam. *The Wealth of Nations*. Edwin Caanan(ed.). New York：Modern Library,1937.

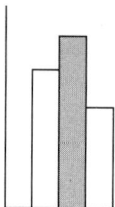

第11章　卡尔·马克思变革古典经济学

在社会思想史中很难发现一个比马克思更有影响的学者，尽管受到马克思主义鼓舞的经济学在当今的世界衰落了，马克思及其思想体系却仍然对整个知识界保留着魅力。马克思影响了许多领域：哲学、社会学、心理学和政治理论，但他的主要著作《资本论》毕竟是关于经济学的。使马克思超出如此众多的其他经济学家的是，他把哲学、历史、社会学、心理学、政治和经济的论点思路交织在一起形成一个协调整体的能力。

马克思于1818年出生在德国特利尔城。他的父母是中产阶级犹太人，后转入基督教。年轻的马克思很受同伴的欢迎，并同父母保持亲密的关系。17岁时，马克思作为一个学习法律的大学生进入波恩大学。但是，尽管他是一个极为聪明的学生，也因年轻贪玩而荒废了学业。他很少去上课，表现出偏好娱乐和不适应大学生活。由于担忧儿子的学业，马克思的父亲在其第一学年以后让他从波恩大学退学，转入柏林大学。柏林大学总的说来没有波恩大学的"学派门第"之风。马克思在柏林大学继续学习法律和政治经济学期间，受到了黑格尔和费尔巴哈的影响，他们的思想帮助他形成了他自己的历史、宗教和社会的观点。

1841年在耶拿大学完成博士论文取得博士学位以后，马克思回到了波恩大学，希望在他从前上学的这所大学取得一个教职。1842年，他放弃了这个愿望，并担任《莱茵报》（*Rheinische Zeituny*）的主编，这是一份可以在上面公开发表他的某种程度反正统思想和满足他对法国社会主义文献偏好的德国报纸。1843年强加给《莱茵报》严格的书报检查制度导致马克思辞去编辑职务。该年6月，马克思同其青梅竹马的恋人燕妮·冯·威斯特法伦（Jenny von Westphalen）结婚，一个月后，他们迁居到巴黎，创办了一个新的刊物——《德法年鉴》（*Deutsch-Französische Jarbucher*）。马克思利用一切时间继续写作，虽然基本上是关于哲学方面的课题。但是，在巴黎他开始系统研究经济学，特别是系统地研究了斯密和李嘉图的经济学。在巴黎，他也研究唯物主义哲学，包括洛克的哲学。他认识了蒲鲁东；他开始提炼出自己的大多数主要思想。他最活跃的 10 年写作期也来到了。仅在 1844 年马克思就写了许多书稿，这些书稿后来搜集起来并以《1844 年经济学哲学手稿》（*Economic and Philosophic Manuscripts of 1844*）为书名出版。

在此期间，马克思成了被自己国家（德国）驱逐的人。普鲁士政府因其在《德法年鉴》上的文章而宣布他犯了叛国罪，这样他就不能回到他的祖国了。翌年，由于普鲁士政府的煽动，法国政府也驱逐了马克思。他逃到了布鲁塞尔，在那里，他适时地出版了《费尔巴哈论》（*Theses on Feuerbach*，1845 年）、《德意志意识形态》（*The German Ideology*，1846 年，同恩格斯合作）和《哲学的贫困》（*The Poverty of Philosophy*，1847 年）。其中，《哲学的贫困》是对蒲鲁东的较早的著作《贫困的哲学》（*Philosophy of Poverty*）的一个严格的批判。1847 年，马克思做了一系列的演讲，这些演讲后来以《雇佣劳动与资本》（*Wage Labour and Capital*）为书名出版。接着，在 1848 年出版了《共产党宣言》（*The Communist Manifesto*）。1849 年，马克思举家定居伦敦，在那里度过了他的余生。在大英博物馆的图书馆里，马克思花去了其生命的大部分时间来写作和研究经济学。1851 年马克思作为自由撰稿人开始为《纽约每日论坛报》（*New York Daily Tribune*）写稿，持续了 10 年时间，依靠稿费维持其拮据的家庭生计。

1857 年，马克思开始了一个写作和出版的高潮期。该年，他独自准备了长篇的政治经济学批判，概述了他后来的巨著的基本轮廓，即现在众所周知的《政治经济学批判大纲》（*Grundrisse*），这些草稿直到第二次世界大战以前一直未被发现和出版。《政治经济学批判》（*A Contribution to the Critique of Political Economy*）的写作始于 1858 年，翌年出版。到 1863 年马克思还完成了《剩余价值理论》（*Theories of Surplus Value*）的写作。1867 年《资本论》第一卷问世，但是，在马克思于 1883 年逝世的时候，还没有完成《资本论》第二卷和第三卷的写作和出版，《资本论》后两卷经过马克思的终生朋友和合作者弗里德里希·恩格斯（Friedrich Engels）的编辑出版，恩格斯自己则在《资本论》最后一卷（即第三卷）出版后一年即 1895 年逝世。

马克思的个人生活打上了各种类逆境的印记，包括卑贱的贫困和可怕的政治驱逐。当然，马克思对他个人的磨炼可能感到辛酸。在他快要去世的时候，他毫不极力掩饰自己辛酸的情绪，他写道："我希望资产阶级在他们有生之年记住我的芒刺！"因此，毫不奇怪，人们常常把马克思描绘成一个阴郁的、沉思的天才。但是，这种特征化描绘模糊了关于这个人的最显著的情形之一——他在最重要的个人关系上的非凡的成功，尽管身处逆境。他对妻子的爱，妻子对他的爱，是一种持久的纯正的爱。他的孩子崇拜他，反映了如同马克思对他父亲那样孝顺的爱。虽然艰辛，按照几个标准，卡尔·马克思却拥有富有成果的生活！

马克思体系综述

在马克思成熟的思想中，人们发现的是历史过程理论，该理论认为历史过程基于物质力量和经济力量，这些力量在现存的社会和经济秩序变革中达到顶点。与较后时代的知识专业化明显不同，马克思的思想涉及哲学、历史和经济学。作为一个哲学家和历史学家，他醉心于（而且并非部分的）德国的传统；作为一个经济学家，他同样醉心于（而且也并非部分的）英国的古典传统。

□ 黑格尔、费尔巴哈和德国哲学

19 世纪德国哲学界的领军人物是黑格尔（1770—1831 年）。黑格尔的思想不但影响了马克思，而且也影响了德国历史学派（见第 10 章）。黑格尔哲学最吸引马克思的方面是他的进步理论。黑格尔认为，历史掌握社会科学的钥匙。他不把历史看作是一系列偶然发生的事件，或是无联系的事件的集合，而看作是对立的力量作用的结果。按照黑格尔的看法，当某种力量被其对立的力量对抗的时候，便会获得进步。在这个斗争中两种力量都被消灭了，或者被第三种力量超越。这个所谓的辩证法常常从概念上按照"正题""反题"和"合题"加以概括。遵循黑格尔的思路，当一种思想或正题被一种对立的思想或反题对抗的时候，进步就发生了。在这个思想的斗争中，没有一种思想保持完整无损，而是将二者综合成第三种思想。这就是全部一般知识和历史如何进步的途径。

虽然马克思发现了黑格尔哲学某些成分的缺陷，但他采用了黑格尔的辩证法。但是，他按照路德维希·费尔巴哈的唯物主义学说修改了黑格尔的辩证法。费尔巴哈是德国另一个主要的哲学家，是一个并不逊于马克思的黑格尔主义者。但在他于黑格尔逝世 10 年后写的《基督教的本质》（*Essence of Christianity*）一书中，费尔巴哈按照一种激进的方向扩展了黑格尔的"自我异化"概念。他增加了"唯物主义"——人不仅是"类存在物"，像黑格尔所断言的，而且也是有感觉的存在物，以至于感觉必须因此而成为一切科学的基础。费尔巴哈坚持认为，一切历史都是准备把人变成"自觉"的而非"不自觉"的活动对象的过程。

按照费尔巴哈的看法，一个不自觉活动占优势的领域是宗教，宗教不过是把理想化的人归因于另一个世界对象（即上帝）的推测。这样，这个超自然的对象就被人崇拜为全能、全知和十全十美的。费尔巴哈公开宣布自己是一个"现实主义者"，他认为宗教是不现实的。他把神的属性看作不过是理想化的人的属性而已。当然，在这个不完善的世界里不能领悟理想化的人的属性。换言之，宗教让人们的生活可以忍受。人愿意接受他们不完善的、世俗的存在，只是因为他们不自觉地以自己在另一个世界的完善为前提。所以，对费尔巴哈来说，宗教何以是这样一个普遍的现象就一目了然了。①

按照费尔巴哈的推断，宗教是自我异化的形式。费尔巴哈和马克思都应用"异化"概念，把"异化"归结于一个过程和结果，在这个过程中，个人和社会活动的产物转变成为脱离他们自身的、既独立于他们又支配他们的某种东西。但是，费尔巴哈的分析仅限于人自身在宗教和哲学中的异化方面，而马克思则把这个概念应用于政治和经济活动的一切方面，包括资本主义制度。在马克思那里，第一次把与上帝相联系的国家表述为异化的存在物。国家是从这样的事实引申出其权力及其存在的，即人类既无能力又不愿意直接面对那些在日常社会交往中遇到的问题。随着时间的推移，这个被称作"国家"的垄断结构增强了对人民生活的统治权力，正是因为人民允许它这样做。

□ 马克思对历史的经济解释

根据黑格尔和费尔巴哈所提供的哲学背景，现在我们可以着手评价马克思思想的创新性质。由于把费尔巴哈的唯物主义嫁接到黑格尔的辩证法，马克思阐发了一种"辩证唯物主义"，然后，他又把辩证唯物主义扩展到经济领域。马克思把历史这个原动力看作是个人借以生活的方式，即满足其物质需求的方式。这是重要的，因为除非满足其物质需求，否则人类将不能生存。用马克思的话说，"人们为了能够'创造历史'，必须能够生活"，因此，人的"第一个历史活动就是生产满足这些需要的资料，即生产物质生活本身"（《德意志意识形态》，《马克思恩格斯文集》，第一卷，p. 531）。

当然，生产不但是一种历史活动，而且是一种经济活动。马克思清楚地理解和评价经济学和历史之间的相互关系，这正是马克思的独到之处。事实上，马克思是根据生产、分配、交换和消费的相互调节的力量来证明和揭示生产是焦点和驱动的力量的，这是马克思的经济学区别于到他的时代所存在的其他经济学之处。在马克思那里，经济学变成了生产的科学。

迄今为止，生产是一种社会力量，它把人的活动纳入有用目的的轨道。但是，马克思断言，生产方法帮助形成人的性质本身。他在一本早期著作中写道：

> 人们用以生产自己的生活资料的方式，首先取决于他们已有的和需要再生产的生活资料本身的特性。这种生产方式不应当只从它是个人肉体存在的再生产这方面加以考察。更确切地说，它是这些个人的一定的活动方式是他们表现自己生命的一定方式、他们的一定的生活方式。个人怎样表现自己的生命，他们自己就是怎样。因此，他们是什么样的，这同他们的生产是一致的——既和他们生产什么一致，又和他们生产一致。因而，个人是什么样的，这取决于他们进行生产的物质条件（《德意志意识形态》，《马克思恩格斯文集》，第一卷，pp. 519 - 520）。

① 马克思接受了这个观点，这强调了他把宗教描述为麻醉群众的"鸦片"。

像斯密一样，马克思认识到，每一个经济的生产力的发展取决于进行分工的程度。但和斯密不同，马克思看到了一种作为累进的劳动分工的逻辑结果的利益冲突。分工首先导致工业和商业劳动同农业劳动的分离，从而导致城乡的分离，接下来导致工业劳动同商业劳动的分离，最后导致劳动者中间的各种划分。这样便出现进一步的利益冲突：个人利益同社会利益的矛盾，每个工人都同一种特殊的职位相联系。实际上，人的劳动变成了一种异化的力量，同他们对立并奴役他们的力量。

由个人利益和社会利益的冲突，马克思看到了一种作为独立力量的国家的兴起，这是一种区别于个人和社会实际利益的力量。对社会各阶级负有责任的国家也是由分工决定的。每个执掌权力的阶级都把自身的利益作为一般的社会利益来追求，但是社会把这个阶级的利益看作是不能控制的异化力量。

当满足了这样两个条件的时候，这种情况便变得不可忍受：第一，在一个拥有财富和文化的世界中，绝大多数人变得一无所有。这仅仅发生在生产达到很高的生产力水平和很高的发展程度以后，正如在成熟的资本主义下的情形那样。第二，生产力的发展必须是普遍的。作为一个实际的前提，"一无所有"的阶级现象必须是在世界范围成比例的，否则革命和共产主义就只能作为地方事件而存在，不是普遍的实际。

□ 静态的和动态的社会力量

马克思所说的"生产力"，在现代是通过劳动分工发展起来的，本质上是动态的。它们由土地、劳动、资本和技术构成。生产力中的每个构成部分，在数量和/或质量上，作为人口、发现、创新、教育等变化的结果而恒久地变化。但是，在其社会生活过程中，人们结成某些确定的关系，这些关系是作为生产活动所必需的但独立于人的意志的关系。这些生产关系同工人的技能和生产率发展的特殊阶段相适应。这些"资本主义游戏规则"基本是静态的，并由两类关系构成：财产关系和人的关系。财产关系存在于人与物之间，人的关系则存在于人们之间。按照马克思的看法，这些关系的总和构成社会经济结构，在这个社会经济结构之上附加了同确定的社会意识形态相适应的法律和政治上层建筑。社会经济结构的每个方面都有其同生产关系相联系的根源，这简单地是因为存在着使人的活动同生产关系相符合的制度。

图 11-1 提供了对马克思社会理论简单的图示概括。当分工被推进到其逻辑结论的时候，劳动便变得日益琐碎。所包含的利益冲突便由于私人财产制度（确保在不同的财产所有者间划分资本，从而产生在资本和劳动间的划分）而进一步加剧。按照图 11-1，动态的生产力同静态的生产关系发生冲突。一旦这种冲突达到充分的程度，阶级斗争和革命便发生了。社会金字塔便从头到脚地垮掉了。

马克思在其《政治经济学批判》中成功地概括了由生产力决定的社会变化的动态过程：

> 物质生活的生产方式制约着整个社会生活、政治生活和精神生活的过程。不是人们的意识决定人们的存在，相反，是人们的社会存在决定人们的意识。

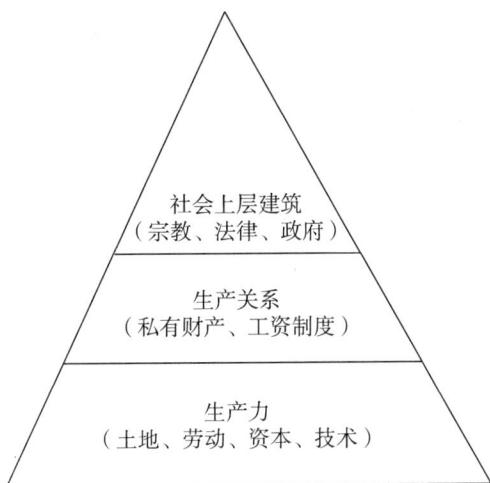

图 11-1　马克思的"社会金字塔"，其中社会结构的根源在于经济生产的基本事实

社会的物质生产力发展到一定阶段，便同它们一直在其中活动的现存的生产关系或财产关系（这只是生产关系的法律用语）发生矛盾。于是这些关系便由生产力的发展形式变成生产力的桎梏。那时社会革命的时代就到来了。随着经济基础的变更，全部庞大的上层建筑也或慢或快地发生变革。

……………

无论哪一个社会形态，在它所能容纳的全部生产力发挥出来以前，是决不会灭亡的；而新的更高的生产关系，在它的物质存在条件在旧社会的胎胞里成熟以前，是决不会出现的。……资产阶级的生产关系是社会生产过程的最后一个对抗形式，这里所说的对抗，不是指个人的对抗，而是指从个人的社会生活条件中生长出来的对抗；但是，在资产阶级社会的胎胞里发展的生产力，同时又创造着解决这种对抗的物质条件（《马克思恩格斯文集》，第二卷，pp.591-592）。

当然，这一切不仅仅是经济学理论，它还是历史、哲学和社会学理论。但是，马克思的巨著《资本论》显然是对资本主义的分析，而不是对社会主义或共产主义的分析。然而，人们不首先认识马克思社会变革如何出现的理论，便极难理解这个分析的动态学。

马克思论资本主义生产的早期著作

《资本论》是马克思多年考察历史、经济学和社会学规律的成果。这些年的研究和沉思产生了许多珍品，但在马克思于 1867 年正式推出其主要著作时没有展示。

重读马克思的早期著作，将加深理解马克思的成熟思想，加深理解他的富有成果思维的知识路径。

□《1844 年经济学哲学手稿》

1843 年马克思来到巴黎以后不久，便开始批判地研究政治经济学。1844 年他完成了几本手稿，这些手稿显然是打算作为将要出版的著作的一部分。但是，该书从来没有完成，手稿被搁置了 80 多年没出版。这些未毁的著作的完全版本在 1932 年以《1844 年经济学哲学手稿》（以下简称《手稿》）为书名出版。这件事在马克思主义学者中间产生了很大的影响，并对马克思的晚期著作作了某些新的解释。与某些解释相反，我们发现了在马克思的早期著作和《资本论》之间的一个基本的连续性，虽然从时间上看，《资本论》写得较晚，马克思抛弃了最初他从德国哲学获得的形而上学的概念，以利于较为经验的分析。

《手稿》的基本论题是，历史，尤其是在现代资本主义，是作为生产者的人的生活异化的长篇故事，通过反对私有财产的革命而实现的共产主义，最终摆脱异化。虽然他还没有得出劳动价值论，但马克思已经在《手稿》中表述了劳动是一切财富的源泉的思想。还有这样的经验观察，即工人仅仅获得财富的一小部分，仅够维持继续工作。劳动产品的最大份额落入资本家的腰包，这导致了资本和劳动之间产生激烈的斗争。在这个斗争中，资本家（他们拥有全部优势）的目标是把工资降到最低限。马克思断言，资本主义把劳动变成仅仅是一种商品，把一切人的关系归结于金钱关系。按照这些关系，资本家必然以牺牲工人而致富，工人则陷入生存水平上的生活。

在一个早期的利润分析（也在《手稿》中发现）中，马克思还指出了一种资本向越来越少的人手中垄断集中的趋势，这个趋势导致总利润的增加，也导致工人的总不幸的增加。马克思颇具理论性地指出，在资本主义制度内这些矛盾实际导致了它的困境，这样便为人类打开了通向真正自由的道路。所有这些思想都在马克思的更成熟的著作中再现，虽然像人们可能预期的那样，这些思想也许将再次精确而详细地制定出来。

1844 年的《手稿》不包含对资本主义实际矛盾的透彻分析——对此，人们必须参考一下《资本论》。但这些手稿包含了一个相当成熟的旨在批判政治经济学*方法论的论述。下面的一段引文就是例证：

> 国民经济学从私有财产的事实出发。它没有给我们说明这个事实。它把私有财产在现实中所经历的物质过程，放进一般的、抽象的公式，然后把这些公式当作规律。它不理解这些规律，就是说，它没有指明这些规律是怎样从私有财产的本质中产生出来的。
>
> 国民经济学没有向我们说明劳动和资本分离以及资本和土地分离的原因。例如，当它确定工资和资本利润之间的关系时，它把资本家的利益当作最终的

---

* 国内翻译的图书中，常把此处的"政治经济学"译为"国民经济学"。——译者注

原因；就是说，它把应当加以阐明的东西当作前提。同样，竞争到处出现，对此则用外部情况来说明。至于这种似乎偶然的外部情况在多大程度上仅仅是一种必然的发展过程的表现，国民经济学根本没有向我们讲明。我们已经看到，交换本身在它看来是偶然的事实。贪欲以及贪婪者之间的战争即竞争，是国民经济学家所推动的仅有的车轮（《1844 年经济学哲学手稿》，《马克思恩格斯文集》，第一卷，pp. 155 - 156）。

显然马克思批评经济学家们没有解释（理解？）资本主义隐含的原因，按照他的观点，仅仅理解市场的运行是不够的。人们还必须了解市场机制是如何出现的，又是如何发展的。马克思感到，重要的在于掌握，正如他指出的，"我们现在必须弄清楚私有制、贪欲以及劳动、资本、地产三者的分离之间，交换和竞争之间、人的价值和人的贬值之间、垄断和竞争等等之间以及这全部异化和货币制度之间的本质联系"（《1844 年经济学哲学手稿》，《马克思恩格斯文集》，第一卷，p. 156）。

另外，在《手稿》中，马克思还试图基于他从经验上观察到的实际社会矛盾来批判政治经济学。马克思证明的基本矛盾是，"工人生产的财富越多……他就越贫穷。工人创造的商品越多，他就越变成廉价的商品"（《1844 年经济学哲学手稿》，《马克思恩格斯文集》，第一卷，p. 156）。工人的贬值，换言之，是直接同增加的商品价值成比例的，而且在这个过程中，工人面对着作为外在于他们自己的东西的劳动对象，这些东西一旦生产出来，他们就不能控制和拥有——作为一种异化物，一种独立于它的生产者的力量。当然，这个思想——劳动按其性质是人的能力的外在化——马克思得自黑格尔。但是，现在马克思批评经济学家以不考察工人同生产的直接关系来掩盖劳动本质的异化。马克思如此深刻地分析这个关系是马克思经济学的标志，也是马克思经济学区别于古典经济学的特征。

□《政治经济学批判大纲》（1857—1858 年）

1844 年的《手稿》标志着青年马克思转入经济批判的最初尝试，它们还没有像后来《资本论》那样优美和敏锐。但是，在随后的几年里，马克思完善了他从古典经济学继承的分析工具。到 1858 年，他已经积累了大量的手稿，把这些手稿集中起来可以看作是一个大纲和后来应用于《资本论》的专业讨论的草稿。这个论文集配有《政治经济学批判大纲》（认为下简称《大纲》）的标题，仅有部分被译为英文，但它们显示了一些没有包括在《资本论》中的东西，例如，对前资本主义制度的讨论、对资本主义各组成部分（例如，生产、分配、交换和消费）间相互关系的研究。

马克思批判他的经济学前辈在生产上的基本非历史的观点。在《大纲》中他探求生产过程同社会发展阶段的关系。他特别提出与穆勒的命题相关的问题，指出在穆勒那里，生产——与分配相对立——是服从独立于历史的永恒不变的规律的（见第 8 章）。当然，马克思自己的观点是，生产是在社会范围内发生的，只能由社会的个人来从事，而且处于社会发展的一定阶段上。另外，每种生产形式都创造其自身的法律关系和政府形式。马克思得出结论说，古典经济学家信仰的所谓一般生产条件不过是抽象的概念而已，与生产历史的实际阶段完全无关。

按照马克思的观点，这些抽象的概念使得（古典）经济学不能论述资本主义生产的真实性质。而揭示资本主义生产的真实性质则涉及把劳动作为生产基础的研究，涉及对资本主义生产的历史基础的分析，也涉及对资产阶级和无产阶级之间基本矛盾的考察。在《大纲》中，马克思开始把这些思想组织在一起。他完成了劳动价值论和剩余价值论以及货币理论。翌年（1859 年），在《政治经济学批判》中，马克思阐发了生产力的发展和生产关系之间的矛盾提供社会革命动力的理论。这样，到 1860 年，便为马克思的最高成就——1867 年出版的《资本论》第一卷——奠定了基础。（关于斯密和马克思的理论结构的比较，参见专栏"方法论争论之三：看不见的手还是笨重的拳头？"）

☞ ━━━━━━━━━━━━━━━━━━━━━━━━━━━━━━━━

方法论争论之三：看不见的手还是笨重的拳头？

当经济学还是羽翼未丰的科学时，亚当·斯密就小心翼翼地详尽阐述了，他对依赖于个人创造力和有限的政府管理来实现经济增长和繁荣生产经济的看法。依赖于他的通过自由竞争实现协调的信条，他含蓄地接受了宣称"最好的政府管理是最少的政府管理"的革命口号。

马克思认为，斯密仅仅是居统治地位的资本家阶级（他把资本家阶级称为资产阶级）利益的应声虫。和斯密相反，他把市场过程特征化地描述为非组织的、不协调的体系，在这个体系中，生产者生产得过多，而消费者对他们的购买没有选择。按照马克思的看法，资本主义的主要特征是"生产无政府状态"。另外，他把资本家说成是剥削工人的窃贼，因为他们以少于工人劳务的完全价值对其支付报酬。这就是马克思定义的对劳动剥削的情形。

对马克思来说，把市场描述为有组织的经济活动是没有道理的，因为市场没有组织者。他坚持认为，对经济活动的协调需要自觉的、集中化的管理。于是，他提出了一个不同的社会体系，这个社会体系的目标是消灭剥削和提高生产效率。最终，整个社会变成一个巨大的工厂，由工人自己管理，工人将完全摆脱资本主义的桎梏。马克思把斯密的"看不见的手"贬低为只是现存的混乱秩序的一个委婉的说法。在这种秩序中，"机会和变化无常，在各种工业部门间分配生产者和其生产资料方面，充分发挥作用。"

从根本上说，斯密方法的基本点不同于马克思。斯密反映了启蒙运动强调的个人的重要性；马克思则反映了德国哲学的团体重要性的思想。似乎是，对马克思来说，工人没有个人的尊严或利益；相反，他们是按其在马克思称之为无产阶级的共同体中的成员关系来定义的，离开这个团体就不存在这种身份。马克思不承认在现存的资本主义制度下，无产阶级可以从经济增长中获得有意义的收益。这样，对于马克思来说，有意义的革命性变革简单地意味着以另一个团体（无产阶级）取代统治的团体（资产阶级）。

由于没有注意集体决策（与谁是统治者没有关系）以外的问题，马克思把远比斯密更大的负担加在了天生善良的人类身上。斯密可能不完全赞同他所观察到的人的行为，但他接受像他所发现的那样的人。在马克思这方面，他相信社会的完善性，因为他相信人的性质的完善性。在马克思主义集体组织经历了几乎一个世纪以后，我们似乎更接近于斯密的人性观点而不是马克思的观点。

资本主义的性质

前一节所阐述的意图到马克思准备写作《资本论》的时候已经确立了。他在头脑中已经有了清晰的目标——同其辩证的历史观一致的目标。特别而言，他已经表明：（1）市场交换的商品形式如何导致阶级冲突和对劳动力的剥削；（2）商品体系，由于其固有的矛盾，如何最终运作失灵；（3）为什么资本主义下面的阶级冲突，和较早的经济制度的阶级冲突不同，将造成由以前的被剥削阶级而不是由新的统治阶级的统治。

马克思理解资本主义是一个人们在其中通过买卖东西（即商品）来生活的经济制度。按照马克思的看法，根据四种性质来识别商品。商品是：（1）有用物；（2）由人的劳动生产的；（3）在市场上供销售的；（4）可以同生产它们的个人分离。在《资本论》中，马克思一开始就分析商品的生产和分配。没有价值理论，这样一种解释实际上是空洞无物的。但是，马克思完全以古典经济学为基础，在这个关键点上转向了斯密和李嘉图。

□ 劳动价值论

在认真考察古典经济学文献之后，马克思认识了作为一切价值本质的劳动。对他来说，价值是每种商品的客观性质。因此，必须在更本质的东西中而不是在表面的市场供求力量上寻求价值的根源。事实上，纯粹的主观评价（通过效用比较）不能在马克思那里留下印记，因为在哲学上他是一个唯物主义者，因此，他坚持认为，仅仅物质关系决定价值。他也认为，这些关系先于价格决定而决定价值，以致价格仅仅反映由纯粹的、一切商品共同的客观因素——劳动引起的价值。

古典价值理论的矛盾？ 我们已经看到，古典经济学并非包含一个而是两个交换价值理论：由供给和需求决定的短期价格决定理论和长期"自然价格"理论，或生产成本理论。马克思考察了其中的矛盾。自然价格理论坚持认为，在长期价格是不变的，虽然甚至通常的观察也显示市场价格是恒久波动的。现在，如果价格仅仅是机会的结果，那么，也就是经济危机的结果。承认这一点就是马克思的辩证唯物主义理论的失败。所以，毫不奇怪，马克思反对古典价值理论。在《雇佣劳动与资本》（*Wage Labour and Capital*）中，他写道："只有在这种波动的进程中，价格才是由生产费用决定的；……这种无秩序状态的总运动就是它的秩序"（《马克思恩格斯文集》，第一卷，p.721）。

这种表述具有马克思辩证法的特征，但它们对于未入门的读者来说难以理解。他说的是什么意思？我们会问。答案是，他认识到，像古典经济学家所认识的那样，竞争下的市场价格并不是随意波动的，而是必须围绕一个确定的点旋转。如果一个商品的销售价格长期低于其生产成本，其生产者便被迫退出经营。如果销售价格高于其生产成本，便出现额外利润，从而吸引竞争者并暂时导致生产过剩，以致使价格下降。结果，竞争的市场价格围绕其波动的一点就是生产成本，即马克思所说的劳动成本。这样，他就把价值看作不是由"市场法则"决定的，而是由生产本身决定的。

著名的马克思主义学者默里·沃尔夫森（Murray Wolfson）以另外的方式对这个问题做了有效的总结。沃尔夫森指出，市场价格是由潜在的买者和卖者对交换比率所做的观念估计（即主观估计）。但竞争迫使这些观念的估计符合在商品生产中所耗费劳动的物质实在。当然，人们可能按照这些观念估计的相互作用直到这些主观评价处于均衡状态来直接解释价格。但是，马克思的唯物主义要求一种不同的解释。因果关系的方向不能是从观念评价到客观的交换比率。科学解释必须从物质到观念。结果，马克思的劳动价值论便同先前的劳动理论区别开来，因为它坚实地植根于唯物主义哲学。

工资和资本　由于依据客观的劳动价值论来处理问题，马克思面临与李嘉图同样的问题：（1）如果劳动是交换的本质，什么是劳动的交换价值？（2）由机械生产的物品的价值如何决定？第一个问题的答案包含工资理论；第二个问题的答案则包含资本理论。

马克思以这种方式对待第一个问题。劳动力的价值可以划分为为劳动者生存和超过或高于劳动者生存所必需的量。* 马克思把前者称为"社会必要劳动"，决定劳动本身的交换价值，即其工资。而把后者称为"剩余价值"，被资本家占有。马克思弄清楚了，除非工人生产了大于其自身生存所需要的价值，否则资本主义便不能存在：如果维持工人一天的生活需要一天的劳动，资本就不能存在，因为一天的劳动将交换其自己的产品，资本将不能作为资本起作用，结果资本将不能存在……但是，如果仅仅半天的劳动便足够维持工人一整天劳动的生存，那么就会自动产生剩余价值（《政治经济学批判大纲》，p. 230）。

这个剩余价值不产生于交换而来自生产。这样，从资本家的观点上看，生产目的便是从每个工人身上取得剩余价值。这就是马克思所说的"对劳动的剥削"。剥削之所以存在，是因为工人所贡献的额外的价值被资本家占有了。剩余价值之所以出现，并不是因为对工人的支付少于其劳动力价值，而是因为它生产了高于其劳动力所值的价值。由于这个额外的量被土地和资本的所有者占有了，可以把剩余价值看作是收入中的非劳动份额（即，地租、利息和利润）的总和。

马克思所思考的剩余价值原理是他的主要成就。当然，它是阶级矛盾和革命理论的有机组成部分。在资本主义下面形成了两个阶级，一个阶级被迫向另一个阶级出卖自己的劳动力以赚取维持生存的费用。这个合同安排把劳动力转变成为一种同

---

　　* 按照马克思的分析，应该是劳动力的应用即劳动所创造的价值，被划分为两部分，一部分为工人生存所必需的量，即定义为劳动力价值；另一部分，即高于工人生存所必需的量，亦即高于劳动力价值以上的部分，则定义为剩余价值。本书作者显然把劳动力价值和劳动力应用即劳动所创造的价值搞混淆了。但接下去的论述还是表达了马克思的意愿。——译者注

253

工人异化的商品。没有劳动力的交换价值和劳动力使用的价值（即劳动力产出的价值）间的差额，资本家购买劳动力便没有利益，因而劳动力也就不能售出。所以，社会冲突的因素——异化和阶级的两极分化——是资本主义所固有的。

李嘉图曾提出劳动是最好的价值尺度，虽然劳动并不一定是价值的唯一原因。在这个方面，马克思比李嘉图更进一步，他把劳动既看成是价值尺度，又看成是价值的原因。另外，他认为只有劳动——不是机器——才能生产剩余价值。那么，如何确定机器的价值呢？马克思的回答是，机器是"凝结的劳动"，因此，在价值上等于生产它们的劳动成本。这个回答否认了这样一个事实，即机器本身是有生产力的，因此应当以超过进入它们生产的劳动*的劳动来评价它们。然而，马克思如此忠诚于劳动价值论，以致他或者忽略这个异议，或者把这个异议置于不甚重要的范畴。

"巨大矛盾"　马克思的批评者以现在众所周知的"巨大矛盾"的形式，对劳动价值论提出一个更严重的异议。所提出的矛盾如下：如果商品的交换价值决定于它们所包含的劳动时间，那么如何同经验观察的这些商品的市场价格不同于其劳动价值的事实相协调呢？或者，换一种方式来说：我们知道通过竞争保证整个经济有一个统一的利润率，然而，甚至在一个竞争经济中，在不同的工业中间资本同劳动的比率不同。按照马克思的价值理论（即，只有劳动创造剩余价值），劳动密集型工业利润率应当较高，但在经验上并不是这种情况。这样，既然资本/劳动比率不同而利润率却保持一致，仅仅由劳动支出决定价值便不能是真实的（马克思的批评者认为）。

马克思可能在其早期著作中预见了这个问题，但他对批评者著名的回答包含在他逝世后由恩格斯出版的《资本论》第三卷中。马克思认为，资本竞争理论解决了这个问题。这个理论坚持认为，企业间和工业间的竞争趋向于为所有从事生产的企业确立统一的利润率。当把这个平均利润率加到不同工业的（不同的）成本上时，个别市场价格同真实（劳动）价值的偏离便趋向于消除（按总量计算）。这在下面讨论转型问题时予以证明了。但是这需要使用马克思的特殊术语。

马克思的某些定义　在详细分析马克思解决上述巨大矛盾的答案之前，有必要澄清他的一些专门术语。在解决价值问题时，马克思应用了下面一些术语：

不变资本（c）＝固定资本的费用（即折旧加原材料投入的成本）**

可变资本（v）＝支付给劳动者的工资总额

支出费用（k）＝生产成本（不包括利润），或者，$c+v$

剩余价值（s）＝工人没有得到报酬的贡献，或者总收入超过不变资本和可变资本总和的部分

剩余价值率（s'）＝剩余价值同所应用的可变资本的比率，或者，s/v

---

　* 生产它们所花费的劳动。——译者注

　** 在马克思的固定资本概念中不包括原材料投入成本，而把原材料投入成本和工资放在一起作为流动资本。但不变资本包括机器、厂房等固定资本和属于流动资本范畴的原材料成本。作者在这里混淆了马克思的不变资本概念和固定资本概念。——译者注

254

利润率（p'）＝剩余价值同支出费用的比率，或者，$s/(c+v)$

资本有机构成（O）＝资本同生产中雇用的劳动的比率

应用当代术语，可以说，GNP＝$c+v+s$ 和 NNP＝$v+s$

转化问题 马克思试图应用下面的如表 11-1 所示的再生产说明来解决上述巨大矛盾。他的分析和讨论依赖于下面三个主要假设：（1）不同的商品是以不同的有机资本构成（即资本同劳动的比率）生产的；（2）为方便起见，剩余价值率确定为100％；（3）竞争将使利润率等于产业内的"平均率"，那就是，总剩余价值同总支出的比率。

马克思指出，在任意单个产业中，资本有机构成取决于劳动力同其他生产资料的技术关系。但为了便于说明，表 11-1 中的不变资本同可变资本的比率是随意选定的。第 1 栏表示 5 种不同的商品，每种商品都是以不同的资本/劳动比率进行生产，如第 2 栏所表明的。例如，商品 A 是用 80 单位不变资本和 20 单位可变资本生产的。为简单起见，假设分别花费 80 美元和 20 美元，以至可以把"资本"和"劳动"的异质单位加总，以确定 5 个产业中的每个产业的支出。因此，可以得出，每个产业的支出等于 100 美元，简单地说，整个经济的总支出为 500 美元。第 3 栏表明 5 个产业中每个产业在生产过程中所用掉的不变资本。在第 4 栏中每种商品的货币（美元）成本决定于工资成本（可变资本）同第 3 栏相加的和。土地作为一种生产资料被排除在说明之外，但可以很容易地与不变资本一道加以调节。第 5 栏表明，每个产业的剩余价值是按照可变资本的百分之百的比率进入每个产业的。第 6栏显示每种商品的按照马克思劳动价值论的真实价值（劳动价值）。这一栏的价值决定于成本（第 4 栏）和剩余价值（第 5 栏）的加总。

表 11-1 价值转化为价格

(1) 商品	(2) 资本	(3) 消耗的资本	(4) 成本	(5) 剩余价值	(6) 劳动价值	(7) 平均利润	(8) 销售价格	(9) 价格同价值的偏离**
A	$80c+20v$	50	70	20	90	22	92	+2
B	$70c+30v$	51	81	30	111	22	103	−8
C	$60c+40v$	51	91	40	131	22	113	−18
D	$85c+15v$	40	55	15	70	22	77	+7
E	$95c+5v$	10	15	5	20	22	37	+17
总额	500*	202	312	110	422	110	422	0

*这个总额包括"存量"和"流量"的组合（$c+v$），并用于决定第 7 栏的平均利润。

**虽然每种商品的销售价格（第 8 栏）和劳动价值（第 6 栏）不同，但第 9 栏表明，5 种个别商品价格价值偏离的代数和为零。

按照马克思的分析，商品的成本同其销售价格的差额为平均利润量，把平均利润量加到成本（第 4 栏）上便获得销售价格（第 8 栏）。第 7 栏是每个产业的平均利润，而且每个产业的平均利润是相同的，这是由于竞争规律使然。马克思定义的利润率为 $s/(c+v)$ 或 110/500＝0.22，把该利润乘以每个产业的支出（100 美元），便得到第 7 栏所显示的美元数量。把第 8 栏和第 6 栏相比较，显示每种商品的销售价格不同于其劳动价值，正如一些批评者所争论的那样。但是第 9 栏则显示个别差额的代数和为零。马克思得出结论说：价格同价值的偏离，由于剩余价值的均衡分配，或者由于把预付资本的 22％的平均利润加到每个商品的成本价格上，而相互抵消（《资本论》，第三卷，p. 185）。

这个价值向价格的转化支持了马克思的论点，即在总量上劳动是价值的真正来源，在《资本论》第三卷序言中，恩格斯把它作为对马克思批评者的胜利来宣扬。但是，事实是当今的经济学家很少有人愿意接受这个转化问题是对马克思劳动价值论的有效证明。实际上，马克思的答案否认机器有超过凝结于其中的劳动量的生产力，而这是现代经济学家们拒绝接受的观点。

虽然本章把大量注意力集中于价值理论的结构上，但应当指出，这个问题对于马克思来说相对次要。他对构建一个整个社会经济发展的准李嘉图模型更感兴趣。狭义的价值理论课题在马克思逝世以后获得了重视，因为新古典经济学强调价格决定问题。但指出这一点是有利的，即对转化问题的争论在新古典经济学家中比在新马克思主义经济学家中更为激烈。

□ 资本主义的运动规律

我们还要详细地描述马克思理论的动态学——他所谓的"资本主义的运动规律"——将实际敲响资本主义丧钟。马克思强调技术变化是其社会动态学的动力，这包含了他的理论不同于古典经济学的一个主要之处。亚当·斯密是前工业时期的一个作者，他按照理性人的行为而不大按照技术进步来理解社会进步。大卫·李嘉图的工业经验很有限，他从来没有把政治经济学改造成为技术变化的理论。他仅仅把社会的经济问题看作是农业问题。约翰·斯图亚特·穆勒对技术变化的前景较为宽容，但他不让技术进步在其理论中起核心作用，而马克思则让技术进步在其理论中发挥核心作用。

马克思描述了资本主义所固有的五个规律，或一般趋势。每个规律或趋势都源于经济的动态性质，都植根于动态的"生产力"和静态的"生产关系"之间的矛盾。

资本积累和利润率下降规律　在资本主义下面，一切资本家都试图获取剩余价值，以便增加其利润。按照定义，剩余价值来自劳动。这样，我们便可以预期资本家追求劳动密集型的生产方法，以便使其利润最大化。但事实上，他们持续地努力以资本代替劳动。马克思指出了他们这样做的动机：

> 像其他一切发展劳动生产力的方法一样，机器是要使商品便宜，是要缩短工人为自己花费的工作日部分，以便延长他无偿地给予资本家的工作日部分（《资本论》，第一卷，p. 427）。

个别资本家以资本代替劳动之所以是有利可图的，是因为应用新的生产方法有一个时间调整的过程。首先引进可以节约劳动的机器的资本家可能比他（或她）的竞争对手按较低的成本生产，并且按照由一般机械化程度较低的企业所确定的价格出售其产品。

但是，对个别资本家是对的事情，对所有的资本家却并不是对的事情。如果所有的资本家都较多地引进了机器，则资本有机构成提高，剩余价值下降，平均利润率也下降（由表11-1证明）。所以，每个资本家追求积累更多的资本和利润的共同结果是驱使平均利润下降。

利润率可能随时间的推移而下降的另一个原因是，工人可能努力提高工资率。如果工人提高工资率的目标实现了，这将驱使生产成本提高，而价格仍然取决于"社会必要劳动时间"。李嘉图也认识到了这一点，但是他感到这样一种发展将受到马尔萨斯人口陷阱的限制。马克思不是马尔萨斯主义者，相反，他坚持认为，人口是由文化和社会决定的，因此，较高的工资并不必然因人口的迅速增长而再度下降。

工业日益集聚和集中规律 上面描述的利润驱动实际上而且必然导致资本对劳动更大的替代，并使小规模的产业转变为具有更显著的分工和更大生产能力的大规模的企业。马克思感到，这种生产的增加和生产能力的提高将导致一般生产过剩，从而驱使价格下降到只有效率最高的生产者才能生存下去的一点。在上述环境下，缺乏效率的企业将被驱逐出该产业，它们的资产将被存活下来的企业鲸吞。结果，产业将变得越来越集中化，经济力量将日益集中在少数人手里。

产业后备军增长规律 伴随着技术创新和资本—劳动替代的动态变化，对工人阶级有巨大的影响——失业。在下面的引文中，注意马克思是如何把斯密称颂为经济福音的分工变成一种诅咒的：

> 资本借助机器进行的自行增殖，同生存条件被机器破坏的工人的人数成正比。资本主义生产的整个体系，是建立在工人把自己的劳动力当作商品出卖的基础上的。分工使这种劳动力片面化，使它只具有操纵局部工具的特定技能。一旦工具由机器来操纵，劳动力的交换价值就随同它的使用价值一起消失。工人就像停止流通的纸币一样卖不出去。工人阶级的一部分就这样被机器转化为过剩的人口……这些人一部分在旧的手工业和工场手工业生产反对机器生产的力量悬殊的斗争中毁灭，另一部分则涌向所有比较容易进去的工业部门，充斥劳动市场，从而使劳动力的价格降低到它的价值以下（《资本论》，第一卷，pp. 495-496）。

这种工人被机器代替造成了一支"增长着的失业大军"。这是马克思所看到的资本主义所固有的矛盾之一。正如前面的讨论所说明的，这种失业是两种类型的失业：（1）技术性失业（由机器代替劳动引起的）；（2）周期性失业（由生产过剩引起的，而生产过剩又是由生产集聚和集中引起的）。

无产阶级日益贫困化规律 随着产业后备军的增长，无产阶级贫困化也在增长。另外，资本家通过降低工资、延长工作日、引进童工和女工等来寻求抵消利润率的下降。所有这一切都使工人阶级绝对贫困化。

257

广泛应用机器的第一个影响是把妇女和儿童带入劳动力大军，因为机器的使用可以由肌肉力量不太强壮的人操作。因此，工人不是仅仅出卖他自己的劳动力，而且他还要被迫出卖其妻子和儿女的劳动力。用马克思的话说，工人"变成了一个奴隶交易者"。这样，进而揭露了导致儿童高死亡率和妇女、儿童的道德堕落的工厂生活的冷酷。马克思还援引了英国公共卫生报告以求证明这些事实。

作为缩短生产商品所需要的工作时间的最强有力的手段，机器也变成了延长工作日的最强有力的手段，以至资本家可以占有更多的剩余价值。另外，甚至专业化的昂贵机器的短期闲置也是资本家的一种牺牲，因此他们极力使机器闲置时间的长度最小化。按照马克思的看法，结果是延长了工作日，减少了闲暇时间，并加重了工人的痛苦。较长的工作日和较高的劳动强度逐渐损害了工人阶级的体力和寿命。

从一种历史的观点上看，这似乎是马克思理论中最无效的论点。按照严格的经济学概念，马克思的（资本主义）世界末日的预言并没有实现。当然，不清楚的是，工人阶级巨大的经济进步是由于马克思的影响呢，还是与他的日益贫困化的预言相关呢？无论如何，马克思的日益贫困化的学说并不适合于经验检验。正统的马克思主义者试图把实际的运行条件同马克思理论的这个部分协调起来，他们断言，工人阶级的相对贫困化增长了——他们说明了当今的自动化生产失去人性的后果，或者，说明了工人的日益增长的异化和两极分化以及道德的沦丧。

危机和经济萧条规律　按照一种非常现代的方式，马克思把对商业周期的解释同投资支出联系起来。他指出，资本家在某些时间比在另一些时间的投资更多。当失业大军增长和工资下降的时候，资本家将趋向于雇佣较多的劳动，而在机器和设备上则投资较少。而当工资提高的时候，像我们已经看到的，资本家将以机器代替工人，造成失业和工资下降。这便引起周期性经济危机。马克思的危机理论是他试图证明工人阶级日益贫困化学说的一部分。这样，仅仅发生经济危机是不够的，他还必须表明资本追逐主义极易遭受日益激烈的危机，为此，他强调资本家永无休止地对积累的追逐。

按照马克思的看法，工人阶级日益增长的恶化是同失业相联系的，而失业，像上面描述的，又是资本家努力积累资本的结果。这种对资本积累的追逐又是自相矛盾的，而且，事实上，是经济危机的主要原因，因为它导致资本的生产过剩。马克思写道：

> 只要资本同工人人口相比已经增加到如此程度……增加以后的资本同增加以前的资本相比，只生产一样多甚至更少的剩余价值量，那就会发生资本的绝对生产过剩；这就是说，增加以后的资本 $C+\Delta C$ 同增加 ΔC 以前的资本 C 相比，生产的利润不是更多……一般利润率也都会急剧地和突然地下降……但是这一回是由资本构成的这样一种变化引起的（《资本论》，第三卷，p.280）

这个下降的平均利润率是即将发生的经济危机的信号。随着时间的推移，这些危机将变得更为严重；那就是，它们影响更多的人（因为随着时间的推移，人口增加）和持续更长的时间。另外，按照马克思的看法，随着危机变得更加严重而使产业后备军扩大，将存在一种持久萧条的趋势。这种趋势的逻辑后果是社会革命。实际上，无产阶级必须联合起来，抛掉锁链，接管生产资料。

□ 资本主义的终结和超越

按照马克思的看法，古典经济学没有如实地阐述经济制度。迄今为止，他们仅仅把货币看作是交换的媒介。商品很少和其他商品直接交换；相反，出售商品是为了换得货币，然后用货币再去购买其他商品。象征性地说，对生产和交换的古典表述是 C—M—C′，在这里，C 代表商品，M 代表货币。但是，马克思认为，在资本主义经济中，这个过程是 M—C—M′，在这里，M′＞M。换言之，积累货币（资本）以购买（或生产）商品，然后再卖出商品以取得更大的货币总和。M′ 是 M 加利润（剩余价值），像我们已经看到的最终对资本积累的追逐将产生导致经济困境的内在矛盾。

马克思的著作牢固地确立了世界革命的信条，虽然他很少讨论后资本主义世界的性质。我们知道，新社会是共产主义社会，在共产主义社会中，资产阶级的私有财产将不再存在。马克思说：

> 共产主义是私有财产即人的自我异化的积极的扬弃，因而是通过人并且是为了人而对人的本质的真正占有；因此，它是人向自身、向社会的即合乎人性的人的复归，这种复归是完全的复归，是自觉实现并在以往发展的全部财富的范围内实现的复归。这种共产主义，作为完成了的自然主义，等于人道主义，而作为完成了的人道主义，等于自然主义，它是人和自然之间、人和人之间的矛盾的真正解决，是存在和本质、对象化和自我确证、自由和必然、个体和类之间的斗争的真正解决。它是历史之谜的解答，而且知道自己就是这种解答。（《1844 年经济学哲学手稿》，《马克思恩格斯文集》，第一卷，pp. 185-186）

在《共产党宣言》中，马克思把共产主义说成是一种新的革命的生产方式，他描述了可能适用于这种新的方式的一般特征（《马克思恩格斯文集》，第二卷，pp. 52-53）：

1. 剥夺地产，把地租用于国家支出。
2. 征收高额累进税。
3. 废除继承权。
4. 没收一切流亡分子和叛乱分子的财产。
5. 通过拥有国家资本和独享垄断权的国家银行，把信贷集中在国家手里。
6. 把全部运输业集中在国家手里。
7. 按照共同的计划增加国家工厂和生产工具，开垦荒地和改良土壤。
8. 实行普遍劳动义务制，成立产业军，特别是在农业方面。
9. 把农业和工业结合起来，促使城乡对立逐步消灭。
10. 对所有儿童实行公共的和免费的教育。取消现在这种形式的儿童的工厂劳动；把教育同物质生产结合起来，等等。

这十点计划提出了许多实施和运作之类的问题，但是，马克思从来没有钻研这些课题。显然，他把他的任务看成是对资本主义及其内在条件的分析。显然，他宁愿把建设新社会的任务留给其他人。结果，在他逝世以后，便为关于他的政治经济学应用的争论和分歧开了门。在临近 19 世纪和 20 世纪之交，温和的马克思主义的修正主义者，例如，爱德华·伯恩斯坦（Eduard Bernstein），和较为激进的列宁主义者之间激烈的论战表明，马克思的理论无力给出一个可以从该理论本身演绎出清楚的活动程序。伯恩斯坦以这样的方式总结了马克思著作的精神和意想不到的困难：

> 一种二元论贯彻于马克思的整个不朽著作……该著作以科学探讨为目标，也以证明在其写作之前很久即已确定的理论为目标。马克思基本上接受了空想社会主义者的解决方案，但他又认为他们的手段和证明是不充分的。因此，他着手对这些方案加以修正，而且以热情、尖锐的批评和对一种科学天才真理的热爱来做这件事。……但是，当马克思接近最终目的成为问题的焦点的时候，他则变得不确定和不可靠了……这样，便表现为，这个伟大的科学精神俯首于一个学说（《变革的社会主义》，pp. 209 - 210）。

260

马克思的遗产

马克思对 20 世纪有着深远的影响，而且他广博的知识也证明这种影响超越了经济学的界限。无论如何，甚至在经济学科内，马克思的影响也已远远超出了严格意义的马克思主义团体——例如保罗·斯威齐（Paul Sweezy）、莫里斯·多布（Maurice Dobb）、保罗·巴兰（Paul Baran）和欧内斯特·曼德尔（Ernest Mandel）等少数人。任何从生产的首要性进行推理以解释经济关系的经济学家，都可以说受到了马克思的影响。对于那些强调辩证法的经济学家，不管他们是否接受马克思分析的最终结论，也可以说同样的话。

在马克思的时代，辩证法思想，特别是黑格尔的辩证法思想，影响了欧洲大陆，而说英语的世界则更多地受了洛克和休谟的经验主义的影响。结果是，一般科学思想在本质上是经验主义的，而社会的、政治的和神学的思想，尤其是植根于欧洲大陆的，在本质上是趋向于辩证法的。这就导致了非常不同的看法，因此，这两种不同的思想体系之间缺乏理解和宽容。

现代马克思主义者显然重新集合于马克思思想中人道主义基本内核周围。大规模生产的复杂性和"第三世界"各种团体和国家的贫困，都具有马克思所描述的异化性质，这种异化对于社会的大部分而言似乎是真实的。甚至那些诋毁暴力革命对于重要的社会变革的必要性的人，也经常受到马克思式的人道主义的鞭策，以寻求不同的社会改革形式。最终，这可能证明是马克思世界遗产的最持久的部分。

参考文献

Bernstein, Eduard, *Evolutionary Socialism: A Criticism and Affirmation*, E. C. Harvey (trans.). New York: Schocken Books, 1965.

Marx, Karl: *A Contribution to the Critique of Political Economy*, S. W. Ryazanskaya (trans.). Moscow: Progress Publishers, 1970.

——. *Capital*, Ernest Untermann(trans.) and F. Engels(ed.). 3 vols. Chicago: Charles Kerr, 1906—1909.

——. *Grundrisse der Kritik der Politischen Ökonomie*, 2 vols. Berlin: Dietz-Verlag, 1953.

——. *Economic and Philosophic Manuscripts of 1844*, Martin Milligan(trans.) and D. J. Struik(ed.). New York: International Publishers, 1964.

——. *Precapitalist Economic Formations*, J. Cohen(trans.) and E. J. Hobsbawm (ed.). New York: International Publishers, 1965.

——. *Writings of the Young Marx on Philosophy and Society*, L. D. Easton and K. H. Guddat(eds. and trans.). Garden City, NY: Anchor Books, Doubleday, 1967.

——. and F. Engels. *The Communist Manifesto*, Samuel H. Beer (ed.). New York: Appleton-Century-Crofts, 1955.

——. *The Marx - Engels Reader*, R. C. Tucker(ed.). New York: W. W. Norton, 1972.

Wolfson, Murray. *A Reappraisal of Marxian Economics*. New York: Columbia University Press, 1966.

第4篇

新古典时期

　　穆勒对于工资—基金学说的放弃和马克思对于市场体制声势日隆的挑战，无疑激起了关于古典经济学是否适当的问题的深刻反思。但是，我们现在称之为新古典经济学的新发展并不仅仅是理论怀疑和批判的产物。古典经济学毕竟是以宏观经济为导向的，所以它缺乏处理效率和资源配置这些微观经济问题的工具，而这些问题在19世纪随着时间的推移日益走到经济生活的前台。甚至在穆勒的《原理》于1848年出现之前，一些法国经济学家和工程师就开始提出个人需求、消费者福利、利润最大化以及资源有效配置的问题，他们主要是在提供有关道路、桥梁、运河（后来还有铁路）等公共物品的框架内来提出这些问题的，而这些物品在斯密那里是委托给政府去提供的。尤其是铁路的引进，更使人们将注意力集中在固定与可变运营成本、投资收益和市场活动布局等问题，所有这些与厂商相关的问题在古典的宏观经济学中很大程度上都被忽视了。

　　本篇追索早期新古典经济学的发展。首先，介绍生活在古典时期中间但是超越于他们那个时代而开创新的研究方法的某些学者。然后考虑新古典理论的多个奠基人，强调新的理论工具是由英国、德国和法国的学者们几乎同时发现的。读者将了解到，新古典经济学是由于它的分析焦点（厂商或单个人，而不是经济整体）和它对于价值形成的严格的客观考察的放弃而成为统一体的。然而，就其容忍几种不同的方法而言，它又是多样性的。例如，在新古典时期数学开始以越来越强的力量侵入经济分析，然而，不同的学者关于数学作为经济研究工具所具有的性质、作用以及适当性却有着相当不同的看法。此外，关于在形成新理论的过程中主观主义应当在多大程度上取代客观主义的问题，在新古典经济学的开拓者中间也存在着重大的差别。

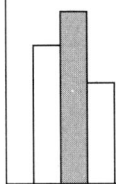

第 12 章

早期的"新古典"经济学家：古诺与杜普伊

在第 7 章我们曾考察了建立在李嘉图和其他古典作家提出的原理基础上的一个古典宏观经济模型。这一模型利用古典经济理论（人口学说、工资—基金理论等）的基本信条去推演有关总产出、收入分配以及人口的一般原理。虽然英国的政治经济学在 19 世纪上半期不断巩固和扩展它的影响范围，然而另一种不同的建立正式的经济分析的努力却在英国以外大踏步地前进。这些努力的主题不是收入、产出、人口、利润和工资（作为收入分配的份额）等宏观经济变量，而是像诸如价格、供给量和需求量、利润这些与特定商品或服务相联系的微观经济变量的行为。有关各种经济组织形式（例如垄断）对价格和产量影响的理论正处于构思当中，关于运输成本、租金以及运输价格表对产业布局影响的思想也在孕育之中。公共财政和福利经济学的重要原理在这一时期被提出来，价格歧视和产品差别理论已经根深蒂固。当我们以回顾的眼光来考察这一时期时，应当说它是经济分析史上成果最丰硕的时期之一。开辟这种新方向的最重要的分析家不是英国人，而是法国人。然而，法国对于他们的贡献即使不是采取敌视的态度，也是模棱两可的。

A. A. 古诺（1801—1877 年）

安东尼·奥古斯丁·古诺（Antoine-Augustin Cournot）是曾经对经济理论产生过冲击的最有创造性的思想家之一，然而他的人生却几度面临悲剧与失望。古诺 1801 年出生在法国的上索恩省，他在当地的学校接受了最初的教育，20 岁时进入巴黎的高等师范学校，在那里他学习数学。古诺在他的整个青年时代都沉溺于永不满足的读书（科学和其他方面的书籍）欲之中，尽管失明的不祥之兆时时笼罩着他（最后终于成为现实）。当高等师范学校解散以后，古诺留在了巴黎，在度过一段相对贫穷的时期以后，他在那里找到了工作，成为古维翁·圣西尔将军（Marshall Gouvion Saint-Cyr，拿破仑的一个将军）的秘书。这一时期（1823—1833 年）他在巴黎大学完成了他的博士学业，并且开始与当时知识界的顶尖人士接触，其中的许多人是自然科学家和工程师。在他作为大学生期间，古诺发表了几篇论数学的文章以及关于古维翁·圣西尔将军的军事生涯的回忆文章。

古诺论数学的文章引起了伟大的物理学家和统计学家泊松（Poisson）的注意，他帮助古诺于 1834 年在里昂取得了一个数学教授的职位。古诺在这里讲授微积分并完成了他论概率论那本书（《关于随机变化理论的评述》）的初始性工作。次年，古诺被任命为格勒诺布尔学院院长，随后在几个月之内他又被加封为教育总监（接替安培的位置，安培对于所有电子科学的学生都是不陌生的）。1838 年，古诺结了婚，并且出版了他论微观经济学的创新之作：《财富理论的数学原理的研究》（*Researches into the Mathematical Principles of the Theory of Wealth*）。与此同时，他还被任命为巴黎的教育总巡视员。

由于他的视力状况不佳，古诺曾被迫于 1844 年去意大利度假一段时间。1854 年，他成为第戎学院的校长，并留任这个职位直到他 1862 年退休。在这一整个时期以及退休后在巴黎的日子里，古诺继续出版论社会哲学和经济学的著作。也许是由于他的视力逐渐弱化，他的著作的特点有了改变。他后来分别于 1863 和 1877 年出版的论经济学的两本书——《财富理论的原理》（*Principles de la théorie des richesse*）和《经济学说简评》（*Revue sommaire des doctrines économiques*）——都没有使用数学去处理经济问题，并且相对于古诺论经济理论的开创性著作（《财富理论的数学原理的研究》）而言，它们都没有增添实质性的新东西。古诺于 1877 年突然死亡，他成为在其祖国没有获得任何荣誉的科学预言家。不过，由于他的著作的重要性后来为莱昂·瓦尔拉斯所赞赏，古诺最终获得了应得的承认。如果古诺能够看到 1877 年以后的微观经济分析进程，那么他的感受大概将不仅仅限于一点惊奇和慰藉，因为他的冲击和影响已经渗入现代经济理论的真正核心。

□ 古诺论方法

古诺关于什么是政治经济学的正确方法的思想，对于确认他在理论发展中的作用具有极大的重要性。在论辩使用数学是表达复杂思想的便捷工具时，古诺评价了斯密、萨伊和李嘉图的早期努力：

> 有一些作者，像斯密和萨伊，在写作政治经济学的过程中固守纯粹文字表述的所有优美之处；而另一些作者，像李嘉图，当对待最抽象的问题或试图寻求极大精确性的时候，则不能避免代数，只不过是把它装扮在冗长的算术计算之中。任何理解代数符号的人只有付出极大的精力才能读透用算术方式表达的方程式（《数学原理》，p. 4）。

古诺对过去的作家提出了主要的批评，"在他们看来，使用符号与公式除了进行数字运算以外将无其他任何用处"。他们没有看到，数学分析的目的是"发现不能够用数字来加以估计的各种量之间的关系，和其规律不能够用代数符号来表示的各种函数之间的关系。"这种关于数学方法的观点在他后来的著作中也一直保持着。"科学"，古诺在 1863 年曾写道，"不必成为经验法则的奴婢……为了从经验所能提供的普遍特征中提炼出某些有用的结果，或提炼出可能存在于它们之间的某些关系并依据这些关系进行推理，科学唯一要做的就是揭示真相"。* 于是，古诺便倡导在某些条件被满足的约束下，应当使用数学特别是微积分来表达任意的函数关系。运用经济学专业的所有学生都熟悉的一个例子——需求规律，可以使古诺的方法更加清晰明了。

如同大多数学生所知道的那样，需求规律说的是需求量是价格的一个函数，或 $D = F(P)$。不仅如此，在每一价格上的需求量还与其他一系列变量相关联（例如收入、财富以及其他等），但是当绘制某一个人的需求曲线时，这些其他变量被假设不变。当决定需求的非价格因素中有一个发生了变化，整个需求曲线将要移动，这标志着需求的某种变化。当价格变化而所有其他决定因素保持不变时，将发生需求量的变化。古诺完全理解这种其他条件不变的假设（或令"其他事情相等"的假设）所具有的分析价值。这在他的《财富理论的数学原理的研究》一书中得到了证明，在那里他写道：销售规律（"销售"与"需求"是同义语）

> 本质上是建立在人口、财富分配、一般福利、嗜好、消费人口的习惯、市场倍增、源于运输改进的市场扩张基础之上的。所有这些与需求相关的条件都保持不变；如果我们设想生产条件发生了变化（即成本增加或降低、垄断被限制或压制、税收加重或减轻、外国的竞争被禁止或允许），价格将发生变化（假设价格实际上是提高了），从而需求方面相应的变化将使我们可以构建经验数据表。然而，另一方面，如果价格的变化是由于需求规律本身发生了变化，即它是由那些并不影响生产而只影响消费的因素发生变化而引起的，我们这种经验数据表的构建将不再可能，因为这种表必须表明的是单纯由于价格变化而不是其他因素的变化，导致需求发生了怎样的变化。

从他对需求的明确的讨论中可以清楚地看到，古诺已经把这一概念表示成一个数学函数，从而需求就是一种价格—数量关系（即价格变化导致需求量的变化），而任何其他的需求变量（例如收入）的变化则导致这种价格—数量关系本身的变化（即需求函数或需求表的转移）。这种分析方法在今天是如此地普及，以至现代的理论家将不再用纯粹文字的形式来表达复杂的思想了。然而在古诺写作的时代，文字表达却是经济理论家的唯一思路。因此，古诺乃是一位真正意义上的开拓者。

我们也许会问：古诺循着这种研究路线渴望完成什么任务？古诺运用数学工具所寻求建立的是什么样的理论？它究竟是拥有实践的后果，还是脱离现实，就像当

---

* 本章中未标出页码的引文，是出自本书作者未发表的翻译稿，原始的法文版书籍列在了本章末尾的参考文献中，不过有英译本的，书名被替换成了英文。——译者注

今的经济理论如此多的争辩那样？对这些问题的回答将揭示古诺的方法论辉煌的二重性质。他论证道，经济分析必须扎根于经验观察和事实之中。他在他的需求函数中纯然排除了诸如效用一类的"思辨性"的基础，而确认一种经验的方法。原始版本的《财富理论的数学原理的研究》中论需求一章的标题"销售规律"，就暗示了这种经验方法，并且古诺立刻相当明确地表述出来。他写道："当价格降低时，销售或需求将增加。"他承认价格和需求规律在一年的周期内可能发生波动，从而将他的需求曲线定义为一年的平均价格 P 与"该国或所考虑的市场中一年的销售量"即 $F(P)$ 的关系。因此，$D = F(P)$ 是一条将有关销售的时间系列数据与这些销售依以实现的价格联系起来的曲线。

这样，古诺关于需求的理论规定（连续的、负斜率的）便是他自己观察的结果，即来自对价格和数量之间关系的简化和观察。理论随后被从这些事实中提炼出来，并经过加工，以便在某些假设的基础上形成推理。但是，理论在最初是从实际观察到的事实而不是空想中推引和制定出来的。如此推导出来的理论工具，具有远远超过它们所由之诞生的经验事实的有用性和普遍性。能够承认并解释事实、理论以及模型建构是如何相互缠绕在一起的，正是古诺的天赋之所在。

□ 古诺的微观模型

古诺将这种经验的方法运用于创建基于需求曲线的有关厂商行为的一系列模型。我们将考察他的影响力最持久的两个模型：（1）垄断模型和（2）双头（两个生产者）模型。

垄断模型　在《财富理论的数学原理的研究》的第 5 章，古诺发展了一个关于企业行为的垄断模型，该模型确立了利润最大化原理。这个（解说性的）模型依据的基本事实是：一个对于具有独特的保健性能的矿泉水享有唯一所有权的所有者。该垄断者将不会对于他的矿泉水索取他可能索要的最高价格——根据需求规律，这样也许会导致很少的销售量——相反，古诺指出，他将把他的价格调整到使其净收入最大化的水平。古诺从数学上证明，在成本为零的情况下，垄断者的最好结果是使其总收入最大化。假设有一个需求函数 $D = F(p)$，它总是负斜率的（即 $dD/dp < 0$），该所有者将把 p 调整到使总收入 $pF(p)$ 有最大值的水平。应用微分学的方法可以找到产生这种最大化的销售量。当从追加一单位销售中得到的额外收益为零时，销售将达到最大化水平。当成本大于零时，古诺表明：当边际成本等于边际收益（或当利润函数 $\pi = TR - TC$ 的斜率等于零）时，将实现利润最大化。

古诺的垄断模型可以用图形来考察（请看图 12-1a 和图 12-1b）。我们用图 12-1a 中的线性需求曲线表示古诺的需求规律（暂时不去考虑 MC 曲线）。我们这位（零成本）所有者将把他的矿泉水销售量调整到在价格为 P_n、销售数量为 Q_n 的水平，因为在 Q_n 数量上有追加的总收益（边际收益）等于追加的总成本（边际成本）。也就是说，在 Q_n 数量上有 $MR = MC$。另一种等价的解释是，该零成本的所有者简单地使其总收入最大化，如同在图 12-1b 中的 Q_n 数量所见到的那样。在零成本的场合，TR 曲线变成了利润函数 π_0。

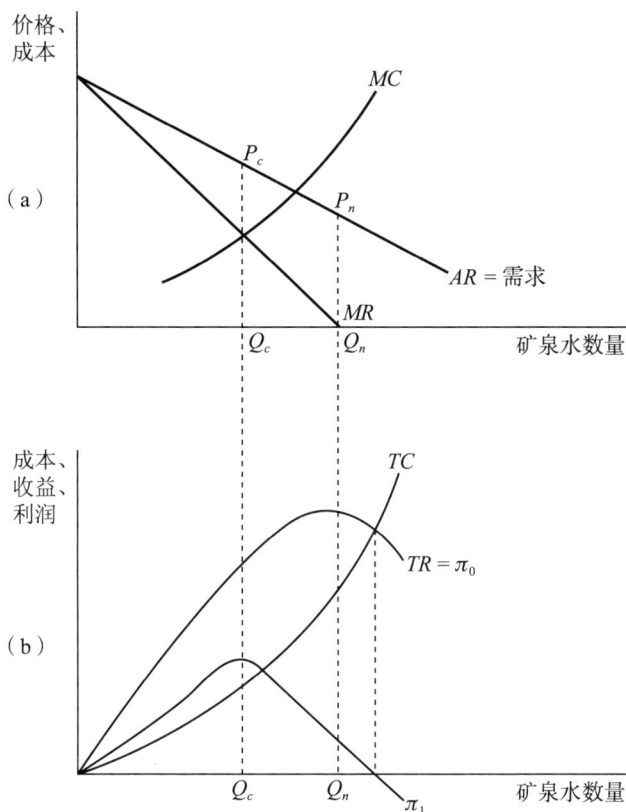

图 12 - 1　在零成本场合，厂商将在 P_n 销售 Q_n。当成本大于零时，根据边际原
理，将在 P_c 销售 Q_c。注意，在 Q_c 有利润函数 π_1 的最大值

　　这个"边际原理"是应用微分学的结果，它最终成为微观经济理论的核心架构性原理。这一原理使得古诺（以及后来的其他人）可以解决每个厂商面临的基本问题——生产多少产量以及索取什么价格。古诺以一种直截了当的方式解决了这个问题。设 $\varphi(D)$ 代表生产 D 升矿泉水的成本，则古诺的利润方程变成 $\pi = pF(p) - \varphi(D)$。利润最大化要求利润方程的斜率等于零，或用古诺的表示法，要求 $D + \mathrm{d}D/\mathrm{d}p\{p - \mathrm{d}[\varphi(D)]/\mathrm{d}D\} = 0$。用更直白的语言来说，就是利润最大化将发生在 $MR - MC = 0$ 的时候。正如古诺指出的那样，"不论生产资源如何充裕，当其费用的增加超过收益的增加时，生产者将总是停止生产"（《财富理论的数学原理的研究》，p.59）。

　　一方面，用图 12 - 1a 来说，古诺确认，当 $MR = MC$ 时，利润达到最大值。所生产的产量将是 Q_c，价格将是 P_c；进一步地说，与成本为零的情况相比，这时的 Q_c 将更低，P_c 将更高。另一方面，古诺的垄断理论也可以用图 12 - 1b 来解释，该图重新表述了矿泉所有者的总成本、总收益和利润函数。该所有者将在图 12 - 1b 的 Q_c 点终止生产，因为在这里利润函数 π_1 达到最大值（古诺总结出利润最大化的第二个条件，即利润函数的斜率在 Q_c 点等于零，而在该点的左右两侧利润都会因为产量的变化而减少）。注意，矿泉水的生产不是按照使总收益最大化的方式确定在 Q_n 点，而是按照使净收益最大化的方式确定在 Q_c 点。擅长几何的读者将明白，在 Q_c 点 TC 函数的斜率等于 TR 函数的斜率，或者有 $MR = MC$，如图 12-1a 所显示的那样。简言之，古诺对于垄断理论的发展是任何现代教科书作者都难以比拟的，因为精确地说，现代研究垄断的学者所阐发的正是古诺的理论。

双头分析 古诺发展的这种最著名的理论也许与他引进了一个追加的矿泉水销售者有关。古诺用一种博大精深的创新的理论概念，为其他许多对经济学至关重要的观念，诸如不完全竞争（参见第 19 章）以及博弈论，奠定了基础。虽然古诺的双头理论（两个卖者）在后来被修改和精炼了（其中著名的有英国经济学家弗朗西斯·Y. 埃奇沃思（Francis Y. Edgeworth）和法国数学家约瑟夫·伯特兰（Joseph Bertran）所做的修正），但是它的原创性丝毫不减当年。

古诺考虑两个销售者，A 和 B，他们销售同样的产品，并且都知道对于他们的完全均质的产品——矿泉水的总（加总）需求曲线。然而，他们彼此却完全不知道对方的销售活动，即 A 认为不管自己做什么 B 都将保持其产量不变，B 也认为无论自己做什么 A 都将保持其产量不变。特别不现实的是，无论在实际中他们经历了多少与这种设想相反的经验，两个销售者都坚持上述假定。用有关双头的语言来说，这个假定叫作零产出猜测变化，即一种关于 B 对于 A 的行动将没有任何产出方面的反应的猜测。古诺进一步假定，不论 A 还是 B，都能供应所需要的全部矿泉水，并且矿泉水的生产是没有成本的。他在《财富理论的数学原理的研究》中用数学和图式两种方法来分析上述情况中的产量和价格决定问题，然而我们这里的解释更强调图形分析方法。

为了说明双头问题的最优解，古诺发展了一种新的工具，即反应曲线，图 12-2 描述了一个凹反应函数 AA，它显示了相对于 B 选择的产量 A 对于产量的选择。具体地说，一方面，它显示了在给定 B 的产量选择的情况下，厂商 A 为实现最大利润将选择的产量。举例来说，如果 B 选择产量 b_0，A 为了实现最大利润将愿意在产量 a_0 上索取某一确定价格。另一方面，如果 B 生产 b_1 产量，A 在利润最大化动机驱使下将生产一个较低的 a_1 产量，并且对于 B 可能生产的所有其他产量，A 都将按此种方式作出反应。而且，无论 B 选择什么产量，A 都认为它将永远保持下去，进而 A 将按照使自己利润最大化的方式行动。

最终 A 和 B 将生产何种产量？显然，如果不补充上 B 的反应函数，从而使我们可以观察到 B 如何对于 A 的产量作出反应，就不能解决这个问题。图 12-3 结合给出了这两个反应函数，其中 B 的反应函数是按照与上述 A 的反应函数相同的方式定义的。

假设 B 在认为 A 将保持其产量水平 a_0 不变的情况下决定生产某种产量，比方说 b_0。那么，B 在 b_0 的产量上将能够使其利润最大化。由于假设 B 将把其产量维持在 b_0 水平，A 为了使利润最大化将生产 a_1 产量。这种变动将使 B 重新认定形势，并在假设 A 将把其产量维持在 a_1 不变的情况下把自己的产量增加到 b_1，该产量在 A 销售 a_1 数量时将保证其利润最大化。然而，这些假设不断地被打破（尽管 A 和 B 两个销售者从未理解这一点），因而产量向利润最大化方向的变动过程便继续，其路径如图 12 - 3 的箭头所示。

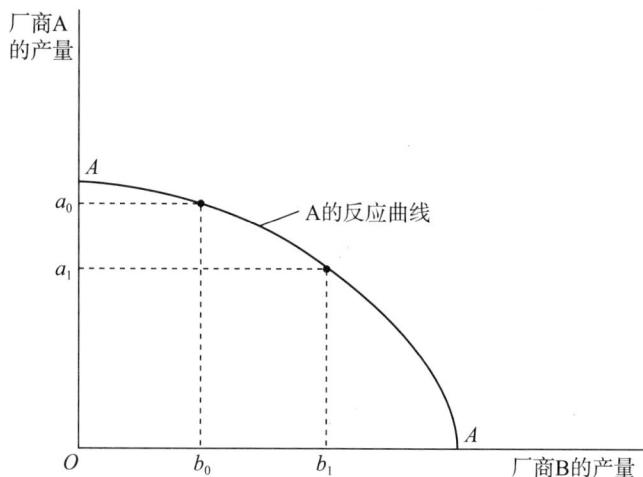

图 12 - 2 A 的反应曲线描述在给定 B 选择的每一种产量下，A 的利润最大化产量
水平。比如，当 B 选择生产 b_0 时，A 生产 a_0 将使利润最大化

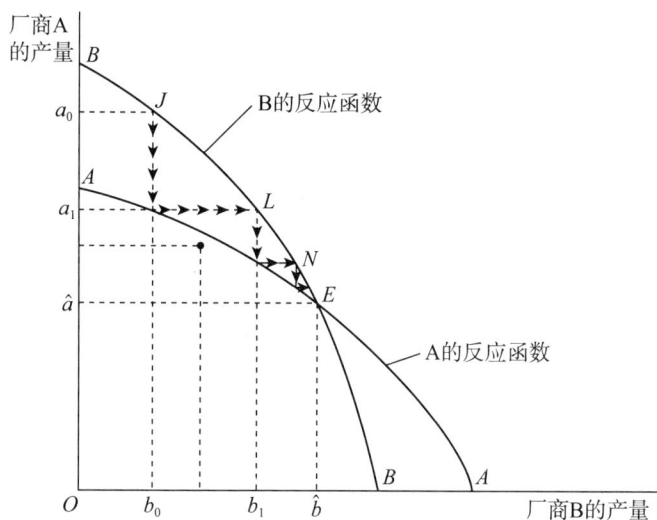

图 12 - 3 从点 J 开始（当 B 的产量是 b_0 时），箭头追踪了通过 A 和 B 连续的产量
调整向稳定的均衡（点 E）移动的路线

图 12 - 3 中的 E 点代表了对于厂商 A 和 B 的一个均衡解，即 E 点是这样一个
点，当他们偏离它时，总要返回去。在 E 点这两个垄断者将分享利润（古诺用数学
方式表示这个量）并索取一个共同的价格，该价格将比在简单的垄断（这个事实古
诺本身已注意到）情形下要低，但高于在完全和开放的竞争条件下可能索取的价
格。精确地说，双头垄断的产量将等于市场如果是竞争条件时的产量的 2/3。其一
般化的结论是，这个产量将等于竞争性产量的 $n/(n+1)$ 倍。这样，如果有 5 个销

售者，总销售量将是竞争性产量的 5/6。如果有 2 000 个销售者，那么很明显，总销售量将接近于竞争的产量。古诺用这种方式将他的双头垄断理论与销售者数量众多的竞争模型联系起来。

□ 古诺：一个评价

除了双头垄断理论以外，古诺还提供了其他很多重要的理论见识。其中有：(1) 关于简单的竞争模型的一个清晰表述；(2) 关于合成和引致需求（为了生产铜管乐器而对铜和锌的需求）的一个非常高级的模型；(3) 最后但并非最不重要的是，关于各种经济均衡的稳定性充分展开的讨论，它考虑了产量与价格轻微变化的可能性（读者通过把反应曲线倒转过来或者转换图 12-3 中的坐标轴，可以得到关于第三个问题的某些见解）。简言之，古诺的书充满了新思想。

古诺对方法论和垄断—双头理论的贡献仍然支配着理论家们的注意力。这些思想，特别是与双头垄断相关的那些思想，引致了批评。如同上面提到的，埃奇沃思和伯特兰通过改变古诺的许多假定，对他的双头垄断模型进行了一些小修补。举例来说，为什么一个双头垄断者考虑的是他的竞争对手的产量不变，而不是价格不变？更尖锐地，当经验已经反复地证明实际情况与厂商的猜想是相反的，为什么（比方说）A 仍将继续假设 B 的产量将保持不变？如果对于双头垄断的一方或双方存在着产量限制将会怎样？等等。

当然，这些问题中的许多已经被解决了，但是，正是由于古诺模型所具有的持续诱惑力的一部分，使得一个问题的解决又带来了两个或更多的问题。寡头模型、双边谈判以及现代博弈论中关于猜测变量的各种假定，都曾经在古诺那样的模型中被暗示过。他的简单的模型曾经是并且仍将是经济理论中诸多思想的源泉（例如，可参见下面的专栏"思想的力量：博弈论，古诺的智力成就"）。如此强有力的思想肯定使他处于第一流经济理论家的行列。但是甚至可以更进一步地说，古诺拥有一种关于经济理论可能是什么样子的宏大眼光，他认为经济理论是植根于经验主义的工具箱，它将构成分析无数经济问题的架构性原理。这种认识，尽管如此可悲地为他的同时代人所忽视，却把他带到了一个在经济理论史上很少有人达到的成就高峰。

☞

思想的力量：博弈论，古诺的智力成就

博弈论作为现代经济分析中最引人入胜和最有力的工具之一，产生于 19 世纪而形成于 20 世纪。这一概念的正式形成要归功于 20 世纪伟大的数学家约翰·冯·诺伊曼 (John von Neumann) 和经济学家奥斯卡·摩根斯特恩 (Oskar Morgenstern)，他们于 1944 年合作出版了《博弈论与经济行为》(*The Theory of Games and Economic Behavior*) 这部著作。然而，这一概念是由古诺所清晰地预见到的。

博弈论最初被应用于像政治和军事战略这样一些主题，然而它在当前的诸多应用则是在经济学中。冯·诺伊曼和摩根斯特恩曾指出，古诺的双头垄断者就其相互对对方的

经济理论和方法史（第五版）

产出决策进行独立的猜想而言，所进行的是一种"博弈"。正如本书的这一章所讨论的，一个双头垄断者在为实现利润最大化而调整产量时，将猜想或相信另一个人的产量不变。在古诺的假定下，两个双头垄断者都没有认识到这种猜想是不现实的，因而竞争的结果是每个销售者均等地分享市场份额，并且总共生产将等于竞争条件下的产量水平2/3 的均衡产量水平（参见正文）。[*]

今天，博弈论保留了行为猜测的概念，但是不再像古诺的"博弈"那么天真了，因为它考虑到了与不同的猜测相关联的支付。考虑一下由数学家 A. W. 塔克（A. W. Tucker）所提出的下列问题。有两个绑架者在其活动中被警察抓获，但警察仅仅掌握可以给他们定较低的罪名的证据。为了充实他们的犯罪证据，警察将两个嫌疑犯隔离开来并按照下面的方式努力使他们坦白交代。每个绑架者被分别告知：（1）如果一个人坦白，则坦白者将获自由，而另一个人将被判死刑；（2）如果两个人都不坦白，两个人将受到与较轻的犯罪相适应的较轻的惩罚；（3）如果两个人都坦白，两个人将受到严厉的但比死刑要轻的惩罚。给定收益与不确定性，该问题的预期解将是两个绑架者都坦白。

这个著名的例子被称之为"囚徒困境"。它对于战争博弈和诸多种类经济行为的博弈的重要意义是显而易见的。例如，竞争的厂商之间的广告战略就典型地反映了这一模型，而在任何单个人的行为之间具有相互依赖性的场合，情况都是如此。囚徒困境模型是一种极端简化的模型，因为它假设两个囚犯被隔离开来，因而彼此不能够互通信息以共同对付警察。而在其他的"博弈"中则允许考虑勾结或合作，从而可以估价各种类型的策略。博弈论的许多应用使其在评价竞争战略和产业组织的各种形式中成为一个具有重要价值的经济分析工具。

[*]古诺的正式模型在 19 世纪后期由法国数学家约瑟夫·伯特兰，通过附加双头垄断者将猜测对方保持价格不变的假定，和新古典经济学家 F. Y. 埃奇沃思，通过附加双头垄断者将猜测对方保持产量不变但每个厂商的产量都有一个界限的假定，而加以进一步完善。

朱尔·杜普伊（1804—1866 年）

当古诺正在研究制定微观经济学基础的时候，一个令人尊敬的法国组织——土木工程学院却要产生一位将把微观工具与效用理论结合起来以便建立需求理论、公共财政、公共物品理论以及福利经济学基础的人。这位著名的法国工程师像古诺一样，也把经济学视为一种业余工作，而不是专门职业，并且他虽然受过良好的技术教育，却能够将敏锐的实际洞察力带入经济问题分析中。

阿尔塞纳·朱尔·埃米尔·杜普伊（Arsine-Jules-Émile-Juvenal Dupuit）于 1804 年 5 月 18 日出生在意大利的佛萨诺，当时该地区由法国统治。10 岁的时候，杜普伊随同父母回到法国。到法国后，他先后在凡尔赛、大路易斯和圣路易斯等地的中学继续接受教育，最后在圣路易斯通过在众多的竞争者当中赢得一个物理学奖而结束了他辉煌的学业。

　　1824 年杜普伊成为法国土木工程学院（桥梁和道路学院）的一员，1827 年他又成为萨尔特省区的陆路和航运项目的负责人。他于 1829 年结婚，并于 1836 年（亦即古诺出版他的《关于财富理论的数学原理的研究》的前两年）取得了一级工程师称号。

　　杜普伊在他的整个成就卓著的工程师生涯中始终保持着对经济问题的兴趣。他曾做过铁路损坏的实验，其结果发表在《关于列车托运和转动摩擦的论文与实验》（1837 年）一文中。他随后关于同一主题的贡献使他赢得了一枚金牌，该奖牌是通过工程师投票产生的。由于他作为工程师活动的业绩，杜普伊最终于 1843 年 5 月 1 日被授予法国荣誉军团勋章。

　　罗尔地区在 1844 年和 1846 年发生的洪水促使杜普伊的文章《关于流水运动的理论和实践研究》（1848 年）的发表，和他的经典的著作《洪水：关于防止其再度发生的对策建议的考察》（1858 年）的出版。1850 年，杜普伊被召进巴黎市政机关，作为研究城市水利分布和下水道建设的负责人和总工程师。1855 年 12 月，杜普伊被任命为土木工程总监。简言之，他是当时法国最知名的工程师之一。然而，政治经济学却是杜普伊的爱好和热切关注的目标所在，此后他的工程师生涯将不如他的经济学家生涯那样显赫。遗憾的是，一部计划写作的题为《应用于公共工程的政治经济学》的书并没有完成（杜普伊早在 1844 年就提到此书，该书由于他在 1866 年的去世而写作中断）。除了他在 1861 年出版的《商业自由》（*Commercial Freedom*，该书为自由贸易提供了一个简要辩护）这个例外，杜普伊作为经济学家的声望主要是凭借其在杂志上发表的关于经济政策和经济理论的大量文章而形成的。

□ 杜普伊对于经济学的独创见解

　　杜普伊对于经济分析的独特见识，是他在微积分和函数方面所受到的技术与科学训练，和他对由他以及他的同事们所汇集的有关公共工程的收益和成本的大量统计资料的敏锐观察和分析相结合的结果。杜普伊读过斯密、李嘉图以及萨伊的著作，后者是古典经济学在法国的阐述者。他也受到法兰西学院的萨伊的继承者佩莱格里诺·罗西（Pellegrino Rossi）的影响（参见第 17 章）。然而，杜普伊的经济学却显示了与旧有学派的一个明显分离。像斯密、萨伊、马尔萨斯以及李嘉图这些古典经济学家，确实影响了杜普伊对于宏观经济问题的看法。可是，一个可以在微观分析领域给他提供最大帮助的人——古诺，他却显然不知道。而在一个时期中，他们俩曾同时在巴黎生活和工作！

　　杜普伊的贡献主要与他的工程方面的兴趣有关。用一位他的传记作者的话说，"时时处处吸引工程师兴趣的政治经济学，也成为他一直研究的目标，并且他从这种科学中学到的东西不比从公共工程中学到的少。"但是，正是这些兴趣的结合产生了杜普伊在理论和概念形成方面的特殊天才。详言之，杜普伊具备了创造分析工具的三个要素：（1）具有经济利益和经济重要性的主题；（2）从这些主题中抽象出来的重要的、观察的事实和统计资料；（3）对这些事实和统计资料所反映的关系进行理论构建所需要的数学分析——演绎逻辑和图形描述。这样推导出来的理论才能经得起新的事实和资料的验证，或随之而改变。

这样看来，杜普伊的方法是把政治经济学视为一种将推理与观察结合在一起的科学。古诺也曾将两者结合起来，但更少强调经验基础以及它与理论的一一对应性。杜普伊则认识到，未经过有机组织的统计资料是无意义的。他曾写道，"为了更好地看清事实，更好地观察它们，我们必须运用推理的眼光理清它们。"杜普伊的全部努力都瞄准一个现实世界的问题——测量公共效用，即由公共物品和服务所产生的社会福利。在此目标下，他在边际效用、需求、消费者剩余、简单垄断与歧视性垄断、边际成本定价等理论领域取得了重大新发现。这些思想都与公共物品的最优价格与产出政策相关联，我们下面将依次加以考察。

□ 边际效用与需求

杜普伊是第一个对于边际效用概念给予有说服力的讨论并将它与需求曲线联系起来的经济学家。由于充分地运用他的观察力与抽象力，杜普伊早在 1844 年就能够表明，单个人（以及单个人的集体）从一种均质的物品存量中获得的效用是由该存量的最后一个单位的使用用途所决定的。这样一来，他便明确地指出了一些具体物品的存量的边际效用将随着其数量的增加而递减。基于他对消费者行为的观察，杜普伊得出了每个消费者"根据其对于同一客体可能有的消费量将获得不同的效用"这一结论。他用一个位于山腰的城镇中水分配的技术改进的实际例子来说明他的观点：

> 水在这样一个城市中被分配：它的海拔较高因而只有费很大的劲才能得到水。于是在那里便有一个水的价值，即如果按年供应每日 100 升水是 50 法郎。相当明显，在这种环境中消费的每 100 升水的效用至少应等于 50 法郎。

杜普伊暗示，给定数量的水的每一单位将有不同的效用。他通过集中观察水价降低所带来的结果继续他的论述。假设由于安装了水泵，生产水的成本下降了 20 法郎：

> 那将会发生什么？首先，消费 100 升水的居民将会继续这样消费下去，并在他消费的第一个 100 升水中获得了 20 法郎的收益；但是水的这种较低的价格极有可能刺激他增加对水的消费：不再将水十分节约地单纯用于个人本身的需要，而是还将它用于满足那些紧迫性更差、重要性更差的需要，它们的满足所值将大于 30 法郎，因为这个付出是为取得水所必需的，但同时这个满足所值又要小于 50 法郎，因为在这个价格他将停止消费（《论效用及其测量》）。

同一商品的每一个增量将带来一个不同的效用，这是因为它的追加的单位将满足"紧迫性更差、重要性更差"的需要。所以，从同一商品的追加单位引出的这种追加效用必然是递减的。

为了扩展这个例子，杜普伊设想：当价格下降到 20 法郎时，单个人将需要 400 升水"以便能够每日冲洗他的房子；如果他面对的价格是 10 法郎，他将需求 1 000 升水以便能够浇灌他的花园；当价格为 5 法郎时，他将需求 2 000 升水以便供应一个圣洗池；当价格为 1 法郎时，他将需求 10 000 升水以便拥有一种连续不断的水流（即喷泉）"等。正是对一种商品的最不紧迫的需求而不是最紧迫的需求，决定了该商品全部存量的交换价值。杜普伊的论断可以被简单地总结在图 12-4 中。

假定在最初当水价为 p_1 而需求量为 q_1 时，消费者处于均衡状态。现在采用杜普伊的假设，令水价下降到 p_2。面对较低的水价，单个人在 c 点将处于不均衡状态。消费者现有的水存量的最后一个单位所具有的边际效用将比现在由较低的价格所代表的水的较小的边际效用更大。用价格术语来说，消费者对于 q_1 量水愿意支付的将比他必须为此支付的价格更高。即同量的水（q_1）可以用更少的总支出来购买，但杜普伊假设消费者将不这么做。对处于 q_1 和 q_2 之间的水来说，每追加消费一个单位所带来的边际满足都大于（尽管呈递减状态）相对于价格 p_2 点的那一追加单位所带来的满足。这样，为了努力实现满足的最大化，单个人将把水的购买量扩展到（但不超过）q_2 的数量。

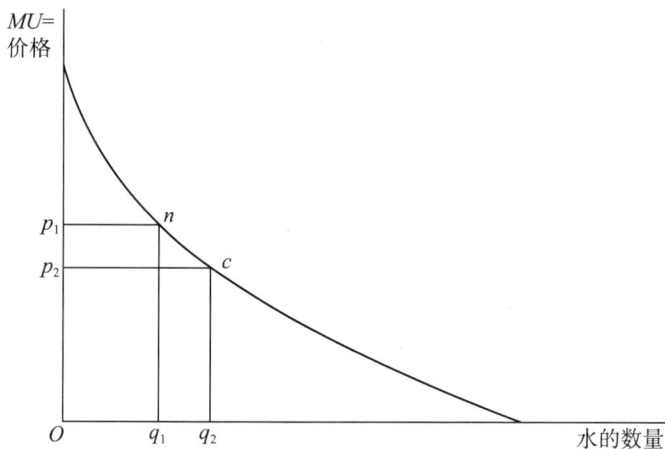

图 12-4 当水价从 p_1 降到 p_2 时，消费者将开始满足紧迫性不太强的需要。所以，水的消费将从 q_1 增至 q_2

正如图 12-4 的纵轴标志（边际效用＝价格）所显示的，边际效用曲线也就是杜普伊的需求曲线。尽管他的例子大多数是有关运输与通讯的，但他认为同一规律将适用于所有物品和服务。在一篇题为《通行费》的文章（它收录在 1852—1853 年的法国《政治经济学词典》）中，他指出了需求曲线应当如何被建立的明确方向：

> 在一个二维表中，如果我们首先输入从对应于最大消费量的 0 价格到对应于所有消费都停止的价格之间的全部价格，然后再找出与这些价格相对应的消费量，我们便会得到我们称之为消费规律的那个东西的精确表述。

1844 年，即古诺的《关于财富理论的数学原理的研究》出版六年以后，杜普伊在一篇题为《论公共工程效用的测量》的文章中建立起这样一条需求曲线。

像古诺一样，杜普伊也把消费曲线的方程表述为 $y = f(x)$，或另一种写法，$Q_d = f(p)$。此外，杜普伊（像莱昂·瓦尔拉斯和其他经济学家后来所做的那样）将自变量，即价格，放在 x 轴，而将因变量即需求量放在 y 轴。现代的微观经济图形遵循阿尔弗雷德·马歇尔的做法，将两轴的标志颠倒过来，这是因为马歇尔将边际—需求价格视为需求量的函数的缘故（参见第 15 章）。杜普伊的模型被复制在图 12－5 中。杜普伊将他的理论建构描述如下：

> 如果……（我们假设）沿着直线 OP 线段长度 Op、Op'、Op''……代表某一种物品的各种价格，而垂直的高 pn、$p'n'$、$p''n''$……代表对应这些价格的对该物品的消费量，那么便可能建立一条曲线 $Nn'n''P$，我们称它为消费曲线。ON 代表当价格为零时的消费量，而 OP 代表当消费降为零时的价格（《论公共工程效用的测量》，p.106）。

很明显，这一曲线在概念上与图 12－4 中的曲线是相同的，也就是说，杜普伊的需求曲线是一条边际效用曲线。我们如果参考图 12－5 来体会杜普伊的这段话，"……np 量物品的效用至少等于 Op ……而对于其他几乎所有的数量，它们的效用将大于 Op，"就可以更清楚他的意思。

杜普伊所提炼的价格、边际效用和消费量之间的关系，在他看来是一个"已经得到统计验证"的"经验事实"。它是一种具有极大创新的理论，因为通过将需求曲线与效用联结起来，它创立了一种经济探索的新方法——福利经济学。特别是，杜普伊同意图 12－5 中的需求曲线下的总面积（OPN）代表该商品所产生的总效用。在某种价格例如 Op'' 上，消费者对某些数量商品愿意支付的将大于他们必须支付的。他们必须支付的量由图 12－5 中的面积 $Op''n''r''$ 来表示，它代表了厂商的收入（暂时不考虑其他的价格—数量组合）。在零成本情况下（即图 12－5 所描述的情况），面积 $Op''n''r''$ 也可以叫作"生产者剩余"或"生产者租金"。消费者愿意支付的数额超过他们必须支付的数额的量是面积 $p''n''P$，用杜普伊的话说，这是"消费者保留效用"，但是阿尔弗雷德·马歇尔重新将它命名为"消费者剩余"。杜普伊关于这些概念的数字例子（参见下面的部分）将说明它们的重要性，同时也将显示杜普伊在垄断和价格歧视方面的进展。

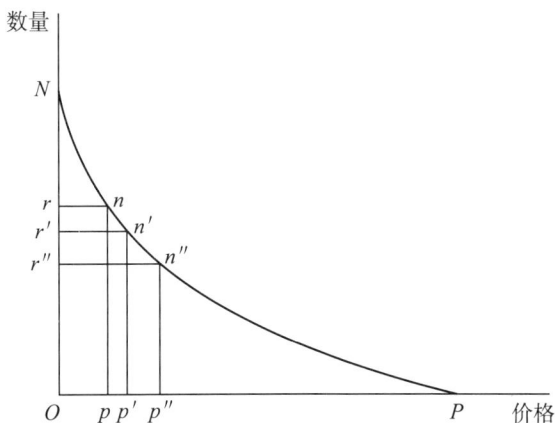

图 12－5 OPN 内的面积代表在给定需求曲线 PN 的情况下从一种商品获得的总效用。在价格 Op，消费者支付的量等于 $Ornp$，其得到的剩余效用为 nPp

□ 消费者剩余、垄断和歧视

在他的经济学写作的过程中，杜普伊曾被引导去考察造成垄断定价的一些因素。当时法国铁路公司的现存状况引起了他特别的兴趣，正如后来的经济学家所要表明的那样，他指出了"普通资本的利益是由供求规律支配的……而运输工具方面则是由垄断支配"。这样，一般地说，"交通方式"或运输形式是逃避竞争的避难所。

他通过将决定房租的经济原理与影响运输价格的原理做比较来阐明这一思想。根据杜普伊的观点，过高的房租不能持续很久，因为"如果人们知道房租的收入超过其他资本的租金，投机行为将迅速地使人们集中于房屋建设，因而均衡将被建立。"这样，进入和退出过程便防止了垄断租金在住房业长期存在，但是正如杜普伊所指出的，由于铁路行业所固有的某些因素，这种自由进入在该产业是被禁止的。首先，巨额的资本量使进入的可能性仅限于少数几个人。此外，由于第一个进入的企业是独一无二的，"新的企业只有在牺牲第一个企业的利益的情况下才能生存……对于一个厂商来说是充足的利润，对于两个厂商来说就不够了。"

杜普伊通过致力于研究像上面这种简单垄断者的行为原理，开辟了垄断研究的新领域。除了古诺之外（杜普伊并不知道他的著作），没有其他人做到这一点。他在讨论通行费和运输费对效用的影响时揭示了垄断利润最大化法则。表 12-1 是从他 1849 年的一篇文章中摘录出来的，它有助于说明杜普伊关于这个著名原理的早期概念。

表 12-1 垄断需求与效用计算

运费率	乘客数量	效用（法郎）	运费收入（法郎）总值	运费收入（法郎）净值
0	100	445	0	−200
1	80	425	80	−80
2	63	391	126	0
3	50	352	150	50
4	41	316	164	82
5	33	276	165	99
6	26	234	156	104
7	20	192	140	100
8	14	144	112	84
9	9	99	81	63
10	6	69	60	48
11	3	36	33	27
12	0	0	0	0

表 12-1 中给出了一个垄断的铁路可能向乘客收取的运费的资料。杜普伊在这里所考虑的是一个不受管制的垄断者自由索取价格以便实现利润最大化的情形。他

宣称："如果道路、桥梁或运河是私人财产，则所有者公司将只有一个目的，那就是从收费中获得尽可能大的收入。"因此，对于没有生产成本的垄断者来说，当他面对表 12-1 中的需求曲线时，为了实现利润或总收入最大化将把收费价格定在 5 法郎。杜普伊进一步假设"运输成本"为平均每个乘客 2 法郎，从而又将他的例子扩展到垄断者有生产成本的情况。这些运输成本可以被确认为可变成本，在这种情况下，正如杜普伊正确地指出的那样：

> 使净收入最大化的收费价格将与使总收入最大化的收费价格不一样。后者是 5 法郎，而前者是 6 法郎，并且收费价格将随成本无限制地增长。由此可知，当运输成本降低时，导致最大化收入的收费价格必然也将降低（《论通行费和运输费》，p.20）

杜普伊用净收入的语言正确地表述了利润最大化的原理，并且指出，如果运输的成本水平增加，实现利润最大化的收费价格也将增加，而产出将减少。此外，这里的净收入是指仅仅扣除可变成本以后的净收入。固定成本，像"某些管理费用、对项目建设支出应付的利息等"，在长期中也必须包括进来。因此，杜普伊的净收入像他（在无生产成本时）的总收入一样，不是长期利润。针对表 12-1，杜普伊说道，"如果固定成本超过 104 法郎并且只能够收取一个统一的价格，那么铁路将变成一个没有任何收入的赔本企业"。

除了利润最大化分析以外，杜普伊关于垄断的早期论述还包括了另一个重要的分析工具，它后来为马歇尔所使用。具体地说，两个人的探讨断定了在给定货币的边际效用不变的条件下（这是当然的），垄断收入与消费者剩余的关系。由于隐含地断定需求曲线与效用函数是同一的，杜普伊为他的铁路例子提供了一个效用计算（见表 12-1 的第 3 列）。在这种情况下，使净收入最大化的价格将是 6 法郎，此价格下产生的总效用（消费者剩余、生产者剩余以及成本）将是 234 法郎。

杜普伊认为，总效用总是分为三个部分：损失的效用、生产者剩余和消费者剩余。在 6 法郎的价格上，234 法郎的总效用被分为下述几部分：假定不存在固定成本，损失的效用等于 52 法郎，即总的可变运输成本（即 2 法郎×26 个乘客）；生产者剩余等同于 104 法郎的净收入；消费者剩余是其余的 78 法郎（即 234－52－104）。

如果我们暂时离开杜普伊的表述，假定固定成本正好等于 104 法郎，那么垄断的收入将消失。在短期，这归属于铁路所有者的 104 法郎具有固定资产投资所带来的经济租金的性质（即生产者剩余），但是正如杜普伊简洁地指出的那样，这些固定成本最终必定将为垄断者所补偿。这样，在假定固定成本是 104 法郎的情况下将不存在垄断收入。然而，消费者剩余是存在的，它等于 78 法郎。

□ 价格歧视与福利：数量分析

杜普伊认识到消费者剩余可以通过一个价格歧视政策而增加或减少。这些可能性显示在表 12-2 和表 12-3 中。表 12-2 利用了与表 12-1 同样的需求资料，但假设存在 110 法郎的固定成本。因而，一个明显的变化是这里将不存在可以实现利润最大化的单一价格，不过一个6法郎的价格将会使损失最小化。然而如果实行价格歧视，利润则是可能存在的。假设通过一些歧视手段可以令14个乘客支付8法郎的价格，而其余12个乘客继续支付6法郎。那么同样是这26个乘客，这时将产生184法郎的总收入和22法郎的利润。然而，消费者剩余将从78法郎下降到50法郎。

表12-3显示了这些结果和其他各种二元定价组合所产生的结果。例如，杜普伊使用二元价格（4，7）表明，消费者剩余这时是如何比实行单一价格下更高的。从表12-2我们知道，在4法郎的价格有41个乘客愿意买票。杜普伊假设可以从这组乘客中划分出20个人，他们愿意为其旅行支付7法郎的价格。在这种情况下，歧视将产生224［即(20×7)＋(21×4)］法郎的总收入。减去总成本192法郎，剩余的垄断者净收入为32法郎。消费者剩余是通过计算总效用与总收入的差额得到的，其值为92法郎。

表12-2 垄断需求、效用和成本

运费率	乘客数量	总效用（法郎）	成本（法郎）			收入（法郎）	
			可变成本	固定成本	总成本	总收入	净收入
0	100	445	200	110	310	0	−310
1	80	425	160	110	270	80	−190
2	63	391	126	110	236	126	−110
3	50	352	100	110	210	150	−60
4	41	316	82	110	192	164	−28
5	33	276	66	110	176	165	−9
6	26	234	52	110	162	156	−6
7	20	192	40	110	150	140	−10
8	14	144	28	110	138	112	−26
9	9	99	18	110	128	81	−47
10	6	69	12	110	122	60	−62

表12-3 两种运费率

	单一运费率	二元运费率				
	(6)	(6, 8)	(5, 10)	(4, 7)	(3, 7)	(2, 6)
乘客数量	26	(12, 14)	(27, 6)	(21, 20)	(30, 20)	(37, 26)
总效用（法郎）	234	234	276	316	352	391
总收入（法郎）	156	184	195	224	230	230
总成本（法郎）	162	162	176	192	210	236
净收入（法郎）	−6	22	19	32	20	−6
消费者剩余（法郎）	78	50	81	92	122	161

□ **歧视：杜普伊的图形**

杜普伊还用图形来表达这些思想。在图12-6中，假设OM是利润最大化的价

经济理论和方法史（第五版）

格。由图中需求曲线所表示的商品或服务所产生的效用将按照下列方式分配：垄断收入将等于面积 $OMTR$；消费者剩余（或用杜普伊的话说，是归属于消费者的效用）将等于面积 TMP；最后，损失的效用将等于三角形 RTN。

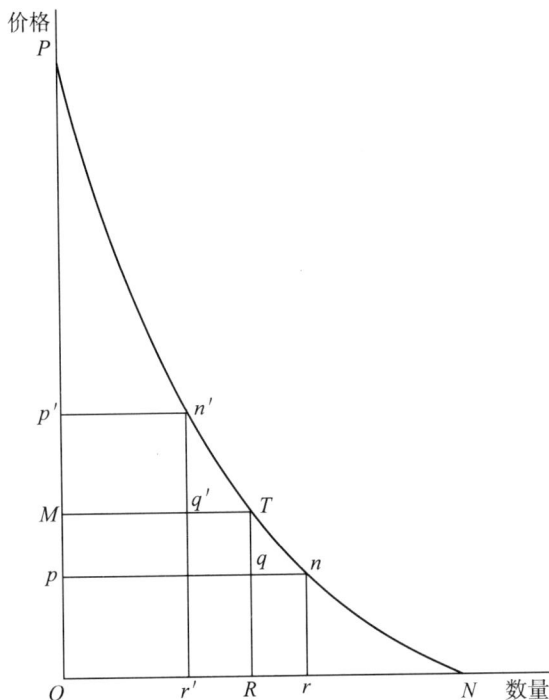

图 12-6　在价格 OM 以外，一个更低的价格 Op 将通过减少损失的效用而增大生产者的收入和消费者剩余。而一个更高的价格 Op' 则在增大生产者的收入的同时减少消费者剩余

在竞争条件下这种损失的效用将产生于资源的稀缺性。然而，由于杜普伊假设零生产成本，故而在他的例子中损失的效用只能被归因于垄断对产量的限制。杜普伊价格歧视理论的重要意义在于他表明了经济福利怎样可以通过差别定价而增加（即损失的效用可以被减少）。正如他针对图 12-6 所指出的：

> 当消费者可以被划分为几个类别（通过分隔市场或使产品或服务形成差别的方式）时，每一类别的消费者对于同一服务将享有不同的效用，这样，通过某种收费组合，有可能在增加运输通讯收费总值（它等于消费者剩余与垄断收入之和）的同时减少效用损失（《论公共工程效用的测量》，p.108）。

这样，如果面对图 12-6 中的需求曲线的垄断者能够通过价格歧视将其总销售量增加至 Or，总效用（消费者剩余与没有成本情况下的垄断收入之和）将等于面积 $OPnr$，它比 $OPTR$ 更大，其超过额为 $RTnr$。垄断收入的这种增加显然依赖于垄断者所能够建立并侵入的子市场数目。正如杜普伊正确地指出的：

> 如果你能从对应价格 Op 的 pn 个消费者中划分出 pq 的数量，使他们在价

格 OM 上消费，再从后者中划分出 Mq' 的数量，使他们在价格 Op' 上消费，并且通过结合使用各种手段能够迫使他们支付这些价格，那么总收入……将是三个矩形的面积 $Ornp + pqTM + Mq'n'p'$ 之和；消费者效用（消费者剩余）将等于三个三角形面积 $nqT + Tq'n' + n'p'P$ 之和；而效用损失仅仅是由于最低的价格造成的，它等于三角形 Nrn（《论公共工程效用的测量》，pp. 108 - 109）。

显而易见，在价格歧视下的垄断利润（假定无成本）将充分地大于在简单垄断价格 OM 下的垄断利润。具体来说，利润增加了 $Mp'n'q' + Rqnr$ 的量，尤其重要的是要注意，利润能够在不使产量超过简单垄断的产出水平 OR 的情况下而增加。换言之，价格歧视能够在不影响所产生的总效用的情况下影响福利的分配。不过杜普伊相信，价格歧视只有当它使产量超过了简单垄断体制的单一价格下的产量水平的时候才是理想的，因为只有在这时效用损失才能被减少。

在图 12 - 6 中，杜普伊知道如果只有一个市场在简单垄断价格下开放，而其他一个以上的市场则按照歧视价格运作，产量将增加。给定简单垄断的利润最大化价格 OM，当价格为 Op' 时的市场将随时开放。但是由价格 Rq 所表示的相对较弱的市场在简单的垄断价格 OM 下将不会被进入。在这里杜普伊实际上隐含地暗示，如果价格歧视能够允许垄断者进入他（她）在简单垄断价格下不愿进入的市场，产量将增加 Rr，这个暗示在经历了很多年以后才由 A. C. 庇古和琼·罗宾逊（Joan Robinson）给以科学的论述（参见第 19 章）。然而毫无疑问，杜普伊早在 1844 年即已开创了价格歧视下的产量分析的先河，它最终导致了罗宾逊在几乎一个世纪以后的熟练阐述。

□ 成本—收益分析：价格理论在公共物品上的早期应用

虽然杜普伊被普遍认为是从福利角度分析公共物品和公共工程最优供给量的第一位作家，但最近的研究证明，他仅仅是对这些问题感兴趣的诸多法国工程师—经济学家中的一个。举例来说，法国工程师约瑟夫·米纳德（Joseph Minard）和亨利·纳维耶（Henri Navier）早在杜普伊之前就曾研究过类似的问题。不过，杜普伊对于边际效用函数的发明使他能够极大地改进对于由政府提供的物品所具有的利益的估计，并且正是他的系统阐述激发了当代关于这些问题的研究。

杜普伊关于公共物品（高速公路、水利分布、公共运输等）供应的一般规则是，如果公共物品的价格表能够补偿这些物品一年的总成本并产生某种"净效用"，政府就应当提供这些物品。换言之，如果一个企业的边际年收入能够保证边际成本（包括资本成本）在规定的若干年间每年被补偿回来，就应当提供该产品。

杜普伊的最优供应理论可以用上面发展的价格歧视模型来说明。他对于歧视的分析在他关于定价技术的描述中是最具有一般性的。具体地说，他认识到，与私人垄断不同，公共垄断也许采取一种有约束的歧视政策。按照杜普伊的观点，在有关真实收入分配的社会决策中将会发现政府所有制存在的合理性。如果在实施一种服务或提供一种物品的过程中公共利益成为压倒一切的考虑，政府将按照使消费者剩余最大化的方式运营企业。虽然消费者剩余对于私人垄断者并不重要，但是它对于

285

密切关注收入分配的政府具有头等重要性。正如杜普伊指出的：

> 通过以各种方式变动价格或使价格差别化，总效用的三个部分按照此消彼长的方式可以采取不同的比例。

> 垄断的行为提出了一系列重要问题。……能够挣得最大可能的利润吗？此收入是一个固定的数吗？效用损失能被减少到最低水平吗？（《论通行费和运输费》，p.31）

政府将可能在完全成本约束下寻求消费者剩余最大化，杜普伊大概将此确认为一种配置标准。这个结果可以通过使用单一价格来实现，前面已经考察了几个有关单一价格的例子。然而，杜普伊也没有回避由政府经营的垄断所采取的一种价格歧视政策的价值。

建议政府垄断采取歧视政策的一个重要例子是表 12-3 所描述的假想的数例。首先，杜普伊给出了一个私人公司将采取的方案。在假设利润最大化的前提下，他写道："运费率（4，7）所产生的收入将决定性地高于其他收入，所以这是一个私人公司将采取的价格。"（然而要注意，这种利润最大化的二元运费率与简单垄断下的单一运费率 6 相比却导致了消费者剩余的改善；产量将增加，而平均（单一）价格也将下降。）不过，这种二元运费率并没有使消费者剩余最大化，如果政府接管该企业的所有权，某种不同的定价体系将可能被建立起来，从而增加消费者剩余。为考察这样一种政策以及它对消费者效用的影响，杜普伊针对表 12-3 指出：

> 运费率（2，6）将使效用（净效用或生产者剩余和消费者剩余）最大化，尽管它使铁路发生 6 个单位的亏损；但是这个亏损可以通过将第二级价格稍稍高于 2 而避免，这将使效用减至大约 260，乘客减至 60。这是政府将采取的运费率，因为它将补偿所有成本。由一个私人公司经营的铁路将仅能为 41 个乘客提供服务，给予他们 92 个单位的效用；如果由政府经营，将能为 60 个乘客提供服务，给予他们大约 160 单位的效用（《论通行费和运输费》，pp.22-23）。

这样，杜普伊的定价工具便为分析在各种产权和制度安排下歧视性垄断的后果提供了一个框架。他的由法国工程师中间经济的和经验的传统所培育出来的对于福利理论的早期和富有创造性的见识提供了一个必需的背景，正是在这一背景之上，现代经济学一个重要的和富有成效的领域被建立起来。清晰地阐明和应用效用原理，并表明在一个私人经济中，当竞争条件不是普遍存在时社会福利可以通过公共行动来增进，使得杜普伊无可争议地成为这一领域中的现代学说与实践的最重要的早期开拓者。

工程师与经济思想的跨学科培育

本章的资料显示，有关厂商的经济理论以及它的很多分析细节早在 1850 年以前就以惊人的力量发展，尤其是在法国。法国工程师所特有的天赋曾被阿尔弗雷德·马歇尔在他的《产业与贸易》（*Industry and Trade*，p. 117）中大加赞扬（参见第 15 章）：

> 法国人由于他们在工程方面的天赋特别适合经营某些大企业。从早期年间法国大教堂、城堡以及法国道路和运河的建设，便证明了他们高度的创造能力。法国大革命以后，工程师职业在法国被给予特别荣耀的地位：有才能的青年人普遍热衷于这一职业，在这方面也许没有任何一个国家能与法国相比。

确实，法国的制度有助于工程研究，为那些有才华的人提供了便利的训练机会。拿破仑作为国王，曾将法国的高等教育改革为二重体制：大学和大学院。后者一直延续至今，它是在有限的规模和范围内通过集中于严格的、职能化的和专门的训练而进行的高层次学习，只有最优秀的学生才能进入这里学习。

古诺和杜普伊都是大学院培养出来的，古诺是师范学院的毕业生，杜普伊是桥梁与道路学院的毕业生。通过学习数学、培养科学的严格性和改变知识机会，这些"经济学家"，即使不是凭其职业，也是在实际上开拓了现代厂商理论的许多重要方面，而这些领域恰恰是英国的传统所未曾涉猎的：诸如投资计划评估、固定成本和可变成本对定价决策的影响、产品差别的基本原理、成功的价格歧视的条件以及在不完全竞争市场中利润最大化行为的其他含义。

特别是在桥梁与道路学院，自从该校 1747 年建立以来形成了一种在经济探究方面既生动感人、又长篇大论的口头与书面表达的传统。到 19 世纪 30 年代，亨利·纳维耶（1785—1836 年）、约瑟夫·米纳德（1781—1870 年）和夏尔马涅·库尔图瓦（Charlemagne Courtois，1790—1863 年）在估价公共工程的过程中开始探测成本—收益分析的深度。他们以及像他们一样的其他土木工程师为杜普伊的开创性分析铺平了道路。不仅如此，大学院的影响还扩展到了国外。桥梁和道路学院有一项接收外国留学生的政策，在 1830 年入学的最有才华的学生之一是一个叫查尔斯·埃利特（Charles Ellet，1810—1862 年）的美国人，雅各布·瓦伊纳（Jacob Viner）曾把他视为"与古诺和杜普伊相并列的，用精确的语言建立垄断价格纯理论的先驱者"（《远见与短视》，p. 388）。此外还有其他人，诸如来自比利时的阿方斯·贝尔帕尔（Alphonse Belpaire）和来自奥地利的威廉·冯·诺德林（Wilhelm von Nördling），他们都对于铁路成本函数的统计设定和发现作出了贡献。

这种法国工程研究的传统在杜普伊以后增加了势头，并在埃米尔·谢松（Émile Cheysson，1836—1910 年）、勒内·塔韦尼耶（René Tavernier，1853—1932 年）和查尔斯·科尔森（Charles Colson，1853—1939 年）等人的著作中达到了新高度。但是，法国并不是将其强大的工程研究传统外溢到经济学的唯一国家。虽然关于德国传统的最初形成尚不清楚，然而一个实践家却在一个高水平上对经济理论作出了特别的贡献。冯·屠能和冯·曼戈尔特（von Mangoldt）在德国的继承者威廉·劳恩哈特（Wilhelm Launhardt，1832—1918 年），在汉诺威理工学院拥有一种与桥梁和道路学院中的教授相似的职位，在那里经济研究的焦点是公共物品的

287

供应。劳恩哈特的《经济学的数学原理》（*Mathematical Principles of Economics*，1885 年出版，1993 年被译成英文）涉猎交换的中心问题，它在很多方面建立在瓦尔拉斯早期分析的基础上（参见第 16 章），并在一些方面预见了马歇尔的理论（参见第 15 章）。《数学原理》全书的重点都放在了在实现总效用最大化方面竞争和垄断结果的比较上，这也是受到杜普伊开创性贡献的影响。

还应当指出，在英格兰，正如我们在第 14 章将要看到的那样，杰文斯的工作既受到狄奥尼修斯·拉德纳（Dionysius Lardner，1793—1859 年）工程师的启发，也受到他的影响。此外，他的著作也与弗莱明·詹金（1833—1885 年）的作品很相似。总之，19 世纪来自不同文化和国家的工程师敏锐地注意到某些经济问题，并积极地寻求解决这些问题。在 19 世纪，经济学的整个知识场景是既不狭隘也不短视的，尽管当时的"真理拥有者"总是不承认来自同行的贡献。孤岛性在很大程度上是经济理论进步的敌人。回顾本章的内容将有助于说明，经济学家一定会从工程师们的努力中受益，而反过来也是完全可能的。在追求知识过程中的专业化和分工并不比在研究有关生产的经济理论中少，这种专业化和分工具有明确的优势，但是这些优势也可能由于过度专业化和封闭思维而被冲淡。经济学家至少应该像其他领域的专家一样，必须警惕旨在不惜一切代价地保护他们自己领地的卑屈的努力。

工程师主要是实践家，他们每天都面对使问题付诸实施的必要性。由于在古典经济学中找不到他们所面对的问题的分析先例，法国工程师和他们在其他国家的同伴们便被激发去发明新的分析工具。可悲的是，由于他们的专业知识被经济学家在狭义上视为处于经济学"之外"，故而他们的贡献总是不能得到承认或应有评价。这便是古诺（他虽然不是一个工程师，却通过推理给出了一种工程师能够快捷地确认和使用的方法）和杜普伊在法国、伦哈特在德国的命运。这些作者的成就在拖延如此漫长的岁月以后才被承认这一事实向我们表明，必须保持警醒以防止知识上的傲慢与褊狭，如果忘记了这种警醒，我们将要受到总是以相当高的代价去重新发现早期已发现的真理的惩罚。

288

参考文献

Cournot, A. A. *Researches into the Mathematical Principles of the Theory of Wealth*, N. T. Bacon (trans.). New York: A. M. Kelley, Publishers, 1960 [1838].

——. *Principes de la théorie des richesses*. Paris: Librarie Hachette, 1863.

Dupuit, Jules. "On the Measurement of the Utility of Public Works", in R. H. Barback (trans.), *International Economic Papers*, no. 2. London: Macmillan, 1952, pp. 83 - 110[1844].

——. "On Tolls and Transport Charges", in E. Henderson (trans.), *International*

Economic Papers, no. 11. London: Macmillan, 1962, pp. 7 - 31[1849].

——. "Tolls", in Charles Coquelin(ed.), *Dictionnaire de l'économie politique*, vol. 11. Paris: Guillaumin, 1852 - 1853.

——. "On Utility and Its Measure", *Journal des Economistes*, 1 st ser. , vol. 35 (July-September 1853), pp. 1 - 27.

Marshall, Alfred. *Industry and Trade*, 3d ed. London: Macmillan, 1920.

Viner, Jacob. *The Long View and the Short : Studies in Economic Theory and Policy*. New York: Free Press, 1958.

第 13 章

德国和奥地利的微观经济学：门格尔、维塞尔与庞巴维克

19 世纪的德国经济学从字面意义上可以看作是德国本国人所作出的贡献，或者也可以看作是以德语表述自己思想的经济学家集体智慧的结晶。从文献意义上说，19 世纪顶尖的分析成就相对较少，但它们相当有创造性。几位关键的德国作家预见到了经济分析中的边际革命，其作品可与古诺、杜普伊相比肩。J. H. 冯·屠能、H. H. 戈森（H. H. Gossen）和 H. K. 冯·曼戈尔特贡献了一种具有丰富理论洞见的经济分析传统，但被德国历史学派轻视（见第 10 章）。由于 19 世纪后期，历史学派经济学家在德国的大学中占据统治地位，所以理论经济学的中心移到了奥地利，这是一个政治上与德国分离，但以共同的语言和文化与其形成兄弟邻邦的国家。

本章着重讲述共同创建维也纳学派的三位经济学家的经济思想。这一学派的奠基人是卡尔·门格尔（1840—1921 年），他的两位较为年轻但杰出的门生——弗里德里希·维塞尔（Friedrich Wieser，1851—1926 年）与欧根·庞巴维克（Eugen Böhm-Bawerk，1851—1914 年）——也参加了这项工作。他们共同建立了一种系统的经济分析方法，这种方法作为与主流（即英美）新古典经济学不同的思想一直流传到今天。他们的许多学生以及学生的学生成为 20 世纪杰出的经济学家，特别是约瑟夫·熊彼特、路德维希·冯·米塞斯（Ludwig von Mises）、弗里德里希·哈耶克（Friedrich Hayek）、弗里茨·马克卢普（Fritz Machlup）、戈特弗里德·哈伯勒（Gottfried Haberler）和奥斯卡·摩根斯特恩（见第 22 章）。

为了强调德国思想的连续性，我们首先考察其先驱者，这些人开辟了德国和奥地利理论经济学的发展道路。冯·屠能、戈森和冯·曼戈尔特的贡献构成了维也纳学派的分析背景。

□ J. H. 冯·屠能

约翰·海因里希·冯·屠能（1783—1850 年）是一个成功的农场主，也是一个睿智的理论家，他独自在位于德国梅克伦堡的农庄里工作。同有史以来的少数几个经济学家一样，他理解理论与事实之间的正确关系——这是科学研究的标志。正是其思想的这一特点使他受到阿尔弗雷德·马歇尔的钟爱（见第 15 章），马歇尔曾声称："对他的热爱胜过我的所有老师"（《阿尔弗雷德·马歇尔回忆录》，p. 360）。马歇尔从冯·屠能那里学到的教益之一，是如何应用令各种形式的支出达到使最后一单位的产品等于其成本这一原理：只有当资源被等边际地配置时，总产量才会实现最大化。

现代经济理论中的许多重要的、独到的预见，如经济租金、收益递减、机会成本等概念以及关于工资的边际生产力理论，都归功于冯·屠能。然而除此之外，他还是区位经济理论的开创者，所以我们将主要在区位理论的框架中考察他对边际分析的贡献。

像李嘉图一样，冯·屠能也认识到由于使用不同质量的地块而导致农产品生产成本的差别。但李嘉图集中考察土壤肥沃程度的差别，而冯·屠能则着重分析地块位置（即距中心销售点的距离）的差别。同时，他也认识到，体积相对庞大而价值相对较小的产品的运输成本要比那些体积相对较小而价值相对较大的产品的运输成本高，而且一些农产品由于其易腐性而不能在运送过程中保存较长时间。

因此，问题就在于设计一种最好的（最有利可图的）土地利用体制。冯·屠能的解决方案是如此谨慎地给出的，以至使他当之无愧地获得经济学中的"区位理论之父"的殊荣。他的论点以一种理论架构或模型来表达，具有以下特点。一个大城市（市场）位于一片肥沃平原的中心，这个平原既没有运河也没有适合航行的河流，唯一的运输工具是马车或类似的交通工具。平原内所有的土地具有相同的肥沃程度，地块之间没有生产方面的其他比较优势。在距城市相当遥远之处，即平原的边缘，是不可耕作的荒地。城市从平原获取农产品，向平原的居民供给制成品。不存在与外部世界的贸易。

由梅尔文·格林赫特（Melvin Greenhut）开发的模型表明，当知道生产成本和运输成本时，两种相互竞争的作物的生产边界是怎样决定的。图 13－1 中，一方面，假设 O 是位于均质平原中间的中心市场，OA 是生产价值 1 美元的土豆的成本，$A'S$ 是把土豆运输 OJ 英里所需要的成本。与此类似，$A''T$ 和 OK 代表相反方向的同

293

样的成本和距离。AS 和 AT 表明随着距 O 点距离的增加，运输成本（和总成本）也逐渐增加。另一方面，OB 代表生产价值 1 美元的小麦的成本，$B'M$（$B''N$）代表相对于 OX'（OX）距离所需的运输成本。假定土豆的货运价格高于小麦，因为前者每英亩产量的体积要大于后者。

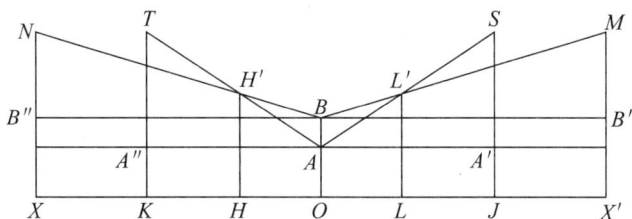

图 13-1 L 点以东和 H 点以西，价值 1 美元的土豆的运输成本（AS 或 AT）超过价值 1 美元的小麦的运输成本（BM 或 BN）。所以，土豆生产者将位于 OL 和 OH 区域，而小麦将种植在 LX' 和 HX 区域

冯·屠能关于统一、均质土地的假设，意味着劳动与资本在所有的位置都具有相同的生产率，而且每英亩产出的生产成本在每一个地方都是相同的。从图 13-1 可以看出，超过距离 OL，价值 1 美元的土豆的运送成本（成本线 AS）将超过价值 1 美元的小麦的运送成本（成本线 BM）。所以，土豆生产者倾向于定位在 L 以西和 H 以东，而小麦生产者倾向于定位在 L 以东和 H 以西。

进而，如果运输成本在每一个方向上都是相同的，OL 就成为一个圆的半径，在这个圆之内会进行土豆生产。换句话说，冯·屠能的模型为我们提供了孤立国内部每种作物成本最低的位置，也说明了等边际配置的原理。资源应当配置到使土豆生产达到一点，在这一点上，生产价值 1 美元的土豆的成本等于生产价值 1 美元的小麦的成本。最后，该模型可以推广到包括两种以上的作物。

冯·屠能的理论研究的是区位分析中的古典问题，即生产者在一个为处在中心点的消费者服务的地区中的位置问题。尽管其假设是严格的，但仍然标志着区位分析和数理经济学方面意义深远的开端。此外，格林赫特已经表明，这种分析不只限于农业区位，而且也能适用于制造业的区位决策。

□ H. H. 戈森

第一位以边际原理为基础发展出完整的消费理论的作家是赫尔曼·海因里希·戈森（1810—1858 年），他也是一位土生土长的德国人。他曾在普鲁士政府担任税务官，但在 1854 年写作他的伟大著作《人类交换规律与人类行为准则的发展》（*Development of the Laws of Human Relation Ships and Rules to Be Derived There from for Human Action*）之前就已经从这一职位上引退。尽管戈森对此书有很高的预期，但它几乎没有被人注意到。在痛苦的失望之中，戈森从出版商（该出版商只是被授权出版该书）手中收回了所有未售出的存书，并且销毁。不久之后戈森遭受了肺结核的折磨，并于 1858 年去世，他确信其思想尽管是独创的、富有价值的，但绝不会给他带来荣誉。一个为理论经济学作出了极大贡献但比开拓者古诺更不被人承认的悲剧人生就这样结束了。

从技术上来说，戈森的工作与杜普伊、杰文斯、瓦尔拉斯的工作是一致的，而且在略为缩小一点儿的范围内，与门格尔的工作也是一致的。然而与其他人相比（杰文斯可能是个例外），戈森的经济学似乎从根本上是要将边沁的快乐计算（hedonic calculus）数学化。戈森把经济学看作是关于作为个体和集体的人如何以最小痛苦来实现最大快乐的理论。他坚决主张数学方法是处理经济关系的唯一正确的方法，并且在其著作中始终应用这一方法来决定最大量和最小量。

戈森的著作由篇幅大体相同的两部分组成。第一部分为纯理论，它因较早地明确表达了以戈森名字命名的两个定律而吸引了人们大多数（迟来）的注意。戈森第一定律系统阐述了边际效用递减原理，并且给出了图形表达。其第二定律描述了效用最大化的条件：为了最大化某种给定数量的商品的效用，必须以使每种用途的边际效用都相等的方式把这种商品分成不同的用途。戈森的交换规律（伴以复杂的几何表达）和地租理论也出现在其著作的第一部分。其著作的第二部分为应用理论，包括"关于欲望和快乐的行为法则"以及对有关教育、财产、货币和信用的若干"社会错误"的反驳。从哲学的角度看，戈森是一位效用主义者，也是古典自由主义者，也就是说，他反对政府干预，特别是在个人的创造性和自由竞争足以作为经济秩序指导原则的情况下，更是如此。

对戈森著作的忽视对于经济理论的进步来说是一种挫折。1879年，他被杰文斯重新发现，不过这已是在杰文斯、门格尔、瓦尔拉斯提出经济学中同样重要的独立发现之后的事了。当然，在戈森之前也有对主观价值论和边际原理的重要贡献（如杜普伊的贡献就早出现了10年），但在1870年以前，没有一个人的工作能够赶上戈森的思想。他因其作品被忽视而产生痛苦的失望是可以理解的，但也应该注意到，戈森几乎像孩子一样天真。他开门见山地宣称其作品对经济学的贡献就像哥白尼对天文学的贡献一样，这在某种程度上有些自命不凡，不过莱昂·瓦尔拉斯仍然认为这是低调的（见第16章）。但我们也必须记住瓦尔拉斯自己在得到提名却没有获得诺贝尔和平奖后所表现出的失望。至于戈森，或许对其个人悲剧来说最可宽慰的是，未来站在了他那一边。

□ H. K. 冯·曼戈尔特

与冯·屠能和戈森不同，汉斯·卡尔·埃米尔·冯·曼戈尔特（1824—1868年）是在学院的基础上进行研究。1847年从图宾根大学获得博士学位后，他曾在罗雪尔的指导之下在莱比锡大学进行了两年的学术研究，并且与乔治·汉森（Georg Hanssen）[①] 一起在哥廷根大学进行过短期研究。在此期间他曾从事过新闻职业，由于其自由主义信仰而又于1854年被迫放弃。曼戈尔特获准以其第一部著作为基

---

① 乔治·汉森（1809—1894年）在哥廷根大学获得一份教职，在那里他基本上以其经验研究而闻名，但他为使冯·屠能的著作引起关注也做了很多工作。

础进行授课，该书研究企业家的利润，于 1855 年出版。7 年之后，他被推选接替弗莱堡大学卡尔·克尼斯空出的教授职位。1863 年，他出版了第二部著作《经济学大纲》（*Outline of Economics*，下文简称《大纲》），这源自曼戈尔特授课笔记的一本小册子，但包含了一些相当独到的理论创新，T. W. 哈奇森（T. W. Hutchison）称之为"马歇尔《经济学原理》的远房未成年表亲"（《经济学说评论》，p. 134）。

冯·曼戈尔特的理论工作可以分为两部分。如同我们已指出的，他的第一部著 ₂₉₆ 作（1855 年）发展了利润以及企业家作用的理论。该书显示出罗雪尔和冯·屠能（通过汉森）的双重影响。大概是部分地受到社会主义挑战的启示，使冯·曼戈尔特对要素报酬如何分配的问题给予了新的考察。冯·曼戈尔特是少数几个将企业家和资本家区分开，以及将企业家的利润与承担风险相联系的早期作家之一。特别是，他认为企业家的利润的独特性质就在于它是一系列活动的报酬，这些活动包括发现特殊市场、雇佣能干的员工、在适当的规模上对生产要素进行高超组合、成功的销售政策以及（最后所分析的）创新。弗兰克·奈特（Frank Knight）发现冯·曼戈尔特的利润理论是"最精心、最详尽的分析"（《风险、不确定性与利润》，p. 27）。

冯·曼戈尔特的理论工作的第二部分（《大纲》）由以一种奇怪的含糊观点对经济理论的主要部分进行重新加工构成，这是古典和新古典分析的某些方面的结合。尽管有这种含糊性，但考虑到穆勒的《原理》代表了在冯·曼戈尔特时代经济学这一学科的发展水平的事实，曼戈尔特所作出的各种独创性贡献还是给人相当深刻的印象，其中包括"马歇尔"式的供给—需求分析、弹性与规模经济概念的萌芽、多重均衡的讨论、冯·屠能（边际生产力）分配原理的一般化（特别是租金的一般概念）以及在联合供给和需求条件下价格形成的图形分析。冯·曼戈尔特的主观价值论必须列入 1871 年以前规模虽小但不断增长的这类分析之中，但是主观观点并没有像奥地利学派后来的作品那样充斥其理论分析。

本节的目的并不在于把冯·屠能、戈森和冯·曼戈尔特与奥地利学派在某种明显的意义上联系起来，而仅仅在于说明 19 世纪日耳曼人经济思想的深度和广度。从这个意义上说，这是为正确评价奥地利人的贡献而做的准备。当然，我们也希望大家注意，对早期德国理论家所做贡献的回顾，为阿尔弗雷德·马歇尔的下述论断赋予了新的力量和含义，即"这个（19）世纪欧洲大陆最重要的经济理论工作是由德国人做的"（《原理》，p. 66）。

■ 卡尔·门格尔（1840—1921 年）

门格尔生平的基本细节可以简单地勾勒出来。1840 年，门格尔出生于加利西亚，这个地方后来成为奥地利的一部分，他生长在一个奥地利公务员和军官家庭。门格尔曾在布拉格大学和维也纳大学学习法律，1867 年，也许是出于对股票市场价格的兴趣（有一段时间，他曾作为记者为维也纳的报纸报道股票市场），他转学经济学。1871年，门格尔出版了他精心写就的《原理》（*Grundsätze*，译作《经济学原理》），立刻声名远扬。之后，他得到了维也纳大学的一个职位，在那里一直待到1903年退休，在1876—1878年间他还曾担任鲁道夫王储的家庭教师。

乍看起来，门格尔是那种虔诚、单纯的学者的典范，但事实上他是一场真正的理论革命的领袖，是一个思想流派的奠基人，也同样是一位杰出的挑战他所认为过度泛滥的德国历史主义的斗士。

在他的最后一个角色中，门格尔是与历史学派经济学家古斯塔夫·施莫勒（见第10章）进行方法论之争的主角。1883年，通过攻击施莫勒（《关于社会科学与经济学方法论的研究》），以及捍卫着重研究经济学的主观和原子论性质的奥地利经济学方法，门格尔获得了一定的声誉。通过强调至关重要的主观因素，门格尔捍卫了经济学得以建立的基础——自利、效用最大化和完全知识。他认为，总体的、集体的思想如果不具有坚实的个人行为基础，就是无用的。

施莫勒为历史方法辩护，认为这是分析社会机体的唯一方法。按照施莫勒的观点，奥地利经济学家集中考察有约束条件下的个人行为，偏离了最重要的问题——动态的制度。最后，争论变成人身攻击，结果毫无意义。施莫勒及其追随者（似乎有效地）在德国大学中排挤了奥地利教授，这种情况在德国培养出自己一流的理论家之前持续了很长一段时间。然而，门格尔的《原理》[①] 的持久影响以及他所感召的门生们的努力，逐步回击了历史学派经济学家的批评，最后，争论以奥地利经济学家的胜利而告终。奥地利经济学在英国也赢得了支持者（威廉·斯马特（William Smart）和詹姆斯·博纳（James Bonar）），主观效用分析的原理最终赢得胜利。我们现在就转而分析奥地利理论的核心——门格尔的《原理》（本节全部引文出自该书）。

□ 门格尔和经济人

门格尔以对物品的冗长、系统的讨论开始其对价值理论的研究。他将物品与其所称的"有用的东西"相区别。一种东西要具备物品的性质，必须同时满足4个条件：(1) 它必须能够满足人的需要；(2) 它必须具有建立自身与欲望满足间的因果联系的各种特性；(3) 人们必须认识到这种因果联系；(4) 必须支配足够的这种物品来使它满足需要。如果这些条件中有一条得不到满足，那么某人拥有的只是一种有用的东西，但并不是市场意义上的商品。

门格尔也区分了物品的级别。第一级物品具有直接满足人类需要的能力，而高级物品（资本、生产物品）从它们生产低级物品的能力当中获得了物品的性质。高级物品只能间接地满足人类需要，正如门格尔以面包生产为例所指出的，"通过技术熟练的面包师的特殊劳动服务，或者面包烤制器具，抑或甚至是一定量的普通面

---

① 具有讽刺意味的是，门格尔把他的《原理》一书献给老历史学派的创始人威廉·罗雪尔。正如第10章中所指出的，罗雪尔对经济理论的批评远不如施莫勒那样极端。

粉，究竟是何种人类需要能够得到满足？"（pp. 56 – 57）

为了进一步陈述决定物品性质的法则，门格尔强调了高级物品的互补性。高级物品对需要的满足要求支配高级的补充物品。例如，除发酵粉外，某人可能拥有他或她生产面包所需要的所有原料。结果，其他高级物品都丧失了物品性质。（如果这些东西可以用在许多商品的生产中，那么它们就不会由于缺乏发酵粉而丧失物品性质。）

门格尔以烟草为例说明了第一级物品与高级物品之间的因果联系。他假定人们对烟草的需求消失了。根据门格尔的论述：

> 作为嗜好变化的结果，如果对烟草的需要完全消失了，第一个结果就是手中所有烟草制成品的储备都将丧失其物品性质。进而，烟叶原料、机器、工具、只能在烟草生产中使用的器具、在烟草制品的生产中所使用的特殊劳动服务、尚可使用的烟草种子储备等都将丧失其物品性质。在诸如古巴、马尼拉、波多黎各和哈瓦那等地，那些目前精于评级和买卖烟草的收入颇丰的代理商的劳务，以及在欧洲和其他遥远的国度中，许许多多受雇于雪茄生产厂家的人的特殊劳动服务，也都将不再是物品（p. 65）。

正是这种因果联系，即关于第一级物品的价值（和物品属性）转移或归与到高级物品的见解，成为奥地利经济学的典型代表。门格尔也强调了我们消费的所有商品都具有一种基本的互补性和依存性。正如我们即将看到的，门格尔反复强调的关于消费的这种互补性，也延伸至奥地利经济学的生产理论。

□ 经济物品与定价过程

在对物品进行了非常详尽的分析之后，门格尔在可利用的供给和需求的知识基础上，开始说明人们如何将可利用的商品数量导向最大可能的满足。按照门格尔的观点，人类经济的起源与经济物品的起源是一致的。经济物品定义为那些对其需要大于可利用的供给的物品，与此相反，非经济物品定义为供给超过需要的物品，如空气或水。而且，门格尔此处提出了一个有趣的论点，即财产的基础是对经济物品的所有权的保护（与此相反，共产主义建立在非经济联系的基础上）。当然，在物品中并不存在使之成为经济或非经济物品的属性，其性质可随供给或需求的变化而变化。

按照门格尔的观点，如果经济人认识到对其某种需要的满足（或使其满足的完整性更高或更低）依赖于他们对该物品的支配，那么我们就说该物品具有价值。效用是某物满足人类需要的能力，而且是——如果这种效用为大家所承认——物品属性的先决条件。门格尔谨慎地指出，非经济物品也可能具有效用，因为关于用途与需要（例如，人对空气或水的需要）间的主观评价与特定的数量有关；使用价值只是经济物品的一个特性，因为它预先假定了稀缺性。

门格尔的划分使人想起斯密的水与钻石悖论。人们会记起斯密曾被水具有如此大的使用价值却没有交换价值、而钻石实际上没有使用价值却非常昂贵的事实所迷惑。门格尔指出，水和钻石都无可争议地具有效用，差别在于相对于需求而言，钻石是稀缺的。再者，对水的用途和需要间的主观评价与其特定的数量无关，所以水不能具有使用价值。使用价值预先假定了稀缺性，而只有经济物品才具有使用价值。

□ 等边际原理

299

虽然在这个问题上戈森要早于门格尔，但门格尔提出了一种最早的有关福利最大化的等边际原理的清晰讨论。他首先强调，对人们来说，满足具有不同程度的重要性：

> 维持生命既不依赖于拥有一张舒适的床，也不依赖于拥有一副棋盘，但对这些商品的使用确实在不同程度上对我们福利的增加作出了贡献。因此，无可置疑，当人们在没有一张舒适的床和没有一副棋盘间作出选择时，他们更乐于放弃后者，而不愿放弃前者（p.123）。

这就是一个经济人的定价过程中的主观因素，即由于这种因素使得不同的满足具有不同程度的重要性。门格尔也强调了在同一种类的商品中，满足的重要性也可能发生变化。其要点是，人们在满足不太迫切的需要之前，将努力去首先满足更为迫切的需要，但他们将把更为迫切的欲望的更为充分的满足，与不太迫切的欲望的较少的满足组合起来。

门格尔利用表13-1中所给出的数字说明了他的理论。罗马数字表示欲望的10个级别，代表下降的次序，因此欲望Ⅲ不如欲望Ⅱ迫切，欲望Ⅳ又次于欲望Ⅲ，依此类推。门格尔假定个人能够对各种满足进行排列，并给它们规定指数（基数排列）。所以，这个人可以说，对第一单位的商品Ⅰ（如食品）的消费可获得10单位的满足，而对第一单位的商品Ⅴ（如烟草）的消费只获得6单位的满足。假设从消费两种商品，比如商品Ⅳ和商品Ⅶ（或任何其他两种商品），所获得的满足是相互独立的。而且，为获得这些数量的这10种商品，须使用其他一些资源（商品Ⅰ到Ⅹ之外的），每种商品的追加单位量可以用这种资源相等的支出来获得（为简便起见，我们把这种其他资源称为"货币"，而且假定所有商品的单位价格为1美元）。

表 13 - 1　　　　　　　　　　　　　　　　　　**价值理论**

Ⅰ	Ⅱ	Ⅲ	Ⅳ	Ⅴ	Ⅵ	Ⅶ	Ⅷ	Ⅸ	Ⅹ
10	9	8	7	6	5	4	3	2	1
9	8	7	6	5	4	3	2	1	0
8	7	6	5	4	3	2	1	0	
7	6	5	4	3	2	1	0		
6	5	4	3	2	1	0			
5	4	3	2	1	0				
4	3	2	1	0					
3	2	1	0						
2	1	0							
1	0								
0									

按照门格尔的看法，一个经济人将按照以下的方式来行事。如果某人拥有总数为 3 美元的稀缺手段，并且把它全部花费在具有最高重要性的商品 I 上，他或她将获得 27 单位（即 10＋9＋8）的满足。然而，这个人也将寻求从商品 I 和商品 II 中获得满足的组合。通过购买 2 单位的商品 I 和 1 单位的商品 II，这个人会获得 28 单位（即 10＋9＋9）的满足。假如他或她拥有 15 美元，这个人将会这样配置支出，在边际上，从商品 I 到商品 V 中获得的满足都恰好等于 6，这在表 13 - 1 中可以很容易地得到验证。① 因此，门格尔建立了一种等边际原理，即给定稀缺手段（在我们的例子中是美元），个人将会安排他或她的各种消费，使得处在边际上的满足都相等。门格尔的经济人通过这种行为来使得总满足实现最大化。门格尔从反面证明了不重要的东西的重要性。

> 因此，在每一个具体的场合，在由一个经济人可以支配的某种商品的全部数量所决定的全部满足中，只有那些对他来说重要性最小的满足依赖于全部数量的给定部分的可利用性。所以，对这个人来说，商品的全部可用数量的任何部分的价值，等于那些由全部数量所保证和每一相等比例的产品都能实现的满足中重要性最小的满足对于他的重要程度（p. 132）。

所以，正是从给定存量的商品中所获得的最不迫切的满足决定了该商品的价值。例如，设想某人有给定数量的水可供使用。他或她把这些数量的水用在许多用途上，从最迫切的（维持生命）到最不迫切的（浇灌其花园）。在这种情况下，水的任何部分的价值决定因素是主观的，这就是其最不重要的用途——浇灌花园。当然，这种商品的任何给定部分都可以代表任何其他部分。

在扩展价值理论的同时，门格尔也考虑到物品质量的差别对其价值的影响。而且，像杰文斯一样，他也提出了交换及其限制的理论，他总结道，在某些场合，"如果 A 所支配的某一数量的物品转移给 B，而 B 所支配的某一数量的物品转移给 A，那么与没有这种互惠交换的情况相比，两个经济人的需要都能更好地得到满足"（pp. 177 - 178）。由于不使用数学表达式，他关于孤立交换的例子是冗长的，而且常常是烦琐的。另外，门格尔分析了竞争和垄断结构对价格的影响。类似于杰文斯，但与杜普伊不同，他并没有将效用（用门格尔的术语即满足）与需求曲线联系起来。所以，同杰文斯一样，他忽视了消费者剩余。然而对门格尔对效用和价值理论的全部贡献所做的概览，显示了其在问题的广度和阐释方面清晰的独创性贡献。门格尔的生产理论中也有鲜明的独创性。

□ 归与和要素价值

门格尔的一个最有趣且最重要的贡献与他为生产性资源或他所说的高级物品的价值决定所做的努力有关。在讨论消费物品时，门格尔把机会成本放在其分析的中

---

① 读者可能会想，假如这个经济人拥有 16 美元而不是 15 美元，他或她将会怎样做。对从商品 I 到商品 VI 的额外单位的另外 1 美元的支出，将只能获得 5 单位的满足，这样处于边际上的满足将不等。除非所有商品的单位都是无限可分的（一种数学上的连续性假定），否则这个人将会处于非均衡状态。这种结果是门格尔的离散次序所导致的。

心位置。他说，对于某人，某一特定物品的价值等于"他对于它所带来的满足所赋予的重要性，如果不拥有这一物品，他将不得不放弃这种满足"（p. 162）。同样的原理也可以扩展到高级物品的定价中。门格尔用思想实验的方法解决这个问题。

假设用给定数量的劳动、资本和土地组合生产某种产出（x）。那么，任何单位的生产性资源——如 1 单位劳动——的价值依赖于什么？1 单位劳动的价值由可归于这 1 单位劳动的最终产出的减少所导致的满足的净损失所决定。当然，产出的减少依赖于这种生产性资源可替代的程度。生产性联系通常可以分为两类：（1）可变比例，为生产一种给定的产出，不同高级物品的比例是可以改变的；（2）固定比例，为生产一种给定的产出，一种资源的固定数量必须与另一种资源的固定数量相结合。前者的一个例子可以是，改变肥料与土地的比例以生产一种给定数量的农产品的能力；固定比例关系可以由以固定比例的氢和氧来生产水的例子代表。门格尔清楚地理解两种生产性联系的重要性以及它们对高级物品定价的意义，而且与维塞尔和庞巴维克不同，门格尔强调比例可以在非常宽的范围内变化。

回到我们的例子，门格尔如何为 1 单位劳动定价？他给出了一个明确的方向：

> 假定在每一种情况下，所有可利用的高级物品都以最经济的方式使用，那么一种具体数量的高级物品的价值，等于当我们占有给定数量的这种要决定其价值的高级物品所能获得的满足与如果我们不能占有这些数量时所能得到的满足之间的重要性之差（pp. 164 - 165）。

在可变比例的情形中，减少 1 单位的劳动 a 意味着产出量 $x(x^0)$ 将会减少到某个水平，如 x^1。剩余的劳动、资本和土地仍旧生产 x。那么，单位劳动的价值将是生产 x^0 时所获得的总满足与生产 x^1 时所获得的总满足之差（或 $x^0 - x^1$）。门格尔的理论也许具有投入定价的边际价值生产力理论的特征。

但如果生产性联系以严格固定的比例来安排，减少 1 单位的劳动意味着不会有 x 生产出来。那么，1 单位劳动（或任何其他投入）的价值将是 x 的全部产出吗？假定资源起先被组合生产商品以获得最大满足，那么对剩余劳动、资本和土地的重新组合将生产一种不同的商品，如 y，但是这将会导致总满足的降低。所以，门格尔推论，1 单位劳动的价值将是该单位的劳动用于生产 $x(x^0)$ 时的总满足与除该单位劳动外的所有资源都用于生产某种其他商品 y 时的总满足之差。遗憾的是，在这种情况下发展出一个边际生产力的概念是困难的，而且维塞尔和庞巴维克几乎都忽视了门格尔关于可变比例的适用性的明确主张。然而，正如我们将要看到的，维塞尔用不同的效应解决了同样的问题。

弗里德里希·冯·维塞尔（1851—1926 年）

1851 年，弗里德里希·冯·维塞尔出生于维也纳的一个贵族家庭。17 岁时进

经济理论和方法史（第五版）

入维也纳大学学习法律。在 1872 年毕业之后，维塞尔在政府部门短暂地工作过一段时间，但对学术的强烈兴趣使他再次回到学校，这一次是学习经济学。在接受一笔旅行资助后，他和少年时代的好友（后来成为他的内弟）——欧根·冯·庞巴维克一道，去海德堡大学（在卡尔·克尼斯的指导下）、耶拿大学和莱比锡大学学习经济学。维塞尔深受门格尔《经济学原理》的影响，写了一篇关于价值问题的研究论文，这篇文章成为其以后思想的基础。1884 年，他被任命为布拉格德语大学经济学教授。1903 年，维塞尔继承了门格尔在维也纳大学的职位。1917 年出任商务部部长，但后来（由于奥匈帝国的瓦解）又重新回到学校教学。维塞尔才学广博，写下了大量论及多种主题的作品，而且在自己的家中组织了艺术和知识分子间交流的论坛（他是一位超级歌剧迷），以此来保持自己广泛的兴趣。

维塞尔最重要的理论著作是《自然价值》（*Natural Value*），于 1889 年在维也纳出版，该书继续发展了门格尔提出的问题。在第二部著作《社会经济学》（*Social Economics*）中，他将经济理论与制度分析熔于一炉，显示出他后来对社会学的兴趣。他的伟大的社会学论著，也是最后一部作品——《权利法则》（*Das Gesetz der Macht*，1926 年），对多种社会组织进行了详尽的分析。尽管维塞尔具有几乎不可思议的广泛兴趣，但其主要兴趣还是在于经济学，他主要以对门格尔的效用、价值和投入—产出定价等思想的扩展而闻名于世。然而，他对纯理论观点的强调，遮蔽了对他后期关于经济学和制度相互关系的创造性著作的兴趣。所以，以下讨论将试图兼顾维塞尔理论贡献的这两个方面的特点。我们首先来讨论《自然价值》中的一些主要理论观点（本节全部引文出自该书）。

□ 价值理论

尽管门格尔和他的学生都有同样的思想，但是维塞尔创造了"边际效用"这一术语。维塞尔对价值的一般规律的基本论述扩展了门格尔的早期模型。利用以下算术例证，维塞尔解释了这一规律：

（Ⅰ）商品	0	1	2	3	4	5	6	7	8	9	10	11
（Ⅱ）价格	0	10	9	8	7	6	5	4	3	2	1	0
（Ⅲ）总效用	0	10	19	27	34	40	45	49	52	54	55	55
（Ⅳ）总价值	0	10	18	24	28	30	30	28	24	18	10	0
（Ⅴ）总效用减总价值	0	0	1	3	6	10	15	21	28	36	45	55

上升部分　　　　　　下降部分

第一行描述了以第二行所列的各种价格（维塞尔把这些价格称为"价值单位"）所购买的商品数量。消费不同数量的商品所获得的总效用由价值单位连续相加而得。例如，当某人消费 2 单位的商品时，所获得的总快乐为 19 单位效用，这是 1 单位商品的效用 10 与另一单位商品的效用 9 之和。若增加消费第三单位的商品，所增加的边际效用为 8，因而总效用为 27 单位。请注意，维塞尔同早先的杜普伊一样，把商品的价格（或价值单位）等同于它所带来的边际效用。

例子中的第Ⅳ行表示总价值或总收益的数量，由商品数量乘以其价格决定（即第Ⅰ行乘以第Ⅱ行）。给定具有负斜率的需求函数，总收益首先上升，达到最高点，然后开始下降。第Ⅴ行表示由于商品无差异而产生的价值损失，这是总效用与总收益之差。门格尔曾指出，正是对最后一单位商品存量的使用代表了任何单位的同质存量的价值。维塞尔现在指出，存量商品总价值的增加要低于为商品的额外单位所付的价格。例如，在增加第二单位的商品存量时，这个人的总效用增加了9个单位，但是现在所有单位的定价均为9。维塞尔推论道，由于是边际单位表示商品对于消费者的价值，他或她将不愿意为所有单位的商品支付超过9的价格。此外，在竞争性市场中，同质商品只存在一种价格。因此，只要总效用的额外增加超过额外损失，总收益就会增加。维塞尔把这种情形（在其数字例子中，购买商品量从0到5）称之为价值的"提高"（或上升）部分，与此相反的情形称之为价值的"降低"（或下降）部分。

　　价值的矛盾：图示　尽管维塞尔并没有使用图形模型，但简单的图形模型可以说明这些基本的但至关重要的论点。图13-2a描绘了总收益和总效用，而图13-2b描绘了相应的需求、边际收益和边际效用函数。当消费量在0到x之间逐步增加时，总收益和总效用都会上升，边际收益为正（但正在递减）。这些变动表现了价值提高的特点。超过数量x，总效用继续上升，因为边际效用仍为正，但总收益开始递减（边际收益为负）。[①]

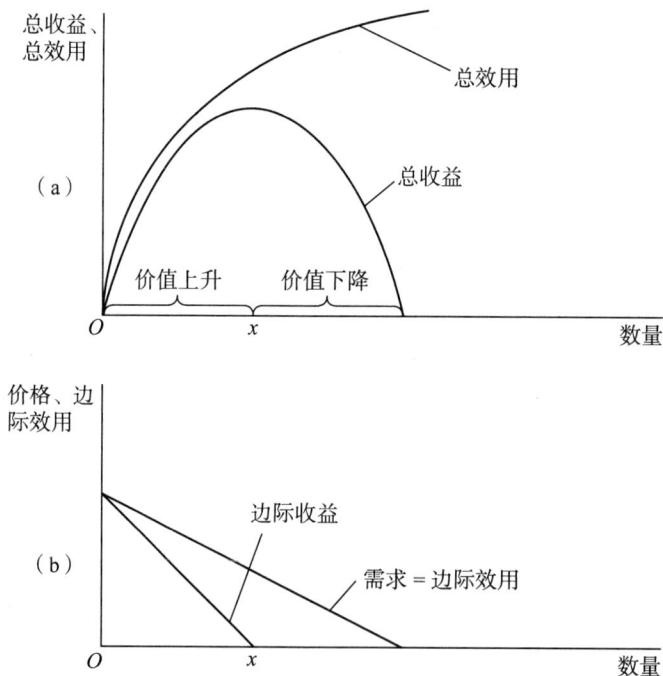

图13-2　价值的上升阶段处于总效用和总收益都在上升且边际收益为正的范围，价值的下降阶段处于总效用仍在上升但总收益在递减而边际收益为负的产量范围

---

① 将维塞尔的模型与杜普伊关于这些问题的模型（见第12章）相对比应该是很有意义的。

维塞尔从其价值理论的这些性质中得出了什么结论？虽然他认为对大多数社会的生产来说是处于价值上升的阶段，也就是说，总收益和总效用都在增加，但他也注意到交换价值与效用在下降阶段的矛盾（对立）。在下降阶段（图 13-2a 和图 13-2b 中大于 x 的数量），总效用仍在上升，而总收益在下降。维塞尔清晰地表述了价值与效用间的这种矛盾产生的原因：

> 在每个自给自足的私人经济中，效用是最高的原则；但是，在商业界里，只要社会的财物供应还掌握在那些想要从中牟利并为自己的服务取得报酬的企业家手中，成为最高原则的就是交换价值而不是效用。私人企业家通常并不关心为社会提供最大的效用；他的目标是为自己获得最高的价值，这种价值同时也就是他的最高效用。在企业家的经济中，效用证实它自身是首要的原则；但是，恰恰由于这一点，在交换价值同社会效用发生矛盾的时候，取得胜利的正是交换价值——至少在企业家有力量按照自身利益来行动的场合是这样（p. 55）。

当然，维塞尔是在论述垄断对于社会效用的不利影响。只有当企业家掌握经济权力时才会产生这种矛盾。在自由竞争的条件下，正如杜普伊早先所指出的，社会效用将会实现最大化，而且不会存在价值与效用间的矛盾。事实上，维塞尔断定，"我们这个时代的经济史有丰富的事例，可以证明竞争能够促使价格远离交换价值下降的阶段"（p. 56）。

但是，在那些竞争并不普遍的情形中又会怎样？虽然维塞尔相信这些情况极为少见，以至不足以为社会主义经济组织辩护，但他还是赞成"有选择的"政府干预。然而，维塞尔也注意到现实经济中对交换价值作用的另一个重要损害。在理想的自给自足的经济中，使用价值依赖于效用，商品按照其价值序列来生产。在这种情况下，交换价值是个人所得的度量标准。

在现实经济中，交换价值不仅依赖于效用，而且依赖于购买力。现实世界中的交换价值并不必然地度量使用价值或效用。在这样的世界中，生产不仅由"简单需要"所决定，而且由部分民众的超级欲望所决定。由于认识到在现实经济中应用效用理论的激进意义，维塞尔明确地指出：

> 生产出来的不是那些可能有最大效用的东西，而是人们要付最高价钱的东西。财富上的差别越大，生产上的矛盾也越显著。它给浪荡公子和饕餮之徒提供奢侈品，而对贫穷不幸的人的需要却充耳不闻。因此正是财富的分配决定怎样去进行生产，并引起最不经济的消费，这种消费把原来可能用来治愈贫穷的创伤的东西浪费在不必要和该受谴责的享受上面了（p. 58）。

需求者间购买力的不同还导致了另一种异常情况。某些商品如面包的价格，由最弱买主的定价所决定，而这些买主通常是最穷的。但另一方面，富人不必为面包支付其最大需求价格，而仅仅支付由最弱买主的定价所决定的价格。维塞尔认为，"只有当富人之间互相竞购奢侈品时……他们才按照其能力付款，依照他们自己的个人标准来衡量"。换句话说，现实世界的价格一般并不反映边际效用定价，如果对所有的单个需求者来说，购买力的边际效用一致（这样一种状态并不要求收入分配的平等），这种边际效用定价才会存在。

自然价值　为了集中考察这些观点，维塞尔构建了一种理想的价值模型，因为它只能存在于共产主义社会中。在商品只是由存量与边际效用的关系来定价的场合，自然价值就会存在，它不会被"错误、欺诈、强权、变革"或者私人产权的存在以及由此产生的购买力的差别所干扰。效用或使用价值将是引导商品生产中稀缺资源配置的唯一因素。生产决策将由最高的边际效用定价所决定，而不是由差别巨大的收入分配来决定。

尽管维塞尔的模型是高度抽象的，但他从这种思考中得出了一个重要的有实践意义的结论，这一结论已完全被共产主义国家慢慢吸取，即价格在决定稀缺资源的最优配置中发挥着至关重要的作用。地租就是一个恰当的例子。正如维塞尔指出的：

> 地租形成价值的说法也许是在我们目前经济中受到攻击最多的。现在我相信我们的考察会表明，即使在共产主义国家，土地还是一定有地租的。在某些情况下，这样的国家还必须计算来自土地的收益，而且从某些土地上所计算的收益必定比另一些土地所得到的收益大——这样一种计算所依据的情况跟今天决定地租的存在和地租的高低的那些情况基本上是相同的。唯一的差别在于：现在的情况是，地租归土地的私人所有者所有，而在共产主义国家里，地租要落到统一的社会手中（pp. 62 - 63）。

因此，甚至在共产主义社会中，自然价值的形成也要求一种市场机制的配置。为了保证对资源的经济分配，必须对所有要素支付租金和"自然"收益。当然，这些收益并不一定必然由私人所获得，也可能由政府以税金的形式来征缴。[①]

总的说来，维塞尔的价值分析揭示了这样一个事实，即价值的形成是一种自然现象。对自然价值的认识并不提供赞成或反对社会中的社会主义组织的证据（这种情况可能建立在其他基础上）。如果不考虑自然价值被其他许多因素（诸如控制、管制、许可、购买力的巨大差别以及垄断）所遮蔽这一事实的话，那么它是所有社会中的交换价值的基础。维塞尔是第一位指出效用定价理论的一般性的经济学家，而且很明显，也是第一位指出市场机制在资源配置中的作用与社会组织无关的经济学家。不过，社会组织是维塞尔始终关注的问题（参见专栏"思想的力量：权力、领袖与社会经济"）。

☞

思想的力量：权力、领袖与社会经济

虽然门格尔较早对经济组织的演进产生兴趣，但正是其学生维塞尔作出了将制度理

[①]　美国经济学家亨利·乔治在其《进步与贫困》（1879）中表达了同样的观点。乔治赞成征收城市租金税，以刺激"生产性"要素（劳动和资本）。

306

论与经济分析相结合的协调一致的努力。在这种努力中，尽管维塞尔关注经济福利的集体目标，但他赞同个人主义的观点，反对集体主义观点。他主张，制度一旦融入社会结构之中，就成为经济过程的一部分，这样，它们随即构成了对个人决策的限制。因此，维塞尔架起了联结门格尔与凡勃伦（见第18章）思想的桥梁。

维塞尔指出，每个个人遵从制度所产生的限制来最大化其效用，这些制度是人类个人行为的集体结果。这些制度虽然由个人行为所产生或毁灭，但获得了以被人认识到或未被认识到的方式限制个人行为的力量，而且这些限制成为一个社会的"自然控制"。对维塞尔来说，真正的自由在于认识到这种控制（如法律、道德、契约、产权、习惯与风俗）是进一步发展、进步与稳定的基础。然而，如果社会处于暴君的统治之下，这些"自然控制"会产生分歧与压制。所以，领袖是一个重要的社会特征。

按照维塞尔的观点，领袖表现出经济、政治和道德等方面的独创者的品质，因为进步是创新精神与创新活动的结果。维塞尔发展出一个社会模型，该模型将竞争描述为一种对抗性的过程，其中企业家发挥着关键作用。这一过程理所当然是不公平的。企业家是那些具有超常能力和创造性的人，他们擅长利用竞争过程来实现其自身的目的。那些作为模仿者的普罗大众追随着他们，仿效他们的成功。然而社会经济促成一定的联合，在这种联合中权力集团发挥着关键的作用。这些维塞尔称之为类似垄断的集团，完全站在与亚当·斯密（见第5章）和阿尔弗雷德·马歇尔（见第15章）所说的原子式的经济单位的对立面。

类似垄断的结构是在非均衡的竞争过程中作为中间结果而产生的。按照维塞尔的观点，这些类似垄断的组织或权力集团，"事实上具有垄断的特征：它们被赋予了垄断力量。但换个角度看，它们同时也面临竞争的压力或其他形式的限制。它们是……存在于垄断和竞争之间的中间形式。纯粹垄断理论和纯粹竞争理论都不能……对其作出完整的评价"。*

追溯一下张伯伦与这一段话类似的新奇观点（见第19章）是很有趣的，维塞尔写作此文的时间比张伯伦的《垄断竞争理论》（*Theory of Monopolistic Competition*，1933年）早了几乎20年。但维塞尔强调的关键论点是对抗性竞争对提高福利的作用并不依赖于厂商的数量，而是依赖于对立的权力集团的相对经济力量。因此，在 J. K. 加尔布雷思（见第19章）之前很久，维塞尔就提出了与他一致的观点。维塞尔欢迎作为与类似垄断的雇主相抗衡的力量的工会。倘若不受合法的进入壁垒的保护，那么即使是托拉斯和卡特尔（即不同的类似垄断的形式）也难免遭受竞争的严酷性。

在其最后的分析中，维塞尔把竞争提升到各种社会原理中的最高水平上。他写道，竞争：

> 即使在今天也具有个人选择的功能；农民与农民、熟练技师与熟练技师、大企业家与大企业家间的竞争，在竞争性冲突的严酷战斗中，每一种都被估测与考量，被支持或谴责。……没有一种经济秩序可以以这样或那样的方式省却对趋向于社会成功的至高无上的竞争力量的利用，而不忍受由此产生的非常巨大的缺陷。+

在这一段和源自其社会经济理论的其他论述中，维塞尔断言，与其他体制相比，非强制的竞争体制在创造一种企业家可以按照经济进步的方式活动的不断变化的环境方面，运作得更为良好。年轻的奥地利经济学家、后来声名鹊起的约瑟夫·熊彼特（见第

22章）采纳了其伟大的洞见，即自利的、效用最大化的个人行为循着完全可以预见的路线创造和改变了制度，而这些制度限制了未来的经济行为人，直到前瞻的、创造性的领袖型企业家能够再一次打碎现存模式并变革制度。

*《社会经济学》，p. 221。

+《社会经济学》，p. 211。

□ 要素定价：维塞尔的归与论

尽管维塞尔发现其导师的方法中存在致命的弱点，但他还是极为欣赏门格尔早期的归与方法，并且在此基础上清晰地构建了自己的投入和产出定价体系。门格尔已经指出，互补性产品的价值可以通过将其从能够生产具有最高的投入边际生产力的产出组合中排除来决定，在这种生产中投入的边际生产率是最高的。在固定比例的情况下，排除一种这样的投入要求其他投入重新组合，以生产一种不同的产品。那么，被排除的要素的价值（门格尔称之为"依赖于合作的份额"）就由旧产品（使用被排除的要素生产）与另一种产品（使用排除一种要素以后剩余的投入生产）价值的差额所决定。正如维塞尔清楚地看到的，问题在于，这种技术存在着高估的可能性。

维塞尔用一个简单的例子清楚地表达了其批评意见。假定三种投入以其最佳方法（边际效用最高的产品）所生产的总价值为 10 个单位。拿走其中一种投入，重新组合其他两种投入，可以生产一种具有 6 单位价值的产品。那么，被排除的投入的价值为 4。维塞尔所认识到的问题是，所有投入都可以用同样的方式来定价，这样它们各自价值的总和为 12。但它们组合的价值仅为 10！因此，门格尔的方法会导致对投入品的高估。

同时解　作为一种不同的方法，维塞尔认为应当以投入的生产性贡献作为定价过程中的依据。正如维塞尔所言，"起决定作用的因素并不是由于失掉一件物品而损失的那部分收益，而是占有该物品所取得的那部分收益"（《自然价值》，p. 85）。为获得这一推论，维塞尔假定所有生产物品（投入）实际上都以最优的方式来使用。回到门格尔的例子，他假定资源以固定比例组合（尽管他清楚地认识到在现实世界中存在可变的比例）。例如，一个猎人依靠来复枪和子弹来猎杀就要扑向他或她扑的老虎。维塞尔指出，如果共同定价，那么来复枪和子弹的价值就是成功射击。但如果单独地考察，就不能计算出每种物品的价值。正如维塞尔所指出的，这里有两个未知数（x 和 y）与一个方程（$x + y = 100$），其中 100 是成功结果的价值。

由于未知数多于方程数，这一问题无法求解。但维塞尔巧妙的解答是，决定组合生产要素在每个产业中的贡献，并把这些贡献列为方程组。他指出：

> 一旦我们收集并计算了这个问题的所有重要情况，如产品的数量、产品的价值以及当时使用的生产手段的数量等，我们就不仅可能大致地区分这些效果，而且有可能把这些效果用精确的数字列出来。如果我们精确地考虑到这些

情况，我们就能得出许多等式，从而我们就能够对每一单个的生产手段所起的作用给出可靠的计算（pp. 87 - 88）。

作为其计算合作的生产性投入贡献的例子，维塞尔给出了具有三种未知投入价值的三部门方程组：

$$x + y = 100$$
$$2x + 3z = 290$$
$$4y + 5z = 590$$

其中，x、y 和 z 是生产性投入，等式右侧为组合投入（当然，这种组合是固定的）所生产的总价值。同时求解，投入的价值就被确定了：$x = 40$，$y = 60$，$z = 70$。因此，每一种投入都被归与了所生产的总价值中的一定份额。换句话说，维塞尔的生产性贡献是总收益中归属于某一单独生产要素的部分。在同时求解的体系中，这些价值恰好等于总产品。

资源配置　维塞尔的联立解可以用一种略微不同的方式，被视为一种阐明整个定价过程的奥地利观点的理论。问题以提问的形式提出：假定资源被适当地配置，并且该体系处于均衡状态（正如我们对上述方程组所作的），那么每种投入的价值是什么？资源又是怎样配置的？[1] 假如某一投入被用在多种最终的或消费者物品的生产中，其价值将由所生产的最小价值的商品决定。这一价值在边际上由该投入正在生产的最后一单位最小价值的商品的边际效用所决定。投入价值被归与，并且由此得出的投入的价值确定了在所有其他需要这种投入的部门中使用该投入的机会成本。给定所有部门中的固定比例的生产函数，以及合理（利润最大化）的资源配置，就会决定所有其他使用这种投入的商品的供给。给定其他这些商品的边际效用，就可以决定价值。

就此而言，维塞尔（奥地利经济学派）对投入和产出定价问题的解答，与典型的经济学原理教科书或马歇尔的《经济学原理》中所阐释的理论并不一致，指出这一问题是很重要的。维塞尔（和奥地利经济学家）通常强调作为价值的基本决定因素的最终商品的边际效用的作用，而不是说明供给和需求的决定因素以及表明它们在价值决定中的联合作用。供给在确立价值中不发挥独立作用。投入通过归与以因果联系的方式定价。通过机会成本，在整个体系中决定了投入和产出的价值。[2]

总而言之，奥地利经济学家认为最终产品的边际效用代表了价值的源泉。另

---

① 维塞尔把这些投入称为生产的"成本手段"，并将这些成本手段与成本特定的生产手段相对比。一方面，成本特定的手段是那些稀缺或者只适合于一种或有限几种产品生产的投入；而另一方面，生产的成本手段存在于整个生产过程。作为一种一般规则，维塞尔认为劳动和资本应当被看作是成本手段，而土地通常应当划归为成本特定的手段。

② 已经有人指出，至少在某种意义上，这一体系是一种循环论证，因为它假定了需要证明的东西。这种讨论的内容是，起先假设一种资源的最优分配，然后通过机会成本，"解释"价值和投入的最优分配。有兴趣的读者可以参阅 G. J. 施蒂格勒的《生产与分配理论》（*Production and Distribution Theories*）对这一问题的论述（见参考文献）。

外，他们发现了一种非常特殊的投入生产力理论，可能最好称之为投入定价的边际效用产品理论。换句话说，应用于生产的额外一单位投入的价值由所生产的额外单位的边际效用（$MUP_i = MP_i \times MU_x$）所决定，而不是由传统的边际价值产品所决定，这种边际价值产品等于厂商的边际收益乘以投入的边际产品（$MVP_i = MP_i \times P_x$）。然而，无论人们是否认为奥地利理论与传统的马歇尔体系相矛盾，有一点是清楚的，奥地利价值理论在维塞尔的《自然价值》中达到了顶峰。

欧根·庞巴维克（1851—1914 年）

欧根·庞巴维克——弗里德里希·冯·维塞尔的内弟与好友，是奥地利经济学的第三位伟大的奠基人。许多作者把庞巴维克看作经济学最早的资本理论家。他对新古典和后新古典理论家——如克努特·维克塞尔（Knut Wicksell）和弗里德里希·哈耶克——的影响确实是相当重要的，但除了是奥地利资本理论的首要的开创者外，庞巴维克还取得了多种成就。

1851 年，庞巴维克出生于奥地利的布伦，他是一位政府高官的儿子。从维也纳大学法学院毕业之后，他曾在政府部门中短暂地任职，但不久就被经济学研究吸引。同维塞尔一起，庞巴维克在德国开始了他的经济学研究，在那里他在德国历史学家卡尔·克尼斯的指导下工作。1881 年，他被任命为因斯布鲁克大学经济学教授，在那里他完成了第一部著作，该书研究的是作为抽象的、法律权利的专利的价值。1884 年，庞巴维克出版了其以《资本与利息》（*Kapital and Kapitalzins*）为总标题的三卷本巨著的第一卷。第一卷题为《利息理论的历史与批判》（*History and Critique of Interest Theories*，1884 年），第二卷（而且非常可能是最重要的一卷）题为《资本实证论》（*The Positive Theory of Capital*，1889 年），第三卷是《资本实证论》第三版附录的合集，标题为《关于资本与利息的论文续集（1909—1912 年）》（*Further Essays on Capital and Interest*（1909—1912））。三卷全部都已译成英语。

除了著述以外，庞巴维克作为政治家也是杰出的。1889 年，为了筹备税制与货币改革，他被召到财政部。在近十年的时间里，他三次被任命为奥地利的财政部长。在其任职期间，奥地利的财政管理实现了高度的稳定和进步，这是庞巴维克在没有联合任何政治党派的情况下所实现的目标。1904 年，庞巴维克挂冠而去，重新开始了著述与执教的学术生涯，这次是在维也纳大学。

尽管庞巴维克是一个笔耕不辍的学者，但其工作还是经常被行政事务所打断，他的作品有仓促写就的印记。所以其作品由于不完整和含糊其辞而受到指摘，对一个具有专业知识水准的人来说，他的书都难以阅读。但是人们的评价不一。庞巴维克的杰出学生约瑟夫·熊彼特（见第 22 章）将庞巴维克与李嘉图相比较，宣称

310

《资本实证论》"是攀登经济学中的最高峰的一种尝试，其成就实际上达到了一种高度，在这一高度上只有少数几座高峰巍然屹立"（熊彼特，《十位伟大的经济学家》，p. 153）。与此相反，乔治·施蒂格勒（见第 23 章）对庞巴维克的评价要低一些，但他也承认庞巴维克对后世经济学家的影响甚至要超过门格尔和维塞尔。在资本和利息理论方面，庞巴维克享有持久的声誉。许多当代资本理论家并不是毫无理由地相信，新古典资本理论开始于庞巴维克。因此，我们主要考察其资本和利息理论。首先，我们考察庞巴维克对主观因素在建立交换价值中的作用所做的清晰阐释。

□ 主观价值与交换

庞巴维克在价值理论方面并没有作出超过其朋友和同事维塞尔的巨大发展，他和维塞尔都接受了门格尔的价值理论，而且庞巴维克欣然采纳了维塞尔的大多数发展。其绝大部分假设与维塞尔所做的一致，包括固定比例生产函数假设、投入（和产出）定价的归与理论以及投入供给严格固定的假定。[①] 尽管在这些领域缺乏独创性，但庞巴维克确实为原本由门格尔提出并由维塞尔发展的主题增添了有趣的细微差别。

庞巴维克对主观价值论主题的最为有趣和成功的一个改变，由于其清晰和精巧，却是至关重要的。在《资本实证论》中，庞巴维克以双边竞争说明了价格决定。其著名例子是自由市场中的 10 个买马者和 8 个卖马者。假定所有要出售的马匹具有相同的质量，而交换的所有参与者都拥有关于市场环境的完全知识。

庞巴维克设立了一个表格来表示马的 10 个买主（$A_1 \rightarrow A_{10}$）和 8 个卖主（$B_1 \rightarrow B_8$）的情况，以及参与交换的每一方对于马的主观评价。[②] 此处所提供的表 13 - 2 是经过修正后的庞巴维克表。

表 13 - 2 庞巴维克的马匹市场

买主	强买主						弱买主			
	A_1	A_2	A_3	A_4	A_5	A_6	A_7	A_8	A_9	A_{10}
一匹马的定价	\$300	\$280	\$260	\$240	\$220	\$210	\$200	\$180	\$170	\$150
	\$100	\$110	\$150	\$170	\$200	\$215	\$250	\$260		
卖主	B_1	B_2	B_3	B_4	B_5	B_6	B_7	B_8		
	弱卖主						强卖主			

从表中我们可以看出，买主 A_1 对一匹马的主观评价为 300 美元，在任何等于或低于 300 美元的价格上，他都需求一匹马。同样，假如卖主 B_6 对其所销售的马

---

① 在《资本实证论》中，庞巴维克提到了严格固定供给的一个有趣的例外。由于采纳了杰文斯的劳动供给理论，庞巴维克承认劳动的负效用可能作为一种独立的决定因素影响劳动供给。但是他把这种独立决定因素的作用降到最低，因为杰文斯的理论需要采用计件工资制，而庞巴维克的因果关系中的经验主义告诉他，这种体制在现代经济中是不重要的。

② 请注意，庞巴维克以客观的货币定价表示买主和卖主的主观评价，却没有提及由此可能产生的理论问题。

的评价为 215 美元，这意味着当价格等于或高于 215 美元时，他将出售自己的马。按照惯例，我们规定买主的强度从 A_1 到 A_{10} 按递减排列，卖主的强度从 B_1 到 B_8 按递增排列。这样，卖主 B_1 是最弱的，在对马匹的最小主观估价中，他排在最低位；买主 A_{10} 也是最弱的，在对马匹的最大主观评价中，他排在最低位。

交换价值是如何决定的？在标价为 150 美元时，市场中的情形如何？在这一标价下，全部 10 个意愿买主都留在市场中，但只有 3 个意愿卖主；这是因为按照主观评价，当交换价值为 150 美元时，只有卖主 B_1、B_2 和 B_3 愿意出售。很明显，由于在 150 美元时，市场中有 10 个买主但只有 3 个卖主，所以市场并没有出清。

然而，当价格高于 150 美元时，马市开始调整。购买意愿较弱的买主——主观评价较低者——将被排挤出市场，而随着价格上涨，卖主将增加。例如，当价格为 210 美元时，4 个买主（$A_7 \rightarrow A_{10}$ 弱买主）被排挤出交易，而卖主为 5 个（$B_1 \rightarrow B_5$）。但 6 个意愿买主（$A_6 \rightarrow A_1$）与 5 个意愿卖主（$B_5 \rightarrow B_1$）仍不一致，因而市场在这一价格上仍不能实现均衡。如果价格上涨 5 美元达到 215 美元，买主 A_6 将退出市场，而卖主 B_6 将进入市场。因此在这一价格下，将有 5 个买主和 6 个卖主。在价格为 215 美元时，市场不能出清。

到现在为止，问题应该明显了。怎样才能把买主 A_6 从交换当中排除出去，而又不同时在交换中把另外的卖主（在现在的例子中为 B_6）吸引进来？答案很简单。价格必须高于 210 美元以排除 A_6，但又不能升至 215 美元，这样 B_6 才不会被吸引进来。因此，给定表 13-2 的数据，价格的界限将按照以下方式设定：价格必须高于 210 美元，但必须低于 215 美元。所以，213 美元或任何其他中间价值将出清市场。

这样，庞巴维克指出了交换价值的决定因素之一，即买主与卖主的边际对偶对价格决定的影响。成功的买主 A_5 和卖主 B_5 与不成功的买主 A_6 和卖主 B_6 结成一对，他们是价格决定中的主要角色。人们可能以另一种方式（但会使人感到略为迷惑）来强调这一点。正是最弱的成功买主（A_5）和最强的成功卖主（B_5）的评价，与最强的不成功买主（A_6）和最弱的不成功卖主（B_6）的评价共同决定了交换价值的界限。

因此，庞巴维克认定，正是这些买主和卖主的边际对偶——也仅仅是这些边际对偶——决定价格。超出这些界限，买主和卖主就可能无限地增加，但对均衡价格毫无影响。其主观评价在边际对偶所设定的界限之内的买主和卖主的增加，有缩小价格的上限和下限的作用，买主和卖主的无限增加将使供给和需求函数看起来就像我们今天看到的典型的、平滑的马歇尔函数一样。但是庞巴维克更愿意强调函数的离散和不连续的性质（请用表 13-2 的数据想象或画出阶梯形的需求和供给函数）。按照庞巴维克的观点（和典型的奥地利经济学假设），真实世界的市场情况，并不以包括无穷多个买主和卖主的、平滑和连续可微的需求函数和供给函数为特征；相反，按照奥地利经济学的观点，任何实际的交换环境都只包含有限数量的交易者，因此必须考虑买主和卖主主观评价的离散性质。这种典型的奥地利经济学派的假定是与流行的假定连续性的马歇尔观点相对立的主要之点。后者（也是流行）的方法极易进行数学处理，这可能在某种程度上说明了其成功的原因。但庞巴维克会质疑马歇尔观

312

点的假定条件，他会指出，这些假定是不现实的，而经济分析应当能够解释事实。

不管这两种关于世界的相互对立的观点的相对优劣如何，很明显奥地利经济学家的看法切中要害。许多经济函数的连续性是想当然的，可能并不以事实为基础。庞巴维克明确阐释了在具有离散数量的买主和卖主的世界中价格决定的性质。此外，主观评价在交换中的作用，也从未如此清楚地描述过。虽然门格尔和维塞尔已经揭示了奥地利价值理论的本质，但阐明交换过程是庞巴维克所完成的。

□ 资本理论

也许庞巴维克所做的最重要的贡献是将时间因素精巧地引入经济分析。其中心的、简单的命题是最终（消费者的）商品的生产要耗费时间，生产这些商品的迂回方式比直接方式生产效率更高。尽管迂回生产方式具有更高的生产率（优点），但它们也是更耗时的（缺点）。

庞巴维克的观点是，初始的生产手段（原材料、资源、劳动）可以用于直接生产（例如虚构的英雄鲁滨逊·克鲁索所做的），或者用来生产资本（他称之为"生产手段"），当后者积累起来并与劳动相结合时，就可以生产消费者所需的商品。庞巴维克认为后一种生产方式更有效率；进而，他相信，生产时期越长（这意味着一种更加迂回、资本更加密集的方式），总产量就越高。时间本身成为一种投入，而且消费者商品生产时期的长度本身就是一个变量。

这些观点在图 13-3 中得到说明。时间由横轴度量，总产量（Q）由纵轴度量。生产时期在图 13-3 中由时间轴代表。例如，时期 tt'' 长于时期 tt'，而时期 tt''' 比时期 tt'' 更长。从图 13-3 中可以明显地看出，随着生产时期的延长，总产量绝对地增加，而边际产出随之递减。

当生产时期延长时，产生了何种情况？换句话说，为什么庞巴维克认为较长的生产时期生产率更高？随着生产时期的延长，会使用更多的资本，资本与劳动的比率提高，最终产品产量也就增加了，尽管是以一种递减的比率增加。

313

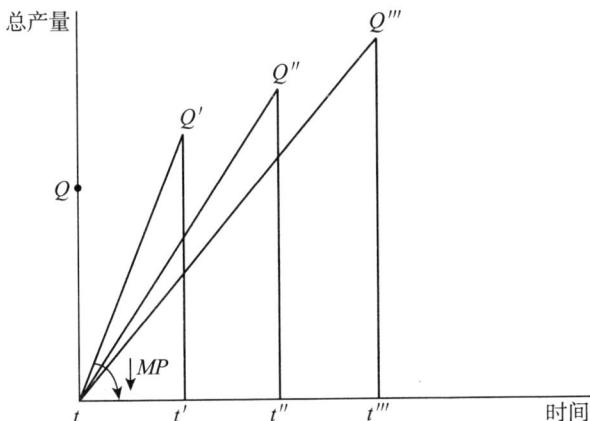

图 13-3 当"迂回性"从 t 上升到 t' 等时，总产量也会上升，但以一种递减的比率上升。射线 tO' 的斜率是 tt' 时间段内资本的边际产品

非连续生产时期　庞巴维克的模型与古典工资—基金学说的相似之处不只是表面上的。然而，庞巴维克考虑一种长度可变化的非连续生产时期，而古典生产时期虽是非连续的，但有固定持续时间。尽管生产时期长度的直接决定因素在这两个模型中是相同的，但庞巴维克对利率作了周密的研究，它是决定生存基金规模的主要因素。不过在研究这种关系之前，我们首先考察庞巴维克在表述生产时期时所碰到的一个主要问题将具有重要意义。

庞巴维克的生产时期模型以连续投入和点产出为特征，也就是说，投入以流的形式进入生产过程，而产出在某些离散的时点上"成熟"。由此立即产生了关于生产时期长度的重要问题。庞巴维克曾一度建议应当使用一种绝对的生产时期。然而，这种方法所具有的本质问题立刻凸显出来。例如，假定目前生产的点产出为银质水杯，那么绝对生产时期是什么？可以想象，在生产水杯的过程中所使用的银可能是罗马时代开采的。因而，对任何点产出来说，决定生产时期的概念都是荒谬的。因此，庞巴维克建议另外一种方法——平均生产时期，在这种生产时期中投入按照其与点产出的接近程度来加权。投入按照所使用的生产期数量来加权，然后这些加权过的投入总量之和再除以投入的数量，以获得平均生产时期。

遗憾的是，庞巴维克的第二种方法也包含有一些严重缺陷。一个主要反对意见是非常明显的：投入并不是同质的，而除了假定它们如此之外，在庞巴维克的论述中并没有对投入的同质性问题提供任何说明。第二，也许是更重要的，还存在如何分配正确的"时期"权重的问题。产出应归因于最近的投入还是较远的过去的投入？尽管这些问题是严重的，庞巴维克还是保留平均生产时期的假定，并把它作为一种可操作的理论约束。①

利率　庞巴维克的另一个成就是对利率的清晰解释。他指出，利息是为使用资本而支付的补偿，而资本——正如我们所看到的——指的是中间产品（即迂回性）。由于迂回性通常意味着更长的时间被投入生产，所以利息必须按照某种合乎逻辑的方式与时间相联系。庞巴维克把其利息理论建立在正时间偏好的基础上：基本命题是，现在物品的价值要大于未来物品的价值。他对这一基本命题提出了三种"证明"。

第一个有可能产生现在物品与未来物品价值差异的原因，源自当前欲望的迫切性。正如庞巴维克指出的，对于未来我们并不是无所谓的，但我们生活在现在。未来欲望的迫切性几乎总是比即时的欲望更低。一般来说，人们总是发现自己处于两种情境之一。那些当前供应比未来供给较少的人，认为现在物品更有价值；而那些当前供给比未来可能的供给充足的人，通过占有可作为未来储备而贮藏的现在物品（特别是货币），对现在物品的评价仍然超过未来物品。

产生现在物品与未来物品价值差异的第二个原因是，人们系统性地低估未来欲望以及满足这些欲望的手段。这里庞巴维克以三个推论为论据：（1）由于我们不能

---

① 庞巴维克在资本理论方面的"学生"之一克努特·维克塞尔首先采纳了平均生产时期假说，但后来由于其不可操作而放弃。

确切知晓未来，故而构建未来欲望的想象图景总是片断的、不完整的；（2）大多数人一般都要承受意志力的缺乏——面对"现在"与"未来"的选择，几乎没有人会推迟当前欲望的满足；（3）由于人类生活中的不确定性与生命的短促，人们并不愿意推迟对某些东西的享受，因为这些东西他们以后可能再也享受不到了。

产生现在物品与未来物品价值差异的第三个原因是，作为满足人类欲望的手段，现在物品比未来物品更有技术上的优越性。这一推论依赖于庞巴维克前面所建立的迂回原理。这一原理直接承认，现在物品（包括货币）比未来物品能够更快地应用于生产中，因此，与未来某时开始生产相比，如果现在就开始生产，那么由中间产品所产生的产出流总是更大。

在这三种原因中，庞巴维克最为强调第三点，他认为这个原因独立于其他两者，而且该原因自身就可以解释正时间偏好。与持续时间较短的生产方法相比，生产方法持续的时间越长，生产率总是越高，其中存在着现在物品的技术优越性。从这种一般性的讨论，完全可以直接跳跃到利率是人们支付的现在物品价值超过未来物品价值的升水的观点。当然，按照贷款者的看法，利率是对延迟现在物品所能带来的较高享受所做的必需的补偿。值得注意的是，庞巴维克的利息和资本理论深深地植根于奥地利经济学价值理论中的主观主义。实际上，正是在这一基础之上，庞巴维克与对于这一主题的古典方法拉开了很大的距离。除了少数几个明显的例外（如劳德戴尔（Lauderdale）和西尼尔），古典经济理论都将资本作为劳动的辅助品，因为资本自身也是劳动的产品。这种观点（也被马克思以极端的形式所采纳）已被证明是利息理论中意义深远的分析性进步的主要绊脚石。古典利息理论的错误在于，它拒绝承认除劳动外，资本也是生产性的。西尼尔看到了这种观点的错误之处，但由于把其新的见解置于生产成本价值论当中，因而仍旧属于"古典"经济学家。所以，庞巴维克既赞同西尼尔克服了有关资本和利息的某些错误观点，同时也批评他忽略了时间偏好和机会成本，而这二者正是新主观主义的基石。然而，在最终的分析中，庞巴维克还是利用西尼尔的基础建立起新的理论大厦，而不是抛弃所有的旧观点而另起炉灶。

后记

奥地利经济学家——事实上这也是所有新古典作家——的分析成就，至少充分显示了一个重要事实。他们的思想表明新古典经济分析的产生是一个相当长的发展过程。微观经济分析产生于数个国家，产生于几个相对孤立的研究者的作品当中，这些人中的大多数甚至不属于学院派经济学家。总之，新古典经济学是一种极大地受到来自多个领域的贡献者理论滋养的国际性理论创新。但在 19 世纪 70 年代早期，微观分析研究工作前进的步伐加快了，在莱昂·瓦尔拉斯和阿尔弗雷德·马歇尔等人的著作中，新古典经济学如日中天。

参考文献

Böhm-Bawerk, Eugen. *The Positive Theory of Capital*. in George D. Huncke (trans.), *Capital and Interest*, vol. Ⅱ. South Holland. IL: Libertarian Press, 1959[1889].

Greenhut, M. L. *Plant Location in Theory and Practise*. Chapel Hill: Tile University of North Carolina Press, 1956.

Hutchison, T. W. *A Review of Economic Doctrines*, *1870—1929*. Oxford: Clarendon Press, 1953.

Knight, F. H. Risk, *Uncertainty and Profit*. New York: Harper & Row. 1965[1921].

Marshall Alfred. *Principles of Economics*, 2d ed. London: Macmillan, 1891.

——. *Memorials of Alfred Marshall*, A. C. Pigou (ed.). London: Macmillan, 1925.

Menger, Carl. *Principles of Economics*, James Dingwall and Bert F. Hoselitz (trans.). Glencoe, IL: Free Press, 1950[1871].

Schumpeter. J. A. *Ten Great Economists*: *From Marx to Keynes*. New York: Oxford University Press, 1951.

Stigler, George J. *Production and Distribution Theories*: *The Formative Period*. New York: Macmillan, 1941.

Wieser, Friedrich. *Natural Value*, A. Malloch (trans.) and William Smart (ed.). New York: Kelley and Millman, 1956[1889].

——. *Social Economics*, A. Ford Hinrichs (trans.). New York: A. M. Kelley, Publishers, 1967[1914].

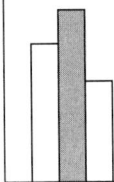

第 14 章　英国和美国的微观经济学： W.S. 杰文斯和 J.B. 克拉克

19 世纪 50 年代后期至 60 年代和 70 年代，英国的经济思想气候具有显著的暴风骤雨般特征。1869 年穆勒在《双周评论》上宣布放弃工资—基金学说（参见第 8 章），很多人认为这是敲响了古典经济学的丧钟。但事实上，对古典范式信奉的日趋衰微也许应归于多方面的原因。对劳动问题、社会主义与"改良主义"哲学、达尔文进化论思想的兴趣，以及历史学派对古典政治经济学的反应（参见第 10 章）和穆勒最后对自由放任主义的质疑，都导致了对英国古典经济学适当性的日益增长的怀疑。如同许多睿智的历史学家所相信的那样，如果对旧范式的普遍不满是一种基本上全新（但未必与原有范式相对立）的思想体系产生的前提，那么就很容易解释 1871 年杰文斯《政治经济学理论》（*Theory of Political Economy*）在英国的出现。此外，当杰文斯和其他经济学家在英国和欧洲构筑新古典经济学基础的时候，美国经济学家约翰·贝茨·克拉克独立地发现了边际效用与边际生产力的价值与分配理论。

W.S. 杰文斯

威廉·斯坦利·杰文斯（1835—1882 年）是英国经济思想史上最富趣味性和不可思议的人物之一。他是一个具有罕见（经常是深奥）分析能力的人，也是有史以来最富实践经验的专业经济学家之一。尽管他的思想是深邃的且具有独创性，尽管他也曾在曼彻斯特一所大学担任政治经济学教授的重要职位，但在其身后没有留下学生和弟子。

杰文斯出生于英格兰，并在一个受过教育（但非学术性）的信奉唯一神教（Unitarian）的家庭环境中长大，在那里人们经常讨论经济和社会问题。[①] 杰文斯18岁的时候去了澳大利亚，因为悉尼造币厂为他提供了一个有薪水的检验员职位，使得他可以减轻家庭的经济负担。他在那里居住了五年。他的传记作者 J. M. 凯恩斯（J. M. Keynes）声称，在此期间他沉浸于经济学所有新奇的思想之中，回到英国后，他又将这些思想加以发展和扩充。

带着由造币厂的工作经验所激发的对政治经济学的兴趣，杰文斯于1859年返回英国并在伦敦大学继续他的学习。他于1865年在那里获得了一个学位。除了政治经济学，他早期的训练还有技术方面的（包括数学、生物学、化学以及冶金学），这些主题全面地渗透于他的整个学术生涯。这个最初时期对于杰文斯来说是特别富有成果的。1862年，在与英国协会的几次交流中，他已经勾勒出（1）效用理论的基本结构（《政治经济学通论评注》）和（2）关于经济波动的统计研究大纲（《关于周期性商业波动的研究，附五个图形》），本章将要讨论这两部作品。1863年，杰文斯出版了名为《纯逻辑》（*Pure Logic*）一书（这是他所感兴趣的最重要的领域之一，也是目前被忽视的领域之一）。1865年，他又出版了《煤炭问题》（*The Coal Question*），这本书使他在经济学界声名鹊起。

《煤炭问题》一书基于一个令人怀疑的类比，即谷物在马尔萨斯人口论中的作用与煤炭在英国工业进步中的作用之间的类比。然而，这本书却引起了包括首相格拉德斯通在内的政界和知识界的极大关注。从这时起，杰文斯的兴趣便在纯逻辑与经济学之间来回波动。他对经济学的兴趣涉及从价格与黄金的统计分析（和有关货币市场的重要的制度研究）到纯理论和商业波动的全部领域，其中有名的太阳黑子理论（《太阳周期和谷物价格》，1875年）就是他的成果之一。1871年，杰文斯出版了他的最伟大的著作《政治经济学理论》，这本书是以1862年他与英国协会交流的有关效用理论的早期思想（却为后者所忽视）为基础的。

1876年，在经历了数次身心的精疲力竭之后（36岁时他曾在一段时间内被迫中止了全部工作），杰文斯离开了曼彻斯特，前往伦敦大学学院接受政治经济学教授的职位。由于健康状况的再次欠佳以及一种想要完成一部巨著《经济学原理》（*Principles of Economics*）的强烈渴望，他在1880年辞去这一职位。这部最后的著作并没有完成，只是保留下来一些零散片段。1882年8月正在休假的身体虚弱的杰文斯还没有来得及度过47岁的生日，就在英国南海岸游泳时溺水而亡了。

杰文斯的早逝使世界失去了一位富于创造力的经济思想家，不过这种评价主要是基于对其著述的回溯而形成的。在他生前，以及刚去世的一段时期内，杰文斯似乎对经济学的发展没有产生什么影响。如上所述，他没有留下真正的学生与弟子。他的书销得也不是很好。（J. M. 凯恩斯在1936年曾经计算过，杰文斯论经济学与

---

① 杰文斯一生都是个音乐爱好者。在早期沉迷于贝多芬（Beethoven）的音乐之后，他开始着迷于柏辽兹（Berlioz）和瓦格纳（Wagner）的经验音乐，他认为他们正在创作"未来的音乐"。他对这些具有创新性作曲家作出的有见地和颂扬性的评价，足以表明追求形式上的重组与变化已成为他思想中根深蒂固的习惯。有趣的是，杰文斯早期就相信自己拥有天赋和独创性，几乎完全可以和瓦格纳齐名。

逻辑学的九部重要著作总共只销售了 39 000 册！）不仅如此，在 19 世纪末期开始支配英国经济学的学者——阿尔弗雷德·马歇尔，也对杰文斯采取了不够厚道的偏狭态度。

然而，一个在独创性方面堪与马歇尔相媲美的著作家怎么会有如此平庸的影响呢？作为他的崇拜者之一，约翰·梅纳德·凯恩斯从回溯的角度为我们揭示了杰文斯的某些特征。

> 杰文斯本人是怎样一种人呢？这里没有关于他的深刻的个人印象的记载，而且在他逝世 54 年后，少数几个还健在的熟识他的人对他也难以存有清晰的印象。我相信杰文斯在他一生中的任何时期都没有给他的同伴们留下深刻印象。用现代语言来讲，他是非常内向的。他内心燃烧着智慧的火花，独自卓有成效地工作着。在与外界的接触中，他既受到拒斥也引人注目。从童年时代起，他就对自己的能力充满无限的自信。他极其渴望能够影响他人，而不愿受他人的影响。他对家人充满深情，却并不与他们或任何人关系亲密（《传记论文》，p. 304）。

由一个并非性格内向的人所描述的这一特征，也得到了杰文斯本人自我评价的印证。这体现在他给他所钟爱的妹妹露西（Lucy）的一封信中。

> 我当然不能说我缄默和孤僻的性格从一开始就是蓄意的，这可能缘于害羞心理。毫无疑问，其他人会认为这是非常愚蠢的事情，然而我就是属于这种性格的人，而且我相信一定程度上的缄默和孤僻对于任何坚忍和具有独创性的人来说是十分必要的。任何一个人如果是在不断与他人进行思想交流的环境中长大，他的思想必将再也无法超越他人的平庸水平，这几乎是不言自明的事实……毫无疑问，孤独将造就一类思想和人物，而社会交往将造就另一类。后者虽然可以产生思想的捷径和其他一些浮华的品性，但必然趋向于阻止更长期和更有价值的思想训练，从而逐渐毁掉遵从此种习惯的人。而孤独促人反省、自立和富有创造性。我相信我或多或少地拥有这些品性。因此，原则上讲，我全然不为你所了解的我的这些习惯感到遗憾（《书信和日记》，pp. 85 - 86）。

在这里我们看到了杰文斯对于他的避世态度的自我辩护。他向露西自夸道，除了"一次小小的例外"，他再未参加过晚会，而且最后他总是成功地"使所有的朋友都认为邀请我是没有用的"。那些被别人认为是缺点的特性，在杰文斯看来却是真正的长处。

在年轻的时候杰文斯就满怀信心地认为，他将实现对经济科学的革命。1858年，他在从澳大利亚写给他妹妹亨丽埃塔（Henrietta，她当时正在阅读斯密的《国富论》）的信中说道：

> 有大量的与人类相关的学科知识，这些学科与政治经济学的关系就像力学、天文学、光学、声学、热能学及或多或少属于物理学的其他每一分支学科与纯数学之间的关系。我不介意告诉你我有一个看法，即我对人类知识的基础

第 14 章　英国和美国的微观经济学：W·S·杰文斯和 J·B·克拉克

和实质的洞察要比大多数人和作者深刻得多。事实上，我认为致力于这样的学科是我的天职，我也打算这样去做。你渴望从事实际有用的工作；你也许确信拓展和完善抽象的或详细的、实际的人类和社会知识可能是任何人现在所能从事的最有用和必需的工作……许多人从事物理学，而应用科学和艺术却无人问津，但现在据我来看，全面理解社会原理似乎是我最胜任的工作（《书信和日记》，p. 101）。

322
尽管他明确地意识到这一使命，但是杰文斯孤独、胆怯、避世以及对社会冷漠的"习惯"却渗入他后来的学术生涯中。凯恩斯引用杰文斯的一位同事赫伯特·福克斯韦尔（Herbert Foxwell）教授的话说，"'再没有像他那样蹩脚的讲授者了，人们不愿听他的课，他充满热情地工作却不能彻底完成任何事情'，在插入一段关于不同问题的叙述之后（福克斯韦尔继续说道），'关于杰文斯只有一点，他是个天才'"（《传记论文》，p. 307）。纵观杰文斯一生的工作，可以证明福克斯韦尔的判断是正确的。尽管杰文斯留给经济学的遗产是零散的，但它们是天才的产物。

杰文斯的价值理论

杰文斯对经济理论的主要贡献是将消费者行为建立在效用判断的基础上。他以此作为基础创立了交换理论和劳动供给与资本理论。这些思想大部分主要体现在他的《政治经济学理论》中，它们并不是新的建树。实际上，杰文斯甚至非常大度地指出，他的经济理论的许多特色内容已有前人提出过。其中有两位是他最重要的前辈，一位是狄奥尼修斯·拉德纳，他在 1850 年的《铁路经济》（*Railway Economy*）中发展了厂商理论；另一位是弗莱·詹金，他在 1870 年建立了关于供求规律的图示描述（参见下面专栏"思想的力量：作为先驱者的工程师"）。尽管如此，杰文斯的许多理论贡献仍然是独创的和重要的。他对边际效用的发现就是独立于所有其他作者的，因而反映了他思想的独创性。

☞

思想的力量：作为先驱者的工程师

不像很多经济学先驱，杰文斯每每提到他的前辈总是保持谦和大度的态度。在杰文斯的《政治经济学理论》第一版中，有两位著作家（他们都是工程师）被提及对他的思想产生了直接影响：狄奥尼修斯·拉德纳（1793—1859 年）和弗莱明·詹金（1833—1885 年）。拉德纳是一位工程师、天文学家以及一系列科学题材的论文的作者，然而他经常冒险闯入其他领域。他的唯一与经济学相关的著作《铁路经济》（1850 年；参见参考文献）充满了对事实的描述，不过它也展示出一种引起杰文斯注意的理论。杰文斯在 1857 年读到这本书，并声称正是这本书启发他运用数学语言来研究经济学。

基于对铁路成本和收益的经验研究，拉德纳发展了一种完全成型的有关利润最大化铁路的理论。他运用图形描绘了利润最大化的点。在这个图形中，拉德纳令"价格"

（以铁路费率来表示）为自变量（即可以自由变化的量），令"数量"为因变量。他表明，随着运输承载量的增加，单位成本将下降（在某一点将上升）。但固定成本是不变的，并且它将始终得到补偿，甚至当价格高到使所有运输都终止的时候也是如此。因而，总成本是固定成本与可变成本之和。拉德纳的图形还给出了一个铁路总收益函数，他用数学语言来表示它。实际上，拉德纳关于总收益的数学表示激发了杰文斯用数学来表达经济理论的兴趣。

拉德纳的函数采取如下简单形式。令 $r=$ 铁路对每吨货物按英里收取的费率；$D=$ 每吨物品运输的平均英里里程；$N=$ 预定的吨数；$R=$ 物品运输的总收入。由此，总收入可以表示成 $R=NDr$。当费率降低时，运输的每吨货物的平均距离 D 以及预定的吨位数 N 将要增加。总收入将增加到某个最大值，然后（由于递增的需求弹性（拉德纳对此没有说明））将下降，并在零费率时降至零。实际上，拉德纳将利润最大化的产量确定为边际成本等于边际收益时的那个产量。这种推理对于杰文斯究竟产生了怎样的影响难以知晓，不过令人迷惑不解的是，杰文斯在他自己的著作中既没有采取从拉德纳的总收入表达式来推导需求曲线的逻辑步骤，也没有给出利润最大化的模型。

其次，对于杰文斯来说可能是更直接的影响来自工程师弗莱明·詹金，他在 1870 年发表的"对供求规律的图形表述"，促使杰文斯赶紧将他的《政治经济学理论》付诸出版。詹金从一开始就驳斥了桑顿对工资—基金理论和供求规律的稀奇古怪的攻击（参见第 8 章）。在这个过程中，他在他的论文中给出了一个关于供求原理的有说服力的、然而却是完全图形化的解释，揭示了先前关于价格决定的很多讨论所具有的循环推理特征。他宣称，需求与供给都"可以被说成是价格的函数"，并且他正确地将需求表示为等于"在彼时彼地（即在某种价格上）买者对应该价格将要购买的数量"。*詹金按照本质上相同的方式来定义供给，从而他将需求量与供给量都表示成价格的函数。他的图形表述在他的需求与供给表的相交点上清晰地确立了均衡价格与数量。实际上，他关于市场均衡是如何由竞争力量建立起来的解释，将胜过任何现代教科书关于这个主题的讨论。

虽然詹金清楚地理解市场均衡化的过程，然而他关于究竟是什么引起了这两个曲线或函数的变化的分析又产生了混乱。例如，当讨论需求时他没有确定收入参数。因而，就其完整性或重要性而言，似乎詹金关于需求函数的理论陈述并没有超过较早时期的表述（例如穆勒），尽管他曾经提到需求弹性的概念并且暗示建立统计上的需求估计的可能性（但他并没有去做）。也许是詹金对于用图形表述经济原理的偏好影响了杰文斯（以及阿尔弗雷德·马歇尔）。即使如此，詹金的论文（至少在他那个时代）仍然成为英国局部均衡价格分析理论发展的里程碑。

经济思想史上另一个令人难以理解的小插曲是，虽然杰文斯对拉德纳和詹金的工作给予了明确的高度评价，但是他并没有采取一种关于利润最大化厂商或供给与需求的正规化的分析。尽管关于供给与需求相互依赖的思想在他的前辈们的著作中可供利用，可是他忽略了它们。虽然如此，图形表述对于澄清经济原理所具有的力量在拉德纳和詹金那里仍然是明白无误的，它一旦为杰文斯所采纳，便进入了经济分析的主流。

* 《对供求规律的图形表述》，p. 77。

□ 效用理论

正如我们在第 12 章看到的，效用理论，尤其是边际效用理论的真正发现者是朱尔·杜普伊。纳索·西尼尔、威廉·劳埃德（William Lloyd）和蒙蒂福特·朗菲尔德（Montifort Longfield）曾对这一相同原理作过基本上偶然的阐述。然而，杜普伊是在经验背景下发展了这一理论，而且他的论证又是建立在经验事实基础之上的。尽管杰文斯可能是为了获得灵感而关注拉德纳的实践研究，但至少他的推理是部分地建立在生理学基础之上的。在这一点上，杰文斯特别提到了韦伯·费克纳（Weber-Fechner）关于刺激和反应的研究。

在效用理论建立方面，杰文斯的科学和科学测量知识背景是丰富的。杰文斯为经济学带来了幸运，某些重要的量值（如价格等）能够精确测量了。他在初期就充满无限信心地认为数学和统计学在未来会成为经济学中科学发现的不可或缺的辅助工具。他还将一种主观的具有多种计量单位的概念——效用——置于经济分析中显著的地位。尽管杰文斯希望效用的结果（在某种科学的意义上）可能是确定的，但他承认快乐和痛苦（或者效用理论）的测量具有主观性。他在 1871 年写道：

> 虽然一单位的快乐或痛苦都是难以想象的；但继续刺激我们去买卖、去借贷、去劳作休息、去生产消费的就是这些感情的量；我们必须从这些感情量的效果去估算它们的比较量。我们不能就重力本身来认识重力或测量重力，这和不能就感情本身来测量感情是一样的。但正像我们以钟摆在运动中所产生的效果来测量重力一样，我们也可以通过人类思想的决策来估计感情的均衡与否（《政治经济学理论》，p.11）。

紧接着，杰文斯承认一个人至多仅能获得对整个经济体系所涉及的量的序数估计。在他的《政治经济学理论》中，杰文斯指出效用基本上是内省的，他明确认识到一个人或一个团体与另一个人或团体之间的比较是不可能的（正如我们即将看到的，他在使用"贸易体"这个概念时可能忘记了他自己的告诫）。然而，尽管存在这些困难，杰文斯仍从效用角度来阐述经济学新的核心。

边际效用　在边沁（参见第 6 章）的影响下，杰文斯坚持认为苦乐的价值随以下四种情况的变化而变化：（1）强度；（2）历时；（3）确定性与否；（4）远近性。杰文斯详细讨论了每一种情况，认为痛苦仅仅是快乐的负数，按个人计量的代数和（即净快乐）是有意义的量。当杰文斯讨论到未来事件的不确定性以及未来"预期感情"对行为的影响方式时，同他先前的边沁一样，杰文斯在经济分析中引入了一种随机因素。在一个特别有说服力的段落中，杰文斯指出了时间偏好和预期是如何影响经济变量的：

> 目前的顾虑，在成功与希望的潮流中仅是微波。一个人不管他的地位多么低，他的财产多么有限，只要他常常希望进步，觉得每一瞬间的努力都有实现志愿的倾向，我们就可以说他是幸福的。反之，不顾未来只顾瞬间享乐的人迟早会发现他快乐的存量在减少，甚至希望也成泡影（《政治经济学理论》，

324

p. 35）。

然而，令人迷惑不解的是，杰文斯从未明确地将这一十分重要的因素纳入他的效用理论。

杰文斯宣称快乐的最大化是经济学的目标。或者，用他自己的话说，人类寻求"以最小的不欲作为代价来获得最大的所欲"（《政治经济学理论》，p. 37）。然而，我们有必要将这一目标与某些更为具体的事物，如商品，联系起来，以使这一命题更为客观。

按照杰文斯的观点，商品是"能够给人们带来快乐或避免痛苦的一种事物、物品、行为或服务；而效用是抽象的质量，正是凭借这种质量使得一个物体能服务于我们的目的，有资格成为一种商品"（《政治经济学理论》，p. 38）。为了避免任何直接测量的意图，杰文斯声称单个人的行为能够揭示一个人的效用和偏好，观察者必须不掺杂任何价值判断地承认这些偏好。如他所明确指出的，"任何为一个人所渴望、并且不惜劳苦去获得的事物必于他有效用"（《政治经济学理论》，p. 38）。这样，我们就可以简单地认为，旗杆的守护者、宇航员、神风队队员、吸毒者、自杀者都获得了最大效用（当然，是在某些约束条件下）。

杰文斯的边际效用理论基本上是简单易懂的。我们可以借助于杰文斯自己所使用的初等算术和图形来解释和说明这一理论。与他的前辈不同的是，杰文斯清楚地说明了效用函数反映的是一个人所消费的商品与其评价行为之间的关系。效用不是事物所具有的内在的、本质的品性。相反，它仅仅在评价行为方面有意义。

杰文斯超过边沁功绩的最大进步之处在于，他正式的效用分析所具有的下述特点：(1) 总效用与边际效用的清晰区别；(2) 边际效用性质的讨论；(3) 等边际原理的确立，这一原理是与同一商品可供选择的不同用途以及不同商品之间的选择相关联的。通过对于总效用与杰文斯所称的"效用程度"进行区分，杰文斯解开了亚当·斯密的水与钻石悖论。就我们的分析目的而言，效用程度可以被视为与边际效用是一回事。总效用和边际效用都与所拥有商品的数量有关，也仅与这些数量有关。

图形分析　可以用一个简单的代数式将杰文斯的效用函数表示为 $U = f(X)$，读作"X（食品）商品的效用是一个人所拥有的 X 商品的数量的函数。"应当指出，所有其他商品都从图中省略了，也就是说，我们既可以假定这些商品是不存在的，也可以假定它们的数量是不变的。假定一个人能够在个人存量中增加微量的食物——用数学语言来说是"连续地"增加——便可以得出如图 14 - 1a 所示的效用函数。从图中可以看出，食物的总效用（其他商品的数量保持不变）随着 X_0 数量的增加而增加，在某一点达到最大值，然后转而下降。但是，每增加一单位的食物的效用，即杰文斯所称的"效用程度"，却随着个人消费食物数量的增加而下降。杰文斯用数学语言把它写作 du/dx，读作"效用的微小变化与 X（食物）的微小变化的比率"。由图 14 - 1a 推导出来的图 14 - 1b 说明了这一思想。进而，他又假定食物的边际效用（与"效用程度"是同义语）随着初始单位的食物的摄入而递减，尽管他毫不怀疑地意识到情况并非总是如此。因而，杰文斯定律可以概括为：单一商品的效用程度随着所拥有的那种商品的数量而变化，最终将随着那种单一商品数量的增加而下降。

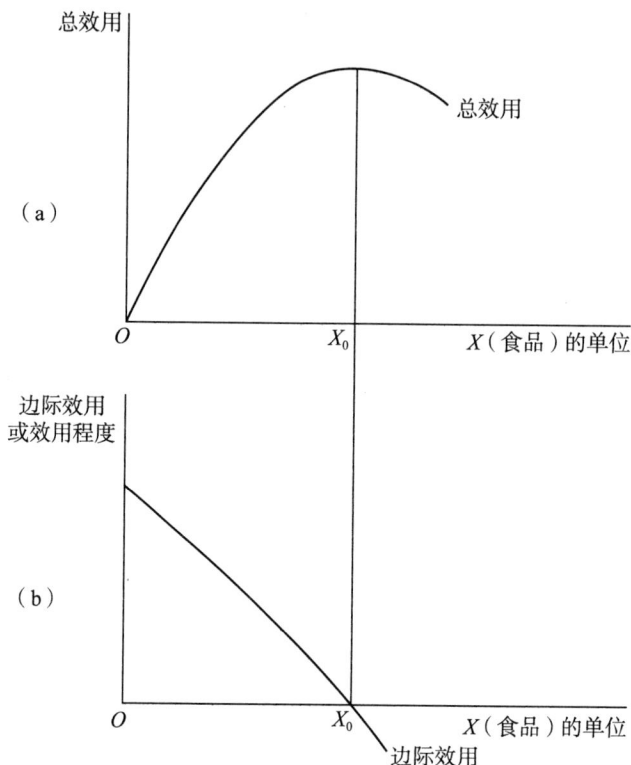

图 14-1 食物的总效用是持续增加的，在 X_0 点达到最大值，而边际效用则随着每一时间单位消费的食物的增加而持续下降

等边际原理 在讨论个人对于任何给定商品在可供选择的用途间分配时，杰文斯清晰地说明了个人的最大化行为。如果一个人初始拥有的 X 商品的存量为 S，该种商品有两种用途 x 和 y，那么，这些存量必然要在这些用途之间进行分配，使 $S=x+y$。杰文斯这时实际上提出了这样一个问题：一个人如何将他的固定产品存量在两种用途之间进行配置？答案是简单的，直观上也是合乎情理的。X 商品的数量应当在两种用途之间分配达到这样一点，即在 x 用途上增加一单位 X 所增加的效用恰好等于在 y 用途上增加一单位 X 所增加的效用。用杰文斯的话来讲，等边际条件为：

$$\frac{\mathrm{d}u}{\mathrm{d}x} = \frac{\mathrm{d}u}{\mathrm{d}y} \quad \text{或者} \quad MU_x = MU_y$$

这里 MU_x 代表 X 商品在 x 用途上的效用程度，MU_y 代表 X 商品在 y 用途上的效用程度。

等边际原理最初是由杰文斯明确提出的，这一原理也适用于单个消费者预算中稀缺的、固定的财产（如收入）在所有商品中的分配。如果 x 代表啤酒的数量，z

代表香烟的盒数，假定啤酒和香烟的价格相同，全部收入 Y 都消费在这两种商品上，那么，消费者配置他的稀缺收入 Y 应满足 $MU_x = MU_z$。但等边际原理更为通用的公式可以说明 n 种商品的不同价格并没有出现在杰文斯那里，这一公式为每一个有着基础经济学知识的学生所熟悉：

$$\frac{MU_x}{P_x} = \frac{MU_z}{P_z} = \frac{MU_n}{P_n}$$

为了保证所有收入都在个人的不同消费之间分配（它可能包括一个储蓄账户），还需要附加一个额外条件：

$$P_x X + P_z Z + \cdots + P_n N = Y$$

这里 $P_x X$ 代表在 X 商品上的个人支出，$P_z Z$ 代表在 Z 商品上的个人支出，等等。这些支出的总和等于收入 Y。尽管杰文斯没有详细阐述，但他的观点构成了整个个人行为最大化理论发展的基础，这一理论处于当代理论的核心地位。

□ 交换理论

杰文斯将前面所讨论的效用理论与他的无差异规律相结合，发展出一种交换理论，即关于市场上人与人之间为何和如何进行商品交易的一种解释。杰文斯的无差异规律阐述了在任一时点、任一自由开放的市场上同一种（同质的）商品的价格将是一致的。

杰文斯进一步引入了"贸易体"这个概念，如我们即将看到的，这是一个不易理解的概念。杰文斯使用贸易体来指代"任一买者团体或卖者团体"，它既可以指两个单个人，也可以指全部人口。杰文斯坚持认为，每一个贸易体"或者是单个人或者是个人的总和，适用于整体的法则必然依赖于适用于单个人的法则"（《政治经济学理论》，pp.88-89）。让我们暂时忽略任何概念上的问题，随着杰文斯一起假定，有一个贸易体（A）拥有一定量的牛肉（a），另一贸易体（B）拥有一定量的谷物（b）。交换是如何发生的呢？照例，杰文斯提供了一个图式与符号解。

令谷物和牛肉的边际效用函数如图 14-2 所示，它是我们从杰文斯自己的图示中稍做修正而引用过来的。

在图 14-2 中，令谷物（牛肉）数量的增加（减少）从左至右读，而牛肉（谷物）数量的增加（减少）从右至左读。当然，两种商品的单位以相同的长度表示。

我们先来考虑贸易体 A，假定它拥有的谷物数量为 a'。以较小的线段 $a'a$ 来表示 A 拥有的谷物数量的增加，同时也代表 A 所拥有的牛肉数量的减少。但重要的是，A 通过以牛肉交换谷物要获利。为什么？因为它通过取得谷物而获得的效用（即 $a'dga$ 所示的面积）比放弃牛肉而损失的效用（即 $a'hca$ 所示的面积）更多。如图 14-2 所示，A 的净所得为面积 $hdgc$。

A 继续进行交易，直至在 m 点达到均衡为止。在这个简单例子中，均衡点就是两条边际效用曲线的交点。B 也是如此（B 的最大化行为留给读者分析）。在 m 点，

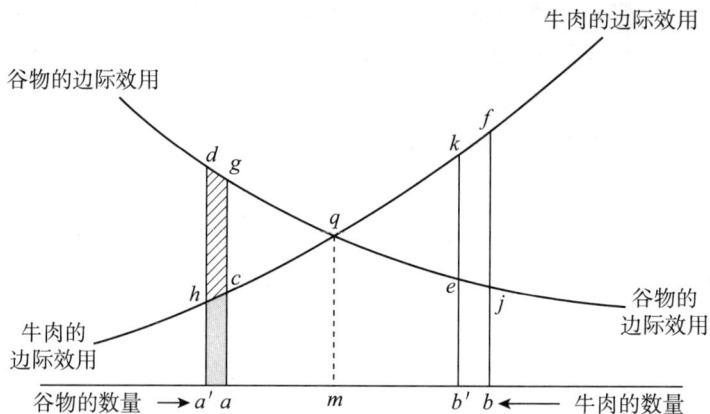

图 14-2 在 *m* 左侧所有的点表明 A 通过以牛肉换取谷物而获得了效用净收益，而 *m* 右侧所有的点表明 B 通过以谷物换取牛肉获得了效用净收益

当任何一方认识到交易已无利可图时，交易便结束了。[①]杰文斯由此总结说，产生这些结果的交换自由必定有利于双方。这样，自由放任主义便从效用理论这方面得到了支持。

□ 劳动供给理论

杰文斯效用理论最有趣的应用之一就是劳动供给理论。同所有其他行为一样，对杰文斯而言，劳动也有两个变量在解释行为方面是非常重要的：发生的成本和获得的效用（作为苦乐的代表）。杰文斯将劳动定义为"以获得未来物品为目的，部分或全部地身心所经历的任何痛苦的努力"（《政治经济学理论》，p. 168）。读者也许会提出反对，认为大多数人至少声称喜欢他们的工作。然而杰文斯想到了净痛苦这个概念，即工作的痛苦与快乐的平衡。他也隐含假定工人在计件工资体系下能够改变工作量。这后一假定除了长期以外，不能代表在现有条件下甚至杰文斯时代条件下的真实情景。然而，只要在他假设的条件存在的情况下，他的观点就有一定的适用性。

在分析工作决策时，杰文斯集中于三个方面的量：工作的净痛苦、生产量和获得的效用量。我们可以在图 14-3 中以图式的方式将这些方面结合起来分析。一方面，在计件工资体系下，工人的实际工资和收入取决于他或她的生产率。曲线 *pq* 可以被视为以工人的生产或产出作为权数的效用程度。另一方面，劳动的报酬可以看作是生产率和效用程度的乘积。劳动的成本以所描绘的 *ed* 曲线来表示。这里杰文斯假定开始时的工作是繁重的（我们中的一些人不是早上要起床吗？），会产生净痛苦。但是，随着工作的继续，这种痛苦将以获得的越来越多的快乐加以平衡，直

---

① 杰文斯也写出了算术条件。如果我们令 MU_a^A 代表贸易体 A 所拥有的商品 *a*（谷物）等的最后效用程度，依此类推，那么，杰文斯的交换均衡等式可以写作：

$$\frac{MU_a^A}{MU_b^A} = \frac{MU_a^B}{MU_b^B} = \frac{a(\text{余下的牛肉数量})}{b(\text{余下的谷物数量})}$$

至达到这样一点，痛苦开始超过工作所获得的快乐。因此，劳动净痛苦曲线达到顶点之后转而下降，变为负值。

在这个场合，应用等边际原理，将意味着当工人工作的净痛苦等于实际工资所产生的效用程度时，将停止生产，这发生在图 14-3 中的 m 点。在 m 点，当工作的成本 md（净痛苦）等于工作的报酬 mq（效用回报）时，工人将停止工作。超过这一点，成本将超过回报。这样，杰文斯在有关效用概念的基础上便建立了一种劳动供给理论。

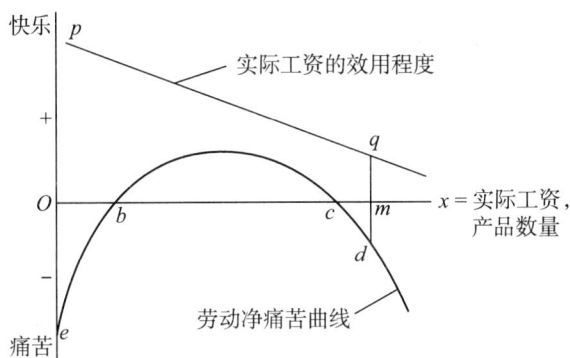

图 14-3　在他的以享乐主义为基础的分析中，一个工人愿意提供的工作量为 m，因为在这一点工作的成本 md 等于工作的报酬 mq

□ 作为纯理论家的杰文斯

我们对杰文斯一些纯理论思想的考察必然是不全面的。他的地租理论和资本与利息的生产力理论没有在我们的讨论范围之内。然而，我们关于他对价值、交换和劳动的效用研究方法的讨论，将使读者对于杰文斯作为一位具有创新精神和独到见解的思想家这一点几乎不会产生什么疑问。

尽管效用理论使价值理论发生了完全变革，但杰文斯自己关于交换价值的思想具有难以理解的片面性。虽然他从不依靠供求曲线，但毫无疑问，他从弗莱明·詹金的工作中意识到了它们在价值决定中的作用。例如，他指出，"我们的理论与供求规律是完全一致的；如果我们有确定的效用函数，我们就有可能以此来清楚地表达供求均衡"（《政治经济学理论》，p. 101）。

尽管他曾经说过，"在我看来似乎供求规律就是真正的价值理论或交换理论的一个结果"（《政治经济学理论》，p. 101），但是他又近乎绝对地认为效用是价值的源泉。他以一种链条的形式巧妙地总结了他的"最终"见解，这个链条阐明了重要的经济变量之间的联系：

> 生产成本决定供给；
> 供给决定最后的效用程度；
> 最后的效用程度决定价值（《政治经济学理论》，p. 165）。

因此，劳动的价值，并且大概所有投入品的价值都是由其所生产的产品的效用或价值决定的，而不是相反。单独由于生产投入成本的变化而造成的供给的变化没有被考虑进来，如图14-2所示的交换理论一样，商品的供给是假定固定不变的。

杰文斯认为效用理论有效地驳斥了劳动价值理论，他（错误地）认为这是李嘉图的《政治经济学及赋税原理》中价值的唯一决定因素。他对于效用分析的独立发现，导致他拒绝了较早期由像斯密以及穆勒这样的古典著作家对于生产成本的强调。杰文斯在他的经济分析中没有认识到是供给和需求相互决定价格。弗莱明·詹金在1870年或者更早提出了这一思想，但是在20年后是阿尔弗雷德·马歇尔（参见第15章）明确地认识并完整地阐明了独立确定的供给和需求共同影响价格的决定。

尽管对他的价值理论存在这一基本的批评，但杰文斯没有正式将需求曲线与边际效用曲线联系起来的决定受到了许多经济学家，特别是莱昂·瓦尔拉斯（参见第16章）的赞扬。如我们所看到的那样，杰文斯盼望着有一天，这些"效用函数"至少在序数（排序）意义上能够被经验地确定。但是，直到那一天，他也不愿意像先前的杜普伊和后来的马歇尔那样在局部均衡上将需求和效用函数联系起来。

甚至用单一个人的需求曲线来代表效用的测量（也就是说，如我们在图12-4杜普伊的例子中所看到的那样，价格与边际效用是相等的），也必须加上非常严格的假设。与所有其他商品的价格或数量相关的货币的边际效用必须是不变的；消费者预算中的商品必须被假定是不相关的，等等。这些条件不适用于任何现实世界的情况，杰文斯认识到了这一重要问题，这是他的功绩。

然而，正是由于他矛盾的本性，杰文斯在相关问题上犯了错误。回想一下，他曾将贸易体定义为任何买和卖的团体。正如我们在交换理论的场合所发现的那样，他大概认为为了分析交易应该构建一个总效用程度函数。然而，这样一个构建明显是不合逻辑的，因为它需要对某种商品的不同个人效用程度函数的加总。既然收入、品味、偏好是不同的，就没有理由认为这些人的边际效用是可以比较的。事实上对杰文斯而言，在这两难困境中他所仅仅需要的序数排序也是无济于事的，因为在人际间的排序加总将无法回避这一问题。

总体来说，杰文斯的理论结构中存在一些模棱两可的东西。他的效用分析具有开创性，也是价值理论的关键所在。但是，他的微观经济分析的历程缺乏马歇尔的精致性和完整性。进一步说，许多分析的先驱性成果保留在他的《政治经济学理论》中。人们可能会认为，如果他生前完成他计划写作的《政治经济学原理》，那么杰文斯也许会留给经济学更为丰富的财富。尽管他对纯理论的贡献是零散的，然而却是坚实的。凯恩斯（阿尔弗雷德·马歇尔最著名的学生）将杰文斯的《政治经济学理论》描述为"朴实、流畅、坚定、轮廓清晰，如马歇尔的著作一样有条理"（《传记论文》，p.284）。

□ 杰文斯与统计科学

杰文斯在经验学科和统计学科方面的努力超过了他在效用分析方面的开拓性成就。1862年，在出版了关于科学气象学的早期著作之后，杰文斯开始将科学原理应用于商业统计。① 1862 年，他的第一篇题为《关于周期性商业波动的研究》的论文同他最早的论效用的理论论文一起寄给了英国学术协会。在这篇论文中杰文斯分析了下列一些变量的变动：1845—1861 年和 1825—1861 年的平均贴现率；1806—1860 年破产企业总数；1845—1860 年政府债券的平均价格；1846—1861 年小麦的平均价格。杰文斯以图表的形式介绍了这些数据，并总结道：数据应以这样的方式来安排，即它能够最有效地说明观察者目标中最感兴趣的方面。作为对于季节性波动的一个早期发现者，杰文斯写道：

> 无论是日的、周的、月的、季度的还是年的，每一种周期性的波动都必定是可以觉察和表现出来的。这不仅仅因为它本身是我们所要研究的对象，而且是因为在我们能够正确地观察到那些不规则或非周期性的，同时也许是更有趣和更重要的波动之前，我们必须确定和消除这些周期性的变动（《调查研究》，p. 4）。

于是杰文斯通过各种各样的数据为我们提供了关于季节性波动的各种解释，并将科学的抽象过程应用到他的理论工作中。

价格系列和指数　杰文斯最重要的统计论文之一是《黄金价值的严重跌落和由此产生的社会影响》（1863 年）。在这篇论文中，杰文斯希望将"一种商品的供给较以前更多和更容易时，它的价值会趋于跌落"这个一般性命题应用到当时在澳洲和加利福尼亚刚刚开始的黄金发现。法国经济学家米歇尔·舍瓦利耶（Michel Chevalier）曾预测会发生这样一个跌落，而包括威廉·纽马奇（William Newmarch）和约翰·拉姆齐·麦克洛克在内的其他人则对这样的跌落是否会发生表示怀疑。

为了更好地理解杰文斯的功绩，我们必须认识到这一时期的经济学家对什么是价值的跌落仅有模糊和模棱两可的概念。为此杰文斯不得不为了应用统计学的需要而引入介绍性的知识。他不得不解释价格平均上涨的含义，最重要的是构建价格指数的方法。就这方面的努力而言，他的确是开路先锋。他详细讨论了价格表的编制、算术和几何平均数的计算方法、权数问题和样本商品的选择。然后，利用从包括《经济学人》、《公报》（Gazette）和《泰晤士报》（The Times）在内的各种期刊报纸中收集到的统计资料，杰文斯构建了一个 1845—1862 年间的 39 种商品的年平均价格。在评价这些统计资料并进行了辛苦绘制之后，杰文斯总结道：

> 我们几乎没有必要把注意力放在自 1853 年以来价格的持续上涨方面……自 1851 年以来的价格的最低平均变动幅度确实在最后一年即 1862 年发生了；但当时的价格比 1845—1850 年间的平均水平高出 13%……在我的统计表范围内，观察一下自 1852 年以来的年平均价格在任一时点的波动，就会发现它们将高于此前时期任一时点的波动。只有也仅有一点可以说明这一事实，那就是假设存在一个非常持久的黄金贬值（《调查研究》，pp. 44 - 45）。

---

① 杰文斯的大部分统计研究都是他逝世后由其妻子哈丽雅特（Harriet）收集的，并由他的朋友福克斯韦尔出版的。这些研究收集在杰文斯的《通货和金融调查研究》（Investigations in Currency and Finance）中。

332

杰文斯也讨论了银价的贬值和黄金价值的下降率，他将黄金价值的跌落与它使用的数量联系起来。

最后，杰文斯调查了黄金贬值（价格上涨）对债务者、债权者和其他阶层的影响。这自始至终展示了杰文斯对信贷机构和商业的敏锐的实际了解。他得出结论说，债权者由于黄金贬值受到了损失却没有公平地要求赔偿，但他没有讨论黄金贬值对分配的影响。然而，他认识到了黄金发现的间接作用，如新殖民地的建立、英国人和英语的扩散、商业的复兴。

几年以后，杰为斯通过发表在《伦敦统计协会杂志》（*Journal of the Statistical Society of London*）上的一篇题为《1782 年以来的价格波动与通货价值》的文章（1865 年 6 月）继续扩展他对价格波动的统计研究。在这篇论文中，杰文斯将从图克（Tooke）和纽马奇《价格史》（*History of Price*）那里获得的数据归纳为所有商品和单个商品种类的价格指数。他评价了所有通常使用的价格指数的理论基础，并且赞成几何平均数而不是算术平均数和调和平均数。在评价这些可供选择的方法的优点时，杰文斯观察到"当这些方法能够使我们更好地理解理论时，就其自身的目的而言每一种方法都可能是对的"（《调查研究》，p. 114）。几何平均数显示出某些计算上的优点，如通过对数的连续使用来修正结果的便利性。此外，杰文斯需要一个与算术平均数相比较而言将会低估误差的比率。

同他先前的论文一样，杰文斯详细地解释了对从图克那里获得的数据所进行的指数的构建，这包括"修正"跨越各种区间数据的方法和商品归类的方法。例如，他不得不修正 1800—1820 年间的价格数据，将价格和它的波动归因于金本位制。因为，在此期间，英格兰银行实行了纸币本位（参见第 6 章）。简而言之，杰文斯的研究质量是极高的，他关于 1782—1865 年间多重价格指数的研究成果，标志着在经济文献中系统地进行价格指数化研究的最重要的早期尝试。杰文斯对于顺序的直觉以及对他的原始数据的质量和统计方法乐于提出问题的态度，使他对价格指数构建的贡献不仅高于他那个时代的水平，而且远远领先于他那个时代。

太阳黑子和商业活动　杰文斯统计调查的浪漫性使他产生了一生中最奇怪的、可笑的想法——以太阳黑子周期性变化为基础来解释商业危机。"太阳黑子理论"将杰文斯早期关于价格的研究与他一生对天文和气象现象的兴趣联系起来。在《太阳周期和谷物价格》（1875 年）一文中，他简明地提出了这一问题：

> *如果行星支配着太阳，太阳支配着葡萄种植和收获，因而支配着食物和原材料价格以及货币市场的情况，那么，行星的构造就可能是最大的经济灾难的原因（《调查研究》，p. 185）。*

根据他对气象的研究，杰文斯最初计算的太阳黑子的周期长度是 11.11 年。詹姆斯·E. 索罗尔德·罗杰斯（James E. Thorold Rogers）的伟大著作《英国农业和价格史》（*A History of Agriculture and Prices in England*）的部分内容似乎成了杰文斯原始数据的源泉。但在 1875 年，杰文斯不再相信他手中拥有的资料能够证实有关在太阳黑子和商业活动之间存在一种因果关系的牢固观念。而且，在提到电

333

报是 16—17 世纪的物理学家所热衷的梦想时，杰文斯指出：

> 模糊的周期性原因影响我们的福利而我们又对其知之甚少，如果作为伪科学的占星术同样能够预测通过精确、系统地研究所揭示的成果的话，那么，它同样是难以理解的（《调查研究》，p. 186）。

1878 年，杰文斯重新焕发活力回到了太阳黑子这个主题上来，最开始是在送交英国学术协会的一篇论文上（《商业危机的周期性及其自然科学的解释》），之后是在《自然》（Nature）上发表的一篇文章（《商业危机和太阳黑子》）。新的证据使杰文斯确信太阳黑子的周期是 10.44 年而非 11.11 年，这一周期与商业危机的周期具有更密切的相关性。这样的巧合对杰文斯而言太重要了，于是，他得出结论：

> 人类就其本能而言为什么会选择恰好 10.44 年的周期，我看是没有原因的。我们必须超出这一思想来认识它的工业环境。商人和银行家在他们的交易中不断地受到丰收的成功、商品的相对丰富或稀缺的影响；当我们知道太阳活动的变化是影响也呈相同周期变化的农业生产的一个原因时，这就几乎使我们确信这两种现象，即信用周期与太阳变动具有因果关系（《调查研究》，p. 196）。

不幸的是，杰文斯看起来将这种纯粹的巧合拖到了站不住脚的、僵化的境地。收成的变化如何影响到商业周期呢？尽管在早期的文章中他研究了欧洲的经验，现在杰文斯却认为对英国货币市场和商品市场的这种影响是通过与印度和东方的贸易造成的。印度收成的周期性危机改变了原材料的价格和英国的贸易平衡状况。在他 1875 年的一篇论文中，杰文斯曾强调"心理"的决定因素，即对贸易周期的乐观、失望、恐慌等，他试图将这些因素与食品价格的变动联系起来。现在他放弃了在"传递机制"中这些心理因素的作用，而是仅仅强调印度的高价格与英国商业危机的巧合性。但杰文斯本人又指出这一论证存在的一个主要问题：如果英国的商业危机的原因是印度农业产品的高价格，那么，在高价格和危机之间应该可以预期或者甚至必须存在一个时滞。没有人能够观察到这一点。简而言之，对这种相关性或传递性需要作出某种解释，但杰文斯没有给出。他通过对可获得的资料的研究而总结出的理论是简单的、不完整的。天文学家重新认为太阳黑子的周期为 11.11 年，而且，这一思想虽然在原始的农耕社会可能有某些说服力，但现在我们相信贸易周期的决定因素要远比杰文斯（或其他早期作者）所想的复杂得多。[①]

尽管有"太阳黑子的插曲"，杰文斯全面的统计工作还是应该得到极高的评价。尝试着探讨经济现象的原因的这种科学精神渗透于杰文斯的经验工作中，他对价格系列的研究将永远成为有价值的作品，成为那些关心经济学和经验主义的人们的榜样。事实上，杰文斯也被认作非随机的计量经济学的超凡的先驱之一。

---

① 有趣的是，这里应指出另一位著名的科学家牛顿，花了几年时间试图将基本金属转换成黄金，这种实践被称为"炼金术"。

□ 杰文斯与经济思想的国际传播

杰文斯在经济理论和统计学方面的贡献与他在经济分析传播方面的贡献几乎是同样重要的。很少有作者像杰文斯那样慷慨地承认，包括以前和同时代的人在内的，其他作者在发现观点方面的优先权。1874年5月杰文斯与法国经济学家莱昂·瓦尔拉斯（参见第16章）开始通信。瓦尔拉斯在那一年出版了《政治经济学要义》（*Elements of Political Economy*）*，提出了效用和一般均衡分析的框架。基于传播这些思想的兴趣，瓦尔拉斯与全世界大量的经济学家进行了大量的通信。这种通信产生了一系列互利的好处，其中一个结果是编辑了一系列由杰文斯独创性地起草而由瓦尔拉斯修正的"数理经济学"作品集。杰文斯在他的《政治经济学理论》（第二版）的前言中对这一系列著作描述道：

> 然而，随着时间的流逝，我对政治经济学文献的理解有了很大的扩展，朋友提供的线索和通信使我认识到许多非凡著作的存在，这些著作或多或少都预见了本书中所表述的这些观点。在为这一新版做准备时，我尝试着去发现现时存在的所有这一类著作。以此为目的，我按年代顺序编纂了我所熟悉的所有数理经济学著作，已经有70多篇。由于编辑吉芬（Giffen）先生的热情帮助，这一系列著作得以在1878年6月《伦敦统计协会杂志》上发表（《政治经济学理论》，p. xix）。

杰文斯将这一系列著作寄发给当时所有最重要的经济学家，瓦尔拉斯则使它在巴黎的《经济学家杂志》上发表。

在1879年版的前言和数理经济学著作注解目录中，杰文斯使其他经济学家的注意力集中在古诺、杜普伊、埃利特、戈森、莱昂·瓦尔拉斯及其父亲奥古斯特、冯·屠能、詹金、拉德纳和其他一些鲜有名气的作者，如贝卡里亚（Beccaria）、兰（Lang）、博达斯（Bordas）、米纳德（Minard）和博卡多（Boccardo）的理论努力上。实际上，这些作者中许多人至今仍不为人知，某些作者理应如此，但在新古典分析的萌芽时代承认并对其他理论家的著作给予批判性评价具有意义深远的重要性。

在对早期作品进行分类和识别的过程中，杰文斯面对的事实是，他自己的工作并不是十分具有独创性。古诺首先倡导数学表达；古诺、拉德纳和杜普伊建立了厂商理论；杜普伊和戈森发现了效用理论，并且后者已经达到了明确建立等边际原理的程度。尽管感到明显的失望，但杰文斯认为必须进行这种发掘，他尽最大努力来识别和推广这些早期的和当代的作者的经济分析。在这方面，他树立了一个学者应有的优秀榜样，同时，他鼓励在经济思想方面实行开放政策，由此大大丰富了英国和其他地方的新古典传统。[2]

---

* 又名《纯粹经济学要义》。——译者注

[2] T. W. 哈奇森在一篇关于思想的国际交流的引人入胜的文章《经济思想中的岛国主义和世界主义》（见参考文献）中，暗示了在英国这扇新开的门由于马歇尔《原理》的权威性和统治性而被"砰"的一声关上了。换句话说，1890年以后，如果不是彻底的沙文主义，那么至少也是褊狭性再次成为英国经济思想的特征。

约翰·贝茨·克拉克与美国的边际主义

美国的经济理论在 19 世纪总体来说是落后于英国和欧洲的。1880 年，英国经济学家 T. E. 克利夫·莱斯利（T. E. Cliffe-Leslie）观察到，"美国的政治经济学主要是从英国输入的，而没有原创性的发展"（霍兰德，《经济论文》，p. 2）。然而，在莱斯利作出上述评论以后的若干年里，一群有才华的青年学者从德国的大学完成博士学业后归国，点燃了美国经济思想的新火花。约翰·贝茨·克拉克（1847—1938 年）属于这些青年学者中的一员，他在去德国师从卡尔·克尼斯之前，于1875 年毕业于阿莫斯特学院。归国后，克拉克曾在卡尔顿学院、史密斯学院和阿莫斯特学院以及约翰·霍普金斯大学讲授经济学、历史学以及其他课程。1895 年，他在哥伦比亚大学取得了政治科学教授的职位，并成为那里的《政治科学季刊》（*Political Science Quarterly*）的编辑。

这些从德国归来的年轻学者热衷于德国历史学派（参见第 10 章）的历史的、归纳的方法。因此，他们将其研究的努力指向具体的问题。在这些问题中，他们所关注的有美国的保护主义、财政研究、劳工运动、运输发展以及公共财政。可是，克拉克却是个例外。他的思想更倾向于演绎推理。当他的同伴们正在收集和解释有关经济与社会问题的统计时，克拉克却全面细致地系统思考着自己的研究方式。由此便产生了对经济理论的一个突出贡献，并形成了一种美国经济思想一直以来所空缺的统一的哲学。雅各布·霍兰德（Jacob Hollander）曾以赞扬的口吻写道：

> 克拉克是在罗雪尔和杰文斯从完全不同的方向对古典理论给予毁灭性打击的时候，开始他的系统性工作的。甚至是在经过了一段平静的时期之后，这种影响的后果又以尖锐的形式唤醒了经济研究中旧有的对立，这种对立可以向后追溯至马尔萨斯与李嘉图的争论……英国的马歇尔（参见第 15 章）与美国的克拉克本着科学连续性的完美精神调整这一局面（《经济论文》，p. 5）。

克拉克的经济分析本质上是静态的，尽管是他在经济学中引入了"静态学"与"动态学"的划分，并且为未来的经济学家界定他们的工作提供了方便的分类方法。克拉克自己希望进一步去发展经济动态学，但遗憾的是，他未能超出比较静态学的范畴。他的（静态）理论体系建立在五个命题的基础上，这些命题使他与功利主义哲学紧密联系在一起，并且牢固地依赖一套相当刚性的假定。他的五个命题是：

1. 私有财产是基本的社会制度。
2. 单个人的活动自由是通过为所有有益的目的而展开积极的竞争实现的。
3. 政府对经济的干预只是为了保护财产、实施合约以及维持竞争。
4. 资本与劳动自由流动。
5. 经济活动的动机源自人们对满足欲望的追求（霍曼，《当代经济思想》，pp. 35－36）。

336

□ 边际效用价值理论

克拉克关于价值与分配的成熟观点包含在《财富的分配》（*The Distribution of Wealth*，1899 年）中，不过他在此前十年就形成了他的边际生产力理论。他的价值理论建立在边际效用优先性原理的基础上，这一理论可以追溯到他在 1877—1882 年间形成的一系列文章与专题论著。这一系列成果最终在 1886 年以《财富的哲学》（*The Philosophy of Wealth*）为题出版。在他的私人通信中，克拉克承认他的价值理论本质上与杰文斯是一样的，尽管他是从一个不同的角度并且是独立于较早的边际主义者而研究这个问题的。在将他自己的理论进展与杰文斯的工作进行比较时，克拉克写道：

> 杰文斯的理论假定某种商品的增量是连续地提供给一个消费者，当他对它们的渴望逐渐被满足时，他就对它们赋予越来越低的重要性，而最后或"最终"消费的增加量才是价值调整中的决定因素。我本人并没有使用这种假定，而是认为消费者不论是衡量已经为他所拥有的物品对于他自己的重要性，还是调整他的购买量，都是按照假设耗费同一成本的物品对他将有同一"有效效用"的方式来进行的，而这种有效效用既可以通过对一件已经报废或丢失的物品进行替换来衡量，也可以在不进行这种替换的情况下通过品味他曾经从该物品上获得的享受来衡量（道夫曼，《美国文明中的经济思想家》，第 3 卷，附录，p. iii）。

然而，克拉克确实通过考虑消费者物品和生产者物品中质的增加而不单单是量的增加的效应，扩展了边际主义的价值理论。在一种容易使人联想起杜普伊（参见第 12 章）的分析中，他指出大多数经济物品和服务都不是简单的效用，而是"效用束"。换言之，每一种物品都是由不同要素构成的一种合成物，其中的一种或多种进入购买者的偏好模式。下面一段话阐述了这一点：

> 当他的生活资料增加时，一个人所要做的首先是对于他所使用的物品要求新的质量。他通常并不增加它们的数量，然而他将要求它们由更精致的材料制成，或者要求它们更大和更美观。他增加用于消费的财富，不是为了获得新的东西，而是为了获得新的效用；这些主要依附在先前消费的那类物品上……支出他的最后一单位美元所产生的本来意义上的后果，体现在用一种好的物品去替换一种便宜的物品，这种便宜的物品在他可利用的生活资料较少时曾经令他感到满意（《财富的分配》，p. 214）。

这种观点是克拉克最重要的洞见之一，因为它比早期的边际效用理论选择"适当的"增加量来调整价值的方法更进了一步。在本质上，克拉克集中关注于价格是怎样在增加量中由增加量来决定的。首先，一种物品的最后增加量在每一种情况下都不是单独地决定价格的，而是通常由所增加的物品中质量的增加来决定价格。其次（这也许是最富有先见之明的），克拉克承认物品显示出多种品质，并且这些品质是以不同的比例组合的。驾驶一辆破旧的汽车可以提供基本的运输，但是开一辆崭新的美洲豹或梅赛德斯，除了运输之外还将会提供威望、地位以及其他等。某些当代的微观经济学家，例如凯尔文·兰开斯特（Kelvin Lancaster，参见第 25 章），就围绕着这样的事实来构造消费者理论：单个人所需求的不是市场物品本身，而是由市场物品所提供的特征和属性。此外，克拉克似乎朦胧地接近于认识到产品差别在价格理论中的作用。不过，克拉克并没有能够清晰地阐明这一理论，经济学不得不在等待多年之后才真正理解产品差别的重要性，并且使"对质量的需求"成为微观经济理论的一部分。

□ 边际生产力分配理论

李嘉图提供了关于收入分配的第一部伟大的经济学著作，在其中他建立了基于土地的边际生产力的地租理论。李嘉图的理论认为地租是由耕作中的最后一单位土地的生产力决定的（参见第 7 章）。所以，他也可以被称之为"边际主义者"，当然这需要附加某些限制条件，因为他的边际主义不具有数学的外套，并且从未超出地租决定的范围。

奇怪至极的是，虽然在 1870 年前后出现的所谓价值理论中的"边际革命"产生了各种炽热的理论活动，但是经济学家们在将李嘉图的地租理论中所固有的边际主义因素推广到超越土地以外的其他生产要素上的速度极其缓慢。克拉克对于改变这种令人疏忽的状态功不可没，当然，英国人菲利普·威克斯第德（1884—1927年）、瑞典人克努特·维克塞尔（1851—1926年）也作出了同样的贡献。他们三人都表明，工资和利息同样是由李嘉图地租理论的同一原理决定的。至于第四种要素支付——利润——在纯粹竞争的条件下一般将消失。[①]

贯穿于《财富的分配》全书，克拉克确认并且反复强调了最后的生产力是每一种生产要素价值的决定者这一原理。例如在该书第 7 章，他论述道，边际工人确立了工资标准，这就像边际蒲式耳小麦确立了全部谷物的价值一样。在第 8 章，他解释了为什么竞争会产生这一结果：

> 正是由于假定在雇主之间存在着完全的自由竞争，我们才能够说处在农业劳动力的密集边际上的人将得到（作为报酬）他的产品的价值。当这个人向雇主提供他自己的劳动时，他对于农场主的谷物纯然提供了一个增加量。在竞争相当完全地发生作用的条件下，如果一个农场主不向他支付这个增加产量的市场价格，另一个农场主将愿意向他支付（《财富的分配》，pp. 99 - 100）。

克拉克还假定工人是均质的并且在工人之间存在着积极的竞争，因而某一给定类型的工人的工资将与同一类型的所有工人的工资相等。此外，他又将这同一边际生产力原理扩展到资本与土地上面。

通过使用克拉克的要素价格决定原理，我们现在可以用图形表示当土地的供给

[①] 克拉克将"利润"定义为一种剩余收入（即扣除所支付的租金、利息和工资以后的余额）。他的定义与现代的纯利润概念是同义的，它在自由和开放的竞争条件下当然要等于零。按照克拉克的观点，正常利润简单来说就是工资的另一种形式，因而将被包括在总收入的劳动份额当中。

固定时，总产品在地租与工资之间的分配。由于我们在下面的图形中受限于二维空间，故假定生产中仅仅使用土地和劳动两种生产要素。在图 14-4 中，令 BC 代表土地的边际产品，AD 代表追加到土地的劳动者数量。由于收益递减规律的作用，BC 向下倾斜。边际产品曲线下面的面积代表总产品（ABCD）。

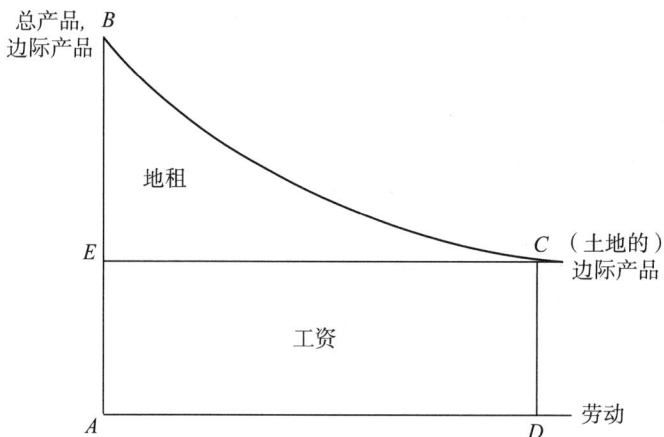

图 14-4 当劳动和土地是生产中使用的仅有的两种要素并且将劳动单位追加
于生产时，地租是一种级差收益

对李嘉图来说，地租是一种级差剩余。在图 14-4 中，地租可以由总产品价值（ABCD）与总产品中归于劳动的份额二者之间的差来确定。由于每一个劳动者都接受由最后一个工人的边际产品价值决定的工资（即 CD），所以总工资等于 AECD。由此，被称为"地租"的级差剩余等于 EBC。这是按照下述方式推出的：总产品 ABCD 的价值减去对于劳动的支付 AECD，从而有 ABCD－AECD＝ EBC，或地租。

克拉克认识到，劳动的收入和资本的收入也能够表示成级差剩余。例如，在图 14-5 中，令 BC 代表资本而不是土地的边际产品。对于 AD 个工人的总工资仍将是 AECD，EBC 现在将是以利息形式归于资本的级差剩余。最后，在图 14-6 中，令 BC 代表劳动的边际产品，AD 为生产中的资本投入量。根据克拉克的要素收益的边际生产力原理，每一资本投入将得到 CD 的收入。所以，以利息形式表示的资本的总收入将是 AECD，而劳动者得到级差剩余 EBC。换言之，同一个边际生产力原理决定了每一种要素的收入。

按照这种方式，克拉克成功地将分配理论与价值理论整合起来了。他确立了这样的事实：同一个边际生产力原理完全能够解释物品与要素的估价问题。人们将记住，奥地利学者，特别是门格尔和维塞尔，曾经通过他们关于归与的理论（参见第 13 章）向着这种整合迈出了第一步。归与原理是门格尔的主观价值理论的直接扩展，它将较高级物品的价值归因于由这些物品带来的消费者效用。

与此相反，克拉克关于边际生产力理论的分析是对李嘉图地租理论的一种扩展。它坚持认为生产中每一种要素的价值都是由它对于总产品的边际贡献决定的。

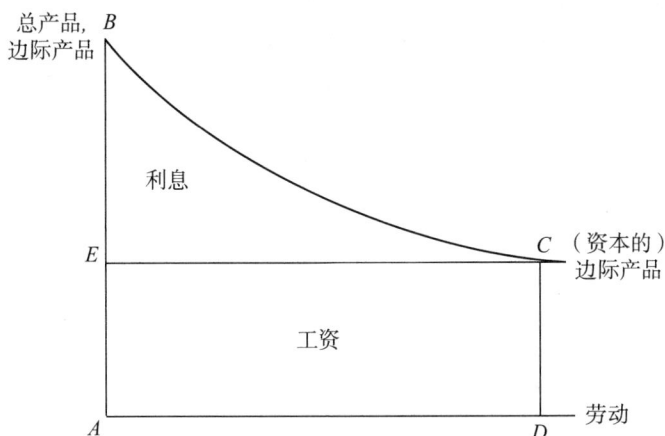

图 14 - 5 当生产投入仅限于劳动和资本时，作为资本收入的利息，是总产品（*AB-CD*）与支付给劳动的金额之间的差额

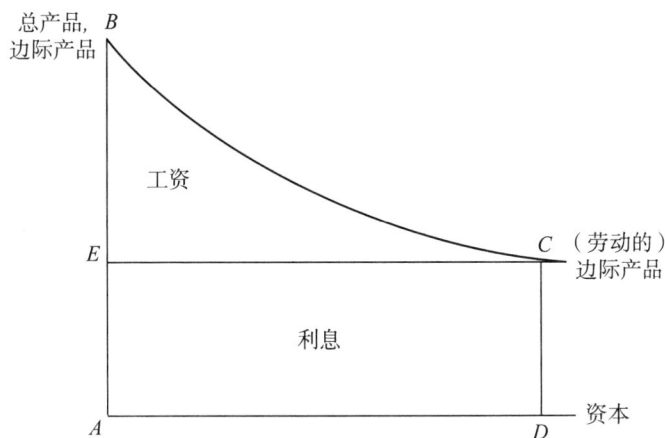

图 14 - 6 如果 *BC* 是劳动的边际产品，*AD* 是生产中使用的资本单位数，工资可以通过在 *AD* 处的总产品与资本成本之间的差额计算出来

它建立在收益递减原理的基础上，并且完全确认不仅仅是土地，任何要素都可以成为固定的要素。

□ 对克拉克贡献的评价

克拉克的边际生产力原理在解释单个竞争厂商的雇佣决策中是有用处的，但是作为一种要素价格决定理论，它仍留有某些遗憾。它不是一个供给—需求式的价格理论。事实上，脱离供给与需求的考虑构成了它的一个重大缺点。如同微观经济理论所述，边际生产力原理向我们解释说，一个竞争的厂商将使其对要素雇佣达到这样一点：每种要素的边际产品正好等于其收入支付。然而在这样论述的时候，这一理论是承认所涉及的要素的供给给定不变。它并没有把要素的价格与供给联系起

340

来，也没有把要素的价格与对物品的需求联系起来。而奥地利学者至少在这方面遵循了正确的路线，因为他们的归与理论承认产品需求与要素需求之间的相互依赖性。所以，就其本身而言，边际生产力原理并不是对于要素价格决定的一种令人满意的解释。

此外，克拉克是在纯静态的、竞争的条件下给出他的理论的，在这种条件下不确定性与风险均不存在。1921 年，另一位美国人弗兰克·奈特提出了另一种关于在不确定条件下要素定价的解释。奈特指出，企业家在其产品需求以及价格方面所面临的不确定性，导致他把对生产要素的雇佣建立在每一种要素的边际产品的预期价值而不是实际价值的基础上。虽然奈特的论断本身并不是要批评克拉克，但是它显示了边际生产力原理在其缺乏经验的函数上将只具有有限的应用性。

令人费解的是，克拉克为他的边际生产力理论选择了一个规范的外套。他以确定无疑的语气暗示道，在每一种要素得到既不多于、也不少于它的边际产品价值的过程中，存在着某种具有内在公正性的东西。结果，他用边际生产力理论为竞争条件下的收入分配进行辩护。克拉克由于将伦理原则注入他的理论之中而受到严厉的批评，甚至他的儿子，约翰·莫里斯·克拉克（John Maurice Clark）——一位凭借自身成就而赢得声望的杰出经济学家——也拒绝接受该理论的这部分内容，尽管他仍然维护边际生产力的核心原理。不过，我们在这里无须为克拉克的规范的价值判断因素所困扰，因为它们对于他所建立的理论原理来说并不是主要的。

结束语：新古典范式的前夜

尽管有其缺点，克拉克的贡献仍然是巨大的，尤其是在美国的背景下更是如此。在这里，他作为他那个时代最重要的经济理论家，声望与日俱增。由此，他鼓舞并领导了一批日益成长的、由有才华的美国经济学家组成的骨干力量。他在 1885 年成立美国经济学会的过程中发挥了积极作用，并且担任了该学会的第三任会长。甚至在这个较晚的时期，约翰·贝茨·克拉克也是早期美国经济学家当中最受赞誉和令人尊敬的人物之一。[①] 他通过令盎格鲁-撒克逊世界承认杰文斯的开拓性贡献，而为人们最终接受边际主义提供了强大的推动力。实际上，杰文斯与约翰·贝茨·克拉克的先见之明（与来自古诺、杜普伊、冯·屠能、门格尔以及欧洲其他人的洞见的大合唱形成共鸣），为已经形成的经济理论达成一种日益增长的一致性提供了舞台。正如我们已经看到的，多重性与多样化要素构成了这出重要戏剧的多侧面的情节。作为消费者行为基础的效用理论，作为一般化的租金理论基础的生产力理论，

---

① 约翰·贝茨·克拉克奖由美国经济学会每两年颁发一次，授予年龄在 40 岁以下的最杰出的经济学家。克拉克也因为拥有才华横溢的学生们——例如凡勃伦（参见第 18 章）——而受到尊敬。凡勃伦排斥克拉克所帮助发展起来的那种经济研究模式，但这个事实并没有减弱克拉克从他的获奖弟子身上产生的自豪感。

以及作为黏合剂将所有这些因素集合起来的边际主义，它们都是由马歇尔确立的局部均衡分析和由瓦尔拉斯确立的一般均衡分析系统性的理论建构所不可缺少的要素。

参考文献

Clark，J. B. *The Distribution of Wealth*. New York：The Macmillan Company，1899.

Dorfman，Joseph. *The Economic Mind American Civilization*，vol. 3. New York：The Viking Press，1949.

Hollander，J. H. （ed.）. *Economic Essays Contributed in Honor of John Bates Clark*. New York：The Macmillan Company，1927.

Homan，Paul T. *Contemporary Economic Thought*. New York：Harper，1928.

Hutchison，T. W. "Insularity and Cosmopolitanism in Economic Ideas，1870—1914"，*American Economic Review*，vol. 45（May 1955），pp. 1 - 16.

Jenkin，Fleeming. "The Graphic Representation of the Laws of Supply and Demand，and Their Application to Labour"，in *The Graphic Representation of the Laws of Supply and Demand，and Other Essays on Political Economy*，1868—1884，London：London School of Economics and Political Science，1931 [1870].

Jevons，W. S. *Theory of Political Economy*. New York：Kelley and Millman，1957 [1871].

——. *Theory，of Political Economy*，2d ed. New York：Kelley and Millman，1879.

——. *Letters and Journal*，H. A. Jevons（ed.）. London：Macmillan，1886.

——. *Investigations in Currency and Finance*，H. S. Foxwell（ed.）. London：Macmillan，1909.

Keynes，J. M. "William Stanley Jevons，1835—1882：A Centenary Allocution on His Life as Economist and Statistician"，*Journal of the Royal Statistical Society*，vol. 99（1936），pp. 516 - 548. Reprinted in *Essays in Biography*（New York：W. W. Norton，1963）.

Lardner，Dionysius. *Railway Economy*. New York：Augustus M. Kelley，Publishers，1968[1850].

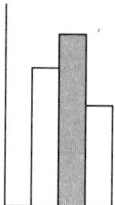

第15章 阿尔弗雷德·马歇尔与新古典综合

344　　正如前面三章提供的丰富证据所显示的那样，到 1870 年新古典经济学的基础已经在英国和欧洲大陆清晰地建立起来。但是，各种取代新古典经济学的零散努力直到接近 19 世纪尾声的时候仍未形成巩固的整体。这时，阿尔弗雷德·马歇尔（1842—1924 年）和莱昂·瓦尔拉斯（1834—1910 年）——现代新古典分析的一对孪生奠基人——的精炼而严谨的著作产生了重要的影响。下面几章将详细考察这两位作者在研究范围与研究方法上的基本差别，这些基本差别将有助于我们从总体上正确地认识他们。不过，由于在杰文斯和马歇尔的思想之间存在着明显的演进关系，让我们关于新古典主义的讨论首先从马歇尔开始，下一章再讨论瓦尔拉斯。

　　阿尔弗雷德·马歇尔，一位银行出纳员的儿子，1842 年出生在英格兰的克拉彭。他的祖先大多数都是牧师或教士，其父威廉·马歇尔尽管长期在英格兰银行工作，宗教热情仍然不减。威廉·马歇尔事实上是一个严酷的、好实行惩罚的父亲，他经常迫使自己聪明的尽管已经过分劳累的儿子学习到脑力和体力所能允许的极限。对他来说，训练马歇尔做学校功课直到午夜是常有的事。阿尔弗雷德·马歇尔后来回忆说，在他的青年时代，只有当每年的暑假去看望一位远方的伯母时，他才能从精神与体力的疲惫中解脱出来。

　　在预科学校，马歇尔由于他苍白的脸色、不整的衣冠和过度劳累的神态，获得了"蜡烛"的绰号。他不善于交朋友，而他最喜欢的两项智力活动——数学和下棋——也被他的具有独裁性格的父亲禁止了。1861 年，已有反叛精神的马歇尔拒绝了牛津大学的一笔奖学金（这笔奖学金将可能使他成为牧师），据他所说，原因是他不能再继续学习死板的语言了。可另一方面，他的父亲又付不起学费送他去没有奖学金的学院学习。这样，在一个富有的伯父的资助下，马歇尔进入了剑桥大学，在那里他不但沉浸于他的数学嗜好中，而且使自己成为一名出色的优等生。

马歇尔对数学的热情在两个方面帮助了他。最初，他将学习数学视为与他的专横跋扈的父亲相独立的一种表示。此外，因为他从做数学辅导中获得了一点收入，使他能够偿还他伯父的钱并支撑自己在剑桥的学业。他在后来曾写道："数学偿付了我的欠款。我可以随心所欲了"（庇古，《阿尔弗雷德·马歇尔回忆录》，p.5）。

这种随心所欲最终导致他在 1867 年转向政治经济学，不过也是在经历了几次曲折之后。他在他的回忆录中是这样描述这种迂回曲折的：

> 从形而上学我走到伦理学，并且认为为现存的社会条件辩护不是件容易的事儿。我的一个曾经阅读过大量现在被称之为道德科学的文献的朋友常常说："啊！如果你理解了政治经济学，你就不那样说了。"所以我读了穆勒的《政治经济学原理》并为之产生了极大的兴奋。我已经对机会不均等的适当性而不是物资的满足产生了怀疑。之后，我在假期参观了几个城市最贫困的地区，从一个街区步行到另一个街区，观察最穷困的人的面孔。下一步，我决定将尽我的可能对政治经济学进行透彻的研究（庇古，《阿尔弗雷德·马歇尔回忆录》，p.10）。

一经选择了经济学，马歇尔便怀着个人的献身精神步入这一主题的研究，他贯彻始终的这种献身精神在很大程度上可以说明他对于经济分析的巨大贡献。

虽然他的父亲仍然徒劳地希望自己的儿子选择牧师职位，马歇尔却在 1877 年娶了新娘。他与玛丽·佩利（Mary Paley）——他先前的一个学生和诺恩海姆学院的讲师——的婚姻，迫使他（就像我们在马尔萨斯那里所看到的情况一样）辞去了在剑桥的教学职务。马歇尔夫妇离开剑桥去了布里斯托尔，在那里夫妇俩在新建的大学学院讲授政治经济学。也是在那里，他们合著了《产业经济学》（*The Economics of Industry*），该书在 1879 年第一次出版。

除了马歇尔持续患病的时期以外，他们在布里斯托尔的时光是极其幸福的。然而，1884 年，他先前的学校出现了一个教学职位空缺，康复的马歇尔重返剑桥。在这里，马歇尔夫妇在一种他称之为"具有极大简单化和与众不同的小型文化社会"中一直生活到他们的晚年。

阿尔弗雷德·马歇尔 50 年的著作生涯创作了 82 部公开出版的作品，包括书、文章、演讲稿、会议演说和证词（在三个皇家委员会中所作的）。他的最具声望和影响力的《经济学原理》（*Principles of Economics*，1890 年，简称《原理》）至今已经出了 9 版；《产业与贸易》（*Industry and Trade*，1919 年）出了 5 版；《产业经济学》（1879 年）出了 2 版，但印刷了 10 次。只有他的《货币、信用与商业》（*Money, Credit and Commerce*，1923 年）没有多次出版发行，这是因为它在马歇尔逝世前一年才出版。

然而，所有他的传记作家都同意，马歇尔对经济学的冲击不能仅仅用他的出版物来衡量。对于经济理论的进步更重要得多的是，在他的独创性思想出现在出版物上之前很久，他已经将这些思想传授给一代杰出的学生。马歇尔在剑桥所首创的良好的口授传统构成了经济分析史中极其重要的一章，特别是有关货币理论（参见第21章）。早在 1888 年，赫伯特·福克斯韦尔提及马歇尔时就曾写道："在英国中有一半的大学经济学教授是由他的学生担任的，而在英国一般的经济教学机构中他们所占的份额甚至更大"（《经济学季刊》，第二卷，p. 92）。马歇尔的学生和门徒（他们当中有 J. M. 凯恩斯（参见第 20 章）和 A. C. 庇古）培育了由马歇尔所开创的"剑桥传统"，并把它在许多方面加以扩展。

马歇尔不断地推迟将他的思想付诸出版，这经常成为他的学生以及朋友感到沮丧的原因。就与其声望相比较而言，马歇尔是一个极其谨慎和细致的作家，在透彻地思考过所研究内容的含义并形成有关它的完善的表述之前，他不愿意发表任何东西。正是这种谨慎导致马歇尔成为一个迟到的边际效用分析的阐述者，虽然有历史证据表明他几乎与杰文斯、门格尔和瓦尔拉斯同时独立地推导出边际效用原理。然而，在某种意义上，马歇尔要比杰文斯和瓦尔拉斯站得更高，因为他是一个更出色的数学家。然而他对于数学在经济学中的运用始终持谨慎态度。他在年轻时就曾将李嘉图和穆勒的著作翻译成数学符号，但很显然他这样做仅仅是出于个人的方便。后来，在他著名的《原理》一书的序言中，马歇尔这样为数学作为一种便捷的研究方法提供辩护：

> 纯数学在经济问题中的主要用处似乎是帮助一个人将他思想的一部分迅速地、简练地并精确地记录下来以供他自己使用……然而，是否有人会细心阅读不是由他自己完成的那些将经济学说改写成的冗长的数学符号，这似乎是有疑问的（《原理》，pp. x–xi）。

在《原理》中，马歇尔将他对图形和其他数学表示法的使用限制在脚注和附录中，以免他的数学损害他的经济学。他首先感兴趣的是以直白的方式与商界人士以及学生们相互沟通。不仅如此，他敏锐地觉察到，过度依赖数学"也许导致我们走上追求智力玩具和与实际生活条件不相干的幻想问题的歧途；进而，通过造成我们忽视用数学机器不能顺利解决的因素，也许会扰乱我们的正常感觉"（庇古，《阿尔弗雷德·马歇尔回忆录》，p. 84）。

如果马歇尔实际上预见到数理经济学随后的全面发展，那么他也许想要以一种比在他给他的朋友和同事阿瑟·鲍利（Arthur Bowley）的一封信（1906 年 2 月 27日）中更为引人瞩目的方式，来发表他自己关于这一主题的规则。马歇尔给出了这样的反思：

> 近年来我日益感觉到我关于这一主题的研究证明，一个能够处理经济假说的好的数学定理完全不可能成为好的经济学；并且我不断地得出一些规则——（1）将数学用作一种速记语言，而不是一种研究工具。（2）在工作完成之前保留它们。（3）将数学转换成英语语言。（4）然后用在现实生活中具有重要性的例子来说明。（5）放弃数学。（6）如果你在（4）上不能成功，就放弃（3）。这最后一项我是经常做的（庇古，《阿尔弗雷德·马歇尔回忆录》，p. 427）。

然而，马歇尔对于理论数学和统计学技术的有用性的怀疑不应当被误解。他不

346

断地思考所探究的任何事情中蕴含的深层历史的和统计的知识。他认为经验事实的支配作用是形成合乎道理的结论的前提条件。简言之，马歇尔成为一位经济学大师是因为他具备了各种天才的综合素质。凯恩斯写下下面这段话时最恰当地强调了马歇尔的天赋：

> 他的综合的训练和专业的素质使他具有了一个经济学家所必需的最重要和最基本的天赋——他是一个卓著的历史学家和数学家，一个能够同时处理具体的和一般的问题、暂时的和长远的问题的人（庇古，《阿尔弗雷德·马歇尔回忆录》，p. 12）。

最后，马歇尔还是一位经济学家的经济学家——作为他的同事以及学生们的一位学识渊博和无可争议的领导者。他相信，经济学"需要具有不同才能的许多人合作共事"。像他的同时代人瓦尔拉斯一样，马歇尔也帮助推进了经济学的职业化。不同的是，马歇尔能够依据在剑桥大学的一个长期流行的传统所形成的坚固根基来施加他的影响，而瓦尔拉斯却不得不在瑞士的一个孤独而偏僻的村落从事他的活动。

马歇尔及其方法

正是从马歇尔观察问题的方式中，我们发现了一些他对经济科学最有趣和最持久的贡献。换言之，马歇尔对于经济理论和应用经济学的局部均衡方法的关键之点，包含在他对方法论的说明中。马歇尔的方法是几种相关思想的合成，因而我们将分别考察这些主题。首先，我们将考察马歇尔关于经济学和经济规律的定义；其次，我们描述他关于时间在经济分析中的作用的精辟概念；最后，我们讨论马歇尔是如何将时间与市场和市场过程联系起来的。这样便为讨论他的著名的竞争均衡概念铺平了道路。

□ 经济学的定义

最初，马歇尔大约在 1890 年将经济科学仅仅视为亚当·斯密所倡导的思想的扩展（实际上是一种继续）。他曾相信新古典经济学仅仅是对旧有的古典学说的一种阐释或现代版本。新时代和新问题改变了经济分析的重点，但马歇尔仍然相信李嘉图和穆勒的相对简单的分析能够经得起推敲。马歇尔引入的重点变革指的是在那时发生的经济科学中的微观经济学分支的扩展。但经济科学的性质是什么呢？

在整个《原理》中，马歇尔一遍又一遍地解释他关于经济科学的概念。为了定义他的书所研究的范围与目的，他在该书第一版的序言中这样写道：

> 根据英国的传统，我们坚持经济科学的职能是收集、整理和分析经济事实，并运用从观察和经验中得到的知识，去决定各种原因所可能产生的中间的

和最终的后果；并且我们认为，经济学规律是用直白的方式表述的有关经济趋势的说明，而不是以命令的语气表达的道德上的告诫。经济规律和推理，事实上，仅仅是良心和常识用来解决实际问题和制定那些可以指导生活的法则时所必须依赖的资料的一部分（《原理》，pp. V-Vi）。[①]

因而，马歇尔的方法本质上是建立在精炼的常识的基础上。经济科学不过是用有组织的分析和推理去提炼常识的工作。事实和历史对于经济理论家当然是至关重要的，不过正如马歇尔自己指出的，事实本身没有告诉我们任何东西。在给定制度和伦理约束的条件下，人类活动的规则和倾向必须从历史和经验的资料中来观察和提炼。在这个意义上，分析是对于常识的速记；如果给定充足的规则，它可以导致一般规律和理论的发展并且被应用于特定的场合。

马歇尔声称要从人类行为的复杂性中发现规则性，这种复杂性是导致很多历史学者和其他思想家拒绝传统的经济分析的中心理由之一。考虑到经济理论在这方面的脆弱性，马歇尔提供了一个精彩的辩护。他把经济学的抽象方法与物理学和自然科学中的抽象方法作了比较：

> 经济规律是有关在某些条件下人类行为趋势的表述。它们只是在与物理科学规律同样的意义上是假说：因为这些规律也包含或隐含着各种条件。但是在经济学中与在物理学中相比，要使这些条件清晰明了将更加困难，并且面临更多的失败危险。人类行为规律实际上并不像万有引力规律那样简单、明确或具有清晰的可辨认性；但是它们中的很多是可以与那些处理复杂的主观问题的自然科学的规律相媲美的（《原理》，p. 38）。

马歇尔认为，由于人类行为的经济事实可以从一般事实中分离出来，经济理论得到了便利。经济学关心的是可测量的动机，这就是货币和价格。尽管还不是一种完美的测量，"但是只要十分谨慎，货币就能够提供一种相当好的、有关支配人类生活的绝大部分动机的推动力的测量"（《原理》，p. 39）。

□ 时间与其他条件不变

因而，粗略地说，马歇尔的方法是由利用一般分析和推理从经济事实和行为中抽象出的常识构成的。不仅如此，从这种方法的运用中产生的经济科学还具有双重目的：为追求知识本身的目的和将其应用于实际问题的目的。但是，精确地说，这种方法到底是由什么构成的？如果自然之谜是复杂的而人类脑力是有限的，正如马歇尔所断言的那样，那么我们究竟能在怎样的程度上取得关于经济主题的知识？具体来说，对于某一特定的市场，在品位、收入、技术和成本随时间不断发生变化的情况下，我们怎么能精确地分析价格和利润呢？

---

① 然而，马歇尔不像某些具有古典传统的作家，他不坚持一种极端的经济人（即一个不受利他主义动机影响的人）观点。实际上，他的书的一个与众不同的特征是，如果伦理的力量在经济事物中的出现具有充分的规则性，马歇尔将愿意把它考虑进来。

实际上，在对经济事实和数量进行分析的每一步都有时间进入，因而考虑到时间的重要性也许是马歇尔最重要的贡献之一。不仅如此，他甚至将时间纳入他的经济分析的全部方法，因为他在一开始就指出，它是"几乎每一个经济问题的主要困难的中心所在"（《原理》，p. viii）。在他关于正常的需求和供给均衡的著名讨论中，马歇尔清楚地解释了如何在经济分析中处理时间：

> 时间因素是引起经济研究中的那些困难的一个主要原因，而这些困难使得能力有限的人循序渐进地从事经济研究成为了必要；将一个复杂的问题分解，一次研究一个点，最后他再将他的各个局部解综合成一个对于这全部谜来说或多或少较为完整的解中。在分解问题的过程中，他把那些不规则地出现的、不便于处理的干扰因素暂时搁置在所谓其他条件不变的筐子里。关于某些趋势的研究是在其他条件不变这一假设下独立进行的；其他趋势的存在并没有被否认，但是它们的干扰作用暂时被忽略了。问题被限定得越窄，对它的处理就能越精确，但是它与现实生活的一致性也就越少。不过，每次精确地处理一个窄小问题都有助于处理包含它的那些更广大的问题，而这种处理比在其他方式下可能有的结果要精确得多。逐步地，就会使更多的东西摆脱其他条件不变的这个筐；精确的讨论能够以比前一阶段更少抽象的方式进行，而现实的讨论也能够以比前一阶段更精确的方式进行（《原理》，p.366）。

这样，马歇尔便建议通过明智地使用其他条件不变的假设或限制性条款来处理连续变化（时间）的问题。其他作者在建立理论的过程中也隐含地使用了"其他条件不变"的假设，然而，正是马歇尔明确拓清了这一程序并且彻底地将它运用于他的包括生产成本分析和全部价值理论在内的微观经济研究中。

□ 时间与市场

由时间对于经济数量的不可避免的影响所派生的其他条件不变假设，是一个对现代微观经济学来说最有用的虚构。也许运用马歇尔关于鱼市如何运行的例子，可以最清楚地说明这一点。

马歇尔考虑到将会影响鱼的交易的三种假想情况或问题。第一，非常迅速的变化，像气候的异常，它将影响鱼价在非常短的时期内波动。第二，马歇尔确定一个适中时期的变化，例如由于持续一段时间的牛疫（它导致了牛肉——一种替代品——供给的减少）而导致对鱼的需求的增加。最后，他构建一个跨越整整一代人的长期鱼市交易问题，其变化可能由消费者偏好的变化而引起。

当考虑短期市场条件时，需求和供给所发生的非常迅速的逐日的变化可以被忽略。在有关捕鱼、气候或鱼的替代品与补充品方面所发生的暂时变化，显然会引起鱼价围绕马歇尔称之为正常的鱼市短期价格暂时无常地波动。供给和需求的极短期移动——其中的一些会相互抵消——可以容易地被想象到。但是，理解马歇尔方法的关键在于把握住时间过程中变动的需求和生产条件与正常价格概念的关系。为了清楚地理解马歇尔的方法，我们必须首先考察时间对于厂商（在这个例子中是一个渔业厂商）的生产条件的影响。

短期 马歇尔假定在一个竞争市场上存在一个代表性或平均的厂商。这个概念是含糊的，尽管马歇尔自己给出如下定义："我们的代表性厂商必须是这样一个厂商，它拥有相当的历史和相当的成功，它是由正常能力来经营的，它能正常地获得属于那个总产量的外部经济和内部经济；此外要考虑到所生产物品的种类、其物品的营销条件以及一般的经济环境"（《原理》，p. 220）。马克·布劳格将这一发明归因于马歇尔的"对现实主义的永不满足的追求"，但事实上，代表性厂商"是一个抽象；它既不是算术平均数意义上的厂商，也不是中位数意义上的厂商，甚至也不是一个众数的厂商。这里的代表性不是针对厂商的规模，而是针对厂商的平均成本而言"（《经济理论的回顾》，p. 391）。撇开与这一概念相联系的困难不说，代表性厂商可以用图 15-1a 来描述（暂时不去考虑图 15-1b 中的曲线）。具体地说，图 15-1a 描绘的是代表性渔业厂商的短期生产条件。在短期（在马歇尔的眼里是一两年）中。渔业供给鱼的能力是不能无限扩张的。对于图 15-1a 中所描绘的厂商而言，这种对增加生产的限制是由超过 q_i 数量的递增的边际成本和平均成本函数表示的。换言之，渔业厂商在短期中不能全部改变它的投入，因而它的一些投入必须被视为固定的。例如，建造新的渔船以及训练一批新的、有更高生产力的渔民将需要时间。当然，厂商能够增加别的投入。因而在假定存在着固定或准固定生产能力的短期，当一个厂商增加其可变投入时，它的平均总成本和平均变动成本将彼此分离。这个平均总成本和平均变动成本之间的差额是平均固定成本，它在整个产量范围内都是下降的（图 15-1a 中的虚线）。只是在有固定成本的时候，AVC 与 AFC 函数的这种差别才存在。如果所有的投入都是可变的，那么对于所有的产量水平，平均总成本与平均变动成本都将是同一的。

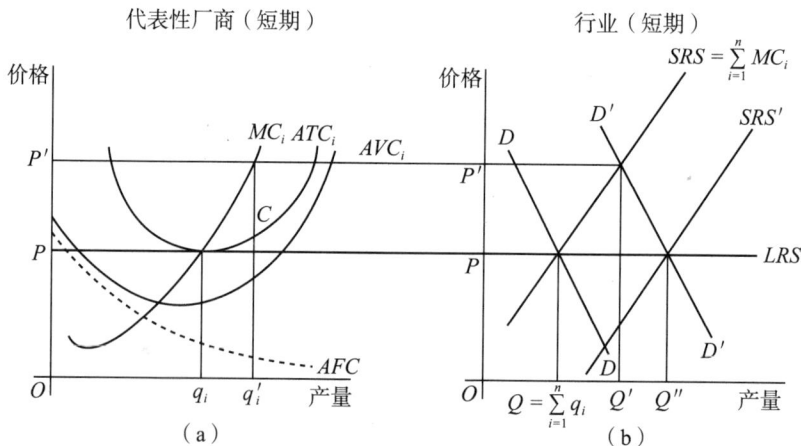

图 15-1 在短期中，市场需求从 DD 增加到 $D'D'$，使市场价格从 P 提高到 P'，并且整个行业产量从 Q 提高到 Q'。由于在产量 q_i' 的平均收益 P' 超过平均成本 C，每个厂商都能挣得经济利润。在长期中，由于新厂商进入该行业，供给曲线将向右移动，从 SRS 移至 SRS'，使均衡价格回到 P，但产量将更多，如 Q'' 所示

经济理论和方法史（第五版）

308

此外，理解图 15-1a 的平均成本函数为什么呈 U 形也是很重要的。例如，当可变投入——比方说渔民或渔网——被追加到捕鱼船的"工厂"生产能力上，则以每单位投入所获得的捕鱼量来表示的收益将增加。平均成本，不论是平均总成本还是平均可变成本，都将下降。但是，当可变的投入单位增加时，用捕鱼量来表示的这些投入的平均生产力超过某一点将下降。所以，供给鱼的平均成本在某一产量范围内下降，但随后必然上升。同理，渔业厂商的边际成本，即当产量增加一个单位时总成本的变动量，也是先下降然后必然上升。显然，根据简单的算术规律，必然有边际成本与平均总成本在后者的最低点相等。

现在让我们集中看看马歇尔关于市场需求条件上的长期与短期划分。马歇尔假定由于牛疫而导致对于鱼的需求有一个适中长度的增加，并应用假设其他条件不变的工具来预测由此导致的鱼市的价格和产量。他现在将那些虽然确实能影响渔业生产但这种影响来得很慢以至于在短期没什么明显作用的因素置于其他条件不变假设的帷幕下，这使他能专注那些在给定一个短期需求增加的情况下能够影响鱼市的因素。例如，他写道：

> 我们集中注意这样一些影响，例如高工资对船员的引诱作用，使他们在一两年内仍从事他们的渔业生产，而不是去航路上另谋职业。我们考虑旧有的渔船，甚至那些不是专门用来捕鱼的船只也能加以修整而被用来捕一至两年的鱼。我们现在所要找的对应于任何给定的每日鱼供给量的正常价格，是这样一种价格，它将迅速地把足够的资本与劳动吸收进渔业，从而能够在一个具有平均收获量的工作日内获得此供给量；鱼的价格对渔业中可利用的资本和劳动的影响，将受到像这样一些相当狭隘的原因的支配。在需求特别大的这些年里，价格围绕其波动的那个新水平将明显地高于从前。在这里我们看到一个几乎普遍的规律的例证，即当"正常"一词被用来表示短期的条件下，需求量的增加将提高正常的供给价格（《原理》，p. 370）。

这个例子完美地说明了马歇尔的方法。影响渔业的非常短期和长期的因素被忽略或假设不变，而那些在相关的时期中对市场产生直接影响的因素则在解释市场价格和产量时被赋予充分的作用。处于整个分析中心的是经营意义上的时间，而不是钟表上的时间。"渔业中可供利用的资本和劳动"显然是短期和长期中的不同变量的函数，因为建设新的生产能力将需要时间，引致追加劳动力进入渔业也需要时间。因而，正常的供给价格在两个时期将是不同的，对此我们马上就会看到。

竞争均衡 当马歇尔描述的力量起作用时，竞争的均衡在时间过程中也就实现了。供给决策追随需求的变化，推动竞争的市场达到新的均衡。再来看图 15-1，渔业的需求与供给曲线描绘在图 15-1b 中，在那里，正斜率的短期供给函数（SRS）是在纯粹竞争条件下构成该产业的厂商的所有边际成本曲线的简单水平相加。渔业需求曲线最初假定为 DD，在 SRS 与 DD 的交点存在行业的均衡，此时价格与产量的均衡值分别为 P 和 Q（所有厂商生产的产量之和）。在竞争条件下，代表性厂商是一个价格接受者。我们假设最初价格 P 或平均收益等于最低平均总生产成本，从而总成本（$q_i \times ATC$）等于总收益（$q_i \times P$）。这样，在需求变化以前该行业无经济利润。

现在考虑马歇尔的假想，即某种牛疫引起对鱼的需求发生一种看起来是暂时的增加，使需求移至 $D'D'$。经过一段时期的调整（在该时期中需求价格超过供给价格），鱼价上升到 P'，而行业产量上升到 Q'，它现在是单个厂商更大的各个产量（q_i'）的加总。厂商在产量 q_i' 实现利润最大化，因为这时边际成本等于边际收益（在竞争条件下，价格等于边际收益）。因而，正如马歇尔所解释的，随着对鱼的需求的增加，短期的正常供给也增加了。

要点在于，假定潜在的竞争者方面具有充分的信息，价格 P' 将不能在鱼市上正常地维持。由于在产量 q_i' 平均收益（P'）超过平均成本（C），因而每个厂商将挣得经济利润。如果因为嗜好的变化（一种长期的调整）而使对鱼的需求的增加变成永久性的，那么正常的供给价格将由一套不同的原因来支配。简言之，对鱼的需求的一个永久性长期增长将引起该行业厂商的长期的生产调整。经济利润是信号，它表明在竞争条件下一个长期调整将发生。然而，这种调整的性质可能各种各样。在一段精彩而又清晰的文字中，马歇尔这样来描述它的可能性：

> 海洋中的渔业资源也许显示出枯竭的迹象，因而渔民也许不得不到更远的海岸和更深的海洋中去捕鱼，因为自然界对于具有给定效率的资本和劳动投入的增加，所给予的报酬是递减的。另一方面，那些认为人对于鱼的不断减少只负有很小的责任的人们也许是对的；在那种场合，一只配备有同样好的工具和同样效率的船员去出发捕鱼的船，即使在渔业总规模扩大以后也可能得到与以前差不多的收获。无论如何，在渔业已经确定为现在比以前有更大的规模以后，以有能力的船员装备一只好船所需的成本肯定不会比以前更高，也许还会低些。因为既然渔民所需要的仅仅是通过培训获得的技能，而不是任何特别的天赋，所以他们的人数用不着经历整个一代人的光景就几乎可以增加到为满足需求所必需的任何程度；而与造船、编织渔网等相联系的产业由于现在都建立在比较大的规模基础上，可以更全面和更经济地组织起来。所以，如果海洋里的鱼源没有枯竭的迹象，经过一个充分长的足以使经济因素的正常作用得以自行发挥的时期，便能够以较低的价格生产出更多的供给；如果这里的正常一词指的是长期，那么鱼的正常价格将随着需求的增加而下降（《原理》，pp.370 - 371）。

长期条件　现在回到图 15 - 1，考虑马歇尔的第二个可能性，即追加的资本和劳动应用于渔业生产将导致捕鱼量的成比例增长。经济利润可以引致厂商用几种方式作出反应：现存的厂商可以增加它们的生产规模以便产生更大的产量，或者新的渔业厂商进入这一市场。如果为简化起见，我们省略第一种可能，那么短期行业供给曲线将随着新厂商的进入而向右移动到 SRS'。由于我们假设"以有能力的船员装备一只好船"所需的正常成本在较低的总产出水平保持不变，所以代表性厂商的成本函数不发生移动。在所有的调整发生之后，市场重又在价格 P 上实现零利润的长期均衡，但此时产量水平更高了。鱼的长期供给价格是不变的（在图 15-1 的 P 点上），长期供给函数（LRS）可以通过将所有调整都发生以后的供给和需求的两个交点相联结而描绘出来。如果 LRS 函数是水平的，如图 15-1 所示，我们就说渔业是成本不变产业。资本与劳动投入的增长导致鱼产量成比例增长。

实际上，我们一直假设在需求增加之前渔业厂商处于长期均衡状态。然而，图 15-1a 并没有给出单个厂商的长期均衡。在所有的调整都发生以后的代表性厂商的长期均衡状况被显示在图 15-2 中。由于从长远来看没有固定成本，厂商的所有成本都是可变成本。这一点在图 15-2 中反映在平均总成本与平均变动成本之间没有差别这一事实上。长期平均成本曲线通常被称之为"包络"曲线或"计划"曲线，它最初是由雅各布·瓦伊纳，而不是由马歇尔发展的。包络曲线实际上是将很多可能的短期成本曲线的切线相连接而绘制出的。这些短期成本曲线（$SRAC_i$）中只有一条是在长期平均成本曲线的最低点与之相切（图 15-2 中的 A 点）。它就是我们在图 15-1a 所给出的同一平均成本（ATC）。给定价格 P，代表性渔业厂商将生产产量 q_i。在这个厂商的长期均衡点，产量 q_i 是用工厂的最优规模，亦即是在最低的长期平均成本下生产出来的。产量 q_i 也是由 $SRAC_i$ 所代表的工厂规模在其最有效的水平上被利用，即在最低成本经营时的最优产出率。重要的问题是，渔业的竞争和厂商的自由进入与退出将保证产量（给定所假设的成本条件）在最低的长期平均成本下被生产。

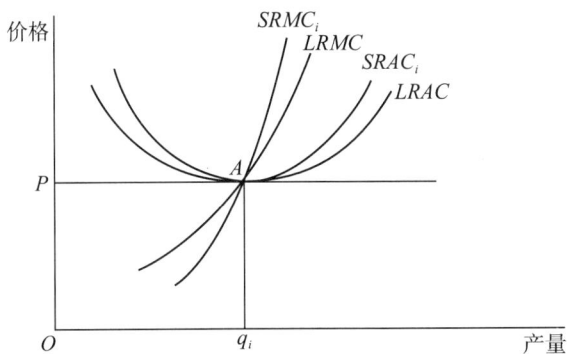

图 15-2　厂商的长期均衡是 $LRAC$ 和特定的 $SRAC$ 曲线与市场价格线相切的最低点

由此，对马歇尔的渔业例子的这种考察，可以使我们洞悉他的包含着时期分析和其他条件不变假设的方法。我们将进一步利用它作为一个跳板来讨论马歇尔的竞争均衡和市场调整概念。到此为止我们仅仅考察了竞争市场调整的最普通的情况，即不变成本情况。现在我们转到马歇尔在讨论渔业调整时曾间接提到的另外两种情况，即递增成本和递减成本行业的情况。我们将看到，后面这个概念更重要且富有争论性，因为它塑造了马歇尔的另外一些思想，特别是关于福利经济学的思想，它们后来影响了 20 世纪微观经济学的发展历程。

行业供给和生产经济学

说明马歇尔在他的渔业例子中所隐含的另外两种长期供给条件是简单的事情。然而不幸的是，通常与这些供给条件相联系的一些概念在《原理》中并不是很清楚，因而对竞争理论造成了困难，正如我们将在第19章中看到的那样。不过，递增成本与递减成本的情况可以简单地用图形来说明。比如，看一下图 15-3 和图 15-4，它们仅仅给出了行业曲线。

□ 递增和递减成本

在递增成本情况下，与图 15-1 描述的情况相反，厂商的成本曲线将随行业产量的扩张而提高。就图 15-3 来说，就是 LRS 函数具有正斜率。对于需求增加（从 D 到 D'）的充分的长期调整将只能发生在更高的成本（B）上。例如，以渔业来说，马歇尔注意到海洋中的鱼资源量可能出现某种程度的枯竭，因而渔民们将不得不到更远的区域去捕鱼。这种活动将使成本更高，因为追加投入一定量的均质资本和劳动将使收获量以更低的比例增加。

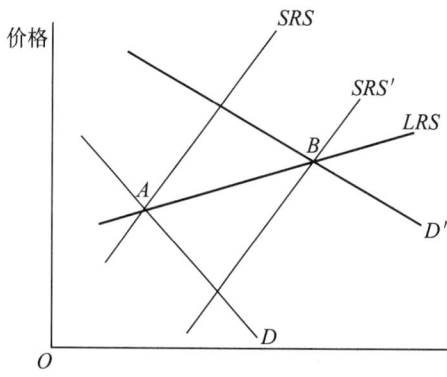

图 15-3 当一个代表性厂商的单位成本作为为满足市场需求增长而出现
的产量扩张的结果而提高时，便产生了递增的长期供给成本

但是马歇尔注意到一个更有趣的可能性——向下倾斜的行业长期供给函数。从图 15-4 来看，递减的 LRS 意味着追加的产量将在厂商更低的单位成本上被生产。在这里，引起厂商的产量增加的一种需求增加（从 D 到 D'），将使得短期供给函数（SRS'）在比先前产量水平上的价格更低的价格点与新的需求曲线相交。如果当产量增加时厂商的平均成本曲线向下移动，这种情况就会发生。马歇尔暗示道，它之所以可能发生是因为较低的投入价格。在造船和编织渔网的生产中，更好的组织和更大规模的经营能够降低要素的价格，从而导致捕鱼厂商较低的单位成本。如果这种情况发生，渔业的长期的行业供给将如图 15-4 所示，呈负斜率状态。

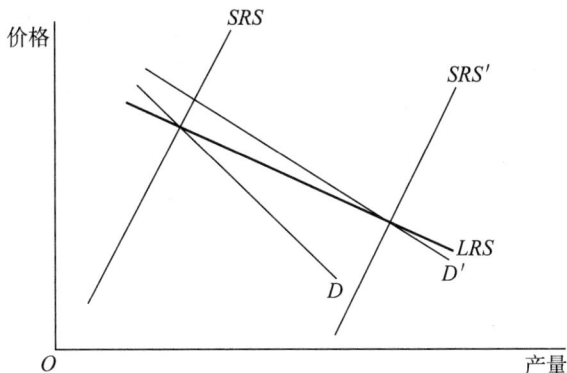

图 15-4　当一个代表性厂商的单位成本作为为满足市场需求增长而出现的产量扩张的结果而下降时，便产生了递减的长期供给

内部经济和外部经济　虽然马歇尔并没有发展一个完好的厂商成本函数理论，[①]但他讨论了可以说明行业供给行为的两类生产中的经济。具体地说，他将与生产的增加相联系的经济划分为两类，即相对于厂商的外部经济和内部经济。马歇尔将外部经济定义为"依赖于产业一般发展"的那些内容，而将内部经济定义为"依赖于单个厂商内部的组织和管理效率"的那些内容。

由产量增加而带来的内部经济源于厂商内部劳动分工和机械使用改良的经济效果。某些资本（例如专业化的机器）是不可分的，只能在大规模生产中使用，从而资本与劳动的充分经济效率只能在生产的增长中取得。当产出扩张时，长期平均成本下降，但在达到某一产量水平之后，由于管理的无效率和营销产品的困难，平均成本将再度上升。内部经济和不经济简单地解释了典型的 U 形长期平均成本曲线。

按照马歇尔的定义，伴随产量增加而发生的外部经济，是外在于厂商但内在于行业的生产的经济效果。马歇尔将外部经济与产业布局联结起来，但是他的讨论很少给出例子。关于在一个给定区位从厂商的群聚中产生的外部经济，马歇尔提到了下面一些内容：

1. 更好的信息和技能；
2. 熟练劳动的可利用性；
3. 使用专业化机械的经济效果。

在解释上面第一种情况的时候，马歇尔（有些夸张地）指出，当某一产业选择了一个区位以后，"技艺的神秘性变得不再神秘了；而是就像接受传闻一样，孩子们无意识地学到了很多技艺。"此外，他还写道：

　　杰出的工作被正确地评价，在机械、加工以及企业一般组织方面的创新和改进所具有的长处很快就被讨论；如果一个人提出了一个新想法，它将被别人

---

　　① 在他题为《成本曲线和供给曲线》的著名文章中，雅各布·瓦伊纳发展了包络曲线，或厂商的长期成本曲线。

所采纳，并结合进他们自己的意见；这样，它就变成了更多新思想的源泉。而暂时处于附属地位的职业则在邻近处逐步成长，供给它以辅助品和原材料，帮助它组织生意，从而以多种方式促成了它的原材料的经济效果（《原理》，p. 271）。

另外，马歇尔还指出，区位化的产业提供了一个对于熟练和专业化的劳动的"不变的"有规则的市场。很可能，产业被吸引到短缺的劳动投入（在厂商的生产函数中）可以方便得到的区域。当然，与此同时，劳动也会被吸引到对劳务需求高的区域。当产业在一个给定的区域"成长起来"，专业化劳动的可供利用性便被扩大和加强了。

马歇尔暗示当一个产业成长起来时，使用专业化机械所具有的经济效果便可以实现。他还暗示起支持作用的、处于附属地位的产业的增长也为主导产业内的厂商创造了外部经济。

> 昂贵的机械的经济使用有时能够在一个区域达到非常高的程度，在这里尽管投入企业的单个资本没有一个是很大的，但生产着大量的同种产品。对于附属产业来说，它们每一个都专心投入生产过程的一个小分支，为它们的众多邻居提供服务，这样它们便能够使大多数具有高度专业化特征的机械保持恒定的使用，并能够支付它的费用，尽管这些机械的原始成本可能很高且其折旧速度可能很快（《原理》，p. 271）。

外部经济，图形讨论　代表性厂商的成本和收益被描述在图 15-5a 中，而行业的曲线被描述在图 15-5b 中。初始的行业和厂商均衡发生在价格 P，它由短期行业供给曲线 SRS（它等于 $\sum MC$）与短期行业需求 DD 的交点决定。如果我们假设需求从 DD 增至 $D'D'$，组成该行业的厂商将获得短期经济利润（注意，这些利润并没有显示在图 15-5 中，不过此过程与图 15-1 中所描述的在总体上是相似的）。每个厂商的产出率提高了（像通常那样，达到价格等于生产的边际成本那一点），但利润信号会引导新厂商进入该市场。当新厂商进入后，外部经济便产生了。这种经济效果将使每个厂商的长期成本曲线向下移动，根据定义，它是外在于每个厂商但内在于本行业的。

因此，厂商的长期成本曲线的位置并不独立于行业产量的变化，就像它们在不变成本的场合下那样。[①] 针对图 15-5，当新厂商进入该行业时，厂商的长期成本曲线下移至 $LRAC'$ 和 $LRMC'$。一个新的行业均衡在价格 P'（B 点）实现，在这里短期供给 SRS'（或 $\sum MC'$）等于新的行业需求 $D'D'$。将这两套均衡的价格和产量（由图 15-5 中的 A 点和 B 点表示）的轨迹连接起来便可以描绘出一条向下倾斜的长期行业供给曲线。[②] 递减的函数 LRS 从直观上可以代表马歇尔用"递减成本行

---

①　我们避开代表性厂商的产出率（在图 15-1a 中是 q_i）究竟是大于、小于还是等于行业产出变化率这一更复杂的问题。

②　然而，图 15-5b 中的短期供给函数是正斜率的，因为它们是正斜率的厂商的边际成本函数的和。

业"一词所隐含的分析内容，尽管关于这一问题可能有某些争论。显然，这一概念不仅在解释上而且在内容上充满了困难。然而，这绝不仅仅是一个简单的理论之谜，马歇尔关于外部经济和递减成本的讨论从几个方面来说都具有头等重要性。首先，他的局部均衡方法的局限性由于递减成本产业的概念而完全暴露出来。其次，一个全新的微观分析领域——不完全竞争研究——在很大程度上是由于人们对于递减成本能否与竞争理论相融合的疑问，而在 20 世纪 20 年代和 30 年代所引发的。[①] 在讨论马歇尔对于他的选择成本假设的分析性使用之前，简要地考察一下这些问题中的每一个将是富有启发的。

□ 长期供给：分析的困难

马歇尔分析方法的局限——他清楚地了解这一点——在外部经济和递减成本的场合显示出来。我们已经论证过，长期供给函数如图 15-5b 所描述的那样，由于外部经济效果而呈负斜率状态。人们也许会说厂商长期成本曲线向下移动是随着行业产量增加要素投入价格下降的结果。不幸的是，正如马克·布劳格所指出的那样（《经济理论的回顾》，p.381），此种推理仅仅使解释移动了一小步。例如，为什么投入要素的价格会下降？如果这种下降是由于供给这些要素的行业的外部经济效果，那么我们仍然需要说明这些经济效果的性质。因此，我们要把投入价格的下降排除在我们的外部经济名单之外。

但是，甚至当我们面对马歇尔所描述的名单（更好地使用机械，更好的方法，等等）时，我们仍然会遇到困难。具体地说，像图 15-5 所描绘的局部均衡方法是否能够处理此问题，极其值得怀疑。长期供给曲线的描绘是在假设技术不变的基础上进行的。技术的变化将引起曲线的移动。在马歇尔所给出的外部经济名单中，将很难发现一个简单的经济不以某种方式改变技术。当所考虑的时期延长时尤其如此。

进而，与这种分析相联系的一个重要问题是有关长期供给曲线的逆转问题。一个产业中的经济效果或技术进步通常在该产业需求下降时不会被摧毁。所以，长期的行业供给曲线是不会逆转的（如同图 15-5 中那样）。如果经济效果是不可逆的并且技术的变化被考虑进来，那么局部均衡分析在解释价格和市场条件时也许只能被用作一个非常粗略的近似工具。马歇尔自己承认并明确指出了这种困难。正如他不断警告的那样：

> 在比如说整个一代人的期间内，由于那些广泛的力量仅仅与所讨论的问题有间接的关系，而把它们置于其他条件不变假设的帷幕下，将是过激的。因为即使是间接的影响，如果它们恰巧是累积地发生的，那么在一代人的时期内也会产生巨大影响；在实际问题上即使暂时忽略它们而不加以具体的研究，也是

[①] 马歇尔关于外部经济和不经济的概念由他的继承者 A.C. 庇古推广到与"非补偿的服务或损害"相关联的一种理论。庇古还将这些外部性与竞争市场的失灵联系起来，但是，他的论述的力量被弗兰克·奈特和罗纳德·科斯（Ronald Coase）所发展的现代外部性理论极大地削弱了。

358

不安全的。因此，在与相当长的时期有关联的问题上使用静态方法是危险的；每一步都需要谨慎、远见和自我约束。这种工作的困难与风险在关于遵循收益递增规律的产业的场合达到了顶点；而正是在与这种产业相关联的场合，这种方法的使用最具有诱惑力（《原理》，脚注，pp. 379 - 380）。

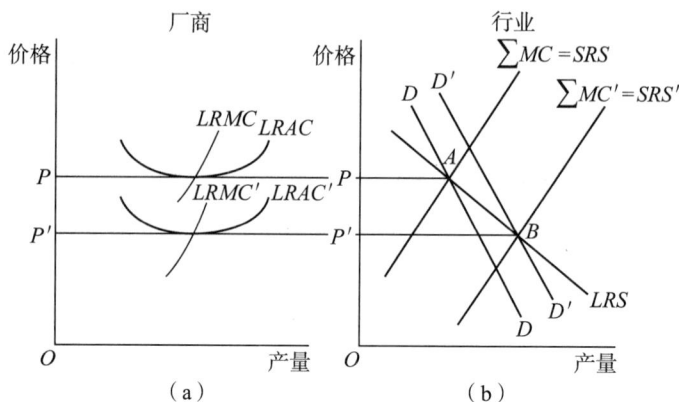

图 15 - 5　市场需求从 *DD* 到 *D′D′* 的一个短期增加，引致现存厂商增加产量和新厂商进入该行业，从而使产量扩张。外部经济的存在降低了每个厂商的 *LRAC* 和 *LRMC*，结果便形成长期的向下倾斜的供给曲线（*LRS*）

　　但是，具有重要意义的是，马歇尔不愿意把孩子与洗澡水一起泼出去。他指出，确实，他的方法是"将变量暂时地视为不变"，但同样真实的是，他的方法也是"科学在处理（不论是在物质的世界还是道德的世界中）复杂和多变的事情时所赖以取得任何进步的唯一方法"（《原理》，脚注，p. 380）。

　　第二点涉及递减成本条件与存在竞争均衡之间的融合问题。远不是出于对深奥问题的兴趣，这个问题引起了人们的争论，而这场争论是导致 20 世纪 30 年代不完全竞争理论发展的一个主要因素（参见第 19 章）。简要地说，完全竞争能够与外部经济和递减成本共存吗？稍微考虑一下便会清楚地显示这是不可能的。假定厂商的长期成本曲线与行业产出负相关（因为当外部经济存在时，至少对于产量的增加存在此种关系），任何厂商都将有购买所有其他厂商的动机，因为任何单一厂商都将愿意把行业内的外部经济效果内部化。拥有多工厂生产的一个垄断者将是可能形成的结果。显然，人们必须在竞争均衡理论与递减成本理论之间作出选择。马歇尔的几个学生对于这个事实的承认导致了不完全竞争理论在 20 世纪的充分发展。

　　到此为止，我们考察了马歇尔的竞争均衡理论，一个以他的局部均衡方法为特征的理论。我们也考察了他关于外部经济和递减成本的讨论，以及由这些概念而引发的一些理论困难。在回到这些概念和马歇尔对它们的分析应用之前，我们必须考察他对于竞争分析的巨大贡献的另一方面，即需求理论和消费者剩余。[①]

---

　　① 马歇尔对价值理论的一些贡献已经被讨论过了。关于穆勒-马歇尔的联合供给和相互需求理论，可参见第 8 章。

需求和消费者剩余

在关于竞争均衡的讨论中，我们假定存在一个行业需求函数。然而一个需求函数究竟是什么？它是怎样建立起来的？以及它的用处是什么？对这些问题马歇尔比在他以前或以后的其他经济学家提供了更详尽（虽然并不总是很清晰）的回答。他也许在很大程度上是受到古诺和杜普伊的需求分析的影响，并且很明显，J. S. 穆勒对需求理论的系统表述（参见第8章）在他那里也留有痕迹。如同我们已经看到的那样，马歇尔对于穆勒的联合供给和相互需求概念增加了一个清晰的图形说明。但是在需求理论的场合，马歇尔大大扩展了这种概念，其扩展如此之大以至于在事实上"马歇尔的"这一形容词经常被用来表示需求理论的全部传统。马歇尔在他的《原理》中之所以极大地强调需求，原因之一当然是为了与强调把生产成本作为价值唯一决定因素的古典理论反其道而行。

□ 马歇尔对需求曲线的规定

马歇尔用下列方式来阐明需求规律："因而有一个一般的需求规律：销售量越大，为了使产品找到买者它的价格就必定越低；或者，换言之，需求量随着价格下降而增加，随着价格上升而减少"（《原理》，p. 99）。然而，不像他的大多数前辈，马歇尔承认在人们能够画出需求曲线以前，必须给定一系列假设。马歇尔用来支持价格与需求量之间的函数关系时所使用的其他条件不变假设可以被总结如下：

1. 调整的时间周期；
2. 主观嗜好、偏好和习惯；
3. 主体可支配的货币数量（收入或财富）；
4. 货币的购买力；
5. 价格和相竞争的商品的范围。

需求分析中的时间　正如他在讨论成本的场合所做的那样，马歇尔也将时间以及他的其他条件不变假设方法应用于需求分析。在需求理论中时间是一个必不可少的因素，"因为为了使一种商品价格的提高能够对消费施加充分的影响，必须要有时间"（《原理》，p. 110）。如同我们在渔业的例子中所看到的那样，嗜好可以随时间而变化，而嗜好是与使用相联系的。人们可能通过反复地使用而对某种东西产生嗜好。这对于需求理论提出了一个问题，马歇尔对此是完全知晓的。如果为了取得一个价格变化对需求量的充分影响而需要时间，并且一种替代品的延长使用可能改变人们对于原先的物品和它的替代品的嗜好，那么这难道不会改变需求曲线依以绘制的基础之一吗？马歇尔这样来表述这个问题：

> 因而，一个需求价格表就是在其他条件不变的假设下，一种商品能够连续地被销售不同的数量所对应的价格的变化；然而事实上，在能够收集充分和可

靠的统计资料的相当长的时期中，其他事情很少能保持不变。扰乱的因素常常发生，它们的后果与我们所要分离开的那个特殊原因的后果被混淆在一起，很难区分开来。这个困难由于下面的事实而加大了：在经济学中，一个原因的全部后果很少一次全部出现，经常在原因已消失之后再全面展现出来（《原理》，p. 109）。

对于将时间引入需求理论所产生的问题，马歇尔的解决办法是在需求理论中为调整的时间周期规定一个参数。调整的时间周期（例如，牛疫的时期）的改变可能显著地改变需求曲线，因而为需求曲线的绘制规定一个时间周期是必不可少的。他清楚地表明，需要把人的嗜好或习惯以及紧密相关联的商品的价格都放在他的其他条件不变假设的帷幕下：

> 在我们的需求表中的需求价格，指的是在给定的时期中和给定的条件下一种物品的各种数量能够按其销售出去的价格。如果任何方面的条件发生了变化，价格可能也需要变化；当对任何一种物品的欲望由于习惯的改变，或由于与其相竞争的物品的供给更加便宜，或由于发明了一种新产品而发生实质变化时，价格便一定要变化（《原理》，p. 100）。

收入参数　当一种物品的价格下降时，会发生两件事情。第一，该物品与消费者预算中的所有其他商品相比将变得更加便宜，消费者将用这种商品去替换其他商品（这是价格变化的替代效应）；第二，因为货币的购买力提高而导致的消费者的实际收入增加，将引起消费者购买更多的、包含在他或她的预算中的所有正常物品（这是价格变化的收入效应）。[①] 由于引入收入效应将导致需求函数移动或转动，因而马歇尔不得不表明，他想要的是沿着需求曲线保持不变的那类收入。虽然人们可能发现这些表述提供了一个矛盾的解释，然而看起来这主要是因为他想忽视货币购买力的变化。在他关于边际价格递减的分析中，马歇尔诉诸一种不变实际收入的假定：

> 在其他事情不变（即货币购买力和他所支配的货币量不变）时，一个人所拥有的东西越多，他为了多得到一点该种物品所愿意付出的价格就越低；或者换句话说，他对于它的边际需求价格是递减的（《原理》，p. 95）。

马歇尔明确地指出，需要对货币购买力的变化进行校正。马歇尔的需求曲线究竟是归入现代不变货币收入模式的范畴，还是归入现代不变实际收入模式的范畴，将依赖于对有关货币购买力不变的假设的解释以及对于这一假设所赋予的重要性。根据米尔顿·弗里德曼（Milton Friedman）的解释，当所分析的物品的价格变化时，货币购买力能够保持不变的唯一途径是，通过货币收入的变化或消费者在保持（以效用来表示的）实际收入不变的条件下所消费的其他物品的价格进行相反运动而使该购买者被补偿（《马歇尔的需求曲线》，pp. 463－465）。根据传统的解释，马歇尔关于货币购买力不变的假设是一个简单化的假定，在严格意义上说，它与他的

---

①　正常物品指的是这样一种物品，当收入增加时，对它的消费也增加（例如牛排）；对低档品（例如汉堡包）的消费将随着收入的增加而减少。

经济理论和方法史（第五版）

论述的其他部分是不一致的（希克斯，《工资理论》，pp. 38 - 41）。

那从回顾的角度来看，两种解释似乎都是正确的，尽管每一种在马歇尔的抽象水平的连续统中对应不同的点。这两种不同的解释的可能性来源于，马歇尔未能明确地确认他究竟是在他的抽象水平的连续统中的哪一点上来展开他的各种分析。在关于需求曲线的理论构建中，马歇尔的表述适合于不变实际收入的类型，因而弗里德曼的解释似乎是正确的。在诸如消费者剩余这样的实际应用中，认为马歇尔简单地忽视了货币购买力变化的不变货币收入解释似乎是更合适的。只要我们记住他的书不仅是为了展示经济分析而且也是为了在日常生活中的实际使用，那么在马歇尔的《原理》中所碰到的这种明显的含糊性也就不足为奇了。

□ 消费者剩余

在可操作的概念（即能够在现实世界使用的那些概念）中，在马歇尔的《原理》中也许没有哪一个像消费者剩余那样被赋予如此大的重要性。对于马歇尔使用的测量方法，经济学家们既有赞成的，也有反对的，肯定有很多困难与这种方法相关联。马歇尔的测量方法（或它的改进）是否克服了这些困难，这一点实际上并不重要。毫无疑问，对于物品所产生的福利（特别是在成本—收益计算中，由公共物品所产生的福利）的测量是许多政策决策所需要的。不仅如此，很明显，不管马歇尔的需求曲线对于它的测量是否正确，消费者剩余总是存在的。最终，马歇尔在将分析应用于他的《原理》所包含的最有趣的现实世界问题（例如垄断和税收）时，使用了这一概念。

消费者剩余的概念起源于朱尔·杜普伊（参见第 12 章）。然而，马歇尔使这一概念流行起来，并为它起了我们现在所通称的名字。他将消费者剩余的概念描述如下：

> 一个人对一物所支付的价格绝不能超过并且很少能达到他为得到此物而宁愿支付的价格；因此，他从此物的购买中所得到的满足一般将超过他因支付它的价格而放弃的满足；这样，他就从这种购买中得到了一种满足的剩余。他为得到此物而宁愿支付的价格超过他实际付出的价格的部分，是对这种剩余的满足的经济测量。它可以被称之为消费者剩余（《原理》，p. 124）。

茶叶的例子　为了进一步理解这一概念及其操作上的重要意义，马歇尔提供了一个数字例子。他给出消费者对于一种不重要的商品（这种不重要是指它们在该消费者的支出中占有很小的比重），例如茶叶，的需求表。表 15 - 1 复制了马歇尔的例子。

表 15 - 1　　　　　　　　　　　　每磅茶叶的价格

每磅茶叶的价格（先令）	需求量（磅）
20	1
14	2
10	3

每磅茶叶的价格（先令）	需求量（磅）
6	4
4	5
3	6
2	7

让我们假设消费者在 20 先令的价格上购买 1 磅茶叶。马歇尔的观点这表明，消费者从这一磅茶叶的消费中所得到的总的享受或满足"将同他把 20 先令用于购买其他物品所得到的享受和满足一样大"（《原理》，p.125）。现在，假设价格下降到 14 先令。买者能够从购买 1 磅茶叶中取得一个等于 6 先令的剩余满足或至少是 6 先令的消费者剩余。但是如果他增加购买 1 磅，这个追加购买量的效用必定至少等于 14 先令。因而，他现在花费 28 先令得到的茶叶量对他来说至少值 34 先令（20 先令＋14 先令）。这样，按照马歇尔的计算，消费者剩余至少等于 6 先令。

我们可以将这种情况描述在图 15-6 中，该图给出了消费者对茶叶的需求。连续的价格下降很显然将增加单个人从茶叶的消费中所得到的剩余效用，因而当价格下降到 2 先令时，他将购买 7 磅，它对于他的价值"将不少于 20、14、10、6、4、3、2 的价值总和或 59 先令"。这 59 先令测量了 7 磅茶叶对于消费者的总效用（用杜普伊的术语来说是绝对效用）。但是，消费者对于这 7 磅仅仅需要支付 14 先令，因而他从消费 7 磅茶叶中多得到了一个总和等于（至少）45 先令的效用。马歇尔将这个量定义为消费者剩余。

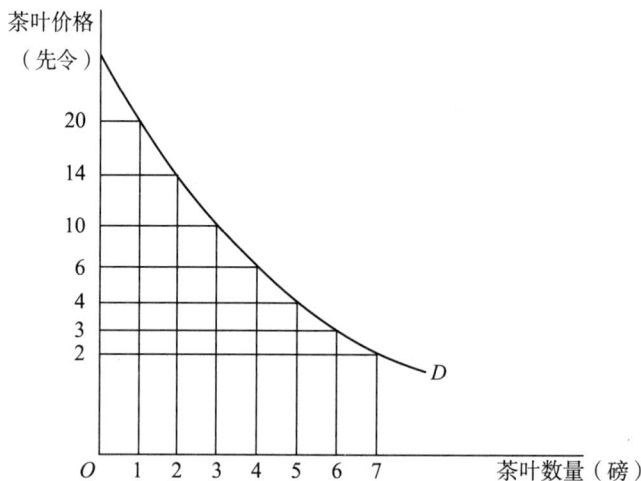

图 15-6 当价格从 20 先令下降到 2 先令时，消费者的总效用增加到 59 先令（20＋14＋10＋6＋4＋3＋2）。由于消费者对于 7 磅仅仅需要支付 14 先令，他的消费者剩余等于 45 先令

马歇尔的测量 消费者剩余的概念是清晰的且合乎逻辑的。然而，当马歇

尔的需求曲线下面的面积被用来代表消费者剩余的时候，会碰到很多问题。为了理解这一点，让我们假定图 15-6 中的需求曲线是在本章前面所作的一系列假设意义上的马歇尔式的曲线。我们应记住，这些假设之一是货币的购买力不变。但是当价格相对于我们的茶叶消费者而下降时，他或她的货币的购买力（实际价值）将肯定会上升。货币购买力的增加与消费者实际收入的增加是等价的。问题当然是，当实际收入增加（或当货币收入的购买力增加）时，实际收入的边际效用将下降，就像任何物品的边际效用随着其数量的增加而下降一样。这意味着，就茶叶消费而言，当消费者沿着他或她的需求曲线向下移动的时候，就效用角度而言，一个先令将不再等于一个先令。消费者在 20 先令的价格购买 1 磅茶叶时的先令的边际效用，与在 2 先令的价格购买 7 磅茶叶时的先令的边际效用并不是一样的。马歇尔是用货币术语来表示消费者剩余的，但货币的各个单位（比如说在价格 2 先令时消费 7 磅的 45 先令）因为消费者实际收入的改变并不具有同一效用值。由于没有涉及这些不必要的复杂性，马歇尔的（不变货币收入）需求曲线将或者高估、或者低估了消费者剩余。

马歇尔通过明确假设货币的边际效用不变，试图避开这一问题。因此，他选择茶叶这样一种"不重要的"商品，因为在这里实际收入的变化相当微小。但是，对于重要的商品来说，任何以严谨的方式来对待消费者剩余的理论都将会面临问题。马歇尔对"最终"观点的含糊不清导致这一理论陷入某种混乱状态，不过，十有八九，马歇尔仅仅是要寻求对于某些公共政策问题的粗略指导。他宣称，他发展消费者剩余概念的目的，主要是"为大致地估计一个人从他的环境中所获得的某些利益提供一种帮助"（《原理》，p. 125）。[①]

在转到马歇尔对于消费者剩余概念的某些应用之前，必须澄清另一个不同类型的含混之处。需要注意，在本书各处我们一直是使用一般化的消费者剩余这一术语，它可以应用于一个或更多的个人。虽然马歇尔写的是消费者剩余，然而他发展的市场需求曲线是很多单个人函数的加总，并且试图去决定消费者们的剩余。我们也许可以称之为"所有格的问题"——当很多单个人的需求（作为效用函数）被加总时，我们说的是消费者们的剩余，并且将该剩余的货币值视为一种效用值。但是很明显，单个人的收入、嗜好和偏好必定是不同的，因而对单个人 A 来说在价格 4 先令的 5 磅茶的效用并不等价于对单个人 B 来说在价格 4 先令的 5 磅茶的效用。确实，货币需求可以被加总以形成市场需求曲线，但是当这些货币量（在市场需求曲线下的面积）被用来表示效用时却涉及不合逻辑的个人间效用比较。不过，可以诉诸某些假定（诸如分散的需求者具有相等的收入）来实现尽可能的近似。重要的是，马歇尔已觉察到大多数此类困难。可是，在承认这些困难之后，他继续将他的不完善的近似应用于垄断和有关税收与补贴的最优公共政策的讨论中。

---

① 效用测量的一些（但不是全部）问题可以通过使用序数（无差异曲线）分析来避免。序数方法要求消费者确认更多或更少的满足，而不是在基数（1、5、20 等）意义上给出确定的数值。

马歇尔论最优定价和垄断

通过将市场需求曲线作为一种由商品产生的效用的近似代表，马歇尔着手一项理论工作，赞成政府为促进社会满足最大化而对自由市场进行干预。他把他的边际效用和需求曲线与长期供给理论结合起来，试图确定政府对产业征税和补贴究竟能否改进福利。他认为对产业征税和"奖励"（补贴）产生的福利后果将依递减、递增和不变长期供给函数而各不相同。

□ 成本递增的情况

马歇尔用图形来说明对一个成本递增行业征税或补贴所产生的后果，如图 15-7 所示。该成本递增行业的产量最初为 OH（价格为 OC），这时需求曲线 DD' 与行业供给 SS' 相交。在这个产量上，消费者剩余由 CDA 表示，它是需求曲线以下的总面积（ODAH）减去消费者的实际支付（OCAH）的差。现在假定政府对每单位产品征收 TA 量的单位税。这个税将使市场供给曲线（要记住，它是每个厂商的边际成本函数的加总）向左移动相当于税收的量。在我们的场合，供给函数递减至 ss'。征收税收以后，商品的销售量降至 Oh，价格提高到 Oc（由 ss' 与 DD' 的交点决定）。现在消费者对给他们带来 ODah 效用的商品量支付 Ocah。消费者剩余被减少到 cDa。政府的税收收入等于单位产品税率 aE（＝TA）乘以税后产量 FE（＝Oh）。换句话说，征税产生了等于矩形 FcaE 的财政收入。

为了判断税收的福利后果，马歇尔将损失的消费者剩余与增加的税收收入进行了比较。为了使结论具有确定性，这将需要假定政府对税收收入的支出所创造的效用的单位货币值等于消费者由于支付更高的价格所损失的效用的单位货币值。就图 15-7 而言，关键的问题在于面积 FcAE 是否大于面积 CcaA。如果是大于，那么政府就能够通过税收增加福利。[①]

与此相反，马歇尔得出结论：对一个成本递增行业进行补贴将会引起消费者福利的减少。这一点也可以用图 15-7 来说明，不过要假设 ss' 是初始供给曲线而初始的价格和数量分别为 Oc 和 Oh。如果政府对该行业每单位产品补贴 TA 的量（或 aE），供给函数将向右移至 SS'，均衡产量和价格将增加到 OH 和 OC。总的补贴量将等于每单位补贴量 TA 乘以所生产的新均衡产量 OH（＝CA）。因而，补贴的成本将等于面积 CRTA。由于补贴导致了一种较低的价格，消费者剩余从 cDa 增加到 CDA，即增加了 CcaA。如果消费者剩余的这种增加小于补贴的成本（在这种情况下显然如此），那么至少从效用的基础上说，对该行业实行补贴将减少消费者的福利。

---

① 正如布劳格在他的《经济理论的回顾》（*Economic Theory in Retrospect*，p. 388）中所指出的，当生产者剩余的损失被包括进来时，这一论断不一定成立。

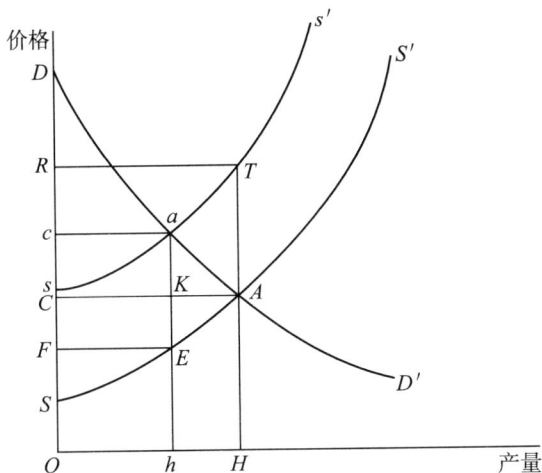

图 15-7 在最初的均衡点 *A*，消费者剩余是面积 *CDA*。对每单位产品征收 *TA* 的税将使消费者剩余减至面积 *cDa*，同时带来一个等于 *FcaE* 量的税收收入。由于面积 FCKE 比三角形 *aKA* 更大，政府通过在公共物品上支出税收收入将会增加福利

□ 补贴与递减成本

在第二种类似的情况下，马歇尔指出——从理论上来说——为了促进福利最大化，应当对递减成本行业实行补贴。这种论断的实质在今天关于被假定具有递减成本特征的电力和其他公共部门的讨论中经常提到。

图 15-8 用图示说明了通过对递减成本行业实行补贴可以增加福利。假定初始的行业供给和需求函数是 *ss′* 和 *DD′*，对应的价格和产量是 *Oc* 和 *Oh*。现在，如果政府决定对该行业实行补贴以便把产量提高到 *OH*，将会发生什么？为此所需要的补贴将等于每单位产品 *TA*（或 *aE*）的量。供给曲线实际上将下移至 *SS′*，并且在新的均衡点上按 *OC* 价格生产 *OH* 的产量。消费者剩余从 *cDa*（在产量 *Oh*）增加到 *CDA*（在产量 *OH*），增加了 *CcaA*。如同图 15-7 中成本递增的例子一样，总补贴等于单位产品补贴量 *TA* 乘以销售量 *OH*（= *CA*），或总补贴等于面积 *CRTA*。为使补贴创造一个福利增长，消费者剩余的增加 *CcaA* 就必须大于政府补贴 *CRTA*。从图 15-8 来看，情况正是这样，因为面积 *KTA* 比面积 *RcaK* 更小。由此，马歇尔便表明了对成本递减行业实行补贴将会改善福利。[①]

马歇尔通过将这同一论证思路扩展到不变成本行业，即图 15-1 所描述的情况，还表明对不变成本行业应该既不征税也不补贴，因为无论是征说还是补贴都将产生与相应的税收收入变化相比较而言更小的消费者剩余的变化。

与马歇尔使用需求曲线来作为测量福利的手段相联系的一些理论问题已经讨论过了。然而，正是马歇尔指出了其中一个与税收和补贴相关联的特别重要的问题。用他的话来说，"最大满足学说……假定所有相关各方之间的福利差别可以被忽视，

---

① 反过来，他也表明，如果对这些行业征税，福利将被减少。

其中一方估价为 1 先令的满足，可以被视为与另一方估价为 1 先令的满足相等"（《原理》，p.471）。严格地说，任何将效用水平归与给单个人或集团的表述都是不科学的。在税收—补贴分析中，存在着明显的受益者和受损者。受损者（被征税者）损失的效用究竟是大于、等于还是小于受益者（递减成本行业产品的消费者）增加的效用？对这个问题的肯定或否定的回答要求某种价值判断，马歇尔毫不踌躇地给出了一些，其中之一是"追加 1 先令带给穷人的幸福将比带给富人的幸福要大得多"（《原理》，p.474）。当在有受益者和受损者的场合谈论政策时，必须给出这样的假定，而马歇尔作为第一近似实际上已经给出它了。

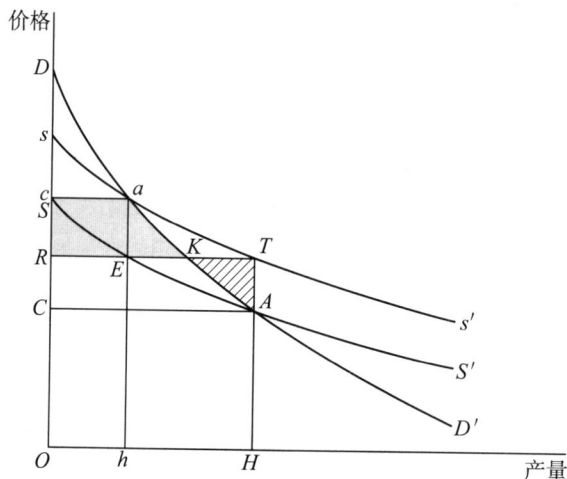

图 15-8　每单位产品的 **TA** 量补贴将使消费者剩余从 *cDa* 增加到 *CDA*。由于消费者剩余的增加超过了补贴的成本，消费者福利增加了

在马歇尔关于最大化满足的学说的研究中，我们有更多关于他的理论关注与实际操作相分裂的例子。就其需要某些有关受益者和受损者的效用加总的非科学的假定而言，他的理论及其结论是试验性质的。不过马歇尔无论如何试图继续探讨下去，他一路发出警告并得出结论：他的主张"本身并不为政府干预提供一个坚实基础"。按照他自己的观点，他简单地确认了一个问题，并指出关于它有大量的工作需要做，特别是在对供给和需求进行统计估计的领域中。实际上，设计使福利最大化的政策问题确实在马歇尔的学生和具有剑桥传统的其他人中产生了极大的兴趣，尽管所取得的进步仍然是零散的和远远不够的。[①] 但马歇尔总是用一种使经济分析付诸应用的眼光来提出重要的问题。

□ 垄断和经济福利

马歇尔关心效用理论的有用性的另一个重要例子，可以在他关于简单垄断分析

---

① 确认成本递增和成本递减行业所面临的经验上的问题，曾由 A.C. 庇古、J.H. 克拉彭（J.H. Clapham）和 D.H. 罗伯逊（D.H. Robertson）来加以研究，但是很少取得成功。科学地估计福利和"利益"转移问题也耗去了很多经济学家的精力，但这方面更少有成功的。

的领域中被发现。他在他的书中关于垄断的一章里极详尽地阐述了，最先由朱尔·杜普伊（见第 12 章）说明的垄断收益与消费者剩余之间的差别的含义。这里又像在消费者剩余论证中的情况一样，马歇尔通过探讨垄断净收益的含义扩大了这一工具的分析价值。马歇尔特别指出，由于与垄断的市场结构相联系的各种规模经济和为技术改进融资的能力，"商品的供给表如果不被垄断化，将比我们的垄断供给表上的那些商品显示出更高的价格"（《原理》，pp.484－485）。马歇尔进一步拓展分析并指出，如果垄断者对资本拥有无限的支配权，自由竞争条件下的均衡数量将比在垄断条件下需求价格等于供给价格时的数量更少。

在《原理》的一些最有趣的篇幅中，马歇尔分析了一个短期"利他主义的企业家"存在的可能性，该企业家也许把消费者剩余的增加与垄断收益的增加看得同等重要。他把消费者剩余和垄断收益的货币额之和叫作"总利益"。在偏离这一主题的另一处论述，即"调和的利益"的理论中，垄断者将计算并努力使下面两者的和最大化：（1）在任何给定价格下取得的垄断收益，（2）相应的消费者剩余的某个百分比（1/2、1/3 等）。马歇尔认为这个原则可以为对通过公共物品供给（例如桥梁、水利和煤气）来增进消费者福利感兴趣的政府所应用，尽管他强调指出，这只能在总收益等于总成本的约束条件下进行。但是，由于总是注重实际可行性，马歇尔又指出：

> 甚至一个认为其自身利益与人民的利益相吻合的政府也要考虑这样的事实：如果它放弃一种收入来源，一般来说它必须依赖于另外的收入来源，而这些来源将有它们的不利条件。因为它们必然要涉及收集这些来源所发生的摩擦和费用，以及对公众造成的某些伤害，后者属于我们描述为消费者剩余损失的那类东西（《原理》，p.488）。

在政府所有或经营的有限情况下，将不存在调和的利益；消费者剩余的最大化将仅仅受到全额成本补偿这一点的限制。

这样，关于政府对企业的政策问题，马歇尔的效用理论（与他关于长期供给函数的理论观点相结合）导致他得出一些相当非正统甚至激进的建议。尽管他作为分析基础的这种效用理论，多年以来已经在很大程度上被冷落了，但是马歇尔攻克的问题（确定针对市场中企业的最优公共政策）仍然引起我们的极大关注。不仅如此，很明显，他关于这些问题的分析仍然与当代政治经济学家所提供的那些分析具有同样的说服力。

□ 外部性的案例

在当代经济分析中特别显著的那些应用之一，是有关"外部性"、产权和"市场失灵"的一般领域。马歇尔对于外部经济概念的发现和阐发，被证明是为公共经济领域中新的理论原理的发展提供了丰富的土壤。

上面我们已看到，马歇尔将某些东西定义为"外部经济"，某些类型的产业发展和扩张正是由于外部经济降低了产业内厂商的成本曲线——对于厂商的一种正"外部性"。

与马歇尔非常务实的外部性定义不同，一个关于福利最大化的哲学传统从边沁的功利主义（参见第 6 章）始发并经由 J. S. 穆勒和一个更年长的马歇尔同时代人亨利·西奇威克（Henry Sidgwick）得到延续和发展。根据这种传统，唯一地通过市场来为最大多数人提供最大幸福将会遇到某种障碍。由于一些活动可能会产生正的或负的外部性，而市场又不能对产生这些外部性的行为主体收费（在负外部性的场合）或支付（在正外部性的场合），市场也许会"失灵"。负外部性的一个例子是，钢厂向周围地区排放的浓烟和倾倒的废渣损害了住房、人的呼吸器官以及饮用水源。相反，一个人可能种植其邻居也能得到享受的花园，但却无法向其收费。当我们讨论"环境"问题时，每每都会出现类似的问题。

A. C. 庞古，马歇尔的门徒和他精选的在剑桥大学的继承人（1910 年），极大地扩展了这一概念，并提出了一个"马歇尔式的"解。庞古在他 1912 年出版的《财富与福利》（Wealth and Welfare）一书以及经过扩展的更名为《福利经济学》（The Economics of Welfare）的该书的第二版（1920 年）中，讨论了市场失灵的可能性。假定存在一种诸如河流污染这样的负外部性，则对于污染厂商来说，其生产的边际社会成本将超过其边际私人成本（此差额等于边际污染损害）。

考虑图 15 - 9，它描述了对于这样一个活动所可能有的边际私人成本（MPC）、边际社会成本（MSC）和需求曲线。如果污染厂商未承担社会成本，MPC 曲线是与决策制定相关的。数量 Q_0 将被生产，社会被迫承担边际污染成本 AP_0。从社会观点来看，这种产品生产得"太多了"。

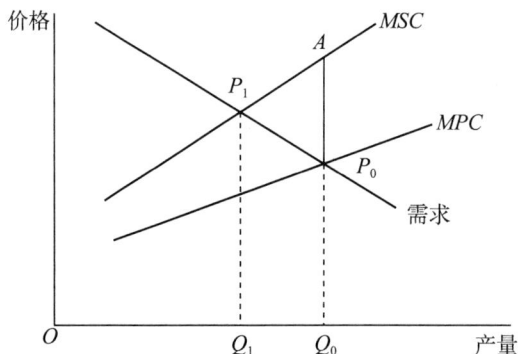

图 15 - 9　如果污染厂商能够无视生产的社会成本，它将生产产量 Q_0，迫使社会承担 AP_0 的成本。将边际私人成本提高到边际社会成本水平的一种方法，是根据 MSC 与 MPC 之间的差额对污染厂商征税

庞古的解决办法是，对污染厂商征收一笔税从而使 MSC 曲线被厂商视为生产成本。在这个例子中，厂商将承担生产这种产品的全部成本（私人的＋社会的），同时产量被限制在 Q_1（伴随着价格的上升）。遵循马歇尔的方法，庞古也选择税收和补贴来作为应对市场失灵的方法。在这种框架下，庞古考虑扩大政府在形成立法和实施管制行动中的作用。对这一思想有一个来自不同视角的扩展，即强调私人、契约的解决办法而不是通过政府干预，它是由另一位马歇尔主义者罗纳德·科斯（Ronald Coase）所开创的（参见下面的专栏"思想的力量：科斯的产权革命"）。

思想的力量：科斯的产权革命

一位 20 世纪的对马歇尔传统造诣极深的经济学家，对于"外部效应"问题作出了卓越贡献。罗纳德·科斯在一个对当代经济理论独一无二的最重要的贡献中，将人们的注意力（就像先前的边沁和查德威克所做的那样）吸引到产权的特定分配对于经济活动具有的激励效应上。在《论社会成本问题》——由于这一著作使科斯荣获 1991 年度诺贝尔经济学奖——科斯对庇古关于外部性在本质上是单向性的假定（参见本章围绕图 15-9 所进行的讨论）提出了挑战。科斯强调外部性问题的相互（或双边）性质。如果单个人不使他们自己接近吸烟者，吸烟者就不能产生外部性。如果在河流下游没有居民，河流的污染者也不能创造外部性。

科斯的论断是怎样展开的呢？考虑一个空气污染的例子：某工厂向其附近地区排放烟尘。尽管对该地区带来损害，但这些"外溢效应"实际上为工厂创造了利益。然而，随着该厂商的产出增加，由于追加生产的收益率一般呈递减状态，污染的边际收益对于厂商将递减。在成本方面，该污染的边际成本由烟尘造成的损害来衡量，它是生产的增函数，因为生产越多，排放的烟尘也越多。按照科斯的概念，（对社会）污染的边际成本必定与它（对厂商）的边际收益相平衡。

科斯指出，如果我们简单地将关于空气质量的法律所有权指定给两个当事人中的一方，市场将能够解决这个问题。如果在周围地区的房屋所有者得到享有清洁空气权，并且容许自由交换，厂商有可能从它的周围邻居那里购买污染权。只要它从污染中增加的利润超过它必须支付给周围邻居的边际成本，它就愿意这样做。厂商的边际收益（从污染中增加的利润）将随着（因污染程度增加而发生的）边际成本的提高而递减。在达到某一产量水平时，厂商将不再想购买污染权。如果厂商得到污染权，也同样可以应用这种分析，即这种分析是对称的。在这种情况下，房屋所有者将从厂商那里购买减少污染的权利，不过他们的购买在达到这样一点时将停止，即他们的边际成本等于其边际收益。这一点与当房屋所有者拥有清洁空气权时，厂商对于该种权利的购买终止点是完全一致的。这便是科斯定理所提供的核心见解：在一个谈判成本为零的世界中，法律上的权利无论指定给哪一方都是无关紧要的。无论是厂商还是消费者谁拥有空气，都将存在一个确定的均衡产量水平和与之相应的污染水平。*

在上面所描述的科斯定理条件下，政府干预（污染指导线、税收惩罚等）不能改善由直接卷入外部性问题的各方通过谈判所得到的结果。只要谈判和交易成本是零或接近于零，现实世界中的一系列外部性问题都可以用该定理来分析。科斯论证道，如果司法体系作出适当的权利分配（即分配给相对于外部性的低成本的一方），市场力量和激励也许足够产生对于外部性问题的有效率的解。换句话说，它们的存在并没有为政府通过某种类型的立法（诸如美国的职业安全与保健管理总署或环境保护局）实施干预提供口实。

如果交易成本（即界定和实施一种所有权体系的成本）巨大，结果将会怎样？在这种情况下，有一系列的"解决办法"可以尝试。这些办法包括对外部性实行税收或补贴（如同本章中所描述的庇古解），政府向污染企业出售"污染权"（这在理论上能使污染者将污染减少到最优水平），或通过要求厂商安装某种类型的控制污染设备和其他设施对厂商简单地实行直接管制。由于这些"解决办法"在很大程度上涉及政治过程，故而其实际的结果不可能是最优的。有时，简单地撇开不完全的市场解决办法可以取得由各种不完全的解决办法相合形成的最好解。无论如何，科斯定理都为分析外部性问题提供了一个里程碑。

    * 科斯定理开创了一个全新的经济学领域（20 世纪 60 年代以后）。它被称为"法与经济学"，这一理论领域研究法律规则和制度对经济的影响。很多法学院专门设立了法与经济学的专业和研究领域，并且有两本杂志（《法与经济学杂志》和《法律研究杂志》）发表了有关这一主题的一系列文章。

马歇尔论弹性、投入品需求和资源最优配置

    微观经济学家的工具箱里最有用的工具之一是弹性概念。像马歇尔所精心提炼的许多概念一样，弹性这一概念也能在一些早期著作家的作品中被发现。例如，詹金在 1870 年就提到过它。但是，正是马歇尔赋予这一概念以数学特征及其在当代的重要地位。

    弹性 弹性是一个可以应用于诸多环境下的一般性概念。它能够应用于需求、供给以及生产研究等方面。就其一般化的形式而言，它简单地计量一个变量对于另一个变量变化的反应程度。借助于对这一概念的理解，人们可以测量需求的价格弹性、供给的价格弹性、投入弹性、产出弹性、收入弹性等。我们这里来考察马歇尔对于需求的价格弹性的使用，借此可以理解这一概念在其他条件下所具有的广泛应用性。

    如同马歇尔所指出的，"根据对应一个给定的价格下降，需求量的增加是多还是少，以及对应一个给定的价格上升，需求量的减少是多还是少，可以定义需求在一个市场中的弹性（或反应）是大还是小"（《原理》，p.102）。"大"还是"小"不是精确的术语，因而马歇尔又给出了更精确的表述。需求的价格弹性被简单地定义为需求量的百分比变化除以价格的百分比变化。用代数来表示，即 $N_D = \left(\dfrac{\Delta Q_D}{Q_D}\right) \div \left(\dfrac{\Delta P}{P}\right)$。[①] 如果 N_D 大于 1，则需求被认为是弹性充足的；如果 N_D 小于 1，则需求被认为是弹性缺乏的；如果 N_D 等于 1，则是单位弹性需求。

    马歇尔看到了在每一种情况下决定弹性大小的环境因素，并给出了一系列实际例子。他基本上认为，在其他条件不变时，如果存在下列情况，需求将更富有弹性：

---

    ① 马歇尔也将这一基本概念用于供给。后来，一个"交叉弹性"的概念被发明出来。交叉弹性被定义为一种商品 A 的需求被认为量变化对另一种商品 B 的价格变化的反应程度。

1. 用于该商品的支出在单个人的总预算中占有更大比例（例如，食盐是一种必需品，它无论是对于富人还是穷人都只代表一个较小的支出比例）；

2. 价格变化实际持续更长时间（又是时间因素）；

3. 替代品数量更多；

4. 商品的用途更多。

为了更好地测量弹性，马歇尔给出了许多关于富人、中产阶级以及贫穷购买者之间弹性差别的讨论。在一段明显地暴露出他关于阶级的维多利亚式的偏见的文字中，他就人们逐渐养成的偏好对于肉的需求的影响写道：

> 在普通工人阶级的区域里，劣等的和较好的肉片几乎按同一价格出售；但是在英格兰北部的一些高工资技术工人形成了一种对最好的肉的偏好，并且会以与伦敦西端几乎一样高的价格购买这种肉。在伦敦西端，由于劣等的肉片必须运往其他地方销售，结果价格被人为地抬高（《原理》，p. 107）。

马歇尔总是敏锐地关注时尚与社会地位模式，他指出，"部分对于更昂贵的物品的需求实际上是对于能获得某种社会地位的手段的需求，这种需求几乎是没有止境的"（《原理》，p. 106）。

马歇尔关于弹性概念的精彩讨论使得对需求的价格弹性与收入弹性估计的有用性成为可能，这种有用性相当明显地表现在预算分析以及消费者理论的所有方面。但是，像他通常展示其广阔的视角与敏锐的思维一样，马歇尔将弹性这一概念及其有用性又从消费者行为理论扩展到生产者行为理论，即对于要素投入（劳动、资本、土地）的需求上。

□ 要素需求[①]

关于要素需求（对生产性投入的引致需求）和要素需求弹性的研究可以说是由马歇尔开创的，并由 A. C. 庇古和约翰·R. 希克斯进一步推进。然而，至少是在《原理》的第 8 版，马歇尔曾将相关的发展归功于庞巴维克和欧文·费雪（Irving Fisher），而看起来很清楚，古诺早在 1838 年就在思考类似的概念。

马歇尔关于引致的要素需求弹性的决定因素的讨论，主要体现在《原理》的第 V 编第 6 章，题目是"联合与合成需求、联合与合成供给"（以及在他的数学注释 XIV 和 XV 中，pp. 852 - 854）。按照他特有的方式，马歇尔没有过多地去考虑一般的理论场景。相反，他用有关住宅建筑中雇用的泥水匠和制刀工业中使用的刀柄这样的家喻户晓的例子来说明。第 6 章谈的是泥水匠，而在脚注和数学注释中谈的是刀和刀柄。

还是以他特有的方式，马歇尔不使他的基本假设明朗化。不过，马歇尔确实给出了一个明确的表述，而随后的作者们显然忽视了它，这个表述使马歇尔在某种程度上被置于以他的讨论为基础的作者们所采取的分析框架之外。J. R. 希克斯和

---

① 下面的讨论主要根据的是 S. C. 莫里斯《论不重要的东西的重要性》中关于要素需求的讨论（参见参考文献）。

R. G. D. 艾伦（R. G. D. Allen）以及其他对引致需求感兴趣的人，几乎都唯一地假定长期竞争均衡。马歇尔却不然，他写道：

> 如果扰动扩展的时期是短暂的，并且我们认为其原因是仅仅将需求和供给重新调整到在该短期内具有可操作性……那么我们将指出，按照它的行为将它归结为短期，这是我们的一般选择规则的一个例外……在一般情况下使供给力量发展的长期活动具有充足的时间（《原理》，p. 382）。

在有关泥水匠劳动的模型中，马歇尔似乎是一般地假设可变比例的生产函数，或非常近似于这种类型的函数。但是他像卡尔·门格尔（参见第 13 章）一样，在这个领域有些犹豫不决。他说道："泥水匠劳动供给的暂时受阻将引起建筑量成比例的受阻……"。这个表述本身显示了固定比例，至少就泥水匠劳动来说是如此，并且他的结果看起来是与固定比例的假定相一致的。然而奇怪的是，马歇尔在他的整个讨论中实际隐含了可变的要素比例。

可变比例主要是通过商品需求引进来的，即通过一种产品的变化引进的。马歇尔写道，

> 获得生产一种商品所需的一种要素的日益增长的困难，经常能够在修改商品特征的场合被遇到。一些泥水匠劳动也许是必不可少的，但人们常常怀疑他们在建造房屋中究竟值得使用多少泥水匠劳动，如果其价格提高，他们就将更少地使用它（《原理》，p. 386）。

不论比例是否固定，马歇尔将引致需求的基本规律以清晰的方式表述如下："对于任何生产一种商品的要素的需求表，可以通过从该商品每一个分离的数量上的需求价格中，减去在与其相对应的其他生产要素量上的供给价格之和，而由该商品的需求表推导出来"（《原理》，p. 383）。

刀刃和刀柄按照固定的比例来使用以便生产出刀。假设已知刀刃的供给和对刀的需求，马歇尔提出的问题是：如何决定对刀柄的引致需求？他用图形和数学两种方法来处理这一问题。马歇尔的图形被复制在图 15-10 中。该图与穆勒-马歇尔的联合供给模型相关联，它是按照与图 8-1 相似的方式建立的。

在这里对刀的需求 DD' 是给定的，对刀和刀柄的供给函数也是给定的，它们分别为 SS' 和 ss'。现在的问题是推导出对刀柄的需求函数，马歇尔对此使用的是下列方法。选一个刀的产量 OM，对于 OM 产量的刀的需求价格是 MP。OM 产量刀的供给价格是 MQ，而对于 OM 产量刀的刀柄的供给价格是 Mq。二者的差额 Qq，便是 OM 刀刃的供给价格。现在，为了得出对于刀柄投入（在生产量 OM 上）的需求价格，马歇尔简单地从在 OM 上对于刀的需求价格（MP）中减去对应 OM 的刀刃的供给价格（Qq）。由此便得到对于刀柄的一个需求价格 Mp（$MP-Qq$）。可以看出，Qq 等于 Pp。对于刀的所有其他产量都采用同一程序，则一个对刀柄的需求函数 dd' 便可以描绘出来。对刀刃的需求价格简单地等于刀的总需求价格与对刀柄的引致需求价格之差。对刀刃的供给价格由两个供给函数 SS' 和 ss' 之间的差客观地给出。

在图 15-10 描述的模型中，当在 BA 价格上生产 OB 数量的刀时出现均衡。对

372

373

刀柄的引致需求 dd' 与刀柄的供给函数在 a 点相交，因而支付给刀柄的均衡价格是 Ba。此外，价格 Aa 是在均衡时对刀刃的支付（很明显，$Ba+aA=BA$）。进而，如果人们知道其他要素的供给价格和对最终产品的需求，对任何投入的需求都可以被推引出来。

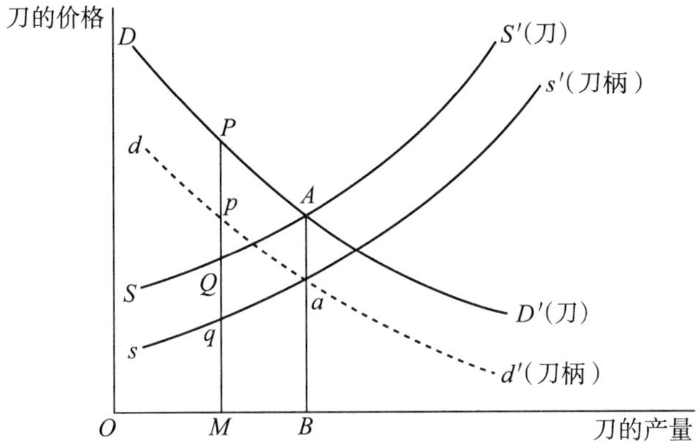

图 15-10　在均衡点 A，刀柄的价格 Ba 是由 ss' 和 dd' 的交点决定的；刀刃的
　　　　　价格 aA 是通过从刀的供给价格中减去 Ba 来决定的

□ 资源配置和产品分配

在他的引致需求理论中，马歇尔是将投入比例固定作为一种第一近似。他的说明并没有很好地组织，但是至少在短期马歇尔坚持了一种边际生产力分配理论。马歇尔在《原理》的各处已经表明，为使资源得到最有效率的配置，所有的投入都应当被应用到它们的边际产品等于它们的边际成本那一点上。下面一段话是关于马歇尔的著名的"替代原理"的总结性陈述：

　　每一种生产要素，土地、机械、熟练劳动、非熟练劳动等，只要它能盈利都倾向于被应用到生产中。如果雇主和其他企业家认为他们通过追加使用一点任何一种要素能够取得更好的结果，他们将会这样做。他们将估计在追加使用一种要素或另一种要素上，增加的一笔支出所可能带来的净产品（即它们的总产出的货币价值减去所发生的费用后的净增长）；如果他们通过将支出从一个方向转移到另一个方向能够获得收益，他们将会这样去做。

　　于是，每一种生产要素的使用便需求供给关系的一般条件所决定：这就是，一方面，根据每种生产要素能够被投入使用的全部用途的紧迫性连同需要生产要素的那些人的支付能力；另一方面，还要根据每一种要素的可供利用的存量大小。根据替代原理，由于总是存在着一种要素从其服务的价值较低的用途向其服务价值较高的用途转移的趋势，那么一种要素在每一种使用中的价值将保持均等（《原理》，pp. 521-522）。

在充满实际例子的许多章（《原理》第Ⅵ编的第 1～13 章）中，马歇尔描述了几种生产要素的收益。租金是供给绝对固定并且没有任何其他机会的投入的一种收入。不过，马歇尔还定义了一种"准租金"。按照马歇尔的定义，准租金是在短期中贡献于生产的暂时固定的要素的收入。它具有"沉没资本"的性质。正如乔治·施蒂格勒所指出的，马歇尔的表述"仅仅是断言在短期中只有初始或可变成本是价格决定因素的另一种说法"（《生产与分配理论》，p. 95）。在长期中，这些固定的投资必须要由市场价格来补偿，否则资本将退出该行业。换句话说，只有在短期中，才可以为了生产产品而不必支付准租金（总成本与可变成本之间的差额）。

马歇尔关于劳动收入的讨论，典型地代表了对于一个旧有问题的新微观经济方法。如同对任何要素一样，对劳动的需求依赖于它的边际生产力。但是支配劳动供给的条件在两个市场时期将显著地不同。在短期中，马歇尔采用了一个非常类似于杰文斯（参见第 14 章）所发展的劳动供给理论。杰文斯曾集中关注劳动的边际负效用与实际收入的边际效用（由货币工资的边际效用来代表）的交点。在杰文斯的模型中，当他们的工资的边际效用等于工作的边际负效用时，劳动者将停止工作。尽管他承认有某些例外，马歇尔仍然相信，作为一个一般规则，劳动供给无论在长期还是短期中都将与劳动的报酬成正相关关系。

马歇尔坚持认为，在长期中劳动的供给主要由生产劳动的成本所支配。古典经济学家持有同样的说法，并且断言长期工资将趋向于生存费用水平。但是从实际情况来看，在英国工资并不等于生存费用。马歇尔发现必须解释工资为什么高于生产劳动的成本。他的解释集中于工人的体力和脑力。马歇尔认识到获得某种市场技能所需要的成本，从而预见到了后来被称为"人力资本"理论的学说。经常出现的情况是，那些支付了获取技能所需成本的人没有得到收益，例如，当父母为其子女的教育支付成本时就是这样。在此类场合，利润动机不能作为行为的指导。父母一般被假定教育他们的子女从事那些收入与费用比率最高的职业。但是投资与收益之间的时间间隔是相当长的，经常达到 15～20 年。对这样长的时期进行预期往往是不可能的。不仅如此，父母们的收入也是不同的，这意味着在对劳动力进行抚养和教育上的支出（或投资）也将是有显著差别的。按照马歇尔的观点，这些因素以及其他的刚性因素，可以解释为什么当时在英国被观察到的工资率会有广泛的差别。

马歇尔以同样的方式来解释资本的收入（利息）和企业家能力的收入（利润），从而展示了对于边际分析的透彻应用。对资本的需求面临着递减收益的约束，其决定因素是它的边际生产力，马歇尔明确地指出，资本将被利用到其边际价值产品等于利率这样一点（《原理》，p. 520）。但是在长期中，假设存在完全竞争体系，资本的实际收入将由它的生产成本决定，就像所有生产要素的情况一样。

利润代表了对企业经营能力的报酬，它是一个难以捉摸的概念。虽然像穆勒这样的其他著作家把利润说成是"监督工资"，马歇尔却沿袭汉斯·冯·曼戈尔特的思想（见第 13 章和第 17 章），将利润视为一种"能力的租金"。他声称，租金的说法更合适，因为企业家才能的供给往往是有限的（像土地一样），并且是那些能够施展想象力和作出机敏判断的人所独有的。马歇尔认为企业家既是单个人，也是一个阶级，这可能导致对于一个具有至关重要性的主题的混乱思想。作为一个阶级，马歇尔认为企业家是按照一种与所获得的人力资本水平相适应的方式得到报酬的；然而，作为单个人，他又主张企业家得到的是一种类似于租金的级差收益，因而它将等于他们的边际生产力。

> 在企业家阶级中，具有特殊天赋的人常占多数。因为除了出身于该阶层的那些有能力的人以外，它还包括出身于较低职业阶层的很多有天赋的人。因此，投资在教育上的资本的利润，是作为一个阶级的专业人士的收入中一种特别重要的因素，而如果我们把企业家当作个人来看待，稀有天赋的租金可以看作是企业家收入中的一种特别重要的因素（《原理》，p. 623）。

总体来说，马歇尔对于分配问题的处理极大地仰赖于他的英国同胞在这一领域的理论遗产，他的分析特别与斯密和李嘉图对这个问题的处理密切相关。也可以说，他像他的学术前辈一样，太过于强调生产成本作为要素收益的一个决定因素了。他的讨论也经常被指责为普遍缺乏严密性，这无疑指的就是这种情况。

尽管有这些问题，当他通过一系列例子来分析工资和利润差别的原因或风险对收益率的冲击时，马歇尔或许显示出从未如此富有的实践智慧。他关于企业行为和实际市场的实践知识是非凡的，正是这些知识使得他关于分配的论述成为《原理》中最引人入胜和富有教益的部分。

马歇尔：总体回顾

阿尔弗雷德·马歇尔的《原理》，在某种重要的意义上是新古典经济学流派发展的一个里程碑。然而正如我们已经看到的，在马歇尔的经典著作出版以前，一系列重要的作者曾对新古典的微观分析主体作出了贡献。到第 17 章我们再来讨论这一问题。如果仅指出几位最杰出的贡献者，那么古诺、杜普伊、杰文斯以及瓦尔拉斯都是先于马歇尔的研究者。就学说的各个分散要点而言（例如，消费者剩余、需求、垄断、联合供给以及边际生产力），马歇尔的创新显然已经由所提到的这些学者以及 J. S. 穆勒抢先进行了。客观地说，在学说与学说相互承继的基础上，马歇尔在独创性方面并不能排在至高无上的地位，尽管确实有很多概念是由他独立发展起来并且给予详尽阐述的。

那么，马歇尔的伟大（并且在很大程度上是永葆亮丽的）声誉究竟是缘何建立起来的呢？正如亚当·斯密的情况一样，他的名声主要是由于这样一个事实：他写了一部能抓住那一时代的学术精神的著作，并且必须强调的是，他是通过直接面向那些富有理解力的非专业人士来完成这一工作的。用现代的说法，他"搞大拼盘"，即马歇尔将古典的成本分析和新古典的效用分析综合，产生出一个具有深远意义的经济分析的强有力的发动机。

但是，正如我们已经看到的，马歇尔绝不仅仅是一个综合者。他的局部均衡方法被用作将经济理论的所有各种分支连接起来的黏结剂。作为他的方法论核心的不同时间概念的使用，也是对现代经济理论与政策的巨大和独创性贡献。不仅具有一系列创造性理论发明，马歇尔对每一个他所碰到的既往被接受的概念都有扩展或改进。

毫无疑问，马歇尔是伟大的理论家，但是我们往往忽视这样的事实，即他也是一个杰出的实践家。人们后来之所以强调他的著作的理论方面，可能是由于马歇尔的学生（他们的名字几乎构成了 20 世纪伟大的英国理论家的名谱）都选择《原理》的理论概念来进行研究和再精炼工作。换句话说，在马歇尔对经济学的兴趣和马歇尔的信徒，即他的学生与追随者，对经济学的兴趣之间，似乎存在着一个很大的、同时也是不幸的差距。马歇尔的信徒将他们的任务视为是澄清和发展《原理》中的分析方面的内容，与此同时却忽视和放弃了马歇尔将其思想置于其中的实践框架。由此，马歇尔便通常被指责对某些理论概念给出了含糊的说明。但是这些批评中的很多部分实际是指错了方向，因为他们未能像马歇尔自己对待他的理论那样（将理论视为解决实际社会和经济问题的工具）来对待马歇尔的理论。正如本章已经指出的，如果理解了他在处理需求曲线时所使用的几种抽象水平，那么也许可以避免后来关于《原理》中需求的正式规定的性质的持久争论。不仅如此，马歇尔的"含糊"似乎并没有促使其他理论家们去关注经济问题的所有方面，像马歇尔所努力去做的那样。

如果马歇尔活到今天，他对于一种能够被应用于实际经济问题的经济分析的探索态度，也许会导致他把从《原理》所繁衍起来的理论发展赋予"过度理论化"的特征。经济学中已经经历了数十年的将经济分析数学化的复杂过程，看起来是与关于经济学的性质与目的的概念相矛盾的。对于所有他的分析工具，马歇尔都需要经验的或至少是可想象的参照物。很多后来负有盛名的理论家——其中一些声称是马歇尔的弟子——却同样坚定地表示不需要这种东西。

当然，马歇尔总是准备指出他的分析构架中的缺口和不足。但是他关于经济学性质的概念集中于所主张的应用上面，故而容忍一种社会科学所不可避免地存在着的分析上的不足。他也许是第一个赞美在理论改进方面有发展的人，但是他将肯定批评很多当代理论家所形成的、在他们自身与实际事件之间的隔离状态。马歇尔的天赋的核心在于，他能够从经济和社会问题中学习，并反过来为解决这些问题作出贡献。

■ 参考文献

Blaug, Mark. *Economic Theory in Retrospect*, 4th ed. London: Cambridge University Press, 1985.

Coase, Ronald. "The Problem of Social Cost", *Journal of Law and Economics*, vol. 3

(October 1960),pp. 1 – 44.

Friedman,Milton. "The Marshallian Demand Curve", *Journal of Political Economy*,vol. 57(December 1949),pp. 463 – 495.

Hicks,John R. *The Theory of Wages*. London: Macmillan,1932. Revised 1968.

Marshall,Alfred. *Principles of Economics*,8th ed. London: Macmillan,1920.

Maurice,S. C. "On the Importance of Being Unimportant: An Analysis of the Paradox in Marshall's Third Rule of Derived Demand", *Economica*,vol. 42 (November 1975),pp. 385 – 393.

Pigou,A. C. *Wealth and Welfare*. London: Macmillan,1912.

——. *The Economics of Welfare*. London: Macmillan,1920.

——. (ed). *Memorials of Alfred Marshall*. London: Macmillan,1925.

Stigler,George J. *Production and Distribution Theories*. New York: Macmillan, 1941.

第 16 章

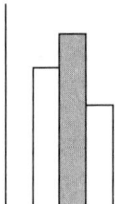

莱昂·瓦尔拉斯的衣钵

当人们看到了由古诺和杜普伊所完成的法国人对经济学的辉煌贡献（参见第 12 章）之后，极易得出结论说，莱昂·瓦尔拉斯（1834—1910 年）显然是这种法国的经济—工程研究传统的后继者。然而，现实的情况要复杂得多，这其中涉及特别的组织以及复杂的人际交往活动。尽管瓦尔拉斯最终达到了经济分析的顶峰，然而他到达这一顶点的过程是漫长和艰辛的。由于不能在他的祖国——法国取得一个大学里的职位，他只能争取在瑞士一个孤立的有教育的边区村落发表见解。与此形成鲜明对照，阿尔弗雷德·马歇尔则在顶尖的英国大学——剑桥大学取得了领导地位，周围簇拥着一群由有才华的同事和学生构成的支持者。不过，撇开这些差别不说，对于瓦尔拉斯和马歇尔对经济学以及经济学实践领域所产生的共同的影响，无论怎样评价都不为过。微观经济学在当代的主流发展的框架，以及宏观经济学中的一些关键进展（例如货币理论），不是具有瓦尔拉斯的特征，就是具有马歇尔的特征。有鉴于此以及其他诸多理由，瓦尔拉斯和马歇尔被当之无愧地视为迄今为止最重要的两位经济理论家。[①]

---

① 这一评价并不是暗指瓦尔拉斯和马歇尔是对新古典范式仅有的贡献者。第 12 章到第 14 章所考察的一小群作家都属于新古典学派，并且新古典时代（约 1870—1920 年）实际上还产生了其他一些伟大的经济学家（例如克努特·维克塞尔和整个瑞典传统、F. Y. 埃奇沃思、P. H. 威克斯第德、维尔弗雷多·帕累（Vilfredo Pareto）托和欧文·费雪），他们当中的几位将在本书随后几章加以考察。然而，瓦尔拉斯和马歇尔具有如此重要性，以至值得给予特别的对待。

马歇尔研究方法与瓦尔拉斯研究方法的对比

由于他们对经济学的共同（尽管是各自独立产生的）影响是如此强烈和至关重要，因而阐明这两位新古典经济学的巨匠之间的某些基本差别，将是十分适宜的。很难想象在经济学界还有另外两个比这两位巨匠具有更多差异性和多样性的，对当代经济分析的主流作出贡献的人。尽管他们属于同时代的人，但就年龄和发现的优先顺序而言，瓦尔拉斯应当说是更为资深的老者。他们伟大著作——瓦尔拉斯的《纯粹经济学要义》（1874 年，下文简称《要义》）和马歇尔的《经济学原理》（1890年）——的出版几乎相隔 20 年，两部都对经济学产生了强有力的冲击。然而像他们每个人一样，这两部著作也是不同的。对于他们之间所进行的最富有教益的对比，将体现在他们各自理论成就的范围与方法上。

□ 局部均衡与一般均衡

首先，两位作者都主要关心价格形成的微观经济基础。也就是说，他们——像之前的古诺、杜普伊和其他前辈一样——将价格与数量的均衡过程视为市场交换的结果（虽然如我们已经看到的那样，他们关于价格与数量调整的方法的观点是不同的）。瓦尔拉斯与马歇尔之间基本的不同集中在所分析的主题的范围。一方面，马歇尔，实际上也包括在他以前所有的研究微观经济学的作者，都使用一种处理特定的市场的方法，这现在被称之为局部均衡分析。另一方面，瓦尔拉斯则发展了一种更广泛和更复杂的观察市场的方法，它被称为一般均衡分析。

马歇尔与瓦尔拉斯在这一点上的重要区别是十分简单的，虽然它有时被笼罩在复杂的怪诞与曲折的分析之中。从基本上说，当一个人正在考虑马歇尔局部均衡意义上的市场时，那么他所考虑的那个市场便处于准分离状态。例如，选择任何一种商品——比方说橙汁的市场。按照马歇尔和瓦尔拉斯两人的观点，橙汁的均衡价格和数量是由需求函数和供给函数的交点决定的（法国经济学家一般都称后者为"提供曲线"）。他们之间的不同是体现在对供给和需求曲线的决定因素以及市场均衡性质的看法上。

在他关于对橙汁的个人需求函数的说明中，马歇尔将需求不仅表示为橙汁价格的函数，而且表示为橙子价格、与橙汁紧密相关的物品（替代品和互补品）的价格以及消费者收入和嗜好的函数。所有其他影响对橙汁需求的因素（联系较远的商品的价格、与橙汁价格变化相对应的市场相互作用等）都被保持不变或完全忽略。正如我们在上一章所看到的，马歇尔在对待单个人和市场对任何特定物品的需求时，使用了其他条件不变的假设。他在说明单个人和市场供给曲线时采用的是同样的方法。所以，马歇尔愿意忽视或暂时搁置那些看起来对任何特定物品的价格和数量没有关系或关系疏远的决定因素，以便使单个市场的主要特征能够被分离出来加以考察。这种局部均衡方法在马歇尔以前已经由詹金、古诺、杜普伊以及其他人所使用。

另一方面，瓦尔拉斯对市场间存在的相互依赖更为感兴趣。按照他的观点，这些相互依赖之所以存在，是因为定价过程必须在所有的市场上同时发生。例如，在瓦尔拉斯看来，任何人如果没有使他或她的满足实现最大化，将拥有对某些商品包括橙汁的过度需求（下面将给出定义）和对另外一些商品的过度供给。效用最大化——交换的目的——意味着处置过度供给以消化过度需求。所以，每一次交换活动都影响经济体系中所有物品的价值。同样，瓦尔拉斯认为生产和经济活动的投入方面也是相互联系的。实际上，生产和消费的全部体系的相互依赖性是瓦尔拉斯的《要义》分析的焦点。

那么，瓦尔拉斯是怎样描述橙汁市场的呢？他论证道，马歇尔的其他条件不变假设是不适当的，因为其他条件并非不变的。相反，全部体系是相互联系的，从而对橙汁需求的增加必然意味着体系中存在着其他物品的过度供给。因此，橙汁价格的任何变化都将对其他市场（例如理发）产生进一步影响，而这些影响又会反馈到橙汁市场并产生进一步的变化。所有市场的这些基本的相互联系是马歇尔所忽视的，但它们构成了瓦尔拉斯体系的核心。因此，在抽象的、理论的层次上，瓦尔拉斯认为，在与体系中的所有变量相分离的情况下对橙汁市场所进行的分析是不适当的。[①] 与马歇尔的局部均衡方法相反，瓦尔拉斯的方法是一般均衡方法。

□ 关于方法论的一些教条式对立

所有这些并不意味着马歇尔和瓦尔拉斯互相不知道或不能够使用对方的体系。事实上，马歇尔在阐述穆勒的相互需求学说（参见第8章）时，曾建立了一个精致的关于国际价值决定的两商品、两国家一般均衡模型。然而，在他的《原理》中，他选择局部均衡分析作为处理在一个复杂的世界中挑选出来的市场的合适方法。尽管如此，他从未否定瓦尔拉斯体系的正确性。

另一方面，瓦尔拉斯固执甚至有些粗鲁地指出了他自己认为的马歇尔的主要错误。不过，瓦尔拉斯并不反对使用特定物品的需求曲线，他反对的只是在使用这些曲线时排除了对所有商品的需求及其效用的相互依赖性。他也强烈地拒绝将边际效用等同于需求的心照不宣的做法（由杜普伊所开创的方法）。事实上，瓦尔拉斯的连珠炮经常是同时直接指向杜普伊和马歇尔。

例如，在给他在意大利的同时代人马费奥·潘塔莱奥尼（Maffeo Pantaleoni）的一封信中，瓦尔拉斯指出，在对交换的分析中他所考虑的需求函数包含很多自变量，这是他自己的需求概念与杜普伊、马歇尔以及两位杰出的奥地利理论家鲁道夫·奥斯皮茨（Rudolph Auspitz）和理查德·利本（Richard Lieben）等人的概念之间的基本差别（《书信集》，第379封和第465封书信）。瓦尔拉斯将马歇尔的需求函数建构视为与杜普伊的相同（参见第12章和第15章），他坚持认为杜普伊和马歇尔不合逻辑地试图用（边际）效用曲线来解释需求曲线。至于说到他自己在价

经济理论和方法史（第五版）

---

① 这确实是真的，尽管瓦尔拉斯在解决实际问题的时候也被迫使用局部均衡方法。

值理论中的作用，他认为他是第一个表明古诺的需求装置（没有效用设备）和杰文斯的最后效用程度理论（参见第 12 章和第 14 章）之间相互作用的人。然而，瓦尔拉斯对杜普伊和马歇尔需求理论的大多数的反对意见是不全面的，比如以上面的情况为例，他未能正确评价在局部均衡理论中其他条件不变假设所具有的方便性（和有用性）。

奇怪的是，瓦尔拉斯每每谈到马歇尔的时候几乎总是怒火中烧。他看起来总是想从其他的欧洲大陆经济学家那里发现有价值的东西，而对英国著作家则进行尖锐的攻击，不过对于杰文斯则格外开恩。例如，瓦尔拉斯在他对局部均衡的指责中就豁免了杰文斯和戈森，因为他们并没有试图从边际效用曲线推导出需求曲线。但是，他却将马歇尔称之为"政治经济学中的巨大而沉重的负担"，并尖锐地批评他和他的同伴 F. Y. 埃奇沃思以妒忌和固执的心态去捍卫李嘉图和穆勒的价格理论（《书信集》，第 1051 封书信）。

当然，问题的部分原因在于这样一个事实：瓦尔拉斯和马歇尔是面对两种十分不同的读者和观众来发展他们的分析并创作他们各自的著作的。马歇尔公开宣称他写作《原理》的目的是要向有头脑的非专业人士，特别是企业家，传授经济分析的基本工具和用处。因此，在他的书中包含的大多数正式的分析都出现在脚注或附录中。另一方面，瓦尔拉斯显然是在为他的专业的同伴们而写作。在 1874 年，除了极少数世界顶尖的理论家（马歇尔也许是其中之一）以外是否还有人能够消化它，是值得怀疑的。不过，它形式上的优美确实给少数人留下了深刻的印象。这些在形式与内容上的差别，对于理解这两部著作对职业经济学家的相对可接受程度肯定是至关重要的。然而，一个并不那么容易理解的问题也许是，在马歇尔与瓦尔拉斯之间几乎完全缺乏沟通。尽管他们的文化与理论存在着差别，具有关键重要性的一点是人们已经了解了他们的思想，而他们也被公认为两位历史上最伟大的经济理论家（参见下面的专栏"方法论争论之四：刺猬与狐狸"）。

☞ ═══════════════════════════════

方法论争论之四：刺猬与狐狸

尽管一些人认为，熊彼特关于瓦尔拉斯在纯理论方面是"所有经济学家中最伟大的经济学家"*的断言是过于夸张的判断，然而大多数人都承认，很少有理论家能像他那样给后来的人们留下如此长久的影响。瓦尔拉斯留给我们的恒久遗产是一种框架，在这种框架中可以按照一种能够避免逻辑错误的方式将思想概念组织起来并对经济体系进行观察。当然，在确认这种贡献时我们应当注意，瓦尔拉斯更像是一位建筑师，而不是一个建筑者。

1838 年，在穆勒的《政治经济学原理》出版前十年，古诺曾写道：

> 在现实中，经济体系是一个整体，它的所有部分是联系着的并相互发生作用。……所以，看起来仿佛是，对于与经济体系某些部分相联系的问题的一个完整和严密的解，不可或缺地要把全部体系考虑进来。但是，这将超过数学分析和我们的实际计算方法的能力，即使对它们赋予所有的常量数值也是如此。**

建立起一种在极详尽的程度上精确地展示古诺所强调的这种相互关联性的数学体系，正是瓦尔拉斯的持久性成就。然而，尽管他富有勇气，但瓦尔拉斯并没有提供一种古诺所暗示的"完整和严密的解"。相反，他提供了一种"原则上的"解，并且不妄称它可以被直接用于数值计算。这种差别是重要的，因为它是一个对应于内容的形式问题。

强调形式在经济学中是重要的。一方面，它可以帮助我们避免逻辑错误。通过将含糊的表述转化为符号形式和可以使用的基本数学形式，瓦尔拉斯能够丢弃很多无关紧要的材料，以表明某些陈述是互相矛盾的，以及证明另外一些表述是正确的。另一方面，它也为组织分析的材料提供了一种语言或分类方法，就像文件柜的各个隔断上的标签一样。瓦尔拉斯的一般均衡方法为我们提供了一个关于经济全景的鸟瞰图，促使我们永远留心经济体系的构成部分的相互联系。但是，仅有形式对于有成效的经济理论是不够的。含义深刻的经济理论还要求内容。经济学家所需要的不仅是正确的语言；他们也需要有某些可说的东西。

正是在这第二个领域，我们必须来考察另外的经济学家，特别是与瓦尔拉斯同时代的、并且有时还相互敌对的阿尔弗雷德·马歇尔。这两位早期新古典经济学的巨匠拥有不同的关于经济理论的看法。反映在人们所熟悉的"局部均衡"与"一般均衡"两分法中的差别，仅仅是很苍白的一面。马歇尔对经济理论的贡献是要把经济理论作为解决实际问题的一种手段。他经常不厌其烦地表示经济理论是"一台发现具体真理的发动机"，而他以讽刺笔调写下的关于数学在经济学中应用的"规则"（参见第15章）却与这种关注点相矛盾。马歇尔的论点是这样的：

> 385　　事实本身是不会说话的，……为了能够以任何可靠的方式解释经济事实，……我们必须知道从每一个原因中预期将可能产生什么样的影响，以及这些影响将可能怎样相互结合。这是通过研究经济科学所得到的知识。……经济学家……必须坚持更辛勤的审视事实的计划，以便掌握各种原因单独和结合地发生作用的方式，应用这种知识建立起经济理论的研究原则，并进而借助于这种原则处理社会生活中的经济问题。[***]

古希腊的一首诗云，"虽然狐狸知道很多事理，但刺猬明白一个大道理"。运用这个比喻，莱昂·瓦尔拉斯是经济理论中的刺猬，而马歇尔是狐狸。

[*] 约瑟夫·熊彼特，《经济分析史》，p. 827。
[**] 奥古斯丁·古诺，《关于财富理论的数学原理的研究》，p. 127。
[***] 阿尔弗雷德·马歇尔，《经济学的当前状态》，见 A·C·庇古编：《阿尔弗雷德·马歇尔回忆录》，pp. 166，168，171。

莱昂·瓦尔拉斯：生平与著作概述

莱昂·瓦尔拉斯1834年出生于法国的诺曼底省。尽管他成年生活的大部分时间是在另一个国家度过的，但他始终保留出生时的国籍。像约翰·斯图亚特·穆勒一样，他也是成长在一个经济学家的家庭里，尽管他的早期教育不像穆勒那样严格。然而，他的父亲，奥古斯特是他所知道的唯一的经济学教师。后来，瓦尔拉斯在经济政策的很多方面都显示了父亲对他的影响，但是在经济理论方面他超越了他的父亲。

奥古斯特·瓦尔拉斯在巴黎高等师范学校和古诺是同班同学——也许是古诺的一个崇拜者。因此，当古诺跌跌撞撞地在朦胧中摸索成为经济学家时，莱昂·瓦尔拉斯却掌握了他父亲送给他的《财富理论的数学原理》这本书。随后，正是莱昂·瓦尔拉斯，而不是任何其他人，唤起世界注意到古诺的经济学的巨大价值。古诺尽管才华横溢，却也从一般均衡分析的问题中退缩，声称它超出了数学分析的能力。瓦尔拉斯不仅在这方面超越了古诺，而且成为公认的一般均衡分析的奠基人。

在瓦尔拉斯的年轻时代，没有任何迹象显示他将成为一位伟大的经济学家。他接受了普通的教育，取得了两个学士学位，一个是文学学位，另一个是科学学位。然而，在进入综合理工学校（这是法国培养土木工程师的预科学校）的入学考试中，他的数学一科没有及格，这也许是件好事，因为他对于随后进入桥梁和道路学院（在这里杜普伊曾有杰出的表现）的工程学习表现出很少的兴趣。1858 年，他转向文学方面发展，当年出版了一部质量平平的小说，次年又发表了一篇几乎没什么价值的短篇小说。在这两个令人沮丧的短暂的文学尝试之后，瓦尔拉斯向他父亲保证，他将使经济学成为他的终身职业。然而，在他能够在自己所选择的领域取得学术地位之前，他曾经领养过一对私生的双胞胎姐妹，编辑过一种存在不长时间的评论性月刊，并在一家铁路公司和两家银行工作过。不过，他一直利用空闲时间研究经济学并就这一主题进行一些写作。

瓦尔拉斯的非同寻常的想法——这在他年轻时与他的父亲极其相似（他们都赞成土地国有化、数理经济学以及主观价值理论，而反对李嘉图的生产成本理论）——使他不能在巴黎取得一个学术职位，但是到 1870 年，他最终被任命为（选举委员会中的反对票几乎接近于半数）后来成为洛桑大学（瑞士）的法学院的一名教授。① 在那里是他智力成果（尽管不是经济收入）发展的繁盛时期。直到 1884 年（在他第一任妻子去世五年之后）他与一位富裕的寡妇结婚之前，他在经济上从没有保障。但是在洛桑，他开始了狂热的研究工作，这些工作最终导致了他的所有最知名著作的出版。

1874 年和 1877 年，他出版了他的《纯粹经济学要义》的两部分，这是一部论边际效用价值理论和一般均衡分析的杰出著作。紧接着，《复本位制的数学理论》于 1881 年出版。随后，《社会财富的数学理论》（1883 年）和《货币理论》（1886 年）又以相当快的速度接续而来。瓦尔拉斯一直计划写两部系统的关于应用经济学和社会经济学的论著，以作为他 1874 年出版的纯理论著作的姊妹篇，但是他在洛桑高频率的工作节奏已极大地消耗了他的精力。1892 年，他退出了教学，随后满足

---

① 洛桑大学仿照法国的通常做法（这是拿破仑重组计划的结果），在法学院开设大多数大学里的所有经济学课程。

于出版他的论文集（并不是他先前希望的那种系统性著作），两部论文集的题目分别是《社会经济学研究》（1896 年）和《政治经济学研究》（1898 年）。

当他在洛桑处于事业的鼎盛期时，瓦尔拉斯几乎与文明世界的每一位知名经济学家进行过通信联系。他这样做的部分原因，是想摆脱由于他在该大学的法律专业学生对经济学显示出很少的兴趣和关心而产生的失望。由于得不到刺激其同伴或学生（至少是经济学方面）研究兴趣的机会，瓦尔拉斯转而采取将他先前所有未发表的手稿呈送给别的经济学家请求评论的做法。这一方法最终发展成非常活跃和数量繁多的通信。

对知识界的失望可能并不是瓦尔拉斯永不休止地通信的唯一原因。这些通信的文字记录显示出，他为了使数学分析方法得到普及并被应用于经济理论，热烈地渴望说服、恳求、诱导或寻求其他经济学家的支持。不管他的动机如何，瓦尔拉斯在很大程度上成功地促进了他这一对于任何科学急速进步都十分重要的思想在国际上的传播。

总之，瓦尔拉斯对整个经济学领域产生了广泛的影响。他的最强有力的一段乐章，当然是开拓了经济分析的新领域。用他的主要传记作者威廉·贾菲（William Jaffé）的话说：

> 这是瓦尔拉斯的成就，他是一个孤独的、爱发脾气的博学者，经常处在窘迫的环境中，为疑病症和狂想症的情绪所困扰，顽强地跋涉于充满敌意的、未曾被探索的领域，去发现一个新的制高点，正是在这一基础之上，随后的几代经济学家才能开始他们自己的发现（《莱昂·瓦尔拉斯》，p. 452）。

他敏锐地意识到建立起强大基础的重要性，这一基础可以支撑其他的发展。在一个关于他自己的科学研究方法的精巧的表白中，瓦尔拉斯对一个朋友写道："如果一个人想要快速丰收，那么这个人必须种胡萝卜和生菜；如果一个人想要种植橡树，那么他必定已经告诉自己：我的孙子们将享有我的这片树荫。"（转引自熊彼特，《经济分析史》，p. 829）。

瓦尔拉斯和马歇尔论市场调节机制

387　　也许瓦尔拉斯和马歇尔之间最富有启发性的对比之一，是关于所谓的市场规律的观点，这在微观经济学关于市场的讨论中也被称为"调节机制"。在讨论这一主题的过程中，瓦尔拉斯和马歇尔强调过度需求/供给和均衡稳定性的概念。因为它们是紧密相连的，所有这些概念将一起来讨论，尽管在下一节论一般均衡时对过度需求的概念要展开论述。

□ 价格调节与数量调节的对比

在关于市场调节机制方面，瓦尔拉斯和马歇尔之间的基本差别是，瓦尔拉斯在当市场出现非均衡时将价格视为调节变量，而马歇尔则将注意力集中在数量上，视数量为调节变量。通过借助于符号（在某种程度上显得有些天真）来表示，瓦尔拉斯将需求和供给方程（或函数）视为如下形式：

(a)　　$Q_{d_x} = f(p_x)$

(b)　　$Q_{s_x} = f(p_x)$

另一方面，马歇尔以另一种方式来看待函数关系：

(c)　　$D_{p_x} = f(q_x)$

(d)　　$S_{p_x} = f(q_x)$

对这两种表述方式需要作出某些解释。首先，需求和供给方程被称为"函数"，因为在瓦尔拉斯那里，由于某种商品 x 的需求和供给量——等式（a）和（b）的左侧——被说成是 x 的价格——等式（a）和（b）的右侧——的函数（f）。而在马歇尔那里则相反，他将某种商品 x 的需求和供给价格与对 x 的需求和供给数量联系起来。

所有方程右侧的括号里描述的变量叫作自变量（在瓦尔拉斯那里是价格，在马歇尔那里是数量）。自变量变化将引起因变量——方程（a）到（d）左侧——采取不同的数值。简单地说，瓦尔拉斯指出需求和供给量以某种方式依赖于价格，而马歇尔指出需求和供给价格以某种方式依赖于物品数量。[①]

描述需求和供给关系上的这种基本差别的重要性，可以清晰地用图形来说明，如图 16 - 1 所示。在图 16 - 1b 中给出了对某种商品的供给和需求函数，价格被设定为自变量。[②] 从概念上说，人们可以想象当前的需求者和供给者拥有一个价格表，该表显示他们在不同的价格水平上可能有的需求量和供给量。图 16 - 1b 中的点 E 代表在市场上由竞争所产生的均衡价格和数量。如果由于某种原因，价格处于均衡点以下，比如 p_2，在这一价格下的需求量将超过供给量，结果将产生短缺。这种短缺将引致买者之间的竞争，它将拉升价格。当价格上升时，一些需求者将被排除出市场，而一些供给者则被吸引进市场。换句话说，将有市场力量引起价格和数量恢复到均衡点 E。同样，如果价格高于均衡水平，将产生该物品的过剩，供给者之间的竞争将降低价格，从而会增加市场上需求者的数量而减少供给者的数量。换句话说，在给定一种偏离均衡状态的情况下，价格是调节力量（即自变量），进而，一旦由于任何原因使实际状态偏离均衡，价格机制都将引起向均衡的恢复。正是由于这个原因，图 16 - 1 所描述的体系在瓦尔拉斯的意义上被称为稳定的。

瓦尔拉斯的过度需求函数　另一方面，稳定性也可以用过度需求的概念及其后果来加以描述。过度需求简单地定义为在任何给定价格下需求量与供给量之间的差

388

---

① 很明显，我们忽视了需求和供给关系中的其他许多自变量，像收入、替代品和互补品价格（在瓦尔拉斯那里实际是所有其他商品）、效用、生产函数以及投入品价格。

② 通常（经济学是例外），当表示两个变量的函数关系时总是用横轴表示自变量。因而，一个瓦尔拉斯函数的书面表达应将价格显示在横轴上。由于习惯的力量，经济学家一般将价格表示在纵轴，甚至在它被假设为自变量时也是如此。这种现代的古怪做法无疑是由于马歇尔的缘故，他对变量的表示见图 16 - 1b。然而，马歇尔坚持这种做法是因为，他认为数量是自变量，而价格不是（见下面的讨论）。

额，或者用符号表示为 $ED = (Q_d - Q_s)$。一个过度需求表可以按图 16-1a 的方式给出，它表示的是这两者的差。例如，在价格 p_1 时的过度需求是负的，这是因为在该价格水平 $Q_d - Q_s$ 的值是负的。因而，负的过度需求可以被视为正的过度供给。过度需求在均衡价格下等于零，在价格低于均衡时为正。在瓦尔拉斯体系中为保证稳定性，ED 函数必须如图 16-1 所示呈负斜率状态。

现在让我们来看用马歇尔语言来表述的调节机制和稳定性质，如图 16-2 所示。该图又一次复制了在现实市场中一个人正常地预期所可能碰到的情况，即正斜率的供给函数和负斜率的需求曲线，它与图 16-1 中显示的相同。在瓦尔拉斯和马歇尔之间的概念上的差别在于，马歇尔是通过对供给者和需求者给出一个不同商品数量的表，并要求他们列出对于这些给定的数量各自愿意付出的最大需求价格的表和所必须接受的最小供给价格的表，来绘制需求和供给曲线的。（当需求和供给不均衡时）市场上所发生的调节不是价格调节，像瓦尔拉斯所断定的那样，而是数量调节。

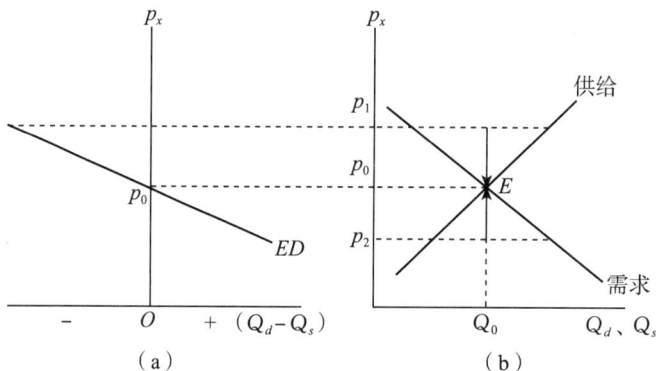

图 16-1 如果市场价格相对于均衡过高（例如 p_1），负的过度需求（即过度供给）将促使价格向下移至其均衡值。如果价格相对于均衡过低，过度需求将拉升价格向均衡值移动

马歇尔的数量调节可以借助图 16-2 来分析。假设由于某种原因，数量低于均衡数量 Q_0。例如，在数量 Q_1，需求价格（由需求曲线上的 F 点代表）将大于供给价格（由供给曲线上的 G 点代表）。用马歇尔的术语来说，当 $D_p > S_p$ 时，竞争行业的厂商将会挣得经济利润。产出因而将增加，从而将市场带回到 Q_0 的均衡状态。[①] 同样，如果产量超过了均衡水平，比如说是在图 16-2 的 Q_2 上，对于该产量的供给价格（由 H 点来代表）将大于需求价格（由 J 点来代表），经济损失将引致厂商减少产量。均衡将重新建立在 Q_0 上。所以，如图 16-2 的箭头所示，马歇尔的均衡是稳定的。换句话说，给定一种不均衡状态，该体系中的基本力量将保证使其恢复均衡状态。同样，从瓦尔拉斯发展的过度需求函数角度来看，马歇尔的函数看

① 产出由于两种原因而增加：(1) 现存厂商增加产量；(2) 该行业中的新厂商进入。

起来也是稳定的。① 给定正斜率的供给曲线和负斜率的需求函数，马歇尔和瓦尔拉
斯的稳定性都要求负斜率的过度需求函数，就像图 16-1 和图 16-2 那样。

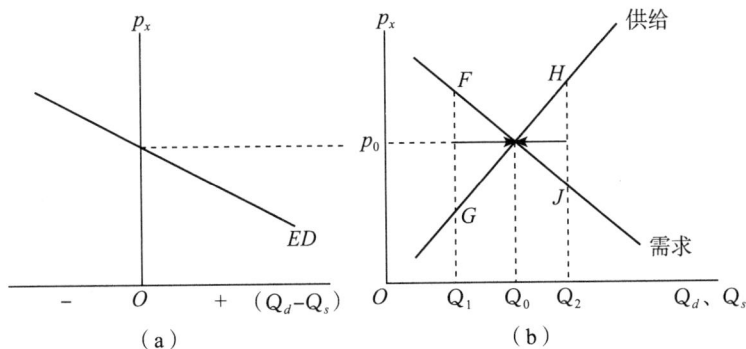

图 16-2　如果产量低于其均衡值（例如 Q_1），经济利润的存在将刺激厂商有更多的产出。
如果产量超过其均衡值，随之而来的经济损失将促使厂商减少产量

□ 后弯的供给

虽然瓦尔拉斯和马歇尔各自关于市场调节的研究方法不同，但只要供给曲线采取它们传统上的正斜率形状，在他们之间就没有任何冲突。然而，在后弯的供给曲线的场合，研究方法的不同将会导致截然不同的结果。② 此类情况是反常的，不过，也可以很容易地想到两个例子。首先，正如所有的重商主义作者实际上都承认的那样，如果工人用更多的闲暇去替换更多的工作收入，那么劳动的供给曲线可能向后弯曲，因而他们在更高的工资水平实际将工作得更少。第二个后弯的供给曲线的例子可以从国际金融中的外汇市场推引出来。在某些条件下，面对进口商品的无弹性需求，外汇供给可能是后弯的（参见 W. R. 艾伦，《外汇市场上稳定与不稳定均衡》）。因此，这个问题所引起的关注将不仅限于纯学术界。给定这种可能性，瓦尔拉斯和马歇尔两人的分析将不再趋同，而是相互分离了。下面的讨论将说明这一点。

假定在一个市场中（比方说是劳动市场）需求曲线仅仅与供给曲线的后弯部分相交。这种状态被描述在图 16-3 中。在这里，在需求价格 p_0，需求量等于供给量。图 16-3a 中的过度需求函数与图 16-1 和图 16-2 中的过度需求函数一样。很明显，这一体系在瓦尔拉斯的意义上是稳定的，因为价格偏离均衡将会产生保证使其恢复均衡的竞争力量。

但是，图 16-3 所描述的体系在马歇尔的意义上却是不稳定的。在图 16-3b

① 实际上，为保持一致，某种过度价格函数将在图 16-2a 中被推导出来。然而，为简单起见，我们将马歇尔的供给和需求函数倒置过来，从而使马歇尔的过度需求函数可以与瓦尔拉斯均衡中的过度需求函数相对比。不过，马歇尔本人从没有想到过这样做。

② 关于如何看待瓦尔拉斯和马歇尔之间在稳定性和后弯供给函数问题上的差别，米尔顿·弗里德曼和皮特·纽曼提出了不同的解决方法。

中，假设有某种比均衡产量 Q_0 更低的 Q_1。在产量 Q_1，供给价格 G 显然大于需求价格 F。在这种情况下，马歇尔将认为发生了经济损失，从而产量的供给将减少。产量从 Q_1 的任何减少都将放大需求与供给之间的差距。简言之，均衡将不会再恢复。如果是马歇尔的调节机制起作用，那么从 E 点发生的任何偏离都将伴随着发散的市场扰动。因而，在这种情况下，负斜率的过度需求函数意味着瓦尔拉斯的均衡是稳定的，而马歇尔的均衡是不稳定的。

当图 16-3 中的需求和供给曲线的标签相互颠倒一下时，我们再来理解其稳定性质也不必花费更多思考。在这种情况下，需求曲线将从上面与供给曲线相交。相对于这些曲线而言的过度需求函数将是正斜率的。该体系在瓦尔拉斯的意义上将是不稳定的，因为在均衡价格 p_0 以上的所有价格上，需求量都将超过供给量。价格将由于竞争的力量而提高，并推动体系进一步偏离均衡状态。然而，马歇尔的调节机制在这种情况下将产生稳定性，因为对于均衡数量 Q_0 以下的所有数量，需求价格将大于供给价格，因而将导致向均衡的恢复。总之，正斜率的过度需求函数（伴随着负斜率的供给和需求表）在瓦尔拉斯的体系中表示不稳定性，而在马歇尔的体系中表示稳定性。用过度需求的术语来说，对于具有正常斜率的需求和供给表而言，稳定性在两个体系中是对称的，但是当需求和供给曲线都呈负斜率时，稳定性在两个体系中便是不对称的。

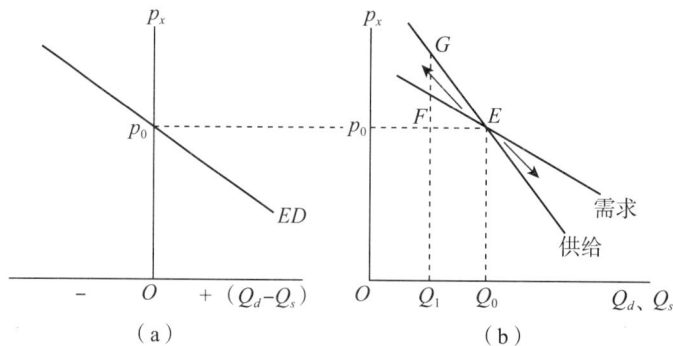

图 16-3 （b）中描述的市场在瓦尔拉斯的意义上（即价格是自变量）是稳定的，但是在马歇尔的意义上（即数量是自变量）是不稳定的

□ 市场稳定性有多重要？

乍一看来，稳定性问题似乎是含混不清和无关紧要的。例如，人们也许论证说，在考虑到市场经验的情况下，不稳定市场的问题将会消失。如果我们用"不稳定的市场"一词涵指价格和数量从均衡"发散"开来，那么确实很少有经验证实这种现象的存在。然而尽管如此，不稳定性问题却远非不重要。也许是现实世界的约束（例如，国际金融中的期货市场或套利交易）防止市场出现发散性波动。进一步地说，即使市场无时无处不处于稳定状态，那么它对于分析均衡被打破的过程以及均衡被恢复的方式也还是有重要意义的。虽然市场均衡问题严格说来与这种稳定性

不是一回事，但是瓦尔拉斯和马歇尔的调节过程分析使人们注意到市场体系的稳定性和不稳定性问题。

市场稳定性的实际重要性也许由于学术界对于稳定性的兴趣而被蒙上了阴影。当代的经济理论家在瓦尔拉斯和马歇尔的引导下，对于讨论他们的分析模型的稳定性质显示了恒久的兴趣。描述一个模型不再被认为是足够的了。相反，重要的是显示出模型具有使之保持活力和稳定的性质。例如，很多对现代宏观经济理论和货币理论的最重要贡献，都是探讨市场均衡的偏离以及均衡的恢复过程。

然而，这个问题还有其实际的一面。当一种动态因素被引进瓦尔拉斯和马歇尔的静态过程时，需要推导出另外的稳定性条件。所谓蛛网定理（由于它主要适用于具有长期生产过程的产品，因而为农业经济学家所特别熟悉）就是这样一个模型。蛛网类的滞后变量模型对于现实世界中的农业市场稳定性具有很多关键含义，也许在其他市场中也是如此。①

瓦尔拉斯将这种相当复杂的动态市场调节过程称为试探——一个搜索均衡的过程，在当代的分析中，他的概念在一系列有关微观经济和宏观经济行为的模型中已经赢得了完美无缺的有用性。唐·帕廷金（Don Patinkin）——一位知名的宏观经济学家，以及诺贝尔奖获得者约翰·理查德·希克斯和肯尼思·阿罗（Kenneth Arrow），长时间致力于研究这样的问题：竞争均衡是可能的吗？如果出现了对均衡的一种偏离，体系能够恢复到均衡吗？所以，瓦尔拉斯对这一主题的贡献是高层次的。虽然较早的著作家（例如古诺）仅仅暗示过这个问题的重要性，瓦尔拉斯和马歇尔（特别是前者）却使稳定性问题成为他们的分析体系中至关重要的部分。

作为一个有趣的历史脚注，瓦尔拉斯和马歇尔两人都声称拥有发展稳定性分析的优先权。这种优先权问题是在马歇尔与杰文斯的通信中提出来的（瓦尔拉斯，《要义》，p. 502，脚注 5）。马歇尔声称在 1873 年就发展了稳定性问题，但是威廉·贾菲教授指出，马歇尔对这一问题的讨论不过是一种暗示。马歇尔在他私人印刷的《对外贸易纯理论》（*Pure Theory of Foreign Trade*，1879 年）一书中在论述相互需求曲线的时候，定义了稳定性均衡，但是瓦尔拉斯早在 1874 年就已经在出版物中这样做了，所以他显然在出版物的形式上拥有优先权。

比这个优先权问题（它经常是难以解决的）重要得多的问题是这样一个事实，即在这整个讨论过程中，无论是瓦尔拉斯还是马歇尔（特别是后者），似乎都没有对对方的分析给予任何评价。简单的妒忌也许是对他们关于优先权争论的最好解释，但是马歇尔未能正确地理解瓦尔拉斯也是某种原因。不过，也正是在这种不和谐的气氛中，这两位新古典时代的巨匠彼此相识了。

---

① 有证据显示，蛛网类模型的复杂性也许并没有逃脱 19 世纪较早期的经济学家们的视野（参见 R. F. 赫伯特，《工资蛛网》）。

▌帕累托、一般均衡和福利经济学

　　瓦尔拉斯的遗产尽管最初在他的祖国没有产生重大的影响，却在他的意大利的弟子——维尔弗雷多·帕累托（1848—1923 年）——的著作中得到了详尽的阐述。帕累托采纳了瓦尔拉斯一般均衡的框架，并且利用这一分析框架结构改进了经济学的几个关键领域的研究状态，包括方法论的改进。在他的《政治经济学教程》（1896—1897 年）和《政治经济学手册》（1906 年）中，帕累托阐述了构成现代福利经济学基础的交换条件和生产条件。与福利理论中以局部均衡为框架的英国传统（马歇尔-庇古）不同，帕累托的理论是建立在瓦尔拉斯一般均衡的基础上。虽然帕累托并没有推引出对于一个全部福利均衡的所有条件，但是与生产和消费相关联的那些条件与帕累托的名字联系在一起。

□ 消费中的帕累托最优

　　通过既吸收法国传统也吸收英国传统，帕累托建立起交换的福利最大化条件。他的方法是将序数效用分析应用于瓦尔拉斯的一般均衡。帕累托利用 F. Y. 埃奇沃思的消费者"无差异曲线"（《数理心理学》，1881 年）来表明，在物品供给固定的情况下，当没有单个人在不使其他人利益受到损害的条件下能够从交易中再获益时，交换的福利最优化便发生了。关于帕累托的论点的一个更具体的表述可以通过确定边际替代率而给出。对于任何单个人来说，任何两种商品——例如 x 和 y 的边际替代率表示测量在保持满足水平不变时为获得每单位 x 所必须牺牲的 y 的单位数（边际替代率是无差异曲线的斜率）。

　　交换中的帕累托最优要求，对于消费两种商品（以随机的方式选择）的任何两个人来说，任何一对消费品之间的边际替代率都相同。如果这一条件未满足，那么一方或双方通过交换便能够得到利益。换句话说，只有在交易中的一方使自己变得更好而又不使另一方变得更差时，交换才是帕累托最优的。[①] 一旦交易达到这样一点，即一方要想获益只有以另一方的损失为代价，关于交换的进一步说明将要求追加的规定。事实上，现代福利经济学的全部领域都集中在努力规定出这样一些条件，在这些条件下，当政策的变化涉及受益者和受损者的时候能够给出一个免除价值判断的解。断定要求一个免除价值判断的社会福利函数究竟是不是幻想也许还为时太早，但可以肯定的是，正是帕累托（至少是隐含地）最先进行了这种尝试。

□ 帕累托的要素替代

　　在生产理论中，与消费者对任意两种物品的边际替代率相类似的概念，是厂商

---

　　① 在传统上，帕累托的福利理论是借助于埃奇沃思的"盒式图"来表示的，该盒式图对于说明拥有两种投入的两类经济活动之间的关系是一个有用的图形技术。关于利用盒式图来论证一般均衡和福利经济学的一个清晰的说明，可参见 C. E. 弗格森，《微观经济理论》。

对于两种投入的边际技术替代率。边际技术替代率指的是，为保持一定的产量水平，一种投入 i 能够被另一种投入 j 替代的单位数。这样，用无差异曲线来说，人们便可以构建一条描述当产量不变时一种投入被另一种投入替代的（凸向原点的）曲线。在微观经济理论中，这一曲线叫作等产量曲线，它的斜率是边际技术替代率。

虽然帕累托并没有发明等产量曲线，但是他确实表明了在固定的投入供给的条件下实现最优的资源配置所必需的条件。这种帕累托条件是，任何一对投入之间的边际技术替代率对于它们所用于生产的所有产品（随机选择的）都必须相等。如果这个条件未满足，那么重新配置投入将可能在不减少任何单一产品产量的情况下使总产量增大。一种最优还意味着每一种要素都得到了一个与其边际产品价值相等的报酬，这是对完全竞争下发生的事物状态的一种陈述。关于这个问题的分析是本科生微观经济理论课程的主要内容。由此，瓦尔拉斯和帕累托便对有关交换与生产的最优化原理作出了贡献。

□ 福利与竞争

与帕累托对福利理论的发展相联系，产生了很多严肃的问题，包括推导一个不属于规范范畴的社会福利函数的可能性问题。此外，假定投入和产出的供给是不可增加的也有严重的局限性。不仅如此，整个模型是静态均衡，从而忽略了不确定性和其他很多因素的影响。然而，撇开这些问题不说，帕累托建立在个人行为最大化基础上的福利理论，对于（由亚当·斯密提出的）自由竞争体系将导致社会福利最大化的论断提供了极大的支持。消费者为追求最大化的满足而被引入交易，直到他们关于物品的边际替代率都相等。生产者为实现利润最大化，而将其投入使用到它们的边际技术替代率都相等的一点。在假设不存在"外部性"（参见第 15 章）的情况下，帕累托的论述将竞争的情况放在了更为客观的基础上。他对于最大化行为的后果的强调与其他许多发展竞争理论的人所依赖的某种形而上学的命题，形成了尖锐对照。因此，帕累托帮助并促进了人们接受瓦尔拉斯一般均衡分析。

瓦尔拉斯的书信及其对经济学的影响

莱昂·瓦尔拉斯是他创造的分析体系的忠实信仰者，并且他还用宗教狂热者的那种炽热态度去试图劝说全世界所有的经济学家和政策制定者改弦易辙。在 1857—1909 年间，他与世界上每一位重要的经济学家都通过信。

瓦尔拉斯这些非同寻常的书信最后结集于 1965 年出版，编者是威廉·贾菲教授。威廉·贾菲用无微不至的呵护态度和难以想象的学识挑选、编辑（并附以评论）了几乎 1 800 封瓦尔拉斯的书信（它们是从比这更多的书信中筛选出来的）。在这些书信中，瓦尔拉斯与其他经济学家和感兴趣的团体讨论了众多的主题。全面地研究这些书信——它们跨越 50 年的历程，用 5 种文字写成——将会揭示瓦尔拉斯其人的许多方面：他对于理论思想优先权的争论的热衷；他对于英国经济学家（特别是穆勒和马歇尔）的普遍轻蔑；他为了要人们承认他的科学发现以及它们对于社会和社会问题的实用性，而为争取诺贝尔和平奖进行的个人游说活动；他对于批评者的抗议；以及他关于数理经济学可以成为社会改革的发动机的论辩。[①] 然而，我们发现的主要内容还是瓦尔拉斯在推销、宣传和兜售他的一般均衡体系——时而在这里为使概述他的体系的文章能够发表而不顾脸面地游说杂志编辑，时而又在那里尖刻地攻击局部均衡分析。

从他的书信中清晰可见的是，瓦尔拉斯在传播他的经济科学概念的过程中愿意作出重大牺牲。他关心的不仅是他在别人的著作中发现的需要被纠正的错误，还有他自己在经济学界所确立的地位。在 1893 年 4 月 11 日给他的学生维尔弗雷多·帕累托的信中，瓦尔拉斯谈道，对他来说：

> ……使其他人最终承认只有戈森、杰文斯和我将效用程度视为价值决定的中心因素，是极大的快乐（如果我仍然在那里享有这种快乐的话），但是只有我说明了所有交换的最后效用程度、价格或价值与一般均衡状态和生产的正确关系。至于杜普伊、门格尔、维塞尔、庞巴维克、奥斯皮茨和利本、马歇尔、埃奇沃思以及所有其他人，他们由于将效用曲线与需求曲线视为同一的，都混淆了价格和最后效用程度（《书信集》，Ⅱ，第 1123 封）。

瓦尔拉斯并不试图掩饰他的仇视英国人的情感。唯一的例外是威廉·斯坦利·杰文斯，他由于瓦尔拉斯的帮助在其《政治经济学理论》（参见第 14 章）的 1879 年版本中增加了一个长篇幅的对于经济学中的数学表达方式的附录。瓦尔拉斯对于传统的英国政治经济学或经济学家没说过什么好话。他从不放弃任何一个机会去猛烈攻击李嘉图、埃奇沃思或马歇尔，后者被他视为"英国传统"。在给他友好的杰文斯的一封信（1877 年 5 月 25 日）中，他甚至说道：J. S. 穆勒"就像他是一个平庸的经济学家一样，也是一个蹩脚的逻辑学家"——尽管这已经令人感到难以想象的痛苦，可是瓦尔拉斯又补充道，穆勒的著作总是避免给出证明。[②]

用更一般性的话来说，瓦尔拉斯的书信集是一面闪烁的镜子，它折射了他那个时代一个最不同寻常的人和经济科学的国际化推广的诞生。虽然《书信集》中谈论的一些问题看起来是索然无味的，然而却正是这些问题帮助塑造了现代经济学职业。瓦尔拉斯坚定地将经济学作为一种科学来推销的努力，在框定 20 世纪经济学的特征方面是一种重大的力量。民族利益的壁垒以及各自不同的语言，随着我们这门科学日益增长的数学特征而逐渐削弱了。在任何其他单个经济学家中，谁也没有像莱昂·瓦尔拉斯那样建立起并"兜售"一种其推广已经跨越民族壁垒的分析方

---

① 一个瓦尔拉斯所偏好的主题是，社会主义就是土地国有化。他论证说，由此得到的收入可以用来为政府开支提供资金。

② 公正地说，瓦尔拉斯仅仅同意杰文斯自己关于穆勒论逻辑的著作所具有的价值的看法（参见《书信集》，第 337 封）。杰文斯倾向于承认理查德·坎蒂隆而不是亚当·斯密，作为自由主义经济学说的第一个伟大发明者。

法。他采取怎样的方式来实现这一目的——伴随着不断的、经常是有收获的争论和论辩——这个问题实际上却并不是主要之点，尽管它肯定使历史记录变得更加迷人。关键之点在于，这些已经使瓦尔拉斯处于经济学的伟人行列中。

■ 瓦尔拉斯：总体回顾

瓦尔拉斯对于经济学最富有创造性的贡献是他对于一般均衡体系给予的数学说明。这一体系强调在一个现代经济中存在着一个广泛的和错综复杂的相互联系网络。它可以与局部均衡分析相对照，后者为了集中考察特定的厂商和个人而忽略了这种相互联系。在瓦尔拉斯之前，古诺曾指出，对于与经济体系特定部分相联系的问题的完整和严密的解，将要求对整个体系及其相互联系进行考察。甚至在古诺之前，魁奈就已经提供了经济是由很多相互关联的部分构成的这样一种清晰观点。但是，古诺认为一般均衡问题超出了数学分析的能力，而魁奈从未对微观经济关系给出数学说明。瓦尔拉斯的天才在于，他抓住了魁奈和古诺预见的问题并且通过他的努力表明，这一问题是可以解决的，至少在原则上是如此。

大多数经济学家一般认为，瓦尔拉斯的贡献更多的是形式而不是内容。显然，对于瓦尔拉斯的一般均衡体系存在一种建筑师的素质。这种体系的模式是精致的，但瓦尔拉斯并没有采取为具体地求解体系中的每一个方程所必需的广泛的统计研究。事实上，仍然存在着用精确的语言来说明各相关方程以及在如此大规模的基础上收集数据的庞大问题。承认这些问题并不意味着削弱瓦尔拉斯贡献的重要性。虽然他自己是一个平庸的数学家，但瓦尔拉斯表明了数学在解决复杂理论问题上的能力。不仅如此，他使人们能够看到居民和最终产品市场的均衡与厂商和要素市场的均衡是一致的。相比之下，杰文斯和奥地利学派企图在边际效用和投入价格、产品价格之间发现一种简单的因果关系的努力，则显得过于天真和幼稚。

■ 参考文献

Allen, William R. "Stable and Unstable Equilibrium in the Foreign Exchanges", *Kyklos*, vol. 7(1954), pp. 395 - 408.

Cournot, A. A. *Researches into the Mathematical Principles of the Theory of Wealth*, N. T. Bacon (trans.). New York: A. M. Kelley, Publishers, 1960 [1838].

Ferguson, C. E. *Microeconomic Theory*, 3d ed. Homewood, IL: R. D. Irwin, 1972, pp. 467 - 473.

Hébert, R. F. "Wage Cobwebs and Cobweb-Type Phenomena: An Early French Formulation", *Western Economic Journal* (December 1973), pp. 394 – 403.

Jaffé, William. "Léon Walras", in *International Encyclopedia of the Social Sciences*, vol. 16. New York: Macmillan, 1968, pp. 447 – 552.

Patinkin, Don. *Money, Interest and Prices*, rev. ed. New York: Harper & Row, 1965.

Pigou, A. C. *Memorials of Alfred Marshall*. London: Macmillan, 1925.

Schumpeter, J. A. *History of Economic Analysis*, E. B. Schumpeter (ed.). New York: Oxford University Press, 1954.

Walras, Léon. *Elements of Pure Economics*, William Jaffé (trans.). Homewood, IL: Irwin, 1954[1874].

——. *Correspondence of Léon Walras and Related Papers*, William Jaffé (ed), 3 vols. Amsterdam: North-Holland Publishing Company, 1965.

第17章 新古典经济学的霸主地位

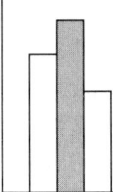

大多数经济思想史教科书把 19 世纪 70 年代作为古典经济学与新古典经济学的分界线。考虑一下本篇前面各章的分析，就可以容易地获得以下认识，即新古典经济学由三重发展构成，分别由英国的威廉·斯坦利·杰文斯于 1871 年、奥地利的卡尔·门格尔于 1871 年和法国的莱昂·瓦尔拉斯于 1874 年发起。阿尔弗雷德·马歇尔的《经济学原理》为现代经济学家系统地整理和扩展了新古典理论的基本原理，该书于 1890 年第一次出版。古诺和杜普伊铺平了从古典宏观经济学向新古典微观经济学转变的道路，但他们的努力在很大程度上被忽视了。这是普遍的看法。

问题在于这种浓缩的历史分期极大地简化了经济思想史的实际发展，忽略了那些被编织到新古典经济学画卷的许多思想脉络。在本章中，我们试图详细阐述两个具有重要意义的事实，来寻求一种更为精致的阐释。首先，在 1870 年以前，新古典的分析工具在欧洲就被广泛使用了，那种认为新古典经济学经历了 1870 年左右的三重完美发展的观点就显得太天真了。其次，对这些事件的流行解释低估了阿尔弗雷德·马歇尔的重要贡献，他定义了经济研究的正确方法，给新古典经济学打上了难以磨灭的印记。今天，当我们提及新古典经济学时，通常指的是马歇尔用到（和发明）的经济知识工具的总和，他引导和指引着我们应用其经济科学观点。的确，并不是所有当代经济学家都认为自己沿袭着马歇尔的新古典路径，某些"正统"的理论家更愿意接受古诺的经济学是理性力学的观点，还有一些人主张在理论研究中，与真实世界的联系是不重要的。但大多数同行采纳了马歇尔的经济研究方法，正是他的新古典主义标签构成了当代新古典经济学的核心。当然，像任何一个领域中的巨擘一样，马歇尔也从其先行者那里吸收了大量思想。

1870 年以前的原始新古典经济学

在经济思想史中，新古典经济学的本质远不是固定不变的。有些作者强调 1870 年以后经济思想中不断增加的数学特征，有些人指出边际主义是新古典经济学的标志，有些人认为新古典经济学的根基在于效用理论中的主观主义，还有一些人强调有效配置的静态分析是新古典经济学的突出特征。

所有这些观点都不无道理。但与通常所认识到的不同，在很多方面，经济学家的工具箱在 1870 年之前的十年就已经完全装满了。许多不同国籍的作家在微观经济学原理的整合中都作出了贡献。例如，在英国（见表 17-1），威廉·休厄尔（William Whewell）自 1829 年起就把数学应用到李嘉图的经济学中。他的经济学研究建立在两个观念之上，即数学可以使经济学更加简化、清晰和系统化，并且有助于避免从必须作出的假设中得出错误结论的风险。1832—1837 年，威廉·福斯特·劳埃德在牛津大学进行系列演讲时，阐释了基于边际效用原理的效用理论。蒙蒂福特·朗菲尔德在都柏林的三一学院提出了类似的观点；他的演讲内容于 1834 年出版，建立了完整的、补充了效用分析的需求和供给理论，他赞成分配中的边际生产力理论。约翰·斯图尔特·穆勒通常被视为古典经济学家（见第 8 章），但诺贝尔奖得主乔治·施蒂格勒宣称他也是一位重要的原始新古典经济学家（《科学进步中原创性的本质与作用》）。

表 17-1　　　　　　　　　　　英国的原始新古典经济学先驱

姓名	职业	著作	贡献
威廉·休厄尔 （1799—1866 年）	学者	《一些政治经济学原理的数学解释》（1829—1931 年）	发展出了李嘉图经济学的数学分析；发展了固定资本模型；解决了劳动与机器间的投入替代问题
蒙蒂福特·朗菲尔德 （1802—1884 年）	学者 法学家	《政治经济学讲演录》（1834 年）	建立了完整的、补充了效用分析的需求—供给理论；建立了边际生产力分配理论
W. F. 劳埃德 （1794—1852 年）	学者	《关于人口、价值、济贫法和租金的讲演录》（1837 年）	关于边际效用价值理论的演讲
J. S. 穆勒 （1806—1873 年）	学者	《政治经济学原理》（1848 年）	发展了非竞争集团、联合产品、替代成本、厂商经济学、供给和需求等理论
狄奥尼修斯·拉德纳 （1793—1859 年）	工程师	《铁路经济》（1850 年）	分析了铁路定价机制；发展了简单的和歧视性的垄断分析；按照总成本和总收益分析了垄断厂商，均采用数学和图形方法（具有隐含的需求曲线）

这个时期最为杰出的"新古典"贡献之一是由天文学家和铁路工程师狄奥尼修斯·拉德纳作出的。他的著作《铁路经济》(*Railway Economy*，1850年)充斥着"新古典"厂商理论的见解，特别是在交通服务定价、简单的和歧视性垄断行为、厂商区位、利润最大化理论等方面。拉德纳发展出了暗含着需求曲线的图形模型，但他并没有明确地加以刻画。

401

英国的这些孤立、分散的贡献并不能构成通常意义上的"思想流派"，但表明在斯密去世后不久，某些零散的思想正在被组合起来。表面上看，与古典学派的交替是微乎其微的，然而在19世纪上半叶，英国作家已经明确地刻画了经济理论的某些部分，如数学模型和边际分析，这将成为新古典经济学的组成部分。发明和汇集分析工具的过程已经开始，尽管引导这些工具产生最大效果的导向力直到下一代才真正具体化。

在第10章中，我们关注德国的历史经济学派，而忽略了德国在19世纪建立"新古典"经济学的趋势（见表17-2）。在德国，像法国一样，工程师们提出了古典经济学没有探讨的问题，为未来的经济学家铺平了道路。在杜普伊的上一代，德国工程师克劳斯·克伦克（Claus Kröncke）引入了道路与运河的"成本—收益"计算。另一个德国工程师G. G. 冯·布阔伊（G. G. von Buquoy）采用微分方法解决农业中的经济问题。德国经济学中的主观主义传统（其中效用因素被赋予重要作用）始于戈特利布·胡费兰（Gottlieb Hufeland，1807年），又几乎被门格尔之前的每一位重要作家所延续。19世纪上半叶的重要教科书的作者卡尔·劳（Karl Rau，1826年），坚决主张所有价格都应在相同的需求—供给框架中研究，他在1841年就画出了需求和供给曲线。弗里德里希·赫尔曼（Friedrich Hermann，1832年）没有采用边际效用分析，但采用机会成本方法研究需求，这早于门格尔后来提出的投入定价方法（见第13章）。C. W. C. 许茨（C. W. C. Schüz，1843年）发展了基于边际产品价值的要素定价理论，拓展了赫尔曼的分析。

403

402

表17-2 德国的原始新古典经济学先驱

姓名	职业	著作	贡献
克劳斯·克伦克 （1771—1843年）	工程师	《交通工具理论初探，包括在道路工程方面的应用》(1802年)	关于道路与运河的早期的"成本—收益"计算；通过改善交通来降低成本和价格获得效益
G. G. 冯·布阔伊 （1781—1851年）	工程师	《国民经济理论》(1815年)	采用微分方法来确定农业中的最优技术；理解递减的收益和递增的（边际）成本，但并不理解计算中的"效益"概念
戈特利布·胡费兰 （1783—1850年）	法学家	《国民经济学新基础，对财富、价值、价格、货币与国民财富等基本概念的考察与修正，包括对迄今为止的经济体制的连续考察》(1807年)	不仅基于物质生产力，而且也基于出现在价格形成过程中的价值生产力；提出了早期的主观价值论和生产力分配理论的基本内容

姓名	职业	著作	贡献
J. H. 冯·屠能 （1783—1850 年）	农学家	《孤立国同农业和国民经济的关系》（1826—1850 年）*	在边际生产力原理的基础上，沿着比较静态分析的路径，发展了租金、区位、资源配置等理论
K. H. 劳 （1792—1870 年）	学者	《经济学原理》（1826 年，1841 年）	与冯·屠能同时发展了边际生产力价值理论；把所有价格都纳入相同的需求—供给框架之中；认为分配是价格理论的一部分；1840 年后画出了供给和需求曲线
F. B. W. 赫尔曼 （1795—1868 年）	学者 统计学家	《国民经济研究》（1832 年）	与李嘉图相反，认识到生产成本依赖于需求，用"机会成本"方法来分析需求，但没有以边际效用为基础进行计算；预见到了后来奥地利的产出与投入评价方法
C. W. C. 许茨 （18?—18?）	学者	《国民经济学原理》（1843 年）	发展了赫尔曼所提出的要素边际产品定价理论（VMP）
H. H. 戈森 （1810—1858 年）	法律助理 商人	《人类交换规律与人类行为准则的发展》（1854 年）*	发展了与时间相关而不是与数量相关的效用函数；根据边际效用的均等化实现资源的最优配置；把有约束的最优化作为价值与配置理论的核心
W. G. F. 罗雪尔 （1817—1894 年）	学者	《国民经济学原理：用于商业和研究的手稿与读本》（1854 年）*	提出了主观价值论和非竞争定价理论；为当时受卡尔·劳滋养的一代德国经济学家撰写了标准的教科书
H. K. E. 冯·曼戈尔特 （1824—1868 年）	学者	《企业家的利润规则》（1855 年）* 《经济学大纲》（1863 年）*	发展了局部均衡和数理价格理论，其扩展超越了古诺；采用比较静态分析多重均衡以及联合供给与需求；从可变数量的潜在效用推出需求曲线
K. G. A. 克尼斯 （1821—1864 年）	学者 统计学家	《价值的国民经济法则》（1855 年）	把边际效用递减原理作为价值理论的核心；反对马克思的价值理论，因为它否认效用
彼得·米施勒 （1824—1864 年）	学者	《国民经济学原理》（1857 年）	门格尔的老师；使用效用度量总福利，使用价格度量个人的效用；在关键论点上早于戈森

姓名	职业	著作	贡献
A. E. F. 舍夫勒 （1831—1903 年）	学者	《人类经济活动的社会体系》（1867 年）	推进了主观价值论；强调门格尔的典型商品的目的与因果关系，但并没有认识到冯·屠能的边际主义；门格尔在维也纳大学的前任

* 已译为英语。

威廉·罗雪尔（1854 年，见第 10 章）讨论了非竞争性定价理论，在其教科书中提倡主观价值论，最终取代了流行的劳的教科书。卡尔·克尼斯（Karl Knies，1855 年）认为边际效用递减原理是其价值理论的核心。汉斯·冯·曼戈尔特（见第 13 章）详细阐述了需求的效用基础，发展出了局部均衡、数理价格理论，超越了古诺。门格尔的老师彼得·米施勒（Peter Mischler，1857 年）坚决把效用作为经济福利的度量标准，预见到了效用的等边际原理。此外，门格尔在维也纳大学的前任阿尔伯特·舍夫勒（Albert Schäffle，1867 年）以与门格尔类似的方式，强调主观评价与联系。

冯·屠能与赫尔曼·海因里希·戈森（见第 13 章），这两位德国作家的作品在每一个方面都是"新古典的"。冯·屠能实际上在 1826 年就提出了区位理论，后来建立了可行的微观经济理论，在该理论中，以有约束最优化模型中的边际变量作出经济决策和经济评价。他借鉴了自然科学的分析方法，特别是用微分方法来解决经济问题。现在，他被称为比较静态模型之父。冯·屠能发展了生产理论，而戈森发展了消费理论。他是最早提出基于边际效用原理的正规消费者行为理论的经济学家之一。他也借鉴了自然科学的分析方法，以使经济分析更加精确和清晰。戈森的效用函数与时间相关而不是与数量相关，这在技术上被排除在严格的新古典模式之外，但他采用数学和图表来解释有约束最大化原理的独创性，仍然是鲜明和新颖的。总之，冯·屠能和戈森的贡献产生了相当完整的新古典经济资源最优配置理论。

在法国，古诺和杜普伊（见第 12 章）使经济—工程师传统取得了丰硕成果，但法国人对新古典经济学的贡献要追溯到孔狄亚克（1776 年），在《国富论》出版的同一年，他建立了主观价值论（见表 17-3）。A. N. 伊斯纳尔（A. N. Isnard，1781 年）在许多重要观点上要早于莱昂·瓦尔拉斯，是新古典经济学中一般均衡分析方法的重要先驱。热尔曼·加尼耶（Germain Garnier，1796 年）和 J. B. 萨伊（1828 年）推进了需求理论，后者发展了需求的收入分层概念，后来被杜普伊纳入其开拓性工作中。从 19 世纪 30 年代开始，查尔斯·米纳德（Charles Minard，1850 年）就在国立道路与桥梁学院的课堂上，论证经济研究的意义，而这种调查以效用概念为基础。当然，1838 年，古诺实际上就创立了新古典厂商理论。阿尔弗雷德·马歇尔在其个人颂词中写道："古诺是引领我思想形成的大师。"（见庇古，《阿尔弗雷德·马歇尔回忆录》，p.360）。

405

表 17-3　　　　　　　　　　　　**法国的原始新古典经济学先驱**

姓名	职业	著作	贡献
E.B. 德·孔狄亚克 (1714—1780 年)	哲学家 牧师	《商业与政府相互关系的考察》（1776 年）*	建立了主观价值论；在效用概念方面是罗雪尔效用思想的来源
A. N. 伊斯纳尔 (1749—1803 年)	工程师	《财富论》（1781 年）	建立了交换均衡、生产、资本、利息与外汇的数学分析；先于瓦尔拉斯提出了一般均衡方法
热尔曼·加尼耶 (1754—1821 年)	贵族	《政治经济学基本原理》（1796 年）	建立了需求的收入分层（即财富金字塔）
J. B. 萨伊 (1767—1832 年)	实业家 学者	《政治经济学概论》（1803 年）* 《政治经济学教程》（1828 年）	把效用与需求相联系；杜普伊从萨伊的含混思想中获得灵感，建立了需求的边际效用理论；财富金字塔；杜普伊需求理论的跳板
查尔斯·米纳德 (1781—1870 年)	工程师	《政治经济学的基本概念在公共工程上的应用》（1830/1850 年）	发展了以时间贴现值为基础的成本—收益分析；是国立道路与桥梁学院有影响的教师
A. A. 古诺 (1801—1877 年)	数学家 哲学家	《财富理论的数学原理的研究》（1838 年）*	推导了需求与供给的数学理论；把边际分析应用到垄断和竞争条件下的厂商理论；发展了以数量推测为基础的双头垄断理论；以"观察资料"为基础说明需求曲线；采用了理性和机械的市场理论
A. E. J. 杜普伊 (1804—1866 年)	工程师	《论公共工程效用的度量》（1844 年）* 《论通行税的影响以及交通费的效用》（1849 年）* 《效用及其度量：论公共效用》（1853 年）	推进了以效用为基础的需求分析；第一次采用现代成本—收益方法研究市场；计算了多种市场条件和定价机制（如竞争、垄断、价格歧视）下的净效益；确定了市场模型中的调整时期；建立具有"马歇尔"方法论特征的、作为理论和经验科学的经济学；分析了产权安排与利益集团的冲击，以及公共选择模型；价格—数量与价格—质量决定的图形分析

*已译为英语。

在 18 世纪，意大利出现了四位具有"新古典"趋势的重要经济学家（见表 17-4）。意大利新古典主义的领袖是费迪南多·加利亚尼（Ferdinando Galiani，1751 年），他的价值理论以效用和稀缺性为基础，建立了作为价格与数量之间相互依赖的结果的经济均衡，甚至在斯密提出价值悖论问题之前就解决了这一问题。

切萨雷·贝卡里亚（Cesare Beccaria，1764 年，1771 年）也把效用作为经济活动的规则，预见到了现代无差异分析，支持在经济研究中的数学方法。安东尼奥·杰诺韦西（Antonio Genovesi，1765 年）提出了一项全面的功利主义福利经济学研究计划，并且从以边际效用概念为基础（如果不是名义上的）的需求推导出价值。彼得罗·韦里（Pietro Verri，1760 年，1771 年）提出了以"苦乐计算"为基础的清晰的经济均衡概念，发展出固定费用的需求曲线，认为需求和供给决定包括利息（贷款的价格）在内的所有价格。

在 19 世纪，路易吉·瓦莱里亚尼（Luigi Valeriani）、弗朗西斯科·福科（Francesco Fuoco）、佩莱格里诺·罗西（Pellegrino Rossi）、杰罗拉莫·博卡多（Gerolamo Boccardo）和弗朗西斯科·费拉拉（Francesco Ferrara）延续了意大利传统。约瑟夫·熊彼特这样谈及瓦莱里亚尼（1806 年）："他本来应教会西尼尔和穆勒如何运用供给和需求函数"《经济分析史》，p. 511）。福科（1825—1827 年）倡导主观价值论，发展了"公共幸福"就是均衡状态的思想。罗西（1840 年）在法兰西学院讲授了主观价值论，他是 J. B. 萨伊的继任者。杜普伊受到了罗西的影响，频繁引用他的观点。博卡多（1853 年）把市场价格解释为一种交换比率，是需求与供给的结果，在他关于低价对需求量的影响的论述中，就蕴含了马歇尔后来普及的弹性原理。费拉拉（1856—1858 年）发展出了一种以心理的成本—收益因素为基础的复杂的价值理论。

表 17 - 4　　　　　　　　　　　　意大利的原始新古典经济学先驱

姓名	职业	著作	贡献
费迪南多·加利亚尼 （1728—1787 年）	学者 政治家	《论货币》（1751 年）*	建立了基于效用和稀缺性的价值理论；把均衡作为价格与数量之间相互依赖关系的结果；解决了价值悖论
C. 贝卡里亚 （1712—1769 年）	学者 行政官员	《论罪行与惩罚》（1764 年）* 《公共经济原理》（1771 年）*	把效用奉为经济活动的准则；发现了隐含着现代无差异分析的思想；建立了经济学中的数学分析；影响了边沁
安东尼奥·杰诺韦西 （1712—1794 年）	学者 牧师	《商业及国民经济学教程》（1765 年）	全面表述了功利主义福利经济学；以效用为基础，从需求推导出价值；把质量与价值相联系
彼得罗·韦里 （1728—1797 年）	学者 行政官员	《商业原理》（1760 年） 《政治经济学沉思录》（1771 年）*	给出了以"苦乐计算"为基础的清晰的经济均衡概念；发展出一种固定费用的需求曲线；指出供给和需求决定所有价格，包括利息
L. 瓦莱里亚尼 （1758—1828 年）	学者	《论所有商业中的价格问题》（1806）	巧妙地使用了需求和供给函数

姓名	职业	著作	贡献
弗朗西斯科·福科 (1774—1841 年)	学者	《经济学评论》(1825—1827 年)	关注主观价值论;把"公共幸福"看作均衡状态的思想
佩莱格里诺·罗西 (1787—1848 年)	学者 政治家	《政治经济学教程》(1840 年)	应用主观价值论;是萨伊在法兰西学院的继任者
杰罗拉莫·博卡多 (1829—1904 年)	学者 政治家	《论政治经济学的理论与实践》(1853 年)	把价值看作交换率,把市场价格看作需求和供给的结果;指出价格下降显示出需求水平的降低(即预见到弹性)
弗朗西斯科·费拉拉 (1810—1900 年)	学者 政治家	《政治经济学教程》(1856—1858 年)	发展出了一种以主观因素,即各种选择的心理成本—收益分析为基础的复杂的价值理论;预见到了"边际革命"

* 已译为英语。

在 19 世纪,美国经济学家要落后于欧洲的经济学家,但有一个值得注意的例外。小查尔斯·埃利特(Charles Ellet, Jr.)曾在巴黎的国立道路与桥梁学院学习,该校是当时世界顶尖的工程学研究生院,后来他把该校经济分析的印记带到了北美。在古诺出版其主要经济学著作的同一年,埃利特出版了《论有关美国内部改进工作的贸易法则》(1839 年)。一个多世纪以来,大西洋两岸的经济学家都没有注意到这本书的价值,它实际上是"新古典"思想的孵化器。其反复出现的主题是,商业决策可以而且应该以通过数学方法推导出的原理为基础。埃利特打造了许多新的分析工具,包括垄断与价格歧视的数学模型、最优投入选择理论以及在某种程度上优于古诺的双头垄断模型。

表 17-5　　　　　　　　　　美国的原始新古典经济学先驱

姓名	职业	著作	贡献
小查尔斯·埃利特 (1810—1862 年)	工程师	《论有关美国内部改进工作的贸易法则》(1839 年)	发展出了精致的垄断和价格歧视厂商的数学模型;与古诺同一年提出了双头垄断理论;发展了最优投入选择和联合投入理论

如果不考虑地理差别,所有这些早期的新古典贡献实际上都以经济理性为基础,而这种经济理性是以向下倾斜的需求曲线所固有的"边际主义"来表述的。的确,这些贡献中的许多内容是零散和孤立的,但与其他人相比,冯·屠能、戈森、古诺和杜普伊这四位作家要更加突出。在 1860 年之前,这四位作家就用文字、图形或数学的方法清晰地表述了新古典分析的基本工具,而且具有原创性。因此,与其说所谓的"边际革命"是一场革命,不如说是一种演化。

例如,在需求理论方面,以面临成本与收益表的单个消费者的理性行为为基础，杜普伊、古诺和戈森建立了向下倾斜的需求曲线。杜普伊竟然提出了消费者剩余原理，来作为检测公共政策的智慧的工具。这些作家有力地证明了约束最大化问题的重要性。戈森发现对于个人，均衡服从于边际效益相等时的支出约束。冯·屠能以边际生产力为基础讨论了投入的选择；戈森以劳动的生产力为基础考察劳动的投入选择。古诺和杜普伊讨论了需求的价格弹性概念，尽管并没有给出这样一个名称。戈森也以效用因素为基础构建了交换模型，杜普伊还提出了具有与马歇尔的调整时期（即短期与长期）类似的国际交换模型。

古诺、杜普伊和戈森建立了以需求和供给概念为基础的市场均衡框架。接下来，古诺和杜普伊表明这一框架确立了垄断者与竞争者潜在的利润最大化原则，杜普伊进一步讨论了价格歧视的条件与结果。古诺创立了相互依赖的寡头垄断与双头垄断理论，而杜普伊应用这一理论说明了市场中的产品质量差别。冯·屠能和杜普伊把时间、技术、空间和产权的含义与影响引入经济理论之中。

如果出现在马歇尔的《原理》中的理论工具箱是构成新古典微观经济学原理的标准，几乎没有什么东西在古诺、杜普伊、戈森和冯·屠能的作品中找不到。实际上，在许多领域如双头垄断、价格歧视和空间竞争，马歇尔的分析并不像其前辈那样成熟。

几点应当学习的启示

从对新古典经济学的早期发展的纵览中，我们可以获得一些全面的看法。首先，在"新"主题的发展中，欧洲大陆具有明显的优势。如果从绝对数看，德国和意大利是占优势地位的（见表 17-2 和表 17-3），然而其他国家的原始新古典传统也取得了明显的进展。埃里克·施特赖斯勒（Erich Streissler，《德国经济学对门格尔和马歇尔作品的影响》）展示了德国作家们的丰富的新古典精神遗产，这要早于门格尔、罗伯特·埃克隆和罗伯特·赫伯特（《现代微观经济学的秘密起源》）揭示了瓦尔拉斯之前的法国经济学的隐秘起源。但意大利人的贡献在很大程度上仍被外部世界所忽视，在英国，由于几乎只关注古典时期的主要人物，原始新古典经济学的贡献被完全遮蔽了。

其次，许多或较多新的分析技术产生于各种专业人士，如工程师、农学家和商人，而不是学者。在英国、德国和意大利，坚持研究"新古典"主题的作家主要来自学院，而在法国和美国，开拓新领域的主要是工程师（见表 17-4 和 17-5）。德国最有创见的经济学家冯·屠能和戈森是两个局外人，冯·屠能是农学家，而戈森是法律助理与商人。拉德纳（英国）是天文学家和工程师，休厄尔（英国）和古诺（法国）是数学家。孔狄亚克（法国）和杰诺韦西（意大利）是牧师。

再次，如果历史是一个正确的向导，那么经济理论不是数学，同样数学也不是经济理论。例如，戈森是一名普普通通的数学家，但可以说他发明了现代图表式的

408

经济学。经济理论中的新见解有时用数学术语表达，但也经常用文字或图形工具来表达，只是后来转换为数学。

最后，除杜普伊之外，到目前为止我们所讨论的原始新古典经济学作家中，没有人提出了与马歇尔类似的、作为科学发现发动机的经济学的远见，这种远见对经济学家研究经济学的方法产生了巨大的冲击。

马歇尔知道什么？他从哪里学到的？

我们难以知晓阿尔弗雷德·马歇尔的《原理》利用了哪些思想来源以及他是如何获知的。迄今为止最全面地追溯马歇尔思想所受到的影响的著作是格罗尼维根（Groenewegen）的《翱翔的鹰》（*Soaring Eagle*，第六章）。按照他的考证，马歇尔于1868年读了古诺的著作，1869—1870年读了冯·屠能、赫尔曼、罗雪尔、劳和冯·曼戈尔特的著作，1870年读了詹金的著作，1871年读了杰文斯的著作，1873年及以后读了杜普伊的著作。这些影响如何冲击他的思想仍是个谜，然而在某些方面这些联系是清楚的。例如，马歇尔采纳了赫尔曼内部需要与外部需要的分类，承认其对准租金的预期，并引用了他的资本概念（《原理》，p.55n，p.432n，p.788n）。施特赖斯勒（《影响》，pp.32-33）认为马歇尔或许从早期德国作家那里获得了《原理》的总体结构，这似乎是有道理的，但我们不相信他从他们那里获得了需求、边际效用、消费者剩余与一般竞争均衡的思想。马歇尔告诉J. B. 克拉克，冯·屠能激发了他的分配理论（庇古，《阿尔弗雷德·马歇尔回忆录》，pp.412-413）。此外，他说（p.360）他的观点从冯·屠能那里获得的内容要比从古诺那里获得的多。

大家普遍承认，在组装新古典微观经济学工具箱时，马歇尔利用了早期思想来源，而且我们早就知道他并不把自己的贡献看作是革命。与以前不同的看法是，这种工具箱在门格尔、杰文斯和瓦尔拉斯之前就已经存在，而马歇尔对早期原始的新古典经济学有所了解。但对新古典经济学的讨论，经常在一定程度上对它由一种科学方法以及一套工具构成评价过低，也在一定程度上低估了马歇尔在奠定这些方法的基础方面所起的作用。实际上，有迹象表明，马歇尔认为经济学缺乏正确的科学基础是这个学科所面临的最为紧迫的问题。

在《原理》第一卷第三章中，马歇尔坚称相信经济科学是一种科学发现的方法。他指出了经济学与其他科学间的相似性："差不多像其他一切科学一样，经济学的工作是收集事实、整理和解释事实，并从这些事实中得出结论"（《原理》，p.29）。然而经济分析面临着某些其他科学所不存在的限制。在物理学或天文学等科学中，理论中使用的变量可以包括大多数重要的原因与结果，这样经验检验就可以相当近似地与理论相匹配。然而在这方面经济理论经常并不成功，因为人类科学不可避免地要依赖未能包含所有变量的理论，而这些变量只在特定时间和地点才有

409

经济理论和方法史（第五版）

意义。

尽管马歇尔关注静态均衡——这是从物理学中借用的概念，但他拒绝将物理学、天文学与力学的规律与经济学的规律进行直接的类比，而是将经济学与气象学相比较：

> 经济学的规律可与潮汐的规律相比，却不能和简单与精密的引力律相比。因为，人们的活动是如此多样和不确定，以致在研究人类行为的科学中，我们所能作的关于趋势的最好的叙述，必然是不精确的和有缺点的。……因为我们必须对自己形成关于人类活动的趋势的某些概念，我们就要在草率形成这些概念和小心地形成这些概念之间作一选择（《原理》，pp. 32 - 33）。

约翰·萨顿（John Sutton）解释道："马歇尔论点的关键在于，他认为经济机制在由复杂因素构成的混乱背景下产生影响，因此我们可以预期，大多数经济分析是抓住了这种或那种因素变化所产生的'趋势'"（《马歇尔的趋势》，p.4）。所以，马歇尔接受了数学模型和静态均衡理论，以便组织各种原理来理解现实市场的机能。但他坚持认为，只有在"产生扰动的原因"的有限界限内，自利和理性的人类行为所产生的趋势才造成了可预期的结果，而在某个时点上，要考察这种原因，须使用其他条件不变假设。马歇尔的方法论是这样的，在一种理论中并不是所有因素都要详细说明（也无法做到），而某些未说明的因素可能显著地改变预期结果。后一种方法促进了现代计量经济学方法的发展，以便从概率论的角度决定哪种因素改变结果，哪种因素不改变结果。

在从理论进行归纳和从证据进行演绎的论战中，马歇尔采取了中间立场。他告诉埃奇沃思，因为"如果只有理论，就是空洞无物的，而没有理论的经验研究是值得怀疑的，所以只有把理论与证据交织在一起，才能构建'正确的经济学'"（《马歇尔的趋势》，p.13）。在对马歇尔的影响的评价中，约翰·萨顿指出："标准范式的诞生带给经济学的是，提出以严格定义的理论形式阐述相互竞争的观点的重要性的新主张，而这些理论是可以通过清晰的经验检验来评估的。正是这一点，而不是任何死板的研究秘诀，保持了其延绵不断的遗产"（《马歇尔的趋势》，pp.105 - 106）。

虽然马歇尔慷慨地赞美冯·屠能和古诺，但他从这些作家那里借鉴的是理论而不是方法。冯·屠能并未尝试将其理论置于严格的方法论框架之中。在一篇关于戈森的文章中，于尔格·尼汉斯（Jurg Niehans）指出冯·屠能把农场作为他的经济范式（《新帕尔格雷夫经济学大辞典》，第二卷，pp.550 - 554）。彼得·格罗尼维根认为，冯·屠能的方法使马歇尔"更加意识到科学活动中收集事实与经验的重要性"，这大概是正确的（《翱翔的鹰》，p.152）。然而，与马歇尔（以及杜普伊）的方法相比，冯·屠能的方法具有不同的顺序。冯·屠能收集事实来证明理论。正如我们所知，这构成了一种"科学方法"，但这是属于算术领域的方法，而马歇尔主张的经济学方法在概率论的意义上似乎是"统计学的"。

虽然普遍认为古诺是经济统计学的先驱，但当经济科学中出现经验主义时，他实际上持否定态度。他求助于克劳德·梅纳尔（Claude Ménard）所说的"理性力学"，对统计学表现出奇怪的矛盾态度（《对统计学的三种抵制》，p. 533）。古诺对于科学的这种观点明显贯穿于其《财富理论的数学原理的研究》一书中，其中所有的科学类比都是相对于像力学、物理学、天文学和"运动"这样的"硬"科学而言的。古诺唯一一次允许经验主义进入其分析，是表述其需求曲线，他以观测为基础，建立了价格与数量之间的反向关系。这个唯一的介入最好看作是机械的、纯粹的数理经济科学的借口。戈森也同样，他相信："没有数学的帮助也可能产生正确的经济学体系，这是在纯天文学、纯物理学、力学等学科中早已承认的事实"（塞奥哈理斯（Theocharis），《数理经济学的发展》，p. 198）。准确地说，事实上其他原始新古典经济学家也使用相同的机械的方法，唯一的例外是朱尔·杜普伊。

杜普伊并没有被作为需求曲线基础的效用的不确定或"反复无常"的性质所吓到，以递减的边际效用为基础，他解释了需求曲线的负斜率，而边际效用可以用货币单位来度量。[①] 他预见到经济科学是理论与经验的结合。在开始经济研究之时，杜普伊就将经验（假设或实际的观察）与需求结合起来，给出了对需求曲线和消费者剩余的实际估计（《论效用的度量》，p. 104）。除了以经验为基础的需求曲线，杜普伊还为经济理论提供了其他或实际或"传闻"的经验例证，包括对桥梁、采石场、运河、人口与水资源分配的分析。这些讨论表明，他使用了明显的现代科学方法，包括演绎推理、检验以及对早期理论中"失落"的内容的再阐述。

如果把杜普伊与马歇尔比较，特别是二者理论与方法的关键点，那么他就是"新"方法的先锋。我们发现杜普伊在 1860 年就详细阐释了经济学方法，马歇尔用类似方式所做的说明比他要晚 30 年。在讨论数学抽象法对于解决经济问题的作用时，杜普伊告诫道，由于经济事件的复杂性，所以要求经验证明，以便丰富和充实"暂行的规则"。下面一段话清楚地表明，杜普伊把经济学看作是一种发现过程。他的观点与马歇尔关于经济学与潮汐的类比具有惊人的相似性。

> 有时一大群好奇的探险者聚集在海边，观赏百年一遇的潮汐。科学发现了什么引起潮汐，可以告诉我们太阳和月亮排成一线、使得海平面升高超过通常水平的具体时间。然而，潮汐可能并未像预期的那样出现。是否就要因此而怀疑现有的理论？这是否意味着在那一天太阳和月亮的影响不存在了？不，当然不是。强烈的失望仅仅表明潮汐的高度不仅受制于我们能够计算的有规则的活动，而且还受制于另外一些科学尚未理解的活动。在我们预期该现象出现的那天，一种未被预测的活动（如风向的变化）可能对我们计算出的结果产生相反的影响。对经济事件来说也是如此（《论自由贸易》，p. 138）。

此外，杜普伊把他的方法论观点放到竞争均衡的"调整时期"（短期与长期）

---

① 马歇尔对以货币作为福利度量标准的意见（《原理》，第一卷，第二章，pp. 15 - 22 及后文内容）与杜普伊的观点一致（《论效用的度量》，pp. 102 - 107）。杜普伊经常指出，"如果人们不愿意付钱就没有效用"，以及"政治经济学思考财富以及我们为获得财富而愿意付出的代价，必须考虑以货币来表达的意愿的力量。"（《效用及其度量》，p. 14）。

模型之中，这是马歇尔对竞争市场的理论观点的标记，也是后来每一本经济学入门教科书的主题。为了解释关税降低对英国钢铁和法国葡萄酒的相对价格的影响，杜普伊指出：

> 经济学可能会预测自由贸易在几年内把法国铁的价格降低到 170 法郎；但如果由于冶炼过程的改进，或者发现了更丰富的铁矿，价格降低到 120 法郎；或者相反，如果由于加利福尼亚或澳大利亚的金银的流入，价格上升到 300 法郎，这些事件都不能否定基本原理。当然，持怀疑态度的托马斯们，因某些微不足道的现象而左右摇摆，或者受制于他们（对抽象理论）极端轻蔑的态度，可以收集事实来反对理论，但聪明的人们不会相信他们的攻击（《论自由贸易》，p. 138）。

同样，关于其他条件不变假设的作用，杜普伊绝对早于马歇尔，正如他在著作中所说的：

> 若一种结果依赖于多种原因，如果可以同时考虑每种条件，是可以精确地计算的。然而，对科学而言，分离每一种原因，分别计算其结果，是合理的，实际上这是研究和发现知识的唯一方法（《论自由贸易》，p. 138）。

从杜普伊著作中摘选的这些段落（在其原始文本中阐述得更为详尽），提供了清晰明确的证据，说明如今经济学家研究经济现象所采用的基本方法，在马歇尔之前一代就已经明显成形了。马歇尔的新古典经济学与杜普伊的方法类似，但并不与古诺、冯·屠能以及其他原始新古典作家的方法相类似。

无论马歇尔与杜普伊之间这种明显的类似构成了真正的学术联系，或者只是历史的巧合，其实并不是问题。马歇尔形成自己关于其科学方法的观点，以及对于效用、需求和消费者剩余的理论见解，可能与杜普伊无关，也可能通过其他学术纽带获得了这些观点。例如，马歇尔知道杰文斯的工作，在讨论经济学方法时，杰文斯也提到了潮汐，尽管杰文斯最终采纳了"更硬"的经济科学观点。[①] 问题在于，马歇尔和杜普伊赞成同样的方法，这种方法今天仍在使用，并且日益刺激了计量经济学和统计学技术的改进。因此，无论有意还是无意，马歇尔传播了杜普伊的许多思想。这意味着他对于经济学的核心价值，不在于其思想有多少原创性，而在于他以新范式的功效说服大多数同行的能力。

412

---

① 马歇尔的工作与约翰·斯图亚特·穆勒的工作也非常类似，在一些关键问题上，穆勒比杜普伊和马歇尔更早地阐述了有关经济方法的观点。穆勒承认经济学的复杂性，认识到了不确定性，通过扰动的原因引入了不确定性，区分了社会科学和自然科学，概述了其他条件不变假设的必要性。然而，穆勒后来似乎认为其他条件不变只是推理中的逻辑约定，在某种程度上并不是一种发现的方法，而在一个理论中，每次经验地都把所有的原因集中到一起来解释结果，可能会改变其本质（《逻辑体系》，第 6 卷，第 2 章，第 1 部分和第 2 部分）。对杜普伊来说，他坚信经验方法在发现一般原理以及证明其存在等方面是有用的，而穆勒否认作为发现机制的经验方法的作用（《论政治经济学的含义》，p. 331）。

思想的力量：经济学中的声望与名誉

罗马皇帝马克·奥勒留（Marcus Aurelius，公元 121—180 年）曾沉思命运，认为一切都是短暂的，包括名声。人生苦短，没什么能够保持下去。但无论多么短暂，反思一下声望起初是如何获得的很有趣。在人们奋斗的许多领域，真正的创造性并不容易被承认，声望常常并不眷顾那些后来被证明是某个领域的大师的人。奥古斯丁派修道士格雷戈尔·孟德尔（Gregor Mendel，1822—1884 年），用他栽培豌豆的实验讨论了遗传学的基本原理，其结果却尘封在一本名不见经传的农业杂志中，被人们所忽视，直到一个世纪之后才被发现。科学共同体的其他人用了 34 年才赶上他。约翰·塞巴斯蒂安·巴赫（Johann Sebastian Bach）现在被看作有史以来最伟大的作曲家之一，生前黯淡无光，去世几十年后才得到了公正的地位。许多独创性的思想从未被认可。早于新古典经济学的那些经济学家也是如此。一般而言，在微观经济学及其数学特征被当作本学科的核心范式之前，许多人就已经作出了"高于时代"、脱离时代、超越时代的零散贡献。

本章聚焦于新古典经济理论的许多"先行者"，他们来自许多国家，从事许多学科，凭借其作品，应当获得一定的声名与赞誉，尽管可能还有其他一些人仍未被认可。虽然只是对经济学创造力的零散贡献，但我们已经指出两个法国作家（古诺和杜普伊）与两个德国作家（冯·屠能和戈森），共同成为新古典经济思想的完整范式的创造者。他们中没有人是现代意义上的"经济学家"，但每个人对传统的现代价格理论都作出了巨大的贡献。

在这四个先行者中，只有杜普伊和古诺试图"推销"其思想。虽然在一本法国的重要经济杂志中，杜普伊把他的技术思想"翻译"成文字形式，但终其一生，在把他的"新古典"理论和方法推销给经济学家（而不是工程师）方面，杜普伊只取得了有限的成功。古诺曾三次（1838 年、1863 年和 1877 年）尝试向经济学同行们推广其作为理性力学的"科学的"经济学概念。他被忽视了吗？并非如此。他在 1863 年的第二次努力得到了夹杂着赞美和建设性批评意见的评论。但古诺顽固地坚信，他才华横溢的理论体系支持新生的社会主义体系的经济组织，而这是当时占据统治地位的法国自由主义者所反对的。*

在决定一个人是否获得持久声望方面，命运似乎扮演了重要的角色。长期来看，正如奥勒留所说的，声名如浮云。但是，短期来看，必须积极推销思想，还要被人评论。实际上，在短期之内，正确的情况可能是：唯一不好的评论是讣告。或者，如粗俗的女电视演员梅·韦斯特（Mae West）所言："被人审视好过被人忽视。"

　　* 见小罗伯特·B. 埃克伦德和罗伯特·F. 赫伯特。古诺和他的同代人：讣告是唯一的恶评吗？《南方经济学杂志》，第 57 卷（1990 年 7 月），pp. 139 - 149。

结论

一个真实有效的新古典微观经济学工具箱在 1890 年马歇尔的《原理》出版，

以及 1870 年左右传奇性的门格尔、杰文斯和瓦尔拉斯三巨头在登上历史舞台之前，就已经存在很久了。我们得出的观点是，1870 年之前漂浮的新古典或边际主义思想，只是一个伟大知识问题中的一些孤立的片段。对某些个别情况来说，这可能是正确的。新古典微观经济学似乎没有以一种整齐或线性的方式发展，而是以"体系"或"学派"之间智力论争的形式发展，这也是事实。但原始新古典作家所取得的成就的数量与质量如此巨大，他们的工作不会因孤立、零散或不完整而被漠视。

特别是朱尔·杜普伊，他努力将对需求或效用的说明、关于投入的边际主义、以生产时期为基础的成本概念、多种市场结构下的福利计算、图形和数学的分析与说明以及建立微观经济科学的表述准确、形式完美的方法组成一种完整的范式。在一起构成新古典微观经济学的大多数关键因素方面，杜普伊都早于马歇尔。

阿尔弗雷德·马歇尔是一个卓有成就的理论家，但更为重要的是，他是一个"综合团体"的核心。他以心中的一个简单目标来塑造其理论工具：使经济学成为科学发现的发动机。此外，通过阐明其方法论框架，他引入了新的经济理论工具，使之成为传统的新古典范式。马歇尔的方法使归纳的理论和演绎的经验主义结合起来，最终形成了现代经济学实践，并刺激了计量经济学的发展。

参考文献

Beccaria, Cesare B. *Dei delitti e delle pene*. English translation, *An Essay on Crime and Punishment*. London: J. Almon, 1767.

——. *Elementi de economia publica*, in *Cesare Beccaria Opere*, S. Romagnoli (ed.). Florence: Sansoni, 1958. English translation, *A Discourse on Public Economy and Commerce*. New York: Burt Franklin, 1970.

Boccardo, Gerolamo. *Trattato teorico-practico di economia politica*. Torino: Dalla Società Editrice della Biblioteca dei Comuni Italiani, 1853.

Buquoy, G. Graf von. *Die Theorie der Nationalwirthschaft*. Leipzig: Breitfopf & Härtel, 1815.

Condillac, E. B. de. *Le Commerce et le gouvernement considérés relativement l'un à l'autre*. Paris: Jombert et Cellot, 1776. English translation, *Commerce and Government Considered in Relation to Each Other*, Shelagh Eltis (trans.), S. M. Eltis and W. Eltis (eds.). Aldershot, UK: Edward Elgar, 1998.

Cournot, A. A. *Researches into the Mathematical Principles of the Theory of Wealth*, Nathaniel Bacon (trans.). New York: Macmillan, 1929.

Dupuit, Jules. "De la mesure de l'utilité des travaux publics", *Annales des Ponts et Chaussées: Mémoires et Documents*, 2d ser., vol. 8, no. 2 (1844), pp. 332–375. English translation, "On the Measure of Utility of Public Works",

R. M. Barback（trans.）, *International Economic Papers*, vol. 2（1952）, pp. 83 – 100.

——. "Des péages", *Annales des Ponts et Chaussées: Mémoires et Documents*, 2d ser., vol. 17, no. 1（1849）, pp. 207 – 248. English translation, "Tolls", Elizabeth Henderson（trans.）, *International Economic Papers*, vol. 11（1962）, pp. 7 – 31.

——. "De l'utilité et de sa mesure: De l'utilité publique", *Journal des économistes*, vol. 36（1853）, pp. 1 – 27. Reprinted in *De l'utilité et de sa mesure: Écrits choisis et republiés par Mario de Bernardi*. Torino: La Riforma Sociale, 1933.

——. *La liberté commerciale: Son principe et ses consequences*. Paris: Guillaumin, 1861.

Ekelund, Robert B., Jr., and Robert F. Hébert, *Secret Origins of Modern Microeconomics*. Chicago: University of Chicago Press, 1999.

Ellet, Charles. *An Essay on the Laws of Trade in Reference to the Works of Internal Improvement in the United States*. Richmond, VA: P. D. Bernard, 1839. Augustus Kelley reprint, 1966.

Ferrara, Francesco. *Le opera complete di Francesco Ferrara*, B. R. Ragazzi（ed.）. Rome: Bancaria Editrice, 1955.

Fuoco, Francesco. *Saggi economici*, 2 vols. Pisa: Sabastiano Nistri, 1825 – 1827.

Garnier, Germaine. *Abrégé élémentaire des principles de l'économie politique*. Paris: H. Agasse, 1796.

Galiani, Ferdinando. *Della moneta*（1751）. English translation, *On Money*. P. R. Toscano（ed.）. Ann Arbor: University of Michigan Press, 1971.

Genovesi, Antonio. *Lezioni di Commercio ossia di Economia Civile*, 2 vols. Napoli: Fratelli Simone, 1765 – 1767.

Georgescu-Roegen, Nicolas. "Hermann Heinrich Gossen: His Life and Work in Historical Perspective", in H. H. Gossen, *The Law of Human Relations and the Rules of Human Action Derived Therefrom*. Rudolph C. Blitz（trans.）. Cambridge, MA: MIT Press, 1983.

Groenewegen, Peter. *A Soaring Eagle: Alfred Marshall, 1842—1924*. Aldershot, UK: Edward Elgar, 1995.

Hermann, F. B. W. *Staatswirthschaftliche Untersuchungen*. Munich: Anton Weber, 1832.

Hufeland, Gottlieb. *Neue Grundlegung der Staatswirthschaftskunst, durch Prüfung und Berichtigung ihrer Hauptbegriffe von Gut, Werth, Preis, Geld und Volksvermögen mit ununterbrochener Rücksicht auf die bisherigen Systeme*. Giessen & Wetzlar, 1807.

Isnard, Achylle-Nicolas. *Traité des richesses*, 2 vols. Lausanne and London: Francois Grasset, 1781.

Knies, Karl. "Die nationalökonomische Lehre vom Werth", *Zeitschrift für die gesa-*

经济理论和方法史（第五版）

mte Staatswisenschaft, vol. 11 (1855),pp. 421 – 475.

Kröncke, Claus. *Versuch einer Theorie des Fuhrwerks*, *mit Anwendung auf den Strassenbau*. Giessen,1802.

Lardner, Dionysius. *Railway Economy*. London: Harper & Brothers, 1850. New York: Augustus Kelley reprint,1968.

Lloyd, William F. *Lectures on Population*, *Value*, *Poor Laws and Rent* (1837). New York: Augustus Kelley reprint,1968.

Longfield, Mountifort. *Lectures on Political Economy*: *delivered in Trinity and Michaelmas Terms*, *1833*, Dublin: R. Milliken & Son, 1834. Reprinted in *The Economic Writings of Mountifort Longfield*. R. D. C. Black(ed.). New York: A. M. Kelley,1971.

Mangoldt, Hans K. E. von. *Die Lehre vom Unternehmergewinn*: *Ein Beitrag zur Volkswirtschaftlehre*. Leipzig: Teuber,1855.

——. *Grundriss der Volkwirthschaftslehre*. Stuttgart: Maier,1863.

Marshall, Alfred. *Principles of Economics*,8th ed. London: Macmillan,1920.

Ménard, Claude. "Three Forms of Resistance to Statistics: Say, Cournot, Walras", *History of Political Economy*, vol. 12, no. 4 (1980),pp. 524 – 541.

Mill, John Stuart. "On the Definition of Political Economy; and on the Method of Philosophical Investigation in that Science"(1836). In *Collected Works of John Stuart Mill*. J. M. Robson(ed.). Toronto: University of Toronto Press,1967, pp. 309 – 339.

——. *A System of Logic*. London: John W. Parker,1843.

——. *Principles of Political Economy*, *with some of their applications to Political Philosophy*,2 vols. London: John W. Parker,1848.

Minard, Joseph. " Notions élémentaire d'économie politique appliquées aux travaux publics", *Annales des Ponts et Chaussées*: *Mémoires et Documents*, 2d ser. , vol. 19, no. 1(1850),pp. 1 – 125.

Mischler, Peter. *Grundsätze der Nationalökonomie*. Vienna,1857.

Niehans, Jurg. *The New Palgrave*: *A Dictionary of Economics Theory and Doctrine*. J. Eatwell, M. Milgate and P. Newman(eds.). London: Macmillan, 1987, vol. 2,pp. 550 – 554.

Pigou, A. C. *Memorials of Alfred Marshall*. London: Macmillan,1925.

Rau, Karl Heinrich. *Grundsätze der Volkswirtschaftslehre*. Heidelberg: C. F. Winter,1826.

——. *Grundsätze der Volkswirtschaftslehre*, 4th ed. Heidelberg: C. F. Winter, 1841.

Roscher, Wilhelm. *Die Grundlagen der Nationalökonomie*: *Ein Hand und Lesebuch für Geschäftsmanner und Studierende*. Stuttgart: Cotta,1854. English translation, *Principles of Political Economy*. J. J. Lalor (trans.). New York: Henry Holt, 1878.

Rossi, Pellegrino. *Cours d'économie politique*. Paris: Joubert, 1840.

Say, Jean-Baptiste. *Traité d'économie politique*. Paris: Crapelet, 1803. English translation, *A Treatise on Political Economy*. C. R. Prinsep (trans.). New York: Augustus M. Kelley, 1971.

———. *Cours complet d'économie politique pratique*. Paris: Rapilly, 1828.

Schäffle, Albert E. F. *Das gesellschaftliche System der menschlichen Wirthschaft*. Tübingen: Laupp, 1867.

Schumpeter, Joseph A. *History of Economic Analysis*, E. B. Schumpeter(ed.). New York: Oxford University Press, 1954.

Schüz, Carl W. C. *Grundsätze der Nationalökonomie*. Tübingen, 1843.

Stigler, George J. "The Nature and Role of Originality in Scientific Progress", *Economica*, vol. 22 (November 1955), pp. 293 – 302.

Streissler, Erich W. "The Influence of German Economics on the Work of Menger and Marshall", in *Carl Menger and His Legacy in Economics*, B. J. Caldwell (ed.). Annual Supplement to Volume 22, *History of Political Economy*. Durham, NC: Duke University Press, 1990, pp. 31 – 68.

Sutton, John. *Marshall's Tendencies: What Can Economists Know?* Cambridge, MA: MIT Press, 2000.

Theocharis, Reghinos D. *The Development of Mathematical Economics from Cournot to Jevons*. London: Macmillan, 1993.

Thünen, J. H. von. *Der isolierte Staat in Beziehung auf Landwirtschaft und Nationalökonomie* (1826—1863). English translation, *The Isolated State*, vol. 1, Carla Wartenberg (trans.). Oxford: Pergamon Press, 1966. Volume 2 appears in *The Frontier Wage*. B. W. Dempsey (trans.). Chicago: Loyola University Press, 1960.

Valeriani, Luigi M. *Del prezzo delle cose tutte mercantili*. 1806.

Verri, Pietro. *Degli elementi de commercio* (1760). In *Scrittori classici italiani di economia politica*, parte moderna. P. Custodi (ed.). Milan: G. G. Destefanis, 1803 – 1805.

———. *Meditazioni sull'economia politica* (1771). English translation, *Reflections on Political Economy*. B. McGilvray (trans.), P. Groenewegen(ed.), *Reprints of Economic Classics*, Series 2:4. Sydney: University of Sydney, 1986.

Whewell, William. *Mathematical Exposition of Certain Doctrines of Political Economy*. New York: Augustus M. Kelley, 1971

第 5 篇

20世纪的经济学范式

　　从 1870 年前后到 1920 年左右，早期的新古典经济学经历了全盛发展的时期。然而，甚至当这种新的科学正在由杰文斯、门格尔和瓦尔拉斯加以整合的时候，马克思主义就在一些国家特别是那些试图努力跃进工业化时代的欠发达国家中赢得了一块经济学地盘。此外，还存在着对现存的正统经济学的其他挑战。在美国——一个就像它拥抱着资本主义和个人自由那样对异教徒采取宽容态度的国家——出现了一个新的被称之为制度主义的思想流派，它培育了一种明显的反理论的偏向。此外，当正统的经济理论抵挡制度主义的挑战时，它又背负着宏观经济学困扰，特别是在受到大萧条的沉重打击之后尤其如此。经济巨变的时期不可避免地刺激了对于基本的经济学命题的重新思考，大萧条当然也不例外。在这场全球性的经济灾变中，主要是由于约翰·梅纳德·凯恩斯的努力使得现代宏观经济学诞生了。所以，20 世纪初期是一个以波澜壮阔的变化为显著特征的时期。本篇汇集了从美国制度主义者对新古典经济学的尖锐挑战（第 18 章）到战后时期在新政治经济学中表现出来的对于新古典经济学的重新肯定（第 23 章）等思想发展的多重线索。

　　第二次世界大战以后，经济理论的领导权转移到美国，这在很大程度上得益于很多欧洲学者移居到美国。世界和平的恢复以及全球知识界人士的大面积重新分布，释放了强大的创造性活力。凯恩斯主义宏观经济学（第 20 章）跃居支配地位，但是也面临着导致其发生很多修正和精炼的新的古典理论家的挑战（第 21 章）。在凯恩斯主义理论的打击下备受压抑的奥地利经济学（第 22 章），在对凯恩斯主义的遗产的不满情绪日益增长以后也开始重新宣称自己的正当地位。由于部分地受到关于经济政策怎样可能被民主制度所滥用的研究的推动，"政治经济学"——关于经济和政治行为掺和在一起的人类活动的研究领域——从 20 世纪下半叶开始出现了复兴（第 23 章）。

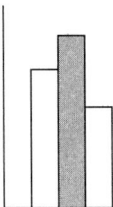

第 18 章

索尔斯坦·凡勃伦与美国制度经济学

我们在第 10 章和 11 章已经看到，19 世纪的知识场景是伴随着对古典的理论经济学 的大喊大叫有时是尖锐呵斥的批判而扩展开的。来自某些方面的批判并没有随着新古典经济学的出现而减弱。像被批判的理论一样，批判方面也拥有它自己的传统——一个在当代对资本主义和资本主义运行过程的评价中仍然活跃和产生着影响的传统。

本章以索尔斯坦·凡勃伦（Thorstein Veblen，1857—1929 年）的"制度经济学"为特定内容，它构成了 20 世纪对于人们既往接受的理论经济学进行批判的组成部分之一。凡勃伦尽管在某种程度上受到英国历史主义学者的影响，他却创立了具有独一无二特色的美国经济学派。在世纪之交，英国的历史主义者以和他们的德国同伴完全一样的精神在鼓吹一种经济研究方法，这种方法强调运用归纳经验普遍性的方法而不是演绎逻辑的方法去研究历史发展的广泛规律，并且断定当时已形成的经济科学普遍具有无效性。凡勃伦的著作也反映了对于英国古典经济学的极大不满情绪，并且，像某些英国历史主义学者一样，他采取了关于资本主义过程的"达尔文主义"的观点。但是，就方法论和理论严谨性而言，他远远超过了英国的历史主义者。实际上，正是由于凡勃伦在方法论上的贡献，才使得他的理论对经济学产生了持久性的影响。因此，我们首先讨论一些知名的英国历史主义者提出的"反对经济方法的案例"，进而借此过渡到对凡勃伦的贡献的探讨。

19 世纪英国的历史主义

一直延续到 19 世纪 40 年代，英国的知识界仍然决定性地团结在李嘉图经济学的周围，这种情景与欧洲大陆的知识"无政府状态"形成强烈反差。埃里克·罗尔（Eric Roll）曾指出，"李嘉图的遗产被奉为圣典；甚至到了 1848 年，约翰·斯图亚特·穆勒仍然认为自己在理论方面不过是一个纯李嘉图主义的拥护者"（《经济思想史》，p. 299）。J. R. 麦卡洛克（J. R. McCulloch）、詹姆斯·穆勒以及哈丽雅特·马蒂诺（Harriet Martineau，他曾写过饱含古典经济学"教诲"的道德说教的神话故事）都视古典理论为李嘉图遗产，并是其相当有效的普及者。李嘉图的抽象思维所具有的超凡魅力达到了可怕的程度。

422
然而，具有讽刺意味的是，一个严谨的历史主义的反叛却在英国的土壤上出现了。理查德·琼斯（Richard Jones）牧师（他有时被认为是第一个制度主义者）在1831 年出版了《论财富的分配和税收的源泉》这部著作。在其中，他抱怨李嘉图的分析框架太狭窄以至于不能被实际运用。他感觉到，经济假定应当是具有历史决定性的，并且得到经验上的证明。用他的话说，李嘉图主义者将"他们依以建立其推理的观察限定在我们地球表面一个极小的部分，而这个部分是直接被这个表面包围起来的"。但是，理查德·琼斯的声音被淹没在李嘉图主义教条的海洋之中。不过，对古典经济学方法论的批判在英国一再地浮出水面。

□ 巴杰特、斯潘塞与达尔文

沃尔特·巴杰特（Walter Bagehot）是一位银行家，《伦巴第人街》一书的作者，以及保守的期刊《经济学人》（该杂志由他的继父詹姆斯·威尔逊（James Wilson）所创办）的编辑。他于 1876 年在《双周评论》（《双周评论》成为历史主义者的非正式喉舌）上发表的一篇文章中提出异端的目标。布赖斯爵士（Lord Bryce）曾声称，巴杰特是"他那一代人中最有创造力的思想家"，然而根据他松散的著述，这个论断是难以令人信服的。不过，他在知识上的多才多艺却是毋庸置疑的（巴肯，《业余首相：沃尔特·巴杰特生平》，p. 260）。他看到了经济学与政治学、心理学、人类学以及自然科学之间的联系，因而拒绝在大多数这些主题和"文人的研究"之间划定天然的界限。尽管巴杰特曾是李嘉图的早期追随者，但是他后来强调将制度与经济理论加以整合的必要性。巴杰特声称，由于无视制度，而伪善地宣称普遍适用性，这对于经济理论是一种罪过。他指责道，开始于斯密、随后又为李嘉图所精炼的政治经济学中的英国传统，具有三个重大缺陷。首先，它受到太多的文化束缚，因而可以理所当然地认为它并不适合于其他国家。所以，正统的古典经济学实际上对于理解大不列颠国度以外的经济发展是毫无用处的，因为在其他国家中的制度背景往往是不一样的。其次，英国的经济学所考察的并不是"真实的"人，而是"想象的"人。由于忽视了上面所说的经济学、政治学、心理学、人类学以及自然科学之间的联系，经济学仅仅可以处理人类行为的狭窄方面。最后，作为一个知识体，英国的政治经济学宣称了一种与人类经验事实并不一致的必然性。

尽管他对于方法论感兴趣，但是巴杰特并没有将他的批判深入展开下去。他未能阐明他的行为主义和制度主义方法对于经济学所具有的含义。他在其身后也没有形成由弟子所组成的学派，并且没有为未来的经济学家提供一种研究日程。不过他的论证风格在某些圈子里是十分诱人的，因而他鼓舞其他人接过了同一火炬。

这种日益增长的知识界对于所认定的古典命题的无用性的失望，在很大程度上是由于哲学而孕育起来的。赫伯特·斯宾塞（Herbert Spencer，他本人从1848年到1853年间曾是《经济学人》杂志的副主编）对这种理论动荡负有部分责任，尽管他绝没有对它持宽容态度。斯宾塞的第一爱好是生物学，但是他的著作清晰地阐述了生物进化与社会进化之间的联系，这甚至早于达尔文（Darwin）。他用清澈而又激动人心的文体描述了这种关系：

> 就那些基本特性而言，一个社会有机体就像单个有机体一样：它要成长；当它成长时它变得更复杂；当它变得更复杂时，它的各个组成部分要求日益增长的相互依赖性；它的生命与作为它的构成部分的单元的生命相比具有更强大的力量……在这两种场合都存在着由日益增长的异质性相伴随的日益增长的一体化（《自传》，Ⅱ，pp.55-56）。

与其他社会科学一道，经济学也被按照这种分析的观点来解释。在英格兰，日益增长的经济的相互依赖性通过日益增长的劳动分工和不断萌发的英国贸易而显示出来。原子式厂商的急剧下降和它们向垄断和寡头结构的移动，都可以用斯宾塞的一体化概念来解释。

1859年，达尔文的《物种起源》又以强大的力量搅动了这种哲学混合体。对于正统的经济学家，当然也包括极端的个人主义者斯宾塞，达尔文的著作仅仅是重述一直为人们所了解的自由放任的"不可避免的"力量。但是，英国的历史主义者在对斯宾塞和达尔文的评价上持折中的态度，他们借助于生物进化来为他们关于制度和社会发展的理论做论证。巴杰特甚至将达尔文的自然选择原理运用于民族国家之间的政治斗争。十分重要的是，凡勃伦的制度经济学中最强大和最重要的基础之一——他关于变迁的理论——可以在斯宾塞-达尔文的"过程""进化和准随机变化"的概念中找到起源。但是，英国的历史主义者（不论是单个人，还是作为一个整体）并没有以任何重要的和严谨的方式将斯宾塞-达尔文的进化论原理应用于经济制度。相反，他们在形成他们的经济学概念时寻求另外的有关变迁的"决定性"理论。

□ 孔德、英格拉姆与克利夫-莱斯利

19世纪知名的哲学家之一是法国的实证主义者奥古斯特·孔德，他的思想在某些英国知识分子中间极为流行。特别是一位英国的历史主义学者约翰·凯尔斯·英格拉姆（John Kells Ingram，1823—1907年），在他身上反映了孔德的观点。

英格拉姆的全部职业生涯都贡献给了都柏林的三一学院。作为一个拥有广泛兴趣的人，他所接受的东西远远超过他的老师关于社会和经济进步的观点；他成为孔德思想在英国的权威解释者，并且走到创作关于"人类的宗教"的十四行诗的极端地步。曾孕育了英格拉姆的《政治经济学史》（*History of Political Economy*，英国历史主义对经济理论的唯一详尽的批评）的孔德的"社会动态学"，远不是这一

词语的现代经济含义，同时也远不是达尔文的进化概念。孔德的"社会动态学"指的是人类向某种有目的的和可预测的目标必然的和连续的运动。按照孔德的观点，就像它实际上与社会发展的联系那样，社会动态学是从历史中引出它的基本数据，因而是历史科学。英格拉姆满腔热情地应用这些原理来说明他认为是正确的经济研究的方法。他在1888年坚持认为：

> 这些（孔德的）一般原理对于经济学的影响并不比社会研究的其他分支少；并且就经济学这一研究分支而言，它们导致了重要的结果。它们表明，试图形成一种与其他方面相分离的关于社会的经济结构和运行的真实理论，纯粹是一种幻想（《政治经济学史》，pp. 193 - 194）。

英格拉姆将孔德的原理应用于社会科学在英国并不是新鲜事，J. S. 穆勒的著作也反映了孔德的影响，特别是他的《政治经济学原理》的第Ⅳ编（论社会改革）。但是，英格拉姆对此却不以为然，作为历史主义的发言人，他声称穆勒的《原理》中的这部分内容是"他的著作中在我们看来最不令人满意的部分之一"（《政治经济学史》，p. 194）。

此外，也很难说穆勒代表了占支配地位的观点。穆勒的同时代人约翰·埃利奥特·凯尔恩斯（1823—1875年）虽然承认政治经济学"不能为医治社会疾病提供灵丹妙药"，并且"科学原理的实际应用……除了产生偶尔的科学知识成果以外，是没有适当成果的"，但是他却认为孔德思想的渗透并没有为政治经济学带来多大希望（《孔德先生与政治经济学》，p. 602）。凯尔恩斯认为穆勒所崇尚的观念，即把政治经济学隶属于社会学的更普遍的领域之中，是一种徒劳无益的努力，至少在同类的社会科学被提升到一个同样的发展水平之前是如此。

不论是不是属于少数派的观点，历史主义者确实使用孔德和其他的关于变迁的决定论哲学，作为他们攻击"邪恶的抽象"和向英国古典经济学家的演绎主义方法依附的出发点。英格拉姆部分地受到他的同时代人 T. E. 克利夫·莱斯利（1826—1882年）的影响，后者加入了对工资—基金说批判的队伍，他从基本概念上攻击变化无常的演绎法。莱斯利为对于社会理论所有至关重要的规律和假定进行统计验证的"实证经济学"提供了一个案例。英国的历史主义者指出，将经验主义与经济科学正式地结合起来具有极大的优点，它可以迫使经济学家利用很多被忽视的和不断变化的事实。另一种观点是形而上学。他们批判未被验证的抽象规律，认为它是对真正的社会科学概念的背离。

一些历史主义者简单地感觉到现存的理论体系是站不住脚的。克利夫·莱斯利建议从科学中清除所有的启发式命题，以便为新"理论"清理空间。阿诺德·汤因比（Arnold Toynbee），一个同名的著名历史学家的叔父，在他对现存的抽象理论的评价中并非如此没有防备地提出了一种历史与理论之间的象征性关系，并且感觉到"当我们阅读李嘉图那个时代的历史时，他已经变成了令人痛苦的事情"（《关于产业革命的讲义》，p. 28）。汤因比放弃了试图发现一种经济真理的普遍体系的想法，相反他感觉到经济学必然是相对主义的。历史主义者一般都断言，应当通过将政治经济学放在更广泛的基础上，即作为社会学的一个分支，来推引出经济理论。英格拉姆通过将社会与人体类比为经济学家与内科医生强调了这一点：

> 内科医生仅仅研究一个器官，甚至在对于该器官的治疗方面，他的职能也是完全不可信赖的。就他将每一种疾病视为纯粹逻辑上的问题，而不是考虑一般的身体状况而言，他是一个庸医；并且，就他无视疾病在肉体与精神方面的相互作用而言，他又是一个兽医。这些考虑（在细节上已做过必要修正）完全可以适用于在如此多的方面与生物类似的社会的研究（《政治经济学的当前状态与未来展望》，p. 50）。

在历史主义者的范式中，经济学被视为一种科学，但是它的抽象不是先验的，并且逻辑演绎被赋予极小的作用。历史主义者坚持认为，理论应当通过归纳和历史过程推引出来。经济学家应通过对连续的社会形态进行比较来发现他们的研究材料，以便揭示社会关系的规律——这是一个在原则上与对于具有不同发展程度的有机体进行比较的完全相似的过程。社会和社会事实不能被与它们的历史分离开来进行研究。因而，历史被视为是产生经济科学的发动机。

□ 英国历史主义的影响

所有这些影响产生了巨大的现实后果。尽管他们企图使经济学成为社会学的一个分支并经由历史过程来推引一种理论实体的努力失败了，但是巴杰特、克利夫·莱斯利、英格拉姆和汤因比的著作对于当时的大多数英国理论家产生了积极的影响。W. 斯坦利·杰文斯（参见第 14 章）是在克利夫·莱斯利的影响下，有保留地否定了自由放任原理，并判定历史主义者的倾向是"必不可少的"；不过，他继续为演绎方法做辩护。实际上，杰文斯认为演绎是归纳过程中的一个必需的因素。他日益强烈地感到，为了使经济学从公共敌视状态以及更基本的无效推理层次上摆脱出来，统计验证是必需的。尽管他同克利夫·莱斯利和英格拉姆的一般方法论规定具有一致性，同时尽管他认为他们的批评"最终将能够扫除虚假的旧有学说的权威"，但是杰文斯还是对企图用历史主义的研究方法取代正统理论的做法表示怀疑（《政治经济学理论》，p. xxi）。他认为，这样做将使政治经济学变成一种毫无实际价值和难以理解的科学。

19 世纪末，伟大的新古典经济学家阿尔弗雷德·马歇尔（参见第 15 章）赞美了历史主义者的著作，他发现它"是我们时代的最伟大成就之一；并且是对我们的实际财富的一个重要增加"（《原理》，p. 70）。过了一段时间，他肯定地断言他与那些持有更少说教式的和经过修正的正统学说的"新一代"经济学家的亲缘关系。马歇尔的《原理》在很多方面都反映了经济学家对于社会改革问题的日益关心，并且他诉诸"演进的"经济研究方法也可以被说成是他与历史主义接触的直接结果。约翰·内维尔·凯恩斯（John Neville Keynes，约翰·梅纳德的父亲，也是当时最重要的方法论学者）曾经说道，"经济史的研究在建立和完善政治经济学的过程中发挥了具有显著特征的作用"（《论政治经济学的范围与方法》，p. 314），尽管凯恩斯与杰文斯和马歇尔一道也认为历史研究和"归纳"方法实际上只是补充而不是替代经济理论。随着时间的推移，尽管人们关于究竟什么是适当的方法论的观念仍在相互碰撞着，但是新古典的理论经济学在英国最终成为对于经济学家进行理论训练的基础，而经济史（重点应放在后面的"史"这个字上）在英国和美国则在很大程度上变成一般经济学的一个分支领域。

索尔斯坦·凡勃伦与美国的制度主义

19 世纪后期美国的经济学职业内部的环境与英国和欧洲大陆的情况明显不同。折中主义一直是美国经济学家的显著标志。从托马斯·杰斐逊（Thomas Jefferson）和亚历山大·汉密尔顿到亨利·凯里和亨利·乔治，英国和欧洲大陆的思想都被染上了独特的美国经验和制度的色彩。同时渗入哲学和经济学的实用主义一直进入 20 世纪。结果，古典和新古典的理论分析对于美国经济学家的控制力从没有像它对于英国经济学家那样强。[①]一些美国经济学家，诸如亨利·凯里和弗朗西斯·沃克之所以关注古典的理论概念，是为了（按照他们的信仰）使它适合于美国的形势。在这样一个随心所欲的知识氛围中，历史主义者的思想是能够生根的。理查德·埃利和 E. R. A. 塞利格曼（E. R. A. Seligman）（他们与更正统的沃克一道，在 1886 年成为美国经济学会的组织者）同情历史主义追求的目标（埃利曾在受历史主义者支配的德国受过教育）。在很多方面，这些作者代表了美国经济学会以及它的职业经济学家群体中的左翼。J. K. 英格拉姆自己在给埃利的《政治经济学导论》（*Introduction to Political Economy*）一书所写的序言中，就显示了一种对于历史主义观点的日益增长的接受，他声称："一种更人道和更亲善的精神代替了旧有的枯燥无味和生硬僵化，这种枯燥无味和生硬僵化曾经将如此多的优秀头脑排斥于经济学研究之外"（埃利，《政治经济学导论》，pp. 5 - 6）。索尔斯坦·凡勃伦进入这种善于接受新思想的环境，便开始了对于既往接受的经济正统的严厉的美国式批判。虽然他受到海外多方面的哲学和知识力量的影响（包括历史主义者的那些思想影响），但是凡勃伦关于经济学的思想显然被打上了"美国制造"的烙印。

□ 批评家的生平与先入之见

索尔斯坦·邦德·凡勃伦出生于美国的威斯康星州，是挪威移民的后代（他的名字中第一个词的含义是"雷神之子"），在 8 岁的时候他来到明尼苏达州的一个大农场。1874 年，他进入卡莱顿学院（一所宗教培训学校），在那里他迅速展现出他

---

① 美国的诺贝尔奖获得者肯尼思·阿罗报告说，至少在他在哥伦比亚大学读研究生的时候（1940—1942 年），在价格理论方面没有开设必修的课程，尽管凡勃伦经济学突出强调这一点。阿罗继续写道，"凡勃伦对于既往接受的理论的具有毁灭性的怀疑主义态度长期地、甚至在他去世后，严重削弱了新古典思想对美国的经济学教学的控制（它从未有过很牢固的控制）"（《作为经济理论家的索尔斯坦·凡勃伦》，p. 5）。

的才华以及他对于一切事情（包括宗教）的深思熟虑的批判态度。后来凡勃伦又在约翰·霍普金斯大学学习，在那里他受到 J. B. 克拉克的极大影响。接下来又就读于耶鲁大学，并于 1884 年取得哲学博士学位。由于未能获得一个学术职位，他返回到他父亲的农场，在那里待了 7 年。其间，他如饥似渴地并以折中的态度阅读了大量包括经济学在内的社会科学文献。1890 年，凡勃伦作为一名研究生进入康奈尔大学，但是他很快就加入了芝加哥大学的教师行列，在那里他成为《政治经济学杂志》的编辑。

他在芝加哥大学的 12 年任职期间（因为与一个女研究生出轨行为而于 1904 年被解雇）以及随后的时期，凡勃伦成为他那个时期最显眼和受到高度重视的社会和经济批评家。在一系列写给杂志的文章和书中，包括极端有声望的《有闲阶级论》（*Theory of the Leisure Class*，1899 年），他评价那时存在于社会制度中的问题并尖刻地批评古典和新古典的经济分析。凡勃伦作为一个思想家和学者（根据大家的说法，他是一个令人生畏的教师）的威望，不足以遮盖他的臭名昭著的经常性违背社会道德的行为，以及他对于为大学提供支持的企业界人士的猛烈攻击。因而他被辞退了。

在离开芝加哥大学以后，他又在斯坦福大学、密苏里大学和社会研究新学院找到了职位，但是其职称都没有超过助教。1927 年，他返回芝加哥大学，1929 年 8 月 3 日，他在那里去世。这正好是在股市大崩盘的前几个月（在某种程度上他曾预见到这一事件，因而如果他地下有知，也许会感到欣慰）。在他的墓志铭中，他的杰出的学生韦斯利·克莱尔·米切尔将凡勃伦的一生总结如下：

> 一个异教徒需要高度勇气和决心，尽管他始终相信他具有永恒的真理并确信他在来世将会得到回报。一个认为他自己的观念将仅仅在明天才能成为流行思想的异教徒，将需要有更坚强的勇气。这种勇气凡勃伦是有的。在他充满曲折的一生中，他以一种怪异的微笑来面对来自外部的敌意和内在的怀疑。不了解未来究竟能留下什么，他只是尽可能好地来做他当前的工作，从发挥他的思想和向他的同伴展示"他的敏捷的才智和冷漠的嘲讽"中获得一种哲学家的快慰。然而，他总是出事，而且它们经常是不好的，他不做知识上的调和（《凡勃伦教给了我们什么》，p. xlix）。

虽然凡勃伦的生平相对简单，但凡勃伦的头脑和"先入之见"却非如此。在他极其多产的一生中，凡勃伦能够神秘地从"外部"去观察现实世界与（接近世纪之交的美国的）思想界。他曾经将欧洲犹太人在知识与科学上的优势归因于，他们缺乏当代的先入之见和他们受到的"公元前"文化的洗礼。像他们一样，并且也许是由于他年轻时候的本质上属于日耳曼文化的背景，这使得凡勃伦完全像病理学家从事尸体解剖一样去观察社会。他不厌其烦地对究竟是什么形成了社会和经济过程的"表象"，特别是对社会——作为文化和技术制度的总和——变迁的方式与方法产生好奇。

形成凡勃伦所有的思想见识的力量是多方面的。他关于人性的观点受到行为主义的影响，特别是受到有关本能与习惯的理论的影响。他关于人性的观点，与古典和新古典学者的理性的和效用的概念形成强烈对比。关于社会和生物进化的斯宾塞-达尔文观点对于凡勃伦的"世界观"产生了重大的影响，而威廉·詹姆斯的工具主义哲学也产生了同样影响。凡勃伦也极其怀疑数学和统计学能够作为科学研究的工具，毫不留情地将那些依赖于这种计算的人称为"活的计数尺"（他也许会赞赏我们今天使用的更加口语化的词，"计算机傀儡"）。

凡勃伦关于一些具体主题的思想经常是难以被理解的，因为它们松散、零碎并且常常是相互矛盾的。由于他的著作中充满了论辩型思维、个人的偏见、毫无理由的规范性表述、愤世嫉俗的冷言冷语以及直率的笑话，因而评价他的"体系"并不是一件容易的事情。他掌握英语的杰出才能使得他的不少读者不得不去翻词典。从基本分类上说，凡勃伦的研究类似于摩天轮，它走到哪里都无所谓，因为乘坐的人总是返回到同一地点。

凡勃伦理论的本质内容在早期就已形成，并且在他整个一生的著作中严格地保持不变。实际上，人们可以说他后来的著作仅仅是早先已经确立的中心命题的扩展和阐释。我们现在转向这些命题，首先从凡勃伦关于人性和他关于经济学方法的思想谈起。

□ 人性与经济学方法

正如我们在本书第 2 篇所看到的，古典经济学家将人作为快乐与痛苦的理性计算器。自然规律，或者它的扩展，这只"看不见的手"，引导人们的行动路线并且一般能够促进社会中最大多数人的最大福利。凡勃伦指责这种信仰是肤浅的胡说。按照凡勃伦的观点，人类是由特定的本能所支配的更为复杂的生物，并且以本能的行为和习惯为其特征。[①] 人不是快乐与痛苦的"轻便快捷的计算器"，恰恰相反，而是好奇的生物，就其本性来说，它偏好新的做事方式。总之，人具有创造性的好奇心并且是拥有癖好和习惯的生物。

在对人类文化进行的人类学研究中，凡勃伦总结道，某些本能，例如"做工的本能"（这是他最有意思的书中的一个标题）适用于所有社会的所有人。凡勃伦发现人类周围的物质环境构成了决定人们关于世界的倾向与先入之见的最重要因素。物质（包括技术）的环境形成了一个人或一个社会的世界观，反过来，这些观点给出了人类与法律—政治体系、人类与财产、人类与哲学、人类与宗教的关系等。因而，一种世界观是以任何特定时代的物质条件为基础的。制度——人们做事的方式、思考的方式以及分配工作报酬的方式等——的产生是为了支持一套物质环境。大多数事物都被一套在它们所处的特定的时间和空间里特有的先入之见，特别是建立在给定的技术体系之上的先入之见，不可磨灭地打上了烙印。凡勃伦所断定的技术性制度与礼仪性制度两者之间的相互作用，在他的体系中构成了变迁的发动机。

所有这些对于马克思（参见第 11 章）的读者听起来似乎有些熟悉。马克思关

[①] 凡勃伦的本能—习惯心理学及其与人类思想倾向的相互作用，被批评为是他的著作中不能令人满意的部分之一。

428

于人性的观点和技术对于文化的影响的见解部分地与凡勃伦的观点具有相似性，但是也有一个基本的区别：马克思的观点是前达尔文主义的、决定论的和技术（目的）论的，它导致一种使社会向社会主义状态的最终和临近终结期的转变。凡勃伦的文化和制度变迁理论遵循达尔文的生物演化理论，在这里"目的"是无法精确预期的。按照凡勃伦的观点，将进化原理应用于人类文化甚至是更关键的，因为人类的生物进化和思维能力数千年以来基本上是固定的，而文化的演进以更快的步伐在进行。换句话说，进化所表示的几乎唯一是指文化的演进。这样，在马克思和凡勃伦之间的基本差别是二者所倡导的关于变迁的理论不同。这实际上也是凡勃伦与包括古典学者在内的所有其他经济学家的本质区别。为了对这种关于经济和文化变迁的重要概念给出更充分的评价，我们现在来考察凡勃伦所认为的经济研究的"适当的"方法究竟是什么。

□ "强调事实"与精神预设（先入之见）

在一篇题为《经济科学中的先入之见》（首次发表在 1899—1900 年的《经济学季刊》）的长篇且精彩的批判性文章中，凡勃伦对经济学中的正统理论的哲学基础进行了攻击。他指出，亚当·斯密部分地拥有强调事实的经验的先入之见，尽管他也对经济科学中的"精神预设（精神的先入之见）"的世界观的孕育负有责任。按照这种精神预设的观点，人们对于现实的感觉是由自然神论的观念所引导的（即由上帝或自然所引导），因而，生命是一种技术的或自然的结果。例如，我们发现斯密（以及其他古典经济学家）通常讨论一种自然或均衡价格，当这种价格被干扰时将会通过某种假定存在的自然秩序而恢复（参见第 5 章）。用凡勃伦的话来说：

> 精神预设通过使现象与人们个体品格保持普遍的同一性来实施对现象的领悟。一方面，正如某些现代的心理学家要说的那样，它把客观事物及其联系归因于尽管不是在程度上但是在内容上同样的习惯与注意力因素，归因于在人类行为者活动的场合中所存在的同一的精神状态。另一方面，强调事实的经验上的先入之见是实施对事实的处理，不是把它归因于人的力量或注意力，而是把它归因于机械的连续性，就实质内容来说，这种先入之见在科学家的手中以能量守恒和不变定律的名义达到了完成形态。对于这后一种知识方法的某种可估计的利用在任何文化发展阶段都是不可避免的，因为它对于所有的工业效率都是不可或缺的。从心理的角度说，所有的技术进步和所有的机械发明都是建立在这一基础上的。这种思想习惯是工业生活的一种有选择的必然结果，并且实际上也构成了使用物质的生活手段的全部人类经验。所以，由此可知，按照某种一般的方式，文化水平越高，机械式的先入之见在塑造人们的思想和知识方面也就占有越大的比重，因为一般说来文化发展所达到的阶段是以工业效率为转移的（《经济科学中的先入之见》，p. 141）。

根据凡勃伦、边沁和穆勒的功利主义简单地替代了享乐主义（"自我利益"），旨在成为一个合法的基础。其结果是，功利主义哲学使经济学成为一种关于财富的科学，在这里的单个人是呆滞的个体，因为人的愿望与制度从根本上被设定，所以价值被消除了。经济学变成了（并且凡勃伦认为它仍然是）一种决定论的和绝对无条件的学说，它将所有好的事情（好的＝正常的＝正确的）归因于一种慈善的却又无功能的、静态的竞争体系。所有基于对货币收益的不断追求而对竞争体系造成的干预或偏离的结果都是可预见的，并且排除干预的结果同样是可预期的。① 凡勃伦的一个持久不变的命题是，由金钱的享乐主义所派生的本能和习惯从供给和需求两个方面塑造了美国社会的特征。缺席者的所有权和炫耀性挥霍消费与休闲，是对于曾经创造了"消费经济"的、深入人心的功利主义先入之见的意料之中的反应（对此下面再详细考察）。

从方法论的观点来看，凡勃伦的批判可以被总结如下。首先，他指出正统的新古典关于经济体系的观点及其由这种观点所支撑的理论上层建筑是疲乏的和基本无用的。但是，他并没有像人们有时所设想的那样，认定新古典分析在给定它的假设的条件下是无效的。一个困难是它关于人性的简单化观点，即边沁的"金钱理性"的概念，而不是强调本能—习惯的概念。另一个困难是它关于变化的陈旧过时的概念。其次，在一种实证的面纱下，凡勃伦将他自己的理论建立在下面两个基础之上：（1）一种关于历史事件（社会、经济以及政治的）是由作为本能—习惯的人类行为之和而形成的团体特征所决定并给予最好描述的隐含假说；（2）作为研究社会和经济现象适当工具的一种关于变化的达尔文主义（演进的）非决定论的观点。

即使是在今天，仍然有很多持不同见解的作者与凡勃伦保持相同的观点。他关于变化的达尔文观点，一种真正创新的见识，是受一种因果序列或过程所启发的。试考虑从某种状态 A 向某种状态 B 的运动。比如，给定从竞争均衡的 A 状态的某种移动，决定论者将断言，当引起这种移动的因素被排除时，均衡将被恢复；或者，如果容许这种产生干扰的因素在一个长时期中持续地存在，那么均衡将按照某种可预期的方式变化。这也就是说，假设基本的经济数据（效用函数、成本、制度等）在 A 向 B 的运动过程中保持不变，单一的干扰性变化所引起的后果可以相当精确地加以分析（参见第 15 章所详细讨论的马歇尔假设其他条件不变的方法）。

按照凡勃伦的因果序列的概念，在状态 A 仅仅终止对体系的干预或者引进一种"永久的"变化，将不会产生与没有发生干预时一样的结果。不仅如此，在 A 发生的单一变化的结果还是无法预测的。由于嗜好、技术和制度都是一直变化的，状态 A 和 B 在任何一种有意义的方式上都是不可比的。正统的经济分析由于采用了决定论的方法，要求体系的基本数据在分析的周期内保持不变。而凡勃伦却描述了一个一直处于不可避免的变化之中的体系。对于他来说，经济学应最精确地被描述为一种过程，或一种"发散"。

□ 礼仪与技术之间的相互作用

凡勃伦将这些方法论概念和他的本能—习惯心理学置于他关于经济变化的实证

---

① 这种类型的竞争体系曾为一系列新古典作家，包括奥地利学派和阿尔弗雷德·马歇尔所描绘。但是必须记住，在维塞尔和马歇尔那里，明显地存在着对这种方法不满的强烈暗示。

理论的核心地位。虽然他的分析可以被应用于特定的制度，但是如我们将要看到的，他的理论的全部设计融合了一个关于整个经济范围内的制度变化的宏大观点。图 18-1 以图解方式描述了凡勃伦的经济变化概念。

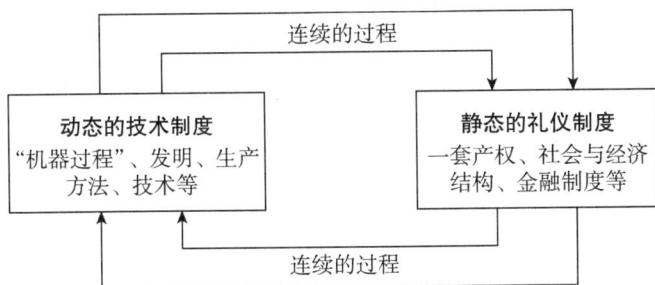

图 18-1 以不变的人性特征和人类与历史过程为基础的技术制度与礼仪制度之间的相互作用

凡勃伦确认了两种制度，"技术的"制度和"礼仪的"制度，它们都处于一种恒定的流动状态。这两套制度的存在和特征是由人性的不变特征，以及由这些特征所产生的人类的和历史的过程所决定的。制度是随着时间的推移由人类的本能形成的——凡勃伦特别强调做工的本能和人类天生的"无所事事的好奇心"——这种本能与好奇心在某种特定技术中显示出来。现代社会的技术是以"机器过程"为特征的，这种机器过程是建立礼仪制度的工具，而礼仪制度是一套特定的产权、社会与经济结构、某些思想习惯等。技术制度（即机器过程）是凡勃伦心目中的社会的动态力量，而礼仪制度倾向于静止状态。这样，社会发展的"长期的远古阶段"所具有的社会的和经济的制度特征，便必然地与那一时期技术的性质（和增长）结下不解之缘。封建的社会和经济的制度本质上反映了整个中世纪尚存的技术特征，而当代的"礼仪的"制度则反映了 19 世纪和 20 世纪更先进的生产方法的特征。

图 18-1 所描述的制度过程的两个方面必须被扩展。具体地说，(1) 两种"类型"制度之间的关系并不像上面描述的那样简单；(2) 某些形式的社会和经济行为以及与它们相联系的精神上的先入之见，是在它们的发展过程中与人类相结合的，而且在一种给定的"机器过程"中被放大了。在前一种场合，包括产权的礼仪制度不仅是任何给定时间下机器过程的产物，而且它们也会对技术产生或阻碍或促进的冲击作用。然而，由于在长期中以人类的发明能力和人类无所事事的好奇心为基础的技术必然是动态的，这种相互联系只能持续一个"很短"的时期（也许是几百年）。换一种不同的说法，礼仪制度能够约束机器过程，但只是暂时的。按照凡勃伦的观点，在长期中，技术制度将决定社会的和经济的关系。

第二点涉及本能与先入之见的相互关系。某些先入之见或行为特征也许在它们的全部发展过程中对于人类都是共同的，但也可能被一种特定的技术状态所加强。这样，如我们将要看到的，虽然有很多证据表明炫耀性消费和休闲是处于发展的某一阶段上的现象，但是它们依赖于从有史以来就为人类所特有的某些一般的行为特征。人类天生具有某些本能，并拥有一套关于世界运行方式的先入之见。例如，竞争是人类的一个行为特征，这种活动在一个金钱文化所支配的社会中是最明显的。同样，金钱文化又是一种技术的产物，这种技术容许甚至孕育了所有权与管理之间、财产的积累与实际的生产过程之间、"生意"与企业之间的分离。

凡勃伦是怎样看待 20 世纪初期的这种过程的？如我们下面将要看到的，他坚持认为在资本主义经济中，这一过程产生了一种内在的商业周期，但是制度框架本身总是礼仪制度与技术制度在过去以及现在相互作用的结果。围绕私有财产的礼仪制度，像经济科学本身一样，也日益增长地被打上了钟爱货币的烙印。先进的技术容许生产与金融相分离。"制造物品"已经变得与"赚钱"十分不同。通过这种著名的区分，凡勃伦指出，在工业革命以后，所有者—生产者的职能与管理者的职能已经日益分离了。企业界人士和金融大亨企图颠覆技术进步，通过垄断发明来减少产量并增加金钱收益。赚钱而不是制造物品，成为博弈的目标。根据凡勃伦的观点，通过颠覆和"好战的品性"来获取货币是企业家的特征。（凡勃伦对企业家在商业中的作用的声名狼藉的攻击，很少得到同情。）与此同时，工人和工程师——那些与机器过程紧密相关的人——正在淘汰旧技术和开发新的生产工具（假定它们更便宜）。这种技术变化的动态过程的结果和它所产生的周期的力量，将在本章后面加以考察。而这种社会过程的一个重要方面——凡勃伦关于炫耀性消费的著名教诲，则必须首先考察。

□ 经济学遭遇社会学：炫耀性消费

凡勃伦最机敏和最著名的思想将心理学、经济学与社会学融合起来。[①] 在《有闲阶级论》中，凡勃伦对于偏好形成和消费活动展开了详细的研究。新古典经济学家将给定的效用函数指派给单个人，并假定每一笔支出购买的效用都独立于其本人或其他任何人的任何其他支出所购买的效用。（用更正式的术语来说，这样来考虑的效用函数被说成是具有可加性。）凡勃伦宣称，这是一种有缺陷的理论，因为它忽视了经济过程中的一个本质部分，即关于偏好形成和消费模式的研究。换句话说，新古典经济学家将经济分析中的最基本的部分视为一种给定的东西。[②] 凡勃伦的批判是生动的：

> 这种关于人的享乐概念是把人视为快乐与痛苦的快捷的计算器，他像一个渴望幸福的均质小球在刺激物的推动下摇摆不定，刺激物引导他围绕这一区域移动，但使他完好无损（《为什么经济学不是演化的科学》，p. 389）。

在实际上，凡勃伦承认在一个货币经济中，较高的消费对于保持总需求的头等重要性。不过，他坚持认为应该将消费视为资本主义的礼仪制度不可分割的一部分。不仅如此，他的观点是植根于一种金钱竞赛的理论，而不是简单的效用最大化理论。

在凡勃伦的概念中，与别人竞争的本能在强度上仅次于自我保护的本能。在他

---

① "炫耀性消费"的概念可以确认为起源于重商主义时代的伯纳德·曼德维尔，后来古典时期的约翰·雷（John Rae）又讨论过这一概念。不过，凡勃伦把这一概念提到了最引人注目的程度。

② 以一种讽刺性的揶揄，人们对学院经济学家的批评经常是指责他们热衷于"理论阶级的休闲"。

关于"竞争的本能"的详细的人类学研究中（《有闲阶级论》，pp. 22 - 34），凡勃伦指出，在人类历史的早期，获得财产成为赢得社会尊敬的传统基础。最初，财产的获得是通过抢劫实现的。经过人类发展的长期演变过程，被动地取得财富比起通过掠夺获取财富变得"更受尊敬"了。除了被动地获得财富受到"尊敬"以外，一个人的社会地位还决定于他或她所持有的财富，是否与和他或她具有相同身份的人们以及比他或她具有较高身份的人们所持有的财富相当。因而，在某种意义上，对财富的获得成为经济活动的驱动力：

> 在任何其物品被凡方面的人所持有的共同体中，为了他自己心理的平衡，一个人必须占有与他所熟悉的属于他那一类的其他人所占有的一样大的物品份额；如果他占有的某些东西比别人多，他将感到极大满足。但是，一旦某人获得了新财富并且习惯了由此而产生的新的财富标准，那么新的标准将立刻不再提供可感觉到的比旧有的标准更大的满足。无论在什么情况下，趋势总是使当前的金钱标准成为追求财富新增长的开始点；这反过来又产生了新的满足标准和一个人将自己与其邻居作比较的新的金钱上的等级分类（《有闲阶级论》，p. 31）。

永不满足在凡勃伦的消费理论中占有的分量同它在新古典的理论中一样。在这两种范式中都是"多比少好"。但是凡勃伦坚持认为，由于强调人类基本的"做工本能"是取得金钱成就的动力，故在努力追求金钱成就的过程中，生产工作变成了一种虚弱的标志，而休闲却变成了金钱能力的证明，这是具有讽刺意味的。休闲本身变成了一种消费品，因而炫耀性消费和炫耀性休闲成为同一问题的两个方面。虽然存在一个著名的属于精英的"有闲阶级"，但是不排除社会的所有阶级都会为跻身于此而努力。[1]

凡勃伦书中的主要部分是由将这种大胆的一般化论断加以范围广泛的（在很大程度上是社会学上的）应用组成的。他无视通常的学科边界，将他的理论扩展到社会学领地，进而探讨有闲阶级的绅士所从事的非物质物品的消费，这包括准学术的、准学者消遣的、奖赏的、纪念品的消费等需求，它们代表了非生产的休闲的象征。凡勃伦还把赠与礼物、追求时尚、中产阶级家庭主妇的休闲消费、体育的社会地位、规矩与礼貌、较高的教育等诸如此类的活动纳入他的分析之中。[2] 他的结论是，即炫耀性消费是对物品的浪费，炫耀性休闲是对时间的浪费。虽然凡勃伦对于这些问题究竟想说什么并不是很清楚，但是正如他所看到的，回避生产性工作而热

---

[1]　凡勃伦引用两个人类学上的例子来为他的观点做装饰。第一个涉及波利尼西亚的首领，"在注重好的仪表的压力下，他们宁肯饥饿也不愿用他们的双手将食物送到自己的嘴里"。第二个涉及一位法国国王，该国王由于过度拘泥于好的仪表这种道德约束而死亡。凡勃伦叙述道，"当他的下属仆人不在的时候（他们的职责就是移动他们的主人的座椅），正在烤火的国王面临越来越旺的火焰，毫无怨言地坐在那里，并令他那神圣的身躯忍受难以被治愈的烘烤。通过这样做，他将保持他的最重要的基督徒的尊严不被肮脏的下人所玷污"（《有闲阶级论》，pp. 42 - 43）。

[2]　除了这些真知灼见以外，凡勃伦还把儿童视为炫耀性浪费，即把儿童作为一种消费品。凡勃伦说道："在对一个孩子进行良好的抚育的过程中所需要的炫耀性消费和随后日益增长的支出费用是相当大的，它甚至成为一种有力的遏止儿童增长的因素。这也许是马尔萨斯的谨慎抑制机制的最有效手段"（《有闲阶级论》，p. 113）。

衷于炫耀性浪费却是当时社会的主要问题。

虽然凡勃伦关于消费的精彩分析令反对偶像崇拜的人感到高兴，但是它没有渗透到 20 世纪的正统分析之中。不过，它的某些特征也不同程度地被融入宏观经济和微观经济的研究之中。哈维·莱本施泰因（Harvey Leibenstein）在他 1950 年的一篇文章《赶潮流者、势利小人与消费者需求理论中的凡勃伦效应》中，试图将凡勃伦的分析与新古典的理论融合起来。莱本施泰因定义了一种"凡勃伦物品"，它指的是该物品的效用不仅来源于它的直接使用，而且也来源于对它支付的价格。这样，一种炫耀性价格便是一个消费者认为别人认为他或她对一个商品所支付的价格。正是这种价格决定了一种物品的"炫耀性消费效用"。因而对一种物品的需求量可以表示为它的货币价格 P 和它的预期的炫耀性价格 P' 的函数。此类行为可以用图 18 - 2 来说明（此图是通过对莱本施泰因的原始表述加以修改而得出的）。在图中，假定某些预期的炫耀性价格保持不变时，通过变动货币价格可以引出不同的消费者需求曲线。这样，在假定预期的炫耀性价格 P_1 保持不变而改变货币价格时，便可以引出需求曲线 D_1。在具有完全信息的完全竞争的市场上，当预期的炫耀性价格与实际的真实价格相等即 $P_1 = P_1'$、$P_2 = P_2'$ 等时，均衡便发生了。如果预期的炫耀性价格提高，对应于每一个货币价格需求曲线将要向右移动。进而各种可能的均衡便可以通过描绘图 18 - 2 中的 A、E、F 各点而得出，由此产生一条向上倾斜的凡勃伦的需求曲线（不要与正统的新古典理论中的吉芬物品相混淆）。

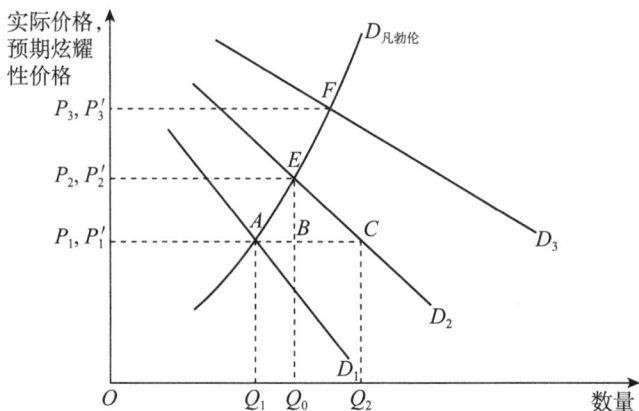

图 18 - 2　当预期的炫耀性价格从 P_1' 提高到 P_2'、P_3' 时，需求曲线从 D_1 向右移动到 D_2、D_3。连接各个均衡点 A、E、F 便可以产生一条向上倾斜的凡勃伦的需求曲线

此外，通过设想价格从 P_2 到 P_1 有一个下降，还可以将凡勃伦效应加以分解。在预期的炫耀性价格不存在任何变化的场合，需求量将沿着需求曲线 D_2 从 Q_0 扩大到 Q_2。但是当预期的炫耀性价格下降到 P_1' 时，需求量将下降一个等于 Q_2Q_1 的量。这样，纯价格效应是正的，即 Q_0Q_2，而凡勃伦效应是负的，即 Q_2Q_1，由此对需求量产生了一个净的负效应 Q_0Q_1。对于一种凡勃伦物品来说，如果凡勃伦效应大于或超过价格效应，那么价格下降也许会导致需求量减少。这种讨论的真正意义在于，它告诉我们虽然凡勃伦所阐释的消费概念是复杂和微妙的，但是它们对于新古典的微

观经济学框架来说是重要的，并且可以被整合到这个框架之内。

□ 经济变迁与资本主义的未来

在他包括《商业企业理论》（1904 年）和一套题为《工程师与价格体系》（1921年）的论文在内的一系列研究中，凡勃伦详细阐释了他关于资本主义条件下制度变迁的理论。在这个过程中，他清楚地表达了一种商业周期理论和对资本主义体系的预测。

凡勃伦将经济和社会变迁视为技术与礼仪的制度相互作用的结果。通过用处于这种变迁过程中的某些集团来定义这两种制度，可以更具体地把握它们之间的这种相互作用。凡勃伦将技术员、工程师、某些工人归于技术制度的一部分，而将"工业大亨"、公司金融家、投资银行家、缺席的所有者以及企业家归于礼仪过程的一部分。最初，直接看管"机器过程"的职能与厂商管理的职能是合为一体的。这种职能上的合并为生产最大化创造了前提条件，而生产最大化正是凡勃伦的目标。然而，当文化发展中的金钱方面占有支配地位，并且专业化的知识飞速增长时，这两种职能便分离了。凡勃伦对这一分离过程描述道：

> 企业组织中的一种新动向出现了，对工业生产的灵活机动的控制进一步被扩展到包括金融方面，并进而不再与追求最大化生产相关联。这种新的运动具有两重特征：（a）工业中的金融大亨以一种日益令人信服的方式，不断改进他们在工业管理能力方面的低下状态；（b）他们自己所擅长的金融管理工作则日益采取了标准化的例行公事的特征，从而不再要求或容许任何大幅度的灵活性或创造性。他们正在与工业过程的管理相脱离（《工程师与价格体系》，p. 41）。

在追求利润的过程中，企业家面临着两种不同的活动过程：降低生产成本或者限制产量（按照垄断的方式）。根据凡勃伦的观点，企业家主要采用后一种做法，因为（除了其他理由之外）这种做法不需要对机器过程的运行有多少了解。但是他又指出，这是短视的，因为由于选择"赚钱"而不是"制造物品"，使得企业家不能有效地管理资源，甚至为了迎合既得利益（例如投资银行家、股东等）而蓄意破坏技术的—生产的过程。

技术员、工程师以及与"机器过程"联系密切的工人却普遍拥有不同的想法。他们的目标是鼓励与设计生产手段与机器，以使真实产量最大化。虽然他们为企业家—公司金融家工作，但是正如凡勃伦所指出的，他们渐渐觉察到商业性企业中十足的浪费行为。因此，正是工业专家而不是企业家，最终将开始批判这种"非企业化的"管理缺失和无视工业发展方式与手段的倾向：

> 正在发生的两件事扰乱了公司金融家的管理体制：一方面，工业专家、工程师、化学家、矿物学家以及所有各类技术人员正在被推到工业体系中负更大责任的位置上，并且他们一直在这一体系中成长和倍增，因为如果没有他们，这一体系将不再能够运转；另一方面，公司金融家一直仰赖其支持的大的金融利益者也逐渐认识到，公司金融能够作为一种系统的官僚式的例行公事而被管

理得井井有条（《工程师与价格体系》，pp. 44 - 45）。

因而，凡勃伦便认为工程师和其他工业专家承担了重新安排生产体系的职能，这一职能可以更好地融入凡勃伦的商业周期理论。

像马克思（参见第 11 章）一样，凡勃伦相信商业周期是资本主义内生的，并且二者在很多方面是基于相同的理由。虽然凡勃伦并不企图将他的商业周期理论置于劳动价值论的基础上，但他按照马克思的思想路线来解释衰退与持久的萧条。他坚持认为，有两个导致衰退的基本因素：（1）在工业经过一个时期的扩张和新资本化之后银行家的不确定性，和（2）由新的更有效率的发明和生产过程引起的技术更替。

在第一种情况下，在商业繁荣的过程中，随着企业连续快速地资本化，企业也积累起债务。银行家—贷款者逐渐对企业的偿付能力产生不确定性并且开始"收回"贷款（或不再发放新贷款）。而可能是受到债务期限结构的影响，现存的债务人并不能满足银行家的要求，这样当越来越多的不确定性发展起来时，整个体系便被证明是不健康的，从而衰退降临到经济中。

在第二种场合，是新厂商对于旧厂商的技术更替引致了衰退。新的降低成本的发明典型地为新厂商所采用。由此而导致现存厂商旧有资产的收益率降低，这将引起实际利润低于预期利润，或者在有限的范围内导致破产。投资将被削减，衰退的心理将导致商业活动走向下坡路。①

这样，萧条便从金融体系的不稳定性和由新发明引起的技术更替中产生了。在经过一个萧条的阶段后，随着均摊费用的包袱被"清理"，周期开始"走出低谷"。伴随就业和新资本投资的增长，金融扩张又发生了。正在上升的价格和所发生的过度扩张，再一次预示了一个新的周期。

凡勃伦的周期理论的许多方面都是饶有趣味的。首先，凡勃伦将过度生产和过度资本化视为周期的扩张阶段的特征。在凡勃伦的周期理论中，过度生产是明显的消费不足的结果。正像他之前的马尔萨斯（参见第 7 章）和他之后的 J. M. 凯恩斯（参见第 20 章）一样，凡勃伦也加入消费不足论者的行列中，他相信商业周期将由金融家和商业企业家的储蓄和投资动机所加强。尽管从事竞争和进行炫耀性消费的本能在所有的阶级中都起作用，但是凡勃伦显然认为这并不足以维持总需求。因此，消费不足和价格下跌与资本过剩的心理效应是导致持久性衰退的原因。

虽然马克思把商业周期的产生归因于资本主义的内在矛盾，凡勃伦却强调人性的缺陷。他认为，企业家试图转移由利润率下降所引起的危机的努力，导致了企业集中和其他形式的（不经意的）"破坏"。产业联合的出现旨在避免企业总量资本化的削减。这样，在经过连续的周期以后，资本主义工业将按照与马克思的"生产集中"和"利润率下降"规律（参见第 11 章）所设定的完全相同的方式，变得越来越集中了。

---

① 当代的学者扩展了凡勃伦的论点，他们指出由预期的技术创新引起的初始投资问题将导致政府管制或"有管理的控制"。

但是，破坏也许是普遍性的。在一个明显地预见到了当代的一个重要思想的论述中，凡勃伦指控企业家试图"俘获"政府的管制措施并运用它来有计划、有组织地破坏公众利益。由资本主义所诱发的政府与企业之间的违背常理的关系的例证之一，是体现在关税和对外贸易的限制上。凡勃伦写道：

> 在国家政府负责普遍关心国家的商业利益的场合，就像在各文明民族中间所必然存在的情况那样，由事物本身的性质所决定，国家的法律制定者和行政管理部门对于那些不可避免的少量破坏行为也负有某种责任，这些破坏行为必然总是按照商业方法并为了商业目的进入工业的日常活动中。政府所处的地位使得它可以惩罚过度的或不健康的交易。所以，所有明智的重商主义者总是认为，通过关税或补贴在构成一国工业体系的几个产业和贸易分支之间，施行并保持一种平衡或协调关系是必需的，至少是权宜之计（《工程师与价格体系》，pp. 18 - 19）。

在一段精彩而深刻的论述中，凡勃伦将他的"俘获理论"轻松地转向内部管制与限制：

> 出于一个相似的特征，并且就它们实际上具有破坏行为的性质而言——诚心地放弃效率——是货物税和印花税管制的所有结果；尽管它们也许并不总是为这一目的而设计的。例如，像对于酒精饮料的部分或完全禁止，对于烟草、鸦片和其他麻醉剂物品、毒品、毒物以及易爆品的交易的管制，便是如此。实际上（尽管可能不是有意地），像人造黄油法这类管制也具有同一性质；此外，还有对工业（变性的）酒精的生产施加的耗费不必要的过高成本和令人烦恼的例行公事式的检查，它适合于某些对使用别的东西作为内燃机燃料感兴趣的企业家的利益；再有，像特别地令人烦恼的和愚蠢地精心设计的关于限制和抑制使用包裹邮寄的规定，也是为了使快递公司和其他在此类运输服务中拥有既得利益的公司得到好处（《工程师与价格体系》，pp. 20 - 21）。

所有这些论述显示，凡勃伦正确地认识到，很多管制（特别是那些赋予卡特尔和垄断以合法化的管制措施）的目的都是为了以公众利益为代价去保护既得利益者。[①]

这些关于"破坏财富行为"的例子构成了凡勃伦所称的企业诚心的放弃效率。所有这些放弃都是旨在破坏生产过程，也就是使产量减少到最盈利的水平。对于生产过程的这种颠覆带来了日益严重的商业周期。凡勃伦告诉我们，可以期望技术制度的代表去对抗企业家的愚蠢行为。但是这种抵抗将从哪里出现？什么样的制度最终能够取得胜利？

---

① 凡勃伦也承认，政府对于体系的扭曲还扩展到了金融部门。在联邦储备体系作为政府新创造的产物刚出现的时代，凡勃伦指责道："在信贷和公司金融界令人瞩目的合作经营与辛迪加的过程，极大地受到了美国联邦储备体系的建立的推动…… 这个体系……极其方便地将大量的控制权委托给那些较大的金融利益集团，而在这些利益集团手中已经掌握了信贷和工业企业的控制线……"（《工程师与价格体系》，pp. 50 - 51）。自从凡勃伦写下这些文字以来，美国联邦储备体系已经有多少次被控告以工人和小所有者或小投资人的利益为代价而偏袒大企业的利益？

马克思曾经指出，无财产的工人将为了共同目的而联合起来去挑战和推翻有财产的资产阶级。但是凡勃伦认为，有组织的劳动为了使他们的收益保持在高于"普通人"挣得的"竞争水平"以上，也实行他们自己的诚心的放弃效率。因而他反对美国劳工联合会（AFL，简称"劳联"），它是经常被他批评的目标。凡勃伦认为，美国的劳动组织也是总是准备为他们自己的特权和利润而斗争的既得利益者。工会的领导支配着美国劳联的政治活动，但是普通工人的利益至多不过是模棱两可的。

> 普通工人肯定不是属于被保护的阶级，同时很明显他们参与进来也不是为了获得他们想要得到的任何收入。然而他们却坚定地捍卫和维护他们组织中的特权者和享有特权的人的既得利益。他们显然是为这样一种感情所驱使，即只要现有的分配可以保住，他们就总想攫取比一般人更多的好处。（《既得利益者和普通人》，p. 165）。

由于对劳工运动完全不抱有任何希望，凡勃伦不加区分地指责道，是企业界和有组织的劳工二者共同去破坏生产过程。所以，如果要使资本主义得到拯救，关键是要依靠工程师和工业管理者的努力。虽然这些人不到人口的百分之一，但凡勃伦相信他们能够改变金融资本主义的工业秩序。工程师和其他工业生产的当事人在很大程度上是用公共费用培训出来的，只有他们才有资格来管理这个体系。凡勃伦经常暗示，不结盟的工人、"普通人"（甚至普通老百姓）会越来越清楚地认识到企业界和有组织的劳工恶劣地将技术滥用于盈利的目的。因而最终，一场斗争必然会出现，不过凡勃伦并没有明示这场斗争的性质或其后果究竟是什么。某种形式的社会主义可能会产生，不过，虽然马克思在他的体系内能够作出这种预测，但是凡勃伦却不能。他一直坚持一种关于资本主义前途的进化论的观点，这意味着他绝不能确定这种结果，最终他也只能是进行猜测。他关于处在转折点上的资本主义特别是美国资本主义的引人入胜的猜测是：

> 实际上，这个工业体系向着一种包罗万象的连锁过程的机械式平衡的连续挺进，似乎是到达了一个重要关口：越过这一关口，继续由为了获得私人利益的不正当目的而工作的企业家来控制这一体系，或者把这种连续的控制权委托给那些除了受过适当训练且没有商业利益的技术专家和生产工程师以外的人们，都将不再是可行的了；这些人到时候运用这种控制权究竟能够做什么并不十分清楚；不过，他们所能做的最好的结果也并不十分理想；但是负命题变得相当清楚，那就是这种工业艺术的机械状态，将不再容忍处在当前蓄意的企业式无能支配下的既得利益对生产的继续控制（《工程师与价格体系》，p. 58）。

□ 对凡勃伦经济学的简要评价

凡勃伦关于社会肯定将要爆炸的预言似乎在 1929 年变成了现实，虽然关于这场大萧条的初始原因以及严重性尚有争论，但是对于伴随它的余波而来的金融崩溃和人力与物力资源失业的程度已达成共识。这就是凡勃伦在论及资本主义体系可能发生的崩溃时所说的"重要关口"吗？这种提问是成问题的，不过我们也可以通过从理论与实践两个方面来考察凡勃伦关于资本主义体系的分析来得到某种答案。

首先，我们来考虑凡勃伦的理论说明。1929 年股票市场的崩盘和随后的大萧条并没有产生一个"工程师时代"，或导致资源配置和收入分配的价格体系的终结。凡勃伦未能理解，利己主义行为可能被扩展到任何由单个人组成的控制生产过程的团体上。工程师和"普通人"并不比企业家、金融家和有组织的劳工更容易成为"哲人之王"。工程师的支配地位将会简单地创造一种新的以赚钱为目标的"既得利益者"。在大萧条之后的美国资本主义确实发生了制度变迁，但是它们并不是新的拥有技术优势的精英阶层发展的结果。

其次，在凡勃伦的分析中，工程师或某些技术精英集团将会在某种模糊意识中的社会主义或准社会主义体系中实现最大化生产，而不必考虑价格。但是，从经验上看，在现代社会没有一个不诉诸某种价格体系的共产主义或社会主义国家能够生存下来。为了取得有效率的资源配置，某种形式的价格（或者是明确的价格，或者是影子价格）在社会主义体系中是必不可少的。如同 F. A. 哈耶克如此强有力地指出的那样，价格在市场体系中传递着不可缺少的信息（参见第 22 章）。如果你取消了市场体系，那么你也就消除了实现效率所必需的信息资料。凡勃伦和马克思在他们对市场的理解中都是天真的。到目前为止，还没有任何东西能够证明它们比作为市场中的经济信息提供者的价格更优越。

从一个更实际的角度来看，凡勃伦低估了价格体系调整的能力。他对于企业家的意味深长的憎恨促使他错误地认为，所有的产品市场都是以垄断或寡头为特征。凡勃伦从未正确评价这一事实，即实际的竞争在大多数场合约束了企业家的"放弃效率"的企图。此外，他还低估了政府和法律体系在解决社会成本和外部性问题中的作用。不论是好还是坏，政府自 20 世纪 30 年代以来实行了一系列干预措施以改变收入分配，这些干预至少在某些时候起到了"既得利益者"与"普通人"之间政治过滤器的作用。

我们先前已经看到，经济学家一般都没有给出准确的预见，凡勃伦也不例外。不过，虽然他的猜测可以很容易地被批评和否定，他的经济学却值得给予严肃的关注。撇开其不足的一面不说，凡勃伦努力在功利主义模型以外建立一种人类行为理论。不论他的成功遭到怎样的质疑，他毕竟探讨了那些绕不开的问题，特别是那些与经济发展和产权的性质及其后果相关联的问题。

虽然凡勃伦的范式从未能替代新古典经济分析的有用性（也许凡勃伦认为它应该替代它们），但是人们不必一定要在二者中间择其一。凡勃伦长期的制度研究可以被作为短期的价格理论分析的一种有用补充。沿着凡勃伦的"大视角"的线索肯定在经济学家内部存在着进一步讨论的空间。如果不是因为其他理由，那么凡勃伦也应被看作是告诫人们经济学是社会科学而不仅仅是数学研究的一个分支的有益的提示者。（关于制度经济学与新古典经济学可能的交叉，请参见下面的专栏"思想的力量：演进的经济学，过去和现在"）

思想的力量：演进的经济学，过去和现在

经济学总是被用来分析和解释过去的制度，并被寄希望能够预测那些关系到人们利益的变量（工资、价格、GDP、就业等）的变动方向。这种探索是所有经济学家的目标，不论是凡勃伦主义者，还是新古典主义者，使用静态学还是使用动态学的人，都是如此。换句话说，经济学家一直对制度和经济如何被修正以及如何变化感兴趣。如同正文中指出的，这肯定是凡勃伦的目的，因而我们可以适当地发问：他的观点在实现这一目标的路上究竟走了多远？

推动制度变迁的"发动机"是理解增长的关键。对于凡勃伦来说，"习惯"或"本能"是根本的推动力。他相信，每一个社会和社会的每一个阶段都可以根据它自己的一套习惯和制度来识别——这些习惯和制度为了满足"本能的"人类目的而不断演化。然而，尽管他承认这是一种"经济化"的特殊的社会学和人类学的变种，但是凡勃伦并未认识到应用于实际财富或效用最大化行为的成本—收益机制如何能够用于解释制度变迁。*

新制度经济学是应用现代微观经济分析去研究制度和制度变迁的产物。** 它使得通过成本—收益的行为计算来实现经济化的以往相当时髦的新古典理论，成为制度变迁的发动机。它源自这样一种命题，即理性选择（在具体的约束条件下）将创造和改变诸如产权结构、法律、契约、政府形式和管制这样一些制度。它们帮助创造的这些制度和组织将提供激励或建立成本与收益，这些激励或成本与收益关系在一定时期内将支配经济活动和经济增长。但是随着时间的流逝，或者是由于"反馈"机制的作用，或者是因为特定的制度创造了对于变化的经济激励，制度本身也要随着经济活动而变化。在这样一个模型中，任何一个"外生的"（即外部冲击）变量的变化都能够改变产权或成本与收益结构，创造制度的变迁。围绕着婚姻、行政管制的法律，或宗教形式和税收制度的形式等，都可以（并且已经被）运用新制度经济学来分析。

这样，新制度经济学便偏离了凡勃伦最初构建的思想路线，后者对于企业家的憎恨导致他对于市场经济学的轻蔑。然而，凡勃伦对于制度变迁的强调产生了一种强烈的影响。新制度主义者在形成一种有关社会与文化的演化研究方法的过程中，有成效地利用了成本—收益分析。这实际上瓦解了新古典经济学对于一种静态（有时是）无制度的世界的近乎唯一的强调。从更现实而较少具有嘲讽的意义上说，新古典传统与制度主义传统的混合正在产生一个当代经济学研究中的全新的和具有丰富内容的领域。

* R. W. 奥尔特（R. W. Ault）和 R. B. 埃克隆，《经济分析中的习惯》，pp. 431–445。凡勃伦认为追求金钱的行为一般地应对诸如公司、股票市场和公司金融等制度的建立负有责任这一事实，并不意味着他已经创立了一种有关内生的习惯形成的经济化理论。

** 新制度经济学部分地起源于 1993 年诺贝尔经济学奖获得者道格拉斯·诺思（Douglass North）的著述。

第二代和第三代凡勃伦主义者

凡勃伦的思想不像亚当·斯密和阿尔弗雷德·马歇尔的那些思想，它们不容易

开花结果。虽然可以说凡勃伦有一个经济和社会发展的理论，但是他的研究工作与阿尔弗雷德·马歇尔或莱昂·瓦尔拉斯的新古典范式比起来，具有更少的特征性和严密性。此外，虽然马克思有序地安排他的（经常是含糊的）概念，但凡勃伦不是这样。未来的学者的研究计划是很难从他那华而不实、杂乱无章的乏味论述中生长出来的。[①] 还有，正如我们在本章开头所指出的，凡勃伦头上戴有几顶"帽子"，有时他是经济科学家，有时他是对传统观念进行攻击的论辩家和社会批评家。这样，在凡勃伦的追随者中，一些与他有同样理论倾向的人便模仿他去研究特殊的制度和过程所具有的作用，而另外一些凡勃伦主义者的研究则具有更明显的实用倾向。为了说明凡勃伦遗产的这种折中特点，我们下面将考虑四个凡勃伦主义者（一个比"马歇尔主义者"的含义更为宽泛的术语）的思想观点，不过对他们讨论的详略程度将是不同的。对其中的三位学者——J. R. 康芒斯、W. C. 米歇尔和 C. E. 艾尔斯——只是简单地加以讨论。而第四位凡勃伦主义者，J. K. 加尔布雷思则值得较为详细地对待。

□ 康芒斯、米切尔和艾尔斯

虽然约翰·罗杰斯·康芒斯（John Rogers Commons，1862—1945 年）、韦斯利·克莱尔·米切尔（1874—1948 年）和克拉伦斯·E. 艾尔斯（Clarence E. Ayers，1892—1972 年）都被认为是美国的制度主义者，但是人们几乎很难想象这是一个由具有极大差异性的个人组成的团体。

康芒斯出生于俄亥俄州，在约翰·霍普金斯大学完成研究生学业，并且可能是 1904—1932 年间威斯康星大学最著名的学者。康芒斯较少具有理论家的色彩，而在更大程度上是一个鼓吹通过成文法形式的管制来实现经济和社会改革的坚强斗士。与威斯康星的自由主义的州长罗伯特·M. 拉福莱特（Robert M. LaFollette）特一道，康芒斯著文倡导保护劳工、反托拉斯和国家对公共物品生产的管制。他的立法建议在威斯康星的实施成为一个样板，后来由此产生了联邦对同类活动的管制。康芒斯的一系列著作是批判主义、要求社会改革、历史—经验信息以及古典的、社会主义的、边际主义的思想的混合物。他不是一个凡勃伦类型的纯制度主义者，而是将注意力集中于人为的制度（例如管制或反托拉斯机构）的运作以及这些制度如何受到私有产权、立法和法院决定的影响。

在《资本主义的法律基础》（*Legal Foundations of Capitalism*，1924 年）一书中，康芒斯强调法律和法院是经济体系的约束因素，这是一个在今天的政府管制经济学中仍然十分活跃的思想。但是在他的多卷本的（实际上并不系统的）《制度经济学》（*Institutional Economics*，1934 年）中，康芒斯给制度下的定义超出了凡勃伦原来的视角。根据康芒斯，市场和它们的后果可以通过关于效率和正义的（公认的规范的）标准来判定是好还是坏。因而，一个公正和有效的体系可以经由最优的

441

[①] 作为对美国社会生活的一位具有讥讽性睿智和辛辣尖刻风格的评论家，门肯曾经对凡勃伦的一篇论文评论道："这位费尽心机的教授究竟想要说些什么呢？"。

立法管制和通过司法来设计和影响。他显然并不同意凡勃伦对于政府通过制度变化来提高社会一般福利的能力持怀疑态度的立场。虽然康芒斯不能够对于经济学导向的任何基本变更产生什么影响，但是他确实对他在威斯康星的一些学生产生了深远的影响。

韦斯利·克莱尔·米切尔是凡勃伦的学生，在 1922—1940 年间担任芝加哥大学的教授，并且也是他那一代美国经济学家当中两三个最著名的学者之一。米切尔一般地给予经济学，特别是制度经济学，以统计基础，他于 1920 年建立了国民经济研究局（NBER，它至今仍作为一个有效的研究机构而充满活力地工作着）。对于米切尔试图将简单的经济概念，诸如"货币""价格"和"收入"等，加以量化的开拓性努力所具有的重要性，似乎无论怎样估计也不会过高。杰文斯早期在关于指数的建立和价格序列的统计研究方面所作的开创性分析（参见第 14 章），在米切尔的强有力的支持下又获得了新生。米切尔在他的巨著《商业周期》（*Business Cycles*，1913 年）中，利用以纯熟的方式重新计算的关于债券价格和收益、工资、商品价格、货币存量（这是米切尔的解释中的中心变量）和货币流通速度的数据，分析了从 19 世纪直到 1907 年货币恐慌期间的繁荣与萧条。他的经济分析方法——理论与经验解释相互联系——对确定 20 世纪美国经济研究的方向产生了意义深远的影响。主要是由于他的努力，对于 GNP 核算、商业周期分析、增长、反托拉斯以及产业组织等的研究才都能够伴之以经验的对象。总之，米切尔为收集和利用经验数据建立了一个纲要，它同随后出现的数理的和统计的分析一道极大地赋予了现代经济学的独特特征。

但是，米切尔的伟大贡献如何能够与他的老师的制度主义相联系呢？特别是，由于凡勃伦尖锐地反对数学和统计学作为经济理论的辅助工具，将其视为无效的，这又该如何看待呢？凡勃伦寻求的是为某些类型的制度和制度变迁建立文化的和心理的基础，而米切尔的目标是使金钱的制度和商业波动客观化。这样，虽然米切尔的著作是凡勃伦思想的一种扩展，但这种扩展是凡勃伦本人不曾去追求或者认为是不具有多大意义的。这里，又像在康芒斯那里一样，米切尔的"制度经济学"采取了一种并不特别与凡勃伦自己的概念紧密联系的方向。

所有的美国制度主义者中与凡勃伦的原始理论概念联系最密切的当数克拉伦斯·E. 艾尔斯。他是在布朗大学和芝加哥大学接受的教育。艾尔斯将他的大部分学术生涯贡献在得克萨斯大学（从 1930 年直到他 1968 年退休）。实际上，正是由于艾尔斯的影响才使得得克萨斯大学这些年来成为美国制度主义学派的大本营。

在包括《经济进步的理论》（*The Theory of Economic Progress*，1944 年）和《走向理性的社会：工业文明的价值》（*Toward a Reasonable Society*：*The Value of Industrial Civilization*，1961 年）在内的一系列重要的出版物中，艾尔斯恢复了凡勃伦的理论关注点。像凡勃伦一样，艾尔斯也沉浸于哲学之中，但是他的具体的导向是约翰·杜威（John Dewey）的实用主义—制度主义方法。从经济政策的角度来说，艾尔斯赞同对资本主义进行实用主义的、自由的修正，这类似于康芒斯的观点。但是，他拒绝社会主义和法西斯主义。像凡勃伦和 J. M. 凯恩斯一样，艾尔斯也是一个消费不足论者，他支持将修正性的经济计划和经济管制作为一种缓解他所判定的资本主义过剩的手段。

然而，从理论的角度来说，艾尔斯却是一个技术决定论者。他认为技术是一个绝对价值，社会将被吸引向它运动。他谈到一个生命过程，对于这一过程制度可能产生也可能不产生作用。艾尔斯体系的目标是"充分生产"，除了物质财富以外，它还包括使人类创造力、艺术追求等最大化。

艾尔斯将制度价值与技术价值相对比，借以表明"对生命过程的贡献"可以作为判断"真的"和"假的"制度价值的标准。[①] 按照他的观点，技术是最终的价值，因为只有它独立于文化的考虑。实际上，艾尔斯使制度经济学成为研究技术和技术变化的学问。不像凡勃伦，他并不在总体上否定市场和价格体系的价值，但是他确实指出在决定"充分生产"的方向问题上价格和市场将没有技术和制度重要。然而，像凡勃伦一样，艾尔斯也未能提供一个逻辑上一致和严密的理论框架去分析经济过程波澜壮阔的、活生生的历史。尽管艾尔斯作出了极富创造性的工作，但是在制度主义者的理论范式中仍然存在一系列缺口和矛盾，有待其他人来填补和解决。

甚至一种粗略的考察就可以表明，在凡勃伦以后制度经济学采取了几种离散的发展路线。米切尔加进了一种归纳—统计的因素，康芒斯将制度经济学转变为一种社会（主要是法律）改革的纲领，而艾尔斯将凡勃伦的概念扩展到一个技术价值的理论中。现代制度主义者所关心的问题基本上反映了所有这些多样化的学术兴趣以及其他很多人的视角。但是，与任何其他具有制度主义倾向的作者相比，也许约翰·肯尼思·加尔布雷思更集中地吸引了社会科学家和公众读者的注意力。

约翰·肯尼思·加尔布雷思：制度主义的普及者

加尔布雷思（1908—2006 年）是 20 世纪美国最知名的社会批评家。他长期而又活跃的人生使他拥有丰富的经历：哈佛大学的老师、总统的经济顾问、美国驻印度的大使等。他还写了一系列有影响和宣传其他思想的关于社会和经济体系的书。加尔布雷思的著作部分地是一种其他思想的现代知识库。他的思想显示了多种不同的精神来源，但是他的观念毫无疑问地与凡勃伦的那些思想保持一致。我们在这里集中考察他的两个具有特色或与众不同的思想：（1）抗衡力量过程，和（2）对于丰裕社会中的一种社会不平衡的确认。

早在 1952 年，加尔布雷思在他的《美国资本主义》（*American Capitalism*）一书中就开始关注传统的（正统的马歇尔式的）理论关于美国经济体系"如何运作"的解释。他闪烁其词地论证道，丰裕（"不体面的富裕"）有好处也有坏处。特别是，他指出正统经济理论是不现实的，因为只要熟悉一点现实世界的事实就可以否

443

---

① 在 20 世纪 60 年代，本书的作者曾听过艾尔斯的一个讲座，在那个讲座中，可口可乐被攻击为代表一种"虚假的"价值，即它贬损了"生命过程"。

定马歇尔经济学中的主要工具——竞争模型的恰当性。加尔布雷思并不回避某些价值判断问题，当这些问题被置于一种有关社会行为的动态理论当中时，就成为他批判静态的、正统的政治经济学的出发点。于是，他指出收入不均等"扰乱了资源的使用"，因为"它将这些资源从很多人的需要中转移到少数人的见不得人的欲望那里——如果不是从面包到蛋糕——那么至少也是从雪佛莱到凯迪拉克"（《美国资本主义》，pp. 104‐105）。他也坚持认为，不必要的收入不均等——所谓不必要指的是这种不均等并没有对在知识、知识的实际运用以及承担风险意愿方面的差别给予补偿——也会有损于经济稳定性。

□ 抗衡力量

加尔布雷思直截了当地宣称，新古典经济学的竞争模型是学术上的废话。现代市场并不是顺利而又连续地建立并且维持竞争均衡的。根据加尔布雷思，竞争遭到破坏，产生了集中和垄断力量，摧毁了许多市场的自我管理倾向。然而，这种单边的发展并没有消除所有的约束。按照加尔布雷思的观点，经济学正统所忽视的正是抗衡力量的存在及其对市场结果的影响。[①] 换言之，在垄断市场上产生的对于私人权力的新约束取代了竞争，这种约束

> 是由伤害或摧毁竞争的同一个集中过程繁衍出来的。但是它们不是出现在市场的同一方，而是出现在对立的一方，即不是在竞争者之间，而是在消费者和供给者之间。对于这种成对的竞争起个名字将便于分析，我把它叫作抗衡力量（《美国资本主义》，p. 111）。

乍一看来，抗衡力量好像是在陈述标准的、新古典的双边垄断理论。然而，加尔布雷思拒绝这种观念，他指出双边垄断的存在仅仅是一种"偶发的现象"，而抗衡力量是一种过程，它是作为对从竞争的初始破坏中产生的私人经济力量的反应而发展出来的。换言之，加尔布雷思是在凡勃伦主义的意义上将抗衡力量视为一种过程的。不仅如此，加尔布雷思提出这一概念还旨在为许多发展提供一种重要的解释，这些发展包括工联主义、零售合作社、连锁店等。他关于市场和产品的概念超出了传统理论的狭窄定义，它更类似于 E. H. 张伯伦垄断竞争中的差别产品的概念（参见第 19 章）。

按照加尔布雷思的观点，抗衡力量存在与否对于公共政策具有极大的重要性。特别是，加尔布雷思将抗衡力量对垄断势力约束的失败视为政府对私人经济进行干预的理由。正如加尔布雷思在 1952 年指出的那样：

> 由于这种现象本身还没有被充分地理解，对抗衡力量的发展提供的一种国家帮助便成为政府的一项主要职能——也许是政府主要的国内职能。过去 20 年间的很多国内立法，特别是罗斯福新政时期的立法，只有从这种观点来考察时才能被充分地理解（《美国资本主义》，p. 128）。

---

① 这一概念可以追溯到维塞尔的《社会经济学》（参见第 13 章）。

经济理论和方法史（第五版）

为进一步阐明他的观点，加尔布雷思写道：

　　那些在建立抗衡力量中寻求政府帮助的集团想要获得一种力量，以便用它去对抗先前曾制约它们的市场权威（《美国资本主义》，p. 136）。

　　加尔布雷思还指出，反托拉斯政策应当被修正，以便这些政策的贯彻实施可以鼓励抗衡力量的发展，从而使原先的垄断力量在各种可能的情况下被遏止。此外，加尔布雷思还断定，政府干预的发生都是由于抗衡力量遭到破坏和非竞争的结果。

　　然而，在加尔布雷思的抗衡力量理论中也存在着性质严重的缺口。如果它要被用作公共政策的工具，人们必须能够决定作为与所产生的抗衡力量相对立的原始的垄断力量。在《美国资本主义》一书中，加尔布雷思确认了两种垄断类型：（1）作为竞争被破坏的结果而产生的初始的垄断，和（2）作为对现存的市场力量的反应而发展的抗衡垄断。他实际上也可以追加第三种类型，即由于产业对管制的需求——以帮助、补贴以及合同等形式（就不必提及关于进入的控制了）而出现的垄断（这实际上是凡勃伦曾预见到的情况）。

　　从更基本的意义上说，加尔布雷思的理论缺少对权力在最初是怎样出现的，以及它们是如何影响市场过程和政治体系的问题的有说服力的解释，而所有这些问题对于作为社会科学家的经济学家来说都是有意义并且给予正常关注的问题。人们会发问，抗衡力量被假定采用怎样的方式去影响价格和收入分配？这个主题在加尔布雷思的社会主义国家中将引起极大的兴趣。政府在什么时候对经济实行社会化或控制经济活动（例如低成本住房）？在政府介入之前我们需要等待市场过程在经济的"无防御区域"发展多长时间？不幸的是，加尔布雷思的理论并没有给我们提供有关这些问题的答案。然而，他的讨论却为一种最终的新制度主义的综合提供了出发点。

□ 社会不平衡

　　在《丰裕社会》（*The Affluent Society*，1958 年）这部其发行量已经超过亚当·斯密的《国富论》的著作中，加尔布雷思似乎由于美国社会的富裕和它的价值取向错误而反对它。在这里，加尔布雷思利用了正统的消费者需求理论。他指出：（1）既往被接受的理论就其负面影响而言，是它否认了"关于必需的与非必需的，或重要的与不重要的物品的任何概念"（p. 147）；（2）由于忽视了边际效用递减的某些含义，经济学家们未能看到随着时间的推移，某些物品的更多并不比更少好。这当然是一种规范性的无意义表述。在对实证经济学的批判中，加尔布雷思评论道：

　　任何关于必需的与非必需的，或重要的与不重要的物品的看法都从这一主题中被完全排除了……在经济学中没有任何东西如此快捷地表明一个未经合格培训的人，有能力评价追求更多食品的愿望的合法性与向往更精制的汽车的愿望的轻浮性（《丰裕社会》，p. 147）。

加尔布雷思以一种欠佳的学者风度断言，消费者主权是一种神话，在现代社会中因果关系链是从生产到消费，而不是相反。为了维持一个生产和收入在日益增长的丰裕社会，必须制造出新的欲望。这样，加尔布雷思便将注意力集中在广告宣传对于创造和操纵对新的消费者物品（它的提供是以社会物品的减少为代价的）欲望所起的关键作用上。他谴责由此而产生的社会不平衡。

沿着另一个美国学者亨利·乔治的传统，加尔布雷思坚持认为是经济问题导致了社会疾病。"人们拥有的物品越多，他们要抛弃的东西也越多，并且他们必须处理的垃圾也越多。如果不能提供适当的环卫服务，则与日益增长的富裕相伴而生的将是污染程度的加深。财富总量越多，污染物越密集"（《丰裕社会》，p. 256）。再看看加尔布雷思对年轻人的叛逆行为的解释："学校无法与电视和电影竞争，并且最近的所谓什么英雄（不是琼斯小姐）已经成为年轻人的偶像"（《丰裕社会》，p. 257）。

加尔布雷思详细列数了由于竞争的经济力量遭到破坏和一种以减少公共物品的提供为代价而刺激私人消费的价值体系所产生的社会病症。处于这种"不适当的"价值体系核心地位的，是主要旨在创造私人消费欲望的广告宣传与相关竞争活动。事实上，加尔布雷思理论的很大一部分是建立在本章早些时候讨论过的凡勃伦的炫耀性消费概念基础上的。

为了重新矫正社会不平衡，加尔布雷思建议增加政府对各种收入水平阶层的税收，并重新定位政府支出的方向（肯定要远离国防支出）。他的意见（正如他在《新工业国》一书中更全面地阐释的那样）是："在缺少社会干预的场合，私人生产将垄断所有的资源"（《丰裕社会》，p. 310）。因此，政府必须发挥更积极的作用，以便保证社会平衡在这个过程中能够产生并得以维持。

□ 对加尔布雷思体系的几点评论

虽然出生于加拿大，但是约翰·肯尼思·加尔布雷思却是早先的美国思想家特别是亨利·乔治和索尔斯坦·凡勃伦的直系知识继承人。当我们把团体特征作为分析的焦点时，应当看到在这些学者中间存在一种共性。此外，像凡勃伦一样，加尔布雷思在企图提供一种关于现代资本主义充分展开的过程的理论时也运用了制度主义的方法。

但是，加尔布雷思的思想——像他的那些著名的先驱者的思想一样——缺少专一性。不仅如此，在他关于资本主义的演化解释过程的理论中，还存在很多缺口。一个例子是关于政府重新矫正社会不平衡的问题。根据加尔布雷思，政府方面的"肯定的行动"是需要的，但是他并没有详细说明这种社会需要如何被评估以及政府活动的量的大小如何被确定。人们怀疑它是不是建立在猜测特别是辩护或价值判断的基础上。虽然现代公共财政的原理（它是在正统理论范围内发展起来的）诸如成本—收益分析等被认为是不完善的，但是它们作为一种政策指导，比起加尔布雷思和他的理论阵营所提出的那些建议具有无可比拟的有用价值。

加尔布雷思对单个人特别是单个人的知识独立性及其偏好的忽视，导致他认为

446

单个人不能辨别什么是对他们自己最有利的事。价格体系在容许单个人将他们在各种经济的和社会的选择之间进行排列的功效（例如，究竟是选择更低成本的汽油和更多的污染，还是选择更高成本的汽油和更少的污染）也同样被忽视或被打折扣。加尔布雷思和其他人对自由市场所提供的收入分配和社会—物品供给水平感到失望，这种失望导致他们积极倡导扩展作为一种缓和工具的政府的作用。

毫无疑问，社会物品必须被提供。捍卫新古典市场理论的现代经济学家至少与加尔布雷思同样关注公共物品提供的问题。值得争论的问题只是这种提供的方法以及位于其背后的理论和哲学基础。

结论：制度主义的范式

纯粹制度主义的范式的命运仍然具有某种不确定性。首先，没有人（甚至包括自称是制度主义者的人）声称坚持一种单一、严谨、一致的思想体系。人们应当将凡勃伦的"体系"或凡勃伦、康芒斯、米切尔和艾尔斯的著作的某种结合视为新制度主义学派的理论基础吗？"制度经济学"似乎是一个边界开放的研究体系。

不仅如此，人们还日益强烈地认识到，在美国经济学的传统体系中，制度特别是产权制度不能因为眼前研究的问题的重要性而被假设为"给定的"。换句话说，有关产权的文献正在发展起来，它揭示了法律制度、经济行为和经济后果的相互作用。经济增长与发展理论、法律与经济学、比较经济组织以及经济管制都是这些更广泛的研究方法的主要产物。当美国经济学家的大多数都在逃避政策问题并迫使经济理论穿上窄小的数学紧身衣的时候，另一些人却一直在以非常有意义又富有成果的方式扩展经济理论和政策（例如，参见第 25 章）。制度经济学也许对这种广泛的发展作出了重大贡献。

总之，制度经济学是一把保护伞，在其下聚集了很多有意义的并且富有创造性的思想。作为一种独立的研究思潮，这个"学派"主要由对于新古典经济学尖锐批判的研究原则所构成。新的进展也许将要求与更多的美国经济思想的传统特色相融合。因为，融合与折中毕竟是与众不同的美国特色。

参考文献

Ault, R. W., and R. B. Ekelund, Jr. "Habits in Economic Analysis: Veblen and the Neoclassicals", *History of Political Economy*, vol. 20 (Fall 1988), pp. 431 – 445.

Arrow, Kenneth. "Thorstein Veblen as an Economic Theorist", *American Economist, vol. 19(Spring 1975), pp. 5 – 9.

Buchan, A. *The Spare Chancellor: The Life of Walter Bagehot*. London: Chatto & Windus, 1959.

Cairnes, J. E. "M. Comte and Political Economy", *Fortnightly Review*, vol. 7 (1870), pp. 579 – 602.

——. "Political Economy and Laissez-Faire", *Fortnightly Review*, vol. 10 (1871), pp. 80 – 97.

Ely, Richard T. *Introduction to Political Economy*. New York: Hunt and Eaton, 1891.

Galbraith, J. K. *American Capitalism: The Concept of Countervailing Power*. Boston: Houghton Mifflin, 1952.

——. *The Affluent Society*. Boston: Houghton Mifflin, 1958.

——. *The New Industrial State*. Boston: Houghton Mifflin, 1967.

Ingram, John K. *History of Political Economy*. London: A. & C. Black, 1915 [1888].

——. "The Present Position and Prospects of Political Economy", in R. L. Smythe (ed.), *Essays in Economic Method*. New York: McGraw-Hill, 1963 [1898].

Jevons, W. S. *The Theory of Political Economy*, 5th ed. New York: Augustus M. Kelley, 1965 [1879].

Keynes, J. N. *The Scope and Method of Political Economy*. New York: Augustus M. Kelley, 1963 [1890].

Leibenstein, Harvey. "Bandwagon, Snob, and Veblen Effects in the Theory of Consumers' Demand", *The Quarterly Journal of Economics*, vol. 62 (May 1950), pp. 183 – 207.

Marshall, Alfred. *Principles of Economics*, 4th ed. London: Macmillan, 1899.

Mitchell, W. C. (ed.). *What Veblen Taught: Selected Writings of Thorstein Veblen*. New York: A. M. Kelley, 1964.

Roll, Eric. *A History of Economic Thought*, 4th ed. Homewood, IL: Richard D. Irwin, 1974.

Smythe, R. L. (ed.). *Essays in Economic Method*. New York: McGraw-Hill, 1963.

Spencer, Herbert. *Autobiography*. New York: Appleton, 1904.

Toynbee, Arnold. *Lectures on the Industrial Revolution of the Eighteenth Century in England*. London: Longmans, Green and Company, 1890.

Veblen, Thorstein. "Why Economics Is Not an Evolutionary Science", *Quarterly Journal of Economics*, vol. 12 (July 1898), pp. 373 – 426; vol. 14 (February 1900), pp. 240 – 269.

——. "The Preconceptions of Economic Science", *Quarterly Journal of Economics*, vol. 13 (January 1899), pp. 121 – 150, (July 1899), pp. 396 – 426; vol. 14 (Feb-

经济理论和方法史（第五版）

ruary 1900),pp. 240 – 269.

——. *The Theory of the Leisure Class*. New York：Modern Library,1934 [1899].

——. *The Vested Interests and the Common Man*. New York：Capricorn Books,1969 [1919].

——. *The Engineers and the Price System*. New York：Viking,1921.

第19章

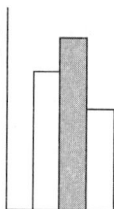

对竞争的修正：
张伯伦与罗宾逊

在 20 世纪微观经济学的众多发展方向中，最重要的可能是寻找描述实际市场的模型。在第 15 章中我们曾提到，阿尔弗雷德·马歇尔把他的绝大部分注意力一方面放在完全竞争模型上，另一方面放在纯粹垄断模型上。

完全竞争模型假定大量卖者生产一种同质产品。由于厂商数量无限大，没有哪一个卖者能够影响其他厂商的价格和利润；也就是说，一个厂商的行为对其他厂商的价格和产量决策没有影响。由于假定存在完全自由的进入和退出，所以既不存在长期经济利润，也不存在租金。

与此相反，由古诺和杜普伊首次精确地描述并且由马歇尔和其他人加以扩展的垄断模型，则是以单一厂商对讨论中的商品产出拥有绝对控制为特征。这种市场结构下的经济利润比任何其他市场结构下的经济利润都要大，因为与任何多于一个卖者的市场结构相比，这种市场结构的经济权力更大，也更为集中。

这两个模型均属于极端的形式，其本质内容在 19 世纪早期就已经被很好地揭示了。虽然马歇尔在某种程度上也意识到在这两种极端形式之间有一个中间地带，但他仍然坚持分析这两种不同形式的厂商模型，1933 年之前的经济学家（除去少数几个重要的例外），并没有费心去分析决策对彼此政策产生影响的厂商的价格和产量均衡。但是，1933 年，在美国和英国出现了两本重要的（而且均是独立完成的）著作，其标题和主题恰恰是针对这个问题的：爱德华·H. 张伯伦的《垄断竞争理论》（*Theory of Monopolistic Competition*）和琼·罗宾逊的《不完全竞争经济学》（*Economics of Imperfect Competition*）。他们的思想源自其他人的思考与争论，我们接下来将予以讨论。

双头垄断分析

奥古斯丁·古诺很可能是分析不完全市场的第一人。在古诺的双头垄断模型中（见第 12 章），存在两个追求利润最大化的卖者，其行为都建立在认为另一卖者的产量保持不变的假定上。古诺得出了模型的解，然而它却是建立在上述这个相当天真的假定基础上的。

古诺激发了其他作家研究这个问题，但这几乎是 50 年之后的事了。阐述其他双头垄断模型的早期作家主要有约瑟夫·伯特兰（1883）和 F. Y. 埃奇沃思（1897）。伯特兰是法国数学家，他指出，若假设（每个卖者）假定其他竞争的卖者价格不变，那么价格和产量将达到竞争性水平。另一方面，埃奇沃思为他的双头垄断者施加了产量约束，得出的结果是两个卖者的价格和产量在不确定的范围内摆动。

古诺-伯特兰模型和埃奇沃思模型的结果依赖于各自所做的关于双头垄断者行为的特殊假定。可能是模型结果的这种脆弱性使得马歇尔不愿去研究双头垄断理论（尽管他肯定知道古诺解），然而马歇尔在无意中鼓励了其他经济学家探究这一问题。让我们回顾一下，在《原理》中，马歇尔讨论了以收益递增或者成本递减为特征的产业存在的可能性。随后，主要发生在 20 世纪 20 年代的一场关于竞争均衡是否与收益递增相容的争论，涉及了马歇尔的几个重要追随者。

□ 斯拉法与不完全竞争

尽管马歇尔在剑桥大学的继任者 A. C. 庇古参与了这场有创见的争论，然而却是剑桥经济学家皮罗·斯拉法（Piero Sraffa）在 1926 年发表的一篇名为《竞争条件下的收益规律》的文章中清晰地阐述这一问题的。斯拉法在其他地方也证明了成本递减条件确实与长期的马歇尔竞争均衡不相容。两者中必有其一要被放弃。但是在 1926 年，他注意到经济理论中存在一个巨大的缺口，原因在于对竞争和垄断的市场模型的排他性研究。斯拉法关注市场的不完全性，而竞争模型的捍卫者将它当作"摩擦"而剔除。斯拉法否认这些障碍是摩擦，认为它们"本身是活跃的力量，会对市场价格和产量产生永久甚至是累积性的影响。"在为不完全竞争模型建立了基础后，斯拉法进一步指出，这些对竞争的障碍因素"被赋予了充分的稳定性，这使得它们成为以统计假定为基础的分析的主题。"（《收益规律》，p.542）

斯拉法也认为某些障碍可能会影响垄断程度或不完全竞争的卖者面对的需求曲线的弹性，如拥有独一无二的自然资源、法律所赋予的特权、对总产品或多或少的控制以及竞争商品的存在。这样，为了跳出马歇尔完全竞争分析的矛盾，斯拉法建议用一种新方法来研究市场理论。1933 年，罗宾逊（另一位重要的剑桥经济学家）明确地表示是斯拉法和收益递增的争论推动她去分析不完全竞争市场。对 E. H. 张伯伦来说，他对垄断竞争理论的发展并不是直接受到斯拉法的影响，而是受到剑桥经济学家 A. C. 庇古的影响，特别是庇古与美国经济学弗兰克·陶西格之间的争论所产生的关于铁路价格的混乱解释的影响。

454

□ 陶西格与庇古关于铁路价格的争论

陶西格-庇古争论的中心是，所观察到的多种铁路价格模式问题究竟用穆勒-马歇尔的联合供给理论（见第 8 章）解释好呢，还是用与对不同买者实行价格歧视的能力相伴而生的高额铁路共同成本的存在来解释更好？前者是陶西格的观点，后者是庇古的观点。

1891 年，即马歇尔的《原理》出版后不到一年，哈佛大学的陶西格试图运用联合成本观点来使正统竞争理论与现存的多种铁路价格模式相适应。陶西格加入了关于铁路价格的争论，他反对政府应该拥有铁路这种普遍被接受的观点（他认为是错误的），这种观点源自一种观念，即垄断和价格歧视是任何私人控制的系统所固有和专有的。陶西格反对这种观点，他指出，由于铁路费用绝对是联合的，甚至在政府占有的情况下，不同的铁路服务价格也将持续下去。

陶西格的有力推理的要点可以简单地阐述如下：陶西格（正确地）指明铁路费用在很大程度上独立于运输量，因为铁路有不随运输量改变的高额固定成本。这使铁路不同于其他大多数厂商，正如陶西格所总结的：

> 在这里（关于铁路），我们有至少一部分是以联合成本生产的商品。对于产生于这种条件下的商品价值的解释，古典经济学家发展了一种主要应用于像羊毛和羊肉、煤气和焦炭等情况的理论，按照该理论，实际上全部成本由几种商品共同承担。但很明显，就此而言，它也可以应用于仅有部分成本是联合成本的情况。它的应用条件存在于任何具有下列特征的行业中，即它拥有一个大工厂，受到来自**密集度不同的各个地区**的需求的约束，生产几种商品**而不是一种的均质商品**（《对铁路价格理论的贡献》，p. 443，黑体部分是后加的）。

陶西格认识到，从竞争模型得到的"一价定律"明显不适用于铁路，但其不适用性并不是垄断的明显证据。陶西格试图通过断定下面两点来使铁路的情况与竞争的联合供给理论相适应：（1）铁路提供的产出单位并不是同质的，相反从定价角度而言是异质的；（2）在某种程度上，对铁路服务的不同需求弹性促成了产出单位的异质性，或者是这种异质性的唯一原因。他必然地得出结论：除了直接成本的一个小因素外，对于铁路提供的彼此分离的交通服务的需求价格必然会将联合成本在所有产出中进行分配，就像竞争性市场确定羊毛和羊肉的价格一样。在竞争的体制下，对于铜和煤的运输，存在不同的价格，尽管这种价格差别会由于垄断的市场结构而扩大，但是由于垄断并不是差别价格的主要原因，所以在政府所有或管制的情况下，它们也不可能被消除。陶西格总结道，这些原理也可以解释许多其他产业运行中的定价行为，但是铁路"在很大程度上提供了一个不同商品以联合成本进行生产的案例"（《对铁路价格理论的贡献》，p. 453）。

经济理论和方法史（第五版）

在《财富与福利》（1912）中，庇古反对价格可以在联合成本的基础上加以解释的观点，并且指责陶西格坚持这种错误。庇古用整个一章讨论铁路价格的问题，他指出：（1）陶西格将铁路成本绝对性地视为联合成本是错误的；（2）这种错误是由于将所提供的运输服务视为一种异质产出单位的结果。庇古确信垄断连同价格歧视的必要条件的存在可解释多重铁路价格现象。他认为，数额巨大的铁路共同成本按照不同需求弹性而被分配给同质的产出单位。

虽然人们普遍承认庇古获得了这场争论的胜利，并且价格歧视是对铁路价格的本质性解释，但是 F. 陶西格关于铁路的非同质性的推理，极大地鼓励了 E. H. 张伯伦去修正竞争理论。在 1961 年的一篇论文中，张伯伦将他的不完全竞争理论的源泉归结为这场争论。他承认庇古在这场争论中占据了上风，但是"一个非常微小的垄断要素"支持了陶西格的观点。这个微小的垄断要素，即某种控制价格的能力，是使产品产生差别能力的结果。陶西格在争论的过程中提出："我们说铁路以及类似的行业是'垄断'，然而它们却远不是严格的垄断定价理论所能应用的行业。"换句话说，铁路要受到来自其他铁路和来自其他运输方式竞争程度的制约。但现有市场中的产品差别程度值得我们进一步研究。

张伯伦对新理论的探索

张伯伦的新理论以"垄断竞争"为名广为传播，这有一点自相矛盾，但其核心思想并非如此。新理论既不是去适应纯粹竞争的定义，也不是去适应纯粹垄断的定义，而是强调现有的市场中垄断与竞争因素的组合。在以许多卖者为特征的市场中，竞争力量是存在的，但如果产品存在差别，这样每一个人在某种意义上都是唯一的，因而垄断因素在一定程度上也是存在的。

□ 产品差别

张伯伦的新的垄断竞争理论的一个最重要的见解是，大多数厂商既进行价格竞争，也进行非价格竞争。尽管在一个市场中可能存在大量厂商（竞争因素），可是在张伯伦看来，每一个厂商都拥有独特产品或优势，使之对价格具有某种控制能力（垄断因素）。

斯拉法已经以一种一般的方式预见到这种发展，但是张伯伦特别指出，版权、商标、品牌和位置（即在经济空间中，虽然产品可能是相同的，但是由于距离不同，买者可能会具有对位置的忠诚度）等会使产品具有某种程度的"独特性"。张伯伦清晰地阐述了许多市场的这种二重性：

> 我们可以说，就像专利和商标一样，在因其销售环境而产生的差别"产品"的领域，既存在垄断因素，也存在竞争因素。这个领域被普遍认为是竞争性的，然而它与那些可以立刻被划入垄断性的行业只有程度上的差别。在零售业，每一种"产品"都由于单个销售单位的特点，其中包括位置的不同（还有

商标、质量上的差异等），而被赋予独特性；这是其垄断的方面。每种产品也面临着在不同环境和其他位置上销售的其他"产品"的竞争；这是其竞争的方面。在这里，就如同在差别产品领域中的其他地方一样，垄断和竞争总是存在的（《垄断竞争理论》，p.63）。

可以举出张伯伦理论的许多例子。以阿司匹林为例（暂时忽略是否所有的阿司匹林都相同的问题），存在着许多种品牌：安乃近、拜尔、安可春、埃克塞德林以及许许多多其他品牌。通过广告和包装，每一种品牌都得以确立并有所区别，这样就建立了一个对某种特殊产品具有需求的买者市场。在每一种情况下，根据需求的大小和强度，卖者能够索取一个也许与他或她的竞争者不同的（垄断）价格。尽管对于消费者准备购买阿司匹林的美元来说，大量的替代品在相互竞争，但价格差别仍然能够存在。

即使在所有的阿司匹林产品中，其化学成分都是相同的，这些差别也可以存在。即使不存在差别，也可以说服消费者相信有这些差别。销售者清楚这一点，努力塑造品牌忠诚度或消费者忠诚度，这样就不会由于价格略高于竞争的产品或品牌而失去购买者。利润就以这种方式增加了（至少在短期是这样）。

如果其他方面相同，位置也可以用来使产品产生差别。例如，假设在一个大城市有五家药店，并假设它们在服务和销售药品的范围方面都是相同的。每一家药店都提供相同的物质产品，但张伯伦认识到特定的药店位置具有特殊的优势，因而会使产品具有差别。垄断程度和任何药店定价的自由程度，将依赖于药店需求者的数量和分布以及竞争的卖者的位置。这样，药店位置就是产品差别的重要部分。

还可以举出大量其他的产品差别例子。汽车是有差别的，但替代性仍然存在。家具、牙刷、虽然相同但在位置上有差别的原材料供给者、精致的瓷器、相邻的杂货商、服装等都是差别的市场。张伯伦的理论要点很容易得出，并可以归纳如下：实际上不存在那种不以垄断因素为特征的市场。这些垄断因素通过一些使产品形成差别的形式而表现出来，如产品、位置或服务。这个事实意味着每个卖者都具有对价格的某种控制力，不管这种控制力有多么小。当存在大量（少量）替代性时，对这种产品的需求就具有较大（较小）的弹性，单个卖者就对价格有更小（更大）的控制力。虽然马歇尔在价值理论的分析中把价格当作是唯一变量，然而张伯伦认为，在以竞争和垄断两种因素为特征的市场中，价格和产品本身都是厂商控制下的变量。这是一种对标准微观经济学正统理论的基本的、重要的背离。

□ 作为产品差别手段的广告

稍加思考就可以得出这样的结论：在纯粹竞争或纯粹垄断（只有唯一的卖者，没有替代品）的条件下，竞争性的广告在很大程度上是不必要的。实际上，由于会降低利润，它是起反作用的。根据定义，纯粹竞争性的厂商生产和销售一种同质产品，而且能够在给定市场价格的情况下销售其所有产量。在这些条件下，品牌忠诚度就不是一个问题。做广告是不必要的，如果这样做了，厂商只会增加成本而不会改善收益。完全竞争模型假定欲望是给定的，而且被所有市场参与者所了解。厂商没有发现或改变消费者欲望的动机。同样，根据定义，一个纯粹的垄断者没有竞争者和替代品，他不需要做广告，如果他做了广告，其利润就会减少。

然而，张伯伦认识到广告是垄断竞争的手法，他把广告与其他手段合称为"销售成本"。用他的话来说，"各种广告、推销员的工资和销售部门的费用、为了增加其对特殊商品的喜爱而给予商人（零售与批发）的赚头、橱窗陈列、新产品展示等，都是这种类型的成本"（《垄断竞争理论》，p. 117）。所有这些成本的目的很清楚：为了改变单个厂商面对的需求函数的位置或弹性。

单个企业家做广告的原因很明显："通过扩大对其产品的了解，通过对其产品进行描述，以及通过暗示它将提供给购买者的效用，将做广告的产品的需求曲线向右侧移动"（《垄断竞争理论》，p. 119）。张伯伦指出，广告可以通过操纵欲望来影响需求。换句话说，某些广告根本不是提供信息，而是为重塑人们的消费欲望而相互竞争。① 这些广告在大多数电视节目中经常见到。其目的在于将广告商品的需求曲线向右移动，这是以同类产品中的替代品的需求减少为代价的。广告以这种方式在竞争的卖者之间配置需求，但是除非消费者的总支出上升（即储蓄降低），否则它不能增加总的需求。总之，广告在建立和维持垄断竞争厂商的产品差别方面起到了至关重要的作用。

□ 张伯伦的两条需求曲线

现在我们考虑垄断竞争厂商所面临的需求情况。张伯伦描述的厂商实际上面对着两条需求曲线，尽管他认为好像仅有一条是相关的。图 19-1 描述了两条需求曲线 DD 和 dd，它们相交于 C 点。因为假定厂商具有对价格的某种控制力，所以这两个函数都具有负斜率。假设处于垄断竞争市场上的厂商索取价格 P_M，销售量为 Q_M。厂商（其产品面对着大量竞争的替代品）将如何看待这种情况呢？假设在其产品组中所有的厂商都生产替代商品，该卖者会相信通过将价格降到 P_M 以下能够使其销售量大幅增加。然而，由于该卖者认为没有竞争者会跟随他提高价格，所以他也相信如果其价格高于 P_M 将导致销售量的明显降低。这样，假定该卖者相信其行为将不会为其竞争者所察觉，该厂商面对的需求曲线就是 dd。

问题是，这样一个假设是没有根据的。如果我们的代表性卖者能够通过降低价格得到利润，那么在张伯伦假定的所有厂商的成本都相同的情况下，任何竞争者都可以这样做。这样，有理由相信所有的垄断竞争者都有降低价格的动机。如果该产品组中的每个厂商跟随我们的代表性卖者而降价，那么每个厂商销售量的增加就仅仅来自一般价格的降低，而不再以其竞争厂商的市场损失为代价。假定竞争的厂商将模仿任何一个厂商的价格行为，DD 曲线就描述了它的需求曲线。

---

① 人们经常说不发达国家中的社会不安定因素依赖于"示范效应"。据说在这些国家中，豪车、家用设备和奢侈品的广告会改变人们的"效用函数"或欲望模式。为了得到这些在现存制度的约束下不能得到的商品，人们会采取措施改变这些制度。

曲线 dd 和 DD 都是根据每个厂商广告支出处于不变水平的假定条件绘制的。如果我们考察的厂商增加了竞争性广告的数量，假定其他厂商不会作出类似反应，那么在图 19-1 中厂商所面对的需求曲线将向右移动，其利润也会增加。对于该厂商来说，当增加的 1 美元销售成本恰好能给厂商带来 1 美元的收益时，其广告支出将达到最优水平。

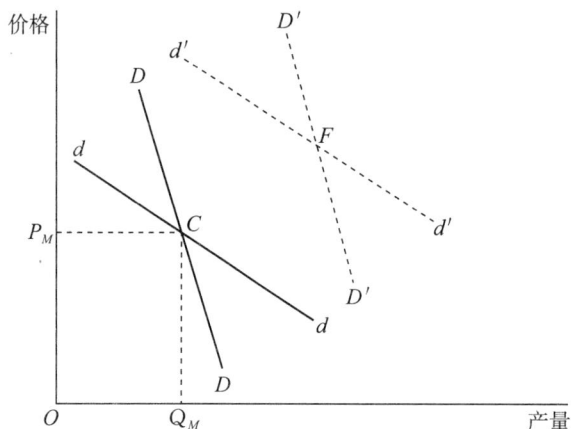

图 19-1　一个垄断竞争厂商能够通过沿着需求曲线 dd 将其价格降到 P_M 之下而增加其销售量。然而，如果竞争的厂商模仿任何一个厂商的价格行为，需求曲线将变为 DD

□ 张伯伦模型中的长期均衡

现在我们开始讨论张伯伦著名的垄断竞争市场模型的"切点解"。他的解一旦得到描述，其结论就可以与完全竞争的马歇尔模型的结论相比较。

我们首先集中阐述该模型的假设。张伯伦把注意力集中在由许多生产和销售紧密相关产品、可替代产品的卖者组成的行业中的单个厂商身上。[1] 每个卖者都具有对价格的某种控制力，而且由于他处于大量的卖者之间，所以他会假定他的定价行为不会引起竞争领域的任何反应。简言之，他将其需求曲线视为图 19-1 中的 dd 或 d'd' 曲线，在假定产品差别程度给定的条件下，他为了增加利润将会调整其价格。此外，张伯伦假定一个并非与马歇尔模型不同的代表性厂商的存在，因此每个厂商的成本和需求均可视为是相同的。

图 19-2 给出了一个模型，它复制了图 19-1 中的需求曲线（dd、d'd' 和 DD），并给出长期平均成本曲线 LRAC（基本来自张伯伦的《垄断竞争理论》中的图 14，p.91）。[2] 让代表性卖者（在一个假设有 100 个卖者的市场）处于曲线 dd 和 DD 的交点（C 点），索取价格 P_1，产量为 Q_1。每个厂商将产生相同的价格和产量，

---

① 也许值得重复一下，产品或产品组不必具有相似的物理特性。一艘新船可能对于去夏威夷度假的人们来说是高度可替代的。虽然这二者在物理上显然并不相似，但是用张伯伦的术语来说，它们构成了一个产品组。

② 对于这个均衡的动态学的讨论，参见弗格森，《微观经济理论》第 10 章。

459

并得到利润 $ABCP_1$。现在考虑任何一个厂商看待周围情况的方式。卖者相信（这后来证明是错误的）她可以通过降低价格来增加利润；即，她认为，由于当她降低价格时其竞争者不会降低价格，所以与她相关的需求曲线是 dd。但事实上每个厂商都会降低价格，因而她将不是沿 dd 曲线增加产量，而是沿 DD 曲线增加产量。

每个卖者依旧相信他或她可以通过降低价格来增加利润，而且他们这样做了。$d'd'$ 函数继续向着曲线 DD 下移直到它（现在是 $d'd'$）与曲线 DD 交于 E 点。在这里厂商的需求曲线与长期平均成本曲线相切，经济利润消失了。如果 $d'd'$ 函数降到它在图 19-2 中的位置之下，将会造成损失，价格将会提高。简言之，切点均衡是稳定的。大于 Q_2 的数量会因为长期平均成本大于平均收益或需求而对厂商造成损失。[①] 张伯伦均衡唯一地存在于曲线 $d'd'$ 与曲线 $LRAC$ 的切点，同时也是曲线 $d'd'$ 与曲线 DD 的交点。

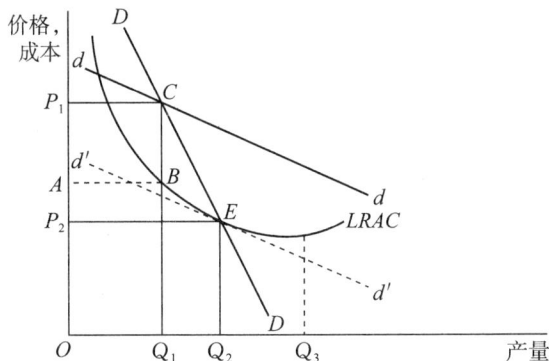

图 19-2　在价格 P_1 和产量 Q_1 处，每个卖者将获得利润 $ABCP_1$。如果一个卖者将价格降到 P_1 之下，竞争的卖者也跟着这样做，dd 函数将下移至 DD 函数，直到它（新曲线 $d'd'$）与 DD 交于 E 点

□ 垄断竞争：资源的浪费？

对于垄断竞争的一个经常性指责是，与完全或纯粹竞争相比，它的经济后果是无效率的。特别是，垄断竞争均衡如图 19-2 中的 E 点，被认为存在过剩的生产能力。让我们来研究这种指责的性质。

图 19-3 抽出了图 19-2 中的一些函数，它包括需求函数 dd 和长期平均成本函数。正如读者在第 15 章所看到的，$LRAC$ 函数经常被称为"包络"或"计划"曲线。它包括短期成本曲线上一系列切点。$SRAC_1$ 和 $SRAC_2$ 是两条这样的短期曲线，而且为了简化，假定在任何两条短期 U 形曲线之间，略微改变工厂规模就可画出另一条曲线。当厂商利用现存的工厂规模（即现存的资源投资规模）在最低平均成本生产时，它有一个最优产出率。给定一个以 $SRAC_1$ 为特征的工厂规模，最优产出率将是 Q_m^1。因此从厂商的观点看，产量 Q_m 是一种利润最大化的均衡状态，而从社

---

① 在整个分析过程中卖者的总数保持不变。参见张伯伦的《垄断竞争理论》，p. 92。

会的角度来看，由于 Q_m^1 没有被生产出来，工厂未被充分利用。

提出垄断竞争无效率的第二个原因是它没有产生竞争的产出率，即达到从社会的角度来看的最优工厂规模。让我们回忆一下，在完全竞争的条件下，厂商的需求曲线是水平的或无限弹性的。这样的需求曲线由图 19-3 中的水平线 $P_c d_c$ 代表。对于纯粹垄断竞争厂商来说，长期产量将是 Q_c，从社会的角度来看，它既符合最优产出率又符合最优工厂规模。这样，据称出于两种原因存在浪费：（1）因为垄断竞争厂商没有利用现存的资源来生产社会最优产出率；（2）由于产品差别的原因（这造成了负斜率的需求函数）使得社会最优的工厂规模成为不可能。这样，"过剩的社会生产能力"就由 $Q_m Q_c$ 测量。

然而，张伯伦不同意这种论断。他指出，产品差别引入了产品的多样性，扩大了消费者选择的空间。当然，在将纯粹竞争和垄断竞争条件下的社会收益进行对比时，必须考虑这种关键的差别。从获得效用本身看，多样性就是合意的，但在完全竞争体制下，每个厂商都生产同质的产品，这样的多样性就是不可能的。因垄断竞争带来的多样性而增加的社会福利，可能会比用这种市场模型所必然具有的过剩社会生产能力来表示的损失更大。只有理论家才能思考这个问题。[①]

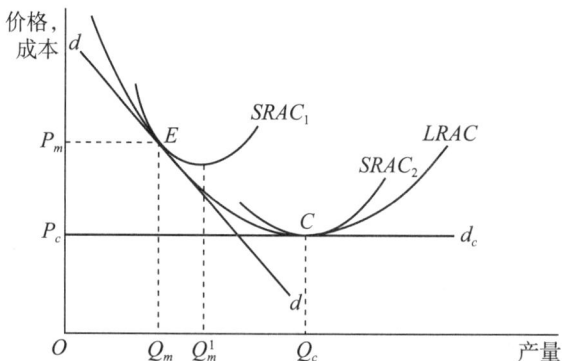

图 19-3 垄断竞争厂商将在价格 P_m 和产量 Q_m 实现利润最大化，但是如果给定由 $SRAC_1$ 表示的工厂规模，那么从社会的角度来看，最优产出率将是 Q_m^1。"过剩的社会生产能力"通过 $Q_m Q_c$ 测度出来，这里，Q_c 为竞争的产出率

□ 张伯伦：一个尝试性的评价

张伯伦的《垄断竞争理论》在价值理论的发展和推动产业组织理论的发展方面是一个重要的里程碑。在 20 世纪 30 年代、40 年代和 50 年代，对垄断竞争模型的极大的兴趣发展了起来。弗里茨·马克卢普、罗伯特·特里芬（Robert Triffin）、威廉·费尔纳（William Fellner）、阿瑟·史密斯（Arthur Smithies）和其他许多教授的工作都建立在张伯伦工作的基础上。实际上，在经济学原理和中级微观经济分

---

① 在若干最新的重要理论贡献中，垄断竞争的全部基础遭到了质疑。这个现代观点的实质是，表现为过剩能力的现象简单来说不过是通过降低"等待时间"、交易成本或与时间相联系的成本的方法而进行的竞争性的市场运作。

析的每一本教科书中都留有篇幅专门介绍张伯伦和他的思想。[1]

张伯伦本人把他整个一生都奉献于宣传他的理论。他一篇文章接一篇文章地扩大、纠正、扩展和对比围绕垄断竞争的问题，其中有许多是作为《垄断竞争理论》（共有7个版本）随后版本中的附录而出现的。

虽然许多理论家继续致力于将张伯伦的"现实主义"纳入价值理论，但是大量日益增加的理论家坚持把一个完全竞争的扩展模型作为研究微观经济问题的更一致、更有用的方法。为什么？这不是因为完全竞争的假定似乎更现实，而是因为修改后的竞争分析可能会对单个市场的价格和产量行为进行非常有效的预测。无论如何，在那个时候，张伯伦通过强调竞争过程中的垄断因素奏响了荡气回肠的经济分析之弦。对特定产业的市场条件的兴趣，推动了产业研究和产业组织理论，这大部分要归功于 E. H. 张伯伦的工作。此外，他的很多想法提出了至今仍然对于经济分析具有重要意义的问题。这样，张伯伦的主要成就似乎是提出了新的、有趣的分析路径，而不是为经济学提供一种不同于竞争模型的另一个培育良好的精美模型。这样说来，张伯伦的贡献对于经济学理论的未来是显著的、坚实的和重要的（关于张伯伦与奥地利以及芝加哥方法之间的关系，参见下面的专栏"思想的力量：不完全竞争与产业组织"）。

☞

思想的力量：不完全竞争与产业组织

E. H. 张伯伦面对的不是一种而是两种当代产业组织的研究和实践方法。有人可能会把这两种方法叫作产业组织的"旧"观点和"新"观点。"旧"观点强调在静态的、马歇尔式的框架内的现实世界中市场的行为、结构和绩效。这种旧观念在实际中的引入是把产业按严格的分类学标准加以区分：单个厂商是"竞争最少的"，三个厂商的寡头是"竞争稍多一点的"，大量的厂商是"竞争最多的"，等等。按照这种方法，现实世界的产业如汽车、药品等是以"集中"率为特征的。因而这种思想认为竞争程度或多少由产业集中率来表示。联邦贸易委员会和美国司法部用这种标准来核准或否决企业间的兼并。张伯伦对这种范式的一个有见地的贡献是发明了一种市场分类方法，在这种方法中处于"竞争"和"垄断"两极之间的市场结构可以被分类和排列。

许多年以来，张伯伦的贡献被认为对于产业组织理论和实践的早期发展有着深刻的影响。这一发展的许多内容发生在哈佛大学，张伯伦在那里任教多年。*然而，把张伯伦纳入哈佛范式的尝试是误导。张伯伦最关心诸如产品差别和广告这样本质上是动态的市场现象。照此看来，他试图发展一种"有竞争性的"竞争理论，根据这种理论，在评价市场绩效的过程中，重点将被放在产品、产品质量、信息和"完全价格"的其他因素上。这个"新的""有竞争性的"竞争理论没有把竞争和竞争者的数量等同起来。从结果上看，两个互相竞争的对手很可能与1 000个竞争者一样是"竞争的"。

---

[1] 我们鼓励读者阅读张伯伦的《垄断竞争理论》，并记住这里给出的思想仅仅是一个例子。我们特别推荐他对古诺、伯特兰、埃奇沃思和霍特林的双头模型的评价。

462

奥地利传统的经济学家长期以来把市场看作是企业家活动的过程。早期奥地利学派由门格尔和维塞尔所开创（参见第 13 章），后来米塞斯和哈耶克加入这个学派中（参见第 22 章），在某种程度上还有芝加哥大学的经济学家弗兰克·奈特，其所有关于市场的卓越著作均早于 20 世纪 60 年代。芝加哥大学为扩展的竞争概念的发展提供了制度背景。在乔治·施蒂格勒和加里·贝克尔的领导下，这些"新的"新古典经济学家，通过把几个重要的非价格要素追加到标准的消费和生产理论中开创了信息经济学（参见第 25 章）。

在产业组织理论中这种芝加哥传统的统一主题植根在张伯伦的以下开创性论断中：质量差异，加上广告以及似乎反竞争的其他措施，实际上恰恰是构成动态竞争过程的因素。具有讽刺意味的是，由奥地利学派和芝加哥学派的混合影响而培育出的这种新产业组织理论，比以哈佛大学所开创的旧观点更符合张伯伦的基本贡献。

张伯伦自己也承认，试图将产品差别和广告这样的动态概念纳入马歇尔经济学的静态模式引起了尚未解决的问题。由于忽视了这些分析上的缺陷，导致张伯伦的追随者去强调结构、行为和绩效而不是面对产品差别的复杂性。如果张伯伦的理论得到恰当的解释，那么他的工作也许能够导致对竞争过程的更及时的理解，在这个过程中，为了对一个产业包括什么以及在其内部竞争如何运作这样的问题产生正确和全面的理解，质量、产品、距离、时间和其他方面的竞争因素就必须被包括进来。

* 特别参见 E. G. 梅森（E. G. Mason），《大规模企业的价格和生产政策》，pp. 61 - 74；J. S. 贝恩（J. S. Bain），《新竞争的障碍》和 R. E. 凯夫斯（R. E. Caves），《美国的产业》。

琼·罗宾逊与不完全竞争

在科学史上常有这样的情况，对同一个原理的多个发现几乎是同时出现的。经济学中的一个例证是 E. H. 张伯伦和琼·罗宾逊同时作出的贡献。在剑桥大学，琼·罗宾逊的早期学术训练是马歇尔经济学，特别是由 A. C. 庇古和皮罗·斯拉法修正和扩展的马歇尔经济学，这将她引入垄断与竞争市场的比较分析中，在《不完全竞争经济学》中达到了顶点。

罗宾逊的《不完全竞争经济学》出版于 1933 年，这是一部分析上的杰作。罗宾逊基本上没有分析作为垄断市场要素的产品差别和广告的作用，但是她的著作引入并使用了在市场和市场结构的局部均衡分析中很有价值的一个"工具箱"（她发明的术语）。特别是，罗宾逊把古诺未命名的边际收益概念重新引入厂商理论，在不同类型的市场结构下确定其形式。

因为罗宾逊已经完全认识到存在不同的垄断程度这个事实，所以她选择了纯粹垄断模型来代表张伯伦已经开始分类的所有那些中间结构。[①] 从这个意义上来说，

① 张伯伦对市场结构（多头垄断等）的分类被弗里茨·马克卢普和其他经济学家扩展。

罗宾逊的方法比张伯伦的方法更传统也更一般。然而，在她的分析方法的范围内，她能够为所有不完全竞争的市场结构条件下的厂商理论作出第一流的贡献。她的分析特别揭示了垄断和价格歧视的性质与作用。

□ 庇古、罗宾逊与价格歧视理论

在第 12 章，我们相当详尽地讨论了杜普伊对价格歧视的分析。我们可以看到，他的贡献主要是关于价格歧视与简单垄断定价相比所具有的福利优势。换言之，它具有明显的政策焦点，而精练和发展价格歧视的纯理论基础的任务留给了 A. C. 庇古和琼·罗宾逊。也许最好把这一问题留给经济理论的这一领域的专家，不过我们在这里对庇古-罗宾逊的理论给出一个文字上的概述。[①]

价格歧视是具有垄断势力的厂商由于有利可图而实施的一种行为。从本质上说它指的是按照不同的价格，将一种商品的相同单位出售给不同的消费者以及不同组的消费者。在讨论其原因与后果之前，我们先了解一下价格歧视存在的正式必要条件。

价格歧视的必要条件　第一，需要一定程度的垄断势力。厂商不必是唯一的卖者，但对其产品来说，它必须面对一条向下倾斜的需求曲线。任何对其产品价格有某种程度控制力的厂商（包括从垄断竞争到纯粹垄断的整个范围）都具有一个价格歧视的先决条件。

第二，厂商必须能够为其产品识别（或者人工创造）多个市场。这些市场必须是可分的，顾客必须能够被指派到相互分离的市场。例如，按照年龄，电影院对儿童收取一个价格，对成年人收取另一个价格，对"年长者"又收取另一个价格。若在几个市场的消费者之间重新进行交易，要么代价高昂，要么不可能。例如，就电影票来说，必须禁止有可能发生儿童票与成人票相交换的市场。通过使用不同颜色的票或者通过剧院门口的年龄检查就可以有效地阻止这样的重新交易。

价格歧视的第三个必要条件是，在分离的市场中，以简单的垄断价格测度的相对盈利性必须是不同的。特别地，这个条件是，在垄断者面对的两个（或多个）市场中，需求弹性或者简单垄断价格与边际收益之间的比率必须是不同的。这个条件有很好的经济意义。如果一个垄断者正在销售某个给定数量 X，且他或者她能够识别和隔离两个市场，对于每一单位销售，其中一个市场将获得更高的收益增量，那么对于垄断者来说，将若干单位的产出从较低收益的市场转移到较高收益的市场将是有利可图的。这种形式的转移将会一直持续下去，直到每个市场的边际收益都达到同样的水平。

歧视的这些条件可以用图 19 - 4 给出的模型来说明。这里，我们用需求曲线来表示两个分离的市场，表示为 D_a 和 D_b。垄断者面对的总的需求和边际收益通过两个分离市场的需求和边际收益函数的（水平）加总获得。这两个总函数分别用虚线 AD 和 AMR 代表。对于索取单一价格的垄断者来说，只有这些曲线是有意义的，在这个体系下他或她将生产数量为 X_m 的商品，它是与边际成本（MC）等于总边

464

---

① 对详细分析感兴趣的读者，可参考罗宾逊的《不完全竞争经济学》第 15 章和第 16 章。

际收益（AMR）相一致的。在单一价格的情况下，价格将等于 P_m（在产量 X_m 时读取 AD）。总产量 X_m 将按需求曲线 D_a 和 D_b 被分配到两个市场。换句话说，如果对产品索取价格 P_m，在市场 B 出售的商品数量将是 X_b^m，在市场 A 出售的商品数量将是 X_a^m，这就产生了总的垄断产量 X_m。

实行歧视的垄断者　现在让我们来评价垄断者面对的情况。如果在图 19-4 描绘的情况中，价格歧视的必要条件存在，即如果市场是可分离的等，垄断者就能够通过将销售的商品单位从市场 A 转移到市场 B 而增加他或她的利润！为什么？因为在市场 B 中增加一单位销售所增加的收益将大于在市场 A 中因销售量增加而增加的收益。图 19-4 证实了这个论点。在简单垄断价格 P_m 下，市场 B 中销售的边际收益等于 E 值，而市场 A 中的边际收益等于 F 值。由于 $E > F$，将一单位产出从 A 转移到 B 所带来的厂商收益的增加（近似地等于 E）超过这样做带来的损失（近似地等于 F）。这样，利润最大化的垄断者就会发现，在两个市场调整商品销售量和价格，以使得在两个市场创造的收益恰好相等，恰好符合她或他的利益。像以前一样，这一结果是通过使得 MC 与 AMR 相等来实现的，但也要通过使这个单一的 MC 的值与两个分离的市场的边际收益相等来完成。从图形上看，在图 19-4 中，根据 $MC = AMR$ 的点向纵轴做直线确定点 m，以此表示出这个单一的 MC 的值。歧视性的产量和价格通过这条线与两个分离市场的 MR 曲线的交点分别被确定下来。在市场 A 中生产的产量为 X_a，以价格 P_a 出售；在市场 B 中的产量为 X_b，以价格 P_b 出售。注意，市场 B 中增加的产量与市场 A 中减少的产量是相同的。这样，在图 19-4 描述的例子中，不论是否存在垄断者的歧视，总产量都保持不变。然而，垄断利润显然由于价格歧视而增加了。

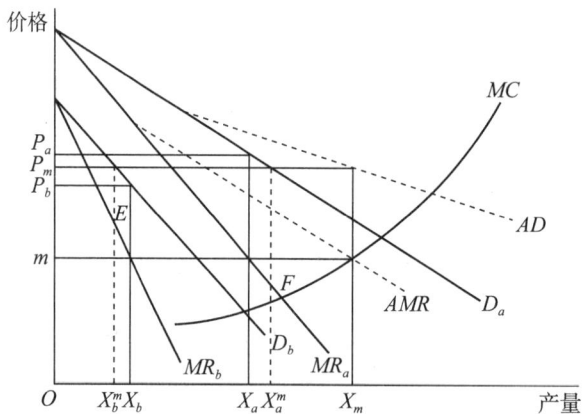

图 19-4　单一价格的垄断者将生产产量 X_m，索取价格 P_m，在两个市场上分别销售的产量为 X_b^m 和 X_a^m。实行歧视的垄断者在每个市场上都将使单一价值的边际成本等于每个市场的边际收益，在市场 A 按价格 P_a 生产产量 X_a，在市场 B 按价格 P_b 生产产量 X_b

□ 产出效应：罗宾逊的贡献

牢牢把握图 19-4 的模型，我们就可以评价罗宾逊对价格歧视的贡献了。庇古早在 1912 年就已经在他的《财富与福利》（名为《福利经济学》的修订版于 1920 年出版）清晰地描述了这个模型。在图 19-4 描绘的例子中，简单的垄断者通过歧视就可以将效用从消费者那里再分配给自己。效用的这种再分配采用的是增加利润、减少消费者剩余的形式。之所以这样是因为在使用两套价格体系前后，销售的总数量不变。①

在经济文献中（杜普伊、维塞尔、马歇尔和许多其他的经济学家）提出的反对垄断的一条最常见的论据就是，由于把产量限制在完全竞争条件下所能够生产和销售的水平之下，它减少了经济福利。如果尝试在垄断内部应用相同的比较标准，我们发现，图 19-4 所考虑的例子并没有为社会选择简单的垄断结构而放弃歧视的垄断结构提供任何客观的基础，反之亦然。在这两种情况中，产量保持相同，或许由价格歧视而产生的再分配会对普遍意义上的平等造成损害，但是在纯经济学领域，很难以庇古的分析为基础证明反对价格歧视的立场是正确的。

然而，我们应当指出，在对价格歧视的分析中，庇古在得出随着价格歧视的引入产量将保持不变这个结论时，只使用了线性曲线（像图 19-4 中那样）。罗宾逊在精炼庇古对歧视的分析的过程中，证明了他的结论只是一个特例，她表明，在某种条件下，具有价格歧视的产量可能大于也可能小于简单垄断定价下的产量。

虽然罗宾逊对这个重要观点的证明相当复杂，但其分析的方法和结论可以简单地加以陈述。基本上说，产量是否会改变的问题随分离市场上需求曲线的形状或者凹度而定。凹度与需求曲线斜率的变化有关。用简洁的术语，罗宾逊证明了以下观点：如果在更有弹性的市场上的需求曲线比更无弹性市场上的需求曲线更凹（凸），那么歧视条件下的产量就比简单垄断定价条件下的产量更大（小）。② 如果需求曲线是线性的，正如在庇古描绘的例子（图 19-4）中那样，罗宾逊证明了这些曲线具有相同的凹度，因而价格歧视下产量保持不变。

由于罗宾逊使用的理论模型复杂而且深奥，人们也许有理由怀疑所有的问题是否只是出于纯粹学术上的兴趣。换句话说，她对垄断条件下的相对凹度的艰深理论分析与现实世界究竟有无关系？这个问题的答案就像对许多经济问题的答案一样，将依赖于非竞争市场上有关需求曲线形状的经验证据。但是根据政府明显反对价格歧视的政策，这个问题具有实际意义。从社会福利的观点看，如果在事实上价格歧视会产生比简单垄断更高的产量，那么明确地反对所有形式的价格歧视的政策就被误导了。罗宾逊指出国际贸易是说明这种分析正确的领域：

> 更有弹性的市场是出口品与那些当地生产的商品竞争的出口市场，这可能是一个常见的例子。经常发生这种情况，只有少量商品可能以相当高的价格出

---

① 对于这方面内容，重新阅读第 12 章论述价格歧视的部分对读者来说是有益的。

② 两个市场中需求曲线的凹度按简单垄断价格估计。

口，但是当出口商品的价格接近或低于当地竞争商品的价格时，其需求会非常迅速地增加——简言之，需求曲线是高度凹性的（《不完全竞争经济学》，p. 205）。

其他显示罗宾逊分析的适当性的经济领域，包括运输和公用事业部门，在这些部门中，以不同的需求弹性为基础的价格歧视确实导致了产量的增加。

在美国，在没有经过任何一种使用罗宾逊的分析而建立起来的福利"检验"的情况下，大量的法规就宣布价格歧视是非法的。1914 年的《克莱顿法》（Clayton Act）及其扩充——1936 年的《罗宾逊-帕特曼法》（Robinson-Patman Act），[①] 以价格歧视明显对公共利益有害为由，禁止了某些类型的价格歧视。实际上，禁止价格歧视已经成为反托拉斯法规的最重要部分之一。由于设计反托拉斯法规是用来对付有可能发生歧视或者发生扩展的歧视定价的垄断市场结构，所以这些法律否认因潜在的产量增加而获得的福利。简言之，当政策在单一垄断定价和多重歧视价格之间进行选择时，必须重新评估反托拉斯政策中的传统假定。正如罗宾逊所证实的，与简单垄断定价相比，这些多重定价体制可能具有某种福利优势。在任何特定的情况下，只有细心的经验主义才能拣选出可能的结果。

本章只考察了琼·罗宾逊著作的独特内容中的一小部分，而且只是非常浅显地考察。例如，她对租金的讨论以及对垄断和竞争产量的比较，已成为公认的微观经济分析的重要部分。像张伯伦一样，她的著作注定成为经典，载入经济理论的史册。

▦ 透视不完全竞争

作为对经济理论的广泛转向不完全竞争运动的命运，仍是不确定的。首先，张伯伦模型与罗宾逊模型之间存在一些重要的差异；其次，部分或全部贡献在影响价值理论的转向方面是否取得了成功，仍是不明确的。张伯伦在晚年捍卫其模型，并将它与罗宾逊的模型相比较。

> 不完全竞争遵循着竞争理论的传统，这不仅表现在将商品（尽管可以灵活定义）等同于一个行业，而且表现在明确地假定这样的商品是同质的。这样的理论与竞争传统没有任何裂痕。"不完全竞争"这个术语本身充满着其目标向"完全"移动的含义（《产品异质性和公共政策》，p. 87）。

尽管在不完全竞争的这两种方法之间存在着重大差异，但马歇尔与罗宾逊之间的连续性比张伯伦所暗示的要小，而且张伯伦与价值理论之间的裂痕比我们所认为

[①] 冠以"罗宾逊"这一姓氏的法规与《不完全竞争经济学》的作者没有关系。具有讽刺意味的是，这个与琼·罗宾逊具有同样姓氏的法规在表述时完全漠视了她的贡献。

的要小。当然，马歇尔和马歇尔主义者把垄断作为价值理论的一种极端形式来研究。但是罗宾逊对垄断的普遍性和垄断势力程度的坚持，肯定背离了马歇尔关于经济中市场的一般特征的论述，那才是传统观点。虽然她没有把垄断竞争或者接近它的东西作为一个标准，或作为关于价值的一般理论（像张伯伦所做的那样），但是很显然她承认持续存在的垄断世界具有必然性。这样，她建议采用软化它们的冲击或部分增加福利（产量增加超过简单垄断时允许价格歧视）的政策（最低工资法规等）。这样的态度很难说是传统的，因为她分析的主题是垄断而不是竞争。总的说来，把张伯伦和罗宾逊的方法结合起来，并把这个大杂烩称之为"不完全竞争"大概是最好的。除了分析重点和分析水平的明显差异外，事实上这两个工作的确含有独一无二的信息：竞争模型基本上不适合描述可观察到的定价结构。作为它的替代，垄断模型是经济学家应该发展和扩充的模型。

尽管最初人们对不完全竞争模型有极大的兴趣，但是后来许多经济学家把注意力转回到竞争模型上。当然，说这种模型的低谷即将到来有点夸张，但是在模型构造中的现实主义经常带来理论和经验所不能控制的复杂局面确是实情。这大概是发生在不完全竞争的某些领域中的情形。一方面，由张伯伦提出的这种双头垄断—寡头模型中的不确定性，打消了一些理论家对厂商行为的兴趣。另一方面，竞争模型及其构件则提供了有关厂商行为的吸引人的简单解释。许多经济学家被吸引到这种简单但却在分析上令人满意的模型中（在这个领域，因为罗宾逊的分析工具更类似于马歇尔，所以她的进展比张伯伦更大[1]）。尽管如此，张伯伦和罗宾逊的思想已成为当代价格理论著作和课程的重要组成部分。判断革命的结果可能还为时尚早。但是，不论将其看作是新古典传统内部的小冲突，还是对该传统的全面背离，张伯伦-罗宾逊的转向在当代经济思想中仍将继续发挥重要作用。

■ 参考文献

Bain,Joseph S. *Barriers to New Competition*. Cambridge,MA：Harvard University Press,1956.

Caves,Richard E. *American Industry：Structure,Conduct,Performance*. Englewood Cliffs,NJ：Prentice-Hall,1967.

Chamberlin,Edward H. "Product Heterogeneity and Public Policy",*American Economic Review*,vol. 40（May 1950）,pp. 85－92.

——. *The Theory of Monopolistic Competition：A Re-orientation of the Theory of Value*,8th ed. Cambridge,MA：Harvard University Press,1962.

---

[1] 就罗宾逊自己来说，她对大多数局部均衡的价格理论的价值提出了质疑，其中包括她自己的理论！（参见她的《回顾不完全竞争》）。

Ferguson,C. E. *Microeconomic Theory*,3d ed. Homewood,IL: Irwin,1972.

Machlup,Fritz. *The Economics of Sellers Competition*. Baltimore: Johns Hopkins, 1952.

Mason,Edward G. "Price and Production Policies of Large-scale Enterprise",*American Economic Review*,vol. 29 (1939),pp. 61 - 74.

Pigou,A. C. *Wealth and Welfare*. London: Macmillan,1912.

Robinson, Joan. *The Economics of Imperfect Competition*. London: Macmillan, 1933.

——. "Imperfect Competition Revisited", *Economic Journal*, vol. 63 (September 1953),pp. 579 - 593.

Sraffa,Piero. "The Laws of Returns under Competitive Conditions",*Economic Journal*, vol. 36(December 1926),pp. 535 - 550.

Taussig,Frank. "A Contribution to the Theory of Railway Rates",*Quarterly Journal of Economics*,vol. 5 (July 1981),pp. 438 - 465.

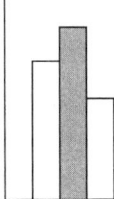

第 20 章 约翰·梅纳德·凯恩斯与现代宏观经济学的发展

20 世纪经济分析的一个最引人注目的发展，就是古典经济学家对总量经济学，即货币理论和宏观经济理论，的兴趣的复兴。虽然 200 多年以来货币数量论一直是构造经济学家关于总量经济思想的工具，然而来自这一学派内部和外部的事件却引致了 20 世纪 30 年代中期一种不同的宏观经济方法的出现。这场运动，既包含经济理论又包含经济政策，以其领导者——英国经济学家约翰·梅纳德·凯恩斯的名字而著称。几十年来，特别是在 20 世纪 50 年代和 60 年代，凯恩斯主义强调财政政策的思想一直在支配着美国和许多其他西方国家的经济政策。然而，随着 20 世纪 70 年代和 80 年代强烈的通货膨胀压力的出现，政策重点再次转向了货币，重新肯定货币数量论的基本原理。向货币主义的理论转向甚至来得更早。这两种范式共存于当代的总量经济学的思想中。我们不可能在这里详述它们。我们在本章和下一章只是概述当代宏观经济学的一些主要思想。本章分析凯恩斯以及凯恩斯主义理论，下一章介绍 20 世纪货币数量论或货币主义思想的发展。

约翰·梅纳德·凯恩斯是 20 世纪最著名、最有影响的经济理论家之一。虽然在今天有许多经济学家贬低凯恩斯的贡献在分析上的重要性，然而还没有人能够否认他在这个职业内部和外部的影响，这种影响与李嘉图、穆勒及其导师阿尔弗雷德·马歇尔一样重要。现代财政政策，即运用政府税收和支出政策来影响价格、就业和收入，主要归功于凯恩斯。因此，作为一个思想家，他的重要性是不可否认的，所以我们用整个一章来介绍凯恩斯的理论和政策。但是在进行这种工作之前，读者最好对我们在本章中研究凯恩斯的方法所具有的某些特点和局限性有所了解。

本章对凯恩斯的概述

第一，虽然凯恩斯的杰作《就业、利息和货币通论》（*The General Theory of Employment，Interest and Money*，以下简称《通论》）被普遍认为代表着与过去思想的完全决裂，但更为可能的是，凯恩斯关于经济理论的想法在相当长的一段时间内一直在变化。本章介绍的凯恩斯的理论只关注在《通论》中出现的凯恩斯经济学，而不去考虑他的思想转化方面。

第二，本章对于凯恩斯在《通论》中"实际"阐述的理论给出一种标准和流行的版本。这种版本被称为"收入—支出模型"，自《通论》出版以来它一直是凯恩斯主义的主题。对凯恩斯思想的这种解说主要是由诺贝尔经济学奖得主（1972 年）约翰·R. 希克斯和哈佛经济学家阿尔文·H. 汉森（Alvin H. Hansen）完成的。他们两人是凯恩斯思想的早期传播者，描述这些思想所用的图形经常被称为希克斯-汉森模型。我们的讨论大部分均来自希克斯-汉森对凯恩斯思想的解释，但是读者也需要知道，最近的一些研究对凯恩斯在《通论》中的思想提供了另外的解释。[①]

第三，还需要提醒读者的是，凯恩斯的传奇有一个明显的政策主题。这个传奇告诉我们凯恩斯是第一个（至少是对于 20 世纪 30 年代的大萧条来说）建议政府采取相机抉择的支出和税收（预算赤字）政策来治理萧条和失业问题的经济学家。但是这种政策的传奇故事近来受到公开的质疑。甚至有事实令人信服地证明，典型的凯恩斯主义的补偿性支出的政策主张在 20 世纪 30 年代初期就已被提出了，然而却是来自芝加哥大学和其他地方的一些经济学家，就其经济思想而言，这些人被描述为正统的新古典的和货币主义的政府政策的极端捍卫者（见 J. 龙尼·戴维斯（J. Ronnie Davis），《新经济学与旧经济学家》）。可是，由于篇幅所限，我们的讨论将限于典型的凯恩斯主义政策主张的传奇性故事（也许并不精确）。

第四，读者也许十分奇怪为什么凯恩斯的思想仍然能够成为如此众多的争论的主题。换言之，有人认为现在应当将凯恩斯的真实思想准确地表达出来。对于凯恩斯的现代争论至少与两个重要的因素有关。第一个因素是这样一个事实，即凯恩斯本人对其思想的叙述经常是非常含糊不清的。而且，他留下了许多未展开或未充分展开的分析线索。第二个因素以及与此相关的一点是，有影响的后凯恩斯主义者对凯恩斯思想的解释固化了人们关于究竟什么是凯恩斯思想的观点，尽管任何时候都可以重新考察。就后一种意义而言，凯恩斯的命运并非与李嘉图不同，后者的思想不论过去还是现在都是争论的主题（例如，施蒂格勒对李嘉图的价值理论的讨论）。读者应该始终记住一个简单的事实，那就是在李嘉图与李嘉图主义者、圣西门与圣

---

① 对于这些最有趣的其他解释，认真的学生应该参阅阿克塞尔·莱永胡武德（Axel Leijonhufvud）的《论凯恩斯主义经济学和凯恩斯的经济学》。特别是，莱永胡武德指出，凯恩斯所关心的是提供一种宏观经济的数量调整模型，而不是对失业均衡本身的分析。后者一直是对凯恩斯的学术兴趣的传统解释。

西门主义者等之间，存在着巨大差异。很自然，所有这些都意味着，对凯恩斯的和凯恩斯主义的经济学或者经济思想史，要给出一个明确的评价是不可能的。这里我们仅想对基本的凯恩斯主义思想和政策提供一个简单的介绍。然而，为了把握住方向，让我们首先考察凯恩斯非常有趣的生平。

J. M. 凯恩斯：艺术爱好者与经济理论家

约翰·梅纳德·凯恩斯生于 1883 年，也就是穆勒去世后十年以及阿尔弗雷德·马歇尔出版他的《经济学原理》之前七年。他于 1946 年逝世。如果说遗传对思想上的成就有重要影响，那么约翰·梅纳德·凯恩斯当然像约翰·斯图亚特·穆勒一样幸运了。他的父亲约翰·内维尔和他的母亲弗洛伦丝·埃达（Florence Ada）都是知识分子。梅纳德的父亲是一位著名的逻辑学家，也是研究经济学方法论的学者，他最重要的著作是《论政治经济学的范围与方法》，出版于 1890 年。约翰·梅纳德从他父亲身上继承了对知识的极大好奇心和对艺术特别是戏剧的终生热爱。他对他父亲的爱是持久的，但先于他的父亲去世（J. N. 凯恩斯于 1949 年去世）。

凯恩斯在伊顿公学接受教育，这可以说是英国最有名的预科学校。凯恩斯交替地沉浸在古典文学、逻辑学、数学、戏剧（他曾经主演过哈姆雷特）和学校生活的喧闹嬉戏中。在进入剑桥大学皇家学院后，这种狂热的智力活动仍旧继续。在给他的好朋友 B. W. 斯威辛班克（B. W. Swithenbank）的一封信中，凯恩斯描述了他的大学生活节奏：

> 刚吃完晚饭我就去参加某三一论文学会的讨论，并听取了他们对基督教教义的绝妙讽刺。离开那里之后，我又去参加由一群很有意思的人组成的一个非正式的哲学辩论协会的活动，一直待到将近十二点；随后去看望蒙蒂·詹姆斯（Monty James），在那里逗留到一点；从那儿出来我又去拜访另一个人，和他一直谈到四点半。七点半我就起床，在小教堂朗诵一段《圣经》。上午上了四个小时的课，下午划了半个赛程的船。晚上去访问一个政治学会，听取了一篇论耶稣会会士的论文。（引自哈罗德，《约翰·梅纳德·凯恩斯传》，p. 68）。

因此，在其整个生涯中，他首先是作为学生，然后是以作者、政府官员以及皇家学院的教师出现的。

凯恩斯的身边总是聚集着有相似爱好的人。友谊对他来说是非常重要的，而且作为著名的布卢姆茨伯里派（以伦敦的一个地区为名）的一员，他与英国最主要的知识分子保持着密切而又互相激励的联系。除了凯恩斯之外，最初布卢姆茨伯里派还包括伦纳德（Leonard）、弗吉尼亚·吴尔夫（Virginia Woolf）、邓肯·格兰特（Duncan Grant）、克莱夫（Clive）和瓦妮莎·贝尔（Vanessa Bell，弗吉尼亚·吴尔夫的姐妹）、E. M. 福斯特（E. M. Forster），还有大概也是它最重要的成员、凯恩斯的好朋友利顿·斯特雷奇（Lytton Strachey）。与维多利亚和波希米亚式的风格相反，布卢姆茨伯里派通过对他们自己智力上的优越感的坚定信念的绝对坦诚与自负思考所有问题（哲学、社会习俗、艺术、文学和音乐）。显然，凯恩斯为布卢姆茨伯里派作出了贡献并从中获取了文化上的营养，不过他的专业兴趣与成就明显地与布卢姆茨伯里派不同。

经济学一直吸引着凯恩斯。1905 年，阿尔弗雷德·马歇尔在给他的学生 J. N. 凯恩斯的信中写道："你的儿子的经济学成绩优异。我已告诉他，如果他决意以经济学家为终生职业，则我不胜欣喜。当然我一定不会强迫他"（引自哈罗德，《约翰·梅纳德·凯恩斯传》，p. 107）。马歇尔可能发现向他过重施压是不必要的，因为凯恩斯的兴趣在稳步增加。他天生就是一个经济学家，而且，他很清楚这一点。

凯恩斯的早熟以及其活动的宽广领域贯穿其整个辉煌的职业生涯，这种特点使他在 1906 年进入国家行政机构，也开始经济学研究。在那一年，凯恩斯通过了文官考试并被派到印度事务部。不久凯恩斯就对管理职务感到厌倦，他将大部分时间投入概率理论的研究中，其成果便是被（伯特兰·罗素（Bertrand Russell）等人）高度赞扬的《概率论》（*Treatise on Probability*，1921 年）。

1911 年，凯恩斯成为作为皇家经济学会官方喉舌的《经济杂志》（*Economic Journal*）的共同编辑（与 F. Y. 埃奇沃思一起）之一。他承担这项艰巨的工作直到 1945 年。1913 年，他出版了一部与金汇兑本位有关的国际金融方面的著作《印度的通货与财政》，迅速以货币专家而闻名，于 1915 年进入财政部，一直在那里工作直至战争结束。第一次世界大战结束后，凯恩斯被任命为英国财政部代表出席了凡尔赛会议。由于预见到欧洲复兴条款的致命后果，他辞去了条约会议中的职务。1919 年，凯恩斯在《〈凡尔赛和约〉的经济后果》（*The Economic Consequences of the Peace*）中抨击该条约的条件和劳埃德·乔治（Lloyd George）首相的政策。凯恩斯极力主张战胜国缓和对战败的德国的要求，这一立场使该书获得了巨大的批判上的成功。[①]

在 20 世纪 20 年代，凯恩斯在剑桥大学皇家学院教书。虽然他是一名热情的、成功的讲师，但为了从事大量的其他活动，不久他就减少了教学工作量。通过在外汇方面的投机（凯恩斯不希望靠薪水生活）集聚了一笔财富（在 1937 年大约 50 万英镑）；成为一份自由主义的周刊《国家》董事会的主席；在皇家学院掌管财务（财政分析师和管理者），为此他在开始时获得了每年 100 英镑的薪水。

1923 年，凯恩斯出版了《货币改革论》（*Tract on Monetary Reform*），他在论战中赞成对国内货币存量实行相机抉择的管理，反对成为国内经济的反复无常的决定因素的金本位制度。1925 年，凯恩斯与俄罗斯美女莉迪·洛波可娃（Lydia Lopokova）结婚，她是著名的戴格莱夫大剧团的主要的芭蕾舞演员之一。结婚以

---

① 在其他方面，凯恩斯从他的战时经历中赚到一笔可观的收益。在德国巨型加农炮炮轰巴黎时，凯恩斯正在代表伦敦的国家艺术馆参加一个艺术拍卖会（这次拍卖意在改善法国的外汇头寸）。当时，他为艺术馆购得许多件艺术品，但只为自己购买了一幅塞尚（Cézanne）的作品和一幅英安格尔（Ingres）的作品。正如凯恩斯的传记作者哈罗德所（Harrod）说，炮轰使得艺术品的价格降低了。

后，凯恩斯对经济学与布卢姆茨伯里派的兴趣开始分离，前者成为他生活的重心，而且后来一直都是如此。

1930 年，凯恩斯出版了一本他认为达到了自己在货币领域一生研究的顶峰的著作。然而，他的《货币论》（*Treatise on Money*）只是其当时思想的"静止"图像，不过，它预见甚至发展出了后来在《通论》中得到扩展论述的一些重要思想。特别是，《货币论》研究了储蓄和投资影响收入水平的关键作用，这一思想在很大程度上要归功于凯恩斯的朋友和同事丹尼斯·H. 罗伯逊（Dennis H. Robertson）的影响。

1930 年后，凯恩斯的创作能力大幅提高。除了其巨著《通论》，他的有说服力的和适于教学的技巧显示在《劝说集》（*Eassays in Persuasion*，1931）与《传记集》（*Eassays in Biography*，1933）中，对于启蒙和娱乐来说，这两本书仍然值得一读。在此期间，除了著述，凯恩斯还继续进行讲演、在行政机构任职以及履行他在学院的职责。

在 20 世纪 30 年代末，凯恩斯日益关心即将到来的与德国的战争所带来的财政负担。在《如何筹措战费》（*How to pay for the War*）中，通过重新安排战时资源、优先和保证它创造的超额需求，凯恩斯解决了这一问题。在 1941—1946 年间，凯恩斯参加了战时租借融资谈判，1946 年，他在美国的马歇尔重建计划下安排给予英国的贷款方面起到了一定的作用。同年，凯恩斯担任世界银行的副行长，与哈里·德克斯特·怀特（Harry Dexter White）一起，在恢复国际货币体系计划中（产生了《布雷顿森林协定》）具有领导地位。这种令人头晕目眩的活动安排对于以前曾因遇袭而衰弱的心脏造成了严重的损害，1946 年夏天，在他 63 岁那年，凯恩斯离开了人世。世界失去了一个也许会在许多个领域中都能达到最高成就的头脑，但是凯恩斯本人选择了经济学。

《通论》的理论大纲

如前所述，《通论》的实际写作时间是在大萧条期间。从 20 世纪 30 年代初，凯恩斯就已经非常关心就业危机了，这场危机在美国和英国一直在急剧加深。他在给罗斯福总统的几份公报中表达了这种担心，其中包括刊登在《纽约时报》上的写给罗斯福总统的一封著名的公开信。凯恩斯的主张是，使用强有力的财政政策（政府税收和支出政策）来补充私人部门的市场机制，按照凯恩斯的观点，市场机制不能解决就业问题。罗斯福似乎接受了凯恩斯的建议，但仅仅是谨慎地接受。不管这个轶闻还有什么其他含义，它显然表明凯恩斯对 20 世纪 30 年代初的社会环境的思考要比《通论》的写作早得多。

在凯恩斯写作的时代，经济学科内部也存在着压力。马歇尔的微观经济学正在经历着一些迅猛的扩展，包括 E. H. 张伯伦和琼·罗宾逊所做的修正（参见第 19

章）。凯恩斯本人在《货币论》中提出了关于新古典货币理论是否适当的问题，他的几个同事也正在关注支出在总产出决定中的重要性。理查德·卡恩（Richard Kahn）提出了投资乘数概念，他和剑桥大学的其他杰出经济学家（琼·罗宾逊、R. G. 霍特里（R. G. Hawtrey）和 R. F. 哈罗德（R. F. Harrod））一起，不断地讨论如何摆脱标准经济理论。对新古典经济理论特别是马歇尔的经济学的普遍反思，一定有助于凯恩斯的开创性研究。因此，内部与外部压力的汇合促使他提出了新古典主义之外的另一种理论。凯恩斯坚信他正在进行的工作是一次重大的背离，但并不能一蹴而就。他说这是一个从传统的思想和表达方法中"长期挣脱"的过程，并且他尽力去强调这些差别，我们现在就转向这个问题。

□ 凯恩斯对古典学派的反应

为了努力强调与过去的决裂，凯恩斯使用了古典学派这个术语，指包括从斯密和李嘉图到马歇尔和庇古（凯恩斯认为这位比他年长的同事满腹公认的传统）的长长的经典作家名单。而且，在凯恩斯提及的框架中，古典经济学由一个理想化的模型代表，与本书第 7 章所述并无不同。[1] 凯恩斯反对的正是这个理想的古典宏观理论模型，尽管他坦率地承认其思想的几个先驱。[2]

凯恩斯与古典学派的根本决裂集中在萨伊定律上，这一定律可以广义地、朴素地陈述如下：供给创造其自身的需求。关于萨伊定律（及其所有内容）被假定隐含着这样的命题，即失业（至少作为一个长期命题）是不可能的。此外，它意味着经济总是自我调节的，即与充分就业—充分生产均衡的背离仅仅是暂时的。

古典学派认为，现代经济的运行非常像物物交换经济。商品用商品来交换，货币仅仅代表价值标准和交换媒介。用庇古的话来说，货币是一层"面纱"。它掩盖了经济的真实活动。它是贸易的润滑剂，而不是车轮。[3]

另一种同样陈述萨伊定律的说法是，在充分就业时，总储蓄（从支出流漏出的收入）总是等于投资（回到支出流的收入）。人们通常偏好当前消费而不是未来消费，但假定储蓄是储蓄的报酬或利率的函数，如果提供了正的利率，就能够吸引他们以储蓄的形式持有更多的资产。因此，古典学派得出推论，储蓄量与利率正相关。

在另一方面，投资与利率负相关。为什么？除了其他原因之外，既定投资的生产率随着投资增量的增加而减少（当然技术是不变的）。这种递减的投资边际生产率意味着，为了增加投资量，需要较低的利率。所有这些可用图 20-1 概括，该图描绘了整个经济范围的储蓄和投资表与利率的关系。古典学派认为，在利率 r_0 处，储蓄等于投资，这意味着没有花在消费品上的收入（被储蓄）被用来投资（花在资本品上）。可伸缩的利率机制保证了这种结果。在这种情况下，伸缩性意味着如果

---

① 见第 7 章"古典体系的高雅动态学"一节。

② 凯恩斯的绝大多数先驱者是古典传统的反对者。作为一个优秀的思想史学家，凯恩斯在《通论》的第 23 章"论重商主义"中回顾和评价了这些持不同思想的学者。与这方面相关的内容参见本书第 3 章。

③ 本书第 6 章强调了所有这方面的内容，它将宏观经济分为实际和货币两个部分。

投资超过储蓄，即利率为 r_1，利率将被投资者提高至 r_0。相反，如果储蓄大于投资，储蓄者将把利率压低到 r_0。

古典模型能够以下述方法处理投资的增加（可能是由发明或创新所导致的）问题。投资水平简单地增加，消费量将降低。在图 20 - 1 中，I' 代表着新的投资表。上升的利率使社会储蓄更多。在新的均衡点上，利率升至 r_0^*，储蓄和投资数量分别增加到 s_0^* 和 i_0^*。储蓄的实际增加（$s_0^* - s_0$）代表着消费的减少，而因此造成的消费的减少恰好与投资的增加（$i_0^* - i_0$）相匹配。在均衡时，经济既不会生产过度，也不会生产不足。给定自由市场、普遍的自由放任和迅速的利率反应，萨伊定律就是确实存在的。对商品的灵活需求（消费和投资）总是可以依赖的。在充分就业时，市场总是能够出清。

除了利率机制，另一个放大和支持萨伊定律的古典命题是关于经济中的工资和价格的可伸缩性。如果由于某种原因，经济对于储蓄和投资的基本变化（如由于储蓄欲望的大量变化）的调整是滞后的，那么可伸缩的价格和工资将保证平稳的短期调整。由于总需求不足，货币、工资和价格将下降，这样充分就业和充分生产就会恢复。企业家愿意接受较低的价格以销售其商品，工人愿意接受较低的货币工资，这会使价格按同比例下降。任何造成失业和产出下降的扰动必然是暂时的，因为劳动和产品市场上的竞争总是会将系统的实际变量向均衡调整。

凯恩斯断然地、大胆地对以上命题表示反对。本章后面部分将详细分析，在这里简单地概括一下他对古典学派的反对意见。第一，凯恩斯否定了萨伊定律。对凯恩斯来说，储蓄和投资的均衡并不是仅依赖于利率的如此简单的事情。除了利率之外，储蓄和投资还决定于许多复杂的因素，在产生充分就业的经济活动的水平上，并不能保证二者必然相等。

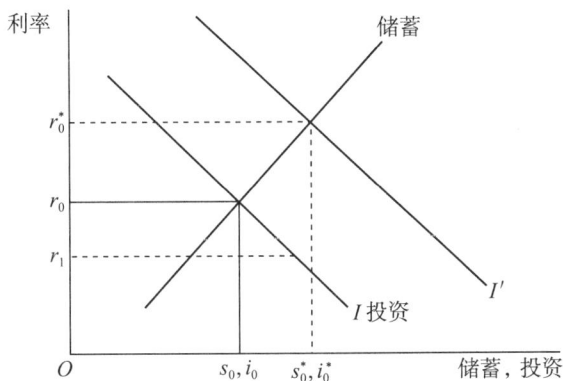

图 20 - 1　在利率 r_0 处，储蓄等于投资。如果投资从 I 增加到 I'，新的均衡利率就会上升到 r_0^*，储蓄量和投资量分别增加到 s_0^* 和 i_0^*

第二，经济中的刚性，如销售者垄断和工会，阻碍了工资和价格的灵活变动，而这种变动可以使经济向充分就业调整。凯恩斯相信工人在"货币幻觉"下活动，这意味着他们的行为与其获得的货币工资（W）而不是与实际工资

（W/P）相关。他们拒绝接受货币工资的削减，因而颠覆了古典模型中的自我实现均衡的趋势。由于就业水平与实际工资负相关（关于这一点，凯恩斯与古典学派是一致的），所以工人对货币工资削减的拒绝就是对古典的工资率调节机制的直接否定。

凯恩斯把这一论点进一步向前推进，指出即使工人准备接受其货币工资的削减，当且仅当价格保持不变时，这样的工资削减才意味着较低的实际工资和增加的就业（沿着劳动需求曲线向下移动）。但在面临着下降的货币工资时，价格不会保持不变，因为较低的工资收入意味着对商品和服务的较低需求，这将导致价格降低。现在，如果工资下降的同时价格也在下降，实际工资（因而就业）就不会变化（除非凯恩斯效应发挥作用，我们将在以后加以考察）。换言之，凯恩斯认为货币工资率的调整对于解决失业问题来说是一种无效的方法。

凯恩斯指出，只有通过控制总需求才能有效地解决失业。如果给定稳定的货币工资率，工人会愿意接受由需求增加所引起的价格上涨。这样的价格上涨会降低实际工资，因而会刺激就业。凯恩斯将古典命题倒转过来了：就业不会因实际工资下降而增加，但是实际工资会因由总需求增加引起的就业增加而下降。对这个重要观点的更为完整的解释将在本章后面给出，但是为了理解凯恩斯对古典就业理论的批评，我们必须首先考虑一些显然处于凯恩斯理论体系基础地位的独特创见。首先，我们来考察我们已经间接提到的总的消费和投资需求概念。

□ 总需求

在说明总需求概念时，凯恩斯抛开了古典学派喜爱的货币数量论框架，提出了一种强调总支出的各个组成部分的新方法。他所分析的第一个主要成分是总消费，凯恩斯将其描述为消费函数。

消费函数将所有私人商品和服务的消费与总收入水平联系起来。它可以方便地表示为 $C = f(Y)$，读作消费（C）是总收入（Y）的函数。正如凯恩斯清楚地知道的那样，消费与许多其他因素——价格预期、为未来消费而不是当前消费所做的储蓄的效用、收入预期、制度、习俗等——相关。但是为了考察消费和收入的密切关系，凯恩斯希望把这些其他变量暂时搁置起来。同样，由生产要素的收益（即工资、利息、租金和利润）所产生的总收入可以被消费或储蓄。所以，与消费一样，储蓄也是收入的函数。图 20-2 给出了凯恩斯的这些函数的图示。

凯恩斯关于这些函数所做的假设如下。平均消费倾向（即总消费除以总收入）随收入的减少而下降，而边际消费倾向或消费的变动量与收入的变化量之比（即 $\Delta c / \Delta y$）保持不变。边际消费倾向的任何改变将会造成消费和储蓄函数的改变（平移或转动）。前面提到的消费的任何非收入决定因素（偏好、价格和收入预期）也有这种效应。

凯恩斯将总供给函数定义为 N 个就业工人的产出的总供给价格，或 $Z = \varphi(N)$ 的函数形式。在图 20-2 中，这个函数被表示为 45°线，这样，在给定价格上的商

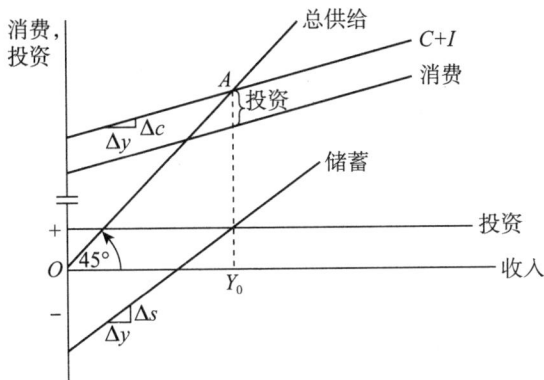

图 20 - 2 总需求和总供给曲线的交点（点 A）决定了均衡收入水平 Y_0。
如果收入超过 Y_0，那么总供给将超过总需求

品需求恰好等于商品供给。[①] 除了消费，对商品和服务的全部总需求还包括投资（即对厂房、设备等的需求）。凯恩斯认为大部分投资支出可以看作是自主的或独立于收入水平（至少在短期如此）。假如大企业决定长期投资，这在短期内与收入条件无关，那么消费就是完全合理的。如图 20 - 2 所示，自主投资假设为一条水平线。若加上消费函数，总需求就是 $C+I$，它是每一个总收入水平上消费与投资的垂直加总。

如果把我们的分析限定在一个封闭的（没有外部贸易）、私人部门（没有政府）的经济，我们可以在总需求（$C+I$）和总供给（45°线）的交点上确定均衡收入水平 Y_0。在点 A，Y_0 水平的产出的总销售收益，恰好等于生产产出 Y_0 的总成本（要素报酬）。如果收入水平高于 Y_0，总供给将超过总需求。换句话说，在这个水平上，较高产出水平所需的总生产成本，将超过该水平上从消费和投资支出中获得的收益。之所以如此，是因为消费的增加不足以吸收增加的供给。除非价格发生变化（在这个简单模型中未予考虑），否则未售出的存货将会增加，企业家将把产量减少至 Y_0。如果产出暂时降到 Y_0 以下，由于相反和类似的原因，它也会增加到 Y_0。这样总产出水平可以看作是稳定的。

凯恩斯理论的核心内容是，尽管均衡产出水平如 Y_0 是稳定的，却并不必然是充分就业的国民产出水平。凯恩斯认为，一个均衡的经济仍然面临着失业，可能失业率还很高。

□ 投资的作用

请记住，上述简单的凯恩斯模型忽略了现代经济的两个主要部门：政府和国际贸易。凯恩斯起初为了说明其"新"理论中的有效组成部分而对此予以简化。就目前认识到的总需求的两个组成部分而言，凯恩斯认为投资需求是更不稳定。除了利率，投资需求还由很多因素决定，包括未来的预期利润。实际上，一个众所周知的

---

① 这一陈述背离了标准理论，在标准理论中，总供给是一种在产品的各种不同价格水平下确定生产的产量函数。

凯恩斯概念——资本（实际上是投资）边际效率将投资资本的成本与投资项目在整个生命期中的预期利润联系起来。凯恩斯认为，经常不稳定而且依赖于多变的心理因素的预期，对投资因而对收入具有直接的、重要的影响。

在凯恩斯新理论的中心，还存在一个更为基本的问题，即支出对收入具有乘数效应。例如，投资支出的变动不是导致收入发生等于支出变动量的"一次性"变化，而是发生某种倍数的变化。因此，凯恩斯主义的宏观经济学试图说明这些乘数效应。

为了说明支出乘数的基本原理，请看图 20-3，该图与上一个图类似。初始的支出水平 $C+I$ 决定了均衡收入水平 Y_0。就上一节所描述的意义而言，该水平是稳定的。现在假定投资的一个决定因素如预期发生变化，因而使投资从 I 增加到 I'，增量为 ΔI。对于总支出的影响使得总需求函数向上移动到 $C+I'$ 的水平，在 Y_1 上产生了一个新的均衡。尽管从图形上看并不明显，但凯恩斯强调指出，收入的变化（ΔY）会大于投资的初始变化（ΔI）。

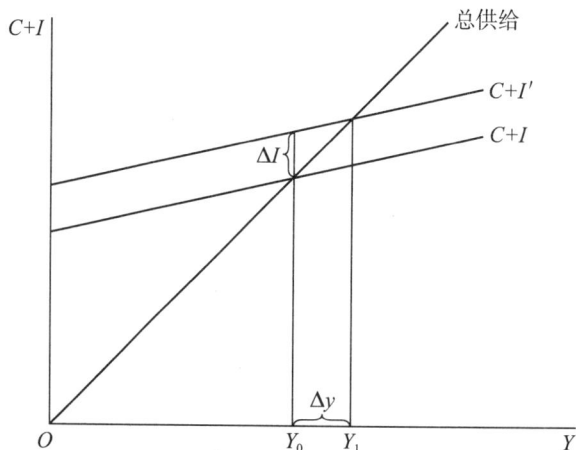

图 20-3　如果投资从 I 增加到 I'，总需求函数将向上移动 ΔI。收入也将从 Y_0 增加到 Y_1

乘数效应在理论上是可预测的，因为它依赖于边际消费倾向的数值。这种依赖关系很容易解释。投资最初的注入（ΔI）被转变为要素份额持有者的收入。这意味着收入增加了 ΔI。这些要素份额持有者具有边际消费和储蓄倾向，当然，二者的总和为 1。假设边际消费倾向为 75%，在这种情况下，最初新得到的收入被花费了75%。这时产生的收入数量为 $\Delta I + 3/4(\Delta I)$。但是这个过程并不会在这里停止。最初的收入接受者花费的 $3/4(\Delta I)$ 又被其他要素所有者以收入形式得到，他们花费一部分、储蓄一部分，因此，注入经济体系的一次支出引发了支出的多重循环。当这个过程接近极限时，收入的变化 ΔY 等于 $1/(1-MPC)$，或者，在我们的例子中，是最初投资增加量的 $1/(1-3/4)=4$ 倍。如果最初注入的投资为 100 亿美元，则收入的最终变化就是 400 亿美元。乘数值显然是 4。如果我们用 k 来表示乘数，则 $k=\Delta Y/\Delta I$。

因此可以看出，按照凯恩斯的逻辑，私人投资的反复无常以及它对收入的乘数效应意味着对总收入的预测是复杂和困难的。但即使收入水平及其变化能够被高度精确地预测，这样的水平也只是在偶然的情况下才是充分就业水平。要说明其原因，我们需要进一步深入研究凯恩斯的理论。

□ 失业均衡

古典作家相信对劳动的需求等于劳动的边际生产率，而劳动供给是实际工资的增函数。在图 20 - 4a 中再现了古典学派关于劳动函数的观点。均衡的实际工资 $(W/P)_0$ 产生了充分就业的劳动投入 N_0。如果均衡实际工资移动到 $(W/P)_1$，失业就会出现，数量为 AB。工人就会竞相压低货币工资，在 N_0 处重新实现充分就业。

我们已经看到，凯恩斯不同意这种假说。他指出，工人可能是非自愿失业的。在理论上，凯恩斯接受了劳动需求由劳动的边际产品决定的古典观念。但是按照凯恩斯的观点，工人不是按实际工资而是按给出的货币工资供给劳动。而且，由于工人具有货币幻觉，他们不会接受对其通行的货币工资的削减。图 20 - 4b 对这些前提予以说明，其中货币工资 W_0 是最低工资。在图 20 - 4b 中，就业水平 N^* 表示充分就业的劳动，劳动需求函数 D_N 和 D_N' 现在是劳动的边际产品价值（因为需求与货币工资，而不是与实际工资相对应）。

问题是在经济体制中是否可能存在非自愿失业。古典经济学家承认在均衡的实际工资处，如图 20 - 4a 中的 $(W/P)_0$，存在自愿失业和摩擦失业。如果在工资为 $(W/P)_0$ 时，一定数量的工人选择把自己排除在劳动力之外，在这个意义上，失业就是自愿的。

但凯恩斯对此看法不同。在图 20 - 4b 中，在货币工资为 W_0 时，劳动供给量为 N^*，但需求可能是这样的，在实际工资为 $(W/P)_0$ 时，只有较少的数量 N_0 会被需求，结果就是凯恩斯所说的非自愿失业。非自愿失业的劳动量为 AB，然而在预期到就业没有从 N_0 自动变化趋势的意义上，劳动市场中存在均衡。因此，不能预先假设一个唯一的充分就业产出水平。整个经济范围的均衡可以在任何劳动利用水平上得到实现。首先，工人不接受货币工资的削减，尽管借此可以通过降低实际工资而增加就业。其次，即使他们接受，价格也可能会以同一比例下降，导致劳动需求函数左移，从而使得失业水平保持不变。

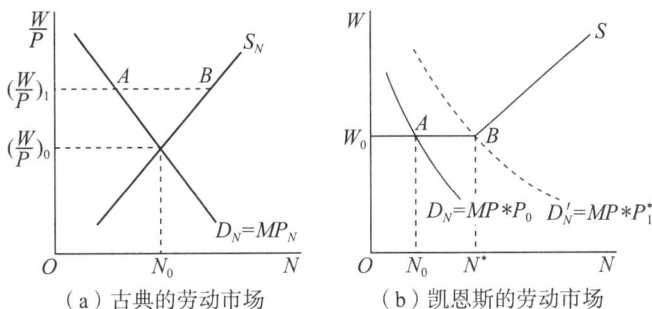

（a）古典的劳动市场 （b）凯恩斯的劳动市场

图 20 - 4 古典的劳动市场自动地将自身调整到充分就业，而凯恩斯的劳动市场并不会自动调整

因此，我们可以观察到类似于图 20-5a 和图 20-5b 所描述的情况。产出 Y_0 和 Y^* 是投入（劳动和资本）的函数。在投入和产出水平分别为 N_0 和 Y_0 时，出现了均衡，但这时存在非自愿失业 AB。为了将经济带入充分就业状态，总需求必须增加 MN。凯恩斯认为仅有私人投资不可能带来这种效果，为了缓解失业和生产不足，他建议采取补偿性的政府支出和税收（财政政策）。后面我们将讨论凯恩斯主义政策的这些方面，但在此之前，我们必须深入研究凯恩斯关于个人如何对宏观经济中的货币变动作出反应以及持有货币的动机的观点。

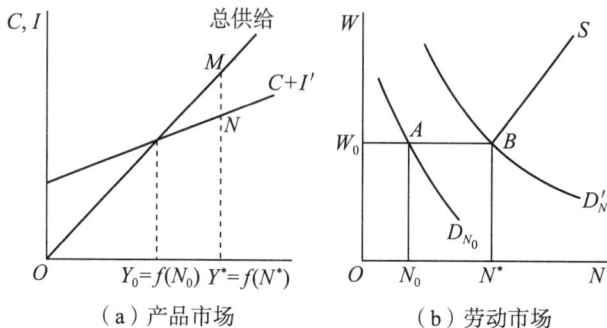

（a）产品市场　　　　　（b）劳动市场

图 20-5　在均衡水平 N_0 和 Y_0 处，存在非自愿失业，其数量为 AB。为了使经济达到充分就业，总需求将必须增加 MN

□ 凯恩斯体系中的流动性偏好和货币的作用

新古典经济学家坚持一个历史悠久、众所周知的货币理论，即所谓的货币数量论。该理论最老的版本可以简单地表示为方程式 $MV = PY$，其中 M 代表货币存量，V 代表流通速度（货币存量的年周转数），P 代表价格水平，Y 代表总产出的某种指标。凯恩斯本人坚持他学术生涯早期学到的剑桥版本。剑桥方程式为 $M = kPY$，是老版本的简单数学变换，但强调了为交易目的而持有货币（k 是流通速度的倒数，代表了对交易余额的需求）。在典型的研究中，假定人们把固定比例的收入以现金来持有，以便为交易提供资金。随着收入增加，人们将持有更多的现金，但高收入的现金余额比例将保持不变。对货币的交易需求上升，或者个人持有的、作为收入的一个百分比的平均现金余额数量的上升，意味着流通速度或者推动国民收入的平均美元的周转数下降。

凯恩斯之前的经济学家并不认为流通速度在数量上严格保持不变，但他们断言它相对稳定并可以预期。如果确实如此，经济理论和政策的含义就很清楚。假如 V 是不变的或可预期的，M 是可控制的，P 是（相对）稳定的直到充分就业，那么当经济中存在未利用的资源时，就可以调整 M 以产生收入（Y）的变化。[1]

---

[1]　当然，在其他情况下，古典经济学家将认为货币具有稳定作用，并可用来润滑贸易的车轮。由米尔顿·弗里德曼和其他一些经济学家提出的有关货币存量的不变增长率规则的建议，反映了这一传统观点。更多细节参见第 21 章。

凯恩斯接受了人们为交易目的而持有货币，以及货币的交易需求与收入有关的命题。然而，他指出，人们还会因其他原因而持有货币，一个重要原因是为在债券市场投机而持有货币。换句话说，虽然古典经济学家认为人们持有货币是出于交易甚至预防（为困难的日子储蓄）动机，但凯恩斯指出，他们会在持有货币与持有债券之间进行选择。他称之为"流动性偏好"，并且认为投机性货币余额的主要决定因素是利率，而不是收入。

484

图 20-6 中描绘了典型的流动性偏好函数 L_S。社会面临着在持有债券和持有货币之间进行选择。凯恩斯推测，在高利率（即低债券价格）时，人们愿意持有债券而不愿持有货币，因为持有货币的机会成本相对较高。然而随着利率降低，债券价格上升，降低了他们的收益，使得购买债券的吸引力降低。但现在出售债券变得越来越有吸引力了，因为债券的价格（资本利得）上升。因此，由于利率降低，人们会选择把越来越多的资产以货币的形式持有，而以债券形式持有的则减少。利率与货币持有量之间的这种反向关系在图 20-6 中以曲线 L_S 刻画出来。

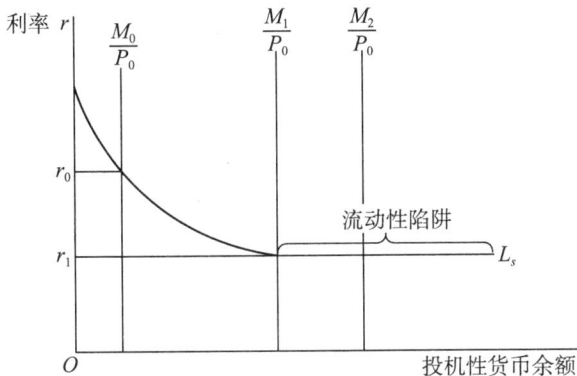

图 20-6　名义货币存量从 M_0 到 M_1 的增加将使利率从 r_0 下降到 r_1，但货币存量继续增加到 M_2 将对利率没有任何影响

流动性偏好函数具有一个典型的凯恩斯特征，即流动性陷阱，由流动性偏好的水平部分来表示。凯恩斯的追随者强调该"陷阱"要远多于凯恩斯本人，但他的论证明白无误。凯恩斯在《通论》中指出，利率可能降得如此之低（债券价格如此之高），以至于使所有投资者都从债券市场撤出。简言之，每个人都想持有更多的流动资产——货币。如果实际情况如此，就意味着存在一种最低利率，低于这一水平，利率不会进一步降低，也就不会从债券市场吸引出更多的资本投资。[①]

所有这一切与货币政策及其效果有何关系呢？凯恩斯指出，虽然利率由经济体系中的实际和货币因素联合决定，但投机性货币需求的存在意味着，货币影响经济体系中的收入和就业的机制并不像古典经济学家认为的那样简单和可以预期。特别

485

---

① 丹尼斯·罗伯逊爵士饶有风趣地描述流动性陷阱："利率是它现在的样子，是因为它被预期将要变成不同的样子；如果它不被预期将要变成不同的样子，就没有什么能告诉我们为什么它是现在的样子"（《论货币与利息》，p.174）。

是，货币对支出、收入和就业的一个重要影响是通过它对利率的效应实现的。假定其他条件不变，较低的利率通常意味着较高的投资和消费水平（因为较低的利率使得当前消费相对于未来消费即储蓄更有吸引力）。货币政策一般会降低利率，因而会将支出增加到充分就业水平。

现在我们来看图 20-6 所显示的流动性陷阱。如果在现行利率 r_0 下存在失业，标准的经济观点是，增加实际货币存量（M/P），降低均衡利率，刺激更多的商业投资。如果价格保持不变，实际货币存量可以通过增加名义货币存量（M）来增加。因此，假设价格保持不变，名义货币从 M_0 增加到 M_1，将使利率从 r_0 降低到 r_1。确实不错。但如果利率为 r_1 时存在失业，同样的政策将不会有效。从该点增加实际货币供给（如从 M_1/P_0 增加到 M_2/P_0）并不会导致利率改变，因为投资收益如此之低，并不值得为之冒险。社会将以货币的形式持有全部新资产。由于利率并未下降，所以投资和消费——至少由于这个原因——将不会受到影响。给定流动性陷阱这种情况，凯恩斯得出结论：希望通过利率变化而发挥作用的货币政策，在面临萧条和普遍失业时是无效的。

□ 价格与价格变化

流动性陷阱真的存在吗？凯恩斯以及他的许多追随者相信，萧条时的货币和心理环境表明存在这样一种陷阱（后来的经验证据对这一陷阱的存在并未提供支持）。出于这个原因以及其他各种原因，凯恩斯反对将货币手段作为实现经济稳定的唯一寄托，而是支持强有力的财政政策。然而，作为理论问题，需要思考凯恩斯关于价格和稳定化的一些思想。

正如我们在本章中已经看到的，由于在经济中一定程度上存在垄断和勾结行为，会阻止价格水平下降，甚至在面临下降的总需求时也是如此，因而凯恩斯认为价格具有向下的完全刚性。但若价格是向下可伸缩的，情况又会怎样呢？作为一个理论命题，凯恩斯同意下降的价格会改善一个萧条经济面临的情况。实际上，这种现象经常被称作凯恩斯效应。假定名义货币存量保持不变，那么价格的下降将增加实际货币存量。从图 20-6 中可以容易地看出，利率将随不变的 M 和下降的 P 而下降。如果经济没有面临流动性陷阱，投资者和消费者实际上会对较低的利率作出反应，实际货币的较大存量将对提高总需求、收入和就业的水平产生影响（实际上，这与古典学派观点一致）。

虽然凯恩斯在理论上同意，但他选择强调价格下降的实际后果。他似乎相信下降的价格水平对经济具有相反的、有害的影响。例如，下降的价格有提高企业固定负债的实际水平的效应。此外，下降的价格对未来利润的商业预期特别有害。正如我们看到的，凯恩斯认为总投资在很大程度上以价格和利润预期为条件。具体而言，价格水平的迅速下降会降低投资水平，甚至在利率下降时都会如此。破产和不利的商业条件几乎必然会随价格下降而发生。总之，凯恩斯认为经济上的灾难不可能仅仅通过灵活和下降的价格水平而被阻止。

经济理论和方法史（第五版）

486

□ 凯恩斯与经济政策

正如我们的讨论的整个主旨所展现的，凯恩斯并不认为私人部门的经济机制能够自动防止长久的失业。在低于充分就业处可能存在均衡。向下可伸缩的工资和价格（即使它能够如此）的存在也不会保证充分就业。由于其他限制，即特殊形式的投机性货币需求和投资函数，货币政策并不是可靠的矫正手段。那么，如何跨越总需求的就业缺口呢（参见图 20 - 5a 中的 MN）？

如果人们确信答案既不在于私人部门，也不在于货币当局，那么求助于政府部门就是合乎逻辑的。凯恩斯以其理论发展为基础指出，政府应当利用其税收和支出的权力来影响经济周期。政府支出直接把公共投资注入收入流，它可以通过税收（这会减少消费，但数量少于税收）、把债券出售给联邦储备系统或者其他手段来筹资。所有这些方法创造收入和就业的效应必须被评估，这样就可以采取行动来实现经济稳定。

凯恩斯并不认为单一的注入或"政府为刺激国民经济而对商业企业投资"就足以纠正严重萧条的经济。我们需要的是具有全面计划方案的相机抉择的财政政策，也需要强化内在稳定器（如累进税）。简言之，政府必须为提供充分就业的条件做好准备。凯恩斯的基本思想是清楚的，他信仰财政能动主义（关于凯恩斯同时代的一个经济学家对这一立场的挑战，见下面的专栏"方法论争论之五：20 世纪的巨人，凯恩斯对熊彼特"）。

最后，所有这些思想成为新的经济学正统的一部分。今天，在发达经济中，完全未经学术训练的议员也至少知道凯恩斯的政策处方，尽管他们并不了解其理论基础。战后，凯恩斯的思想终于在美国和其他国家的绝大多数高等教育机构广泛传播。在美国，这些思想成为老生常谈，这要归功于保罗·萨缪尔森（Paul Samuelson）的《经济学》（Economics，第一版，1948 年）所做的相对较早的引介，该书是继马歇尔的《原理》之后当代最成功的教科书。

所有这一切并不意味着凯恩斯主义的经济分析没有被修正、精炼、改造、批判和（或）污蔑。正如我们将在下一章看到的，特别是在 20 世纪 70 年代和 80 年代早期，货币主义作为一种对凯恩斯主义世界观的本质和重大的挑战而再度出现。正如马歇尔的《原理》于 1890 年出版之后成为热烈讨论的主题一样，凯恩斯的《通论》也经历了类似的命运。在转而对凯恩斯以及货币主义者对其思想的挑战作出谨慎的评价（第 21 章）之前，我们通过回顾凯恩斯在经济思想史中的地位来对本章作一总结。

☞ ━━━━━━━━━━━━━━━━━━━━━━━━━━━━

487

方法论争论之五：20 世纪的巨人，凯恩斯对熊彼特

约瑟夫·A. 熊彼特（1883—1950 年）和约翰·梅纳德·凯恩斯（1883—1946 年）的出生时间仅仅相隔数月。但他们在不同的传统中接受教育，而且由于不同的原因，他们都应当被视为 20 世纪最重要和最有影响的经济学家。

正如我们在本章中已经看到的，凯恩斯自始至终都是一个"剑桥人"，一个与阿尔

弗雷德·马歇尔一样的伟大的英国新古典传统的直接继承人。虽然他后来反对马歇尔的"均衡理论"模式,但我们不能认为凯恩斯背离了剑桥传统。他的伟大见解基于一个核心的抽象概念——总需求。与他的剑桥前辈不同,凯恩斯认为消费者和投资者的需求(即总支出)不足使经济处于非均衡状态,永久地停滞在充分就业以下。结果,正如在本章所讨论的,凯恩斯关注的重点是,在经济中通过政府政策和干预增加需求的手段。我们不知道为了实现这些结果,凯恩斯究竟要走多远,不过赤字财政已经成为大多数西方民主国家的一种生活方式。我们知道凯恩斯本人不相信中央计划,不过他一定低估了官僚体制和政治动机的力量。*

熊彼特在所有方面都与凯恩斯不同。熊彼特浸润在卡尔·门格尔和弗里德里希·冯·维塞尔与欧根·庞巴维克的奥地利传统中,他于1911年写出了一篇才华横溢的博士论文《经济发展理论》(见第22章)。这本著作后来译成了英文,使他成为一流的经济理论家,受到了全世界的关注。在第一次世界大战后,熊彼特担任奥地利财政部长,在整个20世纪20年代,他在欧洲各国进行演讲,并在英国留居很长时间。1932年,为了逃避纳粹的迫害,熊彼特移民到美国,他进入哈佛大学任教,在那里直到去世。

据说凯恩斯使经济学家或思想家具有了挽救停滞的经济的职能,然而熊彼特提高了企业家作为经济发展的发动者的作用。在许多方面,凯恩斯将经济视为一种抽象,在其中个人可以被政府行为巧妙地操纵,这些政府行为是为创造充分就业均衡而设计的。与此相反,熊彼特是从"下面"来看待经济的,即从受到创新和新增长机会刺激而承担风险和追求利润行为的个人的视角。因此,熊彼特去寻找确保企业自由而不是管理它的方法。资本主义的本质不是在某个特定时刻的特定产业和企业的状态,相反,过程和过程的自由是繁荣的关键。熊彼特说:"通常人们看到的问题是资本主义如何管理现存的结构,而真正的问题却是它如何创造和毁灭它们。"+

对于熊彼特来说,经济下降到充分就业水平之下的趋势的原因在于获得利润的机会减少。随着技术或生产出现突破,就会刺激新投资和更大的利润机会,因而就会产生经济发展。在这样的经济中,政府干预和中央控制将阻碍增长过程。熊彼特对财政管理的后果的不信任远大于凯恩斯,他指出,政府干预后必然会出现暴政。在熊彼特的心中,这种暴政的第一个牺牲品将是企业家精神。

凯恩斯与熊彼特的这些相互对立的观点,实际上构成了整个20世纪关于政府在经济中的作用的思考、争论与政策。这些争论并没有结束。它们以各种形态在每天的报纸和电视脱口秀节目中风行一时。这样,凯恩斯和熊彼特的基本问题在21世纪继续存在。

* 对于经济学家弗里德里希·哈耶克的批评,即过度计划的经济代表着暴政,他写下了以下文字作为回应:"如果这些计划的执行者在心中能够受到(关于专制的)道德的正确指引,适度计划就是足够安全的。"(引自罗伯特·海尔布罗纳(Robert Heilbroner),《俗世的哲学家》,p.244。)在马歇尔主义的适用于政客和官僚的利己主义世界里,这种观点值得怀疑,更是空想。在经验上,我们知道计划的极端形式在东欧和前苏联已经不再实行了。

+ 参见约瑟夫·A. 熊彼特,《资本主义、社会主义与民主》,p.81。

□ 范式转换还是范式调整

托马斯·库恩(Thomas Kuhn)在题为《科学革命的结构》(*The Structure of*

Scientific Revolutions）的开创性著作中指出，当旧的思想范式不再能够为它们面临的问题提供好的答案时，对新的范式例如凯恩斯模型的引入就发生了。但是旧的范式可能被牢固地防御，它们的捍卫者可能会起来保护它们，并且也许会表明一个看起来很新的范式实际上可能仅仅是旧的范式的一个子集（当然，因此会使其恢复活力）。在某种程度上，库恩关于思想进步的性质的理论似乎符合 J. M. 凯恩斯的情况。

可以回顾一下，凯恩斯把 A. C. 庇古的《失业理论》（*Theory of Unemployment*）当作他攻击古典模型的假想对手。但是庇古的一个思想，即著名的"庇古效应"也就是后来的"实际余额效应"持续地困扰着凯恩斯主义理论。凯恩斯指出，由于市场中的投入和产出方面的垄断势力的结合，价格和工资向下是不可伸缩的。但他进一步指出，价格和工资的下降也不可能增加收入和就业，原因在于下降的工资会导致下降的价格（因为下降的工资收入意味着对最终产出的需求的减少），这将意味着实际工资不会显著降低。上面讨论的凯恩斯效应是一种理论上的可能，但它的影响要受到无弹性的投资函数和流动性陷阱的限制，价格下降的所有实际困难与此相比都要相形见绌。

然而，庇古看到了价格下降的另一个效应。也就是说，当价格下降时，人们的实际余额上升，即他们持有的货币的实际价值（M/P）增加，因此造成刺激消费的财富效应。简言之，消费将随实际余额的增加而增加。一个简单的例子可以清楚地说明这一点：如果价格水平下降得足够低，海滩上的一个只有 1 美元的流浪汉可以变成百万富翁（按实际标准）。

理论上的结论是必然出现的。随着价格下降，流动性陷阱和无弹性的投资函数可能会使凯恩斯效应不起作用，但庇古效应不会这样。因此，下降的价格水平能够增加支出，从而把经济推向充分就业。

因而，作为一个理论命题，庇古效应挽救了新古典理论。这个结论由唐·帕廷金在 1947 年芝加哥大学的博士论文中得出。1956 年，在一本重要著作《货币、利息与价格》中，帕廷金发表了他的精致和系统的分析。帕廷金采用包含三个市场（货币、商品与债券）的瓦尔拉斯一般均衡模型、凯恩斯支出方法（在商品市场上）和扩展的庇古效应，令人信服地证明了新古典宏观经济学的理论一致性。

帕廷金的分析具有很高的理论水平，这使它超出了非专业人士可以接受的范围，但他的结论是清晰的：（1）给定关于充分就业、价格可伸缩性以及没有货币幻觉的古典假设，货币数量论的结论是有效的；（2）虽然凯恩斯对持有货币的投机动机的分析是一个真正的贡献，但它的引入（除非引入货币幻觉）并没有推翻新古典宏观经济理论的结论；（3）由于实际经济体系中的价格和工资黏性，凯恩斯主义的政策处方是有价值的。

虽然帕廷金的贡献很快地被称为"帮了庇古的大忙"，但是其重要性在于它彻底和清晰地阐述了凯恩斯得出其结论的假定条件。帕廷金证明了投机性货币需求、国民收入的支出方法以及其他凯恩斯主义思想能够在新古典主义的庇护下发挥作用，因此显示了朴素的新古典经济学被公认的弱点。

489

凯恩斯与经济思想史

作为一个受人喜爱的模型，（披着现代外衣的）凯恩斯主义范式的出现是有问题的。它在很大程度上依赖于对所讨论的理论函数的弹性的经验估计，这种估计是困难的，有时是不可能得到的。在这个模型中，庇古效应达到充分就业所需的价格下降超出我们的经验范围，而且即使是可行的，也可能产生与凯恩斯效应一样的实际困难。因此，凯恩斯主义模型本身被人淡忘了，但是有强烈的迹象表明，复兴的新古典模型开始在理论上赢得胜利。就政策而论，关于补偿性财政的凯恩斯主义思想成为占据主导地位的经济学正统，这不是个秘密。正统的凯恩斯主义者将 1946 年的《就业法》（Employment Act）看作一场胜利，但这只是一个开始。凯恩斯主义思想继续渗入政府的最高决策层，特别是在民主党执政时期。总统的经济顾问们受到了凯恩斯传统的训练。作为一个副产品，已建立起关于失业、收入和支出的大量数据来供政策制定者使用。

那么，我们应将凯恩斯置于经济思想史中的何种位置呢？正如在引言中所指出的，在如此近的距离，只可能做一谨慎的评价，但有几个事实确实很突出。至少，凯恩斯是（而且可能将继续是）经济思想史中的一个重要人物。除了凯恩斯主义思想（由此引出了一部真正的现代传奇）具有超凡魅力的性质以外，凯恩斯还是一位有趣的经济学家。在某些凯恩斯主义者荒谬的过度吹捧和某些新古典主义者（他们拒绝去发现凯恩斯的任何价值）的辩解之间，至少存在着最低限度的遗产。这一遗产是，在专业的经济学科内部和外部都对宏观经济理论以及随之而来的政策问题予以关注。在许多方面，凯恩斯都是催化剂。如果不是与凯恩斯主义的思想和政策相对立，对货币主义（以及其他宏观经济学概念）的兴趣的惊人复兴也许是不可能的。凯恩斯生前没有看到其思想的巨大影响，但政治家、经济学家、公民或纳税人以及经济思想史学家看到了。无论在什么时候，凯恩斯都掀起了经济思想的巨浪。

参考文献

Davis, J. Ronnie. *The New Economics and the Old Economists*. Ames：The Iowa State University Press,1971.

Hansen, Alvin H. *A Guide to Keynes*. New York：McGraw-Hill,1953.

Harrod, R. F. *The Life of John Maynard Keynes*, New York： Harcourt, Brace,1951.

Heilbroner, Robert. *The Worldly Philosophers*, rev. ed. New York：Simon & Schuster, 1961

Hicks, J. R. "Mr. Keynes and the 'Classics': A Suggested Interpretation", *Econometrica*, vol. 5(April 1937), pp. 147 − 159.

Keynes, John Maynard. *The General Theory of Employment, Interest and Money*. London: Macmillan, 1936.

Leijonhufvud, Axel. *On Keynesian Economics and the Economics of Keynes*. New York: Oxford University Press, 1968.

Patinkin, Don. *Money, Interest and Prices*, 2d ed. New York: Harper & Row, 1965.

Pigou, A. C. *The Theory of Unemployment*. London: Macmillan 1933.

Robertson, Dennis. *Essays in Money and Interest*. London: Fontana Library, 1966.

Schumpeter, Joseph. *Capitalism, Socialism, and Democracy*, 3d ed. New York: Harper & Row, 1950.

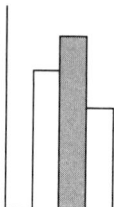

第 21 章

当代宏观经济学：货币主义和理性预期

494 　　尽管曾经有在第 6 章讨论过的少数著名的例外，但货币在总量意义上对于古典学者并不具有头等重要性。在那里关于货币也曾发生过重要争论，例如在金块主义者和通货学派之间的争论，但是他们主要关心的还是影响货币供给的制度问题。一个国家财富的决定因素在古典学派看来是与节俭和生产力相联系的实际因素。一般物价水平的决定因素是货币存量，不过这种联系并不是集中在实际财富或相对价格上面。此外，大多数工业国家赞成金本位或铸币本位，这种货币制度被认为是"自我调节的"。通货膨胀可能并且在实际上已经发生，但是它被归因于战争和其他灾难（在发生战争和灾难期间，金本位经常被放弃）或短视的政府或政治家开动印钞机的倾向。因而，在古典理论中，价值理论与货币理论是两厢分离的，前者由实际力量所决定，后者则是基于货币方面的考虑。

　　到了 20 世纪，这种局面开始改变了，因为新古典学者特别是欧文·费雪、克努特·维克塞尔和 A.C. 庇古，开始将总量货币理论摆在与价值理论相并列的位置上。从货币到价格的传导机制，货币流通速度和货币需求的决定因素，以及利息率在货币扩张和收缩过程中的一般作用，都成为这些学者关心的主题。在凯恩斯写作《通论》以前，对于一个相当成熟的数量论观点所需的所有基本要素都已具备了。但是，各种思想和事件在 20 世纪 30 年代的结合却产生了一种（在凯恩斯看来）能够解决大量失业问题、大萧条以及普遍性经济低迷的宏观经济学。由于反映了凯恩斯理论的先入之见，在这种经过修正的新古典主义观点中，货币很少或者完全没有作用。

　　对于货币政策作为一个宏观经济的集中化稳定工具的信心的缺乏，一直流行到 20 世纪 60 年代。然而，虽然凯恩斯主义关于赤字支出的建议在衰退时期容易被采纳，但是在膨胀时期由政治机构来实行盈余或平衡预算是极其罕见和十分反常的。换句话说，使经济具有防止停滞或萧条能力的这种地道的凯恩斯主义原则，却使经济产生了膨胀倾向。20 世纪 60 年代的各种事件，特别是靠（大量的）赤字融资的越南战争，导致货币存量大幅度增长。货币存量的这种增长引发了与通货膨胀相联系的各种严重和持久的问题。可以想见，这些事件导致了对凯恩斯经济学的一种抵抗和对于"货币主义"兴趣的真正与实际上的复苏，而这种货币主义不过是古典的数量理论的一种再精炼。（从理论角度来说，数量论从未退出过经济知识的舞台。）本章的目的是记述 20 世纪的哪些发展被融入了当代的宏观经济学之中。

货币主义的新古典起源

尽管在早期的数量理论的各种表述中明显地缺乏一致性，但是它们都在货币与价格之间建立了或多或少的直接联系。除了少数几个明显的例外，像约翰·洛克和亨利·桑顿，没有学者赋予利率作为经济活动重要决定因素的明确作用。另一方面，数量理论并不是单纯的机械呆板式描述，因为货币数量的增加被坎蒂隆、桑顿、李嘉图以及穆勒视为将会影响商品的需求，并且通过更大的需求将提高价格。但是由于古典学者经常讨论维持（或摧毁）一种新均衡的力量，他们既不重视从一种均衡向下一种均衡过渡的调节过程，也没有分析在货币扰动后随之出现的新均衡的稳定条件。这个空白的相当大一部分最初是由新古典学者欧文·费雪和克努特·维克塞尔填补的。

□ 欧文·费雪与交易方程式

1911 年，耶鲁大学的教授欧文·费雪（1867—1947 年）以约翰·斯图亚特·穆勒的论述为样板，推导出一个阐释货币数量理论的作用的数学结构。费雪写出的公式是：$MV + M'V' = PT$，其中 M 是流通中的通货存量；V 是通货的年流通速度，或通货的转手率；M' 是银行持有的活期存款量；V' 是活期存款的年流通速度；P 是一般物价水平；T 代表交易的总物量。由于我们关于货币的现代定义包括银行的活期存款，所以上述方程可以更简单地写成 $MV = PT$，以后我们就将它称为费雪的交易方程。

对于费雪的数学表达可以在穆勒那里发现文字论述的渊源。穆勒曾写道：

> 如果我们假定物品的销售量、这些物品被再销售的时间是不变的，那么货币的价值将依赖于它的数量，连同每一单位货币在流通过程中换手的平均时间数……因此，如果物品和交易量保持一定，货币的价值便与它的数量和流通速度的乘积负相关。流通中的货币数量将等于所有销售的商品的货币值除以货币流通速度（《政治经济学原理》，p. 494）。

费雪知道他的交易方程是一个会计恒等式，因而是一个不言自明的表述。但是这并不使它从经济理论的角度来看成为无用处的。事实上，费雪用它来再一次断定 M 增长与 P 增长之间的对称性。交易方程（附带某些假设）随后成为货币数量论的数学表达。费雪的假设是流通速度（V）和交易量（T）独立于货币供给，因而物价水平是一个被动的而不是主动的变量。由此他能够并且实际上也坚信 M 与 P 之间的严格的比例性是一个长期现象。他关于 V 和 T 的决定因素的说明是完全不可信的。在本质上，V 和 T 被假设由实际因素（习惯和风俗、技术和制度安排）决定，因而货币存量的变化并不引起 V 和 T 的实际决定因素的任何变化。

一个缺失的环节：实际余额效应　　比他对于严格的数量理论的数学翻译更重要的是，费雪确认了货币数量增长与随后的物价上涨之间的关联性。（对于保证货币均衡的稳定性来说）所缺失的环节是实际余额效应。对此可以这样来解释：单个人持有的货币的某种增加扰乱了单个人的现金余额和支出之间的最优关系。用瓦尔拉斯的术语来说，在现存价格水平上的更多货币将在单个人手中创造一种货币余额的过度供给。这样，单个人将寻求通过增加支出来削减他们的过度的货币余额。进一步说，如果产出保持不变（正如费雪所假设的），货币需求的增加将推动价格上升，直至价格上升到与货币增加相同的比例。新的均衡按照这种方式被建立并维持，因为单个人的货币余额恢复到了它们的最优水平。

这一思想在数量论的早期表述中是没有的，不过费雪尽管发现了它，却没有充分阐发实际余额效应。例如，他从未表明过度的货币余额怎样能够被用于购买有价证券，从而拉动有价证券价格上升和利息率下降。换句话说，费雪从未说明货币增长如何能够通过降低利率间接地引起产量增加（我们马上将会看到，维克塞尔试图填补这一空白）。相反，费雪转而去考察通货膨胀、利息率、预期以及实际余额持有之间的相互关系。

通货膨胀与"费雪效应"　　在他的杰出的著作例如《货币的购买力》和《利息理论》中，费雪探讨了实际的和预期的通货膨胀的后果，及其与名义利率和实际余额需求之间的相互作用。首先来考察对实际货币余额的需求，它可以表示成如下形式：

$$m_d = f(y, i)$$

其中，m_d 表示对实际余额的需求，它是实际收入 y 和名义利率 i 的一个函数。货币需求是流通速度的倒数。尽管费雪并没有像 A.C. 庇古和米尔顿·弗里德曼（对于这两个人，本章稍后再考察）那样完全透彻地阐述货币需求的这个函数形式，但是他确实发现了名义利息率（它是持有货币的机会成本）被决定的重要过程。

凭借实际智慧的灵感，费雪看到名义利率决定于下面两个因素：（1）实际利率，它反映经济中借与贷两种基本的力量（即古典学派的节俭与生产力），（2）在某一时点上预期的通货膨胀率。在某种"完全的均衡"中，即存在一种不变的通货膨胀率，实际的通货膨胀率将等于预期的通货膨胀率。一般地，在某些简化的情况下，费雪的概念可以表述如下：

$$i = r + P^*$$

其中，i 是名义利率，r 是实际利率，P^* 是预期的通货膨胀率。自然，当预期的通货膨胀率等于实际的通货膨胀率时，名义利率等于实际利率。

费雪方程的逻辑是相当清楚的。名义利率是由贷款者通过将实际利率与在借贷的过程中预期的通货膨胀率相加而得出的。如果预期的通货膨胀率是每年 5%，实际利率是 4%，那么贷款者一般将不愿意在 9% 以下的利率贷放资金。如果在事后，通货膨胀率实际上是 10%，借款者将在一种负的实际利率上取得资金，那么贷款者将要在下一个时期调整他们的通胀预期。这样，通货膨胀预期将影响名义利率。这种"费雪效应"的含义将在下面详细地加以考察，在这里重要的是要指出，费雪发现了一种通货膨胀可以借以自我永生的机制。更高的货币扩张率最初也许会导致一种较低的名义利息率（通过可贷基金供给的增加），但是最终通过通货膨胀预期更高的价格将导致名义利率上升和更高的通货膨胀率。这一原理已成为现代货币主义的法宝。

□ 克努特·维克塞尔与现代货币理论

虽然某些新古典宏观经济学家保留着真正的马歇尔传统，但是将瓦尔拉斯的分析框架扩展到货币理论的任务落在了瑞典经济学家克努特·维克塞尔（1851—1926年）的肩上，他是像费雪一类的准机械式的表述方法的反对者。维克塞尔对数量理论施行了两个"外科小手术"，从而把它带入现代货币主义经济学的王国。第一，维克塞尔接受了托马斯·图克（1779—1858 年）——一个数量理论的早期批评者的暗示，断定价格是由收入决定的（即货币是通过收入来决定物价总水平的）。第二，维克塞尔利用亨利·桑顿的二率分析来强调利率在货币理论中发挥的作用。[①]

在他对于数量理论的重新表述中，维克塞尔为将货币理论与价值理论相整合而向前推进了重要的一步。他建立了一个总需求—总供给框架来探讨价格，其变化，这体现在下面一段引文中：

> 一种特定商品的价格的每一次上升或下降都是由对该商品的供给与需求之间均衡的扰动引起的，不论这种扰动是实际发生的还是仅仅是预期可能发生的。在这方面，对单个商品来说是真实的情况毫无疑问地对所有商品的集合来说也是真实的。所以，价格的普遍上涨只有在假定总需求由于某种原因变得或预期将变得比总供给更大时才是可以想象的……任何名副其实的货币理论必须能够表明，对于物品的货币或金钱上的需求，如何以及为什么会高于或低于在给定条件下的物品的供给（《政治经济学讲义》，Ⅱ，pp. 159‑160）。

在这段话中特别值得注意的是，维克塞尔从马歇尔的局部均衡方法（即对于单

---

① 维克塞尔的一个大弟子卡尔·乌尔（Karl Uhr）曾总结道，维克塞尔也许没有直接读过桑顿的著作，但是他详细研究过图克与李嘉图之间的通货争论，因而极有可能是通过李嘉图来了解桑顿的思想的（《克努特·维克塞尔的经济学说》，p. 200）。关于桑顿的分析，参见本书第 6 章。

个商品的供求相等）向凯恩斯后来所采用的总供给—总需求框架转移的方式。不仅如此，维克塞尔还接受了他在上面一段话末尾所提出的挑战：他确实表明了，通过货币变化对现金余额的影响，货币需求是如何高于或低于总供给的。

实际余额　下面这一段话最生动地描述了维克塞尔对于实际余额效应的理解，不过读者需要注意，他的分析是通过考察一种货币存量减少的效应而展开的：

> 让我们假设由于这种或那种原因……货币存量减少，而价格暂时保持不变。则现金余额相对于新价格水平将逐渐显得过小……（不错，在这种情况下我可能依赖于未来的更高水平的收入。但是同时，我也面临不能偿付我的金钱上的义务的风险，所以我为了摆脱可利用的货币的短缺的困扰，最好是放弃某些原本是有利可图的购买）。因而，我寻求增大我的余额。在暂时不考虑借款等可能性的情况下，这只能通过减少我对物品和服务的需求，或通过增加我对自己所有的商品的供给……或同时通过二者来实现。这对于各种商品的所有其他所有者和消费者都是一样的。但是，事实上，没有一个人能成功地实现每个人都在追求的目标——增加他的现金余额；因为单个人的现金余额总量要受到可供利用的货币存量总数的限制，或者不如说将等于它。另一方面，需求的普遍减少和商品供给的增加将必然引致所有价格连续的下跌。只有当价格下跌到这样一种水平，即此时的现金余额被认为是适当的，它才停止下来（《利息与物价》，pp. 39‑40）。

用这种方式，维克塞尔便表明了实际余额效应作为均衡机制可以保证在出现货币扰动的时候实现稳定性，由此也填补了唐·帕廷金所称的新古典货币理论中"缺失的一章"（参见帕廷金的《货币、利息与价格》）。

通过在他的总供给—总需求分析中强调储蓄与投资的联系，维克塞尔还将利息率（作为一个货币变量）从被人们遗忘的状态中拯救出来，而自从桑顿以后它一直陷入被遗忘的角落。维克塞尔并没有承认利率是一种纯粹货币现象，但是他使用二率命题来综合非货币的利率理论。此外，他使自然利率与实际利率的离差成为其动态分析中的主要因素。

累积过程　新古典的货币理论家由于自负地接受休谟-穆勒-费雪的数量理论的比较静态和机械式的结论（即 $2M=2P$）而受到批评。尽管有一系列新古典货币理论家似乎是抓住了实际余额效应，但是用帕廷金教授的话说，"他们经常未能提供一种关于货币增加如何在商品市场上产生实际余额效应的系统的动态分析，这种效应将推动经济从它原来的均衡位置向新均衡位置移动"（《货币、利息与价格》，p. 167）。维克塞尔是一个例外。他的集中于作为出发点的利率的动态分析，构成了他所称的"累积过程"。

在谈及维克塞尔的动态过程时，重要的是要预先指出正常利率与实际利率之间的转移揭示了总供给与总需求之间的短期离差。这使得货币市场与产品市场之间的相互关系变得明确起来。下面的一段话阐明了累积过程：

> 如果银行贷出其货币的利率实质上低于像上面所定义的正常利率（例如，

在桑顿那里，参见图 6-1），那么首先，储蓄将受到抑制并且因而当前消费中对物品和服务的需求将增加。其次，企业的利润机会因而将增加，并且其对物品和服务的需求，以及对未来生产所需的原材料的需求也将明显地增加到同一幅度，这些需求在先前由于较高的利率而受到抑制。由于由此而增加的收入将归于工人、土地所有者和原材料所有者等，消费品价格将开始上升。……更为重要的是，价格的上升不论最初是大还是小，只要引起它提高的原因继续发生作用，它就不能终止；换句话说，只要贷款利率保持在正常利率以下，价格上升就不会停止（《政治经济学讲义》，pp.195-196）。

通过指出累积过程的结果也许是不可逆转的，维克塞尔还暗示了预期在宏观经济分析中所发挥的作用。他坚持认为，在贷款利率低于自然利率时有能力支付更高工资和更高的原材料价格的企业，"即使是在银行贷款利率返回到正常的自然利率水平以后，平均来说也将能够支付同样的高价格，因为它们有理由预期在未来对于它们自己的产品也将有同样高的价格"（《政治经济学讲义》，Ⅱ，p.196）。这样，如果银行人为地维持低利率，它们仅仅是在诱使企业提高劳动和原材料的价格，进而提高最终产品的价格。

然而，尽管拥有他的创新，维克塞尔的货币分析并没有脱离古典经济学家的同一思想线索。事实上，他是要捍卫数量论以使其免受批评，而他这样做不过是为这一理论提供一种长期的变种。然而，他比从前的任何人都更好地阐发了一种调节过程。他也赋予利率和总需求在解释对于货币变化的总量调整中的突出作用。这同样也是凯恩斯宏观经济学的特征。

□ 剑桥方程式

我们在第 15 章已经了解到，马歇尔在接近 19 世纪末期时创立了局部均衡分析的剑桥传统。这一传统也扩展到货币理论，由于马歇尔总是借故推迟发表他的思想，使得他的货币理论在出现于出版物时已经失去了大多数新奇性。虽然如此，马歇尔渴望将货币理论与价值理论整合起来却是剑桥传统的特征。正如凯恩斯在他关于马歇尔的传记中所写道的："他总是教导说，货币的价值一方面是它的供给的一个函数，另一方面又是对它的需求的一个函数，而对货币的需求是由'每个人愿意以即刻使用的形式所保持的对于商品的购买力的平均存量'来表示的"（庇古，《阿尔弗雷德·马歇尔回忆录》，p.29）。

具有讽刺意味的是，剑桥经济学家在整合货币和价值理论方面从未达到维克塞尔那样的成功程度。但是马歇尔的供求分析框架确实导致了著名的剑桥方程，并且在这个过程中它第一次提供了一个关注货币需求的焦点，就像关注货币供给那样。在这方面，马歇尔的货币经济学是凯恩斯的流动性偏好理论（参见第 20 章）以及作为一般资产选择理论一部分的货币需求理论的更现代表述的精神之父。

马歇尔断定货币需求（即理想的现金余额数量）在任何时候都可以表示成收入的一个分数，这导致了人所熟悉的剑桥方程，它可以在这里被归结为 $M = KPT$。在这个公式中，M 是货币存量，马歇尔假定它是一个外生变量。公式的右端表示货币供给量；K 是社会寻求以现金余额和活期存款形式持有的货币占收入的比率；P 是物价总水平；T 是总产出。从分析的角度说，在现金余额方程中的 K 是费雪的交易方程中的 V 的倒数。因此，费雪和马歇尔两人都承认数量论是基本的真理，并且他们都集中注意力于货币交换函数的媒介，而忽视了利率。

对利率的这种忽略导致了新古典货币分析中的某些严重的缺点，其中主要问题是忽视了产品市场与货币市场的相互作用。如我们所看到的，维克塞尔避免了这种陷阱，但是剑桥集团①对于货币需求的过于排他性的强调，可能阻止了他们系统地分析实际余额变化怎样被传导到商品市场上。这是令人奇怪的，因为现金余额效应是剑桥方程所内在固有的。换句话说，它可以被重新整理，以便表示一种货币的过度供给（$E_s = M - KPT$）或对货币的过度需求（$E_d = KTP - M$），它们中的每一个都能产生实际余额效应。

帕廷金教授发现，对于剑桥集团来说没有将稳定性条件的检验应用于经济的货币层面是不可思议的，因为他们在考察产品市场时从未放弃过这样做。这种不一致现象在瓦尔拉斯那里尤其明显，正如帕廷金在他批评新古典货币理论时所指出的：

> 瓦尔拉斯是这样一个人，他总是不知疲倦地通过阐述一旦价格高于其均衡值时将会起作用的过度供给的矫正力量，和一旦价格低于其均衡值时将会起作用的过度需求的矫正力量，来建立他的体系的稳定性。当他解释市场如何决定商品的均衡价格时，他这样做了；当他解释市场如何决定生产要素服务的均衡价格时，他也这样做了；当他解释市场如何决定资本品的均衡价格时，他第三次这样做了。但是，当他企图解释市场如何决定纸币的均衡"价格"的时候，他却没有这样做。瓦尔拉斯的这种情况是一般性的，而不是例外（《货币、利息与价格》，p. 168）。

这种性质的疏忽导致了货币理论与价值理论的分离状态一直持续到 20 世纪。然而，凯恩斯的其他一些前辈通过解释货币、收入和商业周期的动态联系却取得了某些进展。

现代货币主义：理论与政策

在上面介绍的背景基础上，我们现在回到本章的主题，阐明现代货币主义命题的某些基本因素如何成为关于数量理论的早期著作的直接扩展。正如前面指出的那样，货币主义作为一种政策处方的名声是在对数量理论发展的连续、持久的贡献（甚至是在凯恩斯主义的全盛时期）之后才形成的。也许没有哪一位作者能像诺贝

---

① 除了马歇尔以外，这一集团还包括 A. C. 庇古和 D. H. 罗伯逊。

尔奖得主米尔顿·弗里德曼那样，用更有力和更精美的语言捍卫了货币主义的立场，他的思想塑造了一代"货币主义者"。

□ 弗里德曼的货币需求理论

1956 年（在凯恩斯的思想在学术界占绝对统治地位的时期），芝加哥的经济学家米尔顿·弗里德曼发表了一系列创新性的论文，对货币数量论进行了详细阐述和修正（《货币数量理论研究》）。在他的题为《货币数量理论：一个重新表述》（包含在《货币数量理论研究》中）的论文中，弗里德曼提出了一种关于货币需求的新见解，并给出了如下的表达形式：

$$m_d = \alpha(Y_p, w, i, P^*, P, u)$$

在这里货币需求被表示成永久收入（Y_p）、人力财富与非人力财富的比例（w）、名义利率（i）、预期的价格水平变化率（P^*）、实际的价格水平（P）以及对与其他商品相对而言的货币的偏好函数（u）等所有这些变量的函数（α）。弗里德曼将这种规定作为一种货币需求理论呈现出来，并使之建立在可检验的形式上。

在这里详细地研究弗里德曼方程中的所有自变量，将使我们离本章主题太远。（我们建议有兴趣的读者去读原始论文。）不过，指出这一方程的几个主要之点还是具有本质上的重要性的。

与数量理论的旧有表述不同，弗里德曼的重新表述本质上是一种货币需求理论，而不是一种价格理论。在这方面，他的货币理论研究方法与凯恩斯的方法是相似的。不过，这里也存在一个重要区别。弗里德曼对数量理论的重新表述是从资本理论的一个基本命题开始："收入"是资本的结果。这意味着弗里德曼在他的数量理论建构中所使用的收入概念，与凯恩斯在他的收入—支出模型中使用的收入概念是不一样的。弗里德曼将他的收入称之为"永久收入"，这就是说，他将收入视为由现存的财富（包括人力财富）产生的收入流的贴现值。这里的人力财富由诸如教育和培训一类"素质"的改进所构成。而凯恩斯则几乎完全忽视了财富，这更适合于他所要努力发展的那类短期分析，而不太适合弗里德曼所偏好的长期分析。[①] 在长期中，永久收入将成为更合适的变量。

弗里德曼并未指出对现金余额的需求，或它的倒数——流通速度，是固定不变的，就像在较早的数量理论的雏形公式中有时所隐含的那样。相反，他认为（通过引证经验支持）货币需求是一些自变量的稳定的和可预知的函数。这意味着货币在预期价格（以及我们将要看到的产出和就业的短期波动）方面，仍然是关键变量。换句话说，按照弗里德曼的观点，如果流通速度是可预知的，货币扩张率的变化将

---

① 凯恩斯对于短期分析的讲究实际的辩护是，"在长期中，我们都不存在了"。对此，现代货币主义者无疑将回击说，我们在长期中都不存在了的原因，正是凯恩斯主义的政策用通货膨胀和过度的政府杀害了我们。

解释通货膨胀（或通货紧缩）率以及产出和就业的短期变化。[1]

更进一步的考察告诉我们，弗里德曼的货币需求方程显然是我们在本章较早时看到的货币需求函数的精制品。我们可以将它简化，仅仅包括收入（当前的而不是永久的）和名义利率（y 和 i）。虽然这一简化没有公正地对待弗里德曼的精致的概念，但是它为我们提供了关于早期"货币主义"的初步解释。例如，当费雪效应和弗里德曼的货币需求概念相结合时，一个关于通货膨胀的非常清晰的解释便出现了。

□ 一个简化的货币主义对通货膨胀的解释

我们回忆一下，费雪曾指出名义利率等于实际利率与预期的通货膨胀率之和。这立刻产生了预期是如何形成的问题。一种关于预期的流行的理论叫作适应性预期理论，它认为价格预期是在过去的通货膨胀经验的基础上形成的，其中较近期的价格经验比较远期的价格经验具有更大的权值。未来价格的不确定性支配着预期。例如，劳动者的未来工资合同以及企业在对未来价格的某种（不确定）预期的基础上建立期货价格。适应性预期理论说的是，这些预期将主要由最近的过去经验来形成。

需要记住，名义利率部分地是价格预期的一个函数，而对现金余额的需求反过来又是名义利率的函数。更高的名义利率意味着持有货币的更高的机会成本，这意味着对现金余额需求的减少（反之亦然）。

由此，一个对通货膨胀的简化的解释可以通过利用适应性预期的概念、费雪效应以及弗里德曼的（经过修正的）货币需求函数给出。假设（1）存在一个固定不变的中央银行的货币扩张率；（2）预期的通货膨胀率与实际的通货膨胀率相等（都等于货币扩张率）；（3）名义利率等于实际利率加上通货膨胀率（或货币扩张率），后者是保持不变的；（4）实际的和理想的现金余额持有量是相等的；以及（5）实际收入按不变的比率增长。给定这些条件，假定货币扩张率有一个一劳永逸的增长。

货币扩张率增长的最初结果是，使个人和厂商的实际现金余额增加到他们理想的水平以上，并且在最初压低名义利率（因为可贷资金增加了，暂时降低了实际利率——如果你愿意，可以称之为"维克塞尔效应"）。超额的现金余额导致对商品、证券以及所有其他资产的支出的增加。由于名义支出的增长，实际价格开始上升（这有点像名义工资所发生的变化）。一段时间之后，预期对价格的增加开始"适应"，从而引起最初下降的名义利率转而上升。这个过程直到出现下面的情况才告结束：（1）新的通货膨胀率等于新的和更高的货币扩张率；（2）名义利率提高的量等于新旧通货膨胀率之差；（3）实际现金余额重又等于理想的现金余额；（4）实际

---

[1]　虽然弗里德曼的统计验证引发了很多争论，但是他作为一流的货币主义理论家的作用是无可争议的。至少其他居于领导地位的货币主义理论家同意这一点。哈里·约翰逊曾写道，"弗里德曼将收入是资本的结果和资本是收入的现值……的基本原理应用于货币理论，这也许是自从凯恩斯的《通论》以来货币理论的最重要发展"（《货币理论和政策》，p. 350）。

利率又恢复到它先前的水平。注意，由于现在有一个更高的名义利率，而这意味着持有货币的成本更高，所以现金余额的持有水平将比新的货币增长率发生以前的原有水平更低。

此过程对经济政策的含义是什么？一些含义是明显的。我们听过多少"紧货币和高利率是通货膨胀的原因"的说法？很多企业界人士和政治家坚持这种天真的观点。货币主义者对这种事情的看法告诉我们，情况恰恰相反。虽然货币的扩张在开始时降低名义利率，通货膨胀和费雪效应将接着起作用并最终引起名义利率上升。使利率在长期中能够被压低的唯一途径是实行越来越高的货币扩张率，在货币主义者看来，这是一个非常危险的政策。

弗里德曼指出，无论何时何地，通货膨胀都是一个货币现象。并且，他在题为《美国货币史，1867—1960 年》（*Monetary History of the United States*，*1867—1960*）（与安娜·施瓦茨（Anna Schwartz）合作）一书中通过大量的经验研究令人信服地证明了这一命题对于美国的有效性。在较早期和较天真的数量论表述中，通货膨胀可以由增加的流通速度（减低的货币需求增长）、减低的收入增长或增加的货币扩张率来解释。按照当代货币主义者的观点，对流通速度的增加存在着限制——人们对于现金余额的节省持有是有限度的。进一步说，收入和就业增长在长期中是由实际的力量和其他方面的因素决定的（参见下一节）。这样，剩下来的罪魁祸首便是货币扩张。正如我们马上将会看到的，最终，货币主义者对通货膨胀的解释是，它是由货币增长率无常的相机变化所产生的。

□ 通货膨胀与失业：货币主义者的反应

现代货币主义扩展到就业和收入增长以及它们与通货膨胀的关系问题。1958年，英国经济学家 A. W. 菲利普斯（A. W. Phillips）在一篇建立了以他的名字命名的"效应"的著名文章中，讨论了失业率和通货膨胀之间的关系（《联合王国的失业与货币工资率变化率之间的关系，1861—1957 年》）。[①] 这种"菲利普斯曲线"描述了一种失业率与通货膨胀率之间的负相关关系，因而为使失业率减少一个给定的百分比将需要越来越高的通货膨胀率。如果这是正确的，那么它将为政策制定者提出最大的两难问题。各种定义问题立刻随之出现了，特别是关于失业的定义。美国经济学家接受的是劳工部的概念还是经济顾问委员会的概念？或者其他别的什么定义？

类似"滞胀"的现实宏观经济事件，最终导致了对菲利普斯曲线的预测性质的极大怀疑。滞胀一词被用来描述以高通胀与经济停滞或经济衰退相结合为特征的时期。在 20 世纪 60 年代，人们认为与凯恩斯主义经济学相结合的菲利普斯曲线，使得滞胀成为不可能，因为高失业降低了对物品和服务的需求，这将降低物价。由此导致低通胀或无通胀。然而，到了 20 世纪 70 年代和 80 年代，当实际的滞胀出现

---

① 实际上，正如这篇论文的标题所暗示的，菲利普斯是使用货币工资率而不是通货膨胀率来说明他的关系。进一步说，很明显是欧文·费雪发明了菲利普斯的概念；参见费雪的论文《失业与物价变动之间的统计关系》（1926 年）。

时，经济学家开始更深入地考察菲利普斯曲线所反映的关系。

弗里德曼再一次挺身而出挽救危局，提出了关于失业与短期菲利普斯曲线的另一种精致的解说。在他1968年就任美国经济学会会长的演说《论货币政策的作用》中，弗里德曼指出长期的菲利普斯关系在某种自然的失业率上是垂直的。也就是说，在长期中，任何特定的货币扩张率和通货膨胀率都与自然失业率几乎没有或完全没有关系。弗里德曼用下面的表述说明了究竟是什么因素构成了自然失业率的问题：

> 它指的是……与劳动市场中现存的实际条件相一致的那样一种失业率。通过消除劳动市场上的障碍、减少摩擦因素可能使这种失业率降低。而增加劳动市场上的障碍则可能使其提高。提出这个概念的目的是要将就业场景中的货币层面与非货币层面分离开来——这与维克塞尔在与利率相联系的场合使用"自然的"一词具有完全同样的目的（《价格理论》，p. 228）。

因而，按照弗里德曼的概念，自然失业率是由影响劳动供给与需求的所有实际条件决定的。这些因素将包括所有的制度安排，诸如工会化程度、最低工资法、妇女在劳动力中的比率、工人的受教育状况，等等。

然而，在短期中，实际失业率却可以高于或低于自然失业率。为了直观地理解这是怎样发生的，我们仅仅需要返回到上一节我们关于货币和通货膨胀的分析，只是要改变那里关于产出和就业在相对于新的货币扩张率的调整中将保持不变的假定。

理解短期通货膨胀—失业关系的关键是要注意，在货币扩张率增加以后，企业界人士和工人得自实际价格经验的价格预期是不一致的。特别是，当个人开始使自己摆脱过度的现金余额的时候，物品和服务的价格便提高了。单个企业觉察到对他们自己产品的需求（以及价格）的增加（而不是一般物价水平的提高），因而生产更多的产品，同时在较低的实际工资水平上雇佣更多的劳动。为什么劳动者将愿意供给更多的劳动？（名义工资也许有某种提高，但是通货膨胀倾向于压低实际工资，所以它显示一种减少的劳动投入量！）答案在于，劳动者对价格的感觉是滞后的——用凯恩斯的话说，工人是处于货币幻觉之中。换句话说，增加的名义工资愚弄了劳动者，使他们认为实际工资也增加了，因而他们将供给更多的劳动。因此，在劳动者（和企业）赶上实际情况并进行再调整之前，失业率便低于自然率。所以，失业与通货膨胀之间的一个短期的负相关关系是存在的，但是在长期中菲利普斯关系将在自然失业率上呈垂直状态。货币主义者因而断言，在长期中，就业以及产出增长将由影响投入市场的实际因素所决定。改变货币供给增长率仅仅能够暂时地影响产出和就业。不过，货币供给的变化却对物价变化率有长期的影响。

□ 货币主义的经济政策

货币主义者的理论也有强烈的政策寓意。在他们的论证中"预期因素"的存在，意味着货币政策在实施中将存在着各种类型的时滞。在中央银行的货币政策中将有内部和外部两种时滞。内部时滞的存在是由于确认有关产出、就业和价格的不利的宏观发展以及实施适当的矫正措施将需要时间。货币政策在这方面也许比财政政策具有优势，因为与财政政策不同，它不必经过政治与法律的过程。但是"外部"时滞是一个更大的问题。米尔顿·弗里德曼第一个要求人们注意货币扩张或收缩的实际变化作用于通货膨胀、产出和就业这些"目标"变量之前所经历的时间长度（即外部时滞）。

预期调整是一个时间消耗过程。虽然一系列研究提供了关于这个问题的相互矛盾的证据，但是在货币变化和总支出变化之间可能需要 6～9 个月的时滞。产出变化通常被认为是受影响的第一级目标，货币扩张对随后的通货膨胀率产生充分影响将需要一年到一年半。然而，关于预期的形成和其他影响这些时滞长度的因素却知道得比较少。这样，很显然，围绕货币政策的行为和有效性存在着大量的不确定性。

由于货币政策并不是发生在真空中，联邦储备系统的活动必须被考虑进来。美联储以利率（例如联邦基金利率）为政策目标的企图，即将利率保持在某一范围内，曾经导致了非常高代价的失误。当利率由于市场因素（诸如过度的政府借债）而攀升时，美联储经常是用货币扩张来应对，这暂时降低了利率，但是为未来利率新的上升压力打下了基础（当然是先有更高的通货膨胀率）。这个问题导致很多货币主义者，特别是也包括弗里德曼，赞同将银行储备和货币总量而不是利率作为政策目标。然而，在新千年到来的时刻，弗里德曼对美联储政策的批评并未能改变它的制度行为。在基础层面上，货币主义者从"规则性对相机性"的视角来看待货币政策。他们强烈地质问，在给定关于宏观经济过程的现存的和未来的知识状态下，相机性的政策是否能够创造稳定性？毫不奇怪，美联储的政策制定者是反对这种断言的。

规则与权威 当然，美国是在一个独立的货币当局之下运行的。联邦储备委员会的成员是由美国总统任命的——需要征求参议院的意见和同意——然而一旦被选上，他们便独立于国家政府而工作。弗里德曼在这种安排中发现了一种对个人自由的威胁，因为它令被挑选出来的少数人去负责能够影响物价水平与就业的最重要的东西，即国家货币。

我们也许期望弗里德曼仅仅是在哲学说教的基础上得出这一见解的，但是他反对独立的货币权威的论点还从对历史上的货币数据的考察中得到了额外支持。例如，在他与安娜·施瓦茨合作进行的详尽研究《美国货币史，1867—1960 年》一书中，弗里德曼揭示出，大萧条时期美联储容许美国的货币存量下降了 1/3。他强调指出，这种政策使大萧条持续了比在适当的货币反应存在时所可能有的长得多的时间。

对于不同国家货币事实的更深入的了解使得弗里德曼断定，严重的萧条总是伴随着货币存量的锐减，以及货币存量的锐减总是伴随着萧条。在光谱的另一端，弗里德曼感到严重的通货膨胀总是伴随着货币存量的锐增并且反之亦然。关于大萧条，弗里德曼总结道：

美国的大萧条远不是私人企业制度具有内在不稳定性的一个信号，相反，它证明了当少数人控制一个国家货币系统的广泛权力的时候，如果他们失误将可能造成多么大的伤害（《资本主义和自由》，p.50）。

因此，弗里德曼倡导长期以来一直成为芝加哥传统的另一种主张。他赞成以自动的规则取代独立的货币权威。弗里德曼将联邦储备委员会过去的表现与一个正在学习驾驶汽车的紧张不安的十几岁少年的行为做比较：当踩到加速器上时（即增加货币存量），我们这位紧张不安的初学者经常给油门加得过大；而当踩刹车时（减少货币存量），他或她又常常刹得过急。用一句短语来说，货币的过度宽松和过度紧缩都是可预见的。与沿着一条经济增长路线平稳地行进相反，经济面临着间歇式的运动——通货膨胀或者萧条，结果在这个过程中使个人受到伤害。

要纠正这种趋势，弗里德曼建议联邦储备委员会应遵循按照每年 3%～5% 的比率逐月地增加货币存量的规则。在弗里德曼看来，这个幅度的增长率是与美国可持续的经济增长以及与此相连的物价稳定相一致的。不仅如此，它还将消除（比方说）如果在一个月使货币供给增加 12% 而在下一个月使货币供给增加 3% 所具有的非稳定化后果。

毋庸赘言，在学者们中间，规则与权威的问题是最易于引起争论的。弗里德曼关于在货币规则下稳定的经济增长的结论严格地依赖于流通速度的稳定性。虽然他的统计证据支持这一假定，然而他的批评者则否认这些证据，或者他们对弗里德曼的统计程序提出挑战。一些批评者强调指出，虽然流通速度在长期中也许是稳定的，但它在短期中是不稳定的。他们因而指出，相机性的货币政策对于阻止短期的、非稳定性的流通速度变化是需要的。弗里德曼对于争论已经习以为常了。毕竟，货币主义很难再找出一位更有力的发言人。[①]（关于另外一种论证政府干预为什么可能导致坏的结果的观点——部分地基于货币主义——请参见下面的专栏"思想的力量：理性预期，或'你不能在所有的时间里愚弄所有的人'"。）

☞ ═══════════════════════

思想的力量：理性预期，或"你不能在所有的时间里愚弄所有的人"

因为经济学是研究人类行为的，所以预期便成为对于经济理论具有基本重要性的问题。计划买房的家庭将要预测它的长期收入以及未来的抵押贷款利率可能的变动趋势。工会在与雇主的谈判中，将把它的工资要求部分地建立在对未来的通货膨胀认识的基础上。在这每一种情况中，单个人或集团的最终交易一旦传导到价格，将会对实际的通货膨胀率产生影响。在直观上，你可以认为预期是向前看的。很明显，它们与（在很大程度上是未知的）未来相关联。但是直到 20 世纪 70 年代，经济学家在对预期建立模型时却仿佛它们是以过去为基础。例如，人们通常的做法是，断定下一年的通货膨胀率等于

---

① 弗里德曼的才智如此机敏以及他在争论中表现得如此老练，使得人们把他与哲学家尼采（Nietzsche）相比较。关于后者，H.L. 门肯（H.L. Mencken）曾说道，"当他发言进行辩论时，也就到了该送上救护车的时候了"（见布赖特和兰塞姆，《学术上的粗制滥造者》，p.259）。

当前的和过去的通胀率的加权平均数。人们采取这种假定是基于这样一种与之相伴而生的见解，即除了合理地假定它们在很大程度上将依赖于经验以外，人们不可能直接观察预期。

这种推理中的欠缺之处是，它假设人们将继续相信他们已经知道是错误的东西。几位经济学家曾为这种"不合理的"论断所困扰。在 20 世纪 60 年代，约翰·穆特（John Muth）指出，如果假定人们有理性预期将会更好，这意味着真正向前看的预期将建立在可利用的最好信息的基础上，而那些被证明是持久性错误的东西将被放弃。

在 20 世纪 70 年代，罗伯特·卢卡斯（Robert Lucas，1995 年诺贝尔经济学奖获得者）阐释了这一简单的思想所具有的重要意义。卢卡斯对以居民和厂商的过去行为为基础的政府经济模型的有效性提出了挑战。他论证道，当政府改变它们的政策时，预期也将变化，从而经济对新政策的反应也许和政府所预期的不相同。

这一思想拥有广泛的力量，但是对货币政策产生了特别强烈的影响。直到 20 世纪 70 年代，政府始终认为它们能够用更高的通货膨胀率来换得较低的失业率。这一观念曾遭到米尔顿·弗里德曼的严厉攻击（正如本章已经指出的）。但是，弗里德曼是把他的论断建立在向后看的预期的基础上。通过应用理性预期的概念，卢卡斯永久性地否定了上述这种观念。

根据理性预期理论，一个短期的膨胀性货币政策将可能增加就业，但这仅仅是因为厂商被愚弄，即他们把他们对其产品可能索取的价格的提高看成是对他们的产品有更强烈的需求的一种信号。而实际上，这仅仅是普遍的价格水平上涨的信号。在长期中，在理性预期下面，由于人们不能永远被愚弄，通货膨胀与失业之间的互换关系将不复存在。他们从错误中学习。一旦人们认识到通货膨胀升高了，失业将恢复到先前的水平。

显然，穆特和卢卡斯以及其他"理性预期主义者"提出的见解，对于天真的政府政策是一个有用的警告。但是，正是由于这个完全简单而有力的概念，理性预期理论也提出了很多新的问题。预期是怎样形成的？什么时候政府是可信赖的？什么构成了有效信息？人们如何利用信息？经济模型怎样才能抓住人们在理解经济如何运行方面的有限能力？

部分地是由于理性预期观点的影响，经济学家现在都专心关注于可信赖性和可持续性问题。政府能够保持它们的诺言吗？以及它们能保持多长时间？我们现在已经更明确地认识到，政府将永远被困扰在一种进退两难的境地：尽管一种坚忍顽强的政策最终将带来低通货膨胀的好处，但是政治家通过实施一种暂时能够刺激收入和就业增长的短期通货膨胀政策，却可能赢得政治声誉。但是如果他们反复地屈从于这种诱惑，他们的可信赖性就要丧失了。很可能，在美国以及其他地方，未来关于规模庞大的社会计划（例如社会保险、医疗保障和医疗补助等）的大论战将围绕这一基本概念而展开。

供给学派与货币主义者——概述　本章和前一章说明了关于宏观经济学的基本问题的大争论热潮。特别是，凯恩斯主义者和后凯恩斯主义者支持相机性的财政政策操作作为宏观经济稳定化的主要工具，并以相机性的货币政策作为辅助的调控手段。凯恩斯主义的相机性的政策操作有时被称为"需求管理"。按照凯恩斯主义者的观点，经济总是需要调控和修补的，政策措施的成功是以一个强有力的政府机构的存在为前提的。然而，货币主义者是从另一种角度来看问题的。他们认为经济基本上是稳定的和自我调节的，基本不需要政府的干预。政府的适当作用（特别是联邦储备委员会的作用）是提供一个可预测的、稳定的环境，在其中无拘无束的经济过程可以有效率地运作，从而实现经济福利最大化。这样，最小的政府、平衡的预算、对企业和行业管制的解除以及货币增长规则，便成为货币主义者政策"包"中的所有组件。不过，货币主义者和后凯恩斯主义者在他们的政策处方中都强调经济的"需求方面"。

滞胀出现在 20 世纪 60 年代和 70 年代的英国，以及 20 世纪 70 年代初期的美国。由于在凯恩斯主义的框架内难以解释滞胀，导致人们在 20 世纪 70 年代和 80 年代更大程度地接受了货币主义的理论。而由于货币主义越来越难以预测对货币的需求以及 20 世纪 90 年代的长期低通胀和高就业——一种与滞胀相反的情况，钟摆在某种程度上又向相反的方向摆动了。不过，滞胀出现的可能性仍然是 21 世纪的经济学家高度关注的问题。

但是，在 20 世纪 70 年代和 80 年代，在这两个摆动中间出现了一个关于宏观经济的新观点，它来自那些以供给学派著称的学者。通过拒绝凯恩斯主义经济学和货币主义者的需求导向，供给学派集中于宏观经济政策对储蓄、投资和获取资本的动机的影响。由于将 20 世纪 70 年代的通货膨胀归因于劳动生产力增长的减弱，供给学派强调那些影响技术和劳动市场的因素。

供给学派倡导以削减税收和支出，以及平衡的预算作为主要的财政调节手段。由此希望得到的净结果，将是创造更强的储蓄和投资激励，由此推动经济向前发展。解除行业管制（包括减少有关企业"标准"的管制）、强调私人的劳动培训计划以及减少对工作和储蓄产生负激励作用的社会福利补贴，也是供给学派政策处方中的大部分内容。

结论

法国有一句谚语，"事情越变越一样"。这一谚语似乎特别适合于用来评价现代宏观经济理论和货币理论。供给方面的经济学和现代理性预期理论（抛开技术性工具以后的思想观念）的基础曾是亚当·斯密和很多其他重要的古典经济学家的惯用工具！在他们的一国财富概念背后起基础作用的力量是劳动生产力和资本形成因素。他们又将这种观点与尽可能小的政府"政策制定"这样一种信仰相结合。这些原理与现代供给学派、货币主义者和理性预期主义者的哲学和理论概念是非常接近的。如此，当代宏观经济学和货币主义理论看起来是要回到任何经济都将永恒关注的问题。不过，它的内容远比从前丰富。我们现在已知，在很大程度上是由于凯恩斯主义的插曲以及米尔顿·弗里德曼和理性预期主义者令新古典思想重放光芒，使得人们对于总体经济的运行有了更充分的理解。这样一来，现代宏观经济学——它被认为包括货币主义经济学——便成为并且将继续成为当代经济学家的一个主要研究领域。

参考文献

Breit, William, and Roger Ransom, *The Academic Scribblers*, rev. ed. New York: Holt, 1982.

Fisher, Irving. "A Statistical Relation between Unemployment and Price Changes", *International Labor Review* (June 1926). Reprinted as "I Discovered the Phillip's Curve", *Journal of Political Economy*, vol. 81 (March/April 1973), pp. 496 – 502.

——. *The Purchasing Power of Money*. New York: A. M. Kelley, Publishers, 1963 [1911].

——. *The Theory of Interest*. New York: Macmillan, 1930.

Friedman, Milton. *Studies in the Quantity Theory of Money*. Chicago: The University of Chicago Press, 1956.

——. *Capitalism and Freedom*. Chicago: The University of Chicago Press, 1962.

——. "The Role of Monetary Policy", *American Economic Review*, vol. 58 (March 1968), pp. 1 – 17.

——. *Price Theory*. Chicago: Aldine, 1976.

——. and Anna Schwartz. *A Monetary History of the United States, 1867— 1960*. Princeton, NJ: Princeton University Press, 1963.

Johnson, H. G. "Monetary Theory and Policy", *American Economic Review*, vol. 52 (June 1962), pp. 335 – 384.

Mill, J. S. *Principles of Political Economy*, W. J. Ashley (ed.). New York: A. M. Kelley, Publishers, 1965 [1848].

Patinkin, Don. *Money, Interest and Prices*, 2d ed. New York: Harper & Row, 1965.

Phillips, A. W. "The Relation between Unemployment and the Rate of Change of Money Wage Rates in the United Kingdom, 1861—1957", *Economica*, vol. 25 (November 1, 958), pp. 283 – 299.

Pigou, A. C. (ed.). *Memorials of Alfred Marshall*. London: Macmillan, 1925. .

Uhr, Carl G. *Economic Doctrines of Knut Wicksell*. Berkeley: University of California Press, 1962.

Wicksell, Knut. *Lectures on Political Economy*, 2 vols., L. Robbins (ed.). London: Routledge & Kegan Paul, 1935.

——. *Interest and Prices*, R. F. Kahn (trans.). London: Macmillan, 1936.

第 22 章

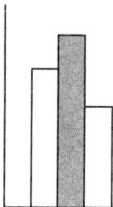

奥地利经济学

542　　　第13章以出现在19世纪后几十年的价值理论中的"边际革命"为背景，评述了"老"奥地利学派的贡献。经济思想史学家们有一个共同的倾向，就是把门格尔、杰文斯和瓦尔拉斯归为一类，作为研究价值的相同方法的独立发现者。这种倾向遮蔽了这些经济学家在理论构建的本来目的和意图方面的本质区别，也遮蔽了他们的主要作品以各自不同的方式对后世经济思想的发展所产生的影响之间的区别。

　　当然，一个重要的区别就是，这三人中只有瓦尔拉斯是一般均衡体系的设计师。约瑟夫·熊彼特把这一成就当作这个时期真正重要的成就，并且断言，"从本质上说，边际效用原理毕竟不像杰文斯、奥地利经济学家，以及瓦尔拉斯自己所认为的那样重要"（《经济分析史》，p. 918）。然而，究竟奥地利经济学家是否像熊彼特所设想的那样，认为只有边际效用原理是重要的，这仍有些疑问。最近的研究表明，边际效用原理是门格尔的经济分析所附带产生的，而不是其必要的组成部分。[①]门格尔自己从未关注过函数的相对最大或最小问题，而这是许多人所认定的边际主义的本质；与此相反，其经济分析的着眼点在于对制度和非均衡条件的研究。

　　后面这种问题构成了"新古典"经济学的奥地利分支与新古典理论的法国（古诺-瓦尔拉斯）或英国（杰文斯-马歇尔）变体之间的尖锐分歧。如果暂时忽略瓦尔拉斯走上了一般均衡理论的通衢大道而马歇尔走上了局部均衡分析的羊肠小道这件事，二者都显示了对在假设的完全自由竞争体制下价格的决定因素的理论兴趣。而与此相反，门格尔并不试图解释价格，他也没有假定竞争是"完全"的。他并没有在"满足的重要性"（即边际效用）与市场价格之间建立分析上的联系。事实上，

---

① 例如，见参考文献中的 J. T. 萨莱诺（J. T. Salerno）的《米塞斯的〈人类行为〉的地位》。

他把市场价格当作是许多影响商品和服务交换的深层力量所产生的表面现象和附带现象。门格尔坚信，经济学应当研究这些深层力量和本质原因，而不是关注数学的形式主义。

门格尔关于人类及其本质的观点不可避免地影响到其经济分析的方法。威廉·贾
菲（一位研究瓦尔拉斯的权威）总结道：

> 在门格尔看来，人远非"便捷的计算器"（凡勃伦的贬义语），而是一种步履维艰、错误频出、所知有限的生物，他遭受不确定性的困扰，永远在魅力诱人的希望与难以释怀的恐惧间挣扎，在寻求满足的过程中，先天地缺乏作出精确的最终决策的能力。门格尔的注意力（因而）始终不渝地集中在现实上，他不会也没有从交易者所面临的困难中进行抽象，以便试图获得诸如使市场价格的精确均衡决定得以产生所要求的全部信息，他所采用的方法也不允许他抽象掉遮蔽未来、甚至是可以明确预测的、当前交易所发生的较近未来的不确定性。他既不排斥非竞争集团的存在，也不排斥市场中垄断或类似垄断的交易者的普遍存在（《门格尔、杰文斯与瓦尔拉斯的相异化》，pp. 520 - 521）。

制度因素在奥地利范式中也是至关重要的，只不过他们以一种与凡勃伦的构想不同的方式来对待制度问题。门格尔经济学的基本目的是根据个人的目的和计划来理解社会现象。经济和社会制度通过影响个人计划间的相互作用来影响人类行为。在门格尔的理论框架中，制度是个人间相互作用的协调方式。一个市场或一种法律体系是制度，但货币也是一种制度，连价格也是一种制度。如此多的具有不同背景的人们就某种确定的交互行为方式达成共识，这是怎样实现的？如此多的个人交换在没有中央指导的条件下以互利的形式发生，这怎么可能呢？奥地利传统对于这些问题以及其他主要理论问题并未提供一套现成的答案，相反它是一种思考"经济问题"的方法，是一种具有独特完形结构的研究方案。这种独特研究方法的关键概念关注主观性、时间、不确定性、非均衡、过程、知识和协调的作用与影响。

奥地利经济学的完形结构

尽管是门格尔第一次赋予了"奥地利经济学"一词以明确的含义，但他的影响远远超越了其祖国的国界。门格尔开创的"维也纳学圈"滋养了第二代奥地利经济学家，最引人注目的是路德维希·冯·米塞斯（1881—1973年）和约瑟夫·熊彼特（1883—1950年），这两人后来都移居美国。米塞斯随后培养了第三代奥地利经济学家，其中包括弗里德里希·哈耶克（1889—1992年）、奥斯卡·摩根斯特恩（1902—1977年）、弗里茨·马克卢普（1902—1983年）、保罗·罗森斯坦-罗丹（Paul Rosenstein-Rodan，1902—1985年）以及戈特弗里德·哈伯勒（1900—1995年）。在伦敦，哈耶克影响了 G. L. S. 沙克尔（G. L. S. Shackle，1903—1992年）

和路德维希·拉赫曼（Ludwig Lachmann，1906—1990 年），后者也是维也纳大学博士学位获得者。在美国，米塞斯影响了伊斯雷尔·柯兹纳（Israel Kirzner）和默里·罗斯巴德（Murray Rothbard，1926—1995 年），他们参加了他在纽约大学举办的讨论会。这样，在"奥地利"一词的地理含义不再具有什么实质性意义之后，连绵不断的"奥地利"的后代大量繁衍起来。

奥地利方法的现代阐释者强调其主要观点中的五个主要论点，按照他们的看法，这些论点将奥地利经济学与主流的新古典分析区别开来。这五个与众不同的特点是：（1）激进的主观主义；（2）方法论的个人主义；（3）有目的人类行为；（4）因果发生学；（5）方法论的实在论。其中每一点都需要详加说明。

激进的主观主义是一个宽泛的词语，包罗了许多独特的奥地利经济学主题。奥地利经济学方法的基础是确信所有经济理论的根本的永久联系是人类选择的结果。因此，奥地利经济学家强调知识和错误在个人决策当中所发挥的作用。重要之处在于，人们在知识、解释、预期和机敏等方面是互不相同的，这样，主观主义就有一个比仅指嗜好更为宽泛的含义。所有的决策在其本质上都是主观的。没有理由预期确定的信息——例如他或她的偏好与预期的强度和形式——将被作决策的个人之外的任何人合理地持有。由于决策是企业家的职能，因此企业家精神是奥地利经济学中的主要力量。

然而，奥地利方法最为独特和激进的性质，在于其对效用的首要作用的强调以及对作为一种相关因素的成本（与效用一道）在价值决定中的作用的否定。后一点构成了与新古典价值理论的英国变种（马歇尔和杰文斯）之间最尖锐的分歧。从本质上说，奥地利经济学家指出了经济成本自身是主观的，因为无论选择在何时作出，它们都要基于对所放弃的效用的计算。换句话说，奥地利经济学家把成本与决策——一种中性的行为——联系起来，而不是把它与某一事或某一物联系起来。这意味着成本从属于效用，但不可避免地要与效用发生联系。成本是主观的，因为它们是被决策者所感知的。因此，为某物所付的价格只代表该物对购买者的效用，而不必然地代表它对其他人的效用。这一思维路径与严格的马歇尔传统相反，后者将成本与事件相联系，因而在某种意义上认为成本是客观的。

方法论的个人主义断言，研究经济现象最适当的方法是在个人水平上进行。如果经济学是一门选择的科学，那么人们必须考察选择人以理解经济关系。但是，从某种意义上说，某些选择难道不是集体性的、由某一团体（如某个委员会）作出而不是由单个的个人作出的吗？关于这个问题有两点需要考虑。一个是，任何集体性决策团体都是由个人所构成的，这些单个人的决策形成了集体的判断。另一个要考虑的问题是总体的性质及其传递何种信息。奥地利经济学家指出，只有在个人考虑的事不重要的场合，总体才重要；而对奥地利经济学家来说，个人决策总是重要的。在最终的分析中，在研究个人还是总体的选择之间进行选择至少部分地是一个规范命题，奥地利经济学家毫不隐瞒他们在这一问题上的方法论偏好。

在奥地利经济学派的方法中，存在目的论成分，这以其对有目的的人类行为的强调表现出来。然而，它是一种并不把目标绝对化的目的论。目标可能随时间流逝

经济理论和方法史（第五版）

514

而变化，而且个人间的目标明显不同。在这种联系中，奥地利经济学家坚持的基本命题是，个人的选择并非某种趋向于效用的纯粹引力拉动的结果。相反，个人行为具有某种目的，即使这个目的经常被错误或不完全信息所阻碍。在这一点上，奥地利经济学家反对边沁的原则，因为边沁把人们看作是由快乐和痛苦被动地推动的。奥地利经济学家认为所有的选择都是前瞻的，因而预期是非常重要的经济变量。这些预期与每个人行为背后的目的一道，形成了个人的计划和为实现每个计划所做的决策。

说奥地利经济学是因果发生学，就是说它强调本质而不是功能性联系。机能主义强调，需要制定出为实现某种目的而必须被满足的条件（例如，列举构成竞争模型的各项特征）。奥地利经济学家宣称对事物的特性与本质更有兴趣，而对其形式则兴味索然。在奥地利的方法中弥漫着一种亚里士多德式的气质，例如，数学化经济关系的努力被认为是无用的，因为数学是功能的、侧重形式的，所以不能带来对基本经济联系的任何真正理解。

最后，方法论的实在论认为，研究经济学的正确方法是对本质的研究，而不是对表面现象的研究。由于经济学是社会科学，其方法必须适应对人类行为的研究。因此，奥地利经济学家反对自然科学在经济学中的应用。哈耶克创造了"科学主义"这个词，以描述自然科学原理在人类研究中的应用（按照他的观点是非法的）。他和其他奥地利经济学家发现，把自然科学的方法论转而用到社会科学如经济学中的尝试无疑是不科学的，因为它机械地、不加批判地把一些思维习惯应用到了与其得以形成的领域完全不同的领域。按照哈耶克的说法，"与科学观点相区别的科学主义观点并不是无偏见的，而是一种充满偏见的方法，它在考虑其主题之前，就宣称知道什么是研究这一主题的最适当的方法"（《科学的反革命》，p.24）。哈耶克认为，推动社会科学对自然科学的方法和语言进行拙劣模仿的主犯是圣西门和孔德。因此，奥地利经济学宣称是非科学的，其目标是相当温和的。奥地利经济学家对预测没有兴趣，他们试图理解人类社会，并且使之更容易理解。因此，他们的方法论背离了主流的新古典经济学（参见下面的专栏"方法论争论之六：奥地利学派对马歇尔主义者：二者真的有差别吗？"）。

对奥地利经济学的每一种特征进行全面的讨论超出了本书的目的和范围。在本章中，我们仅限于对奥地利经济学的一些主要论题——货币、信用、商业周期与竞争的性质——做一简要评述。

☞ ====================================

方法论争论之六：奥地利学派对马歇尔主义者：二者真的有差别吗？

当代经济学界一些人认为，奥地利经济学只是一种旨在形成"人为差别"的努力，也就是说，只是一种标准新古典（马歇尔式的）经济学的变种。诚然，马歇尔经济学已经通过引入不对称信息、不确定性及其他因素而得到修正。然而，正如本章中所指出的，二者明显存在概念和哲学上的差异。例如，奥地利经济学家对作为主观成本基础的效用的强调，以及对"人类行为"的强调都与马歇尔的需求和供给分析相对立。但是有人说，公正地看，这两种方法都强调个人理性的最大化和经济化。真正的问题归结于此：除了某些哲学问题之外，奥地利经济学家确实在经济学研究方面不同于正统的马歇尔主义者吗？

这一问题的答案是，在奥地利经济学的实践上存在重要差别，而这些差别可以追溯到第一代奥地利经济学家的思想。我们只考察两个源自其阐述微观经济行为的例子：消费和生产的"非连续性"以及伴随经济决策的普遍的不确定性。请回忆一下，门格尔（以及维塞尔和庞巴维克）强调固定比例的消费和生产。由于观测到"连续地"购买最终商品或资源在客观上是不可能的，所以所有消费品和所有投入都具有"起伏性"。

按照奥地利经济学家的原则，在对现实过程的抽象中，微分形式的数学是不适当的，实际上是不可能的。当人们对消费和生产中的商品或资源发生物理上的增加时，并不存在平滑的马歇尔式的连续性，所以假装存在这种连续的是没有什么意义的。根据这种推理，微积分的应用只会扭曲现实经济现象的特征，使你陷入困境。奥地利经济学派对"理性力学"或数学推理的拒斥既源自其对现实世界的这种研究，也源自一些哲学偏见。

其次，考察奥地利经济学家对现代计量经济学的（有限）运用。他们相信人们不能把"硬"科学的方法应用到经济学中来，主要是因为伴随所有市场交换而存在的不确定性和有限信息（门格尔早就强调了）。现代马歇尔主义者有经济预测的目标，运用概率论——这是统计学和计量经济学的基础——来"检验"经济理论。但是，当市场活动被看作是一种不可停止的过程、是人类行为而不是人类设计的结果时，就几乎没有可预测性的存在空间。所以，奥地利经济学家的首要目的在于描述，而不是预测。在这一范式之内，没有多少现代计量经济学的存在空间，也没有对它的包容。过去事件及数据线索（数据收集仍是另一个问题）不能在奥地利经济学家可接受的概率范围内用来对未来事件进行精确的预测。在考虑人类行为所推动的事件的未来发展时，由于存在过多的不确定性，所以不能把经济学现象还原为机械过程。再者，奥地利经济学家依赖逻辑的和经院哲学的方法来提出和研究问题，这非常多地表现在早期奥地利经济学家如何看待世界的传统之中。简言之，奥地利经济学与正统马歇尔经济学之间，在实践经济学的模式方面存在着真正的区别。

路德维希·冯·米塞斯：货币与信用理论

古典经济学家认为货币在其经济后果方面是中性的（见第 6 章），瓦尔拉斯的新古典经济学没有认识到货币的独特性。在瓦尔拉斯的一般均衡模型中，货币仅仅是一种计价物——它不具有与该模型中的许多非货币商品相区别的性质。奥地利的货币理论反对所有这些命题，认为货币是独特的，因为它具有跨期交换能力，而且这种理论着重研究货币供给变化的相对价格效应。因此，当代奥地利经济学以货币的演化理论为开端，以货币变化对个人的基本经济决策所产生的影响的分析而结束。

虽然卡尔·门格尔创建了一种强调个人（自利）行为的无意识后果的货币演化理论（见第13章），但他并没有成功解决什么决定货币价值的问题。尽管克努特·维克塞尔作出了卓有成效的努力（见第21章），但货币理论仍与价值理论相脱节，直到路德维希·冯·米塞斯——庞巴维克在维也纳大学的学生之一——将二者融为一体。米塞斯把货币理论和价值理论都建立在相同的原理即主观个人需要的边际效用之上，以此实现二者的综合。

□ 主观使用价值与客观交换价值

米塞斯认识到货币的边际效用源自两个独立的原因。一方面，货币具有的价值源自其所购买的商品的价值；另一方面，货币具有自己的主观使用价值，因为它可以为未来交换而持有。通常我们所说的货币价值源于货币交换其他物品的能力。米塞斯把货币的这一特点称作它的客观交换价值，以便与货币的主观使用价值相区别。如今我们把它称作货币购买力。

那么，我们怎样度量货币购买力？传统理论发展出了一个整体（总体）价格水平概念，由此得出货币购买力（价格水平的倒数）等于社会的总交易量除以货币流通速度。根据大家熟悉的交易方程式（见第21章）$MV=PT$，可得出价格水平 P 为如下形式：$P=MV/T$，其倒数（货币购买力）为 $1/P=T/MV$。米塞斯承认数量论有一定道理，即"货币价值的变动为一方面，货币的供给为另一方面，二者之间存在一种联系的思想"，但"除这一命题之外"，他指出，"数量论不能带给我们任何东西。毕竟，它不能解释货币价值的变化机制"（《货币与信用》，p.130）。

由于忠实于奥地利经济学传统，米塞斯反对研究货币理论的宏观经济学方法，而赞同个人主义的方法。所有的定价都是由个人作出的，所以理解货币价值的关键在于个人的意向。一美元的购买力是它所能购买的浩繁的商品名单，这一商品名单是异质的、独特的。在任何一个时点上，一美元可能购买四盒火柴、三块口香糖、两瓶汽水、半盒香烟以及交付理发费的1/10，等等。所以，货币的购买力不能以某种整体的价格水平的形式来表示。同质商品总是必须按照其对消费者的用途而不是它的技术属性来定义。同样，价格必须与商品的特殊用途相联系，而不能与其技术属性相联系。位于曼哈顿和皮奥里亚的房子具有相同的技术性质，但售价不同，因为它们对购买者来说并不具有同样的用途。纽约的公寓具有理想的位置，具有更为广泛的消费可能性，因而在市场上也就具有更高的价格。米塞斯在解释技术性质类似的商品在价值方面存在的差别时，强调地理位置（和时间的）因素，补充了奥地利经济学关于货币购买力等于一种商品名单的思想。

在把边际效用理论应用到货币的价格时，米塞斯碰到了一个棘手的分析性问题。当某个人在价值尺度上排列咖啡、鞋子或假期时，他或她按照这些商品在消费中的直接用途对其估价，每一估价独立于、先于其市场价格。然而，人们持有货币并不是因为它能直接用于消费，而是因为它最终能够交换到可以直接消费的商品。换句话说，货币自身并没有用，它有用是因为它具有一个先验的交换价值——一个预先存在的购买力。所以，对货币的需求不仅并不独立于其现存的市场价格，而且恰恰得自其按照其他商品和劳务衡量的预先存在的价格。然而这里仍然存在问题。

如果对货币的需求以及其效用依赖于其预先存在的价格或购买力，那么怎样才能用需求来解释价格？米塞斯的批评者指责他陷入了循环陷阱。

米塞斯依靠回归定理来避免这种陷阱。在任何给定的时间如时间 D，货币需求等于其前一天（$D-1$）的购买力，前一天（$D-1$）的货币需求等于 $D-2$ 时的货币购买力，依此类推。换句话说，货币需求总是具有一种历史的（即时点的）因素。但这不是一种在时间中的无限回归吗？不是，米塞斯回答，我们只是必须把分析后推到某一时点，在这一时点上，作为货币的商品并不作为间接交换的媒介，只是因其自身的直接消费用途而有需求。假设我们循时间返回到黄金作为货币被引入的时点上。我们假设在此之前，所有的交易都采用物物交换的形式。在物物交换的最后一天，黄金只是因为其直接消费用途才具有价值，但在作为货币的第一天，它就具有了另外一种交换媒介的用途。换句话说，在其作为交换媒介的第一天，黄金具有两种维度的效用：首先是直接消费用途；其次是货币用途，在其效用中具有一种历史成分。

在评价这种回归定理时，默里·罗斯巴德——米塞斯的一个学生——指出了米塞斯与门格尔的理论之间的连续性，门格尔特别强调货币的演进与制度因素：

> 米塞斯的回归定理不仅完整地解释了货币的当前需求，以及将货币理论与边际效用理论相综合，而且表明货币在市场中必须以这种形式产生：即个人在市场中逐渐开始把某些以前具有价值的商品用作交换媒介。通过社会契约来把某种原先没有价值的东西认定为"货币"，或通过突然颁布的政府法令，不会产生什么货币。因为在这些情况下，货币商品不会具有以前的购买力，而这种购买力在个人对货币的需求中是必须考虑的。这样，米塞斯证明了卡尔·门格尔关于历史的见解，即货币在市场中产生的方式不仅仅是一种历史的总结，而且是理论的必然（《奥地利货币理论》，p. 169）。

□ 货币变动对相对价格的影响

利用理查德·坎蒂隆率先提出的观点（见第 4 章），米塞斯把他的货币分析集中在货币存量的变动对经济活动的影响之上。他再一次反对宏观经济学方法，而赞同方法论的个人主义。作为对约翰·洛克发展的数量论的反应，坎蒂隆指出货币存量增加的影响在整个经济中并不是相同的，而是会引起不同部门的价格以不同的速度上升，因此会改变这一过程中的相对价格。米塞斯把这种"坎蒂隆效应"与边际效用理论相结合，阐明了货币供给变化所带来的冲击。

在现代社会中，当政府或中央银行增加货币供给时，他们并不是以同等地影响每个人的方式来进行的。相反，政府或银行创造出的新货币被用来购买特殊的商品和劳务。这些特殊商品的需求上升，首先会提高它们的价格（现在，米塞斯经济中的这种基本原理应当很清楚了：随着货币持有量的增加，货币的边际效用递减，这样面对货币，某些商品将以主观偏好为尺度被重新定价，推动了这些商品价格的上升）。新货币溅起的涟漪逐步扩展至整个经济，随着其发展会提高需求和价格。这样，以损害那些较晚得到新货币的人以及那些依靠固定收入生活而根本没有得到新货币的人的利益为代价，收入和财富会再分配给那些在这一过程中较早得到新货币的人。

由于认识到这些相对价格效应以及随之产生的财富再分配，米塞斯非常坚定地反对货币供给的通货膨胀性扩张。事实上，米塞斯指出，由于货币的交换功能并未随较高的货币存量而得到提高，通货膨胀将总是一种零和博弈，以损害某些人为代价来使另外一些人获益。

> 货币提供的服务由购买力的数量来限定。没有人希望持有只具有明确数额或明确重量的现金；他希望保持一种具有明确的购买力数量的现金。由于市场的运行倾向于把货币购买力的最终状态限定在某一高度之上，在这一点上，货币的需求与供给相一致，绝不存在货币过剩或不足。无论货币的总量是大还是小，每个人以及所有的人都总是非常喜欢他们由间接交换和使用货币所带来的好处。货币购买力的变动导致了社会各成员间财富分配的变化。从那些渴望通过这种变化来使自己富裕的人的观点来看，货币供给可能会被认为不足或是过剩的，而且这种获益的欲望可能导致意在产生现金引致的购买力变化的政策。然而，货币供给的变化既没有改进也没有削弱货币提供的服务。……对每一个人来说，整个经济中的可用货币数量总是足以保证货币所做的以及所能做的全部事情（《人类行为》，p. 418）。

从上一段中可以清楚地看出，米塞斯的经济分析使他对经济力量的每一次集中所潜在的滥用保持警惕。货币扩张是政府、政府控制的银行体系及其恩宠的政治集团能够部分地剥夺社会其他集团的财富的一种手段。由于亲眼目睹了第一次世界大战之后德国的恶性通货膨胀，米塞斯对任何政府所流露的在长期中实施货币限制的意愿都表示怀疑。正是由于这个原因，而不是因为他赋予黄金什么神秘的性质，米塞斯才倡导金本位是最好的货币形式。

F. A. 哈耶克与经济周期理论

米塞斯的货币和信用理论产生了一种建立在货币供给变动基础之上的奥地利经济周期理论，该理论是由米塞斯的学生、诺贝尔奖得主弗里德里希·A. 哈耶克最为完整地阐释的。像米塞斯一样，哈耶克打破了数量论传统，因为它忽视了货币对相对价格的影响。他继续对货币理论和价值理论进行综合，这是米塞斯通过探索货币供给变动对产出构成而不是对产出数量或价格总水平所产生的影响而开始的工作。

哈耶克的经济周期理论是奥地利货币、资本和价格理论的混合。简言之，他对周期运行的解释如下。一种货币扰动（如货币存量的增加）导致利率降至低于均衡水平，这刺激了对资本的投资，从而重新配置资源，使资源从消费品的生产转向中间商品（资本）的生产。结果，资本品的价格上升，而消费品的价格下降。相对价格的这种变化改变了生产结构。（哈耶克把生产的整个过程看作是一种多阶段的活动，原材料依次通过这些阶段直至成为最终产品。所以，阶段数量的变化或者说资源在不同阶段间的重新配置，构成了生产结构的变化。）由于资本包含了较长的时间成分，生产结构的这样一种变化导致了在"较长"或更加"迂回"的生产方法上的过度投资，从而破坏了消费者与生产者以及储蓄者与投资者之间计划的协调。

尽管哈耶克对经济理论的主要技术性贡献是其货币理论，但是其重要的作为经济活动的协调的均衡概念成为其全部著作中的统一主题。当所有经济决策者的计划都相吻合时，协调就实现了。怎样达到这一点呢？决策者搜寻信号，而正确的信号就是相对价格。哈耶克指出，如果相对价格因技术、嗜好、时间偏好等"自然"力量而变化，则随之产生的调整将重建一种协调的计划。但是纯粹的货币扰动通过人为地提高某些形式的经济活动的收益率而产生了错误的信号。只要追加的货币刺激即将到来，这些收益率就能得以维持，所以最终每一个繁荣都伴随着一个萧条。

哈耶克把其经济周期理论集中在储蓄者和投资者做决策时所使用的市场信号。他强调，尽管这些决策是独立作出的，但就它们对均衡的意义而言又是相互依赖的。当计划的普遍不一致性产生时，周期就出现了。在货币刺激的情况下，厂商倾向于以牺牲消费品生产为代价来采用资本更加密集的生产方法，尽管事实上并没有追加的计划储蓄产生。按照哈耶克的论述：

> 这种牺牲并不是自愿的，而且不是由那些将要从新投资中获得收益的人作出的。它一般由消费者作出，由于那些得到了额外货币的企业家不断加剧的竞争，他们被迫放弃了部分过去常常消费的东西。这种情况的产生不是因为他们想消费得少一点，而是因为他们用自己的货币收入只能买到较少的商品。毫无疑问，如果他们的货币收入再次上升，那么他们将会立即努力把消费扩展到通常的水平（《价格与生产》，p. 57）。

20 世纪 30 年代，哈耶克完成了他对货币理论和经济周期理论的研究，这时凯恩斯的宏观经济学的地位正呈上升趋势，他的货币理论最终被所谓的凯恩斯革命所遮蔽。在较近的时候，哈耶克把注意力转向了其他一些重要的分析性问题，特别是信息在经济活动中的作用。后一种贡献已经显示出比哈耶克的早期贡献具有更大的长期存在的价值，而且哈耶克也及时地预见了当代竞争理论的复苏和重新阐释。在第 25 章中，我们将讨论新竞争理论的几个方面，特别是知识、信息和交易成本的思想。虽然本章现在的篇幅和篇章结构不允许充分讨论哈耶克对这一论题的贡献，但他的开拓性努力对当代经济思想的发展产生了重要的影响。

约瑟夫·熊彼特论竞争、动态学与增长

约瑟夫·熊彼特是第三代奥地利经济学家，他因曾担任过奥地利政府的财政部长而声誉鹊起。在维也纳大学时，熊彼特曾是庞巴维克的学生，后来为躲避希特勒的进攻，移居美国。虽然熊彼特沉浸于奥地利传统之中，但他重新开启了经济研究的古典之路——经济发展的宏观主题。1911 年，熊彼特出版了《经济发展理论》，该书在欧洲得到了高度评价，但在 1934 年被译成英语之前，几乎没有对英语世界的经济学家产生什么影响。他的第二部主要著作《经济周期》随后于 1939 年出版。

熊彼特把得自马克思、瓦尔拉斯以及德国历史学家、社会学家马克斯·韦伯的思想同他的奥地利先辈门格尔、维塞尔及其老师庞巴维克的见解加以综合。像马克思一样（熊彼特对他由衷地钦佩），熊彼特也不仅仅是一个模仿者，他从自己崇拜的知识精英那里汲取了思想，但把它们融入他自己独特的东西中。他分享了马克思的有机经济过程以及变革产生于经济体系之内而不是经济体系之外的思想，欣赏构成马克思和韦伯理论的社会学与经济学的综合；从瓦尔拉斯那里，熊彼特借鉴了企业家概念，但改造了它在瓦尔拉斯一般均衡体系中的被动形式，以经济过程中的一个积极的主体取而代之，更多地保留了奥地利或德国传统。出于奥地利经济学家对非均衡过程的兴趣，熊彼特把企业家当作竞争经济中引起非均衡（即变化）的主要动因。

对熊彼特来说，发展是一个动态过程，是对经济现状的扰动。他不把经济进步仅仅看作是正统经济理论的核心内容的一种附属物，而是把它看作重新解释一种充满生机的过程的基础，这一过程已经被主流经济学分析以静态的、一般均衡的方法所排挤。对于熊彼特来说，企业家是一个关键人物，原因非常简单，因为他是经济发展的个人动因。

□ 企业家与创新

像门格尔和第二代奥地利经济学家一样，熊彼特把竞争描述为一种主要包含企业家的动态创新的过程。熊彼特把均衡概念——就像韦伯曾使用的静态概念一样——当作一个理论架构、一个研究的出发点。他创造了一个短语来描述这种均衡状态："经济生活的循环流。"其主要特征是，经济生活以过去的经验为基础循环地进行，没有什么明显导致现状的任何变化的力量。熊彼特以如下术语概述了循环流中的生产和分配的性质：

> 在每一个时期，只消费上一个时期所生产的产品，……只生产将在下一个时期所消费的产品。因此，工人和地主总是只把他们的生产性服务同现在的消费品相交换，不管前者是被直接使用，抑或只是被间接使用在消费品的生产中。他们没有必要将他们的劳动和土地服务去交换未来的产品，或交换对未来消费品的承诺，或用以申请对现有消费品的任何"预支"。这只是一种交换，

而不是信用交易。时间因素不起作用。所有的产品都只是产品，并不含有别的什么东西。对各个厂商来说，不管它是生产生产资料，还是生产消费品，那是完全无关紧要的事。在两种场合，产品都是立即得到支付并按其全部价值支付的（《经济发展理论》，p.42-43）。

在这种假设的体系中，生产函数是不变的，尽管在已知的技术范围内，要素替代是可能的。在这种状态下所必须从事的唯一真正的活动是"把两个原始生产要素组合起来，而这一职能在每个时期内都好像是自行机械地完成的，不要求有与（纯粹的）监督区别开来的个人因素……"（《经济发展理论》，p.45）。在这种人为假设的情况下，企业家是无足轻重的。他或她没有什么事情可做，因为均衡是自动的、永久的。但这样一种状态根本不能用于我们生存的这个动态的世界。

熊彼特在《资本主义、社会主义与民主》（p.84）中写道，真正中肯的问题不是资本主义如何管理现存结构，而是它如何创造和毁灭它们。他把这一过程称为"创造性的毁灭"，坚持认为这是经济发展的本质。换句话说，发展是对循环流的打断。它产生于工业和商业生活中，但不会产生于消费；它是由实现新的生产组合来定义的一种过程；是由企业家来完成的。

熊彼特把他的理论归结为三个组成部分和相应的三组矛盾：（1）循环流（即均衡的趋势）为一方，而经济路线或数据的变化为另一方；（2）静态学与动态学；（3）企业家精神与管理。第一组矛盾由两种实际过程组成；第二组矛盾由两种理论工具组成；而第三组矛盾由两种截然不同的行为方式组成。熊彼特认为，企业家的基本职能与资本家、土地所有者、劳动者和投资者的基本职能是完全不同的。企业家可能是这些人中的任何人或所有人，但如果是这样，也只是一种巧合，而不是由职能的性质所决定的。从原则上说，企业家的职能也并不与对财富的占有相联系，即使"占有财富的意外情况构成了一种实践上的优势"（《经济发展理论》，p.101）。此外，在技术意义上，企业家并不构成一个社会阶级，尽管他们在资本主义社会中由于自己的能力而受到尊重。

熊彼特承认企业家的基本职能几乎总是与其他职能相混合。"纯粹的"企业家精神是难以独立于其他经济行为之外的。但是，"管理"一词并不能够描述企业家真正独特的作用。熊彼特写道："监督职能本身并不构成实质上的经济区别"（《经济发展理论》，p.20）。然而，决策职能是另一回事。在熊彼特的理论中，动态的企业家是从事创新的人，他创造了生产中的"新组合"。

熊彼特以多种方式描述创新。他首先阐明了构成经济发展基础的各种新组合，包括以下几个方面：（1）创造一种新产品，或提供一种新的产品质量；（2）创造一种新的生产方法；（3）开辟一个新市场；（4）获得一种原料的新的供给来源；（5）建立一种新的产业组织（如创造或摧毁垄断）。当然，随着时间的流逝，这些新组合的力量会逐步消失，因为在经济活动的循环流中，"新的"会变成"旧的"。但这并不改变企业家职能的本质。按照熊彼特的观点，只有当实际上实现新的组合时，人们才作为企业家来活动，一旦他们建立了自己的生意，就丧失了企业家的性质，之后他们专心于经营自己的生意，就像其他人经营生意一样。

后来，在更加技术性的意义上，熊彼特通过生产函数来定义创新。他说，生产函数"描述了如果要素数量发生变动，产品数量将以何种方式变动。如果我们不是改变要素的数量，而是改变了函数的形式，我们就获得了一种创新"（《经济周期》，p.62）。然而，对知识仅做成本降低型的改进只会产生现存产品的新的供给表，所以这种创新必须包括一种新产品或产品的一种更高的质量。熊彼特认识到创新背后的知识不一定是新的，相反，可能是现存的、但以前没有利用的知识。按照熊彼特的说法：

> 无论何时，一方面，现存的科学知识都不会穷尽其在产业进步方面所能做的贡献；而且另一方面，重要的不是知识，把一种未尝试过的方法付诸实施以成功解决某种特殊任务才是至关重要的——其中可能根本就没有科学的新奇性（情况常常如此），即使具有这种新奇性，也不会使该过程的性质产生任何差别（《资本主义的不稳定性》，p.378）。

在熊彼特的理论中，成功的创新要求一种意志的行动，而不是智力的活动，所以它依赖于领导能力，而不是才智，并且不应将它与发明相混淆。熊彼特对后一点非常清楚：

> 实行任何改善并使之有效，这同它的发明是一个完全不同的任务，而且这个任务要求具有完全不同的才能。尽管企业家自然可能是发明家，就像他们可能是资本家一样，但他们之所以是发明家并不是由于他们的职能的性质，而只是一种偶然的巧合，反之亦然。此外，作为企业家的职能而要付诸实现的创新，完全不必是任何一种新发明（《经济发展理论》，pp.88-89）。

□ 经济周期

对作为竞争经济中变革的积极主体的企业家，熊彼特强调提供一座沟通关于厂商行为的微观经济学与关于政府政策的宏观经济学间的桥梁。在熊彼特的理论框架之内，税收和支出政策对个人动机所施加的最终冲击，通过传导机制而被人感知。企业家再一次成为关注的焦点。通过引证 20 世纪 20 年代美国经济的经验，熊彼特提出了税收是否对利润动机和经济进步有显著影响的问题。1913 年，美国开征联邦所得税，所以这成为一个在 20 世纪 20 年代适时的问题。熊彼特评估了累进的所得税对企业家职能的影响：

> 对净收入课征任何税，都倾向于改变"做还是不做"某一特定事情的选择间的平衡。如果 100 万美元的预期净收入恰好足以超过风险与其他负效用，那么在缴纳某种税收以后，这预期的 100 万美元收入就不会这样了，对一个简单交易来说是如此，对一系列的复杂交易和老企业的扩张或新企业的建立来说，也是如此。至少在长期内，为了维持下去，商业管理和经营企业……都依赖于使生活计划得到维持的利润（在成功的情况下）的实际交付，所以，超过一定百分比、随时间和地点的变化而剧烈变动的税收一定会减弱利润动机（《经济

524　由于忠实于他所受到的奥地利经济学训练，熊彼特总是密切关注竞争过程，那是由以占据统治地位的经济动机为基础的个人决策所组成的经济活动的大风暴。熊彼特保持着奥地利经济学家对宏观经济学的观点，即关注代表个人决策的集体性结果的总量。然而，正如门格尔所教导的，其因果关系必须从个人到集体，绝不能相反。可能有许多制度性力量促进或阻碍经济增长，但在熊彼特看来，关键在于一种"无害"的财政政策，这包括低的或递减的税率。用政治学的行话来说，熊彼特是一位早期"供给学派"成员。

熊彼特对经济发展理论的影响是巨大的，甚至在那些彻底反对其理论的经济学家中也产生了巨大影响，而且对经济学家特别是那些缺乏历史视野的经济学家来说，"企业家"这一术语实际上已经变成熊彼特的同义语。作为经济变革理论，熊彼特的分析处于马歇尔与马克斯·韦伯间的中间地带。马歇尔的理论不断地适应偏好和生产函数的变动，结果产生了道德水准、嗜好和经济技术方面的连续的改进。其缺点在于没有解释经济周期，这一缺陷由马歇尔的学生凯恩斯着手纠正。马歇尔的理论也意味着一种单线发展理论，这是熊彼特的理论所否定的。韦伯的理论发展出了自己的一套道德律令，并用它们来解释不时被打断的长期历史延续性的、急剧的社会和经济变迁。熊彼特假设创新的发生和适应的波浪连续出现，这仅仅是因为企业家总是存在，他们代表了并且永远是变革力量。

最后，熊彼特经济发展理论的吸引力产生于其简洁有力，这一特征在熊彼特的措辞中非常明显："我们把新组合的实现称为'企业'，把职能是实现新组合的人们称为'企业家'"（《经济发展理论》，p. 74）。然而，尽管熊彼特对经济发展理论的贡献是重要的，但他的动态方法及其对经济活动的整体洞察力并没有在经济分析中占据统治地位。传统经济学仍然主要是通过知识的专业化和分工而发挥作用。

竞争与市场过程

作为许多经济理论家特别是古诺和瓦尔拉斯的混合影响的结果，在 19 世纪，"竞争"获得了一种与古典经济学所赋予的实用但含混的意义完全不同的含义。这一术语的早期应用仅仅意味着对抗性行为（如在亚当·斯密的著作中），换句话说，双方或更多的人争取同样的目标，该目标通常意味着经济利润。古诺和瓦尔拉斯的微妙但持久的影响，是把主要描述一种过程的概念转变为描述一种状态。强调的重点不再是制度框架及其包含的人的特征，而是转向为获得一种均衡结果而必须满足的各项条件。所以"完全竞争"的概念就产生了，这个概念包含以下条件：（1）关于所有买者和卖者的每一种相关效用函数以及全部相关价格的完全知识；（2）买者525　和卖者的数目无穷大；（3）所有厂商的完全的、开放的进入和退出；（4）不变的预期；（5）同质商品。当这些条件发挥作用时，"竞争均衡"就产生了，也就是说，每种商品具有统一的价格，每个生产者都获得"正常"的利润水平，每个消费者实现效用最大化，而且任何事物没有进一步变化的趋势。因此，竞争的这种假设除了"决定"均衡所必需的条件之外，别无他物。

这里简单刻画的"竞争模型"在经济理论的演进中提供了优良的服务，因为它使得人们可能仅仅借助科学的概括就可以对经济事件的发展作出精确的说明。在任何分析研究中，其运作已被了解的力量必须与那些显示出不一致的原理的力量相分离。唯一令人满意的对后者在现实世界中的影响的认识和说明的方法，是把它们假设掉，研究在其不存在时会发生什么情况。这种忽略与比较的方法也提供了一个最好的希望，即我们可以逐渐扩展我们能够作出概括的现象的范围。但这种技术要求人们对其局限性也像对其能力一样始终保持清醒的头脑，这应当是显而易见的。

让人们信服一种从非现实的情况中发现现实的方法，从来就不太容易，而这恰恰是新古典竞争模型所要求的。现代奥地利经济学家提出了一种不同的、他们声称更加现实的方法，因为它试图结合新古典的机械的模型中所排除的人的个性特征。奥地利的方法特别明显地试图论述个人的下列问题：（1）有关他们的嗜好和可利用的机会的知识；（2）对当前事件及他人行为的解释；（3）对未来事件与行为的预期；（4）对以前未认识到的新机会的警惕。按照奥地利经济学的观点，对竞争的关键洞察在于不同的人了解不同的事。市场是一种过程，通过这种过程那些分散的、通常是矛盾的零散信息被吸收和传递给单个的市场参与者；用哈耶克的话说，竞争性市场过程是一种发现过程。竞争——不是在"完全竞争"的技术意义上而是在更老的对抗意义上——是带动市场过程走向个人计划的协调（奥地利经济学派的均衡概念）之路的发动机。

哈耶克不知疲倦地指出，如果我们已经知道所有需要知道的东西，那么每一个市场决策都将正确地预期每一个其他决策，市场将自动达到完全均衡。市场必然是精确的，因为它是一种使现存知识流动从而使它们可被并非全知全能的市场参与者所利用的制度性装置。把这一论点再向前推进一步，奥地利经济学家指出，不仅使现存知识流动需要市场过程，而且对新机会的认识也需要市场过程。这些新机会的发现者是企业家，与以前古典或新古典经济学所指派给他们的角色相比，他们在奥地利范式中扮演了重要得多的角色。实际上，在奥地利经济学的理论框架中，竞争性过程本来就是企业家的过程。

标准的新古典理论采用了满足给定的嗜好和价格的"经济化"或效用最大化概念，这不适于解释对新机会的搜寻，无论这种新机会是由新产品还是由原有产品的变化组成。与此类似，在标准的使用中，"价格"和"利润"这两个术语具有更为严格的定义。传统理论假定厂商面对着已知的、给定的成本和收益可能性，也就是说，利润最大化并不需要发现利润机会；它只要求用计算活动来解释现存的、已被人认识到的机会。按照奥地利经济学的观点，这过于想当然了。奥地利经济学方法把价格看作是（非均衡）的交换率，代表了恰好由寻求利润的企业家所作出的不完全的发现和当前的失误。所以，市场价格为纯利润提供了机会，直到机敏的企业家察觉到了这些机会，并按它们来行动。

值得注意的是，关于利润的这种观点与垄断力量无关。它只是对注意到市场中缺乏某种协调而给予的奖赏。同样，它对于新知识的发现也是一个必要的激励，而不是像在标准理论中那样是对虚幻的经济主体原地踏步的最低补偿。

广告与需求发现

从张伯伦和罗宾逊为取代或补充完全竞争概念而做的尝试的角度看（见第19章），奥地利方法表现出了另外的兴趣。举例来说，在当代奥地利经济学家中，伊斯雷尔·柯兹纳认为张伯伦–罗宾逊的重新阐释是一种误导：

> 新理论没有认识到现实世界的独特性质只是对企业家竞争的证明，这种竞争是一种想要成为买者和卖者的人摸索着试图发现彼此的供给曲线和需求曲线的过程。新理论只是采用了新均衡的样式，像完全竞争理论一样，仍基于给定的、已知的需求曲线和供给曲线，与先前的理论的不同之处仅在于指定这些曲线的形式。在试图说明诸如质量差别、广告、只有少数几个生产者的市场等市场现象时，新理论得出了极大地曲解这些现象的意义的结论（《竞争与企业家》，p.29）。

柯兹纳的主张的基础是，垄断竞争理论排除了发现过程，它没有认识到生产者和消费者需要进行实验，以发现他们最想要的产品及其变种。像它想要补充的理论一样，它假定市场需求是预先给定的。除奥地利经济学家之外，其他作者也注意到这种理论的第二个缺陷，即该理论没有解释在均衡时产品差别如何能够持续存在，也就是说，为什么竞争的厂商不能复制那些已证明是成功的产品变化。

奥地利经济学特别提出了对广告的新见解，而广告被证明是令传统经济理论感到尴尬的事情。如果消费者总是具有可用产品的完全信息，就不会有对广告存在的合理解释。实际上，广告将似乎是一种浪费。对张伯伦和其他人来说，广告是向消费者传递产品信息的一种方式，而消费者已经知道这种产品的存在了。但纯粹的劝说是另一回事。大多数经济学家反对把说服性广告当作不加掩饰的强制推销。奥地利理论与传统观点有实质性的区别。消费者并不总是知道有什么产品可以用，而且即使知道，他们通常也并不完全了解其特性。因此，卖方就有吸引消费者注意的职责。无论广告是纯信息性的，还是纯说服性的，或者是二者的混合，都是不重要的。重要的是产品要被人注意，因为那时也只有在那时消费者才像企业家一样行动，即行使他们的决策能力。

与此类似，奥地利经济学关于垄断的观点也与正统观点不同。标准理论传统上假设垄断者的需求曲线是已知的，而且他或她提高价格增加利润的能力依赖该曲线的形状。但垄断者如何了解需求曲线？为什么他们是唯一的生产者？为什么其他厂商的竞争威胁不会阻止他们如此行事？这些问题总得不到解释。奥地利理论也面临

527

着这些问题，在这一理论中，垄断的存在绝不是回避了市场发现的需要。无论一个厂商是不是垄断者，它必须发现其消费者需要什么、愿意购买什么。所以，垄断者同其他厂商一样，服从于同样的竞争性市场过程。而且，垄断者必须与更新更好的产品的生产者竞争，即使他们没有面临着来自相同产品的生产者的竞争。所以，以"竞争的缺乏"作为垄断的特征是一种误解，相反，垄断意味着进入壁垒。柯兹纳指出：

> 对抗性竞争的存在并不要求大量的买者和卖者，而只要求自由进入。竞争对市场参与者施加了压力，使他们去发现市场可能提供的（尚未被注意到的）机会在哪里以及这种机会究竟如何好。由于均衡仍未实现，所以竞争性市场过程就会出现。无论何时，当非市场壁垒被用以阻止潜在竞争者的进入时，这种过程就会被阻挠（《管制的危险》，p.9）。

正确评价市场过程运作的一种方法，是重新审视社会主义经济计算的争论，这一争论持续时间很长，以米塞斯和哈耶克为一方，奥斯卡·兰格（Oskar Lange）和 H. D. 迪金森（H. D. Dickinson）为另一方。米塞斯和哈耶克说明了试图在没有现实市场运作的条件下，模拟市场结果的社会主义计划者所面临的巨大困难。兰格和迪金森——后来阿巴·勒纳（Abba Lerner）和其他经济学家也加入这一阵营——坚持认为在社会主义条件下，只要社会主义的管理者遵循严格规定的决策规则，有效配置是可以实现的。

关于社会主义计算的争论

1922 年，通过从根本上质疑社会主义是否可行（如果按照社会主义路线组织，现代工业化社会是否能够继续存在），米塞斯打响了社会主义经济计算争论的第一枪。米塞斯攻击了社会主义理论家的基本理论前提，即在社会主义国家取消了货币、市场和价格体系之后，仍能够对经济进行有效的计划和指导。他指出，市场环境中决定的货币价格对于理性的经济计算来说是必需的。价格体系允许资源自由地流向其价值最高的用途，实际上，是引导着资源流向其价值最高的用途。例如，与钢相比，用铂来建造地铁在技术上也是可行的，但面对廉价的替代品，使用铂将是无效率的。只有代表铂的所有潜在使用者的竞争性出价的价格体系，才能保证作出这种判断。米塞斯指出，没有价格体系，资源就不能被有效地配置，经济将在低水平上运行。

社会主义经济学家正面迎战米塞斯的挑战，一些最杰出的社会主义作家特别是奥斯卡·兰格和阿巴·勒纳承认米塞斯揭示了社会主义理论的一个重要缺陷。兰格甚至半开玩笑地建议在未来的社会主义国家为米塞斯建一座雕像，这样就没有人会忘记价格与市场也是社会主义制度的本质。当然，社会主义者也发起了反击。兰格部分地放弃了纯社会主义理论，他宣称，如果社会主义计划被市场机制所取代，社会主义仍旧行得通。换句话说，国家将取代市场为商品和生产要素定价。然后，国有企业的管理者将进行生产直到其产出的边际成本等于该产品的"影子"价格。生产最终产品所需的资源也按照同样的规则来处理，国家做好准备根据可能产生的短缺或过剩来调整价格。

与这种呈现在表面的反应一样睿智，米塞斯和哈耶克现在以更加猛烈的批评来回应。他们指出，国家"模拟"市场的问题在于，政府官员制定的事前价格不能传递与资源使用有关的真实机会成本的精确信息。为使国家定价与市场价格相一致，要求有大量详细、特殊的信息，即使这些信息能够为政府官僚所利用，也只有在耗费巨额交易成本后才能获得。另外，对于要模拟市场绩效的社会主义，为了保证这一体制内的人们能够有效地使用信息和资源，必须建立对于个人的激励，而这只有在财产归个人所有时才会发生，但这种情况是社会主义所反对的。

在其最基本的层次上，社会主义经济计算争论是一种理论模型间的论战。社会主义经济理论以瓦尔拉斯一般均衡模型为基础，在这一理论中，中央计划机构取代了瓦尔拉斯的拍卖人。兰格建议中央计划机构管理资源价格，并且允许消费品在自由市场中定价，以提供对要素估价的精确信息。这样，要素价格就反映了市场的可能性，通过试错，整个过程就可以模拟瓦尔拉斯的试探过程。对米塞斯和哈耶克来说，他们反对瓦尔拉斯模型，认为它是不现实的、不适当的，无论其纯粹形式还是社会主义伪装，都不能够抓住现实世界的足够重要的特征来使其具有可行性。哈耶克特别指出，只有市场发现的连续过程才能发现社会主义计算理论所要求的信息。奥地利经济学家对社会主义的批判在本质上与对新古典模型的批判是一致的，也就是说，社会主义的支持者不理解价格的非参数功能。在经济理论演进过程中，新古典经济学家忘记或忽视了坎蒂隆的创见，即市场是一个舞台，在这个舞台上，市场参与者（即企业家）通过利用非均衡价格所提供的利润机会，推动价格按均衡的方向发展。对这一见解，奥地利经济学家比任何其他团体都更加一贯地领会和坚持。因此，他们把社会主义者的近视归结为对"完全"市场如何运行的错误理解。

哈耶克照例对社会主义观点给予了最有力的反驳。简言之，他指出如下问题：个人用于指导其经济活动的信息是广泛的、详细的、零碎的，而且常常是特殊的，它并不能够在中央计划者随时可以支配的客观的需求和供给函数中轻巧地获得，因为这种信息是通过企业家的作用与反作用来实现的连续发现的主题。新古典经济学只强调一种知识，即关于投入产出的技术关系的"工程知识"。奥地利经济学还关注关于"时间和地点"的特殊知识，这可以使人们先于他人认识到利润机会，而且这种知识能使人们认识到可能带来高收益的新方法和新产品。在这种理论框架中，市场价格不是参数，而是具有各种数量和形式的知识的个人无数次交易的唯一的、适时的结果。继而，这些价格作为信号来发挥作用，通过这种信号，分散的知识被收集、协调为一个系统的整体。

米塞斯和哈耶克从基础上攻击的问题是产权的不同界定对个人经济决策的影响。这是一个范围很广的问题，本身并不只局限于社会主义和资本主义的对立之中，而且也遍布于经济管制问题之中，这是第 23 章的主题。

结论

由门格尔开创的经济研究传统，在许多声称是"奥地利经济学家"的当代经济学家的著作中得到延续。在本章中我们已经看到，奥地利传统范围宽广，它以主观需求理论为开端，并在方法论的一贯风格方面具有独特的见解，以此来说明货币、信用、银行、经济周期、经济发展以及竞争的根本性质等宽泛的主题。奥地利宏观经济学的独特性质是它对宏观经济原理的微观经济基础极度关注。尽管许多正统的经济学家在认识到凯恩斯主义宏观经济学的失败之后，已经以重新燃起的热情表达了同样的关切，但许多"奥地利经济学"的观点被主流经济理论忽视了。例如，如果说当代货币经济学似乎更加远离米塞斯和哈耶克所关注的问题，那么原因就在于它把货币数量的所有增加在本质上都当作类似的，而且假定随着货币的变动，相对价格保持不变。这样，它就忽视了新货币对宏观经济施加影响的传导机制问题。

在最终的分析中，货币主义者与奥地利学派经济学家的关系比货币主义者和凯恩斯主义者的关系更贴近。货币主义者和奥地利学派经济学家共同的信条是，货币数量的变动是总量不稳定的基本原因。然而，奥地利学派经济学家对货币变动所引起的相对价格变化产生的普遍影响更为敏感。理解这些差别有助于区分各方有可能提出的不同的政策建议。面对凯恩斯主义者"货币并不重要"的挑战，货币主义者以"货币重要"来反击。从本质上说，米塞斯的货币理论把这一警句又向前推进了一步，按照奥地利经济学家的观点，"货币始终是重要的！"

参考文献

Hayek, F. A. *Prices and Production*, 2d ed. London: Routledge & Kegan Paul, 1935.

——. *The Counter-Revolution of Science: Studies on the Abuse of Reason*. Indianapolis: Liberty Press, 1979.

Jaffé, William. "Menger, Jevons and Walras De-Homogenized", *Economic Inquiry*, vol. 14 (December 1976), pp. 511 – 524.

Kirzner, I. M. *Competition and Entrepreneurship*. Chicago: The University of Chicago Press, 1973.

——. "The Perils of Regulation: A Market Process Approach", *Miami: Law and Economics Center Occasional Paper*, 1978.

Mises, Ludwig von. *The Theory of Money and Credit*, H. E. Batson (trans.). New

York: The Foundation for Economic Education, 1971 [1912].

———. *Human Action: A Treatise on Economics*. New Haven: Yale University Press, 1949.

Rothbard, M. N. "The Austrian Theory of Money", in E. G. Dolan (ed.), *The Foundations of Modern Austrian Economics*. Kansas City: Sheed & Ward, 1976.

Salerno, J. T. "The Place of Mises's *Human Action* in the Development of Modern Economic Thought", *Quarterly Journal of Austrian Economics*, vol. 2 (Spring 1999), pp. 35 – 65.

Schumpeter, J. A. "The Instability of Capitalism", *Economic Journal*, vol. 38 (1928), pp. 361 – 386.

———. *The Theory of Economic Development*, 2d ed., R. Opie (trans.). Cambridge, MA: Harvard University Press, 1934.

———. *Business Cycles*. New York: McGraw-Hill, 1939.

———. *Capitalism, Socialism, and Democracy*, 3d ed. New York: Harper & Row, 1950.

———. *History of Economic Analysis*, E. B. Schumpeter(ed). New York: Oxford University Press, 1954.

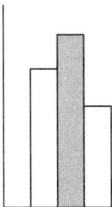

第 23 章　新政治经济学：公共选择与管制

伟大的古典作家如亚当·斯密和杰里米·边沁，认为经济学在最大可能的意义上是一门社会科学。政治经济学（他们称之为新学科）对该术语中的形容词的强调几乎与对名词的强调一样。在 18 世纪和 19 世纪早期，它是一种对分析、制度、政策与政策制定的探究。然而，随着经济学在 19 世纪和 20 世纪的发展，其研究范围逐渐缩小。确切地说，实际上，在美国及其他国家的一些研究生院，经济学被看作是应用数学的一个分支而不是社会科学的分支。为了追求这一学科的形式化，政治和制度问题（尽管凡勃伦有很大影响）在经济学课程中常常被归到二流的地位。

但是总有一些经济学家抱有将"政治"（政治行为与制度）与自利的经济行为人的动机相结合的兴趣。在这些经济学家广阔的视野当中，并没有什么东西是严格的"经济"行为。政治家并不被看作是外生于社会中的经济事件的无私的立法者，相反，他们被看作是在某些约束条件下（如再次当选）最大化其收益（权力、地位、选票等）的自利的竞争者。重要之处在于，在寻求实现其自身利益最优化的过程中，政治家会影响整个经济体系，例如通过财政政策或实施行业管制。这些见解——特别是内生的政治家的思想——的萌芽在经济学文献中经常被提及，但是在过去的 40 年中，重新出现并得到强化的兴趣才集中到这些问题上，在这一过程中，经济学作为政治科学和社会科学获得了新生。

本章的目的在于说明古典和新古典经济学家所假设的自利的经济动机如何被应用和扩展到当代经济学中。我们将论述当代两大主要课题——公共选择和管制的经济理论。即便是对这两个重要而正在发展着的领域粗略地研究一番，也会揭示出从亚当·斯密至今，经济分析中的一种基本的连续性。另外，尽管目前在这一学科中涌动着数学形式主义的狂流，但对部分杰出的现代经济学家的积极关注表明，作为社会科学的经济学并不是破败不堪的。

公共选择

现代公共选择理论研究的是决定税收和支出的政治机制或制度，也就是说，它研究的是公共物品的需求与供给。公共选择应用简单的竞争分析对公共部门中的制度和事件进行实证说明。尽管私人部门的经济学在过去的两个世纪中已经发展得很完善了，但直到最近，社会物品如何被供给和需求才在大多数经济学家所关注的核心问题中占有一个次要的位置。

一些古典和新古典作家如阿尔弗雷德·马歇尔和 A. C. 庇古总是关注公共财政。然而，马歇尔-庇古式的公共财政方法（正如我们所看到的，法国工程师们早就研究了）集中于特殊公共物品供给的"对策"问题。此外，它关注的问题几乎只是财政方程式的税收一方。各种税收对福利和效率的影响是新古典（马歇尔-庇古）分析的一贯手法，但具有略显保守的盎格鲁-撒克逊传统的作家，从未产生财政决策是需求者和供给者各方通过政治筛选过程进行选择的结果的思想。

现代研究已最终表明，把财政理论置于具有更广泛基础的相互依赖性之上的智力努力，出现于 19 世纪晚期的意大利和斯堪的纳维亚的作品中。诺贝尔奖得主、现代公共选择理论的奠基人和开拓者詹姆斯·M. 布坎南（James M. Buchanan）研究了公共财政中的古典的、意大利的传统（1880—1940 年），并将其与盎格鲁-撒克逊（马歇尔-庇古式）的模型相比较。[①] 布坎南指出：

> 早在 19 世纪 80 年代，马佐拉（Mazzola）、潘塔莱奥尼、萨克斯（Sax）、德·维蒂·德·马尔科（De Viti De Marco）就作出了在交换框架之内分析公共经济的初步努力。萨克斯和马佐拉通过界定与私人需求相区别的集体需求，讨论了公共物品的需求方。潘塔莱奥尼把边际计算扩展应用到为预算各方做选择的立法者。德·维蒂·德·马尔科明确地构建了一个公共物品的消费者与供给者（即生产者）组成同一个社会的模型（《公共财政与公共选择》，p. 384）。[②]

另外，瑞典经济学家克努特·维克塞尔（1851—1926 年）和埃里克·林达尔（Erik Lindahl，1891—1960 年）在发展公共部门的一个整体理论方面作出了艰苦的努力，其目标在于解释在政治过程中公共预算的决定，而不是把它作为柏拉图式哲人王的内生指令。公共选择理论家所作出的把经济的整个财政部门建立在一般均衡理论体系之内的当代发展，应当归功于这些大陆经济学家所做的努力。

[①] 布坎南在其论文《财政科学：公共财政中的意大利传统》中以编年史的方式记述了这种传统。

[②] 布坎南的论文《公共财政与公共选择》对当代公共选择理论及其发展史作了准确的介绍；兰德尔·G. 霍尔库姆（Randall G. Holcombe）的《公共部门均衡诸概念》一文同样如此。我们讨论的主旨以及某些细节紧密地按照这两篇文章来进行。

对布坎南来说，大陆经济学家对公共部门均衡的理论贡献的产生并不令人惊奇，因为对 19 世纪 70 年代兴起的关于私人市场的新古典（边际主义）理论（见第 13 章～第 16 章）的某种直接扩展就可以预见到这些贡献。然而，经济思想史学家的困惑在于解释"英语世界的经济学家在对其基础框架做类似的扩展方面或承认对大陆经济学家所做努力的兴趣方面的长久失败"（《公共财政与公共选择》，p. 384）。早期大陆贡献与现代公共选择理论的产生之间的桥梁相当长，基本上横跨大西洋抵达美国大陆。当代公共选择理论本质上是美国人所作出的并且仍在继续发展的成就，产生于 20 世纪 30 年代晚期和 40 年代。[①] 这种成就的内容既广泛又复杂，例如投票理论，就是公共选择理论中主要且复杂的组成部分。由于本书篇幅所限，不能对整个领域都进行详尽的说明。所以我们的讨论将侧重公共选择理论的一些简单概念和领域，以便为读者提供一种对当代经济学这一发展中的范式的概览。

□ 公共物品需求和中位投票人模型

公共物品需求理论是当代公共选择理论的一个主要方面。此外，它也是说明为解决某个问题而发展出的经济分析如何能经常应用于新问题的一个良好的例证。在这种情况下，公共物品需求理论在许多方面类似于穆勒-马歇尔的联合供给理论，该理论用于分析诸如牛肉与皮革、羊肉与羊毛等产品的同时生产（关于这种讨论参见第 8 章）。1943 年，霍华德·鲍恩（Howard Bowen）开创性地明确表述了公共物品供给中的配置效率的必要条件，这些条件由保罗·萨缪尔森于 1954 年在其经典论文《公共支出的纯理论》中予以发展。在这种理论框架中，公共物品之所以不同于私人物品，是因为一个人对该物品的消费不会减少所有其他人的同时消费。在私人物品的场合，如果 X_T 表示对鞋的总消费量，则有 $X_T = x_1 + x_2 + \cdots + x_n$，其中 $x_1 + x_2$ 等等是所有个人对鞋的消费量的总和；而在公共物品的场合，若 X_p 表示对公共物品如国防的总消费量，则 $X_p = x_1 = x_2 = \cdots = x_n$，其中所有人都消费同样数量的国防。在后一种情况下，一个人对国防的消费不会减少其他人的消费，所有人都消费相同数量的国防。

很明显，度量单位是重要的。某物品的一个"单位"定义为向一个以上的消费者同时提供特殊的服务束所需的该物品的最小数量，而这种服务把所讨论的物品与所有其他物品区别开来。因此，不能认为一打铅笔是一单位的公共物品，即使 12 个人可以同时消费这种物品。原因在于一支铅笔就可以提供通常与"铅笔"一词相联系的唯一的服务束（写字、擦拭等）。一单位的铅笔是一种私人物品，因为其服务只能提供给单个人。

另一方面，一艘北极星潜艇可以被看作是一单位的公共物品，因为它同时向一个以上的消费者提供"免遭核打击而获得的安全"。尽管把"免遭核打击而获得的

---

① 美国早期原创性贡献由马斯格雷夫（Musgrave，《公共经济中的自愿交换理论》，1938）、鲍恩（《投票在资源配置中的意义》，1943）和布坎南（《政府财政的纯理论：建议的方法》，1949）等人作出，这些文章在本章末尾的参考文献中都予以引证。当代美国经济学仍在继续发展的传统，可以布坎南教授创建的公共选择研究中心和戈登·塔洛克（Gordon Tullock）教授主编的探讨这一主题的《公共选择》（*Public Choice*）杂志为例。

安全"作为私人物品来提供也是可能的（例如个人的混凝土地下导弹发射井），但是当这种服务作为公共物品来提供时，每个人承担的成本可能较低。

公共物品的其他一些特征也是重要的，尽管它们并不是公共物品所独有的。例如，在萨缪尔森所描述的公共物品的场合，向另外的使用者提供该物品的边际成本将是微乎其微的，有时甚至是零，而且要排除不付费的消费者是不可能的。私人部门的某些物品具有与上述条件近似的成本条件（也许一次特定的乘公共汽车出行的旅程就是如此）。此外，排除其他消费者也许总是可能的。甚至在国防的场合，在理论上把那些不付费的人驱赶到太平洋中的一个（不受保护的）小岛上也是可能的，只是这种排除的成本太高了。所以定义一个纯公共物品所面临的概念上的困难有很多，但我们不必过多地纠缠于这些事情。我们假定联合消费、零边际成本、非排他性条件能够得到满足，然后转而研究图 23-1 中的鲍恩-萨缪尔森均衡（请注意，这一事例的细节与图 8-1 中所描述的穆勒的联合生产的私人物品（如掌舵）的联合供给模型类似）。

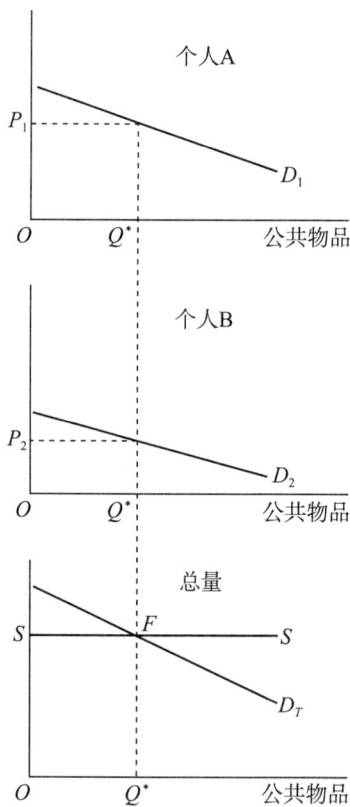

图 23-1　对公共物品的总需求为对个人需求 D_1 和 D_2 的垂直加总，每个需求者都消费 Q^* 量的该物品

图 23-1 中上面的两幅图，描绘了一个由两人组成的封闭社会中对公共物品（教育、北极星潜艇等）的需求。这些需求被垂直加总，以获得图 23-1 中最下面

的那幅图所示的对公共物品的总需求（具有不变成本的供给曲线）。在公共物品的场合，要求对个人需求曲线垂直加总，因为个人间的消费是非竞争的。个人 A 对核潜艇的消费并不与个人 B 的消费相竞争，消费是同时的，也是"互补的"。请注意，最重要的是，在具有消费同时性的公共物品场合中，所描述的均衡要求（完全与私人物品的例子相反）每一个消费者都消费相同数量的该物品（Q^*）。在均衡时，对占有 Q^* 量的该商品有不同需求的不同的消费者被索取不同的价格。除了两人的需求完全相同这种极为少见的情形以外，均衡价格将是不相等的。

539

萨缪尔森所描述的对公共物品的需求完全是抽象的和一般的，但使这一原理在适合现实世界的应用方面产生了许多困难。当所讨论的物品不是萨缪尔森意义上的纯公共物品时，就无法知晓消费集团的最优规模，需要回答的问题是：应当生产多少数量（即 Q^* 为多少）？在 1943 年的论文中，霍华德·鲍恩评论了后面这一问题，他回答道：

> 当然，获取生产社会物品的成本的信息并不比获取个人物品这方面的数据困难多少；但是估计（公共物品需求的）边际替代率就会产生严重的问题，因为它要求度量对该物品的偏好，而公共物品在其本质上并不服从单个的消费者选择（《投票的意义》，pp. 32－33）。

换句话说，对公共物品需求进行某种代理是必需的，鲍恩指出，在某种条件下，（以一种民主的方式）投票是对消费者选择的最适宜的替代品。[1] 这种所谓的中位投票人模型（实际上是一整套模型）在 20 世纪六七十年代成为公共选择理论家的主要工具，这在很大程度上应归功于肯尼思·阿罗和邓肯·布莱克的开拓性努力。尽管这类文献是现代公共选择理论的核心，但它是高度技术性的，因而可能使我们离题太远。[2] 不过，鲍恩模型及其各变种（与可能的混乱和问题一起）可以用简单的术语来表达。

任何个人对公共物品的需求都由两件事情所决定：（1）他或她预期从各种数量的该物品中所获得的满足；（2）不同数量的公共物品对于个人的成本。为了考察投票行为的基本模型，我们必须采用经简化的假设。首先，假设一个社会的所有成员按实际情况投票，因而就正确地反映出他们对社会物品的个人偏好。其次，假设对社会而言，该物品的总成本和平均成本是已知的，并且在社会所有成员中均分。最后，用鲍恩的话来说，假设"几条个人边际替代曲线（即个人需求曲线）按照正态误差规律来分布"（《投票的意义》，p. 34）。这仅仅意味着存在大量的需求曲线，而且对于所供给的任何数量的公共物品，需求将以某种方式均匀地集成一束。这样一

---

① 鲍恩不是第一个当然也不会是最后一个研究这个一般问题的经济学家。哈罗德·霍特林（Harold Hotelling）于 1929 年提出了中位投票人问题（见参考文献）。

② 有兴趣的读者可以参阅构成这一讨论核心的两部著作，肯尼思·阿罗的《社会选择与个人价值》（1951）和邓肯·布莱克的《委员会与选举理论》（1958）。这些著作在通过中位投票人显示个人对社会物品的偏好方面，面临着多数决定原则的效率和可行性问题。布莱克的著作中展现了令人着迷的有关投票规则的效率问题的知识发展史。在历史上与刘易斯·卡罗尔（Lewis Carroll）同样知名的 C. L. 道奇森牧师（Rev C. L. Dodgson）所做的贡献尤其有趣（见布莱克的《理论》，pp. 189－213）。

个社会可按图 23-2 容易地加以说明,该图显示了反映中位投票人需求的需求束。按比例的税负(AC/N)对每一个投票人兼消费者都是一样的。现在我们考察图 23-2 中对某种数量的公共物品 Q_1 的供给。对相同数量的该物品来说,不同的消费者愿意支付不同的税额,这一点是清楚的。所以,对于 Q_1,那些对该物品评价高的人愿意支付 D_7,而那些对该公共物品评价低的人愿意支付 D_1,等等。然而中位投票人将 Q_1 定价为 D_4,这高于所有获得公共物品的纳税人所承担的比例税额 AC/N(MC/N)。所以,如果在市民大会的议程中采用多数决定原则,那么任何使 Q 高于 Q_1 的动议都将获得通过,而任何高于 Q^*(如 Q_2)的 Q 将被否决。在这种议程中,中位投票人喜爱的数量 Q^* 总是会击败任何其他动议。

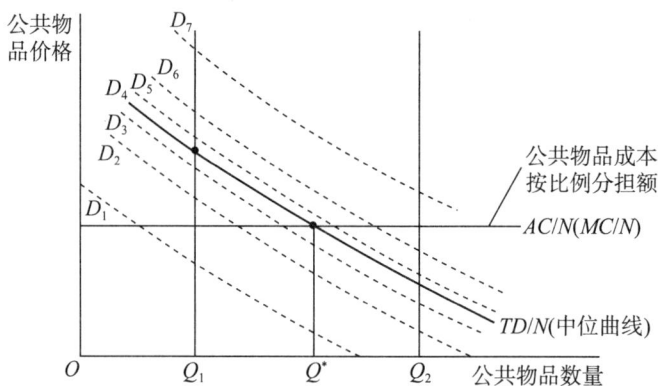

图 23-2 当公共物品量为 Q_1 时,中位投票人把 Q 定价为 D_4,这高于按比例分配的税负。所以,按照多数决定原则,任何高于 Q_1 的 Q 动议将获得通过,任何高于 Q^* 的 Q 动议将被否决

在某些情况下,中位投票人程序可以获得与该模型的其他变种相类似的结果,如按照公民表决程序或通过当选代表来为公共物品的边际增加投票。在后一种情况下,如果人们协商特定的政策,而且如果代表们就某一特殊问题达成一致意见,那么该程序的结果将近似于图 23-2。许多因素会影响表决,公共机关利用某些机构可以操纵议程或简单地通过提出、表决各种各样的议题,就能打乱鲍恩均衡的结果。所以,多数决定规则的选举程序不能保证投票人对公共物品的偏好实现最优化。然而,它似乎是一种接近于这些偏好的现实的体制。

□ 林达尔的税收价格与维克塞尔的公共财政

正如我们以上指出的,税负的分配是公共物品供给中的一个至关重要的特征,因为任何个人对一种物品的需求都既以其(边际)价值为基础,又以其成本为基础。"边际成本"不过是公民兼消费者为他或她所占有的产出比例而支付的税额。那么,公共选择中的一个主要问题,就是设计一种能提供任何公共物品的最优数量的方法,从而对所生产的单一数量来说,会产生这样一种税负分配,即对于每一个公民兼消费者,该物品的边际定价等于边际税额。论述公共选择理论的两位早期作家——埃里克·林达尔和克努特·维克塞尔，分别对这一问题的不同方面抱有兴趣，并开辟了现代公共选择理论中的不同分析路径。

林达尔均衡 在1919年撰写的题为《公平税收——一个实证解》（其著作《公平税收》的一部分）的论文中，林达尔将税负决定问题作为一个"孤立"的社会中两个主体的双边交易问题来研究，这个社会由两类纳税人组成，一类"富有"，另一类"相对贫穷"。税负分配问题因此被认为可以通过自由协商或"一种经济交易"来解决（当然，林达尔也认识到这一过程要受到政治程序参加者们的渗透，最终所设计的税负分配要受到其相对力量的影响，但他预先假定在自由交换条件下这些政治"集团"不影响该模型）。

林达尔解是直接的。在"双方都具有相同的得到保护的经济权利（这种权利是他们在现存财产秩序下被授予的）情况下所得出的解"中，集体物品的价格"趋向于同每一个利益集团的边际效用相一致"（《公平税收》，pp. 172 - 173）。这意味着税收价格将等于相关的投票人（或投票人集团）对公共物品的边际定价。

考察图23 - 3中林达尔均衡的现代修正形式（除了两条需求曲线及其总和被放在一个图形之中，图23 - 3是按与图23 - 2相同的方法建立起来的）。[①] 在图23 - 3中，D_T 是公共物品垂直加总的需求曲线，而 D_1 与 D_2 分别是双方的需求曲线。通过自愿交换，林达尔均衡就会产生，对于数量 Q^*，富有的需求者被征收的边际税率为 T_1，而相对贫穷的消费者被征收一个较低的税率 T_2。在这种税收体制下，每个集团支付的边际成本（分别是 T_1 和 T_2）等于它对公共物品的边际定价。鲍恩-萨缪尔森意义上的效率得到实现，因为生产了单一数量的商品 Q^*，这同总需求 D_T 与边际生产成本的均等相一致（图23 - 3中的 F 点）。

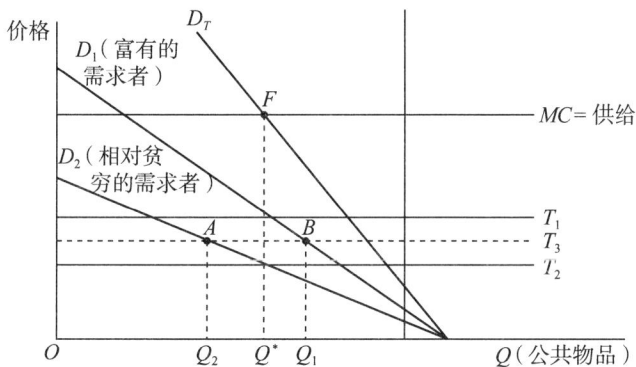

图23 - 3 当富有的需求者为 Q^* 而被征收边际税率 T_1，相对贫穷的消费者被征收较低的税率 T_2 时，就实现了林达尔均衡。在税率为 T_3 时，穷人偏爱低于最优的数量 Q_2，而富人偏爱高于最优的数量 Q_1

为实现鲍恩-萨缪尔森意义上的公共物品的生产效率，林达尔价格的建立并不

---

① 图23 - 3以 R. G. 霍尔库姆的《公共部门均衡诸概念》（p. 82）所做的修改来修正。

是必需的。效率所要求的只是该物品的总产量确立在图 23-3 中的点 F（生产 Q^*）。为了理解这一事实，请思考征收某种"平均"税率 T，该税率对全部需求者团体征收而且会弥补生产 Q^* 的成本。我们容易看到富有的需求者偏爱这种体制，而且如果可能，他们会通过政治程序把它强加给穷人（林达尔考虑到了这种情况）。然而，请注意，在税率为 T_3 时，穷人更偏爱 Q_2，这低于公共物品的最优数量。如果穷人具有政治上的力量，他们会迫使社会接受低于均衡数量的该物品。[①] 然而，一般来说，林达尔税收价格体系将产生鲍恩-萨缪尔森效率——每个人都同意应当生产多少公共物品。尽管林达尔体系并不是唯一可以得到这一结果的体系，但在给定差别税率下的自由交换中，林达尔模型却表现出被征税各方全体一致同意的特点。林达尔的工作的这一特点可能非常明显，因为他的公共财政概念深深地受到了其导师克努特·维克塞尔的影响。

维克塞尔和维克塞尔的扩展 瑞典经济学家、改革家克努特·维克塞尔可能是当代公共选择理论最重要的早期先驱。在于 1896 年发表的长篇论文《公平税收的新原理》中，维克塞尔攻击了公共财政中的正统方法，同时奠定了规范和实证公共选择理论的基础。出于对公共部门决策是如何实现的这一问题的关注，维克塞尔强调经济中财政的双重性质。按照他的观点，除非财政的支出方面（有益于纳税人）被同时考察，否则对不同税收体制的福利效应的规范评论是没有价值的。"最为重要的是"，正如布坎南教授所指出的，"维克塞尔警告经济学家，他们没有认识到集体或公共部门决策产生于政治程序而不是产生于某些仁慈君主的头脑的基本事实"（《公共财政》，p. 385）。

正如其著名论文的题目所揭示的，维克塞尔最为关注使公平和效率相一致的财政体制。按照他的观点，公平和效率要求参与公共部门决策的所有团体间的全体一致。维克塞尔很清楚这一问题：

> 当从那些难以用数字表示的事情中获益时，每个人最终只能表达他自己的意见。按照这种极为基本的观点，如果某人能够保证获得一种比他人大的收益，那么只要每一个人都能获益，而且没有人感到自己被剥削，它就是件相对不重要的事情。但即使公平不要求获益更多，它也肯定要求不能获益更少。在最终的分析中，决策过程中的全体一致和完全自愿同意提供了唯一明确的、可察觉到的保证，以反对税收分配中的不公正。只要这些条件没有得到至少是近似的满足，那么对公平税收的整个讨论就悬于半空（《新原理》，p. 90）。

所以按照维克塞尔的观点，政府行为必须具有一般有效性，而且更重要的是，损失必须以该计划的预期效用来度量。无论个人支持还是反对一项计划，都依赖于

经济理论和方法史（第五版）

543

---

① 在对于以上问题的富于创造性的扩展中，查尔斯·M. 蒂伯特（Charles M. Tiebout）于 1956 年指出，人们在选择地方社区时，可以"用脚投票"（《地方支出的纯理论》）。换句话说，地方社区可以被认为是提供了一种连续的公共服务量。按照图 23-3，假设所有需求者集团都面临的税率 T_3，穷人将搬到提供 Q_2 的公共物品的地方社区，而富人将寻找提供 Q_1 的公共物品的社区。蒂伯特的思想明确地提出了一种可验证的假说，但是，当然还需要有许多理由说明为什么公民兼消费者会被某个地方社区所吸引。

许多变量，如一个人在收入分配中的地位、对个人消费与公共消费的相对偏好以及对公共项目的主观评价。成本的税收价格分配将决定该计划是否被通过。成本的某种分配会赢得大多数人的赞成，而其他人并不赞成。为了反对"独裁主义的"税收分配，维克塞尔指出，供选择的融资和支出方案应当提交公众投票表决。维克塞尔进而指出，从理论上说，找到一种将导致全体一致同意的成本分配方式是可能的。而任何其他结果，用维克塞尔的话说，都将给出"在筹划中的政府行为将不会为社会提供与必要的损失一致的效用，因而在理性基础上应当予以否决的唯一可能的证明"（《新原理》，p. 90）。

尽管在维克塞尔的实证概念中，没有任何一种其他的原理是"公平的"，但他也认识到全体一致同意虽然理想却不会在任何现实情况下出现。这样，社会就面临着一系列投票规则的设置，这些规则中没有一种在维克塞尔的理想意义上是有效率的。这种明显的僵局奠定了现代公共选择文献引人注目的发展的基础。在出版于1962年的《同意的计算》一书中，詹姆斯·布坎南和戈登·塔洛克在方法论的个人主义框架内分析了次于维克塞尔最优的各规则。在这种实证（排除价值判断）框架内，布坎南和塔洛克建立了效用最大化的、理性的个人面临着宪法所规定的选择时的计算模型。在他们的模型中，"宪法"仅仅是一套预先设定的规则，它决定了未来行为实施的方式。[①]

在布坎南-塔洛克的概念中进行集体选择的制度本身是自变量。他们指出：

> 规则的宪政选择独立地采取任何单独的特殊决策或一整套决策的形式，而且完全理性地以体现许多独立时间序列和许多处置经济资源的独立集体行为的长期观察为基础。在选择单一"最佳"规则的意义上，"最优"是一种与在一个给定的时间跨度内"最优"地配置资源完全不同的东西。（《同意的计算》，p. 95）。

最优性或"最佳"决策规则（多数同意规则是其中之一）的决定，产生于人们对于将要表决的一系列个人的集体提案或动议的未来偏好具有不确定性的场合。给定这种未来偏好性质的不确定性，人们可能会按照与其在收入分配中的各自地位无关的准则来投票。在更加"动态"的布坎南-塔洛克框架中，最优性并不意味着与维克塞尔的时间约束的决策模型相同。按照维克塞尔的定义，对于最优性（"公平"）来说，严格的一致同意是必需的，而维克塞尔的社会所面临的选择在时间上要晚于布坎南和塔洛克所分析的宪政选择。在这一较早的时点上，一个从维克塞尔的观点来看是非最优的投票规则，在未来偏好具有不确定性的情况下却可能是最优的。所以，布坎南和塔洛克提出了一种宪政理论和对政治制度的设计，扩展了一致同意规则，这一规则在严格的维克塞尔意义上是效率的唯一标准。他们的分析对当代政治行为和制度的研究产生了巨大的冲击，特别是当与"个人主义"标准相结合时。

544

---

① 此外，"当他们选择集体地而不是个人地实现各种目的时，集体行为就被看作是个人行为，而政府只不过被看作是允许这种集体行为得以发生的一套程序、一个机构"（布坎南和塔洛克，《同意的计算》，第13页）。

□ 官僚机构、供给方与经验的公共选择

需求分析——投票与对公共物品的需求间的相互联系——占据着当代公共选择文献的核心位置。这种方法隐含着一个假设，即公共部门中被需求的商品和服务是自动供给的。然而，公共物品是政府官僚机构供给的，其激励机制常常不被详细研究。但有两个重要的例外：奥地利经济学家路德维希·冯·米塞斯的著作（《官僚体制》，1944 年）和戈登·塔洛克晚近的研究《官僚政治学》（1965 年）。这些著作，特别是后者，代表着建立官僚机构产出过程和导致"公共部门供给"产生的最为独特动机的模型的真正尝试。

官僚机构如何行为？他们的动机是什么？是否有一个可识别的数量，能够反映他们最优化其公共物品供给的努力？小威廉·A. 尼斯卡宁（William A. Niskanen, Jr.）在《官僚机构与代议制政府》（1971 年）中研究了这些问题以及其他问题。尼斯卡宁的观点反映了塔洛克的影响，他把官僚机构看作是体系中"内生的"最大化者，与经济市场中私人物品的企业家型的供给者并无不同。但是，有一个至关重要的差别凸显出来。私人企业家可以最大化利润，但政府官僚不能或至少不能合法地这样做。尽管人们不是不知道在政治舞台上存在非法酬金，然而假设这样一些变量如收入、威信、官僚机构的规模、官僚机构的预算、离开官僚机构后的获利丰厚的工作承诺等是大多数官僚欲寻求最大化的内容，显然是更为合理的。尼斯卡宁假设官僚是预算最大化者，他建立了作为单独的预算最大化单位的政府官僚机构模型。预算最大化使单个的官僚能够提高其薪水，改善其工作环境，或者二者兼得。

按照尼斯卡宁的看法，在这种情况下，官僚机构是"……通过定期拨款或赠款来筹措资金的非营利性组织"（《官僚机构》，p.15）。从本质上说，总预算被转化为总产出水平，因为在官僚机构中，边际调整是不可行的。该模型的（多项）含义之一是，在最大化其预算规模（以及因此最大化官僚机构规模）的努力中，供给者将会"吃掉"产生于公共物品供给的消费者剩余。官僚机构的陡然增长也是这一理论的一个明显的含义。此外，把公共物品需求理论与尼斯卡宁的供给概念纳入"一般均衡模型"还存在很多困难。然而，尼斯卡宁的模型激发了对"供给问题"的大量研究，它已经成为公共选择经济学中的一个不断发展的研究课题。

实证的公共选择理论已经获得了大量可检验的含义和扩展。特别是自 1970 年以后，经济学家已经在对这些命题中的一部分进行扩展和经验估计方面付出了艰辛的努力，这一领域涌现出了浩繁的文献，其中有些可以被称为"经验的公共选择"。[①] 探究这些问题的文献目录相当冗长，通常包括这样一些问题：（1）什么是竞选捐助的经济学？它们如何影响政治竞争？（2）自利如何影响在位的政治期限和连任的规则？（3）独立的司法体系如何影响卡特尔的行为？（4）政治中的进入壁垒是如何由经济变量所决定的？（5）在立法机构内怎样以及为什么会形成政治联盟？

---

① 见丹尼斯·C. 米勒（Dennis C. Mueller）：《公共选择：概览》，该文对截至约 1975 年的文献作了评注性的讨论（见参考文献）。

545

（6）为什么州和联邦立法机构中作为代表的律师要多于其他职业的人？这些文献的一个完整的分支发展了关于"政治的经济周期"的研究，即在再次当选约束下活动的自利的政治家如何引起通货膨胀、收入和就业的周期性波动。下面将讨论这些有趣的贡献中的一部分。

中位投票人模型　请思考本章前面所描述的中位投票人模型。假定政党间存在竞争，已经表明最能吸引中位投票人的兴趣的党派会当选。某一党派的最坚定的支持者不见得会按照他们的贡献获得收益。为了当选，该党成员必须制定税收支出计划，把利益从最坚定的支持者重新配置给中位投票人。霍尔库姆表明，当税负作为政治纲领的一部分提出时，"民主就具有一种有利于对公共部门产出有最大需求的党派当选的自然倾向"（《公共选择》，p.382）。他也研究了鲍恩的中位投票人模型的经验适用性（见图23-1）。利用密歇根州1973年对教育支出征税的公民表决中275个选举点的数据，霍尔库姆给出了这种主张的经验支持，即中位投票人模型与关于地方政府对教育支出的公民投票是一致的（《经验检验》，pp.272-273）。

政治代表的经济学　公共选择中的经验模型集中于检验非常现实的问题。例如，对立法者的支付方式（如由州法律规定或由州立法者自己设立）决定"外部收入"吗？罗伯特·麦考密克（Robert McCormick）和罗伯特·托利森最近的一项研究表明，在高收入的各州，立法者们确定他们自己的薪水，人们发现他们自己较少有寻求外部收入或贿赂的动机（《结盟的立法机构》，p.77）。在另一项题为《被当作出租汽车的立法者：论美国众议院席位的价值》的有趣的经验研究中，马克·克雷恩（Mark Crain）、托马斯·迪顿（Thomas Deaton）和罗伯特·托利森研究了为什么美国众议院的席位始终保持435个不变（有一个小小的例外，即在阿拉斯加和夏威夷加入美国后的暂时扩大）。只有两条宪法条款与众议院的规模有关：（1）每30 000人口不超过一名代表；（2）每个州至少得有一名代表。给定这些限制，众议院在1977年可以有5 977名议员。那么，为什么只有435名呢？按照克雷恩、迪顿和托利森的看法，答案与大城市出租汽车数量被控制的情况非常类似，即立法者能够限制他们自己的数量。结果是经济租被现有的供给集团获得，至少是部分地被立法者自己获得。因此，自利公理、美国众议院控制自己成员数量的能力以及寻租理论（下面将详细讨论）给出了"政治"问题的一些"经济"答案。

政治中的代理问题　公共选择原理也被用于分析议会投票以及代表并不总是体现选举他们的民众意愿的可能性。实际上，公共选择的一个主要问题是解决代理与委托人问题。基本的问题是，如何使代理人的行为与委托人的利益一致？例如，在企业工作或拥有公司股票的人，面临着类似的困境。在某些情况下，雇员可能会按照自己的利益而不是按照雇主的利益来工作。如果没有监督，雇员可能会逃避工作，转而从事那些能增进其个人效用而不是雇主的效用的活动。延长午休时间、玩电脑游戏或者故意制造"加班"就是例证。管理者对股东利益的欺诈也是一个不断出现的问题，如安然公司的倒闭与泰科公司的丑闻。

政治代表也会面临相同形式的问题与机会主义行为。公共选择学者的问题是，在代议制民主体制中，如何使代理人（立法者及其监督的官僚）按照委托人（投票者）希望的方式行为？还有，代表如何对选举结果作出反应？关于这些问题，有两个理论阵营。立法者要么是人民的完美代理人，要么是一个独立于选民的有约束的"政治家"。政治学家已经指出，议会的委员会利用立法和任命官员的权力来控制他们（温加斯特，《议会管理体制》）。政治学家和经济学家都研究了意识形态在代表投票中所发挥的作用。[①] 另一方面，经济学家萨姆·佩尔兹曼（Sam Peltzman,《20世纪议会投票的经济解释》）强调在整个20世纪中议会政治代表的利己主义。

以上对公共选择的简短讨论已经表明了关于这一主题不断出现的文献的丰富性。但除此之外，公共选择范式已经成为经济管制理论发展的一个丰饶的源泉。实际上，内生的政治过程是大多数当代经济管制理论分析的核心。

管制的新政治经济学

由于对"新政自由主义"哲学的强调出现了独特的、戏剧性的变化，在20世纪70年代，放松对某些行业的管制在美国民主党、共和党政治家中颇为流行。从历史上看，对某些行业特别是对那些被认为是自然垄断行业（如铁路、电业）的管制，曾被认为是出于"公共利益"。在1887年成立了第一个大型联邦管制机构（州际商务委员会）之后，经济学家耗费了大量笔墨试图设计更好的价格工具，以便在管制过程使用。[②] 大量的文献发展了这一主题，如边际成本定价、价格歧视和最大负荷定价，从表面上看来，所有这些在将公共政策应用于被管制的经济领域中似乎都有某种用处。整个管制过程被看作直接产生于市场失灵和在公共利益方面政府行为的必要性。尽管大多数经济学家承认管制过程的缺陷，但他们都赞成在"自然垄断"出现的场合要求实施管制的观点，而且赞成通过连续逼近来控制这一过程来使之完美的观点。

20世纪60年代逐步显露的知识发展改变了经济学界的所有这些观点，最终也改变了政治家和公众的看法。我们已经讨论了这些发展中的一项，即公共选择范式的出现，它强调政治家是经济过程中内生的行为者。把这些原理通过一种关于政治家或管制者（"政府"）创造租金或利润的理论而应用到管制过程中是合乎逻辑的扩展。1962年发表的两篇重要论文奠定了这种发展的基础。乔治·施蒂格勒和克莱尔·弗里德兰（Claire Friedland）以一篇论文质疑对诸如价格水平、价格歧视的程度、收益率等变量进行管制的影响，打破了坚冰（《管制者能管制什么？以电力行

经济理论和方法史（第五版）

547

---

① 见詹姆斯·考（James Kau）和保罗·鲁宾（Paul Rubin），《议会投票中的自利、意识形态与互相捧场》；詹姆斯·考和保罗·鲁宾，《议员、选民与捐款人》；约瑟夫·卡尔特（Joseph Kalt）和马克·朱潘（Mark Zupan），《关于政治的经济理论中的俘获与意识形态》（见参考文献）。

② 早期"芝加哥学派"的经济学家亨利·西蒙斯（Henry Simons）走得更远，以至于由于管制过程中的失败而要求政府拥有某些行业（《自由放任的实证计划》）。然而，这一论点与现代芝加哥学派的观点（在某种情况下，放松管制加上对供给权的竞争性特许出价）截然不同，它甚至更与大多数当代经济学家的观点大相径庭。

业为例》）。他们以电力行业管制前后的统计资料为基础而得出的令人惊讶的结论是，就控制其希望控制的数量而言，管制几乎完全是无效的。他们指出：

> 事实上，价格管制理论必须基于一种默认的假设，即如果没有管制，垄断就会具有过高的力量。如果这是正确的，那么在缺乏管制的情况下，纯垄断利润就会高于竞争性收益率 $10\%\sim20\%$，这样价格就将高于长期边际成本 $40\%\sim80\%$，因而也就存在某种有效管制的实际可能性。但电力行业并没有证明这样一种可能性（《管制者能管制什么？以电力行业为例》，p.12）。

第二篇文章在质疑人们长期持有的关于管制的信念方面影响并不小。哈维·阿弗奇（Harvey Averch）和利兰·L. 约翰逊（Leland L. Johnson）发展出了一种面临管制的收益率约束的厂商行为理论（《管制约束下的厂商行为》）。他们推断，从社会的角度来看，在某种条件下，被管制的厂商将在固定资本方面过度投资。尽管从被管制厂商的立场上看，实现了最优（即利润最大化），但过多的资本（相对于劳动投入）会迫使社会所承担的公用事业服务成本上升。经济学家和计量经济学家仍在争论这种阿弗奇-约翰逊效应的经验适用性，但是他们的主张与施蒂格勒和弗里德兰以及其他作者的主张一起，引起了对整个管制过程的普遍反思。而且，这种反思强烈地受到了关于政治经济学和寻租理论的影响。

□ 租金、政治与管制

在我们转而研究当代管制理论诸形式之前，先来回顾一下"寻租"的含义。图23-4 给出了一个基本模型。[1] 为简化起见，假定线性的需求曲线和边际收益曲线以及不变的平均成本、边际成本函数。在竞争条件下，将生产 Q_c 数量的产品，并以价格 P_c 出售。在管制体制下维持的垄断者或合法的卡特尔会把产出减少至 Q_m，并把价格提高到 P_m。弄清损失的性质是重要的。三角形 AFG 与垄断产生的无谓损失相一致——这最早由法国工程师朱尔·杜普伊发现（见第 12 章）。只要价格高于边际成本，这种损失就总是存在（在这个意义上，特许权税与垄断价格类似）。

但是区域 P_cP_mAF 又将如何？许多经济学家宣称这些"租金"只代表从消费者到垄断者的一种再分配。然而，在管制过程中，它们可以被任何给定的竞争者看作是获取特许权的价值。[2] 换句话说，如果单独的收益是给定的，那么每一个单个的竞争者就有一种为了被授予排他性垄断特许权而花费 P_cP_mAF（它不太可能是无穷小量）的激励。与此类似，假定厂商间的份额可以低成本、高效率地划分，那么一个卡特尔就愿意出相同的价格，以获得保护，免遭竞争。这些租金可以花费或浪费在游说议员或律师酬金上。在头脑中确立了这些原理后，我们回过头来分析管制过程中政治与经济的相互联系。

在以上讨论中存在着缺陷。政治家和管制者当然不能合法地受贿，尽管正如我

---

① 第 3 章给出了一个重商主义时代的"寻租"解释，尽管那时并没有发展出一个像图 23-4 那样的特殊模型。

② 关于"寻租"的这些讨论源于戈登·塔洛克（《关税、垄断与盗窃的福利成本》《转变的收益缺口》）和理查德·波斯纳（Richard Posner，《垄断与管制的社会成本》）的论文。见参考文献。

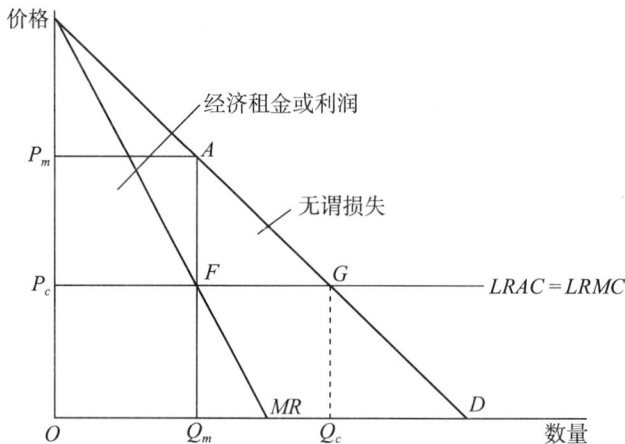

图 23 - 4 在管制过程中，单个的竞争者将愿意花费 P_cP_mAF（不太可能是无穷小量）以获得排他性的垄断权

们前面所说的，秘密的和非法的酬金有时会在任何层次上成为政府不体面的特征。从商业利益中获得的酬金当然可以采用其他的形式，这些动机是现代管制理论的关键。像任何其他商品如鞋或啤酒一样，管制也是按照潜在的自利动机被需求和供给。在 1971 年发表的一篇富有挑战性的论文中（《经济管制理论》），乔治·施蒂格勒以需求者和供给者的自利动机为基础，开创了管制的"俘获"理论。必须强调的是，这种观点只是在表面上与马克思的"资本"利用国家和政治机器来获取利益的思想相类似。在现代理论中，资本或"交易"并不总是赢家。任何一种集团如劳动者、农民或消费者都会时不时地设立管制体制，或者接管现有的管制体制。按照施蒂格勒的观点，管制有益于政治上有势力的集团。我们现在就更为详尽地探讨他的观点。

俘获理论 为了理解俘获理论，我们必须解决谁从管制中获益、谁承担管制的重负的问题。被管制的厂商在一定程度上可以从州或联邦的控制中获益，它们可以直接从政府获得货币补贴、阻止竞争者进入其市场、保证弥补全部成本的固定（最低）价格以及其他限制竞争的手段。然而，管制几乎从来就不是一种纯粹的赐福。被管制的行业（铁路、电力行业等）或职业（理发师、殡仪师、建筑承包商等）必须支付一定的费用，服从一定的规则、管制、行为"准则"或其他干预。这些都要耗费成本，降低被管制厂商的净收益，但只要净收益为正，而且游说成本不是高到令人止步的程度，那些一定能从管制过程中获益的人就必然会需要它。

更为隐蔽的一个问题是，为什么政治家兼管制者会提供管制？换句话说，在一个体制内，如果明目张胆地贿赂是非法的，需要管制的事情是如何运作的？政治上具有势力的联盟（如工会、同业公会等）用选票或竞选捐款来使人们听到他们的意见。但为什么政治家愿意以大多数选民或消费者的利益为代价来迎合有限的利益？民主政治程序的某些特征使大多数人承担成本而少数人获益成为可能。施蒂格勒指出：（1）与市场决策不同，政治决策必须同时作出；（2）民主程序（通过选举代表）必须同时把所有团体——那些对某项决策极度关切的人、略为关心的人、毫不关心的人——都包括进来（《经济管制理论》，pp. 10-11）。在这些情况下，对于大多数人的较大损害（前文所分析的"无谓损失"）可能不会遇到多大的抵制，因为成本由这么多的人来分摊，每个人承担的成本是微乎其微的。信息的获取是一种具有成本和收益的商品。个人没有获取与其无关的问题的信息的动机，但无论如何，个人都要对这些问题投票，通常是通过一个加入了某一党派的专职代表来投票。正如施蒂格勒指出的：

> 　　代表和他的政党会由于发现并实现了其选民的政治愿望而受到奖励：在选举中获胜以及得到额外职务津贴。如果无论什么时候这个代表投票反对有损社会的政策，他都能够自信地等待再次当选，那么毫无疑问，他就会这样做。然而不幸的是，美德并不总是能够抵御如此大的诱惑。如果这个代表否决了十大行业对特殊货币补贴或对政府权力的要求，他们在选举中就会把钱投向一个更为顺从的继任者：支持才是重要的。这并不意味着代表和他的政党必须找到一个比每一个产业政策动议中与产业相对立的一方更为持久的投票人利益的联盟。在那些反对石油进口配额、农产品补贴、机场补贴、医院补贴、非必需的海军造船所、不公平的公共住宅计划以及农村电气化补贴的人的全部支持下，一个代表既不会当选，也不会连任（《经济管制理论》，p. 11）。

政治和表决程序是个人偏好的总的过滤器。各种管制只不过是那些自利的需求者（即一定能从管制中获利的人的有效联合）与那些必须忍受定期的改选约束的政治上的供给者相互作用的结果。

这意味着在这种程序中最终将会出现"公共利益"吗？在现代管制理论中，"公共利益"这一术语本身具有不同的含义。公共利益并不是某种抽象的文牍主义，而只是对于某个问题的个人利益的总和。如果消费者间的交易成本为零，他们确实会买下垄断权。例如，在图 23-4 中，出价 P_cP_mAF，消费者就可以买通垄断者，并可以获得以前是无谓损失的三角形 AFG。然而在我们生活的不完美的世界中，联合成本为正，并且允许国家（以民主的方式）强制实施垄断。结果，经济管制会降低消费者的福利。

重要的是要承认管制并不总是支持产业市场集团的特殊利益。消费者团体或环保组织也可以组成有效的联合以影响政治过程。非市场集团的偏好可能会被记录下来，在不同的时点上，不同的团体可能会赢得这一过程。辨别管制的需求者和政治家兼供给者所面临的成本和收益的特殊形式，是当代经济学家在这一领域正在探究的不断发展的课题。中心问题之一是发展一个在官僚体制内进行政治决策的完整的、单一理论。关于这些问题的研究正在发展之中。

政治与佩尔兹曼的管制模型　佩尔兹曼作出了对施蒂格勒确立的连接经济福利分配与政治过程的理论的、最为有力的扩展（《趋向更加一般的管制理论》）。这一理论把经济管制当作政府活动与管制活动的子集。在佩尔兹曼清晰表述的理论中，与生产者福利相对的消费者福利由政治过程来安排，以确定一组管制的均衡价格和利润。与施蒂格勒的观点一样,政治家获得选票、货币以及其他津贴等方面的报酬,因而有为生产者提供利益的动机。但这里也有一种取舍:生产者的获益意味着消费者兼投票者(选票)的损失。所以,政治家在这两个集团之间玩"平衡"游戏。

图 23-5 概括说明了佩尔兹曼的模型。其中,政治家兼管制者的"无差异"曲线(即佩尔兹曼的术语中的"等多数票"曲线)代表了正在运作的政治过程。每条曲线都描述了获得相同政治支持水平的各种价格与利润的组合。较高或较偏左上角的曲线(如 I_1 相对于 I_0)表示更高的政治支持水平。较高的价格(不利于消费者)必须与较高的利润(有利于生产者)相联系,因而等多数票曲线就具有正斜率。换句话说,为了保持给定的支持水平,因价格上升引起的选票损失必须以利润的增加来补偿。通常的利润曲线(如图 23-5)说明了可供重新分配(从消费者到生产者或从生产者到消费者)的财富的数量。管制者在生产者和消费者之间寻求调和,在 E 点建立政治均衡价格与利润水平。请注意,管制者既不会选择竞争性最优(A),也不会选择垄断最优(F),而是会选择中间的一组价格和利润。该结果源于这样一个事实,即在消费者的利益与生产者的利益之间总是会有所取舍,这对于政治家兼管制者来说具有政治意义。由于政治家希望在选举时最大化其多数票,所以在他们建立和支持的商业管制的性质方面总是有所节制。

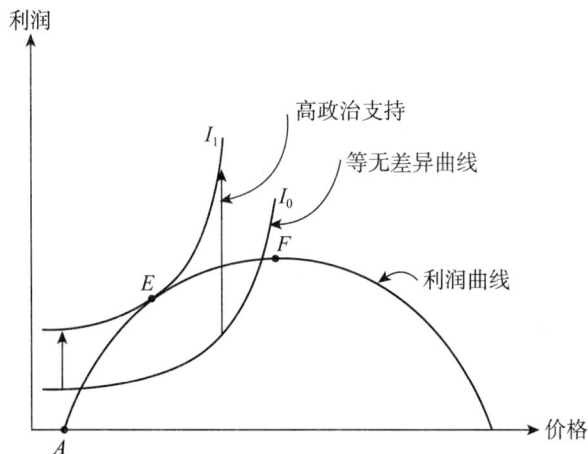

图 23-5 佩尔兹曼的模型表明,管制来自厂商的利润(由企业利润曲线表示)与对政治家的政治支持(由等无差异曲线表示)间的相互作用。这种相互作用通常导致管制价格介于垄断价格和竞争价格之间

这个深刻的模型(实际上是政府理论,也是管制理论)具有多重见解。图 23-5 描述的等多数票曲线是对政治偏好的整体概述,并由多种因素所决定。然而,正是民主决定的立法规则与自利的政治家的存在导致了管制的供给。同样,佩尔兹曼模型中的利润曲线来自某个地方。结果,任何引起该曲线出现或变化的事物都会显著地引起管制和管制的变化。因此,发明和新技术的出现、由于卡特尔出现而导致的相对价格的变动、飓风造成的后果、经济增长或下降等,都会导致新的管制制度的

建立。此外，佩尔兹曼的模型可以发展出许多经验意义。例如，在司法中管制者是被选举的而不是被任命的，管制价格可能较低（克雷恩与麦考密克，《作为利益集团的管制者》）。在管制过程的性质方面，佩尔兹曼的基本思想已经产生了不断发展的、具有丰富信息的研究。

其他现代管制理论　在历史上，经济管制的情况直接依赖于是否存在"自然垄断"的条件，也就是说，厂商是否面临高额固定成本以至于其单位产品的长期平均成本在大量产出的情况下仍然下降。但是现代理论并不依赖这一前提，事实上它认为，无论成本结构的性质怎样，任何有效的联合都可以通过政治程序来获得管制。但是，如果自然垄断条件（递减的边际成本、较高的固定成本）存在，情况又会怎样呢？这是否意味着由某些政府代理人的管制是不可避免的？

按照从 19 世纪埃德温·查德威克爵士对类似问题所做的评论（见第 9 章）中派生出的观点，哈罗德·德姆塞茨（Harold Demsetz）于 1968 年质疑了管制（按传统的方式）在生产上具有规模经济的行业的必要性（《为什么要管制公用事业？》）[①]。德姆塞茨建议，在有些地方对公用事业的正式管制是不必要的，在这些部门中，政府可以允许"对抗性竞争者"对在某种不确定的"合同"期内的供给商品或服务的排他性权利进行竞价。正如德姆塞茨所表明的，在这样一种体制内，给定（1）潜在竞价者的有弹性的供给和（2）潜在供给者方面高昂的勾结成本，自然垄断的存在并不意味着垄断价格和产出。

在某种限定条件下，按照德姆塞茨的计划，会实现一种"竞争性"价格和产出（见第 9 章中对于查德威克的讨论以及图 9-1）。这种观点的批评者强烈地怀疑特许权竞价概念能否作为传统管制形式的替代，他们列举了使该计划实际上不可行的市场不确定性、信息和控制成本、投资标准等问题。对某些基本产权的政府所有也属于这一计划。然而，所有这些问题在某种程度上可能是不相关的，因为德姆塞茨可能从未打算把他的概念当作一种成熟的管制理论。在公用事业和其他管制行业没有多少经验证据支持自然垄断的存在，对这一问题的"自由市场的立场"是——如果有一种统一的立场——放松管制和使大多数受管制的活动向竞争复归将改善消费者的福利。与德姆塞茨理论相反，关于管制的"奥地利"观点集中在风险和不确定性上，参见下面的专栏"思想的力量：熊彼特论风险、管制和市场过程"。

☞————————————————

思想的力量：熊彼特论风险、管制和市场过程

虽然正如本章所揭示的，现代作家以焕然一新的活力参加了争论，但对管制以及政府进入市场的性质与范围的关注仍是一个非常古老的问题。与通常的情况一样，回顾过去曾论述过这种争论的作家是很有用的。约瑟夫·熊彼特就是一位这样的经济学家，他把跨期竞争过程作为市场功能的特征，这种竞争过程蕴含了有关政府管制的作用的某些

---

①　实际上，对"查德威克原理"的现代再发现是由戈登·塔洛克在此之前 3 年作出的，他把这一原理应用到党派竞争中。见参考文献中塔洛克的《政治中的进入壁垒》。

东西。* 根据熊彼特的观点，风险是市场活动的一种不可避免的、自然的因素。他讨论了风险与不确定性的重要性质以及它们对资本主义社会的企业家所造成的问题。按照熊彼特的观点：

> 任何投资实际上都需要……某些保护活动，如保险或防御。在剧烈变革的情况下，特别是在……新产品和新技术的冲击之下，长期投资就像打靶，这个靶子不仅远而且还在移动，并且是急剧地移动。所以，求助于这样一些保护措施，如专利或生产方法的暂时保密或（在某种情况下）预先的长期合同保护，就很有必要了。+

但是，当没有"可用于保险的手段"，如专利，或对专利的实施不够，或市场参与者没有能力与另外一方签订长期合同时，风险成本就可能会以较高的价格或侵略性的竞争行为（暂时地）聚集起来。换句话说，熊彼特强调，从纯粹静态的观点看，可能会具有反竞争性质的某些因素（专利等），在更为动态的竞争环境中会推动进步。在有保留地陈述了几个卡特尔的不利影响后，熊彼特甚至把许多静态"垄断"措施当作动态（长期）竞争的"自然"手段的特征。

熊彼特也对利用管制程序破坏市场的福利效应的可能性保持警惕。由于政府是垄断特权唯一永恒的源泉，那么就应当对它的管制行为进行集中的、详尽的考察：

> 愉快地利用一种给定的需求模式的力量……在完全的资本主义条件下，几乎不会持续一段足够长的时间以影响我们所分析的总产出，除非有政府部门的支持……即使铁路、电力和照明也不得不首先创造对它们服务的需求，而当它们这样做时，也就保护其市场免遭竞争。**

市场过程的这种观点提供了一个清楚地划分"静态"竞争与"动态"竞争的有力案例。若在静态意义上考察，当事实上对竞争的非政府限制可能有助于对将会改善经济福利的新技术的引入实行管制时，它们通常被认为是次优的。另一方面，政府管制是与产出下降和福利损失相联系的长期经济租的主要源泉。与本章所讨论的现代管制理论一起，熊彼特的见解提醒我们仅仅是管制的存在和生产与消费的跨期问题，并不足以证明市场不能正常运转。

---

* 对熊彼特思想的另外的讨论，见方法论争论之五（第20章）和第22章。

+ J. S. 熊彼特，《资本主义、社会主义与民主》，p. 88。

** 《资本主义、社会主义与民主》，p. 99。

结论

本章的目的并不在于试图澄清公共选择或管制理论中的当代理论争论，而是要说明在政治经济学中新的、正在发展的研究已经利用，并且仍在利用很久以前亚当·斯密始创的竞争与自利的简单模型。这里的问题（以及我们讨论中的基本启

554

示）是，无论一个人买一个蛋卷冰激凌还是发动一场拥护城市财政的运动，作为基本经济动机的自利在形式上都没有什么不同。这些动机（在形式上，如果不是在种类上）遍及所有人的活动。公共选择理论及其应用，把税收、支出以及管制理论联系在一起，是一种把经济分析转移到人类行为的其他领域的极有价值的工具。通过这种努力，它正在按照亚当·斯密最初的概念扩展这一学科的范围，这种概念把经济学当作广泛的社会、政治研究的一部分。

参考文献

Arrow, Kenneth. *Social Choice and Individual Values*. New York：Wiley, 1951.

Averch, Harvey, and Leland L. Johnson. "Behavior of the Firm under Regulatory Constraint", *American Economic Review*, vol. 52（December 1962）, pp. 1052 – 1069.

Black, Duncan. *The Theory of Committees and Elections*. London：Cambridge University Press, 1958.

Bowen, Howard R. "The Interpretation of Voting in the Allocation of Resources", *Quarterly Journal of Economics*, vol. 58（November 1943）, pp. 27 – 48.

Buchanan, J. M. "The Pure Theory of Government Finance：A Suggested Approach", *Journal of Political Economy*, vol. 57（December 1949）, pp. 496 – 505.

——. "La scienza delle finance：The Italian Tradition in Public Finance", in *Fiscal Theory and Political Economy*. Chapel Hill：University of North Carolina Press, 1960.

——. "Public Finance and Public Choice", *National Tax Journal*, vol. 28（December 1975）, pp. 383 – 394.

——, and Gordon Tullock. *The Calculus of Consent*. Ann Arbor：The University of Michigan Press, 1962.

Crain, W. Mark, Thomas H. Deaton, and Robert D. Tollison. "Legislators as Taxicabs：On the Value of a Seat in the U. S. House of Representatives", *Economic Inquiry*, vol. 15（April 1977）, pp. 298 – 302.

——, and Robert E. McCormick. "Regulators as an Interest Group", in James M. Buchanan and Robert D. Tollison（eds. ）, *The Theory of Public Choice Ⅱ*. Ann Arbor：University of Michigan Press, 1984, pp. 287 – 304.

Demsetz, Harold. "Why Regulate Utilities?" *Journal of Law & Economics*, vol. 11（April 1968）, pp. 55 – 65.

Holcombe, Randall G. "Public Choice and Public Spending", *National Tax Journal*, vol. 31 (December 1978), pp. 373 - 383.

——. "Concepts of Public Sector Equilibrium", *National Tax Journal*, vol. 33 (March 1980), pp. 77 - 88.

——. "An Empirical Test of the Median Voter Model", *Economic Inquiry*, vol. 18 (April 1980), pp. 260 - 275.

Hotelling, Harold. "Stability in Competition", *Economic Journal*, vol. 39 (March 1929), pp. 41 - 57.

Kalt, Joseph P. , and Mark A. Zupan. "Capture and Ideology in the Economic Theory of Politics", *American Economic Review*, vol. 74 (1984), pp. 279 - 300.

Kau, James B. , and Paul H. Rubin. "Self-Interest, Ideology and Logrolling in Congressional Voting", *Journal of Law and Economics*, vol. 22 (1979), pp. 365 - 384.

——. *Congressmen, Constituents, and Contributors*. Boston: Martinus Nijhoff, 1982.

Lindahl, Erik. "Just Taxation—A Positive Solution", in Richard Musgrave and A. T. Peacock (eds.), *Classics in the Theory of Public Finance*. New York: St. Martin's, 1958 [1919].

McCormick, Robert E. , and Robert D. Tollison. "Legislatures as Unions", *Journal of Political Economy*, vol. 86 (February 1978), pp. 63 - 78.

Mises, Ludwig von. *Bureaucracy*. New Haven, CT: Yale University Press, 1944.

Mueller, Dennis C. "Public Choice: A Survey", *Journal of Economic Literature*, vol. 14 (June 1976), pp. 395 - 433.

Musgrave, Richard A. "The Voluntary Exchange Theory of Public Economy", *Quarterly Journal of Economics*, vol. 53 (February 1938), pp. 213 - 237.

Niskanen, William A. *Bureaucracy and Representative Government*. Chicago: Aldine-Atherton Press, 1971.

Peltzman, Sam. "Toward a More General Theory of Regulation", *The Journal of Law & Economics*, vol. 9 (August 1976), pp. 211 - 240.

——. "An Economic Interpretation of Congressional Voting in the Twentieth Century", *American Economic Review*, vol. 75 (1985), pp. 656 - 675.

Posner, Richard A. "The Social Costs of Monopoly and Regulation", *Journal of Political Economy*, vol. 83 (August 1975), pp. 807 - 827.

Samuelson, Paul A. "The Pure Theory of Public Expenditures", *Review of Economics and Statistics*, vol. 36 (November 1954), pp. 387 - 389.

Schumpeter, J. A. *Capitalism, Socialism, and Democracy*. New York: Harper & Row, 1942.

Simons, Henry. *A Positive Program for Laissez Faire*, in Harry D. Gideonse (ed.), *Public Policy Pamphlet no.* 15. Chicago: The University of Chicago Press, 1934.

Stigler, George J. "The Theory of Economic Regulation", *The Bell Journal of Economics and Management Science*, vol. 2 (Spring 1971), pp. 3 – 21.

——. and Claire Friedland. "What Can Regulators Regulate? The Case of Electricity", *Journal of Law & Economics*, vol. 5 (October 1962), pp. 1 – 16.

Tiebout, C. M. "A Pure Theory of Local Expenditures", *Journal of Political Economy*, vol. 64 (October 1956), pp. 416 – 424.

Tullock, Gordon. "Entry Barriers in Politics", *American Economic Review*, vol. 55 (May 1965), pp. 458 – 466.

——. *The Politics of Bureaucracy*. Washington: Public Affairs Press, 1965.

——. "The Welfare Costs of Tariffs, Monopolies, and Theft", *Western Economic Journal*, vol. 5 (June 1967), pp. 224 – 232; also published in James M. Buchanan, Robert D. Tollison, and Gordon Tullock, *Toward a Theory of the Rent-Seeking Society*. College Station: Texas A & M University Press, 1981.

——. "The Transitional Gains Gap", *The Bell Journal of Economics*, vol. 6 (Autumn 1975), pp. 671 – 678.

Weingast, Barry R. "The Congressional-Bureaucratic System: A Principal Agent Perspective (with Applications to the SEC)", *Public Choice*, vol. 44 (1984), pp. 147 – 191.

Wicksell, Knut. "A New Principle of Just Taxation", James M. Buchanan (trans.), in Richard Musgrave and A. T. Peacock (eds.), *Classics in the Theory of Public Finance*. New York: St. Martin's, 1958.

4

第 6 篇

支持未来：新的千年

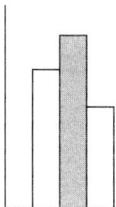

第 24 章

数理和实证经济学：
一种方法的革命

也许现代经济学最常见的一点是，到处弥漫着一直向经济学研究的各种分支扩展的新的数学和统计学技术。一个参观者去大学图书馆了解经济研究的新进展时，呈现在他面前的可能会是这样一些论文题目：《作为工程师的经济学家：指定用于经济学的博弈论、经验的和计算的工具》《递归效用和有限或无限收益情况下的最优增长》《阿罗的经济环境聚合：关于无差异曲面我们应该知道多少?》《论普遍信息结构的不存在》。这些例子不是随意编造的，而是在一些顶级期刊上实际发表的论文。诺贝尔经济学奖获得者德布鲁（见参考文献）曾因其在推广数学技术在经济学中的应用发挥了重要作用而称赞过下面一些期刊：《计量经济学》（*Econometrica*，创刊于 1933 年）、《经济研究评论》（*Review of Economic Studies*，1933 年）、《国际经济评论》（*International Economic Review*，1960 年）、《经济理论杂志》（*Journal of Economic Theory*，1969 年）和《数理经济学》（*Journal of Mathematical Economics*，1974 年）。其他的如《计量经济学杂志》（*Journal of Econometrics*，1973 年）也可以加入上述行列。但是这些期刊重视技术的发展，总的说来看，忽视在经济学中应用数学和经验技术的期刊的数量和日常发表的论文数量——每年都发表数万页之多的论文，正如任何访问大学图书馆的人所披露的。基础经济学告诉我们每件事都有成本和收益。本章简明考察这些工具对于经济学研究的某些适用性，正如 21 世纪在我们面前展现的，来考察这些工具对于提供一种对经济科学发展的实际的和潜在的成果的基本评价的某些适用性。

当然，探讨经济理论公式化和估计它的预测能力并非什么新问题。这个探讨已经持续了整个 20 世纪，甚至在 20 世纪之前就已经着手探讨了。经济学本科生和研究生的课程几乎没有（即使有也不多见）要求精通数学和计量经济学（一种经济理论与统计学的组合）的。经济学高年级学生可能都读不懂学术期刊（诸如我们在上面罗列的期刊以及其他的期刊）上的论文。新的数学和统计学技术被迅速引进，目的是为了阐述新的经济理论或者是对更早期理论进行新的检验。

562　　对这些发展的热情也并不完全像上面提到的那么普遍。一些批评家们认为沿着数理/实证的线路继续发展所花费的成本将大大超过潜在的收益。另一些人则捍卫这些发展，认为没有对这些技术的持续耕耘和精炼，经济学就不能或者永远不能取得"科学"的地位。显然，对21世纪这些发展结果的可能性无法作出十分确定的预测。但是如果经济思想史学家的部分作用是记述和评价这个学科的主要发展，就需要分析这种不断取得支配地位的技术。特别是这些方法的重要发展的根源是什么？如何把数学和统计学应用于经济学和经济理论？目的是什么？这些应用的得失如何？数学和检验技术的现状如何？未来可能的状况又将如何？由于经济理论的检验方法同接受和发展数学和统计技术并行不悖，或者紧跟其后，我们首先要把注意力投向数学方法及其在经济学中的长期历史。

▇ 数理经济学的历史和发展

　　从我们现在称之为经济分析的概念开始，经济学家们就已经尝试"展示"他们的思想，以便不断改进这些思想和便利交流。虽然许多早期著作是以纯粹的文学风格包装起来的，但是数字的和数学的表述早在18世纪就已经形成了。在大量有价值的国际贡献中，我们仅提供3个值得提及的例证。意大利的切萨雷·贝卡里亚（1712—1769年），一位学者和行政官员，在他的著作《论罪行与惩罚》（1764年）和《公共经济原理》（1771年）中把效用确定为基本经济行为。进一步说，他坚定地确定了数学方法应用于经济学推理的原则。在法国，一位工程师，伊斯纳尔（1749—1803年），在他的著作《财富论》（1781年）中创立了交换均衡、生产、资本、利息和汇率的数学，把主题最恰当地描述为"一般均衡"方法。在19世纪相对较早的时期，正当李嘉图和马尔萨斯阐发一种古典经济学的文学方法的时候，一位英国学者，威廉·休厄尔（1799—1866年）出版了《一些政治经济学原理的数学解释》（1829—1931年），一本发展李嘉图经济学的数学分析和资本与投入替代的数学方法方面的著作。[①]这些以及其他许多令人惊奇的贡献是自然而然发展的，因为经济学不仅论述"趋势"，而且论述现象的数量计算。[②]这种经济理论从中获益的演绎法明显地号召和鼓励研究者使用数学。

---

　　① 这些学者，像在文中提到的，只是一个小例子。具有技术爱好的经济创新者所达到的一个更充分的思想，可以在第12章发现。另见塞奥哈里斯（Theocharis）《数理经济学的早期发展》。

　　② 例如，在17世纪，威廉·配第爵士阐发了他所谓的"政治算术"，以描述一个原始的国民收入核算体系（见第4章）；几十年以后，查尔斯·戴夫南特，在格雷戈尔·金（Gregory King）的较早著作的基础之上，估计了一条需求曲线（见约翰·克里迪的《论金-戴夫南特的"需求规律"》，在参考文献和本章后面的讨论中引证了）。

数学方法走进经济理论的许多较早的进步，对于经济学史可能是幸运的，也可能是不幸的，并没确立一种利用这种方法的持续的研究。奥古斯丁·古诺（1801—1877年），正如我们在第12章所了解到的，是数理经济学的真正创立者。人们几乎不能，甚至在今天也不能，改进古诺对经济学使用数学的作用和优势的理解。数学的运用，按照古诺最初的理解，和利用文字或图形来表述经济理论没有差别。古诺断言，李嘉图只不过是在"冗长乏味的数字计算下面"伪装他的代数学（《数学原理》，p.4）。但是，古诺完全明白数字计算不是使用数学仅有的，甚至是主要的好处。他写道：

> 我说过大多数致力于政治经济学的作家们，似乎也对数学分析在财富理论中应用的性质抱有一种错误的观念。他们臆断使用符号和公式只会导致数字计算，而且像人们清楚感受到的，这个学科不适宜于仅仅应用理论决定的这样的价值量，所得出的结论是：数学方法，即使不易于导致错误的结果，至少也是虚置和卖弄学问的。但是，那些在数学分析上训练有素的人知道，数学分析的目的不仅是计算数量，而且也可以应用它发现不能以数量表述的数量之间的关系和其规律不能用代数表述的函数之间的关系（《数学原理》，pp.2－3）。

良好的数据在古诺时代是难以获得的（正如在我们时代难以获得一样），更不必说阐发良好数据的代价了。古诺从来没有预见到数学促进经济直觉知识的作用，这种直觉是关于非数量价值（例如，价格和数量）如何相互关联以及和其他数量关联的。数学符号，用古诺自己的话说，能够"方便揭露问题，能够分解它使之更简洁，能够打开通向更远的发展之路，能够避免离题的模糊论点"（《数学原理》，p.4）。由于古诺所阐发的功能在于确定商品和价格空间，可以应用（而且已被古诺应用了）欧几里得几何学（即图形）提供等同于数学处理的对经济理论的透视。

经济学使用的一般数学工具

原则上说，经济理论无论是用文字、图形或是数学来阐述，在任何基本方面是没有区别的。但应用每种表述手段都有成本和收益。打个比方，考虑一下计算机软件的使用。软件提供一种处理信息的手段；它使我们从"投入"得到"产出"。每个软件包，不论它是文字处理的还是数据处理的，都允许我们把投入转化为产出，每个软件包都以不同的方式处理这种投入到产出的转化。当然，人们要花费时间来了解任何给定的软件包，但是一旦了解了，便可以反复地把这个工具应用于任何可能同它相适应的任务。

经济理论家的任务之一就是从假设（关于经济行为的假设）演绎推理出关于世界运行方式的结论——或者世界的某些特殊方面（例如，护士市场）是怎样运行的。正如存在许多不同类型的提供一种记录和传播词语和思想的手段的计算机软件一样，在表述经济理论时也存在不同的从假设获得结论的方式。每种软件包都有优点和缺点，正如每种经济表达方式也有优缺点一样。

绝大多数读者都很容易理解纯文字的表述，但是正如古诺认识到的，文字阐述有某些确定的局限性。文字阐述可能导致离题的和模糊的论点。在需要精确推理的地方，图形和数学的表述提供更多的精确。经济关系和理论的图形可以提供非常有用的描述，并且帮助经济学家们抓住和拓展复杂的关系。就一种表述经济思想的方式而言，图形曾经而且现在依然为经济学家们所青睐。但是图形也有局限性。当问题超越两维（例如，涉及价格、数量和收入变化的需求关系）的时候，图形就变得臃肿了，并且它们的有用性下降。另外，图形限定于三维以内，所以它们不适合解决超过三维的问题。像杰文斯（见第 14 章）这样的新古典经济学家及其先驱（见第 12 章）使用数学和几何学来阐明消费者行为的简单理论，但当经济学家们开始处理更大的问题（例如，瓦尔拉斯的一般均衡，见第 16 章）时，新的表述方式（新的软件）成为必需，数学成了经济理论家的一个至关重要的工具。数学带给经济学的益处至少有三个方面：（1）数学使假设和前提清晰明确，因而消除了"隐藏"的理论偏见；（2）它使经济理论的论述更简洁、更精确；（3）它允许经济学家们更容易地论及超过二维的经济问题。

因此必然是，多种数学定理，其中某些非常复杂，将成为经济学家们"软件"中的零部件。我们不能详尽地处理这个课题，但我们将在这里证明一些主要的、基础的工具是正当的，并且在本章的后面我们还将引进其他一些工具（至少凭直觉引进这些工具）。

☐ 微积分学

算术和代数一直对经济学家有巨大的价值，但是随着经济学的进步，被证明最有用的工具是微分和积分。正如我们在第 12 章看到的，早期的经济—工程师如埃利特、杜普伊和拉德纳，以及如杰文斯、马歇尔和瓦尔拉斯等经济学家在他们的贡献中都用到了微积分。经济研究的真正性质在于考察数量——供给量和需求量、人口、利润等——以及它们的上升或下降。纯粹的定性模型论述方向——上升或者下降。这样，一个表述需求增加（供给保持不变）使均衡价格和数量都增加的假说，作了关于价格和数量方向的定性表述。但是，在对需求的一个变化作出反应时价格和数量将变化多少则是一个定量问题（对定量问题的回答也包括对定性问题的回答）。微分学基本论及变化率，因此是经济学家用来构建和讨论经济理论的天然的工具。积分学把这些变化率相加，以便达到总量计算——总人口、总需求量或总供给量，或者总利润。

考虑一个个人金融的例子。假设你是个温室发烧友，计划种植兰花，实际是为了利润。随着你收藏的兰花越来越珍稀，你的总花费增加。你花费的变化率，比方说第 121 个和第 122 个兰花的成本，可以通过计算总成本曲线上这两点的"导数"或"微分"得到。这就是你增加的兰花的边际成本，用数学用语，就是你的总成本函数的切线。但是你也许对另外的问题感兴趣。你想知道所收集的从第 200 个到第

300 个兰花的总成本是多少。我们可以简单地加总或求解从第 200 个到第 300 个兰花的花费的变化率的定积分。这个简单的例子告诉我们，微积分既可以应用虚拟的也可以应用实际的数据。例如，我们可能对美国联邦政府 20 世纪在基础设施上的支出感兴趣。如果我们有数据，那么总支出曲线就可以建立起来，而且任何时点的斜率都可以通过求解总支出曲线的导数而得到。反之，通过求解积分或找出总支出曲线以下两个时点之间的面积的方法，我们也可以找出 2000—2007 年的基础设施支出。

由于经济决策通常是依据边际量作出的，所以经济学家们关心总量的程度不如关心边际量。例如，在厂商理论里，实业家对这项或那项行为或政策变化的边际成本和边际收益感兴趣。微分学是唯一适合提供这种答案的。一个极好的例子是消费者行为理论。消费者对于一切产品和服务具有给定的偏好系列，面对一个确定的价格系列并受到他或她的收入限制。描述消费者效用最大化问题的解的数学程序，在这种情况下被称作约束条件下的最优化问题，这个数学程序就是微分学的一个直接应用。另一个例子是由古诺的利润最大化理论给出的（参见图 12-1 和第 12 章的相关讨论）。古诺把利润最大化的解规定为厂商的收益变化率（即边际收益）等于成本变化率（即边际成本）。边际收益和边际成本分别由总收益函数和总成本函数的一阶导数决定，因此这也提供了对微分学直接应用的另一个说明。

现成适用于经济问题，特别是在产业组织和公共财政领域中的问题，非积分学莫属。比如在决定是否建造一座新桥或者公园时，我们要了解一些其他的事情，计算和比较经济成本和收益。一个计算利益的常见方式是计算消费者剩余（参见第 12 章和第 15 章），即消费者为得到物品或服务所愿意支付的最高价格减去实际支付的金额。这个总"利益"的数学方法实际就是"积分"或"加总"所有个人在需求曲线的利益方面的问题。一旦我们估计出需求曲线，并且能计算出该项目的成本，积分学便提供给经济学家一个现成的进行计算和比较的工具。

☐ 线性系统和代数

代数，不管是简单的还是复杂的，都提供给经济学家丰富的工具或"软件"来阐述经济理论。在经济学家面对估计一般均衡（瓦尔拉斯的）关系和相互关系这样的任务时，尤其如此。一个被称作矩阵代数的代数学分支，被证明在处理大量概括和粗略估计真实世界的那些方程和变量时是非常有用的。

线性组合和矩阵代数提供给经济学家一个把生产或消费关系（或其他的）描述为线性的，或可简化为，或约等于线性关系的估计程序。这个程序的优点是可以应用计算机迅速计算庞大的方程体系，帮助经济学家发现经济体系中各种复杂的关系。使用线性关系可能的缺点，正如近似性的情况那样，它们可能没有准确地捕捉到生产或消费关系的特征。但是，这种有价值的技术构成了可以预测总体的经济增长或者一个经济体中特定部分的增长的广泛的经济模型的基础。一个单独这样的模型可能不够精确，但幸运的是，大多数先进经济都以多种方式构造模型，因此，久而久之可以给出对增长和其他因素的更好的总体预测。这种预测工具的有用性也被充分确认了。

古诺的继承者：经济思想中的数学应用

微积分和代数是两种被经济学家证明是非常有用的一般数学工具。当然经济学家也使用许多其他复杂的数学"软件"作为理论工具。然而经济学家选择微积分作为分析工具却出于一个简单的原因，即"微小变化"是很多经济问题的核心。古诺的早期继承者以非常具有创造性的方式把微积分应用于经济问题分析。弗朗西斯·埃奇沃思（1845—1926 年），一个新古典的杰文斯、马歇尔和瓦尔拉斯同时期，也许是他那个时代把数学运用到社会科学的盎格鲁-撒克逊经济学家中的开拓者。但他的表述相当精致复杂且有些晦涩难懂，这也是他被同时代的经济学家们所忽视的部分原因，但是埃奇沃思把微积分及其他的数学工具运用到诸如垄断、价格歧视、指数和税收等经济问题的研究。埃奇沃思也通过长期与约翰·梅纳德·凯恩斯共同承担经济学杂志编辑的工作，竭尽所能地对经济学研究方法的方向施加重要影响。但是，他最为人所赞赏的开创性贡献还是通过他对（主动的和被动的）竞争中的双头行为分析和他所发明的契约交易的"核"理论，以及我们将在下面看到的一些贡献，所建立起来的。这些贡献现在仍然对现代数理经济学具有巨大的影响。[①]

阿尔弗雷德·马歇尔，尽管是一位充满热情、有才华的数学家，但是在他的学术著作中极力避免使用正式数学。马歇尔的目标是把经济学装扮成工商业者和普通大众分析社会变化的工具（参见第 15 章）。他希望他的思想能够赢得最广泛的听众，所以他把数学看成阻碍实现这一目标的恶魔。尽管马歇尔本人极力避免使用数学，但他的学生和继承者仍将他（以及里昂·瓦尔拉斯）的思想演绎成高度精密的数学产物。

在 1934 年，约翰·R. 希克斯（1904—1989 年）和 R. G. D. 艾伦（1906—1983 年）用微积分的术语修正了马歇尔的价值理论。希克斯（后来获得了 1972 年的诺贝尔经济学奖）其后在 1939 年（《价值与资本》）扩展了这个"新"古典微观经济学，考虑到了动态均衡和货币问题。他对经济理论关键部分所作的精确严谨的数学表达，甚至已经成为现代研究的标准。

保罗·A. 萨缪尔森（1915—?），一位获得了 1970 年诺贝尔经济学奖的美国经济学家，也是经济理论的数学精确性方面的一个重要力量。在他于 1947 年出版的《经济分析基础》（*Foundations of Economic Analysis*，萌生于 6 年前他的哈佛博士论文）一书中，萨缪尔森把经济分析的风格从原先的文字—图形为主的阐述方式，转变为系统的和完全数学化的方式。在上述著作及其他众多著作中，萨缪尔森把数

---

① 参见《新帕尔格雷夫经济学词典》（见参考文献）中彼得·纽曼（Peter Newman）撰写的埃奇沃思传记，了解对这位经济学家更全面的介绍。

学应用到一般均衡理论以及该理论一些特定的部分，包括消费行为理论、增长和资本理论、福利经济学以及国际贸易理论。

作为经济领域的领袖，希克斯和萨缪尔森赋予了数学和实证经济学合理性。而且，他们引领的趋势一直延续到21世纪，未出现任何衰退迹象。

□ 线性数学关系

正如上面建议的，线性代数及其精确化提供了一个准备应用于经济理论的重要的数学工具。许多早期应用代数的尝试，常常同微积分相结合，把注意力集中于19世纪经济理论的发展上。人们可能还记得，弗里德里希·冯·维塞尔在其《自然价值》（1884年）中引进一个简单的投入—价值方程组以便决定各种投入对生产的贡献（第13章）。他的简单的线性方程（各种工业投入和价值）产生了一个联立的代数解。在这个论题上的精确化充满了20世纪和21世纪的经济学。

线性规划 线性技术最重要的应用是经由数学家冯·诺伊曼和乔治·丹奇格（George Dantzig）在20世纪40年代晚期和经济学家罗伯特·多夫曼（Robert Dorfman）、保罗·萨缪尔森和罗伯特·索洛（Robert Solow）在1958年阐发的线性规划而出现的。虽然线性规划和某些非线性变种带来了日益有用且精确的发展状态，但是基本思想从根本上是不复杂的。线性规划模型把最优化行为描绘为在某系列线性约束下的活动过程的选择。丹奇格最早是把这个工具应用于运筹计划和军事力量的最优化部署，但这个工具也在经济学和企业中，特别是在选择最小成本生产技术上，有许多其他的应用。

为了便于说明，考虑微观经济理论中的一个标准问题——企业的利润最大化。① 假定一个生产运动产品的企业生产网球拍和杠铃，每种产品的生产都需要三种机械：A、B和C。我们可以随意把三种机械确定为切割机、车床和精加工机床。给定企业所拥有的机械数量。显然存在生产（二者之一或二者）网球拍和杠铃系列的机械的最大化利用。这些产品的单位需要决定使用机械的小时数——这些是物理需要——而且，实际上，该企业拥有每种机械的数量是有限的。一旦完全知道了这些事实，追求利润最大化的企业便必定在由企业所拥有的机械数量所确定的某种约束内，选择生产网球拍和杠铃（所谓企业选择变量）。该企业也受其生产每种产品所需要的机械小时数量的约束。换言之，企业将受到经济学家所说的"生产可行区域"——实际生产网球拍和杠铃机械小时的组合——的约束。

企业将选择什么样的解决方案，即企业将实际生产多少杠铃或网球拍（或者可能全部，或者一种，或者另一种）？这种选择将取决于这两种产品的盈利性。一般说来，所说的这个企业追求利润最大化服从物质约束和机械的有效性。线性无差异利润曲线——显示两种产品不同组合的利润水平的曲线——可以被计算出来，并且可以查明两种产品的确切产量（实际上两种产品不能存在负数量）。

---

① 这里提供的例子是根据查尔斯·莫里斯（Charles Maurice）和查尔斯·史密森（Charles Smithson）的著作《管理经济学》（*Managerial Economics*）第7章（参见参考文献）改编的。

568

虽然这个例子说明了线性规划的某些基本原理，但它并没有显示可以应用线性规划方法处理和解决众多的问题。在涉及有约束选择的情况下这个技术是有用的，它被重复地应用于既定产出的成本最小化问题、工农业的生产技术选择问题和运输成本的最小化问题。而且它也可能适用于涉及消费者行为的问题。例如，它可能为配置某个人的工作或闲暇以便实现其收入或满足的最大化提供解决方案。

宏观经济应用：投入—产出分析 线性规划实际上是所谓投入—产出分析这一广义数学技术的一个分支。投入—产出分析是由 1973 年诺贝尔经济学奖得主瓦西里·里昂惕夫（1906—1999 年），一个从俄国移民的美国经济学家，发明的。投入—产出分析是一个强调整个经济体、各地区，实际上，甚或全世界的投入产出一般依存的数学技术。里昂惕夫 1932 年进入哈佛大学，第二次世界大战期间公布了美国的第一个投入—产出表。他的早期投入—产出表描述了 1919—1929 年间美国的经验（参见参考文献）。

投入—产出分析包含归纳和演绎两种成分。他用归纳法描绘了经济各部门的全部实际数据和实际相互依存。但是，这些相互依存是在数学模型内分析的，而这些数学模型则便于计算和分析外生变化的影响，例如最终需求结构或投入供给结构的变化——投入—产出研究中的演绎成分。投入—产出分析也同高度聚集的凯恩斯理论形成对照（第 20 章），迄今为止，实际的投入—产出表通常基于分解的经济数据。

作为这种数理分析重要分支的一个介绍，考虑一个只有三个部门的简单经济的初级投入—产出表。实际投入—产出表可能包含数百个描述真实世界经济的部门和子部门。为了便于说明，我们的投入—产出表保持简单的形式，并包含在表 24-1 中。这个简单的经济包含三个相关的部门：食品和原料部门；制造业部门和家庭部门。像所有的投入—产出表一样，表 24-1 以所谓投入—产出矩阵的形式排列的行和列构成（3×3 矩阵包含 3 行和 3 列；一个 75×75 矩阵包含 75 行和数量相等的列），每行及其相应的列代表一个特殊的经济部门，例如，汽车、烤箱、牛油果等部门。在表 24-1 中所描述的情形中，农业部门（食品和原料）生产 1 000 蒲式耳谷物，以各种数量付给在列的部门。200 蒲式耳留在农业部门（用作补充种子），100 蒲式耳付给制造业部门，400 蒲式耳付给家庭部门（最终需求）。其余的给其他部门（在表中没显示），所以把行加起来不是所生产的总量。某些列上的部门的记录可能是零，因为某些部门没有向经济的其他部门交付产出。表 24-1 中的制造业部门以塑料制品生产者为例。这样，我们看到，制造业付给农业部门 100 吨塑料制品，供给家庭部门 25 吨塑料制品，把 150 吨塑料制品留给本部门自己使用。

表 24-1　　　　　　　　　　　　　　一个三部门的投入—产出矩阵*

部门	农业	制造业	家庭	总量
食品和原料	200	100	400	1 000 蒲式耳谷物
制造业	100	150	25	300 吨塑料制品
家庭	250	200	—	450 工作年

* 经济各部门的生产需要在概括行和列中。

可以把每列解释为展现所代表部门的生产需要。表 24-1 中的农业列告诉我们，生产 1 蒲式耳谷物需要 1/5（200/1 000），或 0.20 蒲式耳谷物，或 0.10 吨塑料制品；和 1/4（250/1 000），或 0.25 人年劳动。生产 1 吨塑料制品（向下读到第 2 列）需要 1/3（100/300），或 0.66 人年劳动。

虽然这个例子似乎可能是人为编造的，但其意图是表明生产的技术系数如何以数学形式构建和安排。一旦知道技术系数（生产对任何产品或服务需要的一个想象概念）和最终实际产出，便可能构建与投入和产出相关的方程。这些方程可以通过应用矩阵代数操作，便提供关于部门间在生产需要的投入变化上的关键信息，比方说，如果对谷物或对塑料制品的最终需求发生了变化，这些变化就将形成。任何经济体系的一般相互依存都意味着，一个部门需求的变化必将影响该经济的许多其他部门。在任何真实世界的经济中，这些相互依存的部门间的变化将影响某些部门资源的使用，包括在特殊部门应用的资源。[①]

线性模型的成功和失败　投入—产出分析对于估计因最终需求的变化而形成的部门间生产需要的变化是一个有用的工具。例如，我们前面使用过的里昂惕夫的模型是为了预测美国在第二次世界大战期间钢铁短缺的程度。由于一个部门的技术变化而对总产出的影响，可以借助于这个手段而得以估计。这样，投入—产出分析既是一个描述允许根据实际数据确定经济模型的工具，又是一个分析允许在最终需求或技术的特殊变化的假定之下，估计部门间短缺或过剩的工具。虽然技术本身可能是中性的，但就其自身而言，显然可以毫不困难地被借用于社会主义计划和经济发展问题。即便如此，马克思主义经济学家并没有批判地接受这项技术。实际上，前苏联应用计算机驱动技术决定目标产出和所谓物品的"影子价格"并没有使其免于失败，基本上是由于奥地利经济学家在社会主义计算争论中所提出的问题（参见第 22 章）造成的。逃避计算和官僚政治的机会主义（即作弊和欺骗）充斥这个体系，造成了对包括食品在内的一切种类的物品的长期排队等待。物品的稀缺和购买物品的排长队等待，并非 1991 年苏联解体的极不重要的原因。

线性模型在微观经济学和宏观经济学中的应用，像线性规划和投入—产出分析所举例证明的，由于计算机的发明和开发而以一种积极的方式强化了。越来越大的计算能力——大约每 2 年增加 1 倍——和增加的速度允许高度复杂的经济预测模型的发展（著名的是在圣路易斯联邦储备银行和麻省理工学院发展的模型）。投入—产出矩阵现在可以操作和分析数百个部门，这要感谢先进的计算机技术。另外，线性规划概念和投入—产出理论帮助在计算机出现以前的时代便为人们所熟悉的高度聚集的凯恩斯主义宏观经济理论和一般均衡理论的微观经济原理之间架起了桥梁。

尽管技术迅速进步，然而预测的准确性却是虚幻的，这是由于经济或大多数"体系"的基本成分随着时间的推移变得更为复杂了。所以所设计的捕捉更为复杂的现实的理论也变得更为复杂了——甚至像计算机能力那样日益增加。我们应当记住，无论计算机变得如何复杂都没有关系，"产出"（对国内生产总值、就业、通货

---

①　读者可能希望重新考察魁奈的《经济表》（参见第 4 章），以便把它评价为一个原始的投入—产出模型。

膨胀、部门投入需要等的预测）的质量依赖于"投入"（从变化的和有时可疑的来源获得的数据）的质量。另外，经济学仍然是一种涉及人类行为的社会科学，因此，也许不能严格预期。实际的生产和消费关系可能不能严格地归结于线性函数。换言之，在真实世界的生产和消费类型中，存在着经济和不经济。但是，这些问题并不否定当代数理技术的有用性。在大多数情况下，某些估计远远好于完全没有这些估计，而且，由于经济理论的改善，以及一直改进的计算方法使人们更加敏锐地观察问题，这些估计通常随着时间的推移而得到改善。在适当应用的情况下，线性代数是一个强有力的可以启发当代经济探讨并使之生机勃勃的工具。

□ 博弈论

现代经济分析的最有趣和最重要的工具之一是被称作博弈论的技术。然而在各种交换市场上的大量竞争者互动或相互作出反应，有些形成了互惠的相互依存的发展。由于我们发现我们自己正处于每天的相互依存状态，竞争博弈的基本问题应该是每个人所熟悉的。任何进行某种博弈的人——打网球、踢足球、玩桥牌——都将直接认识这个问题。当进行博弈的时候，我们的活动是相互依存的，因为我们的活动影响其他人的行为，而且我们自己的行为是受我们预期其他的博弈者如何对我们自己的行为作出反应调节的。在预期老板将给我们加薪的情况下，我们会特别卖力地工作吗？这依赖于我们预期老板将如何对提高生产力作出反应。思考一下你每周同你的朋友萨姆举行的网球比赛。由于充分重视你的强有力的发球，萨姆学到了当你得到发球权的时候完全站在基准线后面。这个位置允许他对你的发球回一个逐渐增高比分的球。由于注意到这一点，你决定以一个海底捞月式的发球迷惑对方。如果你一直以这种方式发球，萨姆很可能改变其行为。萨姆的反应和你的反应显然是相互依存的——而且你们也认识到这一点。博弈论是仅仅确定相互依存的备选战略的效果的一个经济学分支。

博弈论的起源 古诺（参见第 12 章）通过分析两个矿泉水销售商的竞争性质，在 19 世纪就创造了一个博弈论的早期形式。每个竞争者的行为是以猜测的另一个矿泉水销售商在对第一个竞争者的行为将会如何反应作为条件的。出售同质的商品（矿泉水），销售商 A 和 B 调整它们销售量，假设另一个一直保持数量不变，不管以前曾经遭遇到多少次相反的经历。每个人都知道矿泉水的总的需求曲线，并且在数量保持不变的假设条件下，每个人都最大化自己的利润。结果（参见第 12 章）是竞争者们取得了相等的份额，加起来的产量等于 $n/n+1$（n 表示寡头数量）。古诺模型采用了一个关于竞争的销售量的推测变量。但是在其他的情况下，推测变量可以是任何东西——通过老板给你的报酬的数量可以表明她对你的生产能力的反应程度，或者对你的网球发球萨姆会作出怎样的反应。

古诺模型的博弈理论方面很早就受到人们的充分赞赏。法国数学家约瑟夫·伯特兰在 1883 年认为，古诺模型采用的推测变量如果不是数量而是价格，那么就会产生不同的结果。事实上，伯特兰改变每个竞争者的行为来反映不同的推测。新的推测是：我假设我的竞争对手将会保持价格不变，而不是数量不变（不管我会作出

571

什么样的反应）。可以被证明这样的推测将导致竞争的产量（平均成本等于价格）。

其后，在1897年，弗朗西斯·埃奇沃思给古诺原始模型添加了一个不同的观点。他假设双寡头者们事实上推测价格，但是每个竞争者有一个产量限制，因此没有哪个销售商可以全部卖掉本可以在竞争条件下的需求量的。在这种情况下，均衡是无法达到的。因为埃奇沃思的模型预知了一些博弈论涉及的问题，这启发了人们要把问题设想得更详细一些。我们假设，正如埃奇沃思所做的，双寡头分享矿泉水市场，因此每个厂商面对一半的每天矿泉水市场的需求曲线（《纯垄断理论》，pp. 118-121）。图24-1是埃奇沃思模型的图解。RC'是寡头A的需求曲线，RC是寡头B的需求曲线。然而，存在一个限制：A的产量限制是OB'，B的产量限制是OB。假设它们都是从利润最大化的价格水平开始的。它们分享相等的市场销售量，分别是OA'和OA。

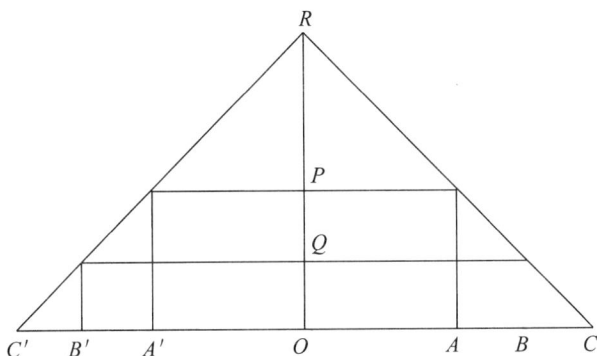

图24-1　埃奇沃思的双头垄断，每个销售商都处于一个产量约束之下（矿泉水OB'和
　　　　OB），价格从OP下降，相互抢断销售量。但是，在价格下降以后，每个销售
　　　　商在某一点上的利益将使价格提高，以便实现利润最大化。但均衡是不稳定
　　　　的，价格在OP和OQ之间波动

埃奇沃思提出了这样的问题，"如果你是矿泉水销售商之一，你会怎么做？"为了最大化利润，你将会把价格降低到图24-1中的Q，卖出OB'或者OB数量的矿泉水。在这种情况下，埃奇沃思的推测与价格有关：每个竞争者认为其他人将会保持价格不变。通过降价你就可以从你的竞争对手那里抢到一些生意。如果产量限制是这样的，即整个市场不能被供给，你的竞争对手可以自由地设定价格来填补市场空缺。在这种情况下，它就会把价格提高到利润最大化水平上（OP）。正像埃奇沃思指出的那样，提价的竞争者"不必害怕它的竞争对手，因为竞争对手已经做了它的最坏的做法，就是把它的全部供给拿到市场上。从自身利益考虑，这时对手能做的最好的决策就是也把价格提高到OP水平上"（参见《纯理论》，p. 120）整个过程又重新开始了。因此，当双寡头博弈的条件是埃奇沃思所简化的那样，将造成价格持续波动，不可能实现均衡。

像古诺模型一样，埃奇沃思模型是一个即将出现的情况的前奏曲。像这些模型一样的早期模型，尽管有启发性但是相当简单，涉及种竞争者通常的推测。例如，在许多竞争的场合，我们预期个人最终认识到共谋比竞争好。另外，早期理论家没有建立某种或他种竞争者特殊的联合行为的"得益"选择。下一个进步归功于数学家 A. W. 塔克，他对"囚徒困境"的揭示达到了现代博弈论方法的核心。

囚徒困境 考虑下面的"两难"。假设邦尼（Bonnie）和克莱德（Clyde）——20 世纪 30 年代臭名昭著的银行劫匪，他们因为他们的罪行而被击毙——复活了并再次抢劫银行。进一步假设他们再次因为抢劫银行行为而被捕了，但是联邦调查局（FBI）所掌握的确凿证据只能指控他们一些更轻微的罪行。为了改进他们的证据，联邦调查局把罪犯们分开关押并且试图通过采取下面的做法让他们坦白。每个罪犯分别被告知（1）如果 1 个人坦白，坦白者可以被释放而另外的那个将被重罚（25 年监禁）；（2）如果没有人坦白，他们只能因为较轻的罪行而被轻罚（5 年监禁）；（3）如果 2 个人都坦白，他们都会被重罚但轻于只有 1 个人坦白的情况（15 年监禁）。给定了收益和不确定性，我们预期的答案将是邦尼和克莱德都会选择坦白他们抢劫的银行罪行。

邦尼和克莱德所面对的决策排列在图 24-2 中，以"得益"矩阵的形式表示出来。邦尼的潜在监禁年数表示在每个方格的左侧，克莱德的潜在监禁年数表示在每个方格的右侧。警察尝试让邦尼和克莱德互相指证对方。如果克莱德坦白而邦尼抵赖，邦尼被判 25 年监禁而克莱德获得自由。同样，如果邦尼坦白而克莱德抵赖，克莱德被判 25 年监禁而邦尼获得自由。如果双方都拒绝坦白，那么每个人都会被判 5 年监禁。但是，如果他们都坦白了，那么他们每个人被判 15 年监禁。

经济理论和方法史（第五版）

573

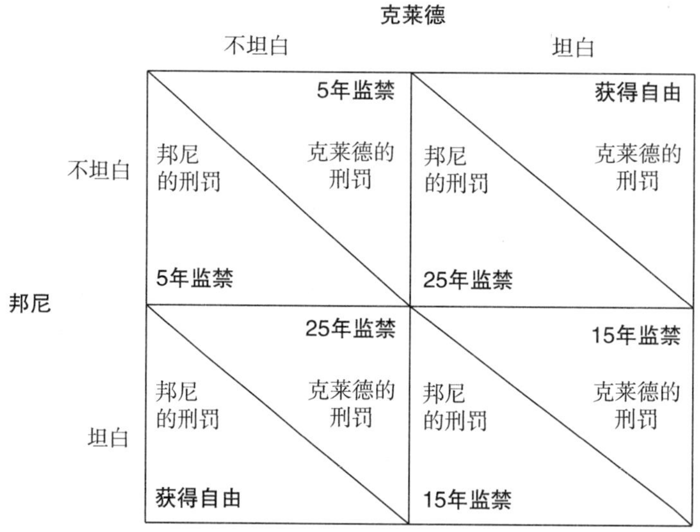

图 24-2 如果邦尼和克莱德想要使其监禁时间最小化，"囚徒困境"导致他们两人都
坦白，每个人都获得 15 年监禁

在这个邦尼和克莱德之间策略博弈的最可能的结果是什么？结果依赖于每个人所作出的有关另外一个人的行为的假设（推测变量）。我们可以合理地假设（1）邦尼和克莱德都想使他们在监狱的关押时间最短，并且（2）没人关心自己的决策给

他人带来的代价。作出以上假设以后，博弈的结果就会是两个"参与者"都坦白。看一看图 24-2 并且思考一下潜在的判刑年数。邦尼的最优策略是什么呢？如果克莱德坦白，邦尼也坦白，邦尼被判 15 年监禁；如果她不坦白，则被判 25 年监禁。因此，如果克莱德坦白，邦尼最优的选择是坦白。如果克莱德不坦白，而邦尼坦白，邦尼就可以获得自由；如果她也不坦白，就会被判 5 年监禁。因此，如果克莱德不坦白，那么邦尼的最优选择也是坦白。换句话说，不管克莱德怎么做（坦白还是不坦白），邦尼的最优选择都是坦白。给定邦尼不能知道克莱德的决策，也不能以任何方式影响她的决策，那么坦白就是邦尼的最优选择，因为她要确保自己的刑期尽可能地少。看一下图 24-2 便将证实，克莱德也是如此。每个罪犯的最优选择都是坦白，并被判 15 年监禁。请注意，如果两人可以串供，并能能坚守彼此所说的话，那么邦尼和克莱德的最优选择将不再是坦白了。用博弈论的术语来说就是，存在一个占优策略：每个参与人有相同的最优选择，不管别人怎么选择。

经济博弈 不进行一种思维的跨越便可以想象这种类型的"博弈"如何能够概括其他的问题，围绕例如恋爱活动、战争和经济行为的问题。把古诺的双寡头理论 574 应用到这类博弈模型中的正式思想，是由数学家约翰·冯·诺伊曼和经济学家奥斯卡·摩根斯特恩发展起来的，在 1944 年出版的《博弈论和经济行为》中他们提出了正式的理论。例如，博弈涉及厂商行为特别是当产品是非常接近的替代品时。汉堡王推出一种新的 4 层汉堡时是应该增加广告，还是应该展开促销竞赛呢？这依赖于麦当劳或者温迪的反应。在这方面，不同的策略会产生不同的净利润结果。

再考虑另外一个直接由囚徒困境问题而得到的简单例子。汽车制造商延长新车的保修期。保修是一种增加新上市汽车对购车者的吸引力的办法，但它们也是比较昂贵的安排，因为它们增加了制造成本且减少了利润。什么原因迫使汽车制造商去诉诸这种措施来增加销售量呢？博弈论能帮助我们解释所涉及的自我利益。

图 24-3 是一个得益矩阵，表示一个假想的情况。两个汽车制造商——丰田汽车公司和通用汽车公司试图实现利润最大化。网格内的数字表示以百万美元计量的利润。在网格 A 中，丰田汽车公司和通用汽车公司都不提供额外的保修时，可以赚到最多的联合利润。该行业的利润总额为 1.2 亿美元（通用汽车公司赚到 5 500 万美元，丰田汽车公司赚到 6 500 万美元）。在网格 B 和 C 中利润总额均为 1 亿美元，在网格 D 中利润总额则为 9 000 万美元。

通用汽车公司将会在网格 B 里实现最大化利润（7 000 万美元），在那里它提供 575 新的汽车保修而它的竞争对手则不提供。想一想公司的选择：不管丰田的行为，通用汽车在提供保修的情况下得到的利润较高。如果通用汽车提供保修而丰田不提供时，它的利润是 7 000 万美元。如果通用汽车公司提供保修而丰田也提供类似的保修时，它的利润是 4 000 万美元。丰田汽车公司的管理者也会预测各种可能性，将得出类似的结论，即提供保修会得到更好的利润。由两个厂商各自作出追求利润最大化的独立的决策，将导致保修的引入。这意味着两个厂商的利润总额（9 000 万美元）将低于如果它们都不提供保修时的利润（12 000 万美元）。换言之，它们是博弈中的"囚犯"。

虽然这种行为可能牺牲通用汽车公司和丰田汽车公司股东的利益而有利于汽车需求者，但是，如果允许制造商交流并达到图24-3中的网格A，股东的问题就可以避免。在这种情况下，像在囚徒困境的情况中一样，交流将产生一个不同的解。但是，这种共谋，通常是受到反托拉斯法禁止的。

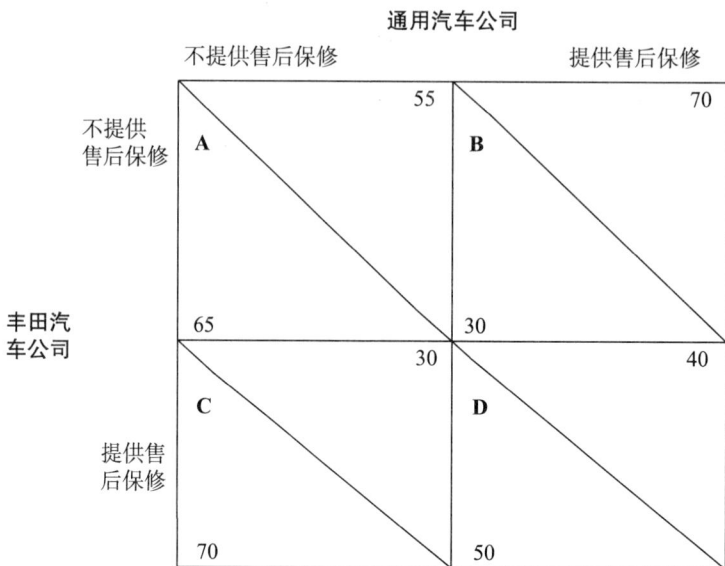

通用汽车公司

不提供售后保修　　　　　　　　　　　　提供售后保修

```
                        55                            70
不提供
售后保修    A                        B

丰田汽                65              30
车公司                          30              40
                    C                        D

提供售
后保修
                    70              50
```

图24-3　以实现利润最大化的"博弈"汽车制造者，虽然这样做将获得较低的利润总额（9 000万美元），但博弈论预见两个公司各自实现利润最大化的决策将导致保修的引入

经济博弈的复杂性　在图24-3的简单图解中，在通用汽车公司和丰田汽车公司之间的博弈有一个稳定的结果——一个均衡解。在这个简单的案例中，参与者将对手的最大化利益降到最小——冯·诺伊曼和摩根斯特恩称之为一种极小极大解。较为复杂的博弈——那些具有较多的博弈者和多重策略的博弈——不能造成稳定的均衡。实际上，在博弈论中的现代数学发展必须论及许多复杂的情形。下面将说明这些问题的某些情形。

策略结果依赖于对共谋的预期和业务决策的时间结构。显然，邦尼和克莱德，或者通用汽车公司和丰田汽车公司，通过一个共谋协议将改善其境况。正如在图24-3中所显示的，向网格A的一个移动将使通用汽车公司和丰田汽车公司都好于它们在提供额外保修（网格D）时的境况。但是，共谋是有问题的，信息成本可能很高，或者可能存在法律禁令。时间也是一个重要的考虑因素。上面阐述的两个博弈是一次性博弈。在每个博弈中，博弈各方只有一次进行最好决策的机会。如果这些博弈重复地进行下去，也许每个博弈的双方——邦尼和克莱德，或者通用汽车公司和丰田汽车公司——最后将作出对双方最有利的决定。换言之，时间因素是对共谋前景的限制。经过一段时间后，当企业认识到只有共同的或联合的利润（或其他收益）实现最大化，它们自己的利益才达到最好时，心照不宣的共谋方案——或者没有特殊的、正式协议的结果——就会存在。但是，在后一种情况下，反托拉斯法能够防止（或惩罚）共谋。

共谋协议，不管是正式的还是非正式的，当博弈者数量增加的时候，由于两个原因总是趋向于瓦解。第一个原因是，欺骗行为可能随着博弈者数量的增加而增多。第二个原因是，任何团体进行决策的成本都随着团体数量的增加而增加。另外，当产品是同质（例如，鸡蛋）的时候，共谋易于组织，因为不太需要广告和其他宣传产品差异的手段。在汉堡包特许权、汽车制造和银行业务的案例中——企业提供一系列服务和产品，有时服务和产品仅仅稍有差别——增加市场份额和利润的竞争战略不仅是可能的，而且极为可能。在这种情况下，博弈论的解决方案较难实现。

甚至在两个博弈者进行的博弈中，一方对另一方进行何种揣摩对于实现解决方案是至关重要的。当两个竞争者面临的时间范围是确定的时候——那就是，当博弈有一个所知晓的终点的时候——按照向后归纳原理形成最后的结果。向后归纳是由于在博弈最后阶段的欺骗动机而造成的。假定丰田汽车公司和通用汽车公司进行关于保修的博弈（图 24 - 3）预期经历三个阶段。如果这两个公司在两个阶段以某种方法实现了共谋解决方案（网格 A），在第三个或最后阶段，无论通用汽车公司还是丰田汽车公司要获得最好的利益都要欺骗。为什么？这样做意味着增大欺骗者的利润——但是，只有另一方不欺骗才能如此。如果你认为你的竞争对手将在第三阶段欺骗，那么你就将在第二阶段欺骗。如果你认为你的竞争对手将在第二阶段欺骗，那么你就将在第一阶段欺骗。共谋解决方案，或者实现极大极小值联合利润的解决方案，当知晓博弈最终阶段的时候，便趋于破裂。每个博弈者在极大极小联合利润有机会实施之前都有欺骗的动机，这种情况下的结果和只有一次博弈的结果是一样的。

□ 实验经济学、数学和博弈论

这样，当把博弈论应用于市场的时候，这些就是我们可能预期的"真实世界"的一些问题。在本质上，有无限个博弈可以依赖于特定的市场环境进行。经济学家或分析家必能知晓或控制巨大数量的信息，以便把如汽车市场之类的特殊市场的竞争有效地制成模型。由于"博弈者"来自世界各地，对这种信息的收集——其中许多本质上是保密的——实际上是不可能的。

尽管许多实际情况显示出复杂性，但是简单的博弈论模型提供了许多对竞争者较少的竞争问题的深刻理解。另外，博弈论方法激发了经济分析的新方向。实验经济学只不过是博弈论原理在"实验室"环境中的展示。至于图 24 - 2 和图 24 - 3 所讨论的检验竞争情况的模型已用实验方法复制了。2002 年诺贝尔经济学奖获得者弗农·史密斯（Vernon Smith）和查尔斯·普洛特（Charles Plott）是发展这种以人和动物为主体的模型的开拓者。经济学家约翰·卡格尔（John Kagel）和雷蒙德·巴塔利奥（Raymond Battalio）用小白鼠做实验证实了微观经济理论的基本问题（参见本书最后一章）。许多这种简单的实验导致竞争的均衡，但是较为复杂的实验则可能获得多重均衡或"非均衡"的结果。①即使博弈论仍然处在发展阶段，某些经济学家也相信它形成或者即将形成现代经济学的基础，取代过去或全部新古典经济学（对这个断言，在下面的专栏中作了评价："方法论争论之七：现代新古典经济学：它仅仅是一个数学'问题'吗？"）

☞

方法论争论之七：现代新古典经济学：它仅仅是一个数学"问题"吗？

即使竭尽全力地否认它，但一些经济学家的行为越来越显示，经济学仿佛仅仅是另外的"数学问题"。一个数学本科学位不仅是被建议的，而且是申请许多大学研究生经济学研究课程所必需的。学生们都常规地受到作为微观经济理论基础的博弈论原理和集合论的教育。论文是越来越多地应用新技术写出来的，避免从总体上对真实世界的"问题分析"。另外，这些技术常常最不能适用于超出只不过是"应用建议"的检验形式。

在相反的一个极端则是那些从形式主义寻求拒绝总量分析的经济学家。这些经济学家因而可能信奉各种形式的"演化经济学"；参加对新古典主义"经典"假设的攻击；取代一个不完全的知识假设的变种；消除"理性"假定；谴责效用论。站在这个立场的一些经济学家认为，实际上，经济学必须变成一个"变化的"科学，而不是一个受效用和利润最大化驱动的"约束最大化"的科学。

中间立场可能提供了一个更可辩护的命题。在任何方法论阵营的活动都产生可检验的命题或者改善对经济过程的洞察力的程度上，这些发展对于理解经济行为和经济过程具有很大的甚至是巨大的价值。但是，作为新的"发现"（即获得经济世界的知识）手段，仍然没有单一的技术或技术系列等于新古典的方法——一种强调自由放任的市场如何增加或改善社会福利的方法。

对认为新古典经济学在其表述例个人选择方法运作的有约束的最大化上过于简单化的观点的同情，并没有排除新古典经济学实际是一个"发现"方法的事实。*今天的问题并不比马歇尔时代的问题痛苦少。现在，一个"逐个解决"问题的方法（用这种方法一次考察一个问题）是获得答案的唯一有成果的方法。实际上，大多数当代数学技术都以这种或那种形式应用这种方法。除了别的之外，这个推理方法已经变成了现代概率性的计量经济学发展的基础。不援引新古典的分析和检验方法，人们就无从考虑回答这样的问题，"新枪支减少犯罪吗？"或者，"国家对旅馆征收新税将减少游客吗？一切科学，无论检验方法多么不精确，都需要一个有机的原理，而且，或好或差，新古典范式为经济学提供这个基础。

新古典经济学是有生命力的，正如新古典经济学由于减少了抽象的水平，通过提出计量经济学，由诸如乔治·阿克洛夫、加里·贝克尔、小詹姆斯·布坎南、罗纳德·科斯、米尔顿·弗里德曼、弗里德里希·冯·哈耶克、迈克尔·斯彭斯（Michael Spence）、乔治·施蒂格勒和威廉·维克里（William Vickrey）等诺贝尔经济学奖得主以

---

① F. Y. 埃奇沃思认识到，在任何基于交换的经济中，交换的数学条件都形成经济理论所依赖的"核心"原理。埃奇沃思提出了个人偏好函数的概念，或"无差异曲线"。他强调个人偏好函数是个人关于使他（或她）实现效用最大化的交易种类和数量的计算。就其最少的含义而言，埃奇沃思预见到了这种有时从博弈论形成的多重均衡。

及普通经济学家加以发展。数学形式主义和对先进的一般均衡的理论化，以及对经济理论的"解析"，都没有改变经济学家们在其寻求实际问题的答案时所做事情的基本性质。同那些认为新古典经济学是死亡经济学的人的看法相反，新古典经济学是相当有活力的，更不是"滑稽可笑"的。

* 对经济学现状的不满，在某些人那里，已经形成这样一种观点，即认为经济科学已经仅仅成了思想的一个"大杂烩"。参见，例如，戴维·科兰德（David Colander）《新古典经济学的死亡》（见参考文献）。但是，我们认为，隐含于"新古典"概念中的有机原理仍然是有说服力和含义丰富的。没有别的原因，只是因为这是借以向学生讲授经济学的形式，是因为实践保持经济研究传导的力量。

但是，数学模型和实验检验所提出的问题是极为复杂的，而且这种复杂性常常阻碍确定答案。例如在引入交易者之间或者存在第三方交易者的不完全信息的时候，答案便变得不确定了。可以应用某些最复杂而精确的数学工具来解决这些问题。像博弈论、集合论和测度论这样的数学工具，使用定点定理和其他先进的数学形式，都用来分析埃奇沃思契约理论所提出的技术问题。实际上，几个诺贝尔经济学奖得主，例如，1972 年诺贝尔经济学奖得主肯尼思·J. 阿罗和 1983 年诺贝尔经济学奖得主吉拉德·德布鲁，因对这一问题作出了贡献而获奖。

由于数学工具，无论新和旧，已经影响了技术经济理论的现时方向，所以数学和统计学便在当代经济理论探讨中确立了一个新领域。这种探讨的目的仅仅在于使经济学成为"科学的经济学"，按照人们所认为的如同自然科学那样的方式来使经济学变成科学的经济学。这就引致越来越多的经济学家模仿自然科学的技术。换言之，越来越多的经济学家强调"检验"经济假说的有效性。

经济学中的经验主义：检验经济理论

当今的实证经济学包含计量经济学，应用数理和统计技术考察数据，以领会它如何充分地"适合"经济理论。计量经济学能够"检验"经济理论在一定程度内是可信的。其目的在于解释和预见在一个所接受的理论环境内的经济行为。在统计推理和可能性的限制内，计量经济学试图应用历史数据检验经济理论，并将经济理论和经济数据相结合预见经济事件。

□ 描述性统计学和经济理论

尝试以实际世界的事实搞活经济理论——常常被称作描述性统计学——是几个世纪的老课题。一个有趣的早期例子涉及 17 世纪晚期和 18 世纪初期出现的掌握关于国民产出、贸易平衡、消费需求和各种其他问题定量数据的政治算术学家的努力。最早和最著名的对实证经济学的说明之一来自格雷戈里·金和查尔斯·戴夫南特（Charles Davenant）对消费需求的研究。金确立了价格和购买数量之间反比关

578

系的实证基础。这个"规律"，被查尔斯·戴夫南特显著地精炼了，出现于戴夫南特于 1699 年论重商主义的著作《使人在贸易平衡中获利的可能方法》中。戴夫南特所描述的需求规律，我们现在称之为"金-戴夫南特需求规律"，如下所示：

我们猜想，谷物的收成不足可能导致谷物价格按下面的比例提高：

不足		超过普通价格
10%		30%
20%	将价格提高	80%
30%		16%
40%		28%
50%		45%

因此，当谷物价格提高到普通价格的 3 倍时，人们可能推测我们想要谷物生产超过普通物品生产的 1/3；如果我们想要 5/10 或一半的普通物品的生产，谷物的价格就将提高到接近于普通物品价格的 5 倍（《政治和商业著作》，pp. 224－225）。

金对需求关系的实际表述远不及戴夫南特的复杂，但是显然两位学者都是根据对实际价格和数量行为的观察描述的。虽然这个早期在估计统计学的需求曲线上的尝试是朴素而显然简单的，然而，它展示了基于企业经验确立经济理论的愿望。

在 19 世纪描述性统计学领域实现了巨大的跨越。除了把统计学理论应用于像人口和公共卫生这样的问题之外，交通运输的技术进步为统计学对纯经济问题的考察提供了背景。欧洲和美国的早期的铁路工程师都尝试确定成本数据，以便评价现存的铁路和所提议的铁路系统的成本和收益。美国工程师查尔斯·埃利特（参见第 12 章和第 17 章）是这个方面的开拓者。在 1840—1844 年间所发表的文章中，埃利特尝试为一条"典型的"美国铁路确定一个"预测的"总成本函数。他通过收集数据和构建涉及铁路花费的各种成分的铁路成本方程中的常数而做到这一点。

威廉·斯坦利·杰文斯（参见第 14 章）在其于 19 世纪 60 年代发表的关于商业波动和价格系列的著名论著中，也提出了描述性统计学的课题。杰文斯改进了指数数字概念和抽样技术的性质。但是，正如斯蒂芬·M. 施蒂格勒在其评价埃奇沃思时所指出的，"杰文斯在其 19 世纪 80 年代以前最好努力的典型的实证著作中，缺乏基础概率统计方法的应用和发展"（弗朗西斯·埃奇沃思，《统计学家》，p. 288）。

□ 获得（试验性）答案：新古典理论的方法和经验主义

现今存在一系列分析经济问题的方法，因此，不能说存在某一个分析经济问题的模型或方法。但是，人们可以说存在一个分析经济问题和检验结果的主要方法。就改善描述的需要而言，现今经济研究的主要方法是一种以现代统计分析考察新古典经济理论的方法。[①]新古典经济学，我们追溯到法国经济学家古诺和杜普伊（第12章）和其他经济学家（第17章），被阿尔弗雷德·马歇尔（第15章）提高到新的突出地位。马歇尔所发展的独特的工具常常使他所提出的分析方法黯然失色。这是这样一种方法，按照这种方法考察一个问题的某种成分时，所有其他成分都保持不变，以发现经济的变动"趋势"。马歇尔的方法论是这样一种方法论，按照这种方法论，并非一切因素都是在一个理论内详细说明的（它们也不能得到详细的说明），而且在这里某些未加说明的因素可能适度地改变预期的结果。

马歇尔把经济科学看作是一种科学发现的程序。他认为，经济学是收集、整理和分析事实的科学事业。我们从事实抽出理论并在这个过程中改善理论。但马歇尔并不认为经济学可能像物理学或化学那样是可以进行控制的实验科学。恰恰相反，虽然这些"硬"科学的某些方法可能在经济学中是有用的，但他认为经济科学更像涉及较为"宽松"的检验和预测气象学。马歇尔援引了类似经济学研究的海洋潮汐研究。约翰·斯图亚特·穆勒和其他经济学家也赞成这种类比，杜普伊早在1860年（见第17章）就应用这种类比解释经济科学的性质。潮汐的变迁，杜普伊解释道，是因为存在科学家知道如何计算的有规则的活动和他们仍然无法理解的其他活动，尽管科学作了最好的努力。可能总是存在居于研究范式之外的可能扰乱有规则的（科学的）力量行为的变量。

经济科学的这种方法激励了现代计量经济学方法的发展，以概率性地决定何种因素可能改变结果，何种因素可能不改变结果。现今主要的经验主义的发现方法维持着这样一种做法，即把应用由杜普伊、马歇尔和许多其他新古典经济学家所确立的方法而进行的经济变量考察和统计变量考察结合起来。有利于这种研究的统计技术就是回归分析。

□ 回归分析

假定我们观察两种按特定方式变动的数量。假设你拥有一个汉堡包店，当你提高你的汉堡包价格（X）的时候，你销售的数量增加了。你能得出结论说对你的汉堡包的需求曲线是一条向上倾斜的曲线吗？答案是不能，你没有证明这个结论。一个原因是，基于激励和自我利益，这个结果将违反常理，不是经济学家所期望的结果。但是还有其他原因。还有许多除了价格以外的影响你销售汉堡包数量的因素。无论如何，我们知道 X 和 Y 在某些方面是相关的。但是，是 X 的变化引起 Y 的变化，还是 Y 的变化引起 X 的变化呢？还是某一其他因素（Z 可能等于你的汉堡包店周围的潜在顾客的收入）引起或影响 X 和 Y？有大量可能的变化可以解释你的观察。假定一个支付高工资的新企业最近搬到你所在的地区。这可能使你的产品的需求曲线向右移动，以至你可能观察到沿着你的供给曲线向右的均衡移动。这种可能

---

① 按照把这种主要方法称为什么和这种方法本身将经济学家进行分类。萨顿（2000年）称之为"标准范式"，而另一些经济学家则随着其他方法（博弈论、模拟、实证经济学等）的被发现而宣告新古典经济学的消亡（参见参考文献）。

性说明了实证研究中的所谓鉴别问题——对原因和结果的鉴别。对任何产品的供给和需求都可能受众多因素的影响。但是,简单地由于我们观察到两个变量一起变动——统计学概念上称之为相互关系——这种观察并不意味着一个引起另一个。换言之,这种相互关系并不意味着因果关系。

大多数行为问题是由多种原因来解释的,而且经济学家或分析家所收集的"真实世界"的数据并不易于放弃关于原因和结果的真相。这恰恰是经济学家赞成回归分析的原因。回归分析是通常用来估计一个因变量和一个或多个自变量之间关系的一个计量经济学的工具。例如,如果你希望研究广告支出对某一产业的集中或一系列产业的影响,你可以设立下面的象征关系:

581

$$C_i = B_0 + B_1 A_i + e_i (\text{这里}, i = 1, \cdots, n)$$

这里,C_i 是对某个产业(第 i 个产业)的产业集中的测量,B_0 是一个常数,A_i 是对第 i 个产业中的广告强度的测量,e_i 是一个含义广泛的概念(误差),指定用来捕捉所设想的关系的差异。在这个方程中,C 是因变量(设想依赖于自变量),广告强度是自变量——一个(多个)理论化地决定 C_i 或因变量值的变量。B 的值,例如 B_1,在这个例子中测量广告强度对产业集中的边际影响力,是根据数据估计的。虽然 B 的值是以多种方式估计的,但最常见的估计程序则是所谓的最小二乘法。

简单的回归意味着,回归方程仅包含一个自变量,正如在上面的表述中所显示的。实际上,我们的方程要确定广告强度的一单位变化对产业集中的影响,当然,这种影响可能是正面的,也可能是负面的。这种影响由回归系数(B)来测量,回归系数则是一个包含两种信息的数字。它除了指明所提出的关系是正面还是负面的之外,还指明当自变量(在我们的例子中是广告强度)变化一单位的时候,因变量将如何变化。必须永远记住,这个数字仅仅是对理论化的因果关系的一种估计。应用这个技术的研究者永远不能完全确信这个系数反映真实的关系。他或她只能确信这个估计在某一(概率性的)间隔内(即一个 5% 的信任间隔意味着该项技术将获得 95% 的正确答案)是正确的。

另一些重要争论常常提出更为复杂的统计学问题。再考虑一下产业集中和广告强度之间的简单关系。如果我们的理论是广告强度引起产业集中,我们可以确信一个正的重要系数 B_1 是对结果的结论性证明吗?它可能不是更有利可图的产业可能提供更多广告的情形,或是更有利可图的产业是更为集中的产业的情形吗?迄今为止,与简单的回归中所设想的情形相比,其他变量可能影响产业集中,计量经济学家最经常地以多重回归技术检验这种理论。多重回归包括多种解释变量(自变量),通常是下面形式的回归:

$$Y_i = B_0 + B_1 X_{1_i} + B_2 X_{2_i} + \cdots + B_k X_{k_i} + e_i (\text{这里}, i = 1, \cdots, n)$$

这个方程描述 n 个观察和某个因变量 Y 与 k 个自变量之间的关系。例如,回到我们广告—产业集中的例子,我们可以把某个产业的集中描述为广告强度、产业的盈利性、与该产业相联系的特殊产品的数量,以及其他因素的函数或与这些相关。多重回归允许有经验的考察者对影响产业集中的各种因素的影响给出一个可靠的解

经济理论和方法史(第五版)

释——在某些信任的约束内。当代理论计量经济学主要涉及更强有力的工具的发展，以至像这些复杂的方程可能更好地适合这些数据。但是，正如上面指明的，回归技术对所选择的假说不能提供结论性的证明。我们从来不能百分之百地断定一个估计量抓住了真实的关系。然而，计量经济学能够发展统计学技术，增大估计的把握性。一切种类的问题，社会的和经济的，都以这种方式做常规考察。死刑能制止谋杀吗？更一般地，增加执法开支能阻止犯罪吗？更自由的离婚法增加离婚率了吗？一个对慈善赠予的自由化的税收减免增加了这种赠予吗？计量经济学的检验有限度地对经济学和社会科学中的这些问题和许多更有趣的问题提供了答案。

□ 知识探讨：现代计量经济学

寻求技术的改进是计量经济学发展的一个至关重要的部分。19 世纪晚期和 20 世纪初期，某些主要经济学家在这个方面是出类拔萃的。在英国，G. U. 尤尔（G. U. Yule，1813—1886 年）开创了统计学对经济科学和社会科学的应用。而在美国，亨利·L. 穆尔（Henry L. Moore，1869—1958 年）在其经济周期和农业生产研究中支持经验方法。穆尔在大量有地位的学生中间培育计量经济学研究热情方面有特殊的影响，尤其是亨利·舒尔茨（Henry Schulz，1893—1938 年），其《需求的测量与理论》（1938 年）成了一部早期的经典著作。

也许，对那些涉及经济总量方面测量有趣的探讨，特别是在第二次世界大战以后，凯恩斯经济学的优势地位激发了阐发国民收入核算、通货膨胀和就业测量的兴趣。许多测量经济部门绩效的开拓者自从 1969 年设立诺贝尔经济学奖之后陆续获奖。像西蒙·库兹涅茨（Simon Kuznets，1971 年诺贝尔经济学奖得主）、瓦西里·里昂惕夫（1973 年诺贝尔经济学奖得主）、詹姆斯·米德（James Meade，1977 年诺贝尔经济学奖得主）和理查德·斯通爵士（1984 年诺贝尔经济学奖得主）等人的名字都因测量关键经济部门绩效的著作而闻名遐迩。这样，对整个经济的知识的研究是研究计量经济学的一个基本动力。虽然经济理论的实证性质和探讨宏观经济测量是 19 世纪晚期和 20 世纪初期人们越来越关注的主题，但是把计量经济学的探讨正式认作经济学的一个特殊领域则可追溯到 1933 年。

在 1933 年，一个国际学者小团体创建了计量经济学学会，并创办了《计量经济学》杂志，该杂志专门用于对实证经济学的探讨。一个出色的国际经济学家团体构成了该学会的创始成员。哈罗德·霍特林（1895—1973 年），一个杰出的美国经济学家和统计学家，和拉格纳·弗里希（Ragnar Frisch，1895—1973 年），一个挪威经济学家和 1969 年诺贝尔经济学奖得主，是该学会的创建者。[①]该学会及其会刊支持达 3/4 个世纪之久的关于检验经济数据的理论和方法的探讨。偶尔，不充足的

①　霍特林和弗里希作出了关键的早期贡献，但还有许多其他开拓者。诺贝尔经济学奖得主一览表包含了这些人中许多人的名字，并指明了具有国际风味的计量经济学和测量的探讨。后者包含简·丁伯根（1969 年两个诺贝尔经济学奖得主之一）、列昂尼德·坎托罗维奇（Leonid Kantorovich）和佳林·科普曼斯（Tjalling Koopmans）（1975 年诺贝尔经济学奖联合得主）、罗伯特·索洛（1987 年诺贝尔经济学奖得主）、特吕格弗·哈韦尔莫（Trugve Haavelmo，1989 年诺贝尔经济学奖得主）和 H. M. 马科维茨（H. M. Markowitz，1990 年诺贝尔经济学奖得主）。

方法受到抨击（例如，弗里希阐述了对测量误差的早期毁灭性的批判）。与此同时，产生了新的和更优秀的检验工具（例如，发展了回归分析概率论的理性化，并应用概率论以发展最大化可能性的估计方法）。这些发展持续到今天，不仅首批计量经济学杂志，而且许多后来的计量经济学杂志也专门探讨计量经济学成功后出现的课题。

■ 结论：方向和危险

对数学技术和实证技术的一个简短概述，不可能判断其在现代经济学中应用的充分范围。读者可以收集整理现有的任何经济学杂志以品味今天的数量经济学的风味。实际上，现代微观经济理论或宏观经济理论没有遗留未被数学方法和实证方法触及的领域。数学工具和计量经济学工具遍布于劳动、公共金融、反托拉斯和政府管制等几个指定的微观经济子领域。构建和预测国民收入、通货膨胀和就业的宏观经济模型没有这样的工具是不堪设想的。

经济思想史学家处于探讨与这些进行中的发展相关的关键问题的独一无二的地位。一个有意义的评价依赖于这种发展的成本和收益、优点和缺点，因为这种发展同经济学某个"进步"的概念相关。应用公式化的分析工具的目的是使经济学变成"科学"呢，还是仅仅创造一个帮助我们回答重要的经济社会问题的手段？经济学持续公式化（即数学化）的主要论点是，在其实现科学的精确和完善之前——换言之，在其基本命题受到检验和证明之前——经济学科不能成为真正科学的学科。未经证实或潜在证实的理论用途是有限的。没有理论的事实是无意义的。

关于这个观点，批评家持强烈的保留态度。他们认为社会科学（经济学是其一部分）的本质使得精确的公式化和证实成为不可能。当代计量经济学的许多基本问题同经济理论不精确的或不完全的公式化相关，也和样本数据的不充分和变量测量所固有的随机误差相关。一般地说，现代计量经济技术，在样本数据很大的时候，基本是适当的；然而，在许多情况下，大量的样本数据并不存在。因此，经济数据的数量和质量常常不足以适应这个任务。同自然科学的条件形成对照，大多数经济数据的收集并非预先确定或预先制定以检验经济理论。实际上，大多数经济数据是由政府远非出于特殊的目的收集的，常常是出于纯粹的政治原因而收集的。虽然不充分的理论和贫乏的数据本身并不是反对定量方法的充分理由，但是某些批评者认为，为保证高质量的数据所必需的设计成本和收集成本过高。

许多批评家，特别是新奥地利经济学家和制度经济学家，认为试图通过数学公式化和经验证明使经济学变成一种科学是行不通的。按照这些批评家的意见，长达数十年在数学和统计学技术上的投资成果即使不是负值也是很少的。按照这个论点，这些无用的使经济学变成科学的尝试引起了对政策制定者的经济公告的广泛的不信任，也引起了"主流"经济学家和其他社会学家之间的沟通几乎完全破裂。甚至更糟的是，数学和计算在那些以这些工具但很少或没有关于问题或政策创造思想装备的人手上，可能导致经济学家脱离关于市场和市场功能的基本真理。把这个论点引申下去，向社会主义进军很可能由没有实际理解真实世界的市场如何发挥作用的"计算者"引导。按照这个观点，数学必然使人们的注意力离开亚当·斯密所阐发的经济过程的基本真理。

人们日益认识到把对技术的追求作为对经济学研究的替代是危险的，我们将在本书最后一章回头重新研究这一课题。某种怀疑论无疑是强有力的，而且，完全或基本上废除公式化和总量检验也将和不加批判地接受一样是错误的。在所有人中，经济学家必须避免这种陷阱，因为他们比其他科学家更多地论述边际上的数量。对数学和计量经济学技术局限性的鉴别，促进了对它们在经济科学中的正确而有用的地位的理解。只要理解了这些局限性，数学和计量经济学在形成和检验经济思想上的价值便是非常大的。正如上面提到的，许多新技术——包括实验经济学——展现了许多希望。

参考文献

Colander, David. "The Death of Neoclassical Economics", *Journal of the History of Economic Thought*, vol. 22(2000), pp. 127 – 143.

Cournot, Augustin. *Researches into the Mathematical Principles of the Theory of Wealth*, N. T. Bacon(trans.). New York: A. M. Kelley, 1960[1838].

Creedy, John. "On the King-Davenant 'Law' of Demand", *Scottish Journal of Political Economy*, vol. 33(July 1986), pp. 193 – 212.

Davenant, Charles. *The Political and Commercial Works of That Celebrated Writer Charles D'Avenant*, *Relating to the Trade and Revenue of England*, collected and revised by Sir Charles Whitworth in five volumes, vol. II. London: Farnborough Gregg, 1967.

Debreu, Gerard. "Mathematical Economics", in *The New Palgrave: A Dictionary of Economics*, John Eatwell, Murray Milgate and Peter Newman (eds.), vol. 3. London: Macmillan, 1987, pp. 399 – 404.

Edgeworth, F. Y. *Mathematical Psychics: An Essay on the Application of Mathematics to the Moral Sciences*. London: Kegan Paul, 1881.

——. "The Pure Theory of Monopoly", *Papers Relating to Political Economy*, 3 vols. London: Macmillan, 1925.

Hicks, J. R. *Value and Capital*. Oxford: Oxford University Press, 1939.

——, and R. G. D. Allen. "A Reconsideration of the Theory of Value", *Economica*, vol. 1(February, May 1934), pp. 52 – 76, 196 – 219.

Leontief, Wassily. The *Structure of the American Economy: 1919—1929*. Oxford: Oxford University Press, 1941.

——. "Input-Output Analysis", in *The New Palgrave: A Dictionary of Economics*, John Eatwell, Murray Milgate, and Peter Newman(eds.), vol. 2. London: Macmillan, 1987, pp. 860 – 864.

Maurice, Charles, and Charles Smithson. *Managerial Economics*, 3d ed. New York: McGraw-Hill, 1988.

Newman, Peter. "Farncis Ysidro Edgeworth", in *The New Palgrave: A Dictionary of Economics*, John Eatwell, Murray Milgate, and Peter Newman(eds.), vol. 2. London: Macmillan, 1987, pp. 84 – 98.

Samuelson, P. A. *Foundations of Economic Analysis*. Cambridge, MA: Harvard University Press, 1947.

Stigler, Stephen M. "Farncis Ysidro Edgeworth, Statistician", *Journal of the Royal Statistical Society*, ser. A., vol. 141(1978), pp. 287 – 322.

Sutton, John. *Marshall's Tendencies: What Can Economists Know?* Cambridge, MA: MIT Press, 2000.

Theocharis, Reghinos D. *Early Developments in Mathematical Economics*, 2d. ed. Philadelphia: Porcupine Press, 1983.

Von Neumann, John, and Oskar Morgenstern. *Theory of Games and Economic Behavior*. Princeton, NJ: Princeton University Press, 1944.

经济理论和方法史（第五版）

第 25 章　当代微观经济学边界的扩展

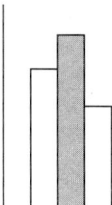

由马歇尔和瓦尔拉斯按照静态均衡传统建立的微观经济学，在现代经济理论中已经享有并仍然享有巨大的声望。但是正如我们在第 23 章和第 24 章中所见到的，经济学家们已经大胆超越了标准新古典竞争理论，而进入诸如市场非均衡的性质、现代公共选择理论的发展以及规制与产业组织理论的重新评价等"新"领域。

这种新的分析转向大多可以描述为可能称之为芝加哥思想学派的分析，在过去30 年里该学派主要由经济学家乔治·施蒂格勒（1911—1991 年）与加里·贝克尔（1930—?）主导，他们系统地恢复了大多数马歇尔假定。大家可能还记得，马歇尔提出了许多关于市场重要简化的假设。特别是，他抽象掉产品的质量差异、昂贵的消费信息、消费和生产的时间成本、买者和卖者的区位等。当代微观经济理论的许多新颖之处由下面两个方面构成：（1）当我们放宽以上这些和其他关于消费者和厂商的马歇尔简化假设时，它提出了一个市场结果怎样变化的正式分析；（2）把这些新的工具应用到一些令人感兴趣的和新奇的问题上，它们先前曾被认为是超出经济学家们的研究范围的（例如犯罪、毒品使用、家庭关系等）。

本章回顾经济理论新发展中的一些小例子。通过这些新发展，我们可以看到过去的观点如何不断影响现在和未来的观点。新的工具不断出现，被用来解释现代问题，但是这些工具通常只不过是对古典和新古典时期所发现的原理改良而已。例如，由贝克尔首先提出家庭生产新理论，就应用了由杰文斯、门格尔、瓦尔拉斯所创立的效用最大化理论。早期的成本和收益理论的进一步拓展，产生了一个婚姻、生育、犯罪经济学。同其他科学家一样，经济学家也基于过去的贡献构筑现在和未来。

现代消费技术

　　传统的新古典微观经济学在生产者和消费者之间强加了一道明显的缝隙，然而当今的微观经济学则把这道缝隙看作是对购买和消费商品过程的过分简化。

□ 作为工厂的家庭

　　加里·贝克尔在微观经济学里确立了这样一种倾向，即把家庭看作类似于一个小工厂——一个"把资本品、原材料和清扫、喂养、繁育以及其他方面的劳动组合起来，以生产一些有用商品"的工厂（贝克尔，《时间分配理论》，p. 496）。按照这个出人意料的宽泛的方法，一个个人消费者就变成了既是家庭生产者又是家庭消费者的角色。这个方法的最重要的洞察之一是认识到商品的生产和消费（在贝克尔的模型中有时把孩子看作是消费品）要耗费时间。时间是一种必须同任何物品的或制定经济决策行为的市场价格一起计算的机会成本。较早的经济学家（例如，西尼尔、庞巴维克、马歇尔）也认识到时间既作为一种资源又作为一项约束的性质，但是他们的概念时常是模糊不清的，并且从未完全进入主流经济理论。

　　图 25-1 给出了一个为生产最终产品或服务（"商品"）所需市场商品和时间组合的结构图。正如需要耗费人力资源、资本和时间投入以把孩子抚育成人一样，任何最终物品或服务的生产和消费都可以看成是消费一种产出的各种投入的组合。如果我们要识别由某人所消费的最终产品，比如"健康的行为"，那么我们知道生产这么一种物品需要许多"市场物品"（那些由消费者直接在市场购买的物品）和时间投入的组合。体育器械、各种健康食品、医疗服务以及花费在锻炼上的时间和消费这些物品所需的时间，就是在产生这个最终物品过程中的所有投入。个人或家庭通过一个生产函数，把这些投入转化为产出。

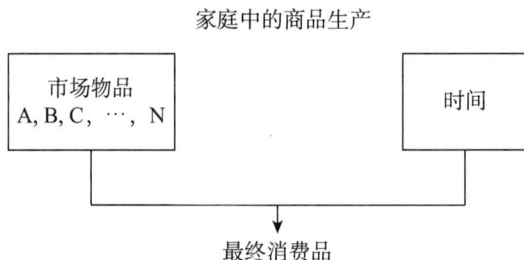

图 25-1　作为一个小型工厂，家庭组合市场物品和时间，去生产最终消费品

　　因此，最终消费是市场物品和时间投入的函数。因为我们要去看一场戏、读一本书或者吃一顿美食都需要花费时间，所以这些行为的完全价格必须包括用于这些消费活动的时间的机会成本。这种机会成本可以根据个人的市场工资来计算。例如，假设某人工作 1 小时可以赚 10 美元，他或者选择用 1 小时在饭店进餐，或者

选择用 15 分钟吃快餐。再假设这两种就餐方式的花费都是 6 美元。尽管两种就餐方式的花费相同，但二者的完全价格明显不同。快餐消费的完全价格是 8.5 美元（6 美元加上放弃的 2.5 美元的收入），而在餐厅进餐的完全价格是 16 美元（6 美元加上放弃的 10 美元的收入）。个人最终选择的决定因素将是每顿饭中的每一美元花费（完全成本）所带来的效用量。

这种观点的好处是强调家庭生产的完全成本，这些成本通常很难发现。家庭生产的价值——如生育孩子，做各种各样的家务和维护活动等——也可以用机会成本的概念来表示。同样，当把时间成本置于同市场物品成本一样的基础地位之后，便在工作和闲暇之间的传统选择之中注入了新的见解（现在是在市场工作、闲暇和家庭生产之间的选择），并且，按照质和量的概念，家庭消费类型的新观点都是能够成立的。

新消费理论的含义可以用下面的例子来表述。随着从市场工作赚得的收入的增加（等于其他收入的减少），家庭内生产的机会成本增加，我们就会看到较多的物品和较少的时间被投入家庭生产之中。一般地说，省时器具的开发和广泛使用，可以部分地根据这种现象来解释。增加看护孩子的服务、签订家庭服务外包合同、公寓楼及其他低维护住房（草坪护理）的出现，都与工资和收入增加有关。

这种消费行为的新理论的另一个含义涉及消费的类型。随着家庭收入的增加，物质密集型商品和活动趋向于代替时间密集型的商品和活动。事实上，由于经济增长，在家庭内存在一种反对时间密集型生产和消费的倾向。省时设备和产品在某种意义上是一种时间密集型消费的机会成本增加的反映。时间密集型美食烹饪减少，代之以优质冷冻食品和外卖饭菜，它们都适合省时的微波炉烹饪，这些都可以看成是对贝克尔所强调的效应的一种证明。

许多现代发明之所以很成功，是因为它们容许人们通过重新配置时间密集型消费而找到节约时间的替代品。航空旅行、笔记本电脑、录像机以及"有声"书籍（在磁带或 CD 盘上）等的增长，就是这方面的例子。换句话说，家庭不仅把市场物品和时间投入作为原料组合起来（例如，一架钢琴、乐谱及钢琴课）以生产最终物品（例如，音乐欣赏），而且它们借以组合的比例随着时间的推移而以市场工资和收入的变化为转移。[①]

□ 信息经济学

现代消费技术理论把另一个魔怪放出了瓶子。在马歇尔的世界里，假定消费者可以在零成本的条件下，立即知晓一种给定产品的既定市场上的任何价格差别。通过贱买贵卖，他们将驱使市场价格达到一个单一的、统一的值。当一个完全竞争市场处于均衡状态时，一种产品的某一价格将是流行的价格。

1961 年，乔治·J. 施蒂格勒扩展和发展了这个论点，认为信息是一种需要花

---

① 嗜好稳定性的假设是由乔治·施蒂格勒和加里·贝克尔在其文章 "De Gustibus Non Est Disputandum"（见参考文献）中，在家庭生产函数的框架内考察的。另外，施蒂格勒和贝克尔还通过调查"上瘾"、习惯和传统、广告、时尚和爱好的嗜好稳定性的含义，给出了这个概念的形式。

590

591

523

第 25 章　当代微观经济学边界的扩展

费成本才能生产和获得的经济物品（《信息经济学》）。例如，当加油站张贴出价格表的时候，他们必须为制作这些东西而支付费用，包括购买原材料和雇用人工。另外，消费者也必须花费有价值的时间（和其他的资源），去寻找和比较已公布的价格。因为在大多数市场中，交易价格可能是"离散的"（不止一个价格），甚至当市场处在均衡状态的时候也是如此。

一个简单的信息模型　图 25-2 为理解信息经济学提供了一个框架。在图 25-2 中，MC 表示消费者搜寻某种商品和服务的一个更低价格的边际成本。因为增加搜寻会耗费更多，所以 MC 随着时间的推移而增加。例如，假设你在市场上想买一部二手车，搜寻的边际成本可以看成是拜访一个或多个二手车销售商，并同它（们）讨价还价的花费。自然地，MC 曲线会随着商品的不同而变化。例如，当我们通过邮购目录购买服装时，它会很低，但是当我们搜索一处新住宅时，它就会很高。

边际收益曲线（MB_0）表示消费者搜索一个更低价格的边际收益。随着消费者越来越多地比较销售商的价格，从下一个销售商那里发现更低价格的预期在减少，因此 MB_0 随着搜索时间的增加而减少。搜索价格的边际收益也会随着不同市场而变化。例如，当商品是高价商品（例如，房屋、中央空调/取暖系统、游艇和汽车等）的时候，消费者将支付较大的费用以便能进行较长期的对较低价格的搜索。但是，通常就不会为购买牙签或口香糖而支付费用去进行较广泛的搜索。一般地说，任何一笔消费占消费者预算的比例越大，消费者花费较长时间进行搜索的收益就越大，即 MB_0 曲线将会位于图 25-2 中的右上方。

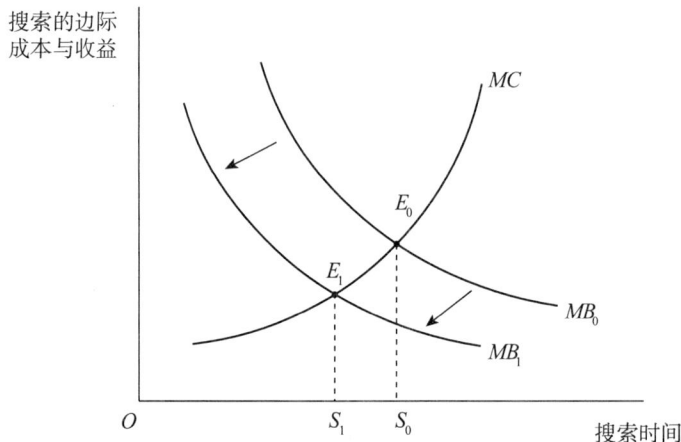

图 25-2　广告作为信息提供者减少了为获得商品和服务而耗费的搜寻时间

消费者会一直搜寻下去，直到边际成本（MC）等于边际收益（MB_0）为止。在图 25-2 中，E_0 表示这种最优的或有效率的点。在 E_0 点左侧的边际收益和边际成本水平上（暂时不管 E_1 点和曲线 MB_1），更多搜索的额外收益超过额外成本。在 E_0 点右侧，更多搜索的额外成本超过额外收益。对于某种特定的商品和服务，E_0 点表示某一给定的消费者正确的或均衡的搜索量。消费者在其购买行为中会运用上述这些最优化程序，但并不是完全按照图形所描述的严格形式，而是出于一种直觉的、本能的方式。就所有的消费者对于所有的商品和服务而言，E 点将会是不相同的。事实上，生产和获得关于价格的信息是昂贵的，这就意味着对于在所有场所上的某种产品，在大多数市场上最终价格是分散的而不是一个单一价格。[①]像在前面的例子中强调的那样，这种推理思路再次承认时间是消费商品和服务的完全成本的一部分。

广告的新作用　牢固依系于竞争模型的观点认为，同质产品和完全信息的假设导致把广告公然批评为浪费和/或不必要。与之相反，新的搜寻经济学则为广告的存在提供了合理的解释。按照这种新的方法，广告是生产信息的一种低成本手段。我们已经看到，收集信息是以时间耗费为代价的，时间具有潜在的价值。简言之，广告节约消费者在其努力获得关于产品价格或质量的信息时所花费的时间。

考虑一个例子，在该例中，某个消费者对一合意的物品的价格信息一无所知。每增加 1 小时的信息搜寻要求个人牺牲以时间（1 小时）耗费为形式的效用。因此，搜寻的边际成本增加，如沿着图 25 - 2 的边际成本曲线 MC 所显示的。假定消费者不知道现存的价格，曲线 MB_0 表示搜寻的边际收益（即信息赚得的收益）。该消费者的最优化搜寻时间为 S_0。

比较一下，假设消费者从知道某些（不是全部）价格的情况开始，比如这些信息是通过报纸的广告宣传获得的。在这种情况下，消费者增加的搜寻可能发现价格差别不会像先前没有任何信息的情况下那么大。因此，对于任何给定数量的搜寻（目的是寻找更低的价格），在开始时已了解了一些信息的情况下，增加的收益将会较少。曲线 MB_1 表示在第二种情况中搜寻的边际收益（即信息赚得的收益），反映对于任何给定数量的搜寻时间，如果消费者事先知道一些信息，增加的收益会较少的事实。因此我们可以得出结论，广告的存在减少了消费者花在搜索更低价格上的时间。如果消费者耗费在搜索更低价格上的时间减少了，他就会有更多的时间干别的事情，诸如从生产挣得收入、在家生产物品、享受闲暇等更值得做的活动。

事实上，有两种牺牲涉及大多数物品的消费：（1）物品的货币价格，（2）搜寻中耗费时间的价值以及其他交易成本。这些因素加在一起，就是任意商品和劳务的完全价格。按照我们所了解的现代观点，广告节约搜寻时间，因而降低了商品和服务的完全价格。

□ 关于商品和服务的质量问题

信息如何影响消费者需求，以及它同广告和搜寻的联系，是现代经济学以高度创造性的方式考察的课题。按照它们如何影响信息的产生和检索而区分物品是一种创新。经济学家菲利普·纳尔逊（Phillip Nelson）（见参考文献）区分了搜寻物品和经验物品。搜寻物品是那些其性质是在购买前决定的物品，而经验物品则是那些

---

① 普通的观念和人们的经验支持这种搜寻成本的思想。任何团体都可以进行下面的实验。收集一特定质量的一种单一商品的价格，例如 6 个或 7 个不同商店的一个特殊牌子和数量的阿司匹林或牙膏的价格。可能看到不同地方的价格是不同的。这个结果同施蒂格勒的论文是一致的。消费者的实际成本差别因此对特定商品或服务的不同的货币价格提供了一个似乎合理的解释。

其性质基本在购买以后决定的物品。一般地说，消费者对例如加油站的汽油、快餐或牙膏等搜寻物品需要较少的信息。这些物品一般频繁购买，消费者有关于它们质量的良好信息。另一方面，经验物品不经常购买，而且趋向于有较高的价值。我们预期需求和供给经验物品的信息多于搜寻物品。以这种方式思考一下。你们需要关于谷类早餐盒的信息多还是需要关于冰箱的信息多？在谷类早餐盒的情形中，在我们购买之前我们就相当多地知道所预期产品的质量如何。但是在冰箱的情形中，我们典型地只在购买和使用它之后——有时在购买之后长时间使用——才了解其质量规格。结果，冰箱的销售者便有动机去提供不只是产品的信息，以便增加销售，它们还必须提供关于产品质量的信息。广告是一种提供给消费者搜寻信息的方式，其可以使消费者减少经验物品的搜寻成本。高度的个人销售努力和各种形式的质量保证也构成了经验物品的销售特征。

还有其他类型的物品，其质量甚至在购买之后也不能识别。这些物品被称作信任物品。一些例子是：心理医生、精神科医生。特别地，信任物品是指那些消费者在决定正确的购买数量、确定所购买商品的质量，或这二者的某种组合时，要面对高成本的物品。正如这个思想的阐发者，迈克尔·达比（Michael Darby）和埃迪·卡尔尼（Edi Karni）（《自由竞争》）所解释的，在销售信任物品时我们预期有一个较高程度的欺骗，因为人们难以使质量的索赔权实体化。欺骗基本上是通过销售比消费者认为他（或她）要购买的质量低的商品或服务而实现的。因为实际质量无法识别或识别它代价昂贵。许多不同宗教大肆宣扬能改变人死后的质量，但是我们如何确定最终产品的这些质量？决定"购买"多少这种最终产品？

虽然大多数物品基本上不是这种物品就是那种物品（搜寻物品、经验物品或者信任物品），但它是这样一种情形，有些物品可能包含各种特征的成分。另外，按类别对物品和服务进行考察把我们导向关于信息供给的特殊推论，例如，广告的投放和类型是由主要特征典型决定的。我们不能预期施坦威做广告宣传它们的产品——钢琴——以便在有张贴广告图画的运动会上销售。我们预期耐克会这样做。我们关于登载在地方电话簿黄页上的广告中的信息种类和质量的预期，将依赖于我们所搜寻的物品的类型。我们将预期信任物品（例如，害虫控制服务）比搜寻物品（例如，户外烤肉炉子）有更高比例的优质信息（企业经营年限、销售者的声望、许可和证书）。另外，当其他情况不变时，购买者的特征，例如人口的流动性，将决定销售者所投放的广告的数量和种类。在旅游城市或大学城，销售者将典型地提供比他们在人口相当稳定的城市或城镇所提供的更多的信息。[1]

自然，当欺骗的可能性增加的时候，我们可能期望形成承诺减少威胁的制度和交易安排。消费者可能常常由于反复地购买或者依靠第三方的质量评价而很快发现信任物品的固有的和主观的质量（例如，J. D. Power & Associates，《消费者报告杂志》）。销售者可能诉诸"退款保证"、担保和减轻怀疑产品质量的服务合同。对于一种费用，汽车评估商店将给出二手车的独立的质量评估。给医生、牙科医生、眼

---

[1] 广告强度和广告质量有一定的经验性，与搜寻物品、经验物品和信任物品的区别相联系。

镜商、医院，以及许多其他服务的提供者发放许可也是质量保证的另外的手段。这些市场的和制度的安排帮助向消费者提供杜绝或减少欺骗的信息。总之，物品和服务的质量已经成为当代经济分析的主要关注点。

□ 需求理论的创新

标准的马歇尔需求理论假设消费者购买对其所传达的直接效用感到合意的商品和服务。像我们已经看到的，这种方法已被更新的发展所修正。因此，家庭现在被描绘为购买市场商品和时间的组合，以生产更多的最终的和合意的商品。现代需求理论的一个独有的但相关的新发展强调商品和服务的属性，而不是商品和服务本身。这种新观点认为消费者并不是为了取得其直接效用而需求市场商品，而是为了从产生效用特性的一定组合中获得效用。图 25-3 以图形表示了需求的这种特点，在这里一个单个市场商品（A）产生很多特性或者多层次特性组合（特性 a，b，c，…，n）。

大多数消费者都熟知对特性的需求。许多物品都具有基于几种不同维度的满足效用的能力。例如，个人购买汽车除了用于交通的目的，还有其他的原因，例如，声望和地位。一辆保时捷牌轿车以不同于小型经济轿车的比例产生这些特性，小型经济轿车又以不同于大型的凯迪拉克轿车或林肯轿车的比例产生这些特性。这一观点一般归功于凯尔文·兰开斯特（Kelvin Lancaster，1924—?），他指出消费者实际需求的是联合产生的特性而不是产品或服务本身（《消费理论的新观点》）。

这个新方法具有一些明显优于传统的马歇尔需求分析之处。例如，它为考察明显相关但按照标准理论不容易（或完全无法）比较的物品提供了比较的基础。摩托车、自行车、地铁、公共汽车、出租车、铁路、飞机以及跑鞋都提供了一项或多项汽车的特性，而标准理论却没有提供有意义的比较它们的方法。

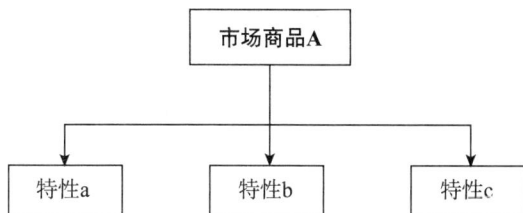

图 25-3　现代需求理论强调个人本质上不是需求市场商品，而是需要由市场商品所提供的特性和属性

兰开斯特处理消费者行为的方法，连同前面所讨论的贝克尔的创新，使经济学家们认识到，市场物品的购买仅仅是满足一些更为最终的欲望的中间步骤。因此，对市场物品的需求是一种派生需求——对一辆汽车或地铁的需求代表的是从商品或服务所提供的某些创造效用的属性（例如，交通和其他事情）派生出来的需求。必须记住，质量本身是那些属性之一。这种把商品看作是一束特性（在这里特性是众多而可变的）的扩大的观点，使人们充分理解了在个人和家庭的消费中市场物品有

时突然形成（和迅速消失）的现象。

总之，与消费行为相关的新发展，包括此处所讨论的那种细微的差别，展示了微观经济学现代文献的风貌。像大多数新经济思想一样，这些新发展也穿上了正式的数学模型的外衣，这个过程的结果是暴露了新发展的局限性和它们同现实世界情况的关联性。但是，总的说来，消费行为的现代理论拓宽了微观经济理论的界限。

新厂商理论

广义地说，企业的经济功能是组织经济资源去生产消费者所需要的商品和服务。标准理论告诉我们，能够成功地满足这些需求的企业便能够有效率地生存和繁荣，而那些不能做到这一点的企业便会遭受损失和破产。在传统的经济理论中，基于资源生产力的成本曲线同需求曲线及其他收益曲线结合在一起，构成不同市场结构（即竞争和垄断及垄断竞争）的企业模型。第 19 章的图 19-2 和图 19-3 就是此类模型的例子。这种分析描绘了企业及其行为，但是它不能回答更基本的问题：企业存在的根本原因是什么？

一切先进经济都是以分工为基础。在一个市场经济中，分工是基于个人的不同的技能和才能以一种难以置信的活动排列来表达的。但是，是什么机制确保诸如食品、衣服、航空等，消费品在需要它们的时间和地点生产出来呢？答案可以在经济协调的概念中找到。为了能够解释企业为什么存在的问题，我们必须把市场协调同企业协调区分开来。当价格机制直接提供指导生产和消费的信号（通过供给和需求）时，市场协调便存在。当分工由经理们掌握和指导时，则企业协调便存在。市场协调是通过自然分权进行的，而企业协调则是通过自然集权进行的。因此企业协调就像社会主义经济中的中央计划一样。在企业内部，资源不是通过买和卖，而是通过管理命令进行转移的。

用经济学的语言来说，一个企业就是一个具有自由合同特征的自发制度。雇员们自愿地服从经理们的指挥，当然这里的指挥只是一种比喻。在企业"外部"同等资源价格给定的条件下，成功的经理必须模拟价格制度，以一种有效的方式转移和分配资源。

但是既然市场协调和企业协调是如此地相似，那么企业还有存在的必要吗？为什么有些汽车制造商要为它们的汽车购买轮胎，而不是自己生产它们？为什么有些企业从外部代理商（即其他企业）那里购买广告和旅行服务，而不是在企业内生产它们？为什么把市场协调应用于一些资源投入，而把企业协调应用于另外一些资源投入？现代微观经济学试图为这类问题提供令人满意的答案。

□ 为什么企业会存在？科斯的观点

为什么企业的存在是必需的？在 1937 年发表的一篇题为《企业的性质》的经

典论文中，诺贝尔经济学奖得主罗纳德·科斯（Ronald Coase）（1910—?）对这个问题作了一个简单而精彩的回答。他认为企业是作为经济协调的交易成本最小的手段形成和存在的。简言之，应用市场协调要花费成本。对投入的雇用（例如，临时工）典型地涉及交易成本、搜寻成本和谈判成本。如果应用合同，还必须对它们进行协商和监督。事情的另一面是提供一定利益的市场协调。例如，它可能使一个企业通过在某一时期雇用临时工而更机敏和更有弹性地活动。当企业雇用临时"雇员"的时候，它们是在使用市场协调而不是企业协调。

然而，在一些情况下，市场协调可能让位于企业协调。当比较不同形式的协调之间的成本和收益后显示企业内的协调为正收益而不是零收益的时候，企业家就开始使用企业协调了。它可以通过基于定期、长期而非临时雇用工人，为在企业内组织员工作业而支付费用。因此企业是作为一种资源的聚集物而形成的，它们是在经理的集中（准社会主义）指导之下聚集在一起的，因为这比通过公开的（外部）市场机制来组织和引导资源更便宜。

另一个引人注目的问题是，企业规模何时停止增长？科斯认为企业面临着一个以组织和指导的边际成本递增的形式存在的增长约束。当从内部组织和指导中获得的净收益下降至低于通过市场合同组织任务的净收益时，企业便停止增长并且重新恢复市场协调。然而，经济现实很少为我们呈现一个非此即彼的情况。许多企业同时使用这两种资源协调形式。市场协调对于一些专门任务是比较有效的。例如，用一个"临时"秘书打印所需的法律文书，而经常性和重复性的工作由专职秘书来做则比较合适，因为专职秘书掌握多种办公技能，成本较低。因此，作为一个实际问题，企业内的每个任务都可以从内部协调所获得的收益是否超过外部协调的收益的观点来考察。

□ 团队生产和企业内的偷懒

科斯的企业理论的创新引发了许多理论扩展。其中较著名的理论扩展之一便是探讨怎样在企业内部组织各项活动的"团队生产"观点。企业的大多数活动，包括商品和服务的生产，都包含团队的努力，而一个团队仅仅像一条链条上最薄弱的环节。那么，企业怎样防止团队偷懒或者出现非生产性行为呢？阿门·阿尔奇安（Armen Alchian）和哈罗德·德姆塞茨给出了一个答案，他们认为在几个人或几对人必须在一起工作才能完成一项工作的那些场合，经理扮演一个团队监督的角色才能确保各项工作有效率。

正如亚当·斯密很久以前所认识到的，专业化导致生产力的提高。但是如果没有人督促他们的行为，所有人都有偷懒的动机。同时工人们因被监督而获益，因为他们的报酬在很大程度上也会受到团队内其他成员偷懒行为的不利影响。这些情况解释了何以赋予经理以奖勤罚懒责任的原因。

在不存在团队生产的情况下，个人生产者受竞争活动的约束，也就是受市场竞争的约束。工人可以偷懒，但是他或她必须以挣得较少收入来承担此类行为的全部代价。在这种情况下，便不需要内部监督者了。雇用监督者的企业的成本显然会超过那些不这样做的企业，因此，只有当团队生产所增加的生产力的收益超过监督成本的时候，团队生产才能代替个人生产。当团队能够以低于个人生产的成本来进行生产的时候，团队生产便取代个人生产。按照事情的演变计划，当团队以比个人可能花费的更低的成本生产商品和服务的时候，企业便形成和成功了。因此，阿尔奇安-德姆塞茨把企业看作是从即使在面对监督团队绩效的较高成本时也取得正的净收益的团队生产中获得正的净收益的逻辑结果。

把经理作为团队生产的监督者的概念也提出了相当明显的问题。例如，由谁来监督经理？经理也有偷懒的动机吗？企业的制度构成提供了这些问题的答案，特别是在给予经理正负两种激励时所发生的情况。一方面，经理受市场的约束。如果经理表现得比较差，他们就会被解雇，厂主或股东们就会安排其他的经理上岗。另一方面，可以给予经理适当报酬。因此经理们具有正负两方面的动机去做团队生产的有效监督人。

对于作为新微观经济学核心的信息经济学的兴趣，也提出了许多与产品质量相关的富有争议的问题。核心问题涉及产品质量的决定和买者与卖者在购买产品之前所拥有的信息种类问题。如果卖者拥有买者所不知晓的产品质量方面的信息，卖者便可能有出售不合标准的产品和服务的动机。这种显而易见的现象已引起了各种各样的关于质量问题的讨论。例如，参见下面的专栏"思想的力量：信息、进化和'次品'问题。"

☞ ━━━━━━━━━━━━━━━━━━━━━━━━━

思想的力量：信息、进化和"次品"问题

自从弗里德里希·哈耶克（参见第22章）的开创性工作以来，经济学家已经尖锐地认识到市场是产生和传播信息的机制。进而认识到只有当潜在的买者和卖者之间存在一种正确的、可靠的、无阻力的信息流时，市场才能最好地运行。在这种框架内，价格本身是一种"信号"，提供关于质量和需求与有效供给之间的关系等方面的信息。但是，这种信号是可依赖的吗？信息可能是不对称的：卖者可能比买者拥有更多或更好的信息，或者正好相反。现代微观经济学的有意义的扩展之一，就是试图解决这个重要问题。

我们要举的一个良好例子是由汽车市场提供的。*对于一个汽车买者来说，在作出购买决定之前难以获得完全的信息。一辆新车可能是性能可靠的和无故障的，或者可能需要不停地修理。处于后者范围的汽车就是人所共知的"次品"。不幸的是，顾客通常在把车买回来之前并不知道它是不是一个"次品"。在这种情况下，销售商的声誉就成了顾客决定购买哪一辆车的基础。

考虑一下旧车市场，在那里"次品"的潜在可能性特别大。除了其他因素，二手车的购买者买二手车是基于其价格和它们将提供的可靠的交通能力（即不是一辆"次品车"）。如果二手车最初的价格没有出清市场，便发出供给量和需求量之间存在不平衡的信号。在不存在信息问题的情况下，价格将会迅速调整到使需求等于供给。然而，如果购买者只有不完全的信息，那么这种正常的过程可能被中断。假设价格"过高"，

即供给量超过需求量。销售者们通过降低价格来进行消除过剩的尝试,可能不会成功,因为顾客们感觉在低价位出售的二手车极有可能是"次品"。更可能的结果是二手车低于其正常折旧值"打折"售出。但是打折具有反作用,它使质优的二手车车主不愿意出售他们的车,因此减少了发生在意愿的买者和卖者之间的可以增进福利的交易数量。

信息不对称问题在某些市场是特别顽固的。在这种情况下,随着时间的推移将形成减轻"次品"问题的环境。因此,销售者的声望成了预期的购买者的重要标准。具有诚实守信的良好名声的汽车经销商通过保证或承诺,获得了超过无信用经销商的优势。具有较好安全记录的航空公司比那些安全记录较差的航空公司赢得更多的顾客,等等。因此,尽管它们可能是不完美的,但市场是生机勃勃的,任其行事,通常有产生促进市场参与者之间的总福利的补偿特性的能力。

• 参见乔治·阿克洛夫的论文《次品市场》。

经济学和社会学

经济分析也侵入通常被严格认为是社会学研究范围内的问题。我们再一次指出,加里·贝克尔的《人类行为的经济分析》已经成为明确表示社会交叉作用和家庭组织经济理论的先锋。虽然社会学家和心理学家们通常把人与人之间的活动和关系看成是一个复杂的集合,但是贝克尔把它看成是一种经济组织形式。用经济学家的话来说,婚姻是双方当事人的一份没有完全定义的承载着明显的和隐含的责任的合同。把婚前的恋爱看作一种关于未来配偶信息的投资。陷入"爱河"意味着相互依存的效用函数:大多数成功的婚姻是由那些有相互关心的观念以及他们的偏好和价值密切相关的人造就的。

家庭经济理论认为照料家庭成员福利的"户主"以帕累托最优的方式管理和分配家庭资源。所有的家庭成员都有做那些能使户主效用最大化的事情的动机。这种安排,即通过户主以帕累托最优的方式进行财产分配,使家庭每个成员都好于单身时的状况,户主的个人效用函数可以说概括了整个家庭的效用函数,因此由户主作出的决策自然地考虑了集体的效用函数。反过来说,依据贝克尔的观点,家庭将会做与户主的效用函数一样的事情。正如以上所分析的,这就是家庭作出把闲暇转变成家务劳动或市场劳动决策的原因。应用这种解释,社会学—心理学范畴的家庭单位内的"角色扮演"便成为符合成本和选择的理性经济原则的特殊表述。尽管这种观点是有争议的,但是贝克尔的见解对理解和解释令许多社会学家头痛的社会现象具有很重要的意义。例如,解释结婚率和出生率。

当我们把婚姻看成是一份没有完全定义的由当事双方根据所确认的成本与收益而达成的合同时,可以将这些成本与收益明确地纳入决策之中。在成本方面,结婚意味着每个伴侣牺牲某些独特性，作出许多诸如个人习惯、交友和支出等方面的妥协。在收益方面，结婚提供伙伴关系、互相关心和爱情，而且为抚育孩子提供了便利条件。然而，除了这些收益之外，婚姻还提供了一个机会来享受从劳动的专业化和分工中得到的经济收益。传统上，在美国，家庭分工已使已婚男子通过家庭外的市场工作，成为市场收入的主要挣得者。直到最近几十年，已婚女子仍然或多或少地专业从事家庭生产和生儿育女。尽管在美国及其他发达国家里这种情况在逐渐改变，但重要的是，只要技能在配偶之间广泛地存在差异，丈夫和妻子从专业化和交易中赚取的收益将会是潜在巨大的和具有正数值的。

近期的女权运动已使许多人改变了这种状况。法律和习惯已经大大减轻了妇女在工厂内所受的歧视。越来越多的妇女成了工程师、律师和医生。在市场的许多领域，已把教育和其他人力资本投资机会扩展到妇女身上。结果，男女之间的劳动技能差距越来越小。随着劳动技能越来越相似，由婚姻组织结构内而形成的男女之间的专业化和交易的经济收益明显地越来越少了。单纯从经济层面看（不考虑个人的其他因素），经济理论预测婚姻收益的减少导致结婚率减少和离婚率增加——确切地说，这正是许多发达国家近期所经历的事情。

随着较多的妇女加入（市场）劳动大军和家庭收入的增加，我们看到了另外的具有经济含义的现象：出生率下降。人口增长需要父母方面有对孩子稳定的需求。很久以前，古典经济学家认为收入增加会刺激生育孩子，在李嘉图的"剧本"里，这会最终导致经济的停滞。贝克尔的分析超越了简单的马尔萨斯人口增长体系，他增加了一个重要的附加考虑：解释人口增长的不但是收入水平，而且还有孩子的相对"价格"。

抚育孩子的完全成本不但取决于所承担的直接花费，而且取决于包括家长蒙受的机会成本。这些机会成本随着家庭收入的增加而增加，特别是随着母亲收入的增加而增加。结果，经济增长常常包含着一个反对生孩子的倾向。在大多数发展中国家，特别是那些在生存农业中挣扎的国家，孩子代表了直接的劳动投入，他们的父母把他们看成是相当有价值的劳动力来源。这些国家的低工资使要孩子的机会成本维持在一个低水平上。反之，在发达国家里增加孩子的"价格"是较高的，因为孩子对于他们的父母来说没有直接劳动投入的价值，而且父母生育孩子的机会成本也很高。父母担忧的不是养育新增加孩子的花费，而是提高自己现有生活水平和/或由生养孩子产生的教育、住房及其他物品上的支出。因此，理性的经济决策和需求法则的新的应用，可以部分地解释发达国家的低出生率和发展中国家的高出生率问题。

尽管经济学家们通过当代微观经济学把其研究领域扩展到了传统经济学版图之外，但是没有一位经济学家（包括贝克尔）认为在解释社会现象时，经济学是唯一的或中心的要素。当代微观经济学提供了对人类行为某些方面新的洞察力，它补充和/或增补了由其他社会科学家所做的解释。

结论

当代微观经济学充满了许多争论性的问题和有意义的应用。套用一下海明威（Hemingway）关于巴黎的名言，今天的微观经济学是一个移动的和永不停息的宴会。在本章中，我们试图给出几种新开发的风味菜。甚至在宴会上一个小小的品尝都可以清楚而正确地传递经济理论按"现实主义"方向，已经或正在形成巨大跨越的迹象。经济学家们不断地学会认识和思考，曾被马歇尔在研究市场问题时存而不论的所有市场的实际情况。当然，这不是批评诸如马歇尔、杰文斯或罗宾逊等这些微观经济理论真正的先驱们。相反是要证明，市场运行是比早期概念工具所能处理的情形更为复杂的过程。实际上，微观经济理论的现代导向是对早期贡献不断前进的性质和经济学生命力的检验。

601

参考文献

Akerlof, George A. "The Market for 'Lemons': Quality Uncertainty and the Market Mechanism", *Quarterly Journal of Economics*, vol. 84(August 1970), pp. 488 – 500.

Alchian, Armen A., and Harold Demsetz. "Production Information Costs, and Economic Organization", *American Economic Review*, vol. 62(December 1972), pp. 777 – 795.

Becker, Gary S. "A Theory of the Allocation of Time", *The Economic Journal*, vol. 75(September 1965), pp. 493 – 517.

——. *The Economic Approach to Human Behavior*. Chicago: University of Chicago Press, 1976.

Coase, Ronald H. "The Nature of the Firm", *Economica*, vol. 4(November 1937), pp. 386 – 405.

Darby, Michael, and Edi Karni. "Free Competition and the Optimal Amount of Fraud", *Journal of Law and Economics*, vol. 16(April 1973), pp. 67 – 88.

Lancaster, Kelvin J. "A New Approach to Consumer Theory", *Journal of Political Economy*, vol. 74(April 1966), pp. 132 – 157.

Nelson, Phillip. "Information and Consumer Behavior", *Journal of Political Economy*, vol. 78(1970), pp. 311 – 329.

——. "Advertising as Information", *Journal of Political Economy*, vol. 82(1974), pp. 729 – 754.

Stigler, George J. "The Economics of Information", *Journal of Political Economy*, vol. 69(June 1961), pp. 213 – 225.

——, and Gary S. Becker. " De Gustibus Non Est Disputandum", *American Economic Review*, vol. 67(March 1977), pp. 76 – 90.

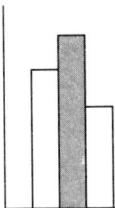

第 26 章

经济学往何处去？ 21 世纪的经济学

哲学家笛卡儿（Descartes）写道，"我思故我在"，这句话强调了思想在人类存在和活动全景中的中心地位。本书是关于思想的——一些经得起时间的考验，而另一些则经不起时间的考验。但是，任何领域的一部思想史都提出了某些关键性问题。确切地说，什么是思想？它们是怎样产生的？思想一旦形成，它们又会朝哪个方向发展？思想在人类历史上重要吗？掌握思想有助于我们理解历史事件和历史制度的变化吗？思想和"意识形态"是一码事吗？最后，什么思想会深刻地影响 21 世纪的经济学？它们最终的"命运"是什么？迄今为止，我们对经济思想史中的重要思想的广泛回顾，一直回避提出此类问题和寻求它们的答案。的确，此类问题的答案不是轻而易举就能找到的。但是在即将结束我们的历史综述之际，我们暂时不去考虑经济思想的性质和影响力，以及经济学家在他们的著作中所遵循的分析方法。为了深刻理解这些问题，让我们去看一看那些赢得最高学术荣誉——诺贝尔经济学奖的经济学家们。

诺贝尔奖得主和新千年的经济学

自从亚当·斯密 1776 年出版《国富论》以来，经济学就已经作为一门独立的科学被辛勤耕耘了。自那个时代以来，经济学家们不断拓展经济理论和政策。在1969 年，瑞典的诺贝尔奖委员会——长期授予诺贝尔和平奖的权威机构，设立了诺贝尔经济学奖。获奖者因为不同的学术贡献和应用而获得承认：宏观经济学、计量经济学、一般均衡理论、经济史、经济发展、投入—产出分析、制度经济学、分配理论、货币、国民收入核算、行政管理、产业组织、公共财政以及金融经济学等。这些经济学奖提供了外在的指路牌，显示经济学是一个正在经历研究范围不断变化和研究兴趣迅速扩展的时期。它们也诏示了过去和未来，同时提供了间接的证据表明现在的进展是建立在以前成就基础之上的，并为 21 世纪提供了新的发展方向。

表 26-1 列出了 1969—2006 年的诺贝尔奖获得者，并附以评奖委员会对他们贡献的简明描述。

表 26-1　　　　　　　　　　　诺贝尔经济学奖获得者

1969 年 拉格纳·弗里希（计量经济学） 奥斯陆大学 简·丁伯根（计量经济学） 荷兰经济学院	1978 年 赫伯特·A. 西蒙（行政管理科学） 卡内基-梅隆大学 1979 年 西奥多·舒尔茨（经济发展） 芝加哥大学
1970 年 保罗·A. 萨缪尔森（局部均衡和一 　　　　般均衡理论） 麻省理工学院	1979 年 W. 阿瑟·刘易斯（经济发展） 普林斯顿大学
1971 年 西蒙·库兹涅茨（经济增长和经济史） 哈佛大学	1980 年 劳伦斯·克莱因（宏观经济学） 宾夕法尼亚大学
1972 年 约翰·R. 希克斯（一般均衡理论） 牛津大学 肯尼思·J. 阿罗（一般均衡理论） 哈佛大学	1981 年 詹姆斯·托宾（宏观经济学） 耶鲁大学 1982 年 乔治·J. 施蒂格勒（产业组织） 芝加哥大学
1973 年 瓦西里·里昂惕夫（投入—产出分 　　　　析） 哈佛大学	1983 年 吉拉德·德布鲁（一般均衡理论） 加州大学伯克利分校
1974 年 冈纳·缪尔达尔（宏观经济学和制度 　　　　经济学） 斯德哥尔摩大学 弗里德里希·A. 哈耶克（宏观经济 　　　　学和制度经济学） 弗莱堡大学	1984 年 J. 理查德·斯通（国民收入核算） 剑桥大学 1985 年 佛朗哥·莫迪利亚尼（宏观经济学） 麻省理工学院 1986 年 小詹姆斯·M. 布坎南（公共财政） 乔治梅森大学
1975 年 列昂尼德·坎托罗维奇（最优化资源 　　　　配置理论） 莫斯科科学院 佳林·J. 科普曼斯（最优化资源配置 　　　　理论） 耶鲁大学	1987 年 罗伯特·M. 索洛（经济增长理论） 麻省理工学院 1988 年 莫里斯·阿莱（局部均衡和一般均衡 　　　　理论） 巴黎经济学院 1989 年 特吕格弗·哈韦尔莫（计量经济学） 奥斯陆大学
1976 年 米尔顿·弗里德曼（宏观经济学） 芝加哥大学	1990 年 哈里·M. 马科维茨（金融经济学） 纽约市立大学
1977 年 伯蒂尔·俄林（国际经济学） 斯德哥尔摩大学 詹姆斯·E. 米德（国际经济学） 剑桥大学	默顿·M. 米勒（金融经济学） 芝加哥大学 威廉·F. 夏普（金融经济学） 斯坦福大学

605

1991 年	罗纳德·H. 科斯（制度理论） 芝加哥大学
1992 年	加里·贝克尔（微观经济学和经济社 会学） 芝加哥大学
1993 年	罗伯特·W. 福格尔（经济史） 芝加哥大学 道格拉斯·诺思（经济史） 华盛顿大学
1994 年	约翰·C. 海萨尼（博弈论） 加州大学伯克利分校 约翰·F. 纳什（博弈论） 普林斯顿大学 莱因哈德·泽尔腾（博弈论） 波恩大学
1995 年	罗伯特·卢卡斯（宏观经济学） 芝加哥大学
1996 年	詹姆斯·莫里斯（信息经济学） 剑桥大学 威廉·维克里（信息经济学） 哥伦比亚大学
1997 年	罗伯特·C. 默顿（金融经济学） 哈佛大学 迈伦·S. 斯科尔斯（金融经济学） 斯坦福大学
1998 年	阿马蒂亚·森（福利经济学） 剑桥大学
1999 年	罗伯特·A. 蒙代尔（国际经济学） 哥伦比亚大学

2000 年	詹姆斯·J. 赫克曼（计量经济学） 芝加哥大学 丹尼尔·L. 麦克法登（计量经济学） 加州大学
2001 年	乔治·A. 阿克洛夫（信息经济学） 加州大学伯克利分校 A. 迈克尔·斯彭斯（信息经济学） 哥伦比亚大学 约瑟夫·斯蒂格利茨（信息经济学） 哥伦比亚大学
2002 年	丹尼尔·卡尼曼（经济心理学和实验 经济学） 普林斯顿大学 弗农·L. 史密斯（经济心理学和实验 经济学） 乔治梅森大学
2003 年	罗伯特·F. 恩格尔（计量经济学） 纽约大学 克莱夫·W. J. 格兰杰（计量经济学） 加州大学圣地亚哥分校
2004 年	芬恩·E. 基德兰德（宏观经济学） 卡内基梅隆大学 爱德华·C. 普雷斯科特（宏观经济 学） 亚利桑那州立大学
2005 年	罗伯特·J. 奥曼（博弈论） 希伯来大学 托马斯·C. 谢林（博弈论） 马里兰大学
2006 年	埃德蒙德·S. 菲尔普斯（宏观经济学） 哥伦比亚大学

606

没有一本关于经济学史的书，例如本书，可以准确地预测经济研究的未来方向。然而，过去的成就包含着指明通向未来的途径的重要资源。因此，简明地考察一下各位诺贝尔奖得主的贡献是有教育意义的。[①]占主导地位的计量经济学、经济动态学和增长理论、宏观经济理论、一般均衡分析和更近的，博弈论，当然提供了现

[①] 建议有兴趣的读者上诺贝尔奖网站 http://nobelprize.org/economics/以获得关于每个诺贝尔奖得主的大量信息，包括相关的个别经济学家"获奖"感言和文章。也许更重要的是，18 位诺贝尔经济学奖得主在三一大学（得克萨斯州圣安托尼奥）所作的系列讲演中提供了一个其"作为一个经济学家的变革"的分析。这些令人高兴而重要的阐述已在威廉·伯赖特（William Breit）和柏里·T. 赫希（Barry T. Hirsch）编辑的《诺贝尔奖得主的生平》（见参考文献）中再现。诺贝尔奖得主这个不同团体的共同论题，如果有的话，就是他们都是作为一个终生职业和面对现实世界的社会与经济问题的手段而走进经济学的。

代经济学发展方向的线索。在这些范畴内区分经济学家是困难的，因为他们的兴趣和所取得的学术成果是多样的。然而，他们以一种共同的解决经济问题的技术方法而联合起来。他们都强调数学推理和经验探讨。对宏观经济功能的经验研究随着时间的推移变得越来越复杂了，正如在公共财政和博弈论中所考察的那样。某些诺贝尔经济学奖得主的贡献已在前面（特别参见第25章）讨论过了。要继续理解总量经济之间的关系以及经济增长的原因与相关因素——如果不通过无法检验的假说，那么，就通过数学设计和模拟。博弈论和实验经济学，被诺贝尔学会这样清楚地认识到了，也是已在全世界主要大学进行探讨的重要的领域。这种工作许多要求高等数学的坚实基础。随着经济学延伸其触角而变得前所未有的更加科学了，我们可以期望越来越多的这种活动。

然而，把过去作为未来的开端的另一方面。我们可能把它称为"使经济学恢复为社会科学的运动"。一些诺贝尔经济学奖得主显示了把技术经济学和经验主义结合成为其对经济学、历史、政治学、社会学和人类学空白探讨的能力。少数例子足以强调这一点。小詹姆斯·布坎南发展了一种研究经济和政治机构决策的契约和制度基础。乔治·J. 施蒂格勒提出市场结果不能抛开经济利益和政治利益的结合和各自面临的激励进行研究。道格拉斯·C. 诺思不断尝试把制度的变化看作是一种带来历史变化的内生因素。罗伯特·W. 福格尔（Robert W. Fogel）把定量方法引入经济史研究，以丰富我们对这个课题的理解和评价。罗纳德·科斯强调财产权对当下开展的历史和当代制度研究的重要性。威廉·维克里、詹姆斯·莫里斯（James Mirrlees）、乔治·阿克洛夫（George Akerlof）、迈克尔·斯彭斯和约瑟夫·斯蒂格利茨（Joseph Stiglitz）通过重新认识和探讨交易成本和信息成本而丰富了我们对经济市场运作的理解。并非围绕经济理论的外围打转转，而是渗透到已接受的经济分析的核心。除此之外，他们使历史、社会学和人类学的课题更为丰满。由于这个原因，我们期望当代经济学将继续在有关联的利益领域发现日益增加的含义。

加里·贝克尔思想和理论的扩展是特别激动人心的。经济学对于非传统的、非市场行为（包括婚姻、家庭和恋爱等）的适用性从最近的对经济学文献的贡献判断，激发了许多类似的探讨道路。由于大量利用生物学和其他社会科学，当代作者们已经把自我利益的假设和经济理性应用于前所未有的各种问题，包括性的驱动、多配偶、流产和母亲身份。[1]获得诺贝尔奖的经济学家帮助产生了整个接合部位的新

领域，包括两个兴旺的领域——"法的经济学"和"宗教经济学"。[2]因此，它表明经济学同社会学和其他社会科学结合将在不久的将来继续获得人们的关注。[3]

---

[1] 特别参见理查德·A. 波斯纳的著作和论文，包括《性和原因》（参考文献）。

[2] 法的经济学领域主要是由于罗纳德·科斯和其他经济学家而出现的：见理查德·A. 波斯纳《司法经济学》（参考文献）。宗教经济学是劳伦斯·扬纳科内（Laurence Iannaccone）所写的评论文章和由小罗伯特·B. 埃克隆、罗伯特·F. 赫伯特和罗伯特·D. 托利森所写的长篇著作论述的主题（见参考文献）。

[3] 人类学也没有逃逸出经济学的长臂，参阅两篇极为有趣的论文，一篇（波斯纳：《原始社会的理论》）论历史上的社会保障（或者其中缺乏保障），另一篇（史密斯，《原始狩猎文化》）论经济刺激对原始狩猎文化的影响。这两篇文章都包含在本章末尾的参考文献中。

经济理论和方法史（第五版）

最后，经济学了解心理学并为心理学所了解。博弈论同其大量可能的关于市场行为和非市场线索的结合，无疑应用了关于心理行为的假定。个人总是以经济学家所假定的合理的方式行动吗？理性，像信息一样，是有限的吗？个人的行为如何在不确定性下运作？实验经济学——像在诺贝尔经济学奖得主丹尼尔·卡尼曼（Daniel Kahneman）和弗农·L. 史密斯的著作中所列举的那样——包含博弈论还是其他类型的受到控制的实验在很大程度上依赖于心理前提和精确的设计。这类研究的性质和形式并没发出放松的信号，因为在整个新千年，经济学将一如既往地发展。

当然不能保证一切（或任何一个）在 20 世纪晚期所获得的基本思想和成就都将永远是新的思想。正如施蒂格勒所适当指出的，"现在有名望并不保证持续有名望——被证明是科学潮流的主导者甚至从科学史渐渐消失了"（载于布赖特和赫希编辑的《诺贝尔奖得主的生平》，p.79）。科学界和社会科学界充满了"还在进步"和"永远休止"。我们考察诺贝尔经济学奖得主精英团体的一些思想的意图，至少是为了了解那些被业内看作是作出了重要贡献的经济学家。虽然这些过去的成就可能指明了刮起知识之风的方式，但我们从当代气象学得知，风向是常常变化的，并且是不可预见的。

思想、意识形态和历史

当我们注视思想将如何影响未来的时候，我们怎样评价一种思想呢？我们应该把多大的注意力投入意识形态——思想的研究呢？在提出这类问题时，我们不能忽略语义学。不管怎样，什么是一种思想？字典上把从朦胧的感觉、想法或者简短见解到详细计划的全部定义为思想。很明显，思想是精神活动的产物。因此思想是实际或潜在存在于人的记忆之中的观念。什么是意识形态呢？一种说法是它是对思想的研究，但更普遍的说法是，意识形态是一系列的思想、学说或者信条的集合，意识形态构成某些文化、政治或者经济制度的基础。可以把思想和意识形态理解为一般性，不参考特殊的主观关系，或者，理解为一个狭窄领域的特殊性。经济思想，如同读者在本书中所了解到的，可能包括一种市场结构中应用的新技术或新知识的基础。就实践的意义来说，具有新思想的人可以潜在地或实际地增加其他人的福利，或者，与此相同，减少某人的交易成本。生产或包装猫食的新方法构成了一种新思想。向消费者配送猫食的更好的方法同样也构成了一种新思想。本书评述了许多新思想——当然不是关于猫食的，而是关于经济的各种理论原理和许多影响市场行为的制度。例如，亚当·斯密为经济发展提供了分析框架；约翰·斯图亚特·穆勒捍卫了评判公共政策可取之处的政治经济学规则；卡尔·马克思为体制变化提出了一个历史经济范式；阿尔弗雷德·马歇尔为工商业者和那些寻求解决经济问题的人，创建一系列有用的分析工具。这类例子不胜枚举。经济学说史是一部思想史，因为思想是构成任何学科的原料。

609

在整本书里我们对"意识形态"谈得比较少。然而这并不说明我们可以忽略意识形态。马克思实际上把意识形态因素引入他对资本主义经济的分析，而其他一些作家在另外的情况下也这么做了。社会阶级更倾向于围绕某个特定利益而联合在一起，有时是以利益集团的形式出现，有时又是以反对一个对立的利益集团的形式而出现。这个结论适用于"资本主义"意识形态，同样也适用于"社会主义"意识形态。"意识形态"是教师的朋友——它是思想排序和归类的便利工具——但是作为一种历史的推动力量，其作用却远未弄清楚。

也许问题不在于我们能否精确定义思想或意识形态，而在于思想在形成具有经济性和社会性的个人行为上是否具有重要影响的问题。传统智慧表明，思想形成现代社会的基础。但像通常所说的，时间是一切。例如，历史揭示了某些音乐的或艺术的思想在它们被"重新发现"之前，曾经长期默默无闻，为人们所忽视。世界著名的音乐家之一，J. S. 巴赫在他的时代里是默默无闻的，只是到了浪漫主义时代才由另一时代的伟大音乐家如费利克斯·门德尔松（Felix Mendelssohn）等人重新发现。阿诺尔德·勋伯格（Arnold Schoenberg）在 20 世纪初发展的 12 音音乐（一种引人注目的全新音乐概念），直到最近才为人们所真正了解。[①] 这些例子也提出了演变的"日期"问题，当第一次表述这些思想的时候，或者，换一个说法，当它们流行起来——有时"代"依据这些思想来表述——的时候，是它们发生的日期吗？

经济思想——虽然对社会具有潜在的重要意义——只有当采用它的环境变得成熟了，才能为人们所理解。尽管 19 世纪就有很多有关"消费不足"的预言性的论断，甚至后来在大萧条时期凯恩斯在《通论》（出版于 1936 年）中发展了它，但直到 20 世纪七八十年代才出现西方中央政府的持久稳定的赤字支出。同样，公共物品（电力和电信）供给的高峰定价问题，直到 20 世纪 60 年代才在美国得到实际应用，尽管 20 世纪 20 年代这一概念在经济学文献中就已经牢固地确立了。在最近被调动起来的关注环境的公众舆论之前，诸如外部不经济和外部性的分析性概念，已经存在了近百年（参见第 15 章）。

在完全理解思想如何影响历史的问题上存在着几个障碍。最基本的障碍是因果关系链——思想同事件或事件同思想的因果关系——是模糊不清的。是思想解释历史呢，还是事件解释历史呢？是思想引起变化而事件紧随其后呢，抑或相反？或者，有时思想是引导的变量而在其他时期思想又是阻碍的变量？至少从一种教学法的立场上看，这个问题已经有了一些结果，因为现行的教学分为经济史（即对事件及其经济结果的研究）和知识历史（即经济思想的历史）。这表明我们可以从两个不同的角度来了解历史。例如，人们可能自信地认为，以自由市场和自由放任概念武装起来的亚当·斯密，仅仅基于对已经运作了一个多世纪的英国商业界所观测到的事件，就建立了经济"理论"（参见第 5 章）。18 世纪法国重农主义的著作家也同

---

① 施蒂格勒认为，影响同时代人的因素只是使有影响的科学获得成功的机会，例如仅仅后来才被认识的戈森和古诺的天赋。（布赖特和赫希，《诺贝尔奖得主的生平》，p. 79）同样，当代的名望并不保证是持续的名望。我们将谦恭地指出，后来的"革命"常常是从过去的闪光点或发现而爆发的。另外，科学和艺术也常常是由于知识的增加而不是由于革命而构建起来的。

样出色地做了此项工作（参见第 4 章）。同时，一种历史事例表明，新奇的经济思想在脱颖而出之前，或者在实际引起活动之前，可能在学术圈子内激烈地争论了数年。回过头来我们再谈一下斯密，他认为一个基本自由的市场能够而且愿意提供一种组织原则，在商业社会里它将会提高经济福利，这种自由主义思想是两个多世纪哲学研究延伸的结果，在这期间的主要知识分子忙于寻找霍布斯难题的答案：解决社会混乱的唯一选择是一个全能的中央政府。科学界——从原子弹制造到太空旅行的实现——提供了许多类似性质的例子。

当然，在科学探索中永远需要技术前提条件。无论著名的未来主义作家 H. G. 韦尔斯（H. G. Wells）的想象力多么丰富，太空旅行和火箭都没有变成可行，直到其他的思想和环境（发明、数学发展、战争等）促成了行动。进一步说，科学探索的实现需要适当的经济环境，它强调一个关键之点。市场激励使这些思想得以实际实现，因为个人或团体向众多的消费者提供商品和服务以寻求利润。技术可行性必须与经济可行性（即某些个人或团体得到的利益必须超过成本，包括伴随一种思想的实现而产生的风险）相匹配。

正如他的习惯那样，诺贝尔经济学奖得主乔治·施蒂格勒（1911—1991 年）比任何其他现代经济思想史学家都更多地掀起了这些问题的波澜。在一本题为《作为布道者的经济学家》（1982 年）的论文集里，施蒂格勒强调了自利在解释经济学家的影响上的作用。施蒂格勒认为，经济学家，作为布道者，按照"他们宣讲社会希望听的东西"的尺度而受到欢迎。例如，经济学家在其倡导国家间的自由贸易上实际上是意见一致的，但他们的态度无多大的影响，除非自由贸易能改善那些有权颁布法律并维护它的那些人的利益。经济学家和其他具有远见的人可能因此而指责保护主义立法是错误的，但是施蒂格勒告诫经济学家们应该特别谨慎地对待这种态度。用他的话说，"（经济学）把人假定为一个理性、有效率地追求效用最大化者的学科，假定人们的政治活动同其意愿没有多少关系是极不适宜的。"（1982 年，p. 9）。换言之，从经济学家的视角看，世界充满了"错误的"政策，但在它们的支持者眼中，这些政策却是没有错误的。

当把思想变为行动完全攫住哈姆雷特的时候，苦恼的问题不亚于无数其他人，一切年龄的人，沉思生活的含义。莎士比亚用这样的词句来描述哈姆雷特不安的心境：

> 敢作敢为的血性
> 因思前想后的顾虑害得变成多愁善感，
> 惊天动地的大事业
> 也往往因此而中途旁逸，
> 壮志全消。

虽然我们永远不能回答何时思想变成我们完全满意的行动这个问题，但是我们能够从我们的经济学史概述中汲取有价值的教训：在这个背景下——在由一个以自利的政治家和利益集团所引导的政治过程来确立政策、约束或基本规则框架内，思

611

想成为行动（即在市场中获得一个试验）。比如说，伴随每一个意识形态的尸体都有一张制度的皮。

因此，要完整理解历史的变化，不但必须要了解思想和意识形态，而且要了解最终刺激思想和行动的制度参数。仅有思想和意识形态是不够的。实际上，尽管认识到思想和意识形态在解释特殊的运动或政策上可能是非常重要的，但是，关于意识形态和激励的支配作用的争论却没有走完其应走的旅程。结果，如果确实是一种结果，对于寻求深入了解经济发展秘密的当代许多经济学家来说，不断进行活动是至关重要的。虽然人们普遍承认政治部门对于解释制度的变化，特别是管制政策的变化，是不可或缺的内容，但对影响法律的意识形态的证明是不确定的。（参见考和鲁宾，《自利》；卡尔特和朱潘，《俘虏》；洛特和布罗纳尔斯，《时间》。）由于取决于如何对它进行定义，意识形态本身可能完全是过去和现在"有效利用"的结果，即对成本和利益评价的结果。

方法重要吗？

通读本书，你们会遇到各种各样的"方法争论"，或者不同经济学家所持的相互矛盾的观点、方法和程序。指出这一点并不是为了要引起混乱（尽管这样做是十分冒险的），而是为了要告诉大家区别。当思想被人们普遍接受之后，经过一段时间，它们便会在公众的头脑中固定下来。新的从业者投入时间和精力去学习现行的技术（思想？），结果，他们便在某一操作程序中获得一种即得的兴趣。尽管这是一个自然的进步，但危险是所接受的思想可能会变成教条，而这些思想的信徒反过来又成了空论家。由这些教条主义而产生的知识僵化，由于对相反观点的不宽容，而阻碍思想的进一步发展。这就是杰文斯在他的时代所抱怨的"权威的有害影响"（参见第 14 章）。这个问题的核心是，什么是经济学研究中应遵循的适当的方法。

经济学家像其他科学家一样，在过去的两个多世纪的时间里把主要工作都用于建立社会的"知识基础"。本书的主题就是经济学知识主体的不断缓慢而稳定的增长。知识有一种按指数增加的方式，部分地是因为把专业化和分工应用于其构建。现今时代证明经济学研究的范围大大扩张了，越来越多的人自认为是经济学家。[1]虽然美国大学内的经济学家领导了 20 世纪经济学研究的道路（例如，在 1969—2006 年间，他们赢得了除 8 届外所有的诺贝尔经济学奖），但在经济思想史上，世界各地的经济学家也都对经济分析作出了自己的贡献。在我们对经济思想史的普遍考察中，总涉及这样两个重要而且相互关联的问题：（1）它有多"新"？（2）它的形成

---

[1]　例如，大约有 100 种杂志在 1924 年被美国经济学会编入索引，在 1968 年有 140 种杂志被编入索引，在 2005 年则有 300 多种杂志被编入索引。美国经济学会会员在过去 40 年里从 4 000 人猛增到 20 000 人，专业学会组织在 20 世纪繁荣起来，召开了许多交流思想的会议。文章摘要、经济杂志索引、翻译服务、书籍和专业化学会组织（例如，计量经济学学会、公共选择学会、经济学史学会等）都提高了经济学家的生产力。

是激励还是抑制了经济思想的创造力？

知识史学家始终把"保持记录纯正"作为自己的一项主要工作，而且每个研究者都可以引证某一光辉思想的后继者作为例证。例如人们发现，理查德·坎蒂隆和其他的前古典经济学家显然是亚当·斯密的先驱。伊斯纳尔，一位18世纪的工程师，被认为是瓦尔拉斯的一般均衡理论的先驱。第二次世界大战以后，数学家约翰·冯·诺伊曼和经济学家奥斯卡·摩根斯特恩，在古诺的双寡头垄断理论的基础上创立了博弈论（参见第12章）。詹姆斯·布坎南（1986年诺贝尔经济学奖得主）发现和翻译了克努特·维克塞尔的一篇早期论文，并把其见解与意大利经济学家德·马尔科的贡献结合在一起（参见第23章），开拓了公共选择领域。现代经济学家在几乎所有方面都扩展了经济理论和政策。这些领域包括数学在经济理论中的应用；经济分析在政治行为中的应用，以及犯罪、环境、税收、卫生、安全、保险、金融、劳务和产品质量等的经济分析。甚至以前由社会学研究的领域，诸如家庭、婚姻、离婚和一夫多妻制等，全都落入经济学家们的研究领域（主要归因于1992年的诺贝尔经济学奖得主加里·贝克尔的开拓性作用）。现代经济分析也接触了大多数其他社会科学。经济思想史学家本质上是杂家，而不是专家，也许处于评价这些贡献的重要性、创造性和原创性的独一无二的地位。

但是经济思想史越来越多地掺杂了方法论，并且把两者看成是相伴的研究领域。因此，难免要对经济学方法进行判断。在新千年的开始阶段的经济学标志性特征是它的数学化。最终再也没有一块能不被数学方法所触及的现代微观经济学和宏观经济学领域了。数学工具和计量经济学工具已经渗入劳动、公共财政以及反垄断和政府管理等微观经济学分支学科中。如果没有这些工具，宏观经济模型的建立和预测国民收入与就业就是不可想象的。数学和计量经济学课程成了世界各地大多数（不是全部）大大小小的大学本科课程的基础。随着广泛运用这一工具以表述和"发展"现代经济思想，"创造性"和"独创性"被降到一个次要地位了吗？

一个有意义的评价必须依据与经济学进步概念相联系的这个发展的成本和收益、优点和缺点来进行。经济学不断公式化和数理化的主要论点是，经济学直到取得科学的精密性和复杂性之后，它才能成为真正的科学——换句话说，直到它的基础命题被检验和证明之后，它才能成为真正的科学。没有被证明（或至少潜在证明）的理论，其作用是有限的。该论点坚持这样的事实，即没有使用数学逻辑锻造的理论是没有意义的。因此，许多"主流"经济学家认为，只有不断应用精确的数学工具和统计学工具才能进一步把经济学看作是一个独立的、科学的学科。

一些经济学家（包括一些曾经狂热支持数学方法的经济学家）则强烈地反对这种观点。他们认为，社会科学的性质决定了对它给出精确的公式和证明是不可能的。计量经济学的预测能力和数学的说明能力是个复杂的问题。当代计量经济学的某些基本问题同不精确的或不完整的经济理论公式化有关，同各种不充分的数据抽样和在社会变量的计量中所不可避免的随机误差有关。一般来说，当数据样本非常大时，现代计量经济学技术是非常适当的；然而在许多情况下，大样本简直就是不存在的。因此，经济数据的质量和数量常常是不适合眼前的任务的。与物理学和其

613

他自然科学情况不同，大多数经济数据的收集不是预先决定好或预先设计好用来检验经济理论的。实际上，大多数经济数据是由政府机构收集的，很少是出于特殊的目的，常常是出于政治原因而收集的。虽然不充分的理论和匮乏的数据本身不是反对数量方法的充分理由，但某些批评家认为，拟议的成本和为保证获得高质量的数据所必需的成本，却高得令人生畏。另外，许多经济学家在产生更适于解决经济问题的数据方面，既没受到训练，也不会处理数据。许多计量经济学者是（数据的）消费者，而不是生产者。

某些对当代经济方法不买账的批评家，特别是那些制度主义或新奥地利学派的批评家（参见第 22 章），认为试图通过数学公式化和经验证明而使经济学成为一门科学是行不通的。按照他们的观点，长达数十年的数学和统计技术的智力投资的实际收益，即使不是负的，也是很小的。按照这种论点，这些使经济学成为科学的无效尝试，导致了对政策制定者的经济公告广泛的不信任，导致了经济学家同其他社会科学家的交流几乎中断。更糟糕的是，数学和计算技术在把它们作为工具而不是思想被装备起来的那些人的手上，可能导致经济学家远离关于市场和市场职能的基本真理。按照这种观点，数学必然使人们的注意力偏离由亚当·斯密和本书包含的许多其他作者阐发和精炼的经济过程的基本真理。

与经济方法有关的另一个关键问题，可能等同于下面的过分简单化的问题：什么是当代经济学？应该给它加上什么样的适当的形容词？20 世纪晚期的经济学发展，例如本书较后章节中的那些讨论，对本学科的研究和导向已有深刻的影响。新古典经济学至少差不多是进入大学的大学生首先学习的课程，甚至在后来的大学课程中也是要学习的。这些思想体现于消费和生产理论的理性假设、市场活动参与者中的完全信息的假设，以及均衡理论的调节机制。但是，给定全世界大学的这些学习计划，希望追求该领域高级著作的大学生必须学习同一大学的本科程度的数学。高年级引入各种技术工具——在这些技术工具中许多删去了 20 世纪中叶新古典经济学的抽象假设，例如，完全信息、理性、公开竞争等。以博弈论为例，就其真正的性质而言，论述少量的竞争者，而不是所假设的完全竞争市场中大量的买者和卖者。这是"现代的"或"当代的"新古典经济学呢，还是仅仅是"特定规则"——"自助餐厅式"处理涉及经济推理问题的一种方法呢？

在 21 世纪的经济学卡片中有分裂吗？

经济学发现它本身就处在归类的十字路口上。日益为甚的技术精炼将变成经济学的本质吗？换种说法，经济学将会变成仅仅是另外的数学问题吗？或者，一直以来对政策分析的需求——社会服务经济学，如果你们愿意这样说——表达了将防止完全堕入内容贫乏的状态吗？对这两个问题的回答都是肯定的。

在经济分析方面存在着一种持续的危险，即技术高超但无效的分析趋向于自我永久化。尽管这些研究领域总的说来没有取得多少进步，但那些在数学和计量经济学技术上投入了大量人力投资的人，却具有一种使"专家的神秘化"永久化的强烈动机。进一步地说，经济学的公式化常常会造成进入学术领域的障碍，因而，研究生课程要求、大学聘用标准、刊物编辑政策以及职业认可等，都与数学和实证技术的掌握和应用挂钩。某些评论家认为，为技术而技术造成了知识的潮流来去匆匆，而这些潮流的存在寿命却常常是极为短暂的。那些沉溺于最新潮流的经济学家们常常要冒着即将过时的风险。更为糟糕的是，随后的过程将使那些把经济学看作是一个强有力的（尽管有点不精确）行为科学的人，同那些把经济学看成是应用数学的一个分支学科的人分道扬镳。按照这些怀疑者们的看法，经济学的健康发展最终将要求在"经济学家"和"数学家"之间划出一道明显的界线。

事实表明，经济学家们逐渐认识到这些问题和它们与经济学科中的创新思想的发展有关。回顾近些年，有证据表明进入经济文献的正式数学文章成果有减少的迹象。①对数学和计量经济学技术的局限性的真正评价，培育了对它们在经济科学中的确切而有用的地位的理解。只要它们的局限性为人们所理解（尊重），数学和计量经济学技术在准确叙述和检验某些经济理论方面的价值便可能是高的。办法是锻造具有丰富经济内容的思想，回避经济问题——例如那些关于制度或者整个经济增长的问题，或者那些关于经济发展的问题——仅仅因为它们不容易接受数学处理方法的检验。当作为数学应用的经济科学变得不能探究，至少向无休止的经济和政策问题提供实验性的答案的时候，就将加速一道裂痕，如果你们愿意也可以称作分裂，在政治经济与作为一门数学化科学的经济学之间产生。现在还不能预测是否或者什么时候发生这种情况，但是这种分裂的可能性在职业圈子内是确实存在的。

没有一门科学是完善的，或是完全的真理，正如普罗塔哥拉在遥远的年代告诉我们的那样，不管是物理学、社会学、微生物学、气象学还是经济学都是如此。经济思想的进步离不开其他现代科学方法的应用。简言之，它依赖于各种方法论的兼收并蓄，这种方法论的多元化也许通过了解经济理论和方法史而获得了最好的例证。

参考文献

Breit, William, and Barry Hirsch(eds.). *Lives of the Lareates*： *Eighteen Nobel E-conomists*, 4th ed. Cambridge, MA： The MIT Press, 2004.

Bye, R. T. "Composite Demand and Joint Supply in Relation to Public Utility Rates", *Quarterly Journal of Economics*, vol. 43(November 1929), pp. 40 – 62.

---

① 参见对数理经济学家和1983年诺贝尔经济学奖得主吉拉德·德布鲁的有趣评论（《数理经济学》，pp. 401 – 403）。

Debreu, Gerard. "Mathematical Economics", in *The New Palgrave*: *A Dictionary of Economics*, J. Eatwell, M. Milgate, and P. Newman (eds.). vol. 3, pp. 399 – 404. London: Macmillan, 1987.

Ekelund, Robert B., Jr., Robert F. Hébert, and Robert D. Tollison. *The Marketplace of Christianity*. Cambridge, MA: MIT Press, 2006.

Iannaccone, Laurence R. "Introduction to the Economics of Religion", *Journal of Economic Literature*, vol. 36 (September 1998), pp. 1465 – 1495.

Jaffé, William. "A. N. Isnard: Progenitor of the Walrasian General Equilibrium Model", *History of Political Economy*, vol. 1 (Spring 1969), pp. 19 – 43.

Kalt, J. P., and M. A. Zupan. "Capture and Ideology in the Economic Theory of Politics", *American Economic Review*, vol. 74 (June 1984), pp. 279 – 300.

Kau, J., and P. H. Rubin. "Self – Interest, Ideology and Log Rolling in Congressional Voting", *Journal of Law and Economics*, vol. 22 (October 1979), pp. 365 – 384.

Lott, John, and S. G. Bronars. "Time Series Evidence on Shirking in the U. S. House of Representatives", *Public Choice*, vol. 76 (1993), pp. 125 – 150.

Posner, Richard A. "A Theory of Primitive Society with Special Reference to Law", *Journal of Law and Economics*, vol. 23 (1980), pp. 1 – 53.

——. *Sex and Reason*. Cambridge, MA: Harvard University Press, 1992.

——. *The Economics of Justice*. Cambridge, MA: Harvard University Press, 1981.

Smith, Vernon L. "The Primitive Hunter Culture Pleistocene Extinction, and the Rise of Agriculture", *Journal of Political Economy*, vol. 83 (1975), pp. 727 – 756.

Stigler, G. J. *The Economist as Preacher and Other Essays*. Chicago: University of Chicago Press, 1982.

经济科学译丛

序号	书名	作者	Author	单价	出版年份	ISBN
1	经济理论和方法史(第五版)	小罗伯特·B. 埃克伦德等	Robert B. Ekelund. Jr.	88.00	2017	978 - 7 - 300 - 22497 - 8
2	经济地理学	威廉·P. 安德森	William P. Anderson	59.80	2017	978 - 7 - 300 - 24544 - 7
3	博弈与信息:博弈论概论(第四版)	艾里克·拉斯穆森	Eric Rasmusen	79.80	2017	978 - 7 - 300 - 24546 - 1
4	MBA宏观经济学	莫里斯·A. 戴维斯	Morris A. Davis	38.00	2017	978 - 7 - 300 - 24268 - 2
5	经济学基础(第十六版)	弗兰克·V. 马斯切纳	Frank V. Mastrianna	42.00	2017	978 - 7 - 300 - 22607 - 1
6	高级微观经济学:选择与竞争性市场	戴维·M. 克雷普斯	David M. Kreps	79.80	2017	978 - 7 - 300 - 23674 - 2
7	博弈论与机制设计	Y. 内拉哈里	Y. Narahari	69.80	2017	978 - 7 - 300 - 24209 - 5
8	宏观经济学精要:理解新闻中的经济学(第三版)	彼得·肯尼迪	Peter Kennedy	45.00	2017	978 - 7 - 300 - 21617 - 1
9	宏观经济学(第十二版)	鲁迪格·多恩布什等	Rudiger Dornbusch	69.00	2017	978 - 7 - 300 - 23772 - 5
10	国际金融与开放宏观经济学:理论、历史与政策	亨德里克·范登伯格	Hendrik Van den Berg	68.00	2016	978 - 7 - 300 - 23380 - 2
11	经济学(微观部分)	达龙·阿西莫格鲁等	Daron Acemoglu	59.00	2016	978 - 7 - 300 - 21786 - 4
12	经济学(宏观部分)	达龙·阿西莫格鲁等	Daron Acemoglu	45.00	2016	978 - 7 - 300 - 21886 - 1
13	发展经济学	热若尔·罗兰	Gérard Roland	79.00	2016	978 - 7 - 300 - 23379 - 6
14	中级微观经济学——直觉思维与数理方法(上下册)	托马斯·J. 内契巴	Thomas J. Nechyba	128.00	2016	978 - 7 - 300 - 22363 - 6
15	环境与自然资源经济学(第十版)	汤姆·蒂坦伯格等	Tom Tietenberg	72.00	2016	978 - 7 - 300 - 22900 - 3
16	劳动经济学基础(第二版)	托马斯·海克拉克等	Thomas Hyclak	65.00	2016	978 - 7 - 300 - 23146 - 4
17	货币金融学(第十一版)	弗雷德里克·S. 米什金	Frederic S. Mishkin	85.00	2016	978 - 7 - 300 - 23001 - 6
18	动态优化——经济学和管理学中的变分法和最优控制(第二版)	莫顿·I. 凯曼等	Morton I. Kamien	48.00	2016	978 - 7 - 300 - 23167 - 9
19	用Excel学习中级微观经济学	温贝托·巴雷托	Humberto Barreto	65.00	2016	978 - 7 - 300 - 21628 - 7
20	宏观经济学(第九版)	N·格里高利·曼昆	N. Gregory Mankiw	72.00	2016	978 - 7 - 300 - 23038 - 2
21	国际经济学:理论与政策(第十版)	保罗·R·克鲁格曼等	Paul R. Krugman	89.00	2016	978 - 7 - 300 - 22710 - 8
22	国际金融(第十版)	保罗·R·克鲁格曼等	Paul R. Krugman	55.00	2016	978 - 7 - 300 - 22089 - 5
23	国际贸易(第十版)	保罗·R·克鲁格曼等	Paul R. Krugman	42.00	2016	978 - 7 - 300 - 22088 - 8
24	经济学精要(第3版)	斯坦利·L·布鲁伊等	Stanley L. Brue	58.00	2016	978 - 7 - 300 - 22301 - 8
25	经济分析史(第七版)	英格里德·H·里马	Ingrid H. Rima	72.00	2016	978 - 7 - 300 - 22294 - 3
26	投资学精要(第九版)	兹维·博迪等	Zvi Bodie	108.00	2016	978 - 7 - 300 - 22236 - 3
27	环境经济学(第二版)	查尔斯·D·科尔斯塔德	Charles D. Kolstad	68.00	2016	978 - 7 - 300 - 22255 - 4
28	MWG《微观经济理论》习题解答	原千晶等	Chiaki Hara	75.00	2016	978 - 7 - 300 - 22306 - 3
29	现代战略分析(第七版)	罗伯特·M·格兰特	Robert M. Grant	68.00	2016	978 - 7 - 300 - 17123 - 4
30	横截面与面板数据的计量经济分析(第二版)	杰弗里·M·伍德里奇	Jeffrey M. Wooldridge	128.00	2016	978 - 7 - 300 - 21938 - 7
31	宏观经济学(第十二版)	罗伯特·J·戈登	Robert J. Gordon	75.00	2016	978 - 7 - 300 - 21978 - 3
32	动态最优化基础	蒋中一	Alpha C. Chiang	42.00	2015	978 - 7 - 300 - 22068 - 0
33	城市经济学	布伦丹·奥弗莱厄蒂	Brendan O'Flaherty	69.80	2015	978 - 7 - 300 - 22067 - 3
34	管理经济学:理论、应用与案例(第八版)	布鲁斯·艾伦等	Bruce Allen	79.80	2015	978 - 7 - 300 - 21991 - 2
35	经济政策:理论与实践	阿格尼丝·贝纳西-奎里等	Agnès Bénassy-Quéré	79.80	2015	978 - 7 - 300 - 21921 - 9
36	微观经济分析(第三版)	哈尔·R·范里安	Hal R. Varian	68.00	2015	978 - 7 - 300 - 21536 - 5
37	财政学(第十版)	哈维·S·罗森等	Harvey S. Rosen	68.00	2015	978 - 7 - 300 - 21754 - 3
38	经济数学(第三版)	迈克尔·霍伊等	Michael Hoy	88.00	2015	978 - 7 - 300 - 21674 - 4
39	发展经济学(第九版)	A.P. 瑟尔沃	A. P. Thirlwall	69.80	2015	978 - 7 - 300 - 21193 - 0
40	宏观经济学(第五版)	斯蒂芬·D·威廉森	Stephen D. Williamson	69.00	2015	978 - 7 - 300 - 21169 - 5
41	资源经济学(第三版)	约翰·C·伯格斯特罗姆等	John C. Bergstrom	58.00	2015	978 - 7 - 300 - 20742 - 1
42	应用中级宏观经济学	凯文·D·胡佛	Kevin D. Hoover	78.00	2015	978 - 7 - 300 - 21000 - 1
43	计量经济学导论:现代观点(第五版)	杰弗里·M·伍德里奇	Jeffrey M. Wooldridge	99.00	2015	978 - 7 - 300 - 20815 - 2
44	现代时间序列分析导论(第二版)	约根·沃特斯等	Jürgen Wolters	39.80	2015	978 - 7 - 300 - 20625 - 7
45	空间计量经济学——从横截面数据到空间面板	J·保罗·埃尔霍斯特	J. Paul Elhorst	32.00	2015	978 - 7 - 300 - 21024 - 7
46	国际经济学原理	肯尼思·A·赖纳特	Kenneth A. Reinert	58.00	2015	978 - 7 - 300 - 20830 - 5
47	经济写作(第二版)	迪尔德丽·N·麦克洛斯基	Deirdre N. McCloskey	39.80	2015	978 - 7 - 300 - 20914 - 2
48	计量经济学方法与应用(第五版)	巴蒂·H·巴尔塔基	Badi H. Baltagi	58.00	2015	978 - 7 - 300 - 20584 - 7
49	战略经济学(第五版)	戴维·贝赞可等	David Besanko	78.00	2015	978 - 7 - 300 - 20679 - 0
50	博弈论导论	史蒂文·泰迪里斯	Steven Tadelis	58.00	2015	978 - 7 - 300 - 19993 - 1

序号	书名	作者	Author	单价	出版年份	ISBN
51	社会问题经济学(第二十版)	安塞尔·M·夏普等	Ansel M. Sharp	49.00	2015	978 - 7 - 300 - 20279 - 2
52	博弈论:矛盾冲突分析	罗杰·B·迈尔森	Roger B. Myerson	58.00	2015	978 - 7 - 300 - 20212 - 9
53	时间序列分析	詹姆斯·D·汉密尔顿	James D. Hamilton	118.00	2015	978 - 7 - 300 - 20213 - 6
54	经济问题与政策(第五版)	杰奎琳·默里·布鲁克斯	Jacqueline Murray Brux	58.00	2014	978 - 7 - 300 - 17799 - 1
55	微观经济理论	安德鲁·马斯-克莱尔等	Andreu Mas-Collel	148.00	2014	978 - 7 - 300 - 19986 - 3
56	产业组织:理论与实践(第四版)	唐·E·瓦尔德曼等	Don E. Waldman	75.00	2014	978 - 7 - 300 - 19722 - 7
57	公司金融理论	让·梯若尔	Jean Tirole	128.00	2014	978 - 7 - 300 - 20178 - 8
58	经济学精要(第三版)	R·格伦·哈伯德等	R. Glenn Hubbard	85.00	2014	978 - 7 - 300 - 19362 - 5
59	公共部门经济学	理查德·W·特里西	Richard W. Tresch	49.00	2014	978 - 7 - 300 - 18442 - 5
60	计量经济学原理(第六版)	彼得·肯尼迪	Peter Kennedy	69.80	2014	978 - 7 - 300 - 19342 - 7
61	统计学:在经济中的应用	玛格丽特·刘易斯	Margaret Lewis	45.00	2014	978 - 7 - 300 - 19082 - 2
62	产业组织:现代理论与实践(第四版)	林恩·佩波尔等	Lynne Pepall	88.00	2014	978 - 7 - 300 - 19166 - 9
63	计量经济学导论(第三版)	詹姆斯·H·斯托克等	James H. Stock	69.00	2014	978 - 7 - 300 - 18467 - 8
64	发展经济学导论(第四版)	秋山裕	秋山裕	39.80	2014	978 - 7 - 300 - 19127 - 0
65	中级微观经济学(第六版)	杰弗里·M·佩罗夫	Jeffrey M. Perloff	89.00	2014	978 - 7 - 300 - 18441 - 8
66	平狄克《微观经济学》(第八版)学习指导	乔纳森·汉密尔顿等	Jonathan Hamilton	32.00	2014	978 - 7 - 300 - 18970 - 3
67	微观经济学(第八版)	罗伯特·S·平狄克等	Robert S. Pindyck	79.00	2013	978 - 7 - 300 - 17133 - 3
68	微观银行经济学(第二版)	哈维尔·弗雷克斯等	Xavier Freixas	48.00	2014	978 - 7 - 300 - 18940 - 6
69	施米托夫论出口贸易——国际贸易法律与实务(第11版)	克利夫·M·施米托夫等	Clive M. Schmitthoff	168.00	2014	978 - 7 - 300 - 18425 - 8
70	微观经济学思维	玛莎·L·奥尔尼	Martha L. Olney	29.80	2013	978 - 7 - 300 - 17280 - 4
71	宏观经济学思维	玛莎·L·奥尔尼	Martha L. Olney	39.80	2013	978 - 7 - 300 - 17279 - 8
72	计量经济学原理与实践	达摩达尔·N·古扎拉蒂	Damodar N. Gujarati	49.80	2013	978 - 7 - 300 - 18169 - 1
73	现代战略分析案例集	罗伯特·M·格兰特	Robert M. Grant	48.00	2013	978 - 7 - 300 - 16038 - 2
74	高级国际贸易:理论与实证	罗伯特·C·芬斯特拉	Robert C. Feenstra	59.00	2013	978 - 7 - 300 - 17157 - 9
75	经济学简史——处理沉闷科学的巧妙方法(第二版)	E·雷·坎特伯里	E. Ray Canterbery	58.00	2013	978 - 7 - 300 - 17571 - 3
76	管理经济学(第四版)	方博亮等	Ivan Png	80.00	2013	978 - 7 - 300 - 17000 - 8
77	微观经济学原理(第五版)	巴德、帕金	Bade, Parkin	65.00	2013	978 - 7 - 300 - 16930 - 9
78	宏观经济学原理(第五版)	巴德、帕金	Bade, Parkin	63.00	2013	978 - 7 - 300 - 16929 - 3
79	环境经济学	彼得·伯克等	Peter Berck	55.00	2013	978 - 7 - 300 - 16538 - 7
80	高级微观经济理论	杰弗里·杰里	Geoffrey A. Jehle	69.00	2012	978 - 7 - 300 - 16613 - 1
81	多恩布什《宏观经济学(第十版)》学习指导	鲁迪格·多恩布什等	Rudiger Dornbusch	29.00	2012	978 - 7 - 300 - 16030 - 6
82	高级宏观经济学导论:增长与经济周期(第二版)	彼得·伯奇·索伦森等	Peter Birch Sørensen	95.00	2012	978 - 7 - 300 - 15871 - 6
83	宏观经济学:政策与实践	弗雷德里克·S·米什金	Frederic S. Mishkin	69.00	2012	978 - 7 - 300 - 16443 - 4
84	宏观经济学(第二版)	保罗·克鲁格曼	Paul Krugman	45.00	2012	978 - 7 - 300 - 15029 - 1
85	微观经济学(第二版)	保罗·克鲁格曼	Paul Krugman	69.80	2012	978 - 7 - 300 - 14835 - 9
86	克鲁格曼《微观经济学(第二版)》学习手册	伊丽莎白·索耶·凯利	Elizabeth Sawyer Kelly	58.00	2013	978 - 7 - 300 - 17002 - 2
87	克鲁格曼《宏观经济学(第二版)》学习手册	伊丽莎白·索耶·凯利	Elizabeth Sawyer Kelly	36.00	2013	978 - 7 - 300 - 17024 - 4
88	微观经济学(第十一版)	埃德温·曼斯费尔德	Edwin Mansfield	88.00	2012	978 - 7 - 300 - 15050 - 5
89	国际宏观经济学	罗伯特·C·芬斯特拉等	Feenstra, Taylor	64.00	2011	978 - 7 - 300 - 14795 - 6
90	卫生经济学(第六版)	舍曼·富兰德等	Sherman Folland	79.00	2011	978 - 7 - 300 - 14645 - 4
91	宏观经济学(第七版)	安德鲁·B·亚伯等	Andrew B. Abel	78.00	2011	978 - 7 - 300 - 14223 - 4
92	现代劳动经济学:理论与公共政策(第十版)	罗纳德·G·伊兰伯格等	Ronald G. Ehrenberg	69.00	2011	978 - 7 - 300 - 14482 - 5
93	宏观经济学(第七版)	N·格里高利·曼昆	N. Gregory Mankiw	65.00	2011	978 - 7 - 300 - 14018 - 6
94	宏观经济学:理论与政策(第九版)	理查德·T·弗罗恩	Richard T. Froyen	55.00	2011	978 - 7 - 300 - 14108 - 4
95	经济学原理(第四版)	威廉·博伊斯等	William Boyes	59.00	2011	978 - 7 - 300 - 13518 - 2
96	计量经济学基础(第五版)(上册)	达摩达尔·N·古扎拉蒂	Damodar N. Gujarati	99.00	2011	978 - 7 - 300 - 13693 - 6
97	《计量经济学基础》(第五版)学生习题解答手册	达摩达尔·N·古扎拉蒂等	Damodar N. Gujarati	23.00	2012	978 - 7 - 300 - 15080 - 8
98	计量经济分析(第六版)(上下册)	威廉·H·格林	William H. Greene	128.00	2011	978 - 7 - 300 - 12779 - 8
99	国际贸易	罗伯特·C·芬斯特拉等	Robert C. Feenstra	49.00	2011	978 - 7 - 300 - 13704 - 9

经济科学译丛

序号	书名	作者	Author	单价	出版年份	ISBN
100	经济增长(第二版)	戴维·N·韦尔	David N. Weil	63.00	2011	978 - 7 - 300 - 12778 - 1
101	投资科学	戴维·G·卢恩伯格	David G. Luenberger	58.00	2011	978 - 7 - 300 - 14747 - 5
102	宏观经济学(第十版)	鲁迪格·多恩布什等	Rudiger Dornbusch	60.00	2010	978 - 7 - 300 - 11528 - 3
103	金融学(第二版)	兹维·博迪等	Zvi Bodie	59.00	2010	978 - 7 - 300 - 11134 - 6
104	博弈论	朱·弗登博格等	Drew Fudenberg	68.00	2010	978 - 7 - 300 - 11785 - 0

金融学译丛

序号	书名	作者	Author	单价	出版年份	ISBN
1	兼并、收购和公司重组(第六版)	帕特里克·A·高根	Patrick A. Gaughan	79.00	2017	978 - 7 - 300 - 24231 - 6
2	债券市场:分析与策略(第九版)	弗兰克·J·法博齐	Frank J. Fabozzi	98.00	2016	978 - 7 - 300 - 23495 - 3
3	财务报表分析(第四版)	马丁·弗里德森	Martin Fridson	46.00	2016	978 - 7 - 300 - 23037 - 5
4	国际金融学	约瑟夫·P·丹尼尔斯等	Joseph P. Daniels	65.00	2016	978 - 7 - 300 - 23037 - 1
5	国际金融	阿德里安·巴克利	Adrian Buckley	88.00	2016	978 - 7 - 300 - 22668 - 2
6	个人理财(第六版)	阿瑟·J·基翁	Arthur J. Keown	85.00	2016	978 - 7 - 300 - 22711 - 5
7	投资学基础(第三版)	戈登·J·亚历山大等	Gordon J. Alexander	79.00	2015	978 - 7 - 300 - 20274 - 7
8	金融风险管理(第二版)	彼德·F·克里斯弗森	Peter F. Christoffersen	46.00	2015	978 - 7 - 300 - 21210 - 4
9	风险管理与保险管理(第十二版)	乔治·E·瑞达等	George E. Rejda	95.00	2015	978 - 7 - 300 - 21486 - 3
10	个人理财(第五版)	杰夫·马杜拉	Jeff Madura	69.00	2015	978 - 7 - 300 - 20583 - 0
11	企业价值评估	罗伯特·A·G·蒙克斯等	Robert A. G. Monks	58.00	2015	978 - 7 - 300 - 20582 - 3
12	基于Excel的金融学原理(第二版)	西蒙·本尼卡	Simon Benninga	79.00	2014	978 - 7 - 300 - 18899 - 7
13	金融工程学原理(第二版)	萨利赫·N·内夫特奇	Salih N. Neftci	88.00	2014	978 - 7 - 300 - 19348 - 9
14	投资学导论(第十版)	赫伯特·B·梅奥	Herbert B. Mayo	69.00	2014	978 - 7 - 300 - 18971 - 0
15	国际金融市场导论(第六版)	斯蒂芬·瓦尔德斯等	Stephen Valdez	59.80	2014	978 - 7 - 300 - 18896 - 6
16	金融数学:金融工程引论(第二版)	马雷克·凯宾斯基等	Marek Capinski	42.00	2014	978 - 7 - 300 - 17650 - 5
17	财务管理(第二版)	雷蒙德·布鲁克斯	Raymond Brooks	69.00	2014	978 - 7 - 300 - 19085 - 3
18	期货与期权市场导论(第七版)	约翰·C·赫尔	John C. Hull	69.00	2014	978 - 7 - 300 - 18994 - 2
19	固定收益证券手册(第七版)	弗兰克·J·法博齐	Frank J. Fabozzi	188.00	2014	978 - 7 - 300 - 17001 - 5
20	国际金融:理论与实务	皮特·塞尔居	Piet Sercu	88.00	2014	978 - 7 - 300 - 18413 - 5
21	金融市场与金融机构(第7版)	弗雷德里克·S·米什金 斯坦利·G·埃金斯	Frederic S. Mishkin Stanley G. Eakins	79.00	2013	978 - 7 - 300 - 18129 - 5
22	货币、银行和金融体系	R·格伦·哈伯德等	R. Glenn Hubbard	75.00	2013	978 - 7 - 300 - 17856 - 1
23	并购创造价值(第二版)	萨德·苏达斯纳	Sudi Sudarsanam	89.00	2013	978 - 7 - 300 - 17473 - 0
24	个人理财——理财技能培养方法(第三版)	杰克·R·卡普尔等	Jack R. Kapoor	66.00	2013	978 - 7 - 300 - 16687 - 2
25	国际财务管理	吉尔特·贝克特	Geert Bekaert	95.00	2012	978 - 7 - 300 - 16031 - 3
26	金融理论与公司政策(第四版)	托马斯·科普兰等	Thomas Copeland	69.00	2012	978 - 7 - 300 - 15822 - 8
27	应用公司财务(第三版)	阿斯沃思·达摩达兰	Aswath Damodaran	88.00	2012	978 - 7 - 300 - 16034 - 4
28	资本市场:机构与工具(第四版)	弗兰克·J·法博齐	Frank J. Fabozzi	85.00	2011	978 - 7 - 300 - 13828 - 2
29	衍生品市场(第二版)	罗伯特·L·麦克唐纳	Robert L. McDonald	98.00	2011	978 - 7 - 300 - 13130 - 6
30	跨国金融原理(第三版)	迈克尔·H·莫菲特等	Michael H. Moffett	78.00	2011	978 - 7 - 300 - 12781 - 1
31	统计与金融	戴维·鲁珀特	David Ruppert	48.00	2010	978 - 7 - 300 - 11547 - 4
32	国际投资(第六版)	布鲁诺·索尔尼克等	Bruno Solnik	62.00	2010	978 - 7 - 300 - 11289 - 3

A History of Economic Theory and Method, Fifth Edition by Robert B. Ekelund, Jr. and Robert F. Hébert.

Chinese Simplified translation copyright © 2017 by China Renmin University Press Co., Ltd.

All Rights Reserved.

图书在版编目（CIP）数据

经济理论和方法史：第 5 版/（美）埃克伦德，（美）赫伯特著；杨玉生等译. —北京：中国人民大学出版社，2017.7

（经济科学译丛）

ISBN 978-7-300-22497-8

Ⅰ.①经…　Ⅱ.①埃…②赫…③杨…　Ⅲ.①经济理论②经济方法-历史　Ⅳ.①F0

中国版本图书馆 CIP 数据核字（2016）第 036548 号

"十三五"国家重点出版物出版规划项目

经济科学译丛

经济理论和方法史（第五版）

小罗伯特·B. 埃克伦德　罗伯特·F. 赫伯特　著

杨玉生　张凤林　王　军　杨　戈　等译

Jingji Lilun he Fangfashi

出版发行	中国人民大学出版社	
社　　址	北京中关村大街 31 号	**邮政编码**　100080
电　　话	010 - 62511242（总编室）	010 - 62511770（质管部）
	010 - 82501766（邮购部）	010 - 62514148（门市部）
	010 - 62515195（发行公司）	010 - 62515275（盗版举报）
网　　址	http://www.crup.com.cn	
	http://www.ttrnet.com（人大教研网）	
经　　销	新华书店	
印　　刷	三河市汇鑫印务有限公司	
规　　格	185 mm×260 mm　16 开本	**版　　次**　2017 年 7 月第 1 版
印　　张	35.5　插页 2	**印　　次**　2017 年 7 月第 1 次印刷
字　　数	746 000	**定　　价**　88.00 元

版权所有　侵权必究　　印装差错　负责调换